Universidad del Rosario

Derecho administrativo

Reflexiones contemporáneas

Derecho administrativo. Reflexiones contemporáneas

Resumen

Con esta obra colectiva, constituida por las contribuciones de los profesores de la Maestría en Derecho Administrativo de la Universidad del Rosario, se conmemora el vigésimo aniversario del programa, con la cual se presenta un panorama de la evolución y el estado actual del derecho administrativo desde tres aproximaciones: el régimen jurídico de las herramientas de gestión y organización de la administración pública, tales como la contratación, las tecnologías de la información y las comunicaciones, el control interno o el talento humano; en segundo lugar, las categorías clásicas del derecho administrativo desde una mirada contemporánea: el control del principio de legalidad, el acto y el procedimiento administrativos, el servicio público y la responsabilidad patrimonial extracontractual del Estado; la tercera mirada es una miscelánea jurídica con aportes complementarios propios de las experiencias docentes e intereses investigativos de los autores, que enriquecen el texto.

Palabras clave: Derecho administrativo, administración pública, arbitramento.

Administrative Law. Contemporary Reflections

Abstract

This collective volume, which includes the contributions of professors from the Master in Administrative Law at the Universidad del Rosario (Colombia), commemorates the 20th anniversary of the program. It presents the evolution and current state of administrative law from three approaches: first, the legal regime of the management and organizational tools of public administration, such as procurement, information and communication technologies, internal control or human talent. Second, the classic categories of administrative law from a contemporary perspective: the control of the principle of legality, the administrative act and procedure, public service, and the patrimonial extra-contractual responsibility of the State. The third approach is a legal miscellany with complementary contributions based on the authors' teaching experiences and research interests that enrich the text.

Keywords: Administrative law, public administration, arbitration.

Citación sugerida
Restrepo Medina, Manuel (ed.). *Derecho administrativo. Reflexiones contemporáneas*. Bogotá: Editorial Universidad del Rosario, 2017.
DOI: doi.org/10.12804/tj9789587840025

Derecho administrativo
Reflexiones contemporáneas

Manuel Alberto Restrepo Medina
—*Editor académico*—

Conmemoración del XX aniversario
Maestría en Derecho Administrativo
Universidad del Rosario

Derecho administrativo. Reflexiones contemporáneas / Manuel Alberto Restrepo Medina, editor académico. — Bogotá: Editorial Universidad del Rosario, 2017.

xxi, 588 páginas. — (Colección Textos)
Incluye referencias bibliográficas.

Derecho administrativo / Administración Pública / Arbitramento (Derecho administrativo) / I. Restrepo Medina, Manuel Alberto / II. Universidad del Rosario / III. Título / IV. Serie.

342.06 SCDD 20

Catalogación en la fuente — Universidad del Rosario. CRAI

JDAE Octubre 23 de 2017

Hecho el depósito legal que marca el Decreto 460 de 1995

Universidad del Rosario

Colección Textos

Primera edición: Bogotá D. C., noviembre de 2017

ISBN: 978-958-784-001-8 (impreso)
ISBN: 978-958-784-002-5 (ePub)
ISBN: 978-958-784-003-2 (pdf)
DOI: doi.org/10.12804/tj9789587840025

Coordinación editorial: Editorial Universidad del Rosario
Corrección de estilo: María Mercedes Villamizar C.
Diseño de cubierta: Juan Ramírez
Diagramación: Precolombi EU-David Reyes
Impresión: Panamericana Formas e Impresos S. A.

Editorial Universidad del Rosario
Carrera 7 No. 12B-41, of. 501 • Tel: 2970200 Ext. 3112
editorial.urosario.edu.co

Impreso y hecho en Colombia
Printed and made in Colombia

Contenido

Introducción

Manuel Alberto Restrepo Medina

Con ocasión del cumplimiento de los primeros veinte años de la Maestría en Derecho Administrativo de la Universidad del Rosario, la dirección del programa convocó a sus profesores y tutores de los proyectos de investigación, con el fin de elaborar un texto colectivo cuyo eje lo constituyera la evolución y el estado actual de la disciplina en función de las tendencias contemporáneas que han determinado la transformación de sus contenidos. Sus contribuciones son producto de la reflexión académica sobre los temas abordados en función de las líneas de investigación que comprenden la agenda del Grupo de Investigación en Derecho Público de la Facultad de Jurisprudencia y de los objetos de estudio en los cursos y trabajos de grado a su cargo en la Maestría.

Las contribuciones recibidas se agruparon en tres bloques por su afinidad temática. El primero comprende los aportes referidos al régimen jurídico de las herramientas de gestión y organización de la Administración Pública, tales como la contratación, las tecnologías de la información y las comunicaciones, el control interno o el talento humano. El segundo aborda las categorías clásicas del derecho administrativo desde una mirada contemporánea: el control del principio de legalidad, el acto y el procedimiento administrativos, el servicio público y la responsabilidad patrimonial extracontractual del Estado. El tercero conforma una miscelánea jurídica con aportes complementarios propios de las experiencias docentes e intereses investigativos de los autores, que enriquecen el texto.

Régimen jurídico de las herramientas de gestión y organización de la Administración Pública

Natalia Soledad Aprile en el artículo "El derecho a una buena administración: un derecho fecundo en Latinoamérica", a partir de la regulación de la buena administración como principio y como derecho en los países europeos, explora los elementos de su reconocimiento en el ámbito latinoamericano, en el entendimiento de que si bien no existe un derecho reconocido como tal y el principio de buena administración no se encuentra difundido extensamente a nivel teórico en la región, su existencia es asumida como parte de las estructuras jurídicas de los países de la área y por ello se hace necesario analizar la dimensión de su reconocimiento y la proyección que tiene en el futuro.

Hugo Alejandro Sánchez Hernández, en el artículo "Las autoridades administrativas independientes: la reconfiguración de la estructura del Estado moderno y sus relaciones interinstitucionales", expone la crisis del Estado moderno por la afectación de sus elementos definitorios: la organización tripartita del poder público y las relaciones interinstitucionales jerarquizadas dentro de la rama ejecutiva, y cómo se ha producido una reconfiguración de su estructura. Las autoridades administrativas independientes de esa estructura son presentadas por el autor como un factor determinante de esa reconfiguración que está contribuyendo al ocaso del Estado moderno y al advenimiento del Estado posmoderno.

Diana Carolina Valencia Tello y Juan David Duque Botero, en "La contratación pública para la innovación", muestran cómo la contratación pública ha evolucionado, de ser un instrumento jurídico para la provisión oportuna de bienes, obras y servicios con fines públicos, a ser, además, un medio de apalancamiento para la consecución de las metas estratégicas de los Gobiernos, que también debe generar empleo, manejar eficientemente el gasto público, proteger el medio ambiente, desarrollar la capacidad industrial, promover la integración comercial, entre otros, y en ese contexto analizan la noción de la compra pública para la innovación, sus retos y potencialidades, como una herramienta de facilitación de esos propósitos de la contratación pública, que permitiría mejorar la competitividad y la productividad del país.

Juan Manuel Urueta Rojas en su contribución titulada "Un marco conceptual para caracterizar la tipología contractual de las asociaciones público privadas" estudia los antecedentes, las características y los modelos contractuales comúnmente aceptados en el tráfico jurídico internacional de las asociaciones público privadas, además de examinar la definición y el ámbito de aplicación dado por el legislador en Colombia, para concluir que esta figura no debería asemejarse a una tipología contractual en concreto, sino a una serie de instrumentos que incluyen técnicas especiales de estructuración de proyectos, valoración de riesgo, mecanismos de financiación y modelos contractuales para la gestión de infraestructura.

Andrés Rodríguez Gutiérrez y Angélica González Acosta, en el capítulo denominado "La inserción de las nuevas tecnologías de la información y la comunicación en la Administración Pública colombiana, una muestra del Estado posmoderno de Jacques Chevallier", plantean la interrelación entre la nueva cara del Estado posmoderno, enfrentado al reto de la mundialización, y la tendencia de la Administración Pública colombiana a usar medios electrónicos, empleando la revisión de tres de las características más importantes del Estado posmoderno descritas por Jacques Chevallier frente al uso de las tecnologías en la Administración Pública: el tránsito del Estado posmoderno de la dirección pública al *New public management*, el imperativo de eficacia y la concepción del ciudadano en el centro de la Administración. Para terminar, se exponen los retos jurídicos a los que se enfrenta esta nueva era de la Administración Pública en el siglo XXI.

En la medida en que el control interno, como parte del sistema de controles que garantiza la observancia del principio de legalidad y el cumplimiento de los fines del Estado, por descansar en las propias entidades administrativas que llevan a cabo la gestión, requiere de una validación de su ejercicio, Manuel Alberto Restrepo Medina, en el escrito "Evaluación integral del control interno como herramienta necesaria para el mejoramiento de la gestión de la Administración Pública colombiana", elabora una propuesta de acercamiento de las escalas de evaluación que hoy se aplican para este propósito, con el fin de que la integralidad de la evaluación permita tomar decisiones asertivas de intervención encaminadas al mejoramiento de la gestión de las entidades de la rama ejecutiva.

Camilo José Orrego Morales en "La conciliación contencioso administrativa: entre la discrecionalidad y una voluntad sujeta a imperativos y deberes reglados" expone los límites que tiene la voluntad de la autoridad administrativa a la hora de establecer su ánimo conciliatorio para resolver un conflicto, para lo cual presenta el marco jurídico de este mecanismo alternativo de resolución de conflictos, la forma como tal postura debe formarse deontológicamente y cómo la misma trasiega los terrenos de una voluntad pública reglada, lo cual desde la óptica procesal que diseñó la conciliación como mecanismo alternativo de resolución de conflictos entraría en aparente conflicto con la libertad dispositiva que tienen las partes para llegar a un acuerdo conciliatorio.

Adriana Camacho Ramírez, en el capítulo "Evolución de la negociación colectiva de los empleados públicos en Colombia", se ocupa de una de las cuestiones menos abordadas por la doctrina del derecho administrativo, como lo es la relativa al régimen jurídico de las relaciones laborales de la Administración Pública, especialmente en lo concerniente al reconocimiento de la procedencia y obligatoriedad, para el Estado colombiano, de la negociación colectiva con los empleados públicos, como instrumento del ejercicio de la libertad sindical, y como evidencia concreta de la constitucionalización y convencionalización de esta disciplina jurídica.

Las categorías clásicas del derecho administrativo desde una mirada contemporánea

Carlos Mauricio López Cárdenas y Estefanía Acosta Páez escriben "De la teoría clásica del control de legalidad al control de convencionalidad: la construcción de un nuevo paradigma jurídico", capítulo en el cual, a través de un estudio descriptivo, exploran la forma como ha venido evolucionando el control de legalidad en el ordenamiento jurídico colombiano, partiendo de un recuento histórico del surgimiento del principio de legalidad y la instauración de su control en la jurisdicción administrativa nacional, para pasar luego a la incorporación de manifestaciones del derecho internacional en el control de constitucionalidad mediante las cláusulas de reenvío, para concluir con el concepto de control de convencionalidad como una forma de evolución del concepto clásico de control de constitucionalidad, analizando sus características y el impacto que podría ocasionar en el sistema jurídico colombiano.

Paola Marcela Iregui Parra en el capítulo "Las sentencias de unificación una nueva fuente del derecho administrativo que materializa la igualdad" reflexiona sobre uno de los temas más tradicionales del derecho, sus fuentes, explicando que la jerarquía en la que las mismas se han clasificado en la actualidad es insuficiente, debido a la aparición de nuevas instituciones jurídicas, como lo son las sentencias de unificación, sobre las cuales el texto busca establecer si son una nueva fuente del derecho administrativo que sirve para materializar la seguridad jurídica y la igualdad.

La temática escogida por Víctor Rafael Hernández Mendible permite mostrar la evolución y las tendencias del derecho administrativo al presentar "El vicio de inconvencionalidad del acto administrativo", en cuyo desarrollo se hacen evidentes las relaciones entre esta disciplina, el derecho internacional público y el derecho internacional de los derechos humanos, mediante la denominada convencionalización del derecho administrativo, en cuya virtud se ha venido incorporando en los derechos nacionales el vicio de inconvencionalidad como causal de anulación de los actos administrativos. Un estudio sistemático de este vicio de inconvencionalidad y diferenciado de los demás vicios invalidantes es abordado en este capítulo.

Por su parte, Gloria Amparo Rodríguez presenta las tendencias jurisprudenciales en el ámbito nacional sobre el licenciamiento ambiental en "Problemáticas y elementos asociados al proceso administrativo para el otorgamiento de las licencias ambientales en Colombia", cuyo eje gravita en la resolución de las tensiones entre el desarrollo económico y el derecho a un ambiente sano y a un equilibrio ecológico, y cuyos contenidos, fundados en la articulación de dos de las categorías clásicas del derecho administrativo, como lo son el acto (la licencia) y el procedimiento (proceso de licenciamiento), se ven influenciados por su constitucionalización, merced a la consagración en el texto superior de derechos colectivos, obligaciones de intervención por parte del Estado y limitaciones a la libre iniciativa privada para que la propiedad cumpla con la función ecológica que le es inherente.

Andrés Gómez Rey en "Las opciones interpretativas que comprenden el derecho administrativo: una mirada a través de la suspensión del servicio" reflexiona sobre la complejidad contemporánea en la acción del Estado en función de las alternativas hermenéuticas que se derivan de las diversas tendencias del derecho administrativo actual, que comprenden enfoques tan variados como el servicio público desmonopolizado, la huida hacia el derecho privado y la constitucionalización, y se traduce en un apocamiento de valores como la confianza legítima y la seguridad jurídica; esta reflexión es ejemplificada con el caso particular de la suspensión y corte del servicio público domiciliario.

Ramiro Ignacio Dueñas Rugnon contribuye con el capítulo titulado "Evolución jurisprudencial del Consejo de Estado sobre la obligación que tienen las autoridades para proteger y garantizar la vida, posición de garante", cuyo objeto es la identificación de los límites del deber constitucional a cargo de las autoridades de proteger la vida de las personas residentes en el país, a partir del análisis de la evolución jurisprudencial de la responsabilidad estatal al respecto, cuando la vulneración del derecho es causada por terceros y no por agentes suyos, yendo desde la falla relativa del servicio hasta la obligación de resultados por la posición de garante del Estado, especialmente frente a las personas en situaciones especiales de indefensión, en función de la aplicación de los principios constitucionales de prevalencia del interés general y la solidaridad.

A su turno, Hugo Andrés Arenas Mendoza, en el capítulo sobre "La responsabilidad patrimonial extracontractual del Estado colombiano por los daños causados por los actores armados: ejército nacional, guerrillas y paramilitares", identifica los lineamientos fijados por el Consejo de Estado colombiano en la última década para establecer la responsabilidad patrimonial extracontractual del Estado por los daños sufridos por la población civil por parte de esos actores, agrupando las sentencias analizadas en seis categorías: ataques a instalaciones oficiales provenientes de grupos armados ilegales, ataques contra funcionarios públicos, enfrentamientos entre grupos armados en que interviene una entidad estatal, ataques indiscriminados contra la población, ataques contra personas particulares por parte de grupos armados y particulares atacados al ser considerados colaboradores de los grupos armados.

Miscelánea jurídica

Luis Ignacio Betancur Escobar en la "Formación del juez omnipotente" previene sobre la necesidad de que la formación de los abogados del mañana comprenda una preparación interdisciplinaria, exigida por el entorno en el cual se habrán de desempeñar, de la cual deben hacer parte, como mínimo, nociones básicas de economía y de tecnologías de la información y las comunicaciones, de manera que al integrar la comprensión de nociones distintas a las jurídicas estén mejor sintonizados con la realidad y se evite así el riesgo de que lleguen a convertirse en jueces omnipotentes.

Miguel Alejandro Malagón Pinzón en "El patronato, el Estado laico y la Procuraduría en Colombia" presenta la evolución del patronato hasta llegar al Estado laico en el siglo XIX en Colombia, con la influencia que para este tránsito tuvo Florentino González, como primer procurador elegido democráticamente en el país, como representante del liberalismo, en contraste con la reivindicación del confesionalismo en contra del laicismo decimonónico, representado en la ideología carlista de la procuraduría ejercida por Alejandro Ordóñez en pleno siglo XXI, como una forma de llamar la atención sobre los riesgos del restablecimiento del vínculo entre religión y derecho.

Alberto Yepes Barreiro en el capítulo "El derecho electoral ¿un asunto administrativo?" desarrolla las razones por las cuales considera que la función electoral no puede ser equiparada a las demás funciones establecidas por la teoría constitucional clásica y merece un lugar propio y específico dentro del modelo de Estado social, democrático y de derecho, con fundamento en que la evolución jurídica de la participación política electoral, tanto en lo sustancial, como en lo procedimental e institucional, permite advertir su carácter especializado y autónomo dentro del sistema jurídico.

Luisa Fernanda García López y Tatiana Oñate Acosta en la contribución titulada "La falla del servicio en Colombia: una aproximación desde su origen en el derecho comparado" muestran la influencia que, en la evolución jurisprudencial de la falla en el servicio como fundamento de la responsabilidad patrimonial extracontractual del Estado en la jurisprudencia nacional, han tenido tanto el derecho francés, desde el remoto fallo Blanco, como el derecho español, a partir de la consagración constitucional expresa en 1978 del fundamento de la responsabilidad estatal.

Régimen jurídico de las herramientas de gestión y organización de la Administración Pública

El derecho a una buena administración: un derecho fecundo en Latinoamérica

Natalia Soledad Aprile*

Good administration simply is the space where much of our theory collides with practice in situations of most acute concern to the citizens of this country, -in all their various incarnations- day in, day out. In short, good administration is where empty rhetoric becomes hard reality.

Ann Abraham

Sumario: Introducción. 1. El derecho a una buena administración en el ámbito europeo. 1.1. Consagración normativa en la Carta de Derechos Fundamentales de la Unión Europea. 1.2. Elementos para la fundamentación del derecho a una buena administración en Europa. 2. El derecho a una buena administración en América Latina. 2.1. Configuración del concepto en la región. 2.2. ¿La buena administración como derecho pendiente en América Latina? 2.3. La buena administración según la Carta Iberoamericana de los Derechos y Deberes del Ciudadano en Relación con la Administración Pública. 3. La recepción del derecho a una buena administración en Colombia. 3.1. Identificación del contenido a nivel constitucional. 3.2. El

* Abogada con orientación en derecho público administrativo (Universidad de Buenos Aires), máster en Democracia y Buen Gobierno (Universidad de Salamanca). Profesora de carrera de la Facultad de Jurisprudencia de la Universidad del Rosario.

derecho a una buena administración que configuró el Consejo de Estado. Conclusiones. Obras citadas.

Introducción

Hablar del concepto de buena administración hoy parece estar de moda. Es un término que adquiere cada vez más relevancia en el campo del derecho administrativo y, en verdad, nada tiene de novedoso su contenido. Procede de nuevas corrientes que hacen foco en las propuestas de gobernanza, buen gobierno y también de buena administración, que fomentan los procesos democráticos y la participación ciudadana. Probablemente, el optimismo creado en torno a estas prácticas resulte excesivo, pero lo cierto es que estamos hablando de nuevas pautas que regulan la manera en que los Gobiernos deben relacionarse con los ciudadanos. Y no solo ello, pues también dan lugar a nuevos derechos, como sucede con el llamado nuevo derecho a la buena administración.

Sabino Cassese se pregunta si el siglo XXI es el siglo de la buena administración y,[1] en la medida de su cuestionamiento, pretendemos explorar cuál es el desarrollo que ha tenido esta noción. En Europa encontramos abundante doctrina, jurisprudencia y referencias normativas concretas a la buena administración, entendida como principio y como derecho, pues así ha sido reconocida en el nivel comunitario. En América Latina, sin embargo, puede decirse que carecemos de estudios profundos sobre el principio de buena administración y la jurisprudencia no es tan nutrida como en Europa a la hora de referirse al concepto. De ahí que nuestro trabajo parte de analizar, desde una perspectiva eminentemente teórica, el cuadro de situación existente en el continente europeo y tratar de establecer las causas en virtud de las cuales la buena administración ha sido consagrada positivamente como un derecho fundamental.

La misma constatación se hará en el ámbito latinoamericano, en el entendimiento de que si bien no existe un derecho reconocido como tal y el principio de buena administración no se encuentra extensamente difundido a nivel teórico en la región, su sentido y alcance demanda la atención de

---

[1] Sabino Cassese, "Il diritto alla buona amministrazione", *Rivista europea di diritto pubblico*, 21, (2009): 1037-1047.

los Gobiernos y los investigadores. Es decir, la perspectiva que asumimos es que el objeto que supone una buena administración también es parte de las estructuras jurídicas latinoamericanas. Sin embargo, es necesario analizar la dimensión de su reconocimiento y la proyección que tiene a futuro.

La tesis de partida que empleamos es la forzosa revisión de las bases del derecho administrativo clásico, esencialmente garantista y procedimentalista, asentado en una serie de prerrogativas cuyo replanteamiento es incuestionable. Es que hoy en día es imposible aludir a una Administración Pública eficiente sin una referencia a la protección de los derechos fundamentales. Consecuentemente, debe dotarse de herramientas para garantizar los susodichos derechos, ofreciendo la Constitución un marco de opciones para hacer frente a los nuevos retos. Entre esas posibilidades, se cuenta con la posibilidad de resignificar ciertos derechos, principios y garantías que ya están reconocidos pero cuya perspectiva de análisis se modifica.

Así, ciertos parámetros que tradicionalmente han guiado la actuación recta de la Administración Pública, como por ejemplo la legalidad, la eficacia, la equidad, la imparcialidad, entre otros, hoy son entendidos no solo como principios rectores de la función administrativa sino también, y sobre todo, como mandatos que trascienden el ámbito de la administración y se proyectan sobre el acervo de derechos del ciudadano. En esta visión renovada, la distancia del sector público y la sociedad es mucho más cercana y se traduce en un cambio de orientación concreto, ya que el Estado debe armonizar su actuación con la ciudadanía para el cumplimiento de su misión. De ello deriva el derecho a una buena administración, como veremos a continuación.

1. El derecho a una buena administración en el ámbito europeo

1.1. Consagración normativa en la Carta de Derechos Fundamentales de la Unión Europea

El principio de buena administración fue acogido inicialmente en los pronunciamientos del Tribunal de Justicia de la Unión Europea. El primer caso que se registra en conexión con el contenido de este derecho es el caso Heynles del año 1987, en el que se estableció la obligación de motivación de los actos administrativos desfavorables para el particular.[2] En lo sucesivo, la jurisprudencia en el ámbito europeo dibujó los contornos de este principio, abriendo paso a la consagración positiva de la buena administración como un derecho fundamental. Precisamente, el salto de calidad lo dio el Consejo de la Unión Europea al convocar a la Convención redactora de la Carta de los Derechos Fundamentales de la Unión Europea, pues hasta entonces el principio de buena administración al que se hacía referencia en el ámbito jurisprudencial no había sido elevando al rango de derecho subjetivo.

Fue a partir de la declaración de derechos que contiene ese instrumento jurídico que se estableció el canon europeo del derecho fundamental a una buena administración. En el artículo 41 de la Carta señalada se prescribe que: "Toda persona tiene derecho a que las instituciones y órganos de la Unión traten sus asuntos imparcial y equitativamente y dentro de un plazo razonable".[3] Este derecho incluye, "en particular" tres garantías: (i) el derecho a ser oído; (ii) el derecho de acceso al expediente y (iii) la obligación que incumbe a la Administración de motivar sus decisiones. Adicionalmente, se reconoce el derecho a la reparación por los daños causados por las instituciones o agentes de la Unión Europea en el ejercicio de sus funciones y la viabilidad de que un ciudadano pueda dirigirse en cualquiera de las lenguas de los Tratados y recibir respuesta en ese mismo idioma. Según se puede interpretar, se trata de una *disposición paraguas* que comprende varios subderechos y, como ha quedado esclarecido en la jurisprudencia del Tribunal de Justicia europeo, su enumeración no es taxativa pues al utilizar la expresión "en particular" el legislador europeo dejó la puerta abierta a otros derechos no enumerados.[4]

---

[2] En este caso se trataba de un ciudadano belga que pretendía ejercer la profesión de técnico de fútbol en Francia. Para ello se le había solicitado la convalidación de su título profesional, la cual fue denegada por decisión del miembro competente del Gobierno belga que remite, como motivación, a un dictamen desfavorable de una comisión especial, que tampoco había sido motivado. El Tribunal, con base en el respeto y la defensa de la cláusula de libre circulación de los trabajadores consideró que el afectado tenía derecho a conocer los motivos fundantes de la decisión por la que se le denegó la convalidación del diploma expedido por el Estado miembro del que es nacional (Unión Europea, Tribunal de Justicia de la Unión Europea, "Sentencia del 15 de octubre de 1987", Asunto 222/86, Luxemburgo).

[3] Unión Europea, Parlamento Europeo, Consejo de Ministros y Comisión Europea, *Carta de los Derechos Fundamentales de la Unión Europea*, Estrasburgo, 12 de diciembre de 2007.

[4] Precisamente, se entiende que la locución "en particular", que se emplea en el artículo 41, indica que el derecho a una buena administración no se limita a las tres garantías citadas (conforme

Así, en los términos de la Carta, el derecho a una buena administración corresponde a "toda persona" y su exigencia no se limita a la condición de ciudadano. Por otra parte, es oponible exclusivamente a las autoridades comunitarias, lo que no obsta a su exigencia respecto de las autoridades públicas de cada Estado, pues aunque las normas internas no contemplen expresamente el derecho en cuestión,[5] es factible invocarlo como principio general del derecho comunitario.[6] De esta manera, se establece una excepción a la disposición contenida en el artículo 51 de la Carta de Niza,[7] pero no se interpreta como una disminución del grado de protección del derecho,

---

la doctrina sentada en la decisión del Tribunal de Justicia de la Unión Europea (Sala cuarta), "Sentencia del 29 de abril de 2015", Asunto T-217/11, Luxemburgo). Como ejemplos de los principios que no están reconocidos expresamente en el artículo 41 de la Carta de Niza, podemos mencionar los de proporcionalidad y certeza de las decisiones.

5 Es necesario aclarar que en Europa el derecho a una buena administración no se encuentra receptado como tal en ninguna constitución. El ordenamiento que se encuentra más cerca, terminológicamente, de reconocer este derecho es el italiano, que en el artículo 97 de su Constitución, establece: "Los cargos públicos se organizarán según los preceptos de la ley, de tal modo que se garanticen su *buen funcionamiento* y la imparcialidad de la Administración" (cursiva añadida).

6 De esta forma, quien pretenda hacer valer dentro de su Estado el derecho a la imparcialidad en la tramitación de los asuntos o a la motivación de las decisiones de la Administración, por ejemplo, podrá acudir a las normas del ordenamiento jurídico interno y, adicionalmente, solicitar la consideración del derecho a una buena administración como principio general del derecho (ver Margrét Vala Kristjánsdóttir, "Good Administration as a Fundamental Right", *Icelandic Review on Politics & Administration*, 9, (2013): 237-255).

7 De conformidad con este artículo, la Carta obliga tanto a las instituciones, órganos y organismos de la Unión como a los Estados miembros, cuando unos y otros actúan en el ámbito de aplicación del Derecho de la Unión, ya sea cuando lo aplican o cuando se acogen a sus derogaciones o excepciones. Esta solución, precisamente, no se aplica en el caso del derecho a una buena administración, que es únicamente oponible a las autoridades comunitarias. De todos modos, esto no significa que haya dos estándares normativos diferentes en materia de derechos fundamentales para los Estados. La Carta permea en toda la actividad de los Estados miembros por el principio general de respeto a los derechos humanos. Solo se hace esta salvedad de que el derecho a una buena administración es exigible como tal a las autoridades de la organización internacional que es la Unión Europea pero, en tanto que instrumento normativo internacional de derechos humanos, penetra en la totalidad de la actividad normativa y ejecutiva del Estado, así sea como principio general del derecho. Sería absurdo pensar que la Carta prohíbe aplicarla en ámbitos ajenos a la Unión o que nadie puede invocarla en ámbitos de competencia soberana. Nada le ha impedido hasta ahora, ni le impedirá al Tribunal Constitucional español, por ejemplo, utilizar la Carta para interpretar derechos fundamentales resultantes de la Constitución en ámbitos ajenos a la competencia comunitaria (sobre el tema, remitimos a la obra de Araceli Mangas Martín, (dir.), *Carta de los Derechos Fundamentales de la Unión Europea. Comentario artículo por artículo* (Madrid: Fundación BBVA, 2008)).

pues entre sus componentes se incluyen otros derechos fundamentales, que pueden ser perfectamente oponibles a las autoridades locales.[8]

En realidad, los aspectos que involucra el derecho a una buena administración en la Carta de Niza se encuentran ampliamente amparados en los ordenamientos internos de los Estados europeos.[9] La imposición de ciertos deberes elementales a los poderes públicos, comenzando por la obligación de actuar bajo el imperio de la ley y la correlativa consideración del principio de igualdad, son estándares ampliamente reconocidos en el bloque de constitucionalidad de estos Estados. Es decir, todas estas exigencias que pueden leerse como la prohibición de una mala administración[10] y que auspician la idea de una gestión pública de calidad, ya se encuentran asimiladas y albergadas por los ordenamientos jurídicos. Por ello, es válido preguntarse cuál es la particularidad que tiene el ingreso en el catálogo de derechos fundamentales del derecho a una buena administración. Más concretamente, ¿qué virtualidad tiene la consagración explícita de un derecho

---

8 Concretamente, el Tribunal de Justicia de la Unión Europea dejó en claro esta cuestión en la "Sentencia Cicala, del 21 de diciembre de 2011", Asunto C-482/10. El caso involucraba a una antigua empleada pública de la región de Sicilia, Italia, a quien se le había notificado por nota la reducción de su pensión y la consecuente orden de devolución de sumas de dinero, sin que estuviera motivada mínimamente dicha decisión. En la sentencia, el Tribunal estimó que el litigio obedecía a un asunto de carácter interno del Gobierno italiano y que las normas del Derecho de la Unión relativas a la motivación de los actos administrativos son únicamente aplicables a las instituciones y órganos de la Unión, pero que no obstante ello las normas del caso remitían a los "principios del ordenamiento jurídico comunitario" directamente aplicables en el ordenamiento interno de los países miembro 5 .

9 Los autores españoles se ocupan de señalar que el derecho a una buena administración no se encuentra expresamente consagrado en su ordenamiento jurídico, pero que ello no obsta a su configuración, puesto que este derecho refiere a una serie de garantías constitucionales que ya están afincadas en el cuerpo de la Constitución española. Así, trazan una línea conectora con el catálogo de principios que rigen la actuación de las entidades de derecho público, a saber: eficacia, jerarquía, descentralización, desconcentración, coordinación y legalidad administrativa. De manera que, con base en estos principios, "se obtendría un perfil bastante preciso de un modelo de Administración cercana a los ciudadanos, escrupulosa con la legalidad, discrecional pero no arbitraria, eficiente en la dialéctica medios-resultados, flexible en la aplicación de las normas" (Gerardo José Ruiz-Rico, "El derecho a una buena administración. Dimensiones constitucional y estatutaria", en C. M. Ávila Rodríguez y F. Gutiérrez Rodríguez (coord.), *El derecho a una buena administración y la ética pública,* 55-76 (Valencia: Tirant lo Blanch, 2011), citado en: Cristina Hermida del Llano, "La configuración del derecho a una buena administración como nuevo derecho frente al poder", *Revista Pensamiento Constitucional,* 16, (2012): 157-170).

10 Elisabetta Lanzza, "The right to good administration in the European Union. Roots, rationes and enforcement in antitrust case-law", *Teoria del Diritto e dello Stato,* (2008), consultado 22 de marzo de 2017, https://ssrn.com/abstract=1593523

a que la Administración Pública sea *buena*? pues no podemos estar más de acuerdo con la afirmación de que "la Administración no puede ser sino buena".[11] Intentaremos dar respuesta a esta cuestión indagando en las razones que llevaron a la redacción de la Carta y a la incorporación de este derecho en la Unión Europea.

1.2. Elementos para la fundamentación del derecho a una buena administración en Europa

El derecho consagrado en el artículo 41 de la Carta de los Derechos Fundamentales de la Unión Europea abriga un conjunto de garantías que busca resguardar a los ciudadanos de los atropellos o excesos de las autoridades públicas. Desde esta perspectiva, la percepción dominante es que su núcleo esencial no es una revelación, puesto que abarca los mismos principios y garantías que ya están reconocidos al interior de los países miembros de la Unión. Sin embargo, veremos que en el contexto político y territorial la admisión explícita y autónoma dentro del catálogo de derechos fundamentales ha tenido plena justificación bajo el entendido de que "la finalidad y ritualidad de este derecho a la buena administración sería la afirmación de un conjunto de derechos instrumentales para permitir el control de la Administración Europea".[12]

En primer lugar, cabe decir que la Carta de Niza es el punto de referencia para la consolidación de una política europea en materia de derechos humanos. La idea de articular la convivencia de pueblos y culturas diferentes y buscar entre ellos un lenguaje común de los derechos humanos, inspiró la elaboración de un catálogo bastante amplio de carácter declarativo. Esto significa que más que una promulgación creativa de derechos, "El propósito de sus autores parece obedecer al deseo de proclamar, de forma unitaria y sistemática, los derechos ya vigentes de los ciudadanos de los Estados integrados en la UE".[13] Con la ambición de hacer ostensibles los derechos

---

[11] Carlos E. Delpiazzo, "La buena administración como imperativo ético para administradores y administrados", *Revista de Derecho*, 10, (2014): 41-57.

[12] Jesús Ángel Fuentetaja Pastor, "Del 'derecho a la buena administración' al derecho de la Administración europea", *Cuadernos Europeos de Deusto*, 51, (2014): 19-43.

[13] Antonio Enrique Pérez Luño, "La Carta de Niza y la Europa de los ciudadanos. Apostillas a la carta de los derechos fundamentales de la Unión Europea", *Derechos y Libertades: revista del Instituto Bartolomé de las Casas*, VII, (2002): 45-64.

que cohesionan a los ciudadanos europeos, la Carta reforzó la estructura normativa de la Unión Europea pero también buscó producir un efecto de irradiación sobre el derecho derivado, pues al integrar ciertos derechos que las constituciones de los países miembros no han contemplado (el caso del derecho a una buena administración) está invitando a consagrar nuevos derechos o nuevas perspectivas de derechos ya reconocidos.

Entre las causas que han influido en la redacción de la Carta, se destaca la necesidad de contrarrestar un sentimiento generalizado de tecnocracia que se asocia a las instituciones comunitarias. Sobre el particular, se declara que el ciudadano europeo tiene la sensación de que hay un mundo institucional complejo localizado en Bruselas, "donde toda una legión de funcionarios de muy diversa procedencia deciden, conforme a unos sistemas y procedimientos desconocidos para la mayoría".[14] Para neutralizar esa idea y, adicionalmente, para expresar unos valores comunes que hicieran visible al ciudadano en el contexto de la integración económica, se recogieron una serie de derechos en un documento cuyo valor simbólico y político es innegable.

Puntualmente, en relación con el derecho a una buena administración, el artículo 41 de la Carta tuvo como antecedente el desarrollo de la jurisprudencia de la Unión que consagró, entre otras cosas, la buena administración como un principio general de derecho. Con su incorporación, se pretende garantizar una Administración europea abierta, eficaz e independiente y la pretensión de unidad que se le ha dado a este derecho, en tanto que aglutina varios otros derechos, tiene que ver con la necesidad de dotar de garantías especiales a las personas que se vinculan en el sistema de gobernanza multinivel europeo.[15] Recordemos que los ciudadanos que habitan en los países que integran la Unión Europea se relacionan con las instituciones públicas a nivel nacional pero también con las instituciones comunitarias. El hecho de que se haya incorporado el derecho a una buena administración en el espacio regional refuerza las garantías que tienen las personas frente a la Administración europea. Cabe remarcar, en esta senda, que el pretendido efecto expansivo de la Carta ha surtido efectos, en relación con el derecho

---

14 Beatriz Sicilia Oña, *Derechos fundamentales y constitución europea* (España: Ararteko, 2006), 81.

15 Tomamos como referencia la descripción del sistema y el concepto de *constitucionalismo multinivel* de Ingolf Pernice, "Multilevel constitutionalism in the European Union", *European law review*, 27, (2002): 511-529.

a una buena administración, en la última generación de Estatutos de Autonomía en España en una clara señal de adaptación de las comunidades locales a las exigencias que impone el derecho europeo.[16]

Adicionalmente, hay una razón que cala en argumentos más profundos, pues se explica que la incorporación de este nuevo derecho fundamental tiene sustento en la necesidad de saldar una deuda con el ciudadano en materia de participación democrática.[17] Desde la perspectiva de la configuración de una nueva dinámica relacional entre el Estado y la ciudadanía, se aspira a que en las instituciones públicas se implementen mecanismos de participación que involucren a la sociedad en la definición de asuntos públicos, reconociendo un rol activo a los ciudadanos en la definición de la agenda y la fiscalización del cumplimiento de los programas y acciones gubernamentales. Consecuentemente, la participación ciudadana viene a completar el perfil de una buena administración que, sin dudas, requiere de una gestión pública eficaz, transparente y basada en la rendición de cuentas.

Por último, no es posible soslayar que el derecho a una buena administración ha tomado forma en función del contexto europeo, que en el marco de una crisis económica y financiera, ha evidenciado que "la forma de gobernar, de administrar las instituciones públicas, al menos en el mundo occidental, debe cambiar sustancialmente".[18] La pérdida de la esencia del servicio público, la falta de transparencia, la actuación ineficiente e ineficaz de la Administración en el manejo de los recursos públicos, evidencian que no solo no supo responder sino que ha sido un actor fundamental de esta crisis. Estos factores indudablemente provocaron el surgimiento de una concepción diferente sobre cómo debe proceder la Administración y en qué medida deben implicarse los ciudadanos en las instituciones, trazando

---

[16] Ver, en este sentido, la detallada reseña que expone Hermida del Llano, "La configuración del derecho", 157-170.

[17] Así lo explica Rodríguez Arana quien señala que la buena administración es tanto un derecho fundamental del ciudadano como un criterio de actuación de la Administración y supone, entre otras cosas, que la participación ciudadana sea un objetivo público de primer orden ya que constituye la esencia de la democracia y, por ello, ocupa un lugar sobresaliente entre los parámetros centrales de la buena Administración Pública (Jaime Rodríguez Arana, "La buena administración como principio y como derecho fundamental en Europa", *Misión Jurídica. Revista de Derecho y Ciencias Sociales*, 6, (2013): 23-56).

[18] Ibid., 23-56.

un estándar de actuación de la Administración a nivel comunitario europeo, que a la vez se conforma como un derecho fundamental del ser humano, y que se ha condensado en el concepto de buena administración.

En concreto, dicho término expresa una necesidad de cambio en la gestión pública y apuesta a favorecer la calidad de la democracia, por medio de la apertura de espacios de participación, para que las personas se involucren en la toma de decisiones políticas. En el apartado siguiente analizaremos el contexto latinoamericano y podremos perfilar un panorama más completo, pero por ahora basta señalar que en Europa el derecho a la participación, especialmente en la administración, en su mayor parte no se ha constitucionalizado.[19] Este déficit democrático ha sido una deuda que la Unión Europea intentó saldar incorporando, entre otras cuestiones,[20] el derecho a una buena administración dentro del catálogo de derechos fundamentales. Con estos avances, se intenta señalar que los espacios de poder ya no solo se conciben dentro del Estado sino que deben compartirse con otros actores, lo cual conlleva "una nueva forma de gobernar, definida por relaciones horizontales y por la búsqueda de equilibrio entre poder público y sociedad civil, implicando una pluralización en la formación de las decisiones públicas, diferente al modelo de control jerárquico, un modo más cooperativo en que actores públicos y privados participan en redes mixtas".[21]

En suma, la participación ciudadana se convierte en un instrumento clave para la mejor gestión de gobierno y para concretar dicho concepto de buena administración, lo que obliga a repasar y revisar los privilegios sobre

---

19 Esta afirmación se realiza con base en el estudio de derecho comparado que surge de Silvia Bagni y Lucio Pegoraro, "'Diritto' a una buona amministrazione e principio di partecipazione", *Confluenze. Rivista di Studi Iberoamericani,* 6, (2014): 1-28.

20 A tal efecto, es útil recurrir a los parámetros que en carácter de principios se instituyeron en el Libro Blanco de la Gobernanza Europea y que permite ilustrar hacia dónde se dirige el nuevo paradigma de modelo de Estado. Allí se establece que la Unión Europea debe alentar la participación de diversos actores en la definición de políticas (principio de participación); debe ser transparente, eliminando toda restricción en el acceso a la información (principio de transparencia); debe ampliar el abanico de rendición de cuentas, accediendo a la intervención de múltiples actores en diversas formas (principio de rendición de cuentas); debe actuar de manera eficiente y económica (principio de eficacia) y debe garantizar consistencia y coordinación en la definición de las políticas públicas (principio de coherencia). Unión Europea, Comisión de la Unión Europea, "Libro Blanco sobre la gobernanza", Bruselas, Diario Oficial C 287, 12 de octubre de 2001.

21 María Fernanda Ramírez Brouchoud, "Gobernanza y legitimidad democrática", *Reflexión Política*, 12, (2010): 96-107.

los cuales se afincaba la Administración para privilegiar la exigencia de protección de los derechos de los administrados. Dentro de este contexto, la recepción positiva y expresa del derecho a una buena administración en Europa puede considerarse una iniciativa loable que, más allá del resultado práctico que depende de su implementación, tiene relevancia desde el enfoque de las instituciones y la formación de las políticas públicas a través de medios no convencionales que robustecen los valores democráticos.

2. El derecho a una buena administración en América Latina

2.1. Configuración del concepto en la región

Decía Hamilton en "El Federalista No. 76" que "la verdadera prueba de un buen gobierno es su aptitud y tendencia a producir una buena administración".[22] Por ello, antes de entrar a considerar el desarrollo del derecho a una buena administración en el contexto latinoamericano, es necesario hacer una precisión con relación al concepto. Y es que cabe distinguir la noción de buen gobierno de la de buena administración, aludiendo la primera a la actuación del poder ejecutivo en sus funciones de gobierno, mientras que la segunda hace referencia al desarrollo de las tareas administrativas por parte del ejecutivo. Ambas, como explica Ponce Solé, "son nociones distintas de la buena gobernanza, más restringidas y concretas, pues no incluyen a actores privados y se distinguen por la específica función a la que se refieren".[23] Y ambas, por supuesto, se encuentran íntimamente conectadas pues representan unos parámetros mínimos de actuación de las instituciones públicas que tienen como eje central al ciudadano.[24]

Hecha la aclaración, procederemos a dar unas pinceladas sobre el concepto de buena administración y su recepción en Latinoamérica. A decir

---

[22] Alexander Hamilton, James Madison y John Jay, *El Federalista* (México: Fondo de Cultura Económica, 2001).

[23] Juli Ponce Solé, *El derecho a una buena administración y el derecho administrativo iberoamericano del siglo XXI. Buen gobierno y derecho a una buena administración contra arbitrariedad y corrupción*, consultado 22 de abril de 2017, http://www.derecho.uba.ar/docentes/pdf/el-control-de-la-actividad-estatal/cae-ponce-buena.pdf

[24] Sobre el lugar privilegiado que tiene el ciudadano en la nueva configuración del derecho administrativo, ver: Jaime Rodríguez Arana, "El derecho fundamental al buen gobierno y a la buena administración de instituciones públicas", *Revista de Derecho Público*, 113, (2008): 31-42.

verdad, son pocas las investigaciones que encontramos en nuestro continente sobre esta noción y que se refieran a la realidad de la misma. Aunque ello no quiere decir que se le dé la espalda al tema, pues la problemática acerca de la transformación del contenido del derecho administrativo, lo que incluye desde luego la revisión del rol que cumple la Administración, ocupa la atención de los investigadores latinoamericanos desde hace ya varios años. En este sentido, podría decirse que el concepto de buena administración en Latinoamérica decanta a través de otras construcciones teóricas que lo refieren, pero que no necesariamente se concentran en definirlo. Para alumbrar esta afirmación, aludiremos a una serie de ideas que, concatenadas, nos conducen a la aseveración de que la buena administración es una preocupación latente en este lado del mundo.

Si comenzamos el recorrido por el Cono Sur, observamos que existe una línea de trabajo edificada en torno al análisis de la transformación de los institutos del derecho administrativo, que parte de la premisa del desplazamiento del Estado del centro de la escena y del posicionamiento del ciudadano que demanda cada vez más una postura estatal enérgica, asumiendo que la definición del interés general ya no es monopolio del primero. En palabras del catedrático argentino Fernando García Pullés, "la entronización de la dignidad de la persona frente al poder ha significado un cambio copernicano en las bases de justificación de las conductas públicas".[25] Este nuevo paradigma desplaza del centro de estudio del derecho administrativo a la organización del Estado como una estructura burocrática y formal, para entenderlo como un instrumento de reconocimiento de derechos y de intermediación entre el Estado y la sociedad.[26] En Brasil, Wunder Hachem explica en una línea que "de un derecho al servicio del poder se pasa a un derecho al servicio de la persona", concentrando su tesis en que el eje

---

[25] Fernando García Pullés, "Función pública, tutela administrativa efectiva y las nuevas versiones del acto administrativo", *Revista Argentina del Régimen de la Administración Pública,* 411, (2012): 85-94. En este artículo el autor explica que la doctrina del derecho administrativo ya no se asienta exclusivamente en el principio de legalidad sino que se apela a la importancia del principio de la buena fe como condición de validez de la actuación administrativa.

[26] En este sentido, se explica que "El Derecho Administrativo no debe pues analizarse desde el poder y sus prerrogativas sino desde los derechos fundamentales y estos últimos no sólo como límites de aquél sino como justificación del propio poder" (Carlos F. Balbín, "Un Derecho Administrativo para la inclusión social", *La Ley,* 28 de mayo de 2014).

metodológico del derecho administrativo es la persona humana, su dignidad y sus derechos fundamentales.[27]

Cabe hacer una particular referencia a la doctrina uruguaya, que de manera muy original se ha ocupado de abordar el concepto de buena administración específicamente.[28] Delpiazzo, al respecto, sostiene que la buena administración se configura como un principio general que preside la relación jurídico administrativa y, a la vez, es un deber de la Administración y un derecho de los particulares, en la medida en que "posee una potencialidad aplicativa de alto valor no sólo jurídico sino también ético en orden a la mejora de la calidad del Estado de Derecho y, por ende, de la convivencia social".[29] Esta triple condición de principio, derecho y deber había sido expuesta anteriormente por Durán Martínez quien define:

> La buena administración significa elegir los instrumentos adecuados para la consecución del fin debido, obtener los resultados procurados con el menor costo posible, no efectuar trámites inútiles, hacer un buen uso del tiempo pero también actuar con transparencia, con probidad; significa asimismo que los servicios públicos funcionen correctamente acorde a las necesidades reales del hombre de hoy, que los requerimientos de los administrados sean atendidos como corresponde y que todas las actuaciones administrativas sean seguidas cumpliendo con todas las garantías.[30]

De acuerdo con las ideas citadas, es clara la revisión de las instituciones clasicas del derecho administrativo que se expone y aun cuando no se

---

[27] Daniel Wunder Hachem, "El Derecho Administrativo de espaldas a la persona: desencantos y esperanzas en materia de proceso y procedimiento administrativo", *Revista Argentina del Régimen de la Administración Pública*, 417, (2013): 169-228. También en Brasil, es de pertinencia absoluta consultar la obra de Vanice Regina Lirio do Valle, *Direito fundamental à boa administraçao e governança* (Belo Horizonte: Editora Fórum, 2011).

[28] Muy seguramente el interés de los autores uruguayos en abordar concretamente el término de buena administración provenga de la interpretación obligada de la Constitución de ese país, que desde 1952 incluye el término en su artículo 311. Ello, aunado al interés general que provocó la incorporación del derecho a una buena administración a partir de la Carta de Niza.

[29] Delpiazzo, "La buena administración", 41-57.

[30] Augusto Durán Martínez, "La buena administración", *Estudios de Derecho Administrativo*, 1, (2010): 186 y ss.

aluda específicamente al concepto de buena administración, su connotación se encuentra ínsita dentro de estos planteamientos. En la lógica de estas propuestas renovadoras, en Colombia se ha señalado que la realización del Estado social de derecho se articula a través del involucramiento del ciudadano en la actividad pública, pues "a la par que es titular de derechos inalienables, también es responsable por el cumplimiento de un conjunto de deberes que se derivan de la aplicación del principio de solidaridad".[31] Es particularmente interesante esta visión puesto que destaca la relevancia de la sociedad como destinataria de la acción del Estado, pero también como responsable del funcionamiento de las instituciones públicas. Y esto es importante porque el modelo de buena administración lleva en su germen el principio de participación como catalizador del sentido de responsabilidad social y solidaridad de la ciudadanía en los asuntos públicos.

En general, la idea latente en la doctrina latinoamericana es que el Estado debe adaptarse a las necesidades que le demanda la sociedad y para ello debe valerse de las instituciones que existen, reformularlas o reinventarlas. En este camino, afloran nuevos conceptos como el de buena administración que tal vez no sean nuevos en su contenido pero sí en el enfoque con el que se analizan. En rigor, no es novedoso que se proclame que la actividad administrativa ha de ser diligente, eficiente, motivada, transparente. Todo eso ya existe. Lo que cambia es la orientación de esos preceptos, que se ordenan como criterios de organización pero que, fundamentalmente, son privilegiados desde la óptica de los derechos concretos del ciudadano. Es nuestra percepción que el derecho a una buena administración, en sí mismo, no se suma como un derecho más sino que permite orientar el rumbo de ciertos principios y estándares de actuación de la Administración que ya se encuentran reconocidos, pero fortaleciendo su matiz como derechos fundamentales.

2.2. ¿La buena administración como derecho pendiente en América Latina?

Es forzoso señalar que el derecho a una buena administración, tal como se encuentra consolidado en el ámbito de la Unión Europea, no es parte de

[31] Manuel Alberto Restrepo Medina, "La respuesta del derecho administrativo a las transformaciones recientes del Estado social de derecho", en *El derecho administrativo en los albores del siglo XXI*, editado por Manuel Alberto Restrepo Medina (Bogotá: Editorial Universidad del Rosario, 2007), 37.

los catálogos de derechos existentes en Latinoamérica ni está presente en las constituciones de los Estados. No obstante, en estos ordenamientos jurídicos existen disposiciones concretas que nos permiten tender un puente certero hacia el reconocimiento del derecho a una buena administración.[32] Recordemos que la historia universal de los derechos fundamentales se define por una evolución que en su camino va integrando nuevos derechos o nuevas visiones sobre los derechos ya reconocidos. Como afirma Pérez Luño, "Una sociedad libre y democrática deberá mostrarse siempre sensible y abierta a la aparición de nuevas necesidades, que fundamenten nuevos derechos".[33] Compartimos esta idea, pues no resulta apegado a la realidad que los derechos surjan de una vez y para siempre con la misma fundamentación y significado. Al contrario, presentan discontinuidades, tensiones, reconocimientos graduales. Es decir, viven una historia de avances y retrocesos, porque deben integrarse al texto de las constituciones, armonizándose con los anteriores y aportando nuevos espacios de protección al individuo de acuerdo con el contexto en el que van surgiendo.

Partiendo de esa premisa, señalaremos dos casos que en la región podrían considerarse destacables. El primero es el de Uruguay, pues en la Constitución de la República Oriental se refiere a la buena administración en dos oportunidades. En el artículo 60 se habla de la obligación de una "administración eficiente" en cuanto concierne a los servidores públicos y en el artículo 311 refiere a los efectos de la anulación de los actos administrativos cuando la misma se fundamente en razones de buena administración. Estas disposiciones se plasmaron en el año 1952 y es por ello que se entiende que no existe una consagración precisa del derecho a una buena administración, tal como se lo concibe actualmente. De todas formas, el principio de eficacia puede vincularse perfectamente con el núcleo esencial del derecho a una buena administración. El segundo caso es el de la Constitución de Costa Rica que en los artículos 139.4 y 140.8 alude a "la buena marcha del gobierno" y al "buen funcionamiento de los servicios y

---

[32] Resulta obligado aclarar que en este recuento normativo, nos referiremos a algunos ordenamientos, siendo conscientes de que el estudio pormenorizado de cada país de la región devendría fundamental en una investigación de mayor alcance.

[33] Antonio Enrique Pérez Luño, *La tercera generación de derechos humanos* (Navarra: Aranzadi, 2006), 42.

dependencias administrativas", y aunque no menciona específicamente la *buena administración*, se aproxima bastante al término.

Por lo demás, encontramos una serie de normas de carácter constitucional que recogen principios y garantías que pueden identificarse perfectamente con el contenido de tal derecho. Así, en la Constitución de la Nación Argentina se referencian los artículos 14 (derecho de petición), 18 (debido proceso y derecho de defensa), 28 (principio de legalidad) y 33 (reconocimiento de derechos innominados) que en su combinación, junto con el artículo 42 (eficiencia en los servicios públicos) podrían conformar una pauta precisa de asimilación del derecho a una buena administración.[34] Igualmente, se entiende que en la Constitución ecuatoriana también es posible identificar los derechos y garantías que conforman al derecho a una buena administración, entre otros, en los artículos 663, 764, 825, 1736, 2267, que tratan sobre el derecho al debido proceso, derecho de defensa, motivación de las decisiones, presunción de inocencia, principio de legalidad, seguridad jurídica, derecho de petición y más.[35]

El mismo ejercicio podría hacerse en los restantes textos constitucionales de la región y coincidiríamos en señalar que en todos ellos se consagran ciertos derechos que son plenamente compatibles con el concepto de buena administración. Partiendo de esta base, no consideramos que exista un vacío en términos de reconocimiento del derecho, pues la exigencia de que la Administración Pública se ajuste a ciertos parámetros de actuación para ser eficiente, diligente, objetiva, razonable ya ha sido convenida por los poderes constituyentes. Incluso más, en el ámbito regional la Convención Americana sobre Derechos Humanos también recoge en su articulado ciertas garantías aplicables al ámbito de la administración.[36] Aunque se proclamen como garantías que atañen al proceso judicial, lo cierto es que la Corte Interamericana de Derechos Humanos ha extendido el concepto de

---

[34] Sobre el caso argentino, nos remitimos a Agustín Moscariello, *El principio de la Buena Administración*, consultado 22 de marzo de 2017, http://www.todaviasomospocos.com/aportes/el-principio-de-la-buena-administracion/

[35] Jaime Andrés Villacreses Valle, *Bases constitucionales del derecho a una buena administración en Ecuador*, consultado 17 de mayo de 2017, https://jdaiberoamericanas.files.wordpress.com/2016/03/jaime_andres_villacreses_valle.pdf

[36] Los principios de audiencia previa, debido proceso y plazo razonable, entre otros, constituyen aspectos de las garantías previstas en el mentado artículo 8.1 de la Convención.

tutela judicial efectiva que se desprende del artículo 8.1 de la Convención al ámbito del procedimiento administrativo,[37] forjando así el concepto de *tutela administrativa efectiva* que es de plena aplicación a los ordenamientos internos dado su mayor rango.[38]

Por lo expuesto hasta aquí, no quedan dudas acerca de que el contenido del derecho a una buena administración, al igual que en Europa, no se encuentra expresamente admitido en los ordenamientos internos de los Estados latinoamericanos. A diferencia del nivel europeo, en la región no contamos con una norma vinculante similar a la del artículo 41 de la Carta de Niza. Aún así, es incuestionable que en nuestro contexto se entiende que es primordial promover y mejorar las políticas de transparencia y fiscalización de la gestión pública, y el mismo marco de posibilidades que reconoce el ordenamiento constitucional de los países se impulsa hacia la promoción de condiciones para alcanzar esa meta. En contraste con la situación descrita cuando nos referimos al contexto europeo, las constituciones latinoamericanas —al menos teóricamente— llevan cierta ventaja con relación al reconocimiento del principio de participación, que ya vimos que es un elemento central del concepto de buena administración.[39] Puede que estas cláusulas que reconocen la necesidad de abrir espacios de participación a la sociedad, sean verdaderas "cláusulas dormidas", en los términos que utiliza Gargarella,[40] pero tampoco puede negarse que su presencia puede ser el punto de partida para un posible cambio.

---

[37] La Corte Interamericana así lo interpretó en la opinión consultiva OC-9/87, al sostener que el artículo 8 deviene aplicable a procedimientos de cualquier naturaleza y no solamente a los instruidos bajo la figura de un recurso ante una autoridad judicial. Sin embargo, en materia jurisprudencial el *leading case* sobre esta cuestión lo constituye el caso "Baena Ricardo y otros vs. Panamá", sentencia del 22 de febrero de 2001, Serie C, Nº 72. Sobre el particular, ver Alina del Carmen Nettel-Barrera, "La actividad procedimental y la buena administración desde una perspectiva transnacional", *Revista Digital Ciencia UAQro*, 7, (2014).

[38] Fabián Omar Canda, "Principios convencionales del procedimiento administrativo. El principio de 'tutela administrativa efectiva'. Creación y evolución en la jurisprudencia de la Corte Interamericana. Recepción en la jurisprudencia de la Corte Suprema nacional", *El Derecho*, Serie Especial de Derecho Administrativo Nº 13.828, 7 de octubre de 2015.

[39] Nos remitimos, por ejemplo, a las cláusulas referidas a la participación popular en Argentina (artículo 39); Bolivia (artículo 240); Colombia (artículo 103); Ecuador (artículo 103); Venezuela (artículo 204), entre muchas otras.

[40] Roberto Gargarella, "El nuevo constitucionalismo latinoamericano. Algunas reflexiones preliminares", *Crítica y Emancipación*, 3, (2010): 169-188.

2.3. La buena administración según la Carta Iberoamericana de los Derechos y Deberes del Ciudadano en Relación con la Administración Pública

Llegados a este punto, es interesante reparar en la influencia que tiene en esta materia el derecho administrativo global, en la medida en que el concepto de buena administración se ha instalado como un fenómeno global con pretensión de irradiar sus efectos a los ordenamientos nacionales, trastocando el sistema de fuentes. Y esto no es una mera elucubración de nuestra parte, sino que como considera Rodríguez Arana, "la consideración del buen gobierno y de la buena administración de los asuntos públicos es, desde luego, otro elemento principal del Derecho Administrativo Global".[41] En el orden señalado, corresponde señalar que los gobiernos de la región iberoamericana han suscrito un documento auspiciado por el Centro Latinoamericano de Administración para el Desarrollo —CLAD—, denominado "Carta Iberoamericana de los Derechos y Deberes del Ciudadano en Relación con la Administración Pública". En el preámbulo de la Carta se define: "La buena Administración Pública es, pues, una obligación inherente a los Poderes Públicos en cuya virtud el quehacer público debe promover los derechos fundamentales de las personas fomentando la dignidad humana de forma que las actuaciones administrativas armonicen criterios de objetividad, imparcialidad, justicia y equidad, y sean prestadas en plazo razonable".[42]

Dicho instrumento, en su carácter de *soft law*, reconoce que "los poderes del Estado son de la titularidad y propiedad ciudadana"[43] y coloca en el centro de la función de los Gobiernos y las administraciones a la dignidad humana. Bajo ese entendimiento, reconoce que la buena administración es un *principio general* del derecho administrativo; una *obligación* de toda

---

[41] Jaime Rodríguez Arana, *Derecho Administrativo Global y Derecho Fundamental a la Buena Administración Pública*, consultado 22 de marzo de 2017, http://www.cea.unc.edu.ar/acaderc/doctrina/articulos/derecho-administrativo-global-y-derecho

[42] Centro Latinoamericano de Administración para el Desarrollo —CLAD—, "Preámbulo", *Carta Iberoamericana de los Derechos y Deberes del Ciudadano en Relación con la Administración Pública* (Caracas, CLAD, 10 de octubre de 2013).

[43] Jaime Rodríguez Arana Muñoz, "Sobre la carta iberoamericana de los derechos y deberes del ciudadano en relación con la administración pública", *Anuario da Facultade de Dereito da Universidade da Coruña*, 18, (2014): 17-30.

Administración Pública que se desprende de la definición de Estado social de derecho y, desde la perspectiva de la persona, es un *derecho fundamental* que congrega una serie de derechos concretos en sus relaciones con la Administración Pública. Un aspecto relevante a considerar es que en este documento se advierte que la buena administración "no es ciertamente una novedad de este tiempo",[44] porque desde siempre ha estado gobernada por el principio de realización del interés general. Sin embargo, y esto es lo interesante, se destaca que estos intereses ya no son definidos unilateralmente por el Estado, sino que los poderes públicos deben conectarse e integrarse con la ciudadanía para construir democráticamente las políticas públicas.

Lo expuesto nos lleva a indagar de qué manera se insta en ese documento a la participación de los ciudadanos en las instituciones públicas y cómo se conciben las políticas públicas de acuerdo con el contexto de este cambio de paradigma. Pues bien, en el instrumento se invita a los ciudadanos iberoamericanos a tomar conciencia sobre su posición central y a exigir a las autoridades la satisfacción del interés general y la promoción de la dignidad humana (Capítulo Primero, numeral 1). A su vez, estimula a la ciudadanía a tomar parte e influir en las cuestiones de interés general, así como en la elaboración de normas administrativas, a través de los mecanismos de participación previstos en los diferentes ordenamientos jurídicos de cada país (Capítulo Segundo, numeral 13). Adicionalmente, se reconoce el derecho a la participación remitiendo a la Carta Iberoamericana de Participación Ciudadana en la Gestión Pública (Capítulo Tercero, numeral 32).[45] En definitiva, se contempla que la función administrativa debe valerse de la participación ciudadana y que la presencia del ciudadano es primordial en los procesos de elaboración de normas y de políticas públicas, delegando en los Estados el diseño de las estrategias de acción para su cumplimiento.

En el Capítulo Tercero de la Carta en comentario se definen los veintitrés derechos que componen el derecho a una buena administración. No transcribiremos en este texto la descripción detallada de cada uno de estos

---

[44] Centro Latinoamericano de Administración para el Desarrollo —CLAD—, "Preámbulo", *Carta Iberoamericana*.

[45] XI Conferencia Iberoamericana de Ministros de Administración Pública y Reforma del Estado, *Carta Iberoamericana de los Derechos y Deberes del Ciudadano en Relación con la Administración Pública* (Lisboa: CLAD, 25 y 26 de junio de 2009).

derechos, pero es posible ensayar un agrupamiento. Así, encontramos derechos referentes al debido proceso sustantivo;[46] derechos relativos a cuestiones formales de las actuaciones administrativas;[47] derechos de participación y acceso a la información;[48] derechos relativos a los servicios públicos[49] y derecho a exigir responsabilidad.[50] Como puede verse, se trata de una enumeración exhaustiva de derechos, mucho más extensa y minuciosa que la establecida en el artículo 41 de la Carta Europea de los Derechos Fundamentales, que igualmente coloca en una posición medular al ser humano y a su dignidad como norte que debe orientar la actuación de las instituciones públicas. Finalmente, en la Carta se reconoce que los ciudadanos también tienen a su cargo ciertos deberes en relación con la Administración Pública, basados en los principios de lealtad, buena fe, veracidad, responsabilidad, respeto y decoro y colaboración (Capítulo Cuarto).

Cabe tener en cuenta que, en tanto instrumento de *soft law*, es posible considerar a la Carta Iberoamericana de los Derechos y Deberes del Ciudadano en Relación con la Administración Pública como "una fuente del Derecho cuya base ontológica está basada en un mandato de optimización".[51] La intensidad con que se proyecten los efectos de esta norma de *soft law*

---

[46] Derecho a la motivación de las actuaciones administrativas; derecho a la tutela administrativa efectiva; derecho a una resolución administrativa equitativa y justa y dictada en plazo razonable; derecho a ser oído; derecho a ser tratado con cortesía y cordialidad; derecho a ser notificado por escrito en los plazos y términos previstos.

[47] Derecho a presentar por escrito o de palabra peticiones; derecho a no presentar documentos que ya obren en poder de la Administración Pública; derecho a presentar quejas y reclamaciones ante la Administración Pública; derecho a formular alegaciones en el marco del procedimiento administrativo; derecho a la copia sellada de los documentos que se presenten a la Administración Pública.

[48] Derecho de participación en las actuaciones administrativas; derecho a conocer las evaluaciones de gestión que hagan los entes públicos y a proponer medidas para su mejora; derecho de acceso a la información pública y de interés general; derecho a ser informado y asesorado en asuntos de interés general; derecho a conocer el responsable de la tramitación del procedimiento administrativo; derecho a conocer el estado de los procedimientos administrativos que les afecten.

[49] Derecho a servicios públicos y de interés general de calidad; derecho a conocer y a opinar sobre el funcionamiento y la calidad de los servicios públicos; derecho a participar en asociaciones o instituciones de usuarios de servicios públicos o de interés general.

[50] Derecho a exigir el cumplimiento de las responsabilidades de las personas al servicio de la Administración Pública y de los particulares que cumplan funciones administrativas.

[51] Seguimos, en este sentido, la tesis sostenida por Daniel Sarmiento, "La autoridad del Derecho y la naturaleza del *soft law*", *Cuadernos de derecho público*, 28, (2006): 221-266.

dependerá, a nuestro modo de ver, de varias cuestiones: (i) el grado de legitimidad con que cuenta en su procedimiento de adopción; (ii) el grado de compromiso de cada Estado en la adopción de normas internas que incorporen estas reglas y principios al ordenamiento jurídico; (iii) los costos que genere su integración a nivel interno; (iv) el grado de receptividad que tenga a nivel de la jurisprudencia. En todo caso, queda claro que las obligaciones asumidas no necesariamente son frágiles o un espejismo jurídico. Como expresa Díaz Pérez, la Carta Iberoamericana "presenta un carácter aglutinador manifestador de un punto de convergencia de todas las naciones que integran el espacio que le resulta de aplicación",[52] pues se ocupa de aquellas cuestiones que los países no han podido resolver individualmente, elevando a un nivel transnacional la unificación de intereses comunes, en coherencia con el nuevo paradigma que supone el derecho público global.[53] Este documento, que reúne la voluntad de los países de la región iberoamericana de solventar los problemas comunes que afectan a las administraciones públicas, genera un efecto de presión y compromiso de los Estados en la adopción de estándares de buena administración y, adicionalmente, promueve la difusión en los diferentes niveles de la globalidad.

3. La recepción del derecho a una buena administración en Colombia

3.1. Identificación del contenido a nivel constitucional

En el artículo 1 de la Constitución Política de Colombia se proclama la adhesión al modelo de Estado social de derecho, fundado en el respeto de la dignidad humana, en el trabajo y la solidaridad de las personas que la integran y en la prevalencia del interés general. Seguidamente, en el artículo 2 se declaran como fines esenciales del Estado: servir a la comunidad, promover la prosperidad general y garantizar la efectividad de los principios,

---

52 Manuel Díaz Pérez, "Implicaciones y retos de la Carta Iberoamericana de los Derechos y Deberes del Ciudadano en Relación con la Administración Pública desde el derecho público global", en *La reforma de las administraciones públicas*, editado por Jaime Rodríguez Arana Muñoz y Marta García Pérez (España: Bubok Publishing, 2014), 173-195.

53 Puntualmente, sobre esta cuestión Jaime Rodríguez Arana Muñoz, *Derecho Administrativo Global y Derecho Fundamental a la Buena Administración pública*, consultado 22 de marzo de 2017, http://www.cea.unc.edu.ar/acaderc/doctrina/articulos/derecho-administrativo-global-y-derecho

derechos y deberes consagrados en la Constitución; facilitar la participación de todos en las decisiones que los afectan y en la vida económica, política, administrativa y cultural de la Nación; defender la independencia nacional, mantener la integridad territorial y asegurar la convivencia pacífica y la vigencia de un orden justo. En esa misma línea, en el artículo 3 se afirma que la soberanía reside exclusivamente en el pueblo y que este la ejerce en forma directa o por medio de sus representantes. Con estos tres artículos podemos configurar una base ciertamente sólida, que permita reflejar el contenido del derecho a una buena administración, tal como se consagra a nivel europeo y en la Carta Iberoamericana.

Pero, adicionalmente, contamos con el artículo 29 que consagra la obligación del debido proceso y el artículo 209, específicamente referido a la función administrativa, que la declara al servicio de los intereses generales y que se desarrolla con fundamento en los principios de igualdad, moralidad, eficacia, economía, celeridad, imparcialidad y publicidad, mediante la descentralización, la delegación y la desconcentración de funciones. Esta norma tiene un impacto muy fuerte sobre el fortalecimiento de la posición del ciudadano en su vinculación con la Administración y amplía el marco de contención para recibir en el ordenamiento al derecho a una buena administración.

Un aspecto fundamental es que estos preceptos constitucionales materializan el principio de democracia participativa, robusteciendo el rol de la ciudadanía en la definición y el control de los asuntos públicos. En virtud del principio de participación, las autoridades promoverán y atenderán las iniciativas de los ciudadanos, organizaciones y comunidades encaminadas a intervenir en los procesos de deliberación, formulación, ejecución, control y evaluación de la gestión pública. Esto cobra vigor, asimismo, con lo establecido en el artículo 103 de la Constitución Política,[54] y responde a

---

[54] Artículo 103: "Son mecanismos de participación del pueblo en ejercicio de su soberanía: el voto, el plebiscito, el referendo, la consulta popular, el cabildo abierto, la iniciativa legislativa y la revocatoria del mandato. La ley los reglamentará. El Estado contribuirá a la organización, promoción y capacitación de las asociaciones profesionales, cívicas, sindicales, comunitarias, juveniles, benéficas o de utilidad común no gubernamentales, sin detrimento de su autonomía con el objeto de que constituyan mecanismos democráticos de representación en las diferentes instancias de participación, concertación, control y vigilancia de la gestión pública que se establezcan". Colombia, "Constitución Política de Colombia", 7 de julio de 1991.

la tendencia actual de que exista cada vez mayor participación de los interesados en la toma de decisiones públicas. No se limita a ser un aspecto del debido proceso, sino que se busca que aun en los procesos de adopción de normas administrativas de carácter general se dé la oportunidad a los interesados de participar. Por ello, es que su conexión con el derecho a una buena administración se puede realizar de manera indubitable.

Por supuesto que estas normas del orden constitucional son complementadas por una batería de normas infraconstitucionales que vienen a desarrollar los preceptos señalados y sobre las cuales no vamos a extendernos en virtud de la extensión de este trabajo.[55] Lo que queremos destacar es que a pesar de que no se reconozca de modo explícito el derecho a una buena administración, ni en el articulado de la Constitución Política ni en el desarrollo legislativo correspondiente, sí existe un sistema jurídico concertado que proclama el empoderamiento del ciudadano y la exigencia de unas condiciones de actuación para la administración. Esto quiere decir que, evidentemente, el núcleo fundamental del derecho a una buena administración permea todo el ordenamiento colombiano, lo cual resulta coherente con una visión actual del derecho, que apuesta a la apertura y al pluralismo del ordenamiento jurídico como premisas básicas, y a que el contenido de los principios que conforman ese ordenamiento dependen del contexto cultural del que forman parte, lo que explica el "camino histórico" que las constituciones son capaces de recorrer, pese a permanecer inalteradas en su formulación inicial.[56]

Es interesante observar, en este sentido, que la afiliación del ordenamiento constitucional a la admisión de este nuevo derecho es fiel reflejo de cómo las constituciones responden a fórmulas de estructura abierta, flexibilizándose el contenido de los preceptos ante la realidad cambiante. Aquella idea de "fuerza expansiva" de los derechos fundamentales, que Häberle

[55] Basta señalar, por dar unos ejemplos, la Ley 489 de 1998; la Ley 1437 de 2011 y, en fecha más cercana, la Ley 1757 de 2015 de promoción y protección del derecho a la participación democrática, respecto de la cual se estima que a partir de su vigencia se avance en la construcción de un modelo de Estado más democrático, participativo y pluralista (Fabio Velásquez y Esperanza González, "La reforma de la Ley de Participación en Colombia. Una experiencia de gobernanza democrática", *Desacatos*, 49, (2015), 48).

[56] Gustavo Zagrebelsky, *El Derecho dúctil: ley, derechos, justicia*, traducción de Marina Gascón (Madrid: Trotta, 1997), 124-125.

preconiza,[57] tiene que ver con la dinámica propia que los define, en atención a su capacidad de adaptación de su contenido al tiempo y al espacio, que no es más que la transformación del derecho en función de la evolución.

3.2. El derecho a una buena administración que configuró el Consejo de Estado

Aquí en Colombia, es de particular relevancia señalar que el concepto de buena administración ha sido abordado recientemente por el Consejo de Estado. La Sala Segunda, con ocasión de definir la nulidad del Decreto 1082 de 2015 hizo una primera aproximación al término a través de los principios y valores del preámbulo y los artículos 1, 2, 3 y 209 de la Constitución Política, y señaló que en el marco de un Estado social y democrático de derecho la Administración tiene el deber de proteger y garantizar los derechos e intereses tanto individuales como colectivos, "predeterminando para ella senderos forzosos de actuación, y marcos sustanciales de contención a la arbitrariedad".[58] A la hora de definir el principio jurídico de buena administración, indicó que se trata de:

> un postulado normativo que ordena, en la mayor medida de las posibilidades fácticas y jurídicas, que la Administración garantice los derechos de los administrados cuando entran en interacción con ella, ejecute de buena fe y bajo el estándar de la debida diligencia los deberes funcionales que el ordenamiento jurídico convencional, constitucional y legal le ha confiado y adopte las decisiones que correspondan de manera razonable y ponderada conforme a los valores, principios y reglas que se desprenden del marco jurídico legal, constitucional y convencional.[59]

Seguidamente, el tribunal dejó en claro que se trata de un "verdadero derecho fundamental a la Buena Administración o, lo que es lo mismo,

---

[57] Peter Häberle, *El Estado Constitucional* (México: UNAM, 2001), LXI.

[58] Colombia, Consejo de Estado, Sala de lo Contencioso Administrativo, Sección Tercera (Subsección C), "Sentencia del 10 de octubre de 2016", Radicación número: 11001-03-26-000-2015-00165-00(55813). Consejero ponente: Jaime Orlando Santofimio Gamboa.

[59] Ibid.

la manifestación de una suerte de posiciones jurídicas, protegidas por el ordenamiento, de defensa, prestación positiva e igualdad cuya titularidad recae sobre los administrados".[60] Más aún, en su sentencia indicó cuáles son los componentes de este derecho.

Así, estableció que el derecho fundamental a una buena administración abarca ocho cuestiones: (i) la garantía de satisfacer los derechos de los particulares; (ii) la concreción de los principios convencionales y constitucionales en el proceder de la Administración según el estándar de la debida diligencia; (iii) la revaloración del principio de legalidad, comprendido este desde una perspectiva sustancial y garantística; (iv) la ponderada y suficiente motivación de las decisiones que se adopten; (v) la gestión oportuna y eficaz; (vi) la realización del principio de economía; (vii) la transparencia de su obrar y (viii) todas aquellas que se orienten a reconocer el empoderamiento de los ciudadanos como titulares de derechos y, por consiguiente, merecedores de una gestión administrativa de calidad.

A través de esta sentencia, el Consejo de Estado no deja espacio a dudas acerca de la recepción explícita del criterio de buena administración al ámbito de su competencia. Utilizó este estándar de buena administración en un tema relativo a la contratación estatal, pues en la sentencia que se comenta se planteaba la nulidad de una disposición reglamentaria que impone el deber de dejar constancia del cierre de un expediente contractual. El tribunal determinó que no correspondía declarar la nulidad de la norma en cuestión por ser una disposición coherente con una medida de buena administración. Por delante, seguramente, vendrán otros casos sobre los que se irradiará este criterio ampliando el campo de interpretación de un derecho que se entiende apropiado a pesar de no estar constitucionalizado expresamente.

Conclusiones

Como dice Bobbio, los derechos "Nacen cuando deben o cuando pueden nacer".[61] Y, nos permitimos agregar, son el producto del consenso social acerca del sistema de necesidades básicas de la comunidad, que se halla abierto a su constante revisión y ampliación. En esta medida, podemos concluir, en

---

60 Ibid.

61 Norberto Bobbio, *El tiempo de los derechos* (Madrid: Editorial Sistema, 1991), 18.

primer lugar, que el surgimiento del derecho a una buena administración es expresión de la evolución que admiten en la dogmática constitucional los derechos fundamentales y, adicionalmente, refleja la necesidad de cambio que se impone al actuar de la Administración Pública en todo el mundo.

Como parte del núcleo fundamental de este derecho, entre otros, se reconoce el derecho del particular a ser oído, a que la Administración motive adecuadamente sus decisiones, a que sea transparente en su actuación, a que emita decisiones equitativas en un plazo razonable, a que responda por los daños que ocasione en el cumplimiento de la función administrativa, entre otros. Este conjunto de garantías no reporta una primicia para nuestros ordenamientos jurídicos pero, lo interesante es que, a partir de su adscripción al concepto de buena administración, se observan desde otra perspectiva. Dicha perspectiva es, concretamente, la tutela de los derechos humanos.

En segundo lugar, en este trabajo hemos podido verificar que la incorporación de este derecho a nivel europeo ha sido fruto de la reflexión acerca de la existencia de una relación directa entre la buena administración y la realización de los derechos fundamentales del ser humano. En dicha relación, el ciudadano se erige como un protagonista activo e interesado en la gestión pública, teniendo la administración gran trascendencia en la consecución de los intereses generales que la misma ciudadanía se ocupa de delimitar. Esta conexión es fundamental para entender la importancia de la consagración de este nuevo derecho en la Unión Europea, pues podemos colegir que la reinterpretación de ciertas garantías arraigadas en los ordenamientos servirá para la construcción de un modelo de Administración Pública diferente, más próxima a la ciudadanía.

La tercera conclusión que surge, en igual sentido, es que la relevancia que ha adquirido el concepto de buena administración en América Latina es meritoria y se enfoca en la misma dirección. La región también se encuentra inmersa en la discusión sobre el papel que cumple la Administración en la consecución de los fines sociales y, pese a no estar reconocido expresamente en un documento jurídico vinculante para los Estados, lo cierto es que el reconocimiento de una buena administración como principio, como deber y como derecho en un instrumento de *soft law* es testimonio de su amplia aceptación. Incluso, nos atrevemos a sostener, que en este lado del mundo podemos dar pasos más largos en la implementación de este derecho, ya que contamos con un desarrollo profuso del principio de participación en las Constituciones.

Por supuesto que no hay razones para creer que la sola recepción y consagración expresa de un derecho determine su materialización efectiva. Tampoco las hay para sostener que por el hecho de que la ciudadanía sea invitada a participar, ello vaya a producirse. La realidad es que el índice de concreción material de un derecho no depende de la arquitectura de un sistema jurídico sino de la voluntad política de quienes ejercen el poder. Y no solo de ello, sino también de la cultura cívica de los ciudadanos en tanto que debemos reconocer su existencia y ser conscientes de la posibilidad de hacerlos exigibles. En esta línea de pensamiento, la cuarta conclusión se orienta a confirmar nuestra percepción de que la ciudadanía y el Estado deben hacer un esfuerzo importante para lograr la concreción material del derecho a una buena administración.

Por lo demás, desde el punto de vista del derecho administrativo, la buena administración nos enfrenta al reto de evaluar las consecuencias que se desprenden del llamado derecho administrativo global, como fenómeno que describe una nueva mentalidad a la hora de analizar los problemas de fronteras borrosas entre los países. Por ello, aunque sea un tópico que evidentemente está de moda, la buena administración trae consigo una serie de planteamientos interesantes y, conforme hemos visto, pisa fuerte en los sistemas jurídicos actuales. Una evidencia concreta del avance que existe en materia de su reconocimiento como derecho fundamental es el tratamiento concreto que ha realizado el Consejo de Estado en Colombia, atribuyéndole un alcance bastante amplio y utilizándolo como parámetro de análisis para controlar la actuación estatal.

Obras citadas

Abraham, Ann. "Good Administration: Why We Need It More Than Ever". *The political quarterly*, 80, (2009): 25—32.

Bagni, Silvia y Pegoraro, Lucio. "'Diritto' a una buona amministrazione e principio di partecipazione". *Confluenze. Rivista di Studi Iberoamericani,* 6, (2014): 1-28.

Balbín, Carlos F. "Un Derecho Administrativo para la inclusión social". *La Ley*, 28 de mayo de 2014.

Bobbio, Norberto. *El tiempo de los derechos.* Madrid: Editorial Sistema, 1991.

Canda, Fabián Omar. "Principios convencionales del procedimiento administrativo. El principio de 'tutela administrativa efectiva'. Creación y evolución en la jurisprudencia de la Corte Interamericana. Recepción en la jurisprudencia de la Corte Suprema nacional". *El Derecho*, Serie Especial de Derecho Administrativo Nº 13.828, 7 de octubre de 2015.

Cassese, Sabino. "Il diritto alla buona amministrazione". *Rivista europea di diritto pubblico*, 21, (2009): 1037-1047.

Centro Latinoamericano de Administración para el Desarrollo —CLAD—. "Preámbulo". *Carta Iberoamericana de los Derechos y Deberes del Ciudadano en Relación con la Administración Pública*. Caracas: CLAD, 10 de octubre de 2013.

Colombia. "Constitución Política de Colombia". 7 de julio de 1991.

Colombia, Consejo de Estado, Sala de lo Contencioso Administrativo, Sección Tercera (Subsección C). "Sentencia del 10 de octubre de 2016". Radicación número: 11001-03-26-000-2015-00165-00(55813). Consejero ponente: Jaime Orlando Santofimio Gamboa.

Colombia, Presidencia de la República. "Decreto 1082 de 2015", Por medio del cual se expide el Decreto Único Reglamentario del sector administrativo de Planeación Nacional. Bogotá, 26 de mayo de 2015.

Delpiazzo, Carlos E. "La buena administración como imperativo ético para administradores y administrados". *Revista de Derecho*, 10, (2014): 41-57.

Díaz Pérez, Manuel. "Implicaciones y retos de la Carta Iberoamericana de los Derechos y Deberes del Ciudadano en Relación con la Administración Pública desde el derecho público global". En *La reforma de las administraciones públicas*, editado por Jaime Rodríguez Arana Muñoz y Marta García Pérez, 173-195. España: Bubok Publishing, 2014.

Durán Martínez, Augusto. "La buena administración". *Estudios de Derecho Administrativo*, 1, (2010): 173-193.

Fuentetaja Pastor, Jesús Ángel. "Del 'derecho a la buena administración' al derecho de la Administración europea". *Cuadernos Europeos de Deusto*, 51, (2014): 19-43.

García Pullés, Fernando. "Función pública, tutela administrativa efectiva y las nuevas versiones del acto administrativo". *Revista Argentina del Régimen de la Administración Pública*, 411, (2012): 85-94.

Gargarella, Roberto. "El nuevo constitucionalismo latinoamericano. Algunas reflexiones preliminares". *Crítica y Emancipación*, 3, (2010): 169-188.

Häberle, Peter. *El Estado Constitucional.* México: UNAM, 2001, LXI.

Hamilton, Alexander, Madison, James y Jay, John. *El Federalista.* México: Fondo de Cultura Económica, 2001.

Hermida del Llano, Cristina. "La configuración del derecho a una buena administración como nuevo derecho frente al poder". *Revista Pensamiento Constitucional*, 16, (2012): 157-170.

Italia, Jefe interino del Estado. "Constitución de la República Italiana". Gazzetta Ufficiale, 27 de diciembre de 1947.

Kristjánsdóttir, Margrét Vala. "Good Administration as a Fundamental Right". *Icelandic Review on Politics & Administration*, 9, (2013): 237-255.

Lanzza, Elisabetta. "The right to good administration in the European Union. Roots, rationes and enforcement in antitrust case-law". *Teoria del Diritto e dello Stato*, (2008). Consultado 22 de marzo de 2017, https://ssrn.com/abstract=1593523

Lirio do Valle, Vanice Regina. *Direito fundamental à boa administraçao e governança.* Belo Horizonte: Editora Fórum, 2011.

Mangas Martín, Araceli (dir). *Carta de los Derechos Fundamentales de la Unión Europea. Comentario artículo por artículo.* Madrid: Fundación BBVA, 2008.

Moscariello, Agustín. *El principio de la Buena Administración.* Consultado 22 de marzo de 2017. http://www.todaviasomospocos.com/aportes/el-principio-de-la-buena-administracion/

Nettel-Barrera, Alina del Carmen. "La actividad procedimental y la buena administración desde una perspectiva transnacional". *Revista Digital Ciencia UAQro*, 7, (2014).

Pérez Luño, Antonio Enrique. "La Carta de Niza y la Europa de los ciudadanos. Apostillas a la carta de los derechos fundamentales de la Unión Europea". *Derechos y Libertades: revista del Instituto Bartolomé de las Casas*, VII, (2002): 45-64.

______. *La tercera generación de derechos humanos.* Navarra: Aranzadi, 2006.

Pernice, Ingolf. "Multilevel constitutionalism in the European Union". *European law review*, 27, (2002): 511-529.

Ponce Solé, Juli. *El derecho a una buena administración y el derecho administrativo iberoamericano del siglo XXI. Buen gobierno y derecho a una buena administración contra arbitrariedad y corrupción.* Consultado 22 de abril de 2017. http://www.derecho.uba.ar/docentes/pdf/el-control-de-la-actividad-estatal/cae-ponce-buena.pdf

Ramírez Brouchoud, María Fernanda. "Gobernanza y legitimidad democrática". *Reflexión Política*, 12, (2010): 96-107.

Restrepo Medina, Manuel Alberto. "La respuesta del derecho administrativo a las transformaciones recientes del Estado social de derecho". En *El derecho administrativo en los albores del siglo XXI*, editado por Manuel Alberto Restrepo Medina, 37-56. Bogotá: Editorial Universidad del Rosario, 2007.

Rodríguez Arana, Jaime. "El derecho fundamental al buen gobierno y a la buena administración de instituciones públicas". *Revista de Derecho Público*, 113, (2008): 31-42.

______. "La buena administración como principio y como derecho fundamental en Europa". *Misión Jurídica, Revista de Derecho y Ciencias Sociales*, 6, (2013): 23-56.

______. "Sobre la carta iberoamericana de los derechos y deberes del ciudadano en relación con la administración pública". *Anuario da Facultade de Dereito da Universidade da Coruña*, 18, (2014): 17-30.

______. *Derecho Administrativo Global y Derecho Fundamental a la Buena Administración pública*. Consultado 22 de marzo de 2017. http://www.cea.unc.edu.ar/acaderc/doctrina/articulos/derecho-administrativo-global-y-derecho

Sarmiento, Daniel. "La autoridad del Derecho y la naturaleza del *soft law*". *Cuadernos de derecho público*, 28, (2006): 221-266.

Sicilia Oña, Beatriz. *Derechos fundamentales y constitución europea*. España: Ararteko, 2006.

Unión Europea, Comisión de la Unión Europea. "Libro Blanco sobre la gobernanza". Bruselas, Diario Oficial C 287, 12 de octubre de 2001.

Unión Europea, Parlamento Europeo, Consejo de Ministros y Comisión Europea. "Carta de los Derechos Fundamentales de la Unión Europea". Estrasburgo, 12 de diciembre de 2007.

Unión Europea, Tribunal de Justicia Unión Europea. "Sentencia del 15 de octubre de 1987", Asunto 222/86. Luxemburgo.

Unión Europea, Tribunal de Justicia de la Unión Europea (Sala Tercera). "Sentencia Cicala, del 21 de diciembre de 2011", Asunto C-482/10. Luxemburgo.

Unión Europea, Tribunal de Justicia de la Unión Europea (Sala cuarta). "Sentencia del 29 de abril de 2015", Asunto T-217/11. Luxemburgo.

Velásquez, Fabio y González, Esperanza. "La reforma de la Ley de Participación en Colombia. Una experiencia de gobernanza democrática" *Desacatos*, 49, (2015): 48-63.

Villacreses Valle, Jaime Andrés. *Bases constitucionales del derecho a una buena administración en Ecuador*. Consultado 17 de mayo de 2017. https://jdaiberoamericanas.files.wordpress.com/2016/03/jaime_andres_villacreses_valle.pdf

Wunder Hachem, Daniel. "El Derecho Administrativo de espaldas a la persona: desencantos y esperanzas en materia de proceso y procedimiento administrativo". *Revista Argentina del Régimen de la Administración Pública*, 417, (2013): 169-228.

Zagrebelsky, Gustavo. *El Derecho dúctil: ley, derechos, justicia*, traducción de Marina Gascón. Madrid: Trotta, 1997.

XI Conferencia Iberoamericana de Ministros de Administración Pública y Reforma del Estado. *Carta Iberoamericana de los Derechos y Deberes del Ciudadano en Relación con la Administración Pública*. Lisboa: CLAD, 25 y 26 de junio de 2009.

Las autoridades administrativas independientes: la reconfiguración de la estructura del Estado moderno y sus relaciones interinstitucionales

Hugo Alejandro Sánchez Hernández*

Sumario: Introducción. 1. Las autoridades administrativas independientes en el centro del fenómeno de la globalización. 1.1. Surgimiento de la categoría, noción y características. 1.2. Expansión de las AAI por el mundo globalizado: breve reseña de los casos colombiano y francés. 2. Las autoridades administrativas independientes y la ruptura de las estructuras clásicas del Estado moderno. 2.1. La ruptura de la estructura clásica de división de poderes en el Estado moderno. 2.2. Las AAI como motor de transformación de las instituciones y las formas relacionales en el seno de la Administración. Conclusiones. Obras citadas.

Introducción

La aparición del Estado moderno se sitúa en las postrimerías del medioevo. Tomando este modelo de Estado como referencia, podemos colegir fácilmente que existió un Estado pre-moderno y que existe, o existirá, un

* Abogado de la Universidad Santo Tomás de Bogotá. Doctor en Derecho de la Universidad Carlos III de Madrid. Magíster en Ciencias Administrativas (DEA) y especialista en Derecho Administrativo (DSU) de la Universidad París II Panthéon Assas. Tutor investigador de la Maestría en Derecho Público de la Universidad Santo Tomás en convenio con la Universidad de Constanza, Alemania, y docente de posgrado en las universidades del Rosario, Sergio Arboleda, los Andes, La Sabana y Santo Tomás. Ha sido profesor invitado de las universidades Montesquieu-Bordeaux IV en Francia y Constanza en Alemania. Correo electrónico: hugosan32@hotmail.com

Estado posmoderno. El Estado moderno desde sus inicios en el siglo XIV no ha dejado de evolucionar, nutrido por variadas teorías políticas, jurídicas y económicas, desde Maquiavelo hasta Burdeau, pasando por Bodin, Hobbes, Smith y Locke, entre otros, que han aportado a su proceso evolutivo y, en consecuencia, a su afianzamiento. Esta evolución ha significado la consolidación de ciertos elementos definitorios, dos de estos elementos son: (i) la organización del poder público, universalmente organizado en tres ramas del poder, ejecutiva, legislativa y judicial;[1] y, (ii) las relaciones interinstitucionales jerarquizadas dentro de la rama ejecutiva del poder público. Estos dos elementos nos permitirán mostrar cuán profunda es la crisis del Estado moderno y cómo su reconfiguración ha provocado que algunos autores favorezcan una nueva teoría, la denominada teoría del Estado posmoderno.[2]

Hoy podemos constatar que los Estados-nación, desde hace varias décadas ya, han dejado de ser ínsulas aisladas del mundo. Las dos guerras mundiales, el aumento del flujo de comercio internacional y de las comunicaciones, aunado a la interacción y avances tecnológicos, entre otros factores, han provocado un aumento de las relaciones económicas, sociales, culturales y educativas, que a su vez han desencadenado un proceso de globalización desenfrenado. El derecho en general, y en especial el colombiano, no ha sido ajeno al fenómeno de la globalización y se ha visto influenciado directa e indirectamente por los procesos de introducción, copia, trasplante, mímesis y reproducción de figuras y teorías foráneas.

En el marco de ese proceso, que encontró su apogeo con la caída del muro de Berlín y la disolución de la URSS, se inscribe el proceso de reconfiguración de las estructuras clásicas del Estado moderno. Uno de los factores determinantes de tal reconfiguración es, a nuestro juicio, la aparición de las Autoridades Administrativas Independientes —en adelante, AAI— en el panorama jurídico global; estas son una suerte de entidades de naturaleza administrativa que, sin embargo, escapan a los límites de la arquitectura clásica del Estado moderno y, en consecuencia, modifican las formas

1 Existen ciertas excepciones, tal es el caso de la China comunista y de Venezuela.

2 Por ejemplo: Jacques Chevallier, *El Estado posmoderno* (Bogotá: Editorial Universidad Externado de Colombia, 2011).

relacionales, tanto dentro del poder ejecutivo (Gobierno-Administración) como en el seno de la Administración misma.

Es así que cuando los atributos determinantes de un sistema, que ha sido denominado en función de estos, se difuminan o simplemente se reemplazan, este pierde su naturaleza y ya no es más eso que se entendía que era. Por esto es perentorio cuestionarnos si: ¿el surgimiento del fenómeno de las AAI ha afectado la estructura organizacional del Estado moderno? ¿Las AAI han cambiado el arquetipo de las relaciones interinstitucionales en el seno del ejecutivo? Y, finalmente, ¿han contribuido las AAI al ocaso del Estado moderno y el advenimiento del Estado posmoderno?

Con el fin de resolver estas cuestiones hemos decidido abordar la cuestión en dos grandes partes: primero, las AAI en el centro del fenómeno de globalización (1) y luego, las AAI y la ruptura de las estructuras clásicas del Estado moderno (2). Proponemos el estudio del tema, en la primera parte, analizando el surgimiento de la categoría, noción y características de las AAI (1.1), enseguida, abordaremos la expansión de las AAI por el mundo globalizado, privilegiando los casos colombiano y francés (1.2). En la segunda parte, proponemos analizar la ruptura de la estructura clásica de división de poderes en el Estado moderno (2.1), seguidamente estudiaremos las AAI como motor de transformación de las instituciones y las formas relacionales en el seno de la Administración (2.2), para consolidar finalmente las conclusiones del presente trabajo.

Por último, el método empleado en este artículo combina elementos de naturaleza analítica y deductiva. Por un lado, al considerar la información recopilada y estudiada, se generaron conclusiones de las normas, jurisprudencia, estudios especializados y de la doctrina más relevante sobre el particular, lo que implicó el uso del método analítico. Por otro lado, luego de haber realizado esto, se efectuó una valoración de las principales opiniones y se hizo una reflexión crítica y propositiva. Lo anterior supuso que se empleara el método deductivo.

1. Las autoridades administrativas independientes en el centro del fenómeno de la globalización

1.1. Surgimiento de la categoría, noción y características

Partiendo del dogma que reza que el Gobierno se encuentra a la cabeza del ejecutivo central y como consecuencia dispone de todo el aparato administrativo nacional, calificar a una autoridad administrativa de independiente del Gobierno parece, *prima facie,* un oxímoron.

Sin embargo, este es un fenómeno real y extensamente difundido en el mundo. La categoría surge en los Estados Unidos y se expande a otras latitudes. En 1887 la primera AAI de la que el mundo tuvo noticia fue creada, esta recibió el nombre de *Interstate Commerce Commission* (ICC por sus siglas en inglés).[3] Aunque la Ley de creación de la ICC la ubicaba bajo la jerarquía y tutela del Ministerio del Interior, en 1889[4] la ICC fue desvinculada de ese Ministerio y de su tutela efectiva, puesto que este estaba encargado de recibir y reenviar los informes producidos en el seno de la comisión, por lo que en adelante los informes que producía eran enviados directamente al Congreso, con esto se pretendía evitar la influencia gubernamental sobre la Comisión.[5]

La Ley de 1887 había dotado a la ICC de la función ejecutiva de fijar la política pública en materia de comercio interestatal y fijar tarifas.[6] Esta además tenía la facultad de imponer sanciones y de decidir en conflictos entre operadores, dentro de un proceso similar al llevado a cabo en el sistema judicial, pues existía un órgano colegiado similar al de los tribunales de apelación, un comisario, quien hacía las veces de juez de instancia, el procedimiento estaba regido por los principios de imparcialidad y objetividad, es decir, se reunían ciertas características cuasijudiciales.[7] Con posterioridad,

---

3 Ángel Manuel Moreno Molina, *La administración por agencias en los EE.UU.* (Madrid: Editorial Universidad Carlos III y Editorial Boletín Oficial del Estado, 1995), 104.

4 Estados Unidos, Congreso, Interstate Commerce Act as amended by 25 St. p. 855, c. 382, 1889.

5 María Jeleztcheva Jeleztcheva, *Las autoridades de defensa de la competencia: los Estados Unidos y la Unión Europea: España y Bulgaria* (Madrid: Editorial Universidad Complutense de Madrid, 2007), 22.

6 Según algunos autores, para la doctrina norteamericana esta función es cuasi-legislativa. Ver: Jeleztcheva Jeleztcheva, *Las autoridades de defensa de la competencia.*

7 Moreno Molina, *La administración por agencias,* 109-110.

y mediante la reforma al *Interstate Commerce Act*, introducido en 1889, el Congreso le delega el poder de regulación técnica del sector económico, esto es, se le otorgaron funciones cuasilegislativas.[8]

De manera tal que se creó una autoridad administrativa, caracterizada por su independencia del poder ejecutivo, en especial del Gobierno; que además cumplía funciones cuasilegislativas, reglamentación del comercio entre Estados[9] y cuasijudiciales, junto con poderes de sanción y resolución de conflictos entre operadores del mercado, entre otros. Posterior a esta primera autoridad, apareció un grupo importante de AAI en el panorama norteamericano, siguiendo el modelo impuesto por la ICC,[10] en el que se encontraban la Federal Trade Commission (1915), la Federal Power Commission (1920), la Federal Communications Commission (1934), la Securities and Exchanges Commission (1934) y el National Labor Relations Board (1935), entre otras.[11]

A partir de esta breve referencia histórica,[12] podemos deducir las características iniciales que dieron lugar a evoluciones y progresos posteriores en Estados Unidos y en una cantidad importante de países que replicaron el modelo.

Así pues, desde el punto de vista orgánico, tenemos que las AAI son autoridades, lo cual implica que poseen un poder de decisión y ejercen el poder público, administrativas, es decir, que su naturaleza estaría ligada en principio a la rama ejecutiva del poder público y sus respectivas funciones que son a la base las de ejecución de la ley, pero que están a su vez, gracias

---

8 Hubert Delzangles, *L'Indépendance des Autorités de Régulation Sectorielles: Communications électroniques, Energie et Postes* (Bordeaux: Université Montesquieu-Bordeaux IV, 2008), 47.

9 Radicada en cabeza del legislador federal: *Wabash, St. Louis & Pacific Railway Co. v. People of Illinois, 118 U.S. 557*, 1886.

10 Gabriel Fernández Rojas, "Administración por agencias independientes en los Estados Unidos de América", *Revistas Vniversitas*, 52, (2003): 183.

11 En 1996, la *Surface Transportation Board* (STB), reemplaza a la *Interstate Commerce Commission*, asumiendo sus competencias normativas, técnicas y jurisdiccionales.

12 Para ver más sobre el proceso histórico en los Estados Unidos: Fernández Rojas, "Administración por agencias independientes"; Hugo Alejandro Sánchez Hernández, "Las autoridades administrativas independientes como fenómeno global y su impacto en Colombia y Francia", (2016), documento inédito.

a su estatuto particular y su independencia, por fuera del control jerárquico y de tutela ejercido por el Gobierno.

La independencia debe ser entendida como "la situación de un órgano público al cual su estatus le asegura la posibilidad de tomar decisiones con libertad y al amparo de toda instrucción y presión".[13] A fin de entender mejor la independencia de este tipo de autoridades, conviene retomar las acertadas palabras de M. H. Delzangles, quien dice: "(…) las autoridades de regulación [AAI] no pueden ser independientes del Estado, solamente independientes en el seno del Estado."[14] Es decir, que no son *ruedas sueltas* dentro del engranaje estatal; estas, por el hecho de ser independientes, no son depositarias de un poder tal que las haga política o jurídicamente irresponsables.

Las AAI se caracterizan, desde su organización, por estar conformadas por un número impar de miembros (conformación de tribunal en sentido lato), elegidos en un proceso compuesto: nominados, en general, por el jefe del Gobierno y bajo la ratificación por el Congreso; esto asegura, en parte, su legitimidad política. Sin embargo, recae sobre los miembros elegidos mediante este proceso político el deber de *deslealtad*, a fin de mantener la imparcialidad técnica y política de la autoridad; como complemento de esta última característica, la estabilidad en el cargo de los miembros de las AAI refuerza la independencia de la Autoridad, estos gozan de un estatus especial y solo pueden ser retirados de sus cargos por falta comprobada y establecida previamente en la norma, es decir, su retiro no está sujeto a la discrecionalidad del nominador.[15]

Desde el punto de vista funcional, las AAI cumplen funciones técnicas o de alta complejidad, especialmente de regulación de un sector del mercado —cuasilegislativas—; poseen, además, funciones de sanción o la competencia para resolver litigios entre los diferentes actores del mercado

---

[13] Gérard Cornu, *Vocabulaire juridique*, (Quadrige, PUF, 2007). La doctrina subraya generalmente que la independencia: "(…) consiste en que ningún órgano ejerce sobre ellos el poder jerárquico o de tutela". Citado en: G. Eckert y J.-P. Kovar, "L'indéndance des Autorités de régulation économique et financière: une approche comparée", *Revue française d'administration publique*, 143, (2012/3).

[14] Hubert Delzangles, "La détermination hésitante de la portée de l'indépendance des autorités de régulation nationales par la Cour de justice de l'Union européenne", *Revue juridique de l'économie publique*, 689, (2011): 41.

[15] Ibid., 195-203.

—cuasijudiciales—, estos procesos han venido siendo jurisdiccionalizados, es decir, cargados con exigencias procedurales propias de los procesos jurisdiccionales, por ejemplo: la división funcional entre el órgano que hace la acusación y el que toma la decisión en el seno de estas autoridades.

Este maremágnum de estatus y poderes especiales genera sendos problemas, uno de ellos es la constitucionalidad de las AAI. Problema que no se presenta en Colombia, debido a que esta categoría fue inscrita en la Constitución Política de 1991 al crear el concepto del "Órgano Autónomo e Independiente",[16] entonces, ya que el problema no es precisamente su constitucionalidad, dada la claridad meridiana de la norma superior, este se desplaza hacia el impacto que esta categoría tiene sobre la arquitectura clásica del poder público. Así pues, conviene preguntarnos si aún vivimos en un Estado en el que existen tres y solo tres ramas del poder como alegan la mayoría de doctrinantes y estadistas, o por el contrario, Colombia se ha alejado de las formas del Estado moderno clásico, caracterizado por la tridivisión de poderes, para sumergirse hoy en aguas desconocidas, lo que supondría la reconfiguración de las estructuras del poder y por ende de las relaciones interinstitucionales.

1.2. Expansión de las AAI por el mundo globalizado: breve reseña de los casos colombiano y francés

La categoría de AAI no ha sido ajena al proceso de globalización (también conocido como mundialización), el cual ha provocado el aumento exponencial del flujo económico, financiero, cultural, informativo, y académico mundial, etc.,[17] como ya lo hemos reseñado en otros trabajos sobre el particular,[18] por lo que enfocaremos nuestros esfuerzos en desarrollar la llegada de dicha figura en los países concernidos, a saber, Francia y Colombia.

La inmersión de las AAI dentro de este fenómeno global, encuentra varias explicaciones, por ejemplo, que la expansión del capitalismo como adalid de las políticas neoliberales (implantación del Estado neoliberal, apertura económica, entre otras) fue trasladando los problemas (crisis económica,

---

[16] Colombia, "Constitución Política de Colombia", 7 de julio de 1991, artículo 113.

[17] Christine Dollo, Laurent Braquet, Delphine Dolce y Nathalie Gineste, *Economie* (París: Sirey, 2016), 601.

[18] Sánchez Hernández, "Las autoridades administrativas independientes".

monopolios, etc.) de país en país en donde el modelo se fue implantando, y como consecuencia de ello también trajo consigo ciertas soluciones, por ejemplo, la creación de autoridades de regulación de mercados dejados a la libertad de competencia (libre concurrencia), que se caracterizaban por ser independientes del Gobierno, estas autoridades fueron adquiriendo posteriormente otros nombres (Administraciones Independientes, Autoridades Administrativas Independientes, Autoridades Públicas Independientes, Autoridades de Regulación Independientes, entre otros).

La primera AAI en suelo europeo se creó en Inglaterra,[19] aunque algunos países escandinavos reclaman que a inicios del siglo XIX ya existían figuras asimilables allí,[20] con todo, la categoría se difundió rápidamente en la Europa continental, en Francia y en España,[21] y de allí hizo *metástasis* en los demás países del continente, especialmente en Europa oriental, en la década de los 90 del siglo pasado. En Francia, la categoría de AAI fue forjada por los juristas galos a partir de la nueva técnica utilizada por el legislador en la Ley n° 78-17 del 6 de enero de 1978, la cual creó la Comisión Nacional de Informática y Libertades (Commission nationale de l'informatique et des libertés —CNIL—), a pesar de su proximidad con Inglaterra, los juristas franceses tuvieron mayor influencia de la experiencia norteamericana.[22]

A partir de ahí, un gran número de AAI fueron creadas, según la profesora Dieckhoff,[23] hubo una primera etapa que comprende tres décadas entre 1941, cuando aparece la Comisión de Control de Bancos (Commission de Contrôle des Banques), y 1967 cuando la Comisión de Operación de la Bolsa (Commission des opérations de Bourse —COB—) es creada por la Ordenanza n° 67-836 del 28 septiembre de 1967.[24] Esta primera etapa

---

19 En 1888, se crea la *Railway and Canal Commission.*

20 Jean-Marie Pontier, (dir.), *Rapport de droit comparée.* Citado en: Patrice Gélard, *Rapport de l'office parlementaire d'évaluation de la législation n° 404 (2005-2006)*, l'Office parlementaire d'évaluation de la législation, 15 de junio de 2006, 24.

21 En 1980 se crea el ente público Radiotelevisión Española —RTVE—.

22 Gélard, *Rapport de l'office parlementaire*, 15 de junio de 2006, 22-23.

23 Evelyne Dieckhoff, *Les Autorites Administratives Independandantes* (París: Conseil d'État, 1991).

24 Cualificada como "autoridad pública independiente" y dotada con personalidad jurídica por el artículo 2° de la Ley no. 2003-706 del 1 de agosto de 2003 de seguridad financiera. La AMF fusionó la Comisión de Operaciones de Bolsa (Commission des Opérations de Bourse), creada por la Ordenanza no. 67-836 del 28 de septiembre de 1967, y clasificada como AAI por el artículo 1° de dicha ordenanza,

se caracterizó por la lentitud del proceso de creación y la ausencia de una definición del fenómeno.[25]

Una segunda fase, que va desde 1973, con la creación del Mediador de la República (Mediateur de la République), y que culmina en 1978 con la creación de la Comisión Nacional de Informática y Libertades —CNIL—. En este período se aumenta la cantidad de entidades creadas y se afianza la noción con la primera referencia a la categoría de AAI en la Ley de creación de la CNIL.

Finalmente, un tercer período comprendido entre 1980 y la actualidad, en donde se han creado y fusionado un sinnúmero de nuevas AAI, por ejemplo, el Defensor de Derechos (Défenseur des droits)[26] quien constituye la primera autoridad de este tipo que se inscribe en el texto constitucional;[27] el Comité nacional de evaluación de los establecimientos públicos de carácter científico, cultural y profesional (Comité national d'évaluation des établissements publics à caractère scientifique, culturel et profesionnel —CNE—);[28] el Consejo Superior del Audiovisual (Conseil supérieur de l'Audiovisuel —CSA—);[29] la Agencia francesa de lucha contra el dopaje

---

tras la modificación de ésta por la Ley no. 96-597 del 2 de julio de 1996 sobre la modernización de las actividades financieras, el Consejo de Mercados Financieros (Conseil des Marchés Financiers), creado por la Ley 96-597 y el Consejo de Disciplina de la Gestión Financiera (Conseil de Discipline de la Gestion Financière), creado por la Ley no. 89-531 del 2 de agosto de 1989.

[25] Dieckhoff, *Les Autorites Administratives*, 5.

[26] El defensor de derechos sucede al mediador de la República (*Médiateur de la République*), creado por la Ley no. 73-6 del 3 de enero de 1973. El mediador de la República fue clasificado como "autoridad administrativa" por el Consejo de Estado en la decisión del 10 de julio de 1981. La Ley no. 89-19 del 13 de enero de 1989 modificó el artículo 1 de la Ley no. 73-6 cualificando al mediador de la República como "autoridad independiente". En el año 2011 se suprimió al mediador de la República y se creó el defensor de derechos por la Ley orgánica no. 2011-333 del 29 de marzo de 2011. Este sucedió al mediador de la República. Es interesante notar que el artículo 2 de dicha Ley cualifica al defensor de derechos como "autoridad constitucional independiente", categoría novedosa en el derecho francés.

[27] Aude Rouyère, "La constitutionnalisation des autorités administratives indépendantes: quelle signification?", *Revue française d'administration publique*, 5, (2010): 887.

[28] Creado por la Ley no. 84-52 del 26 de enero de 1984 sobre la enseñanza superior y clasificado como AAI por el artículo 27 de la Ley no. 89-486 del 10 de julio de 1989.

[29] Creado por el artículo 1 de la Ley no. 89-25 del 17 de enero de 1989 como autoridad independiente. El CSA reemplazó a la Comisión Nacional de Comunicación y Libertades (Commission nationale de la communication et des libertés —CNCL—), clasificada como AAI por la Ley no. 86-1067 del 30 de septiembre de 1986.

(Agence française de lutte contre le dopage —AFLD—);[30] la Autoridad de control de las molestias sonoras aeroportuarias (Autorité de contrôle des nuisances sonores aéroportuaires —ACNUSA—).[31] Esto por solo nombrar algunas de ellas.

En Francia, la liberalización de los mercados, que otrora eran monopolio estatal, producto de la integración económica en la Unión Europea, fue uno de los motivos que impulsaron la creación de las AAI. A pesar de que la aplicación de las directivas comunitarias no imponen explícitamente la obligación de crear AAI en los países miembros, ni imponen un *rediseño institucional*, las autoridades de la Unión obligan a separar la función de explotación (jugador) de la función de regulación (árbitro), a fin de evitar conflictos de intereses, promover el libre acceso al mercado, y garantizar una regulación técnica e imparcial, entre otras.[32]

Recientemente en Francia ha habido un retroceso, luego de que en 2001 el Consejo de Estado presentara en su reporte anual una cuarentena de autoridades que calificó como independientes a pesar de que la ley no les había reconocido a todas ese estatus, el parlamento francés expidió, en enero de 2017, la Ley no. 2017-55, por la cual se expide el Estatuto general de las Autoridades administrativas independientes y las Autoridades públicas independientes —API—, en el cual se prohíbe de manera implícita la atribución del estatuto de AAI a autoridades diferentes a las incluidas en la citada Ley y que no hayan recibido tal calificación por el legislador (art. 1).

Actualmente, existen 26 Autoridades reconocidas por el legislador,[33] por lo que los juristas franceses se preguntan qué pasará con las autoridades

---

[30] Sucedió al Consejo de prevención y de lucha contra el dopaje (Conseil de prévention et de lutte contre le dopage —CPLD—), el cual había sido creado y cualificado como AAI por el artículo 14 de la Ley no. 99-233 del 23 de marzo de 1999. La AFLD fue cualificada como AAI por el artículo 2 de la Ley no. 2006-405 del 5 de abril de 2006 relativa a la lucha contra el dopaje y a la protección de la salud de los deportistas.

[31] Creada y clasificada como AAI por el artículo 1 de la Ley no. 99-588 del 12 de julio de 1999, el cual posteriormente fue codificado como el artículo L. 227-1 del Código de Aviación Civil (Code de l'aviation civile).

[32] Stéphanie Dubiton, *La protection des libertés publiques par les autorités administratives indépendantes, une solution démocratique?* (Mayenne: LGDJ, 2016), 70-75.

[33] Estas Autoridades son: (i) Agence française de lutte contre le dopage; (ii) Autorité de Contrôle des Nuisances Sonores Aéroportuaires; (iii) Autorité de régulation des communications électroniques et des postes; (iv) Autorité de la concurrence; (v) Autorité de régulation de la distribution de la Presse;

que no fueron incluidas en la Ley, solo el tiempo nos dará una respuesta y esta inquietud seguramente será objeto de otra reflexión.

De otra parte, Colombia no es insular ni ha permanecido ajena a estos fenómenos, y menos a la influencia extranjera, en especial de los empréstitos de teorías e instituciones foráneas trasplantadas a suelo patrio con el fin de contribuir a la eficiencia y eficacia de la acción administrativa. En nuestro país, la globalización y el neoliberalismo llegaron casi de la mano, desde la década de 1980, procesos que en ese sentido comenzaron a impactar en nuestras instituciones y es especial en la centenaria Constitución Política de 1886.

El proceso constituyente inició en 1991 como producto del movimiento estudiantil denominado séptima papeleta[34] y de las desmovilizaciones de las guerrillas a finales de la década de los 80. La constituyente fue integrada, entre otros, por académicos e intelectuales de diversas corrientes políticas que conocían las nuevas instituciones que comenzaban a tener éxito en Europa y que ya gozaban de profundo arraigo en los Estados Unidos, e incluso adelantados a los problemas venideros se permitieron consagrar la figura en el artículo 113 constitucional, eludiendo de esta forma los debates sobre su constitucionalidad, y no conformes con esto, los constituyentes crearon varias AAI de rango constitucional, entre ellas la desaparecida Comisión Nacional de Televisión —CNTV—, la Junta Directiva del Banco de la República y la Cormagdalena.[35]

(vi) Autorité de régulation des activités ferroviaires et routières; (vii) Autorité de Régulation des Jeux en Ligne; (viii) Autorité des marchés financiers; (ix) Autorité de sûreté nucléaire; (x) Comité d'indemnisation des victimes des essais nucléaires; (xi) Commission d'accès aux documents administratifs; (xii) Commission du secret de la défense nationale; (xiii) Contrôleur général des lieux de privation de liberté; (xiv) Commission nationale des comptes de campagne et des financements politiques; (xv) Commission nationale de contrôle des techniques de renseignement; (xvi) Commission nationale du débat public; (xvii) Commission nationale de l'informatique et des libertés; (xviii) Commission de régulation de l'énergie; (xix) Conseil supérieur de l'audiovisuel; (xx) Défenseur des droits; (xxi) Haute Autorité de santé; (xxii) Haut Conseil de l'évaluation de la recherche et de l'enseignement supérieur; (xxiii) Haut Conseil du commissariat aux comptes; (xxiv) Haute Autorité pour la diffusion des œuvres et la protection des droits sur Internet; (xxv) Haute Autorité pour la transparence de la vie publique y (xxvi) Médiateur national de l'énergie.

[34] Véase: Fernando Carrillo Flórez, "La séptima papeleta o el origen de la Constitución de 1991", *Revista del Colegio Mayor de Nuestra Señora del Rosario*, 100, (2005), y María Lucía Villareal (Ed.), *La séptima papeleta: historia contada por algunos de sus protagonistas* (Bogotá: Editorial Universidad del Rosario, 2010).

[35] Hugo Alejandro Sánchez Hernández, *La noción de autoridad administrativa independiente en*

Sin embargo, a diferencia de otros países, en especial Francia, en Colombia el proceso no ha hecho eclosión, y esta forma institucional no ha sido ni utilizada ni desarrollada por el legislador. Por el contrario, hoy acudimos a un proceso regresivo en el que las AAI colombianas son objeto de ataques y desmantelamiento, lo que las convierte en instituciones serviles del poder político (poder ejecutivo y poder legislativo). Tal es el caso de la CNTV, encargada de regular el servicio público de televisión, y en general del espectro electromagnético, en el territorio de la República en desarrollo de los preceptos constitucionales fijados en los artículos 76 y 77, que fue desprovista de la garantía constitucional que le otorgara el constituyente.[36]

O bien la fragilización de la independencia del Banco de la República como consecuencia de la reforma constitucional que permitió la reelección presidencial. El Acto Legislativo 002 de 2004 cambió en su momento el equilibrio del poder en el seno de la Junta Directiva del Banco, ya que al poder ser elegido en dos períodos presidenciales, el primer mandatario podía hacerse fácilmente con la mayoría de los miembros de la entidad, por ende la Junta Directiva se vio amenazada por la captación del ejecutivo.[37]

Así mismo, existen otras instituciones que podrían incluirse en esta categoría en el panorama administrativo colombiano, entre ellas, la Comisión Nacional del Servicio Civil consagrada en el artículo 130 de la Constitución Política, que rescató su independencia a través de la Sentencia de la Corte Constitucional C-372 de 1999; el denominado Ente Universitario Autónomo, que se enmarca en el contexto de la autonomía universitaria prevista en el artículo 69 de la Constitución Política; las Corporaciones Autónomas Regionales, redefinidas en la estructura del Estado por parte de la Ley 99 de 1993, junto con los denominados órganos de control, estos son: Procuraduría General de la Nación, Contraloría General de la República y, finalmente, la Organización Electoral integrada por la Registraduría Nacional del Estado Civil y el Consejo Nacional Electoral.

España y en Colombia (Bogotá: Ediciones Doctrina y Ley, 2016).

[36] Colombia, Congreso de la República, "Acto Legislativo No. 002 de 2011". Bogotá, Diario Oficial No. 48.107, 21 de junio de 2011.

[37] Jaime Ramírez Plazas y José William Sánchez Plazas, *Estructura del Estado* (Bogotá: Librería Ediciones del Profesional, 2012), 337.

Así pues, vemos dos procesos diferentes de llegada de la categoría e implementación de la misma, sobre lo cual podemos decir que, a pesar de las críticas, en Colombia podemos desarrollar de manera racionalizada este tipo de autoridades y de esta manera descentralizar funciones que por su naturaleza no deben ser sometidas al poder jerárquico o de tutela del Gobierno, tal es el caso, por ejemplo, de las superintendencias o ahondar en los estatutos de independencia de las comisiones de regulación de servicios públicos.

2. Las autoridades administrativas independientes y la ruptura de las estructuras clásicas del Estado moderno

2.1. La ruptura de la estructura clásica de división de poderes en el Estado moderno

Luego de una larga tradición absolutista en el viejo continente, la separación de poderes aparece como una forma de evitar el cúmulo de funciones y poderes en cabeza de una sola persona (bien sea natural —el monarca— o moral —el ejecutivo—). Este principio es producto del pensamiento de Locke y Montesquieu. En la teoría de Locke encontramos tres poderes: ejecutivo, legislativo y federativo, en donde el poder judicial se encontraba situado en el seno del ejecutivo. En el pensamiento del barón de la Brede y señor de Montesquieu, quien desarrolla al pensador inglés, encontramos también tres funciones, divididas así: ejecutiva, legislativa y judicial. Vemos que el aporte del pensador francés a la teoría de Locke es la sustitución del poder federativo por el poder judicial, dotando a este último de independencia del poder ejecutivo.[38]

Así, en los Estados modernos, el legislativo es el órgano de impulsión política, como constituyente derivado dentro del esquema de la democracia representativa y está encargado de expedir las leyes y reformar la Constitución cuando a ello hubiere lugar. El poder judicial está al servicio del derecho y de la pacificación de la sociedad a través de la administración de justicia entre los hombres.[39] Finalmente, el ejecutivo, ejerce el poder de ejecución

---

[38] Louis Favoreu et al., *Droit constitutionnel* (París: Dalloz, 2016), 410-413.

[39] Eduardo García de Enterría y Tomás-Ramón Fernández, *Curso de derecho administrativo* (Madrid: Civitas, 1997), 28-29.

material de las leyes y aún de las sentencias judiciales, está conformado por el Gobierno y la Administración. La importancia en el plano jurídico y social de cada uno de estos poderes es consecuencia de una elección de la sociedad. Entonces, encontramos que existen regímenes parlamentarios, presidenciales y semi-presidenciales, entre otros.

El modelo de ejecutivo monista es un rasgo típico de los regímenes presidencialistas clásicos y Colombia es un ejemplo de ello, puesto que el presidente de la República es jefe de Estado,[40] jefe de Gobierno y suprema autoridad administrativa, y no comparte estas funciones con otro órgano, por ejemplo, con un primer ministro, como en los regímenes semi-presidenciales, tal es el caso de Francia, en donde coexisten la figura presidencial y ministerial.[41] Además, los regímenes presidencialistas también se caracterizan por una estricta separación de poderes.[42]

Así pues, existe una especialización funcional, una separación de funciones, entre los distintos órganos del Estado. Por lo que la aparición de entidades que ejercen prerrogativas propias de los tres poderes clásicos, o que no se pueden encuadrar en uno de estos poderes, generan diversos problemas. Existen al menos dos formas de analizar el asunto, de una parte están quienes alegan que el problema sobre la teoría de división de poderes es falso, dado que la misma teoría ha sido malinterpretada a lo largo de la historia y proponen una contra lectura y, de otra parte, se encuentran quienes piensan que la dificultad existe y que la categoría no entra dentro de la división de poderes y, en consecuencia, nos hace repensar el modelo.

Para algunos autores, la concepción de tridivisión de poderes no es más que una licencia que se permitieron ciertos doctrinantes desconociendo,[43] de esta manera, la base de las teorías citadas. Estos explican que la aportación de Locke y Montesquieu no es la tridivisión de poderes, sino la separación de poderes, ya que la una dista mucho de la otra. Este pensamiento particular, y poco ortodoxo para los puristas, encuentra su paladín en Maurice Hauriou. El decano de Toulouse empieza por indicar que hubo un error al interpretar a Montesquieu, y este consiste en haber confundido los "poderes"

---

[40] Colombia, "Constitución Política de Colombia", artículo 115.

[41] Favoreu et al., *Droit constitutionnel*, 671-734.

[42] Ibid., 422.

[43] En particular la lectura que hace el profesor Charles Eisenmann de Montesquieu.

con las "funciones" estatales, creyendo que existe el mismo número de poderes que de funciones.[44]

Como consecuencia de ello la tridivisión de poderes se convirtió en un dogma. Además, la utilización del vocablo *poder* da lugar a ciertas ambigüedades, por lo que A. Divellec propone, con acierto, distinguir entre órganos (o instituciones) y funciones, dado que la pregunta ¿quién hace?, es diferente a la pregunta ¿qué hace?[45] Así pues, "el poder es distinto de la función como el fin es distinto del medio empleado para su realización",[46] en otras palabras, la función es la actividad que es o debe ser desarrollada por el Estado, y el poder público es la manifestación del ejercicio del poder estatal desplegado a fin de cumplir tal función.

Sin embargo, en diferentes latitudes la aparición de las AAI ha sido problemática puesto que se parte del dogma de la división tripartita de poderes, y en consecuencia, estas son consideradas como "un deposito heteróclito de agencias irresponsables y poderes no coordinados [que] violentan la teoría básica [...] que [indica que] debe haber tres grandes ramas del gobierno y solo tres",[47] dicho de otra manera, son consideradas una cuarta rama del poder que transgrede la división tradicional, ya que acumula en su seno las tres funciones clásicas del Estado moderno, ejecutiva, legislativa y judicial.

A este respecto debemos adelantarnos a decir que es claro que no existe esta tal acumulación, puesto que las AAI comparten funciones con las diversas ramas, pero no las ejercen a plenitud, pero además estas autoridades son controladas por las otras ramas del poder, por lo que la teoría de separación de poderes, en el entendido de Hauriou sale incólume.

Es claro hasta aquí, siguiendo estas dos teorías, que las AAI proponen una ruptura de la teoría clásica de división de poderes, más aun en un país diseñado sobre el presidencialismo como es el caso colombiano. Teniendo en cuenta esto, es preciso añadir un elemento que se le escapa a

---

44 Dubiton, *La protection des libertés publiques*, 121-122.

45 A. Divellec, "L'articulation des pouvoirs dans les democraties parlementaires européennes: fusión et mitigation, pouvoirs", 2012, 123. Citado por: Dubiton, *La protection des libertés publiques*, 122.

46 Druesne, *Reflexions sur la notion de pouvoirs publics en droit français*, (RDP, 1976), 1191. Citado por: Dubiton, *La protection des libertés publiques*, 123.

47 James O. Freedman, *Crisis y legitimidad: El proceso administrativo y el gobierno de los Estados Unidos* (México D. F.: Fondo de Cultura Económica, 1988), 32.

los investigadores sobre la materia y es que la irrupción de un modelo de Estado liberal (y neoliberal) supuso el nacimiento de una nueva función y, en consecuencia, un nuevo poder, la función de la regulación económica de los mercados.

Así, es claro que para Locke y Montesquieu solo habría tres funciones y, en consecuencia, tres poderes estatales, puesto que el modelo de Estado y las necesidades del momento no les permitían adelantarse a augurar una cuarta o quinta función. En ese orden de ideas, la configuración planteada, especialmente por el pensador francés, es a nuestro parecer nada más que un elemento de demostración, pero no la base de su teoría. Tal como anota Stéphanie Dubiton, "(...) el número de poderes poco importa, siempre que estos sean al menos dos: uno que decida y otro que controle".[48]

Finalmente, la Asamblea Nacional Constituyente colombiana no fue extraña a este particular, y en un esbozo de sus deliberaciones dejó estas palabras:

> El Estado, en la práctica y no en sus textos, en cuanto se refiere a su organización y funciones, ha rebasado las doctrinas tradicionales y ha evolucionado tanto que la actual distribución del poder público en tres ramas en verdad ya no corresponde ni en la teoría ni en la práctica a la estructura real del Estado moderno (...). Y esa afirmación es cierta, porque, como se verá, hay órganos que no encuadran en ninguna de las tres ramas del poder público, porque sus funciones ni son legislativas, ni administrativas, ni judiciales. Sus instituciones ejercen primordialmente unas funciones propias, específicas y distintas y, por lo mismo, no encajan dentro de la simplista y elemental teoría tripartita por lo que, a nuestro juicio, hay necesidad de hacer una enumeración adicional.[49]

De esta manera, tal como lo señalamos en precedencia, se presentó la creación de la Contraloría General de la República, como órgano fiscalizador,

---

[48] Dubiton, *La protection des libertés publiques*, 123.

[49] Asamblea Nacional Constituyente, "Informe-Ponencia: Estructura del Estado", *Gaceta constitucional No. 59*, 25 de abril de 1991, 2.

y de la Procuraduría General de la Nación,[50] también existentes en la Constitución de 1886, pero esta vez como órganos con total autonomía e independencia.

2.2. Las AAI como motor de transformación de las instituciones y las formas relacionales en el seno de la Administración

La división de poderes así concebida fue objeto de desarrollo en la mayor parte de países occidentales y en lo que respecta al ejecutivo existe una gran influencia del modelo weberiano de Administración. Max Weber, en su obra *Economía y Sociedad* (1922), describe los contornos de lo que es la Administración "monocrática", por oposición a la "colegialidad", de la primera resalta como un elemento consustancial la "rigurosa jerarquía administrativa". En palabras del autor el principio de jerarquía administrativa "[es] la ordenación de 'autoridades' fijas con facultades de regulación e inspección y con el derecho de queja o apelación ante las 'autoridades' superiores por parte de las inferiores".[51]

Empero, como hemos visto en la teoría de división de poderes, la aparición y la consecuente eclosión de las AAI ha significado también la ruptura de la teoría de la Administración weberiana, soportada en el control, jerárquico y de tutela, y en la unidad de mando administrativo, provocando lo que el profesor Jacques Chevallier llama la "fragmentación" del poder de la Administración.[52]

Así, el doctrinante francés apunta que la Administración clásica vista como un "árbol", es decir, una serie de ramificaciones unidas entre sí por un tronco fuerte, sostenida por los principios de la centralización y la jerarquía del poder, sufre una intensa transformación y termina por asemejarse a una especie de "rizoma", en el cual las entidades administrativas poseen mayor libertad, que se traduce en autonomía y/o en independencia. El modelo clásico se define por la verticalidad de las relaciones entre entidades pertenecientes al aparato administrativo. De otra parte, en el Estado posmoderno,

---

[50] Colombia, Corte Constitucional, "Sentencia C-743 de 1998", Gaceta de la Corte Constitucional, 2 de diciembre de 1998. Magistrado ponente: Fabio Morón Díaz.

[51] Max Weber, *Economía y sociedad* (Madrid: Fondo de cultura económica de España, 2002), 174.

[52] Chevallier, *El Estado posmoderno*, 145-146.

las relaciones son más horizontales e interdependientes, agrega Chevallier, que la estructura en "red" sustituye la organización "piramidal" como forma de organización administrativa.[53]

Sin embargo, como señala S. Dubiton "(...) mucho antes de la aparición de las AAI, Charles Eisenmann ya rechazaba la concepción unitaria de la administración".[54] Sus argumentos se basan en la diversidad de naturaleza de las entidades que conforman el todo de la Administración, por lo que rápidamente concluye que estos en principio no pueden formar una unidad. Así, según el autor francés, la Administración es un todo complejo, una estructura formada por distintos órganos administrativos y, a su vez, variadas estructuras, siempre unas distintas de las otras aunque interdependientes y situadas en un mismo nivel, lo que les permite cumplir el cometido estatal.[55]

Eisenmann propone un modelo de Administración "inorgánico", cimentado en su propia lectura de la teoría de Montesquieu. Así, el autor trasvasa el principio de equilibrio de poderes al seno de la Administración, del cual surgen las relaciones de independencia que no son ajenas para las AAI. De esta manera las AAI no son administrativas por su naturaleza propiamente dicha, sino porque se encuentran ligadas a otras estructuras administrativas por medio de relaciones jurídicas.[56]

La teoría de Eisenmann nos permite soportar la independencia orgánica de las AAI y nos propone repensar la composición de la Administración, partiendo de teorías ya conocidas, como la separación de poderes, sin embargo, huelga recordar que este tipo de autoridades no participan exclusivamente en las funciones administrativas, sino también legislativas y jurisdiccionales.[57]

A partir de las dos teorías expuestas, podemos colegir con facilidad que la creación de las AAI supone, si no la ruptura, por lo menos la reformulación de la teoría clásica que soporta la Administración Pública. Creando nuevas formas de relación entre las autoridades, pasando de las relaciones jerárquicas-verticales, a las relaciones horizontales, en donde la interacción

---

53 Ibid., 145-146.

54 Dubiton, *La protection des libertés publiques*, 116.

55 Ibid., 116-117.

56 Ibid., 118.

57 Ibid.

es entre las distintas autoridades que se encuentran en un plano de igualdad y desde donde contribuyen a la realización de los cometidos estatales.

Conclusiones

Finalmente, de las reflexiones que hasta aquí hemos hecho, podemos concluir que la globalización y el modelo económico liberal (y neoliberal) han sido capitales para el éxito y el consecuente esparcimiento de las AAI en el mundo. Pero este proceso dista de ser del todo pacífico, puesto que los Estados modernos están construidos sobre la teoría de la división tripartita de poderes, entonces el advenimiento de una categoría extraña que no se enmarca en una de las tres funciones básicas del Estado resulta problemático.

Así las cosas, resulta imperioso decir que el sustrato del problema es la dogmatización, que conduce a la petrificación de la teoría de la división tripartita de poderes, la cual, como hemos visto, no se reduce forzosamente a tres poderes, sino a una conceptualización mucho más amplia de las funciones del Estado, de la cual emanan los poderes públicos, es decir, a mayor cantidad de funciones más poderes públicos aparecen, y hoy podemos constatar la aparición de una nueva función: la regulación económica de los mercados, de la cual nace el poder de regulación, personificado por las AAI.

De otra parte, hemos podido deducir, que la creación de Autoridades Administrativas Independientes en el seno de la Administración reduce de manera diáfana la jerarquización del poder y, en consecuencia, supone su fragmentación. Esto se traduce en el reequilibrio y, también, en la aparición de nuevas formas de relación interinstitucional.

Finalmente, resulta claro que las AAI han obligado a los juristas de todo el mundo a analizar una vez más las teorías que soportaban la Administración dentro del Estado moderno y que se convirtieron en dogmas gracias al paso del tiempo. Es por esto que las AAI, a nuestro juicio, han participado activamente en la transformación de Estado tal como lo conocemos, dicho de otra manera, las AAI han minado las viejas estructuras teóricas modernas y han sugerido la llegada del Estado posmoderno.

Obras citadas

Asamblea Nacional Constituyente. "Informe-Ponencia: Estructura del Estado". *Gaceta constitucional No. 59*, 25 de abril de 1991.

Carrillo Flórez, Fernando. "La séptima papeleta o el origen de la Constitución de 1991". *Revista del Colegio Mayor de Nuestra Señora del Rosario*, 100, (2005).

Chevallier, Jacques. *El Estado posmoderno*. Bogotá: Editorial Universidad Externado de Colombia, 2011.

Colombia. "Constitución Política de Colombia". 7 de julio de 1991.

Colombia, Congreso de la República. "Ley 99 de 1993". Bogotá, Diario Oficial No. 41146. 22 de diciembre de 1993.

______. "Acto Legislativo No. 002 de 2011". Bogotá, Diario Oficial No. 48.107. 21 de junio de 2011.

Colombia, Corte Constitucional. "Sentencia C-743 de 1998". Gaceta de la Corte Constitucional, 2 de diciembre de 1998. Magistrado ponente: Fabio Morón Díaz.

______. "Sentencia C-372 de 1999". 26 de mayo de 1999. Magistrado ponente: José Gregorio Hernández Galindo.

Cornu, Gérard. *Vocabulaire juridique*. Quadrige: PUF, 2007.

Delzangles, Hubert. *L'Indépendance des Autorités de Régulation Sectorielles: Communications électroniques, Energie et Postes*. Bordeaux: Université Montesquieu-Bordeaux IV, 2008.

______. "La détermination hésitante de la portée de l'indépendance des autorités de régulation nationales par la Cour de justice de l'Union européenne". *Revue juridique de l'économie publiqueRJEP*, 689, 2011.

Dieckhoff, Evelyne. *Les Autorites Administratives Independantes*. París: Conseil d'État, 1991.

Dollo, Christine, Braquet, Laurent, Dolce, Delphine y Gineste, Nathalie. *Economie*. París: Sirey, 2016.

Dubiton, Stéphanie. *La protection des libertés publiques par les autorités administratives indépendantes, une solution démocratique?* Mayenne: LGDJ, 2016.

Eckert, G. y Kovar, J.-P. "L'indéndance des Autorités de régulation économique et financière: une approche comparée". *Revue française d'administration publique*, 143, (2012/3).

Estados Unidos, Congreso. Interstate Commerce Act as amended by 25 St. p. 855, c. 382. 1889.

García de Enterría, Eduardo y Fernández, Tomás-Ramón. *Curso de derecho administrativo*. Madrid: Civitas, 1997.

Gélard, Patrice. *Rapport de l'office parlementaire d'évaluation de la législation* n° 404 (2005-2006), l'Office parlementaire d'évaluation de la législation. 15 de junio de 2006.

Francia, Asamblea Nacional. "Ley No 78-17". París, 6 de enero de 1978.

Francia, Asamblea Nacional. "Ley No. 2017-55". París, 20 de enero de 2017.

Francia, Presidencia de la República. "Ordenanza No 67-836". París, 28 de septiembre de 1967.

Favoreu, Louis, Gaïa, Patrick, Ghevontian, Richard, Pfersmann, Otto, Roux, André, Scoffoni, Guy y Mestre, Jean-Louis. *Droit constitutionnel.* París: Dalloz, 2016.

Fernández Rojas, Gabriel. "Administración por agencias independientes en los Estados Unidos de América". *Revistas Vniversitas*, 52, (2003): 177-205.

Freedman, James O. *Crisis y legitimidad: El proceso administrativo y el gobierno de los Estados Unidos.* México D.F.: Fondo de Cultura Económica, 1988.

Jeleztcheva Jeleztcheva, María. *Las autoridades de defensa de la competencia: los Estados Unidos y la Unión Europea: España y Bulgaria.* Madrid: Editorial Universidad Complutense de Madrid, 2007.

Moreno Molina, Ángel Manuel. *La administración por agencias en los EE.UU.* Madrid: Editorial Universidad Carlos III y Editorial Boletín Oficial del Estado, 1995.

Ramírez Plazas, Jaime y Sánchez Plazas, José William. *Estructura del Estado.* Bogotá: Librería Ediciones del Profesional, 2012.

Rouyère, Aude. "La constitutionnalisation des autorités administratives indépendantes: quelle signification?". *Revue française d'administration publique*, 5, (2010): 887.

Sánchez Hernández, Hugo Alejandro. "Las autoridades administrativas independientes como fenómeno global y su impacto en Colombia y Francia". 2016. Texto inédito.

______. *La noción de autoridad administrativa independiente en España y en Colombia.* Bogotá: Ediciones Doctrina y Ley, 2016.

Villareal, María Lucía (Ed.). *La séptima papeleta: historia contada por algunos de sus protagonistas.* Bogotá: Editorial Universidad del Rosario, 2010.

Weber, Max. *Economía y sociedad.* Madrid: Fondo de Cultura Económica de España, 2002.

Wabash, St. Louis & Pacific Railway Co. v. People of Illinois, 118 U.S. 557. 1886.

La contratación pública para la innovación

Diana Carolina Valencia-Tello[*]
Juan David Duque Botero[**]

Sumario: Introducción. 1. Breves notas sobre la revolución tecnológica de la información. 2. La contratación pública en Colombia. 3. Compra pública para la innovación. 4. Desafíos de la contratación pública para la innovación. 5. Conclusiones. Obras citadas.

Introducción

La contratación pública es un instrumento amparado en las teorías de la liberalización y privatización que se consolidaron en Colombia a partir de la Carta Política de 1991,[1] con la observancia de estándares supranacionales

* Profesora principal de Derecho Administrativo de la Universidad del Rosario. Especialista en Derecho Administrativo y Derecho Ambiental de la Universidad del Rosario. Maestría, Doctorado y Postdoctorado de la Universidad Federal del Paraná (Brasil). Se ha desempeñado como subdirectora administrativa del Ministerio de Agricultura y Desarrollo Rural, coordinadora del Fondo de Paz-Presidencia de la República de Colombia y abogada del Departamento Administrativo de la Función Pública.

** Abogado y magíster en Derecho Administrativo de la Universidad del Rosario, experto en Contratación Pública de la Universidad de Deusto y doctor en Derecho de la Universidad Alfonso X El Sabio de Madrid (España). Se ha desempeñado como secretario general de la Superintendencia de Industria y Comercio, magistrado auxiliar de la Sección Tercera del Consejo de Estado, subsecretario de Planeación Distrital. Es profesor titular de la cátedra de Contratación Estatal, en la Facultad de Jurisprudencia y en la Especialización de Derecho Administrativo de la Universidad del Rosario. Ha sido secretario general del Ministerio de Tecnologías de la Información y las Comunicaciones, y actualmente es el director de Colombia Compra Eficiente.

1 Colombia, "Constitución política de Colombia", 7 de julio de 1991, artículo 227. Esta posición puede ser confrontada por la sentencias de constitucionalidad: C-137 de 1995, C-369 de 2002 y

tendientes a garantizar un incremento significativo en los niveles de eficiencia, calidad y confianza sobre la actividad estatal. La ampliación del modelo de organización política atomizó los objetivos de la actividad estatal, por lo cual esta necesita de nuevas formas de actuación y nuevas estructuras que faciliten la coordinación entre los diversos actores en búsqueda del bienestar común.

En el siglo pasado la contratación pública se realizó principalmente sobre las actividades administrativas de las entidades públicas, pero a partir de la década de 1990, con las reformas sucedidas sobre el Estado, estos procedimientos pasaron a ser un poderoso instrumento para apoyar las metas estratégicas de los Gobiernos, que, a partir del nuevo modelo, además de provisionar oportunamente bienes, obras y servicios con fines públicos, también deben generar empleo, manejar eficientemente el gasto público, proteger el medio ambiente, desarrollar la capacidad industrial, promover la integración comercial, entre otros.[2]

El despliegue de la actividad contractual estatal, conforme al desarrollo de las políticas y programas de gobierno modernos, implica garantías para la inversión y el fomento a la economía, pero al mismo tiempo, adhesión a los principios democráticos que gobiernan un Estado social del derecho. La contratación estatal también puede posicionar al Estado en sectores económicos clave, en virtud del gasto que representa en el presupuesto de los países,[3] propiciando espacios de acercamiento entre los sectores privado y público, e instituyendo estímulos a iniciativas (nacionales, internacionales y transnacionales) dirigidas a garantizar procedimientos con mejores índices de eficiencia, transparencia y responsabilidad.

Así, la contratación pública que promueva la innovación es un nuevo mecanismo que pretende mejorar la competitividad y productividad y, como

---

C-750 de 2008, a partir de las cuales se adoptaron principios dirigidos a la internacionalización de la economía, el libre desarrollo de la economía y la implementación de políticas tendientes a fomentar la privatización.

2 Colombia Compra Eficiente, *Estrategia de Gestión de Colombia Compra Eficiente*, 2013, recuperado de https://www.colombiacompra.gov.co/sites/default/files/normativas/20130131estrategia.pdf

3 Igualmente, por el volumen de inversión que la compra pública representa sobre la economía del país, se ha concluido que el uso eficiente de las herramientas con que ha sido dotada comporta un mejor desempeño de la competencia, el acceso a productos y servicios inexplorados del mercado, niveles más altos de calidad y precio y mejores índices financieros para la entidad contratante.

concepto, se fundamenta en cinco pilares: (i) el aumento del número de oferentes, (ii) la estructuración de modelos de financiación que permitan la aplicación, (iii) la adopción de prácticas contra la corrupción, (iv) el aumento en los niveles de competitividad y (v) las garantías de beneficio para ambas partes de la relación contractual.[4]

El acceso a los beneficios de un proceso de compra innovadora dependerá, en gran medida, del despliegue adecuado de la etapa de planeación y de la concertación de actos preparatorios conformes con los objetivos públicos que pretendan satisfacerse. La definición correcta de las obligaciones contractuales permitirá una mejor comprensión de las necesidades del proceso para el oferente privado y mayores posibilidades de participación que beneficien el proceso público.

Desde la óptica de los estándares internacionales, la Organización para la Cooperación y Desarrollo Económico —OCDE—,[5] en el informe de evaluación y recomendaciones de políticas de innovación de 2014 para Colombia, destaca la importancia de fomentar procesos de innovación en todos los niveles y sectores, reconociendo la naturaleza sistémica de la innovación y el rol de los actores que hacen parte, tales como universidades, empresas, centros de investigación y el Gobierno en sus diferentes niveles. Frente al Gobierno, la OCDE recomienda que las entidades públicas estimulen la contratación de: "(...) actividades de I+D del sector privado, a manera de proyectos independientes para satisfacer las necesidades públicas o como componentes explícitos de los contratos para la compra de bienes y servicios".[6]

---

4 Es por ello que "el desarrollo de la C[ontratación] P[ública] I[nnovadora] se aborda trabajando tanto desde el lado de la demanda, esto es, del gestor público que saca a licitación los contratos de compra pública innovadora, como desde el lado de la oferta, es decir, de las empresas que compiten en las licitaciones ayudándolas a participar y presentar ofertas innovadoras". Portal de la contratación pública de la comunidad de Madrid, *Información General. 5. Compra pública innovadora*, recuperado de http://www.madrid.org/cs/Satellite?cid=1354307981003&language=es&pagename=PortalContratacion%2FPage%2FPCON_contenidoFinal

5 La OCDE ha realizado varias publicaciones en materia de contratación pública en América Latina, pero en el presente artículo solo serán analizados los informes que tratan puntualmente el tema de contratación pública para la innovación en Colombia.

6 OCDE, *Estudios de la OCDE de las políticas de innovación en Colombia*. Evaluación general y recomendaciones, 2013, recuperado de https://www.mintic.gov.co/portal/604/articles-4616_recurso_1.pdf

Por otro lado, es importante resaltar cómo la nueva revolución tecnológica impone la *innovación* como un elemento clave para el desarrollo de los países, en mercados globales altamente competitivos; pues solo mediante procesos innovadores, que utilizan eficientemente las nuevas tecnologías disponibles, es posible abrir nuevos mercados, estimular la productividad, generar empleo, diversificar actividades agrícolas, fomentar la sostenibilidad ambiental, entre otros. En este contexto, Colombia Compra Eficiente —CCE—, como organismo rector del Sistema de Compra Pública en Colombia, está desarrollando diversos instrumentos para promover la innovación en el país.

Teniendo en cuenta la importancia de promover la innovación en Colombia, el presente artículo busca analizar la noción de la compra pública para la innovación, sus retos y potencialidades, dentro del marco normativo y jurisprudencial del país. Para ello, primero se presentarán algunas características de la revolución tecnológica de la información, con el objetivo de verificar la importancia de la innovación en el nuevo modelo de desarrollo económico global. En la segunda parte, se analizarán algunas generalidades sobre la contratación pública en Colombia, para después, en la tercera sección, estudiar la guía para entender la compra para la innovación elaborada por CCE. En la cuarta sección se destacarán algunos desafíos de la compra pública para la innovación, y se finaliza con algunas conclusiones.

1. Breves notas sobre la revolución tecnológica de la información

Desde las últimas décadas del siglo XX, se dio inicio a una nueva revolución tecnológica que tuvo la capacidad de otorgar mayor autonomía a los individuos, y consecuentemente, transformar totalmente la organización social y política conocida hasta el momento. Las nuevas tecnologías aparecieron paulatinamente en diversas áreas del conocimiento, y se evidenciaron grandes esfuerzos por el perfeccionamiento de técnicas que facilitaran los flujos, manejo y almacenamiento de información, y que potencializaran la comunicación entre los individuos de una forma responsable.

> Desde la década de los sesenta, numerosos autores han propuesto dividir la historia humana en fases o períodos caracterizados por la tecnología dominante de codificación, almacenamiento y recupera-

> ción de la información. La tesis fundamental es que tales cambios tecnológicos han dado lugar a cambios radicales en la organización del conocimiento, en las prácticas y formas de organización social y en la propia cognición humana, esencialmente en la subjetividad y la formación de la identidad.[7]

Por su naturaleza, estos nuevos mecanismos de interacción permitieron la construcción de una forma de organización social alternativa (redes), que se construyó de acuerdo con esquemas capaces de superar las barreras temporales, espaciales y estructurales del modelo clásico, para materializar los procesos de comunicación de forma eficiente, en períodos de tiempo cortos.

Los nuevos desarrollos tecnológicos (computadores, celulares, internet, televisión, etc.) simplificaron los diseños de interconexión entre individuos y grupos en diferentes territorios, permitiendo nuevas expectativas de contacto en tiempo real y de forma inmediata. La creación de un espacio global que admitiera mayor libertad a los individuos amplió las fronteras de diversas formas (antes impensables), y limitó las barreras culturales, económicas y políticas.

De otra parte, las crisis de los modelos de economía local, las ideas sobre apertura y privatización, la adopción de postulados propios de las tendencias de globalización[8] y el reconocimiento del rol protagónico del sector privado en los sistemas influenciaron a los Estados para reducir el despliegue de acciones intervencionistas y así permitir la promoción de nuevos estándares de autonomía en la sociedad y el mercado.[9]

---

[7] Levinson, 1990; Harnad, 1991; Bosco, 1995, citados en J. Adell, "Tendencias en educación en la sociedad de las tecnologías de la información", *EDUTEC-e. Revista Electrónica de Tecnología Educativa*, 7, (1997), recuperado de http://www.edutec.es/revista/index.php/edutec-e/article/view/570/299

[8] "Globalización y tecnología se refuerzan mutuamente. Si la primera es una consecuencia de la segunda, un mercado global y por tanto más competitivo acelera el proceso de innovación tecnológica afirmando y consolidando con ello el nuevo marco global. En tanto la geografía se ha tornado irrelevante, las modernas redes de telecomunicaciones se han convertido en una necesidad vital para la competitividad de las naciones. Ningún país puede esperar, sin sólidas y avanzadas infraestructuras de telecomunicaciones, ser partícipe de las posibilidades de desarrollo que contiene la nueva economía". J. Banegas Núñez, "La nueva economía española. Impactos de las tecnologías de la información y la comunicación en la economía y la sociedad", Tesis, Universidad Complutense de Madrid, Madrid, 2001, 28.

[9] "El intervencionismo de Estado hace presencia en los distintos sistemas económicos impe-

> La nueva economía se caracteriz[ó] por ser una economía en red, virtual, intangible e inmaterial basada en la información, el conocimiento, la innovación y la decodificación digital de la información, que se [fue] desarrollando gracias al impacto de las Tecnologías de la Información y la Comunicación. Desde una perspectiva macroeconómica puede entenderse como el resultado de la confluencia de tres fenómenos: el desarrollo de la infraestructura tecnológica asociada a las TIC; las transformaciones macroeconómicas en las economías derivadas de la aplicación de estas tecnologías y la intensificación del proceso de globalización. Desde un punto de vista microeconómico la nueva economía se desarrolla en torno al mercado electrónico, en el que aparecen nuevos productos, agentes, procesos así como nuevas relaciones empresariales y nuevos modelos de comunicación y organización. El nuevo entorno favorece cambios en la estructura del mercado y en las formas de competir, así como la intensificación de procesos de convergencia de tecnologías, infraestructuras, mercados y productos.[10]

Bajo esas condiciones se observa cómo la innovación tecnológica no fue un acontecimiento aislado, sino la concreción de varios procesos y diversas habilidades que reconocieron necesidades insatisfechas para los individuos, los modelos económicos y la sociedad. Las innovaciones fueron el producto de una mentalidad económicamente eficiente, a partir de la cual se pretendió aumentar los rendimientos de cada parte del negocio mediante la organización de una red de productos y usuarios que pudieran comuni-

---

rantes, (...), teniendo un mayor o menor nivel de incidencia en el mercado a partir de las distintas formas de organización estatal. En su labor de intervención, se le atribuye al Estado la función esencial de garantizar que la economía funcione adecuadamente, combatiendo fenómenos negativos como la colusión empresarial, las prácticas restrictivas de la libre competencia y los abusos se la posición dominante, tratándose de una economía de mercado. Asimismo, es de la esencia del intervencionismo procurar que la actividad financiera goce de suficiente solvencia, así como también impedir que la misma incurra en prácticas que afecten el ahorro privado". Colombia, Corte Constitucional, "Sentencia C-692 de 2007", 5 de septiembre de 2007. Magistrado ponenete: Rodrigo Escobar Gil.

[10] M. Billón Currás, N. Hernández Nanclares y F. Lera López, "La nueva economía y su cuantificación. Un enfoque desde la microeconomía y la macroeconomía", Presentación en el Cuarto congreso de economía de Navarra, 2002, 366-367, recuperado de https://academica-e.unavarra.es/bitstream/handle/2454/23817/LeraNuevaEconom%C3%ADa.pdf?sequence=1&isAllowed=y

car sus experiencias de forma acumulativa, aprendiendo a utilizar y crear permanentemente nuevas tecnologías. Fue un proceso que inició en la década de 1970, cuando las grandes empresas buscaron respuestas efectivas a la crisis económica y las nuevas tecnologías fueron utilizadas para incrementar la capacidad de comunicación de sectores independientes del mercado, aumentando la flexibilidad de los procesos económicos a escala global.[11]

En la década de 1990, el inicio de la *era de la información* se implanta en la sociedad para indicar una forma específica de organización social, en donde la generación, procesamiento y transmisión de información se convirtieron en fuentes fundamentales de productividad y de poder, erigidas gracias a las nuevas condiciones tecnológicas que surgieron en las últimas décadas del siglo xx.[12]

Al respecto Negroponte afirma: "En un mundo digital, el medio no [era] el mensaje, sino una encarnación de este. Un mensaje [podía] tener varias encarnaciones que derivan[rán] de manera automática de la misma información".[13] Por su parte Jordán Marín indica: "Es en este contexto donde tecnología y medios de comunicación de masas se [encontraron], se estable[ció] un nuevo modelo económico, productivo y social que sup[uso] la aparición de industrias, perfiles profesionales y modelos económicos hasta ahora desconocidos".[14]

Para Castells, un aspecto fundamental de esta revolución tecnológica fue la aplicación de saberes e información en aparatos de generación de conocimiento y procesamiento de datos, que permitieran establecer un círculo de retroalimentación acumulativa entre la innovación y sus usos.[15] Así, *el*

---

[11] Diana Carolina Valencia-Tello, *El Estado en la era de la globalización y las nuevas tecnologías* (Bogotá: Ibañez, 2015), 36.

[12] Manuel Castells, *La Era de la Información: Economía, sociedad y cultura. Volumen 1. La sociedad red*, traducido por Carmen Martínez Gimeno (México: Siglo xxi, 2008), 47.

[13] Nicholas Negroponte, *El mundo digital* (Barcelona, Ediciones B, 1995), 116-117.

[14] Juan Ángel Jódar Marín, "La era digital: nuevos medios, nuevos usuarios y nuevos profesionales", *Razón y Palabra* 15, (2010), recuperado de http://www.redalyc.org/articulo.oa?id=199514914045

[15] Castells utiliza un ejemplo para clarificar esta nueva realidad. En las telecomunicaciones, la tecnología pasó por tres etapas diferentes: automatización de las tareas, experimentación sobre los usos y reconfiguración de las aplicaciones. En las dos primeras etapas, la innovación tecnológica avanzó mediante el aprendizaje por el *uso*. En la tercera etapa, los usuarios aprendieron el uso de las nuevas

conocimiento y la información no estarían centralizados como en la Revolución Industrial, sino que buena parte de la información y del conocimiento estaría disponible para que los usuarios crearán nuevas tecnologías, reconfigurando las redes y encontrando nuevas aplicaciones. Todo lo cual ayudaría a que el desarrollo de la tecnología fuera más rápido y eficiente. De acuerdo con las exposiciones de este autor, la nueva revolución tecnológica tiene cinco características principales.

La primera característica afirma que, en el nuevo paradigma,[16] las tecnologías son para *actuar sobre la información*.[17] En ese sentido, la información no solo actúa sobre la tecnología, como en las revoluciones anteriores, ya que los usuarios de las nuevas tecnologías pueden apropiarse de la información para generar nuevas informaciones y productos que permiten mejorar invenciones en períodos de tiempo cortos.

La segunda característica se refiere a la capacidad de penetración de los efectos de las nuevas tecnologías en las actividades humanas en todos los niveles.[18] Las nuevas tecnologías actúan en todos los dominios de las actividades humanas (tales como trabajo, placer, salud, seguridad, movilidad, finanzas, educación, etc.) y hacen posible establecer conexiones infinitas entre diferentes dominios, así como entre los elementos y agentes de las diferentes actividades.

La tercera característica trata de la lógica de *interconexión de todo el sistema* o conjunto de relaciones que utilizan las nuevas tecnologías de la información, ya que la red parece estar bien adaptada para una complejidad

---

tecnologías *creándolas* y acabaron reconfigurando las redes y encontrando nuevas aplicaciones, ayudando a que el desarrollo de la tecnología fuera más rápido. Como resultado, la difusión de las nuevas tecnologías de la información amplifica infinitamente el poder de apropiación y redefinición de los usuarios, ya que la tecnología no solo se aplica, sino que también, y al mismo tiempo, se desarrolla, lo que deja el control de la tecnología en manos de los usuarios, como es el caso del internet y de las redes sociales. Castells, *La Era de la Información,* 58.

[16] Un paradigma tecnológico y económico es un grupo de innovaciones técnicas, organizativas y gerenciales interrelacionadas que generan una nueva gama de productos y sistemas, utilizando insumos de bajo costo y de disponibilidad universal. Los cambios contemporáneos de paradigma pueden contemplarse como el paso de una tecnología basada en insumos baratos de energía a otra basada en insumos baratos de información derivados de los avances en la microelectrónica y en la tecnología de las comunicaciones. Castells, *La Era de la Información,* 58.

[17] Ibid., 87-88.

[18] Ibid., 88.

de interacción creciente y pautas de desarrollo impredecibles que surgen del poder interactivo de la interacción. Así, la red ahora puede materializarse en todo tipo de procesos y organizaciones, mediante tecnologías de la información de reciente disposición.[19]

En cuarto lugar, y relacionado con la interacción, el paradigma de la tecnología de la información se basa en la flexibilidad, pues no solo permite que los procesos sean reversibles, también permite la modificación de organizaciones e instituciones, e inclusive alterar el orden de los componentes. La capacidad de reconfiguración es un trazo decisivo en una sociedad caracterizada por la mudanza constante y la fluidez organizativa. Aun así, es importante resaltar que la flexibilidad puede ser tanto una fuerza liberadora como una fuerza represiva, en donde todo dependerá del uso que los diferentes actores le den a las nuevas tecnologías, lo que deberá ser analizado en concreto en cada caso particular.[20]

Finalmente, la quinta característica trata de la convergencia creciente de tecnologías específicas en un *sistema altamente integrado*, dentro del cual las antiguas trayectorias tecnológicas separadas son prácticamente indistinguibles. Adicionalmente, las integraciones entre firmas empresariales, las alianzas estratégicas y los proyectos de colaboración están ayudando permanentemente en el proceso de integración del sistema.[21]

De esta forma, el nuevo modelo de producción capitalista se orientó hacia la acumulación del conocimiento en grados más elevados de complejidad mediante el procesamiento de la información, que se organizó en sistemas interconectados, con procesos flexibles e integrados, con capacidad de penetración en todos los dominios de la vida. Por ello se afirma que en la actualidad el conocimiento y la información constituyen la principal fuente de productividad y competitividad de las empresas, los Estados y las regiones.

En este nuevo contexto, la innovación representa un nuevo método de organización entre redes de trabajo internas y externas, que buscan mejorar, crear o modificar las formas tradicionales de entregar bienes y servicios con

---

19 Ibid., 88.

20 Ibid., 89.

21 Ibid., 89.

la finalidad de reducir costos, mejorar la calidad de los productos, interconectar mercados, facilitar experiencias a usuarios, entre otros.

Las nuevas tecnologías, impulsadas generalmente por el sector privado, son el motor de la globalización, en cuanto que ellas posibilitan gestionar en escala global la producción, el consumo y la circulación de capital, de los recursos humanos, de las materias primas, etc. Por lo tanto, las tecnologías de la información permiten el desarrollo del comercio internacional, el avance del capitalismo y el aumento de las interdependencias e interconexiones en todas las sociedades y economías del mundo. Al mismo tiempo, las nuevas tecnologías también han modificado sustancialmente las relaciones de poder entre el Estado, la sociedad y el mercado, causando que el Estado deba adaptarse a las nuevas condiciones, transformando de diversas formas las estructuras de poder, la capacidad de direccionamiento, la autoridad, el mando y el control que solía tener.[22] Una de las actividades que se ha visto trasformada es la contratación pública, lo que será analizado a continuación, tomando el caso colombiano.

2. La contratación pública en Colombia

Los procesos de contratación emprendidos por entidades estatales están destinados al cumplimiento del principio de interés general, ya que el contrato público es un instrumento jurídico que utiliza el Estado para cumplir sus finalidades y deberes,[23] comprometiendo en todo momento el erario. Así, la contratación pública se convierte en una herramienta estratégica para la debida ejecución de las políticas públicas, planes y proyectos trazados por los Gobiernos y las entidades públicas.

El gasto público ejecutado mediante la contratación estatal tiene una función importante en el fomento de la economía y también influencia de diversas formas el desarrollo del capital físico y humano de las sociedades, pues contribuye de forma significativa al crecimiento económico y al aumento del producto interno bruto —PIB— de los países.

En su papel de comprador, en algunos casos, el Estado llega a constituirse como el principal consumidor de la economía nacional e impulsor del

---

[22] Valencia-Tello, *El Estado en la era de la globalización*.

[23] Colombia, Congreso de la República, "Ley 80 de 1993", por la cual se expide el Estatuto General de Contratación de la Administración Pública, Bogotá, 28 de octubre de 1993, artículo 3.

mercado. Efectivamente, según los datos de la red interamericana de compras gubernamentales, los Gobiernos europeos gastan al año aproximadamente 16 % del PIB y en América Latina el gasto público representa en promedio 24 % del PIB.[24] Para el caso colombiano, Colombia Compra Eficiente, ha declarado que:

> El presupuesto de Colombia para 2013 fue de $ 185.5 billones de los cuales: $ 42.9 billones están destinados a la inversión; $ 0.5 billones a gastos personales indirectos y $ 1.5 billones a operación comercial. Por lo anterior es válido afirmar que el 27,7 % del Presupuesto General de la Nación es ejecutado a través de compras y contratos de bienes, obras y servicios. Este valor no incluye los gastos ejecutados por las entidades territoriales, financiados con recursos del sistema general de participaciones y con sus recursos propios y tampoco incluye el presupuesto de las Empresas Industriales y Comerciales del Estado. La OCDE estima que la compra y contratación pública representa en Colombia el 15,8 % del Producto Interno Bruto. También es sabido que el sistema de compras públicas no opera con la mayor eficiencia y economía posible lo cual ha sido una preocupación de varios gobiernos.[25]

Por otro lado, para la OCDE la contratación pública es una de las actividades más vulnerables a la corrupción porque en el proceso interactúan los sectores público y privado, y en consecuencia es posible crear diversas oportunidades para que los funcionarios públicos o los privados desvíen fondos con el objetivo de conseguir ganancias particulares. Así, los intereses económicos, el volumen de las transacciones y la interacción estrecha entre el sector público y el sector privado hacen que la contratación pública sea especialmente vulnerable al perfeccionamiento de escenarios corruptos.[26]

---

[24] Victoria Beláustegui, *Las compras públicas sustentables en América Latina. Estado de avance y elementos clave para su desarrollo,* RICG, IDRC CRDI, Universidad Nacional de San Martín, junio de 2011, recuperado de http://www.oas.org/es/sap/dgpe/pub/compras2.pdf

[25] Colombia Compra Eficiente, *Estrategia de Gestión.*

[26] OCDE, *Integridad en la Contratación Pública: Buenas prácticas de la "A" a la "Z"* (Madrid: INAP, 2010).

Estos riesgos, y la importancia estratégica de los procesos contractuales públicos, han fomentado el interés del legislador por circunscribir el proceso de gestión contractual a modelos regulatorios que ayuden a concretizar los intereses del Estado, para garantizar la observancia de los principios de transparencia, selección objetiva, moralidad, responsabilidad, economía, publicidad, legalidad, buena fe, entre otros. Aún así, es importante mencionar que:

> (...) por su naturaleza, los recursos con los que se desarrolla y el impacto que su ejecución representa en los mercados vinculados, la contratación pública, está sometida a un régimen distinto al que rige otros aspectos de la cotidianidad administrativa, no solo viéndose dirigida por postulados legislativos especializados, sino también encontrando sustento en normas civiles y comerciales que le permiten un dinamismo especial necesario para entrar en el campo competitivo, conocer los sectores y satisfacer las exigencias propias de una actividad que tiene sus fundamentos en la esfera privada.
>
> La ley ha dotado de un marco específico a ciertas actividades, para que el operador de la norma cuente con cierto grado de libertad al momento de direccionar el proceso y adaptar la estructura constitucional y legislativa a las realidades del mercado.[27]

Lo anterior se traduce, en que la implementación del sistema contractual colombiano no pertenece al conglomerado de aquellas materias suscritas a un esquema completamente reglamentado, sino que logra encontrar espacios discrecionales durante las fases decisorias;[28] dado que en

---

[27] Juan David Duque Botero, *Contratación pública estratégica, socialmente responsable y competitiva* (Bogotá: Tirant lo Blanch, 2017).

[28] La discrecionalidad será, entonces "el margen de relativa libertad decisional que el ordenamiento jurídico confiere a la Administración para apreciar o integrar el interés público en el caso concreto, margen que se deriva de la expresa atribución normativa que de él se hace, o de la escasa densidad o la imprecisión de las disposiciones que regulan la actividad administrativa, y que se traduce en la posibilidad de completar el supuesto de hecho imperfecto, incompleto o inacabado de la norma que atribuye la facultad, estableciendo los criterios objetivos —aun de componente extrajurídico— en que se basa la decisión mediante la cual se procura la máxima satisfacción posible del mencionado interés público a efectivizar en cada supuesto específico". Hugo Alberto Marín Hernández, *Discrecionalidad administrativa* (Bogotá: Universidad Externado de Colombia, 2007), 177.

la práctica es imposible regular todos los aspectos de la contratación en las diversas entidades públicas. En este sentido, la aplicación de normas civiles y comerciales se fundamenta en el principio de autonomía de la voluntad que rige la contratación en general. Lo anterior, no significa que el legislador haya obviado su labor de dirección, restricción y regulación, sino que previno los requerimientos especiales de la actividad contractual del Estado y le imprimió parámetros de dinamismo que le son propios.

No obstante, es evidente que no es fácil mantener sanos equilibrios entre el principio de legalidad y la autonomía de la voluntad, ambos principios necesarios en la contratación estatal. Al respecto, CCE afirma que el sistema de contratación estatal presenta fallas en su capacidad para apoyar oportunamente la ejecución de los planes de inversión y funcionamiento del Gobierno.[29] También, los frecuentes escándalos de corrupción evidencian la falta de eficacia del sistema para garantizar el cumplimiento de los principios y normas constitucionales y legales vigentes, limitando las posibilidades de acceso a mejores ofertas.

Las continuas reformas de iniciativa gubernamental para mejorar el sistema de contratación pública han sido parciales y reaccionarias. La complejidad y rigidez de este sistema, en muchas ocasiones, no solo dificulta la debida gestión de los asuntos contractuales en todas las entidades, sino que también genera falta de seguridad jurídica para la toma de decisiones estratégicas en contratación pública.

Adicionalmente, debemos resaltar que la complejidad de la contratación estatal ha aumentado en los últimos treinta años, debido en parte a que todos los Gobiernos han diversificado las adquisiciones de bienes, obras y servicios, aumentando también la participación del sector privado en el desarrollo de las diversas funciones públicas que el Estado tiene a cargo. Al respecto, CCE afirma:

> Las entidades del Estado deben hoy diseñar, administrar y ejecutar procesos complejos que requieren sofisticación para determinar con claridad las necesidades y cubrir el proceso desde su planeación hasta la disposición de los activos o la decisión de que las garantías han

[29] Colombia Compra Eficiente, *Estrategia de Gestión.*

> sido cumplidas, pasando por la redacción y la negociación de los contratos y documentos adicionales del proceso en un ambiente de negocios complejo. Mientras más compleja es la compra se requiere más sofisticación en la gerencia, más capacitación en el recurso humano y más altos los estándares éticos y de desempeño para permitir más discreción por parte de los compradores para el manejo eficiente de los procesos. El gerente de compras públicas debe ser formado profesionalmente, pues más que cumplir estrictamente con procedimientos debe tomar decisiones gerenciales que conduzcan a maximizar el valor del dinero público para la sociedad.[30]

Según la OCDE, Colombia necesita realizar mayores esfuerzos para lograr un crecimiento sostenible y garantizar que, en el futuro, la competitividad internacional no solo se base en materias primas (*commodities*), sino también en la agricultura, la manufactura y los servicios comerciales. En desarrollo de este proyecto, la innovación resulta clave, pues a través de ella, es posible desarrollar nuevas actividades económicas que estimulen la productividad y generen empleo, dentro de un mercado altamente competitivo.[31]

La compra pública innovadora —CPI— debe definirse como el conjunto de acciones de la Administración encaminadas a incentivar la participación de aquellos sectores del mercado capaces de proporcionar invención, creatividad y nuevas ideas a la satisfacción de necesidades y objetivos perseguidos para garantizar el funcionamiento de las entidades públicas, la protección de prerrogativas en favor de los ciudadanos y el aumento en los niveles de eficiencia de los procesos de compra pública.[32] En concordancia, "los objetivos de la CPI son: [i.] Mejorar los servicios públicos incorporando

---

[30] Colombia Compra Eficiente, *Estrategia de Gestión.*

[31] OCDE, *Estudios de la OCDE.*

[32] La innovación es definida por CCE, utilizando el Manual de Oslo (OCDE y Eurostat, "Manual de Oslo. Guía para la recogida e interpretación de datos sobre la innovación", OCDE, 2005, recuperado de: http://www.itq.edu.mx/convocatorias/manualdeoslo.pdf), como: "La introducción de un nuevo, o significativamente mejorado producto (bien o servicio), de un proceso, de un nuevo método de comercialización o de un nuevo método organizativo, en las prácticas internas de la empresa, la organización del lugar de trabajo o las relaciones exteriores". Colombia Compra Eficiente, *Compra pública para la innovación*, 2017, recuperado de https://www.colombiacompra.gov.co/compra-publica-innovadora/introduccion

bienes o servicios innovadores. [ii.] Fomentar la innovación empresarial. [iii.] Impulsar la internacionalización de la innovación empleando el mercado público local como cliente de lanzamiento o referencia".[33]

La CPI ha adquirido, entonces, niveles de importancia similares a los de la responsabilidad social y ambiental en la agenda de las autoridades estatales a nivel local. De ahí, la necesidad de responder a parámetros que, si bien se han gestado en esferas supranacionales, representan compromisos concretos en la actividad pública. En este sentido, la introducción de un sistema capaz de adaptarse a las soluciones innovadoras dispuestas por la oferta obedece a la posibilidad de estructuración que el legislador ha otorgado a los funcionarios públicos para la redacción de los pliegos de condiciones. Premisa que, además, acata las directrices de organismos internacionales como la Organización Mundial del Comercio, la Organización para la Cooperación y el Desarrollo Económicos y el Banco Mundial sobre el particular.

El desarrollo de la CPI debe responder a compromisos de parte del sector público, razón por la cual es necesario que la Administración ofrezca incentivos al sector privado, para que participe en los procesos de compra, y se adhiera a las nuevas características del proceso de compra. Al respecto el Ministerio de Ciencia e Innovación de España afirma que:

> En este sentido la Compra Pública Innovadora deberá articularse de tal manera que se remuevan los obstáculos que impiden promover la innovación desde la demanda pública, entre ellos la posible ausencia de experiencia en las unidades de contratación en relación con la búsqueda y adquisición de soluciones consideradas innovadoras, la organización del reparto de riesgos, las cuestiones ligadas a los derechos de propiedad intelectual e industrial o la posibilidad de financiación de la actividad innovadora.[34]

Con relación al caso colombiano, la OCDE destaca que, en la actualidad, el sistema de innovación en Colombia es pequeño y carece de un centro empresarial fuerte. El gasto en I+D es solo del 0,2 del PIB, mientras

---

[33] Portal de la contratación pública de la comunidad de Madrid, *Información General.*

[34] Ministerio de Ciencia e Innovación de España, "Informe 37/11, 'Guía sobre compra pública innovadora'", 28 de octubre de 2011, 4.

que en Brasil es del 1,2 % y en la OCDE es del 2,4 %. Otros indicadores de innovación tales como el registro de patentes y publicaciones científicas per cápita, sitúan a Colombia por detrás de Brasil, Chile y Argentina.[35]

Teniendo en cuenta estas recomendaciones, CCE ha empezado a trabajar en el desarrollo de una política de CPI, con el objetivo de transformar la cultura de la contratación y dinamizar la inversión en el desarrollo de soluciones innovadoras para la entrega de bienes, obras y servicios que beneficien a los ciudadanos colombianos.

En este contexto, debemos destacar que con la reforma al régimen general de regalías (aprobada por al Acto Legislativo 5 de 2011 y reglamentada por la Ley 1530 de 2012) se modificó la forma en la cual se repartían las rentas propias de la explotación de los recursos naturales no renovables, destinando 10 % de los ingresos de los recursos no renovables a la inversión en ciencia, tecnología e innovación. Ello permitió la destinación de recursos a los procesos contractuales, para acceder a bienes y servicios innovadores, lo cual, puede representar un aumento importante en el gasto colombiano para la innovación en los próximos años. Así, la política de CPI ha buscado desarrollar nuevos instrumentos para que las entidades estatales solucionen sus necesidades a través de mecanismos que no están en el mercado, promoviendo que el sector privado genere nuevas formas de satisfacer las necesidades de las entidades estatales. Al respecto, CCE afirma:

> La Compra Pública para la Innovación crea un puente entre el Sistema de Compra Pública y el Sistema de Ciencia, Tecnología e Innovación para habilitar la obtención de mayor valor por dinero en la compra pública y promover la innovación desde la demanda de bienes y servicios existentes en el mercado requeridos por las Entidades Estatales para el cumplimiento de sus objetivos misionales.[36]

Con esto, se busca incentivar a los empresarios a que ofrezcan al mercado las nuevas ideas que han desarrollado para la satisfacción de necesidades particulares. Constituyendo la compra pública para la innovación en una herramienta que "transforma la Compra Pública en función de la

[35] OCDE, *Estudios de la OCDE.*

[36] Colombia Compra Eficiente, *Compra pública para la innovación.*

Innovación con un enfoque estratégico donde el poder de mercado del gobierno impulsa la I+D+I y asegura mayor valor por dinero en las Entidades Estatales, a través de la eficiencia, la competitividad y la productividad".[37]

3. Compra pública para la innovación

Según CCE la compra pública para la innovación es una herramienta que busca fomentar la innovación desde la demanda de bienes y servicios de las entidades estatales. En otras palabras, busca que los proveedores creen nuevas soluciones para satisfacer las necesidades de las entidades públicas, cuando no existen soluciones en el mercado. Así, la compra pública para la innovación permite crear o desarrollar una actividad, encontrar nuevas y mejores formas de hacer las cosas o prestar un servicio a los ciudadanos, generando mayor valor por el dinero en el Sistema de Compra Pública.[38]

Este nuevo modelo, tiene, tres finalidades principales. La primera, busca mejorar los servicios públicos mediante la incorporación de bienes o servicios innovadores que satisfagan de forma más eficiente las necesidades de los ciudadanos. La segunda, a partir de la cual se fomenta la innovación empresarial de pequeñas y medianas empresas. Y, la tercera, por medio de la cual se fomenta la internacionalización y comercialización de la innovación empleando el sector público como cliente de lanzamiento o referencia.[39]

Según CCE, los procesos de compra pública para la innovación pueden ser desarrollados bajo dos perspectivas, según el alcance del objeto. La primera es la *compra pública comercial*, en donde el objeto del proceso de compra es la adquisición de un bien o servicio que requiere la adaptación tecnológica para atender la necesidad del comprador y cuya salida al mercado es a corto o mediano plazo, y la segunda, es la *compra pública precomercial*, que, como su nombre lo indica, es un tipo de compra que no incluye actividades comerciales sobre el bien o servicio, sino que aplica cuando el proceso de compra es la adquisición de servicios de investigación y desarrollo —I+D—, que permitan la exploración de alternativas, el diseño

---

[37] Ibid.

[38] Ibid.

[39] Ibid.

de soluciones y el prototipado de primeros productos o servicios.[40] Así, el grado de innovación es mayor en la compra precomercial pues exige mayor investigación y desarrollo previo mediante prototipos.

CCE resalta, además que, como en ambos casos las entidades estatales y los proveedores comparten los riesgos durante la fase de co-desarrollo de la solución innovadora, también comparten los beneficios materializados en mejores condiciones de compra de la solución o en las regalías de la propiedad intelectual de la solución desarrollada.[41] De ahí, que el tema de los riesgos sea fundamental para comprender la complejidad y los límites que puede tener la compra pública para la innovación en Colombia.

Teniendo en cuenta las características anteriores, se evidencia que la compra pública para la innovación no es una transacción tradicional de compra y venta, pues esta se realiza sobre bienes y servicios que no existen en el mercado y, en consecuencia, las entidades públicas deben identificar una necesidad, lanzar un reto al mercado y esperar que sea desarrollado mediante procesos innovadores por parte de potenciales proponentes.

En este punto, debe mencionarse que las relaciones desplegadas entre contratación pública y la innovación son complejas por naturaleza. En efecto, a pesar de las intenciones que se evidenciaron con la expedición del Decreto-Ley 393 de 1991, el Decreto-Ley 591 de 1991 y la Circular 6 de 2013 expedida por Colombia Compra Eficiente, la compra pública innovadora requiere un nivel de sensibilización ineludible por parte del servidor público encargado de dirigir el procedimiento de compra al cual va a integrarse. Así las cosas, las causas que impulsan la adopción de esta forma de contratación, deben variar de las que impulsan un procedimiento ordinario de adquisición de bienes o servicios de fácil acceso en el mercado. Lo mismo debe predicarse del procedimiento aplicable pues el acceso a este tipo de mercados requiere de la adopción de parámetros dinámicos y eficientes propios del mercado. Sin embargo, para dar mayor claridad al

---

40 "El impulso de la innovación desde la demanda genera un importante impacto en los niveles de inversión en Investigación, Desarrollo e Innovación (I+D+I) y fortalece la competitividad del país. Suponemos que el valor del presupuesto de inversión de las Entidades del Estado es en billones de pesos 84 billones, 92 y 100 en 2016, 2017 y 2018 respectivamente". Colombia Compra Eficiente, *Compra pública para la innovación*.

41 Ibid.

proceso de contratación, CCE elaboró recientemente una guía para entender este tipo de compra.

De acuerdo con esta guía,[42] el esquema de CPI es un proceso ordenado que se ejecuta en tres etapas. La primera es la planeación, la segunda es la selección y contratación y la tercera es la ejecución. Con relación a la planeación, la entidad primero debe comunicar al mercado y a los potenciales interesados y proveedores de soluciones la necesidad que quiere contratar para comenzar un diálogo técnico que permita analizar y evaluar la viabilidad de encontrar una solución innovadora, definiendo los requerimientos funcionales que deberán ser tenidos en cuenta por parte de los proveedores.

Para realizar la etapa de planeación, la entidad estatal debe primero conformar un equipo de trabajo multidisciplinario con las personas que cuenten con el conocimiento, la experiencia y la competencia para decidir en las etapas del proceso de contratación. Luego, la entidad debe identificar claramente los retos que enfrenta, para poder priorizar aquél que pueda generar mayor impacto en la organización.

Por supuesto, la búsqueda de iniciativas innovadoras debe partir de un exhaustivo examen sobre las condiciones del mercado. Así, resulta necesario indagar sobre las capacidades, los adelantos y los límites concretos que existen en cada sector. Esta fase, que se asemeja a los estudios del mercado y del sector en un procedimiento de compra normal, busca garantizar un margen de transparencia en todo el procedimiento, así como de efectividad de la CPI, dotando de herramientas reales a la entidad pública, al momento de acceder a un mercado que de por sí puede ser extraño para la Administración.

Las entidades gubernamentales no están en capacidad de conocer el mercado por sí solas, lo cual dificulta aún más el conocimiento de soluciones innovadoras para la satisfacción de bienes y servicios, razón por la cual resulta necesario acceder a todas aquellas herramientas dispuestas por el legislador para garantizar calidad, efectividad y, por supuesto, creatividad. Evidentemente, los estudios de mercado y del sector son fundamentales para cumplir los objetivos de la CPI.[43] Al respecto, Castillo Cano afirma:

---

42 Ibid.

43 De acuerdo con la experiencia evidenciada en España, la mejor forma de acceder al mercado solicitando el consejo de los expertos en desarrollo del tema. De ahí, la necesidad de difundir (lo mejor es por internet para llegar a todo el mercado).

> Los estudios de mercado son claves para enfrentarse a las condiciones del sector, tomar decisiones y anticiparse a la evolución del mismo. Realizar estudios de mercado para un proceso de contratación y adquisición de bienes o servicios demanda un trabajo complejo para los funcionarios encargados del proceso de contratación pública; actualmente herramientas como los informes intersectoriales, las cotizaciones, las publicaciones realizadas por las entidades públicas que ejercen control o por sus procesos tienen información de los diversos sectores de la economía, son las fuentes para preparar los documentos necesarios para cumplir con la planeación de las compras públicas, tal y como lo demanda el Estatuto Colombiano de Contratación.[44]

Así, con el reto y el mercado plenamente identificados, la entidad debe delimitar las necesidades funcionales que deben suplir las posibles soluciones técnicas o tecnológicas que se presenten, dando claridad sobre la finalidad que persigue la entidad al lanzar el reto al mercado. En esta etapa del proceso es fundamental la participación activa de los posibles proponentes y ciudadanos, con la finalidad de asegurar que las necesidades y los requerimientos técnicos o funcionales sean correctamente identificados, registrados y comunicados a los interesados.

Una vez identificada plenamente la necesidad y los requerimientos técnicos, la entidad debe adelantar un ejercicio de vigilancia tecnológica para confirmar si la necesidad puede ser atendida por el mercado actual, pues, en caso de existir, la entidad deberá adelantar el proceso normal de contratación de bienes y servicios, dado que ya existe la tecnología en el mercado y, en consecuencia, esta adquisición no podría encuadrarse como innovación.

En caso contrario, si la entidad estatal confirma que su necesidad puede ser atendida a través de un reto de innovación, puede lanzar una o varias convocatorias de ideas innovadoras, por medio del SECOP o por cualquier canal de comunicación relevante para atraer posibles proponentes. Así, se

---

[44] Andrés Castillo Cano, "Los estudios de mercado, base fundamental en el proceso de contratación pública", Observatorio Colombiano de contratación pública, 2016, recuperado de http://occp.co/los-estudios-de-mercado-base-fundamental-en-el-proceso-de-contrataci%C3%B3n-p%C3%BAblica

presenta el reto al mercado y se inicia la etapa de revisión de los conceptos preliminares de los posibles proponentes.

Aquí es importante resaltar que la entidad debe ser muy cautelosa en tratar las ideas presentadas como información confidencial, pues estas ideas serán el insumo para la construcción de los pliegos de condiciones, razón por la cual se deben identificar plenamente las ideas que tengan derechos de propiedad intelectual. Al mismo tiempo, se debe evitar establecer requerimientos técnicos o funcionales que limiten la capacidad de innovación de los proveedores interesados en participar y se debe garantizar la transparencia del proceso contractual.

La etapa de planeación finaliza con el diálogo técnico entre la oferta y la demanda, el cual se realiza mediante reuniones individuales o conjuntas con las personas que presentaron sus ideas innovadoras. La entidad debe establecer y divulgar las características del diálogo competitivo para dar mayor transparencia al proceso de contratación, generando confianza y promoviendo la participación de potenciales oferentes. En este orden de ideas, la entidad está obligada a mantener un equilibrio entre la transparencia del diálogo competitivo y la confidencialidad que demandan las ideas innovadoras, lo que aumenta el nivel de complejidad del proceso, aspecto que será analizado en la sección cuarta.

La segunda etapa, que trata sobre la selección y la contratación, comienza con la elaboración de los pliegos de condiciones, invitando a los innovadores interesados a presentar formalmente su oferta. Los pliegos de condiciones se deben elaborar con base en los insumos recogidos en la etapa de planeación, los cuales son: (i) la descripción de la necesidad, (ii) requisitos de participación, (iii) requisitos mínimos de la oferta, (iv) criterios técnicos y económicos de evaluación de la oferta, (v) riesgos y (vi) garantías. Posteriormente, como en todo proceso de contratación pública, la entidad recibe y evalúa las ofertas conforme lo establecido en el pliego de condiciones para finalizar esta etapa con la negociación con el innovador seleccionado, para mejorar las posibilidades de éxito de la innovación y la firma del contrato.

La tercera etapa, sobre la ejecución del contrato de innovación, trata sobre el trabajo colaborativo que debe realizar la entidad junto con el proveedor, con la finalidad de asegurar los insumos y las condiciones para el cumplimiento del objeto contractual. Durante esta etapa, la entidad deberá realizar seguimiento a las obligaciones del contrato, además de evaluar el desempeño del proveedor, documentando las diversas etapas del proceso de ejecución, para finalizar con la liquidación del contrato cuando se entregue satisfactoriamente el bien o servicio contratado.

4. Desafíos de la contratación pública para la innovación

Al analizar la forma como se desarrolla la contratación pública para la innovación, en principio se han identificado dos desafíos importantes que las entidades públicas deberán tener en cuenta al momento de aplicar este procedimiento. El primer desafío trata sobre los riesgos intrínsecos a este tipo de contratación, especialmente en la etapa de planeación, y el segundo desafío es el delgado límite que existe entre el principio de transparencia y la confidencialidad que debe manejarse sobre las ideas presentadas por los posibles proponentes.

Con relación al primer desafío, debemos destacar que, en los últimos años, diversas iniciativas han buscado mejorar la gestión pública contractual, mediante el replanteamiento del sistema de adquisidores en Colombia desde la etapa de planeación del contrato. El documento Conpes 3249 de 2003 sobre la Política de Contratación Pública para un Estado Gerencial y el Conpes 3714 de 2011 sobre el Riesgo previsible en el marco de la política de contratación pública son una muestra de la introducción de nuevos mecanismos para mejorar la planeación contractual, la selección objetiva, la transparencia y la rendición de cuentas en la gestión del contrato. Un buen ejemplo es el artículo 4 de la Ley 1150 de 2007 que estableció la obligación de las entidades de incluir en los pliegos de condiciones la tipificación, estimación y asignación del riesgo previsible, con la finalidad de garantizar el equilibrio económico del contrato y evitar litigios futuros. Así, la planeación del contrato requiere de un análisis juicioso por parte de la entidad, conforme lo analiza el Consejo de Estado así:

> ...en cumplimiento del deber de planeación y el principio de buena fe precontractual, las entidades estatales no pueden iniciar procesos de contratación si no existen las respectivas partidas o disponibilidades presupuestales (art. 25 num. 6°); igualmente deben con antelación al inicio del proceso de selección del contratista analizar la conveniencia o inconveniencia del objeto a contratar y obtener las autorizacio-

> nes y aprobaciones para ello (art. 25, num. 7), así como elaborar los estudios, diseños y proyectos requeridos, y los pliegos de condiciones o términos de referencia (art. 25, num.12). (...) la apertura del proceso debe estar precedida de un estudio realizado por la entidad respectiva en el cual se analice la conveniencia y oportunidad del contrato y su adecuación a los planes de inversión, de adquisición o compras, presupuesto y ley de apropiaciones, según el caso; y de ser necesario, deberá estar acompañado, además de los diseños, planos y evaluaciones de prefactibilidad o factibilidad (art. 30, num. 1°). (...) Por lo tanto, el principio de economía en cuya esencia se encuentra el deber de planeación del contrato (...) significa que el Estado está obligado a actuar con alto grado de eficiencia y eficacia para que se protejan los recursos públicos fiscales, con sujeción estricta al orden jurídico. De tal manera que es cuestionable todo acto de negligencia, desidia o falta de planeación u organización estatal en la toma de decisiones públicas.[45]

En este orden de ideas, las entidades públicas deben cumplir de forma diligente con las diversas etapas de planeación del contrato estatal, pues esto es fundamental para evitar la pérdida de recursos públicos. En una sentencia posterior, el Consejo de Estado señala:

> ...en materia contractual, las entidades oficiales están obligadas a respetar y cumplir el principio de planeación, pues resulta indispensable la elaboración previa de estudios y análisis suficientemente serios y completos, antes de iniciar un proceso contractual. El desconocimiento de este deber legal por parte de las entidades públicas de llevar a cabo los estudios previos, vulnera los principios generales de contratación, en especial el de planeación y con él los de economía, transparencia, responsabilidad, selección objetiva, entre otros.[46]

---

[45] Colombia, Consejo de Estado, Sección Tercera, "Sentencia 24715", 3 de diciembre de 2007. Magistrada ponente: Ruth Stella Correa.

[46] Colombia, Consejo de Estado, Sección Segunda, "Sentencia 2012-00762", 20 de octubre de 2014. Magistrado ponente: Luis Rafael Vergara Quintero.

Teniendo en cuenta las anteriores sentencias y el *Manual de buenas prácticas para la gestión contractual* pública,[47] se puede verificar que, hasta el momento, la debida planeación contractual se manifiesta cuando las entidades tienen *certeza* sobre: (i) la necesidad que da origen al contrato, (ii) los recursos suficientes para solventar las obligaciones a cargo del contratista, (iii) los estudios previos que dan soporte al alcance técnico, económico, jurídico del contrato, (iv) los riesgos que implica para las partes la ejecución del contrato, (v) los bienes, permisos y licencias que demande la iniciación o ejecución del contrato y (vi) el cronograma de actividades que implementará las actividades de seguimiento y control sobre el contratista. De esta forma, cualquier omisión o error en la etapa de planeación del contrato, generará diversas controversias tanto en el proceso de selección como en la etapa de ejecución del contrato.

En el caso de estudio, la CPI tiene diversos riesgos asociados a la etapa de planeación, los cuales son intrínsecos al proceso de innovar y pueden generar diversos daños antijurídicos con base en nuestro actual régimen jurídico. Para iniciar, la contratación pública para la innovación se basa en la existencia de una necesidad que no puede ser satisfecha por ningún bien o servicio dentro del mercado, razón por la cual es fundamental la vigilancia tecnológica y el diálogo técnico descritos en la sección anterior, para asegurar que las necesidades y los requerimientos técnicos o funcionales sean correctamente identificados, registrados y comunicados a los interesados.

Así, el estudio de mercado en este tipo de contratación se fundamenta en la identificación de una necesidad que puede que no tenga referentes claros dentro del mercado, causando una alta probabilidad de que la entidad pública, al momento de realizar el estudio previo, (i) no tenga certeza de cómo satisfacer la necesidad, o (ii) cuánto va a costar finalmente el bien o servicio, o (iii) cuánto tiempo va a requerir el proceso de innovación o (iv) si va a satisfacer las expectativas de la entidad y la ciudadanía en general. En este orden de ideas, la falta de *certezas* en la CPI representa un desafío mayor para las entidades.

---

[47] Departamento Nacional de Planeación, Proyecto de Contratación Pública BIRF-DNP, *Manual de buenas prácticas para la gestión contractual pública* (Bogotá: Departamento Nacional de Planeación, 2004).

Por lo general, el desarrollo de soluciones de innovación implica entrar en un proceso de alto riesgo, en donde aprender de los errores y fracasos es fundamental para el éxito del proceso; razón por la cual es normal contar con información limitada al inicio del proceso, pues a medida que se avanza, se obtienen más datos y, en consecuencia, las partes pueden tener mayor certeza sobre las posibilidades de éxito o fracaso de la innovación propuesta. Esto sin contar los casos en donde existen altos riesgos de obsolescencia tecnológica, o en donde el advenimiento de nuevos desarrollos tecnológicos puede generar innovaciones más eficientes o que excedan la innovación planteada inicialmente, lo que sin duda afecta de forma grave la razón de ser del objeto del contrato público de innovación. En consecuencia, el deber de cuidado y de responsabilidad que se le exige a los funcionarios públicos en Colombia puede chocar con la flexibilidad y creatividad que deben tener los procesos de innovación.

Con relación al segundo desafío, sobre los límites entre el principio de transparencia y la confidencialidad que debe manejarse sobre las ideas presentadas por los posibles proponentes, es importante desatacar que la Ley 80 de 1993 dedica el artículo 24 a describir las implicaciones que tiene este principio en la gestión contractual y en el numeral 4 determina que: "Las autoridades expedirán a costa de aquellas personas que demuestren interés legítimo, copias de las actuaciones y propuestas recibidas, respetando la reserva que gocen legalmente las patentes, procedimientos y privilegios".[48] Al respecto, el Consejo de Estado ha manifestado lo siguiente:

> El principio de transparencia persigue la garantía que en la formación del contrato, con plena publicidad de las bases del proceso de selección y en igualdad de oportunidades de quienes en él participen, se escoja la oferta más favorable para los intereses de la Administración, de suerte que la actuación administrativa de la contratación sea imparcial, alejada de todo favoritismo y, por ende, extraña a cualquier factor político, económico o familia (...) en conclusión, el principio de transparencia, previsto en el artículo 24 de la Ley 80 de 1993 garantiza otros principios, entre los que se encuentran

[48] Colombia, Congreso de la República, "Ley 80 de 1993", artículo 24, numeral 4.

> los de imparcialidad, igualdad, moralidad y selección objetiva en la contratación, para lo cual se instrumente procedimientos de selección, con actuaciones motivadas, publicadas y controvertibles por los interesados, con el fin de elegir la mejor oferta, razón por la cual cabe remitirse para la debida comprensión de este principio a los comentarios efectuados en torno a aquellos.[49]

El principio de transparencia es fundamental para garantizar la igualdad de oportunidades de los proponentes, así como también es una herramienta que posibilita garantizar que la Administración escoja la oferta más favorable, puesto que todos los proponentes tienen derecho a conocer los documentos del proceso contractual, con la finalidad de permitir la impugnación y controversia sobre las decisiones de la Administración.

La Ley 80 de 1993 establece una única salvedad al principio de transparencia, que se da cuando la información goza de reserva legal y es en este punto en donde la Guía para la compra pública para la innovación no otorga mayores herramientas para establecer las diferentes reservas de ley que se pueden aplicar en proyectos de innovación. En este orden de ideas, será necesario observar cómo las entidades públicas realizan los procesos de CPI para verificar la forma en que han equilibrado el principio de transparencia y la confidencialidad de las propuestas de innovación.

Conclusiones

1. La contratación pública para la innovación es un nuevo mecanismo que ayuda a promover la competitividad y productividad del país, siempre y cuando se considere que la innovación, como concepto, se fundamenta en cinco pilares esenciales: (i) las propuestas que puedan elevar los oferentes, (ii) la estructuración de modelos de financiación renovados, (iii) la adopción de esquemas contra la corrupción, (iv) el aumento en los niveles de competitividad y (v) las garantías de beneficio para ambas partes de la relación contractual.
2. La posibilidad de acceder a los beneficios de un proceso de compra innovador dependerá, adicionalmente, del adecuado despliegue de la etapa de planeación y de la concertación de actos preparatorios

[49] Consejo de Estado, Sección Tercera, "Sentencia 24715".

conformes con los objetivos públicos que pretendan satisfacerse. La definición correcta de las obligaciones contractuales, permitirá una mejor comprensión de las necesidades del proceso para el oferente privado y mayores posibilidades de participación que beneficien el proceso público.

3. La nueva revolución tecnológica impone la *innovación* como un elemento clave para el desarrollo de los países, en mercados globales altamente competitivos; pues solo mediante procesos innovadores, que utilizan eficientemente las nuevas tecnologías disponibles, es posible abrir nuevos mercados, estimular la productividad, generar empleo, diversificar actividades agrícolas, fomentar la sostenibilidad ambiental, entre otros.
4. La contratación pública para la innovación se basa en la existencia de una necesidad que no puede ser satisfecha por ningún bien o servicio dentro del mercado, razón por la cual es fundamental la vigilancia tecnológica y el diálogo técnico, para asegurar que las necesidades y los requerimientos técnicos o funcionales sean identificados correctamente, registrados y comunicados a los interesados.
5. La debida planeación contractual se manifiesta cuando las entidades tienen certeza sobre: (i) la necesidad que da origen al contrato, (ii) los recursos suficientes para solventar las obligaciones a cargo del contratista, (iii) los estudios previos que dan soporte al alcance técnico, económico, jurídico del contrato, (iv) los riesgos que implica para las partes la ejecución del contrato, (v) los bienes, permisos y licencias que demande la iniciación o ejecución del contrato, (vi) el cronograma de actividades que implementará las actividades de seguimiento y control sobre el contratista. En consecuencia, el deber de cuidado y de responsabilidad que se le exige a los funcionarios públicos en Colombia puede chocar con la flexibilidad y creatividad que deben tener los procesos de innovación.

Obras citadas

Adell, J. "Tendencias en educación en la sociedad de las tecnologías de la información". *EDUTEC-e. Revista Electrónica de Tecnología Educativa*, 7, (1997). Recuperado de http://www.edutec.es/revista/index.php/edutec-e/article/view/570/299

Banegas Núñez, J. "La nueva economía española. Impacto de las tecnologías de la información y la comunicación en la economía y la sociedad". Tesis, Universidad Complutense de Madrid, Madrid, 2001.

Beláustegui, Victoria. *Las compras públicas sustentables en América Latina. Estado de avance y elementos clave para su desarrollo*. RICG, IDRC, CRDI, Universidad Nacional de San Martín, junio de 2011. Recuperado de http://www.oas.org/es/sap/dgpe/pub/compras2.pdf

Billón Currás, M., Hernández Nanclares, N. y Lera López, F. "La nueva economía y su cuantificación. Un enfoque desde la microeconomía y la macroeconomía". Presentación en el Cuarto congreso de economía de Navarra. 2002. Recuperado de https://academica-e.unavarra.es/bitstream/handle/2454/23817/LeraNuevaEconom%C3%ADa.pdf?sequence=1&isAllowed=y

Castells, Manuel. *La Era de la Información. Economía, sociedad y cultura. Volumen 1. La sociedad red*. Traducido por: Carmen Martínez Gimeno. México: Siglo XXI, 2008.

Castillo Cano, Andrés. "Los estudios de mercado, base fundamental en el proceso de contratación pública". Observatorio Colombiano de contratación pública, 2016. Recuperado de: http://occp.co/los-estudios-de-mercado-base-fundamental-en-el-proceso-de-contrataci%C3%B3n-p%C3%BAblica

Colombia. "Constitución Política de Colombia". 7 de julio de 1991.

Colombia Compra Eficiente. *Compra pública para la innovación*. 2017. Recuperado de https://www.colombiacompra.gov.co/compra-publica-innovadora/introduccion

______. *Estrategia de Gestión de Colombia Compra Eficiente*. 2013. Recuperado de https://www.colombiacompra.gov.co/sites/default/files/normativas/20130131estrategia.pdf

______. Circular Externa 6 de 2013. Contratación de Actividades de ciencia, tecnología e innovación. Recuperado de https://www.colombiacompra.gov.co/sites/cce_public/files/cce_circulares/20130927circularcit.pdf

Colombia, Congreso de la República. "Ley 80 de 1993", Por la cual se expide el Estatuto General de Contratación de la Administración Pública. Bogotá, 28 de octubre de 1993.

______. " Ley 1150 de 2007", por medio de la cual se introducen medidas para la eficiencia y la transparencia en la Ley 80 de 1993 y se dictan otras disposiciones generales sobre la contratación con Recursos Públicos. Bogotá, 16 de julio de 2007.

______. "Ley 1530 de 2012", por la cual se regula la organización y el funcionamiento del Sistema General de Regalías. Bogotá, 17 de mayo de 2012.

______. "Acto Legislativo 5 de 2011", por el cual se constituye el Sistema General de Regalías, se modifican los artículos 360 y 361 de la Constitución Política y se dictan otras disposiciones sobre el régimen de regalías y compensaciones. Bogotá, 18 de julio de 2011.

Colombia, Consejo de Estado, Sección Tercera. "Sentencia 24715". 3 de diciembre de 2007. Magistrada ponente: Ruth Stella Correa.

Colombia, Consejo de Estado, Sección Segunda. "Sentencia 2012-00762". 20 de octubre de 2014. Magistrado ponente: Luis Rafael Vergara Quintero.

Colombia, Consejo Nacional de Política Económica y Social. "Conpes 3249 de 2003". Política de Contratación Pública para un Estado Gerencial. Recuperado de https://www.mintic.gov.co/portal/604/articles-3500_documento.pdf

______. "Conpes 3714 de 2011". Del riesgo previsible en el marco de la política de contratación pública. Recuperado de https://www.colombiacompra.gov.co/sites/default/files/normativas/conpes3714.pdf

Colombia, Corte Constitucional. "Sentencia C-137 de 1995". 28 de marzo de 2007. Magistrado ponente: Jorge Arango Mejía.

______. "Sentencia C-369 de 2002". 14 de mayo de 2007. Magistrado ponenete: Eduardo Montealegre Lynett.

______. "Sentencia C-692 de 2007". 5 de septiembre de 2007. Magistrado ponenete: Rodrigo Escobar Gil.

______. "Sentencia C-750 de 2008". Bogotá, 24 de julio de 2008. Magistrada ponente: Clara Inés Vargas Hernández.

Colombia, Presidencia de la República. "Decreto Ley 393 de 1991", por el cual se dictan normas sobre asociaciones para actividades científicas y tecnológicas, proyectos de investigación y creación de tecnologías. Bogotá, 8 de febrero de 1991.

______. "Decreto Ley 591 de 1991", por el cual se regulan las modalidades específicas de contratos de fomento de actividades científicas y tecnológicas. Bogotá, 26 de febrero de 1991.

Departamento Nacional de Planeación, Proyecto de Contratación Pública BIRF-DNP. *Manual de Buenas Prácticas para la gestión contractual* pública. Bogotá: Departamento Nacional de Planeación, 2004.

Duque Botero, Juan David. *Contratación pública estratégica, socialmente responsable y competitiva*. Bogotá: Tirant lo Blanch, 2017.

Jódar Marín, Juan Ángel. "La era digital: nuevos medios, nuevos usuarios y nuevos profesionales". *Razón y Palabra*, 15, (2010). Recuperado de http://www.redalyc.org/articulo.oa?id=199514914045

Marín Hernández, Hugo Alberto. *Discrecionalidad administrativa.* Bogotá: Universidad Externado de Colombia, 2007.

Ministerio de Ciencia e Innovación de España. "Informe 37/11, 'Guía sobre compra pública innovadora'". 28 de octubre de 2011.

Negroponte, Nicholas. *El mundo digital.* Barcelona: Ediciones B, 1995.

OCDE. *Integridad en la Contratación Pública: Buenas práacticas de la "A" a la "Z"*. Madrid: INAP, 2010.

OCDE. *Estudios de la* OCDE *de las políticas de innovación en Colombia. Evaluación general y recomendaciones*. 2013. Recuperado de https://www.mintic.gov.co/portal/604/articles-4616_recurso_1.pdf

OCDE y Eurostat. "Manual de Oslo. Guía para la recogida e interpretación de datos sobre la innovación". OCDE, 2005. Recuperado de http://www.itq.edu.mx/convocatorias/manualdeoslo.pdf

Portal de la contratación pública de la comunidad de Madrid. *Información General. 5. Compra pública innovadora*. Recuperado de http://www.madrid.org/cs/Satellite?cid=1354307981003&language=es&pagename=PortalContratacion%2FPage%2FPCON_contenidoFinal

Valencia-Tello, Diana Carolina. *El Estado en la era de la globalización y las nuevas tecnologías.* Bogotá: Ibañez, 2015.

Un marco conceptual para caracterizar la tipología contractual de las asociaciones público-privadas

Juan Manuel Urueta Rojas*

Sumario: Introducción. 1. Antecedentes legales de las APP. 2. El concepto internacional de asociación público-privada. 3. Tipologías contractuales. 3.1. El contrato DBFO. 3.2. El contrato BOT. 3.3. El sistema de concesiones romano germano francés. 4. El régimen jurídico de las APP en la Ley 1508 de 2012. Conclusiones. Obras citadas.

* Abogado de la Universidad del Rosario, especialista en Derecho Tributario de la misma Universidad. Magíster en Derecho Administrativo y Derecho Tributario de la Universidad Complutense de Madrid, exfuncionario de la Procuraduría General de la Nación. Ha prestado servicios profesionales al Instituto Nacional de Concesiones, la Agencia Nacional de Infraestructura, el Instituto de Desarrollo Urbano, la Alcaldía Mayor de Bogotá, el Fondo Financiero Distrital de Salud, la Empresa de Renovación Urbana, el Instituto Distrital de Recreación y Deportes, la Superintendencia de Notariado y Registro, el Consejo Nacional Electoral, Pricewaterhousecoopers AG Ltda., Pavimentos Colombia, AngloGold Ashanti, e Hydrochina Corporation, y es miembro de Urueta & Urueta Abogados. En el campo académico, ha sido profesor de la cátedra de Asociaciones Público Privadas en la Maestría de Derecho Administrativo de la Universidad del Rosario, profesor en pregrado y postgrado en materia de contratación estatal, capacitador de la Alcaldía Mayor de Bogotá en materia de contratación estatal y asociaciones público privadas. Autor del libro *El contrato de concesión de obras públicas - Project Finance y Partenariado Público Privado*. Ha publicado también dos cartillas de capacitación dirgidas a los funcionarios del Distrito Capital tituladas "Guía de contratación estatal - Metodología para la correcta estructuración de asociaciones público-privadas" y "Guía de contratación estatal - Buenas prácticas en contratación estatal: compromiso para preservar la transparencia y la libre competencia".

Introducción

El presente artículo tiene por objeto desarrollar un marco conceptual que permita caracterizar las asociaciones público-privadas, para lo cual se estudiarán los antecedentes, las características y los modelos contractuales comúnmente aceptados en el tráfico jurídico internacional, además de examinar la definición y el ámbito de aplicación dado por el legislador en Colombia.[1]

El análisis propuesto concluye que el concepto de asociación público privada (en adelante APP) no debería asemejarse a una tipología contractual en concreto, sino a una serie de instrumentos que incluyen técnicas especiales de estructuración de proyectos, valoración de riesgo, mecanismos de financiación y modelos contractuales para la gestión de infraestructura, originados tanto en el sistema romano germano francés, como en el caso de las concesiones de obras, bienes y servicios, así como en el sistema anglosajón, a través de los contratos *design-build-finance-operate* —DBFO—, *Build-operate-transfer* —BOT—, y otros que se mencionarán tangencialmente a lo largo del escrito.

1. Antecedentes legales de las APP

El concepto de asociación entre el sector público y el privado nació en el Reino Unido a finales de la década de los años ochenta del siglo pasado, cuando HM Treasury constituyó un comité que recomendó el uso de financiación privada para la provisión de bienes y servicios públicos, con base en las siguientes reglas:[2]

- La financiación privada debía garantizar que los proyectos fueran eficientes en términos de costos.
- La financiación privada de infraestructura no debía ser valorada únicamente como un medio para poder llevar a la práctica aquellos proyectos a los que no llegaban los presupuestos públicos.

---

1 Con ocasión de la expedición de la Ley 1508 de 2012 se ha empezado a producir doctrina nacional sobre las asociaciones público-privadas, pero ninguna de estas obras se ocupa en particular sobre la temática objeto del presente artículo. En todo caso en las Obras citadas se relacionan las obras pertinentes de José Luis Benavides; Sebastián Barreto y Mónica Ibagón y María Mónica Hernández.

2 José Manuel Vassallo Magro y Rafael Izquierdo de Bartolomé, *Infraestructura pública y participación privada: conceptos y experiencias en América y España*, Corporación Andina de Fomento, 2010, consultado 27 de marzo de 2017, https://www.caf.com/media/3163/LibroinfraestructuraFINAL.pdf

Las reglas establecidas por el comité comenzaron a aplicarse en 1989, año en el cual el Gobierno conservador en Gran Bretaña replanteó el rol del Estado, para dejar de ser un proveedor directo de infraestructura y pasar a ser un comprador y regulador de servicios. Esta política se materializó posteriormente en un programa denominado *Private finance initiative* —PFI—.[3]

La PFI inglesa fue lanzada como programa de gobierno en el año de 1992 por John Major, con el propósito de lograr la renovación de activos públicos en estado de obsolescencia, y fomentar mejores prácticas contractuales aprovechando la capacidad de gestión del sector privado. Los primeros proyectos desarrollados fueron de infraestructura de transporte y se caracterizaron por ser financiados a través de fondos privados, situación que no se daba en el Reino Unido desde el siglo XIX. Dentro de los primeros proyectos se destacan:[4]

- El puente Reina Isabel II, sobre el río Támesis.
- Parte de la circunvalar de Londres.
- Puente de la isla de Skye en Escocia.
- El túnel del Canal de la Mancha, como desarrollo de un proyecto binacional.

Sucesivamente, a mediados de los años 90, casi todas las secretarías de gobierno del Reino Unido desarrollaron proyectos bajo la modalidad PFI, perfeccionado más de 900 contratos con una inversión de capital que ronda los 110 000 millones de dólares. El 21 % de los contratos fueron suscritos en el área de la salud, el 18 % en el sector del transporte, el 15 % en defensa y el 13 % en educación.[5]

El modelo PFI ha sido utilizado como base para el desarrollo de otros esquemas legales de vinculación de capital privado, como en los casos de

---

3 Ibid.

4 Germán Millán, *Asociaciones público-privadas para el desarrollo de infraestructura y la provisión de servicios públicos. Experiencia del Reino Unido Informe Final.* México: Programa para el impulso de asociaciones público privadas en Estados Mexicanos —PIAPPEM—, 2009, consultado 27 de marzo de 2017, http://www.piappem.org/file.php?id=234

5 Patricio Rozas Balbontín, José Luís Bonifaz y Gustavo Guerra-García, *El financiamiento de la infraestructura: Propuestas para el desarrollo sostenible de una política sectorial* (Santiago de Chile: Naciones Unidas, 2012), 125.

Canadá y Australia (especialmente en el estado de Victoria), sistemas que en la actualidad se encuentran a la vanguardia de la regulación en la materia.

La Unión Europea ha acogido también el uso de la figura al incluir esquemas APP en el *Libro Verde sobre colaboración público-privada*. De igual manera, algunos países individualmente, como España, Irlanda y Portugal, han aumentado el número de esquemas de financiación privada aplicados mayormente a proyectos de índole nacional.

En América Latina, el pionero en utilizar esta modalidad fue Chile y el sistema recibió un fuerte impulso con las modificaciones legales introducidas en el año de 1997, que permitieron la emisión de bonos de infraestructura.[6] Posteriormente, en la región el modelo fue implementado también en México, Brasil y Colombia.

En la actualidad, el modelo APP se encuentra vigente en más de cuarenta países dentro de los que se destacan: Sudáfrica, Alemania, Arabia Saudita, Australia, Austria, Brasil, Bélgica, Bulgaria, Canadá, Chile, Chipre, Colombia, Corea, Egipto, Eslovenia, España, Estados Unidos, Francia, Grecia, Hungría, India, Indonesia, Irlanda, Italia, Japón, Malasia, Malta, México, Nigeria, Pakistán, Países Bajos, Perú, Polonia, Portugal, Reino Unido, República Checa, República Eslovaca, Rumania, Rusia, Singapur, Taiwán y Turquía.[7]

2. El concepto internacional de asociación público-privada

En el ámbito internacional no hay una definición comúnmente aceptada sobre qué significa una asociación público-privada.[8] En términos generales, este tipo de acuerdos comprende formas de unión estratégica a largo plazo entre los sectores público y privado, para compartir la responsabilidad en el diseño, planeación, financiación, construcción u operación de proyectos, cuyo objeto garantice o extienda servicios tradicionalmente prestados por

---

[6] Ibid.

[7] Reino Unido - Infrastructure UK, Capacitación Embajada del Reino Unido, Bogotá, noviembre de 2012.

[8] World Bank Group. ¿Qué son las asociaciones público-privadas?, consultado 27 de marzo de 2017, https://ppp.worldbank.org/public-private-partnership/es/asociaciones-publico-privadas/definicion

el sector público, vinculados a la explotación económica de infraestructura pública y a la prestación de servicios públicos.[9]

En esta clase de uniones el sector privado asume los riesgos inherentes al proyecto, construye, opera, mantiene y financia parcial o totalmente la infraestructura, mientras que el Gobierno define la necesidad del servicio, realiza la planeación estratégica del negocio, obtiene los permisos, vigila y supervisa la ejecución del proyecto.[10]

La noción de asociación público privada abarca un conjunto de técnicas para la gestión de infraestructura pública por parte del sector privado.[11] De ahí que el concepto no se pueda asemejar a una tipología contractual en concreto, sino a una serie de instrumentos que incluyen: técnicas especiales de estructuración de proyectos y de valoración de riesgos, estructuras y mecanismos de financiación, y modelos contractuales para la gestión de infraestructura.

Dentro de los instrumentos de estructuración, financiación y valoración del riesgo, se destacan principalmente: (i) el uso de técnicas de *Project Management* para la estructuración del proyecto; (ii) el uso de técnicas de financiación como las de *Project Financie*; (iii) el uso de metodologías cuantitativas y cualitativas para la tipificación, cuantificación y asignación de riesgos previsibles; (iv) el uso de la técnicas para la validación de la generación de valor por dinero (*Value for money*) como el comparador público privado y (v) el uso de procedimientos para la selección de contratistas, como el diálogo competitivo y las propuestas no solicitadas, para la maduración del proyecto.

Habida cuenta de la particularidad anterior, se advierte que los tipos contractuales incluidos bajo la noción de APP no son la verdadera novedad de la figura, pues algunos datan de varias décadas e inclusive siglos de

---

[9] Richard Webb y Bernard Pulle, *Public Private Partnerships: An Introduction, Research Paper No. 1 2002—03*, Australia: Department of the Parliamentary Library, 2002, consultado 27 de marzo de 2017, http://www.aph.gov.au/binaries/library/pubs/rp/2002-03/03rp01.pdf

[10] Ibid.

[11] Corporación Andina de Fomento, *Financiamiento privado de infraestructuras. Estudio de alternativas y experiencias en materia de proyectos de participación público-privada para América del Sur. Sector Transporte*, consultado 27 de marzo de 2017, http://www.iirsa.org/admin_iirsa_web/Uploads/Documents/fid_financiamiento_privado_de_infraestructuras.pdf

antigüedad, como en el caso del contrato de concesión creado por el derecho romano, por lo que es necesario precisar que la innovación del concepto en estudio no estriba en la tipología contractual utilizada, sino en el uso de técnicas de estructuración, modelos de evaluación, mecanismos de pago y de reparto de riesgos adoptados por las partes involucradas en el acuerdo de voluntades.[12]

En la práctica existen diferentes modalidades de APP en las que el Estado puede participar más activamente en la operación o en la inversión, dependiendo de cada tipo de proyecto. En algunos casos, el Estado puede contribuir con activos físicos y recursos financieros, en calidad de subsidios, con el propósito de dar viabilidad económica y financiera al negocio. En otras oportunidades, la Administración se compromete a pagar una renta al inversionista privado durante el período de asociación o, en su defecto, lo autoriza a prestar un servicio y cobrar las tarifas reguladas.[13]

Generalmente, la parte privada debe cubrir el financiamiento total o parcial de las inversiones. En algunos casos, tras el período pactado de explotación, o por otra disposición que se establezca en los contratos firmados entre las partes, la propiedad de los activos adquiridos o construidos se transforma en propiedad pública, mientras que los activos entregados por la parte pública, salvo en el caso del contrato BBO, no pasan a ser propiedad del operador privado.[14] En el caso del contrato BBO, el sector privado adquiere un activo público improductivo o en estado de obsolescencia, con el objeto de desarrollarlo, renovarlo, modernizarlo o expandirlo y posteriormente operarlo, bajo las condiciones que la Administración determine, sin que haya reversión del activo al finalizar el acuerdo de voluntades.

Hechas las aclaraciones anteriores, se pone de presente que la colaboración entre el sector público y privado en una APP se caracteriza por: la larga duración de la relación entre el socio privado y la Administración; la prestación de un servicio de naturaleza pública por parte del sector privado; la responsabilidad del Estado en la dirección y vigilancia del proyecto; el modo en que se financia el negocio, a través del uso de figuras como el

---

12 Ibid.

13 Rozas Balbontín, Bonifaz y Guerra-García, *El financiamiento de la infraestructura.*

14 Ibid.

Project Financie y la constitución de sociedades de propósito especial (*special purpose vehicles SPVs*); la forma en que se recupera la inversión a través del cobro de tarifas, precios públicos o el pago de peaje en la sombra; el reparto del riesgo entre las partes; y, por último, la libertad de acción del socio privado, en consideración a que la labor del ente público en este tipo de relaciones se circunscribe a definir los alcances de los objetivos y metas del proyecto, dejando amplio margen de maniobra al socio particular.[15]

Adicionalmente, como otras notas características, se tiene que por regla general el socio privado comienza a percibir el pago por parte de la Administración solamente una vez entre en operación la infraestructura. Por lo anterior, un retraso en la puesta en funcionamiento de la infraestructura supone la no percepción de remuneración por parte del inversionista privado. Habida cuenta de lo anterior, existen diferentes incentivos económicos, no solo para finalizar la obra dentro del tiempo y el presupuesto estimado, sino también para que el privado alcance niveles de servicio contratados y los preserve durante la vida del contrato, so pena de incurrir en penalizaciones que se reflejan en una disminución de ingresos.

De lo dicho podría indicarse que en el ámbito internacional las APP comprenden: (i) técnicas especiales de estructuración de proyectos y de valoración de riesgo; (ii) estructuras y mecanismos de financiación; (iii) instrumentos legales para la gestión de infraestructura; (iv) contratos de precio fijo, basado en entrega de servicios contractualmente pre-establecidos entre los sectores privado y público; (v) acuerdos de largo plazo, en promedio de 20-30 años; (vi) aplicación a grandes proyectos de infraestructura; (vii) inversiones de capital del sector privado cuya recuperación se somete a la condición del cumplimiento de niveles de servicio y de desempeño y (viii) la responsabilidad del sector público en la supervisión del proyecto.

Ahora bien, es menester advertir que, respetando los anteriores rasgos característicos, las APP han sido tradicionalmente utilizadas para: desarrollar proyectos de transporte (carreteras, puertos, aeropuertos, ferrocarriles, puentes); generación y distribución de energía, electrificación rural y distribución de gas; telecomunicaciones; agua y saneamiento básico; manejo de

[15] Fiscal Affairs Department, *International Monetary Fund. Public-private parterships*, 2004, consultado 27 de marzo de 2017, https://www.imf.org/external/np/fad/2004/pifp/eng/031204.pdf

residuos sólidos; distritos de riego; transporte urbano; terminales logísticos; viviendas sociales; escuelas y hospitales.[16]

Sin perjuicio de las aplicaciones tradicionales, en años recientes las APP han sido también utilizadas para construir, operar y mantener barriadas (*slums/favelas/*pueblos jóvenes); cárceles; edificios públicos como ayuntamientos, estadios, coliseos, auditorios, centros culturales; alumbrado público; parqueaderos públicos; parques recreativos e instalaciones deportivas; cementerios y crematorios; cuarteles de bomberos y jardines infantiles.[17]

Finalmente, aunque es poco frecuente, las APP también han sido utilizadas para construir, operar y mantener: silos agrícolas con capacidad de enfriamiento; mercados; zonas francas o zonas económicas especiales; parques nacionales y reservas naturales; explotación de bosques; muelles de pesca; instalaciones y servicios y laboratorios; y simuladores militares.[18]

3. Tipologías contractuales

La tipología contractual de las APP varía dependiendo del sistema jurídico de origen, sin que exista un modelo de contrato estándar para vincular capital privado a proyectos de infraestructura pública. En el sistema jurídico anglosajón existe un sinnúmero de tipologías contractuales, dentro de los cuales se destacan los siguientes acuerdos de voluntades:[19]

- Contratos en los que el sector privado diseña, construye, desarrolla, opera, administra sin ser dueña de la infraestructura, como sucede en los contratos *Design-build-finance-operate* —DBFO—, *Build-develop-operate* —BDO—, *Design-construct-manage-finance* —DCMF—.

---

[16] José Luis Guasch, Capacitación a directivos y asesores, Bogotá: Alcaldía Mayor de Bogotá, julio 2013.

[17] Ibid.

[18] Ibid.

[19] Philippe Burger, Daniel Bergvall, Stéphane Jacobzone y David An, *Public-private partnerships: in pursuit of risk sharing and value for money draft for discussion*, Organisation for Economic Co-operation and Development —OECD—, 2008, consultado 29 de marzo de 2017, http://www.oecd.org/officialdocuments/publicdisplaydocumentpdf/?cote=GOV/PGC/SBO(2008)1&docLanguage=En. Christopher Bovis, *Public-private partnerships in the European Union* (Nueva York: Taylor & Francis, 2014), 103. Reino Unido - Infrastructure UK, Capacitación Embajada del Reino Unido.

- Contratos en los que el sector privado compra o arrienda al sector público infraestructura ya existente, sin la obligación de transferir la propiedad de los activos posteriormente al Estado, con el propósito de rehabilitar, modernizar o expender los activos entregados, como en el caso de los contratos *Buy-build-operate* —BBO—, *Lease-develop-operate* —LDO—, *Wrap-around addition* —WAA—, *Build-own-operate* —BOO—.
- Contratos en los que el sector privado diseña y construye un activo, lo opera y después lo transfiere al Gobierno, como en el caso de los contratos *Build-operate-transfer* —BOT—, *Build-own-operate-transfer* —BOOT—, *Build-rent-own-transfer* —BROT—, *Build-lease-operate-transfer* —BLOT—, *Build-transfer-operate* —BTO—.
- Adicionalmente, en algunos países se considera que también son formas de asociación público-privada los contratos *Joint ventures* y los *O & M contracts*.

En contraposición al sistema anglosajón, en el derecho continental la vinculación de capital privado para la formulación y realización de obras públicas o para la gestión de bienes o servicios públicos se ha desarrollado tradicionalmente a través del sistema de concesión, entendido como un género que abarca diferentes tipologías contractuales.

La figura de la concesión puede ser vista, en términos generales, como la atribución de un poder jurídico a un particular en una actividad que normalmente cumple la Administración Pública.[20] Desde un enfoque más específico, dentro del concepto genérico de concesión se encuentran diferentes formas de contratación tales como la concesión de uso especial sobre el bien público, la concesión de servicios públicos y la concesión de obra pública. En los siguientes acápites se hará mención especial a los contratos DBFO, BOT y a las concesiones de obra, bienes y servicios públicos.

3.1. El contrato DBFO

A la hora de estudiar la tipología del contrato *Design Build-Finance Operate* —DBFO— debe forzosamente hacerse referencia a los lineamientos de la PFI

[20] Otto Mayer, *Derecho administrativo alemán. Tomo IV, parte especial*, traducido por Horacio Heredia y Ernesto Krotoschin (Buenos Aires: Ediciones Arayú, 1954), 149 y ss.

inglesa, acogidos por HM Treasury, en la minuta SOPC4 (*Standardisation of PFI Contracts Version 4*), fuente que será utilizada para desarrollar el análisis propuesto en el presente acápite.[21]

En el proceso de estandarización llevado a cabo por el Reino Unido, el contrato DBFO se perfila como un acuerdo de voluntades usado habitualmente para desarrollar proyectos que tienen por objeto la construcción, operación y mantenimiento de una nueva infraestructura y la prestación de sus servicios relacionados.

En esta clase de contratos, el sector público encarga a un particular el diseño, construcción, financiación, operación y mantenimiento de una infraestructura pública, actividades que deben ser ejecutadas en etapas preclusivas que comprenden la pre-construcción, construcción, pruebas, operación y mantenimiento, dentro de un plazo fijo de ejecución contractual.

Los activos generados en desarrollo de un contrato DBFO son de propiedad pública, los riesgos de construcción, operación y mantenimiento son asignados al sector privado, el desarrollo de la obra generalmente se encuentra subcontratada a través de un contrato *Engineering, Procurement and Construction* —EPC— y la operación también puede, en ocasiones, estar subcontratada a través de un contrato *Operation and Maintenance*.

Una de las principales características del contrato DBFO reside en el hecho de que la remuneración del contratista se encuentra desligada del riesgo de demanda, esto quiere decir que los pagos al contratista no dependen de la cantidad de usuarios que utilicen la infraestructura, sino de una remuneración periódica pagada por la entidad pública contratante, cuyo monto puede ser objeto de descuentos en el caso de no cumplirse las condiciones de disponibilidad y niveles de servicio establecidos contractualmente.

De acuerdo con lo señalado, la retribución del contratista se materializa en pagos unitarios periódicos, conforme a un cronograma y cuantías señaladas en el contrato, cuyos montos son indexados anualmente a la inflación. Así, en el contrato se estipula un mecanismo de pago que toma en cuenta un sistema de puntos, en el que se cuantifican fallas en los niveles de servicio y estándares de calidad.

---

[21] Crown, *Standardisation of PFI Contracts Version 4*, (Londres: HM Treasury, 2007), recuperado de http://webarchive.nationalarchives.gov.uk/20130129110402/http:/www.hm-treasury.gov.uk/ppp_standardised_contracts.htm

La acumulación de cierta cantidad de puntos negativos respecto del desempeño de niveles de servicio activa una disminución de ingresos por incumplimiento de niveles de servicio. De forma tal, que si en un período de facturación se incumplen los niveles de servicio, no se cumple la condición para reconocer el 100 % del pago unitario, caso en el cual, el contratista tendría solo derecho a una retribución parcial, conforme a las reglas contenidas en una fórmula matemática.

De igual manera, en el contrato se estipula que si la infraestructura entra en estado de indisponibilidad durante la etapa de operación y mantenimiento, el contratista pierde el derecho a cobrar los pagos unitarios que lleguen a causarse durante el período de indisponibilidad. Lo anterior como consecuencia de haber fallado la condición para realizar el pago.

Frente a la regla general anteriormente descrita, existe una excepción relacionada con el desarrollo de actividades de mantenimiento periódico y rutinario, actividades durante las cuales pueden disminuirse los niveles de servicio, sin que ello implique la realización de disminución de ingresos.

Contrario a lo que sucede en una obra pública, en el contrato DBFO la Administración otorga libertad al contratista para determinar diseños y especificaciones técnicas de la infraestructura, bajo la condición de que se cumplan los estándares de calidad, los niveles de servicio y la disponibilidad de la infraestructura.

Es importante señalar que en esta clase de acuerdos la entidad no contrata en sí misma la construcción de una obra, sino la prestación de un servicio de infraestructura, de ahí que en el contrato se haga más énfasis en determinar cómo se va a desempeñar la infraestructura, a través de estándares de calidad, niveles de servicio y disponibilidad, dejando en libertad al contratista para determinar cómo lograr los resultados esperados, a través de la escogencia del mejor proceso constructivo y de las especificaciones técnicas requeridas.

Generalmente, los estándares de calidad, niveles de servicio y disponibilidad de la infraestructura son objeto de revisión por parte de la Administración contratante, una vez finalizado el período de construcción, mediante el desarrollo de una etapa de pruebas.

Al inicio de la etapa de pruebas, el contratista entrega a la entidad contratante una memoria técnica levantada para realizar las obras, documento que suele contener un cuadro de relación de obras, informes descriptivos del proyecto que incluyan características técnicas, métodos de cálculo empleados, modificaciones introducidas al proyecto original, diseños complementarios con su respectiva explicación y justificación, dificultades encontradas durante la construcción, costos, fuentes de materiales utilizadas para cada tipo de obra, disponibilidad de materiales para posterior conservación, suelos encontrados durante la construcción, ensayos de suelos realizados, fundaciones, drenajes, estructuras y redes, entre otros aspectos.

Una vez recibida la memoria técnica, durante el período de pruebas, la entidad y la supervisión realizan ensayos, demostraciones o inspecciones a la infraestructura y a los equipos necesarios para prestar el servicio, todo lo anterior con el propósito de acreditar que el proyecto va a cumplir con los niveles de servicio, estándares de calidad y condiciones técnicas para operar.

Durante el período de pruebas, la entidad contratante tiene derecho a: presenciar las pruebas, ensayos, demostraciones o inspecciones realizadas; revisar los diseños y procedimientos de construcción, operación y mantenimiento de la infraestructura y equipos; formular las solicitudes de corrección o complementación, si no se cumple con las condiciones técnicas para operar o con cualquier otra estipulación del contrato, sus anexos o apéndices y declarar disponible la infraestructura del proyecto.

Contractualmente, la verificación hecha para declarar la disponibilidad de la infraestructura no conlleva la aceptación definitiva de las obras realizadas. Por lo tanto, si durante la etapa de operación y mantenimiento se evidencia que las obras ejecutadas no cumplen con las condiciones técnicas para operar o con cualquier otra estipulación del contrato, la entidad pública está facultada para iniciar los procedimientos a que haya lugar para lograr el cumplimiento de la prestación debida o su indemnización de perjuicios, según el caso.

En el evento de que la infraestructura no entre en estado de disponibilidad en el tiempo acordado, ya sea por demora en la ejecución de las obras o por no superar la etapa de pruebas, en el contrato se encuentra estipulada una penalidad en virtud de la cual el término de duración de la etapa de operación y mantenimiento se recorta automáticamente, restando un día de recaudo de recursos por la explotación económica del proyecto, por cada día de retraso de la entrada en operación. Las pérdidas económicas, generadas por la reducción del plazo de operación como consecuencia de la no entrada en estado de disponibilidad, son asumidas enteramente por el contratista.

En concordancia con lo señalado, los contratos DBFO prevén dentro de sus cláusulas, otros mecanismos de protección contra la prestación tardía o defectuosa del servicio. En ese orden de ideas, el contratista asume la obligación de exigir la constitución de una garantía bancaria a primer requerimiento al subcontratista que va a ejecutar las obras (subcontratista EPC), asumiendo el compromiso firme, irrevocable, autónomo, independiente e incondicional de pagar una suma líquida, en el evento de que la etapa de construcción se extienda en el tiempo por más de tres meses de lo previsto contractualmente. La penalidad así estipulada es utilizada para cubrir el servicio a la deuda garantizada del proyecto (*senior debt*), en el evento de que el flujo de ingresos se retrase debido a la no oportuna terminación de las obras.

De igual forma, en el evento de que el subcontratista EPC termine anticipadamente las obras, en el contrato DBFO se suele estipular la obligación del contratista de reconocerle un bono por terminación anticipada, para incentivar la terminación previa de los trabajos.

En consonancia con lo anterior, dentro del clausulado del contrato se suele pactar que si durante la etapa de construcción se evidencia un retraso de más de 90 días en cualquiera de los hitos principales de construcción, respecto de las metas propuestas en el cronograma de obras, la Administración contratante tiene derecho a solicitar al inversionista el cambio del subcontratista EPC.

Finalmente, para proteger la debida prestación del servicio y salvaguardar los intereses públicos, se suele incluir en la minuta del contrato una cláusula denominada *Long—Stop Date*, en virtud de la cual se fija una fecha límite en la que el proyecto debe iniciar la etapa de operación y mantenimiento, so pena de terminación anticipada del contrato.

A la luz de las reglas analizadas, se puede observar que en los contratos DBFO existen diversas estipulaciones, para garantizar que el contratista asuma la responsabilidad por la entrada oportuna de la infraestructura en estado de disponibilidad.

Sin embargo, en el contrato también se establecen ciertas excepciones que eximen de responsabilidad al contratista por la no culminación oportuna de las obras. Las excepciones hacen referencia a: (i) eventos compensables, (ii) eventos eximentes de responsabilidad y (iii) situaciones de fuerza mayor.

Los eventos compensables generalmente se asocian a:

- Incumplimientos mayores de la entidad contratante que no permitan ejecutar el contrato.
- Riesgos previsibles que hayan sido identificados y asignados a la entidad contratante.
- Hechos u omisiones de la entidad contratante que conlleven al incumplimiento de sus obligaciones.
- Modificaciones del contrato solicitadas por la entidad contratante.
- Cambios regulatorios.

Al configurarse un evento compensatorio, el contratista tiene derecho a una prórroga en tiempo para el cumplimiento de sus obligaciones y a una indemnización de perjuicios que restablezca el equilibrio económico del contrato. Por su parte, los eventos que liberan de responsabilidad al contratista se asocian a:

- Incendios, explosiones, rayos, extinción de incendio, combustión espontánea, humo, hollín, gases, líquidos o polvos corrosivos, impericia, negligencia, descuido o manejo inadecuado, hurto y hurto calificado, tempestad, lluvia, daños por agua y granizo, helada, hundimiento del terreno, deslizamiento de tierra, caída de rocas, aludes e impacto de vehículos terrestres y aeronaves.
- Riesgos de la naturaleza, como: terremoto y temblor, erupción volcánica, maremoto y tsunami, huracán o ciclón o tifón o tornado e inundación.
- Daños materiales derivados de actos malintencionados de terceros, asonada, motín, conmoción civil y popular o huelga, paros o cierres.
- Pérdidas o daños generados por accidentes.
- Fallas en la provisión de energía, gasolina o transporte de bienes.

En los eventos mencionados arriba, el contratista tiene solo derecho a una prórroga en tiempo para el cumplimiento de sus obligaciones, sin que haya lugar a indemnización de perjuicios o derecho a una compensación.

Por último, se identifican los hechos constitutivos de fuerza mayor, entendidos, como eventos imprevisibles, irresistibles y catastróficos para ambas partes, que exoneran de responsabilidad tanto a la entidad contratante como al contratista, tales como: guerra, guerra civil, terrorismo, conflicto armado; contaminación nuclear o química; ondas de presión generadas por vehículos que viajen a velocidad supersónica; u otros eventos de fuerza mayor no asegurable.

3.2. El contrato BOT

El contrato *Building Operate Transfer* —BOT— es un acuerdo de voluntades utilizado para construir y operar activos nuevos, de mediana envergadura y de naturaleza productiva, sin que esta clase de iniciativas llegue a comprender todo un sistema de infraestructura.[22]

Esta clase de acuerdos se suele emplear para ejecutar proyectos que normalmente deberían ser desarrollados por el Estado, para proveer servicios de naturaleza pública, como es el caso de la construcción de hidroeléctricas, termoeléctricas, plantas de generación solar o parques eólicos. También se utilizan para rehabilitar o aumentar la capacidad de esa clase de activos.

La recuperación de la inversión en los contratos BOT no se lleva a cabo a través del cobro a los usuarios finales del servicio particulares, sino a través de la suscripción de un contrato (*Offtake Agreement*) en el que la Administración Pública contratante adquiere la producción de la planta, en cantidades y precios previamente definidos, durante la vida del contrato.[23]

Los ingresos generados en la comercialización del servicio de infraestructura son usados para cubrir los costos de operación y mantenimiento, reparación, cubrimiento del servicio a la deuda, servicios financieros y utilidad especial de los inversionistas privados.

En el campo de la generación de energía, el contrato de compra de la producción recibe el nombre de *Power Purchase Agreement* —PPA—, acuerdo mediante el cual la Administración contratante paga: (i) un cargo fijo sujeto a disponibilidad de la planta que remunera los costos fijos de operación y

---

[22] World Bank Group, *Concessions, Build-Operate-Transfer (BOT) and Design-Build-Operate (DBO) Projects*, consultado 29 de marzo de 2017, http://ppp.worldbank.org/public-private-partnership/agreements/concessions-bots-dbos#BOT_projects

[23] Ibid.

repago del *equity*, y (ii) un cargo variable, cuya tarifa aumenta o disminuye en función del volumen de producción.[24]

Durante el desarrollo del acuerdo BOT, el sector privado financia, diseña, construye y opera la nueva instalación que es de su propiedad, hasta la finalización del contrato, momento en el cual se traspasa el dominio del activo a favor de la entidad pública contratante.

La firma del contrato confiere a la empresa privada inversionista el derecho a construir y explotar económicamente la nueva infraestructura. La construcción de la obra generalmente se encuentra delegada a un tercero, a través del perfeccionamiento de un contrato *Engineering, Procurement, Construction* —EPC—. De manera similar, la operación es encomendada también a terceros, mediante la suscripción de un contrato de operación y mantenimiento —O&M—.

Adicionalmente, en los acuerdos BOT. se acostumbra exigir al contratista privado la suscripción de un contrato de suministro de insumos para garantizar la producción, especialmente en el caso de las termoeléctricas, donde se requiere garantizar el suministro de combustible, gas o diesel dependiendo del tipo de planta, por un término de duración que debe ser igual a la vida del contrato principal.[25]

En la etapa de preconstrucción, antes de la acreditación del cierre financiero, el contratista privado acostumbra entregar para revisión de la entidad pública contratante: (i) copia del contrato EPC, (ii) cronograma de la obra, (iii) diseños definitivos, (iv) plan de operación o contrato O&M, (v) el contrato de suministro de insumos necesarios para obtener la producción de la planta, (vi) copia de los permisos y licencias, y (vii) lista de personal clave y procedimientos de comunicación entre las partes.[26]

Respecto de la consecución de permisos y licencias, es importante destacar que con la firma del contrato BOT, se suele exigir al Gobierno huésped de la iniciativa público privada, la suscripción de un acuerdo de implementación (*Implementation Agreements*), en el que el sector público

---

[24] World Bank Group, *Power Purchase Agreements (PPA) and Energy Purchase Agreements (EPA)*, consultado 29 de marzo de 2017, http://ppp.worldbank.org/public-private-partnership/sector/energy/energy-power-agreements/power-purchase-agreements

[25] World Bank Group, *Concessions, Build-Operate-Transfer (BOT)*.

[26] Ibid.

adquiere compromisos en materia de trámites de licencias y permisos ambientales, así como en aspectos tributarios y comerciales.[27] Otras cláusulas de interés en los contratos BOT son las referentes a:

- Toma de posesión de la planta en el evento de abandono del contratista por parte de la entidad pública contratante.
- Derecho de la entidad pública a inspeccionar la infraestructura.
- Y multas por no entrar oportunamente en producción.

3.3. El sistema de concesiones romano germano francés

Como ya se mencionó anteriormente, dentro del concepto genérico de concesión se encuentran diferentes formas de contratación tales como la concesión de uso especial sobre bien público, la concesión de servicios públicos y la concesión de obra pública.

Como su nombre lo indica *la concesión de uso especial sobre bien público* es un acto constitutivo de derecho, por medio del cual se somete un bien del Estado a la posesión de un administrado, con la peculiaridad de que las facultades cedidas exceden el uso común permitido a los particulares.[28]

La intensidad jurídica de los poderes atribuidos al administrado en este género de contrato es mayor que en las demás formas de concesión. En ella, no solo le es permitido al particular usar y administrar el bien entregado, sino que le es autorizado también ejercer actos de disposición sobre el mismo, a cambio del pago por cuenta del particular de una contraprestación o regalía a favor del Estado.

Otro género de concesión es la de servicios públicos, en las que la intensidad jurídica de la transferencia de derechos al particular contratista es menor, al compararla con las concesiones de bienes de uso público.

En efecto, aunque es cierto que en la concesión de servicios públicos hay un derecho de naturaleza subjetiva, ya no existe posesión de lo concedido, dado que solo se traslada en cabeza del particular el derecho a ejercer una actividad que en principio está reservada a la Administración.

---

[27] Ibid.

[28] Ramón Parada, *Derecho administrativo I* (Madrid: Marcial Pons, 2004), 340.

El objeto del contrato en esa clase de concesiones es el otorgamiento de derechos para ejercer una actividad de interés general (frecuentemente en manos del Estado), cuyo contenido económico la hace susceptible de explotación por empresarios particulares, y que no implican el ejercicio de la autoridad inherente a los poderes públicos.[29]

Se desprende del objeto contractual de este género de concesiones que al particular se le encomienda el cumplimiento de una función administrativa, pero no se concede la disposición total sobre la misma sino su mera gestión.

Por último, se halla el contrato de concesión de obras públicas, que hoy en día puede ser definido como un acuerdo de voluntades en virtud del cual una Administración Pública encarga a un particular, durante un plazo, la construcción o explotación, o solamente la explotación, de obras públicas o, en general, aquellas obras susceptibles de explotación, que sean necesarias para la prestación de servicios públicos, reconociendo al concesionario el derecho a percibir una retribución consistente en la explotación del bien construido, la cual puede, en algunas legislaciones, ser acompañada de un precio.[30]

Es importante señalar que en el género de las concesiones, el riesgo de demanda viene asumido por regla general por el concesionario y que el repago de las inversiones realizadas debe provenir mayoritariamente de la explotación económica de la infraestructura pública o el servicio público concesionado.

4. El régimen jurídico de las APP en la Ley 1508 de 2012

El régimen jurídico de las APP se encuentra desarrollado en Colombia por la Ley 1508 de 2012. El artículo 1 de la norma en cita define las APP como un instrumento de vinculación de capital privado, que se concreta en un contrato con las siguientes características:

> Artículo 1°. Definición. Las Asociaciones Público Privadas son un instrumento de vinculación de capital privado, que se materializan en un contrato entre una entidad estatal y una persona natural o

[29] Ibid.

[30] España, Jefatura del Estado, "Ley 13 de 2003", Madrid, 23 de mayo de 2003, artículo 220.1.

jurídica de derecho privado, para la provisión de bienes públicos y de sus servicios relacionados, que involucra la retención y transferencia de riesgos entre las partes y mecanismos de pago, relacionados con la disponibilidad y el nivel de servicio de la infraestructura y/o servicio.[31]

En concordancia con la definición dada por el legislador, el artículo 3 de la Ley 1508 de 2012 define el ámbito de aplicación de las APP de la siguiente manera:

> Artículo 3°. Ámbito de aplicación. La presente ley es aplicable a todos aquellos contratos en los cuales las entidades estatales encarguen a un inversionista privado el diseño y construcción de una infraestructura y sus servicios asociados, o su construcción, reparación, mejoramiento o equipamiento, actividades todas estas que deberán involucrar la operación y mantenimiento de dicha infraestructura. También podrán versar sobre infraestructura para la prestación de servicios públicos.
>
> En estos contratos se retribuirá la actividad con el derecho a la explotación económica de esa infraestructura o servicio, en las condiciones que se pacte, por el tiempo que se acuerde, con aportes del Estado cuando la naturaleza del proyecto lo requiera.
>
> Los procesos de selección y las reglas para la celebración y ejecución de los contratos que incluyan esquemas de Asociación Público Privada se regirán por lo dispuesto en la Ley 80 de 1993 y la Ley 1150 de 2007, salvo en las materias particularmente reguladas en la presente ley.
>
> Parágrafo 1°. Sólo se podrán realizar proyectos bajo esquemas de Asociación Público Privada cuyo monto de inversión sea superior a seis mil (6.000) SMMLV.
>
> Parágrafo 2°. Aquellos sectores y entidades para las cuales existan normas especiales que regulen la vinculación de capital privado para el desarrollo de proyectos, continuarán rigiéndose por dichas

---

[31] Colombia, Congreso de la República, "Ley 1508 de 2012", por la cual se establece el régimen jurídico de las Asociaciones Público Privadas, se dictan normas orgánicas de presupuesto y se dictan otras disposiciones, Bogotá, 10 de enero de 2012, artículo 1.

> normas o darán cumplimiento a lo previsto en la presente ley, una vez se encuentren reglamentadas las particularidades aplicadas en dichos sectores.
>
> Parágrafo 3°. El Gobierno Nacional podrá reglamentar las condiciones para el cumplimiento de la disponibilidad, los niveles de servicio, estándares de calidad, garantía de continuidad del servicio y más elementos que se consideren necesarios para el desarrollo de los esquemas de Asociación Pública Privada a que se refiere la presente ley, pudiendo aplicar criterios diferenciales por sectores.[32]

Vistas las reglas contenidas en los artículos 1 y 3 de la Ley 1508 de 2012, se deduce que en Colombia son de la esencia de los contratos APP:

- Una alianza entre el sector público y el sector privado que se materializa a través de la suscripción de un contrato con una entidad estatal y una persona natural o jurídica de derecho privado, para la provisión de bienes públicos y de sus servicios relacionados (ver artículo 1, Ley 1508 de 2012).
- La asignación de riesgos entre las partes, atribuyendo cada uno de ellos a la parte que esté en mejor capacidad de administrarlos, buscando mitigar el impacto que la ocurrencia de los mismos pueda generar sobre la disponibilidad de la infraestructura y la calidad del servicio (ver artículos 1 y 4 de la Ley 1508 de 2012).
- La sujeción del pago al contratista a la disponibilidad y cumplimientos de niveles de servicio, hecho que implícitamente conlleva a que el fondeo del presupuesto estimado de inversión de los proyectos (CAPEX) lo deba realizar siempre el sector privado (ver artículos 1 y 5 de la Ley 1508 de 2012).
- La retribución del contratista con el derecho a la explotación económica de la infraestructura o servicio.
- La necesidad de incluir siempre en el contrato la operación y mantenimiento de la infraestructura pública (ver artículo 3 de Ley 1508 de 2012).
- Un monto de inversión que sea superior a seis mil smmlv.

---

[32] Ibid., artículo 3.

Adicionalmente, los acuerdos APP en la legislación nacional deben incluir estipulaciones de forzosa inclusión por mandato legal, relacionadas con el pacto de cláusulas excepcionales, derechos de *step-in* para inversionistas, identificación de bienes reversibles y fórmula matemática de liquidación del contrato, según lo dispuesto en los artículos 22, 30, 31 y 32 de la Ley 1508 de 2012.

A la luz de las consideraciones expresadas, al analizar el alcance de los artículos 1 y 3 de la Ley 1508 de 2012, se percibe que el legislador trató de tipificar los acuerdos APP, bajo una sola tipología contractual, tomando la mayoría de elementos del contrato anglosajón DBFO, sobre todo lo relacionado con la aplicación de niveles de servicio, disponibilidad, reparto de riesgos y financiación privada del CAPEX del proyecto.

Pese a lo anterior, a lo largo del articulado de la Ley 1508 de 2012 se encuentran otras disposiciones, que complementan, amplían, y, en ocasiones, contradicen la definición y el ámbito de aplicación definidos en los artículos 1 y 3 en cita.

En primer lugar, el artículo 2 de la Ley 1508 de 2012 advierte que hay diferentes esquemas APP, dentro de los cuales se encuentran comprendidas las concesiones de que trata el numeral 4 del artículo 32 de la Ley 80 de 1993. De ahí que deba concluirse que las APP no son un solo tipo contractual para la provisión de bienes públicos y de sus servicios relacionados, como lo señala el artículo 1 de la Ley 1508 de 2012, sino que se trata de una categoría jurídica que incluye diferentes tipologías contractuales.

En segundo lugar, el artículo 8 de la Ley 1508 de 2012 faculta a las entidades estatales para celebrar y ejecutar contratos o convenios interadministrativos, que tengan por objeto el desarrollo de esquemas de asociación público privada, hecho que desvirtúa la hipótesis de que las APP sean "un instrumento de vinculación de capital privado, que se materializan en un contrato entre una entidad estatal y una persona natural o jurídica de derecho privado",[33] según lo dispuesto en el artículo 1 del mismo cuerpo normativo, pues también es posible que los contratos APP sean perfeccionados por dos entidades estatales.

---

[33] Ibid., artículo 1.

En tercer lugar, el artículo 5 de la Ley 1508 de 2012 señala que la retribución del contratista privado consiste en el derecho: (i) al recaudo de recursos por la explotación económica del proyecto, (ii) a recibir desembolsos de recursos públicos o (iii) a cualquier otra retribución estipulada por las partes, disposición que amplía las dos hipótesis previstas en el artículo 3 del mismo cuerpo normativo, donde se indica que se retribuirá la actividad del contratista con el derecho a la explotación económica de esa infraestructura o servicio, en las condiciones que se pacte, por el tiempo que se acuerde, con aportes del Estado cuando la naturaleza del proyecto lo requiera.

Sobre el punto ahora mencionado llama la atención que el artículo 5 de la Ley 1508 deja en libertad a las partes, para estipular cualquier tipo de retribución, lo cual abre las puertas para poder perfeccionar acuerdos con tipologías diferentes a los contratos DBFO o de concesión, bajo la condición de que se establezca un claro mecanismo de pago, sujeto a la disponibilidad de la infraestructura y al cumplimiento de niveles de servicio.

Al margen de las consideraciones anteriores, llama la atención que el inciso 2 del artículo 3 de la Ley 1508 de 2012 advierte que las asociaciones público privadas pueden versar también sobre infraestructura para la prestación de servicios públicos, norma que debe ser interpretada en conjunto con el artículo 1 de la misma ley, donde se indica que los contratos APP pueden tener por finalidad la provisión de bienes públicos y de sus servicios relacionados, de ahí que un acuerdo APP no solo pueda versar sobre infraestructura para la prestación de servicios públicos, sino también para la misma prestación de esa clase de servicios, máxime si se tiene en cuenta que el contrato de concesión de servicios públicos es un esquema de asociación público privada.

En la Constitución Política de 1991 se identificaron como servicios públicos la seguridad social (artículo 48), la atención de la salud y saneamiento básico ambiental (artículo 49), la administración de justicia (artículo 229), el notariado y registro (artículo 131), y la educación (artículo 67).

Al margen de los servicios públicos expresamente reconocidos en la Constitución Política, en criterio de la jurisprudencia de la Corte Constitucional el concepto genérico de servicio público puede ser clasificado en diversas categorías, en forma tal que es posible distinguir entre servicios públicos esenciales, domiciliarios, sociales, industriales y comerciales.[34]

Legalmente, la noción de servicio público esencial se encuentra definida en el artículo 430 del Código Sustantivo del Trabajo, modificado por el Decreto 753 de 1956, del siguiente tenor literal: "...Para este efecto se considera como servicio público, toda actividad organizada que tienda a satisfacer necesidades de interés general en forma regular y continua, de acuerdo con un régimen jurídico especial, bien que se realice por el Estado directa o indirectamente, o por personas privadas".[35]

Los servicios públicos esenciales no se encuentran definidos por el legislador de forma general en un cuerpo normativo, pero sí es posible identificarlos en diversas normas sectoriales de la siguiente manera:

- Banca central (Ley 31 de 1992).
- Seguridad social relacionada con salud y pago de pensiones (Ley 100 de 1993).
- Servicios públicos domiciliarios (Ley 142 de 1994).
- Administración de justicia (Ley 270 de 1996).
- Servicio que presta el Instituto Nacional Penitenciario —INPEC— (Decreto 407 de 1994).
- Servicio de transporte público terrestre, marítimo y aéreo (Ley 336 de 1996).
- Prevención y control de incendios (Ley 322 de 1996).
- Actividades de la Dirección de Aduanas e Impuestos Nacionales —DIAN— (Ley 633 de 2000).
- Explotación, refinación, transporte y distribución de petróleo (Sentencia C-450 de 1995).
- Educación (Sentencia C-473 de 1996).

De lo señalado, podría concluirse que las APP pueden tener por objeto la provisión de cualquier servicio público esencial, domiciliario, social,

---

[34] Colombia, Corte Constitucional, "Sentencia T-064 de 1994", 17 de febrero de 1994. Magistrado ponente: Hernando Herrera Vergara.

[35] Colombia, "Decreto Ley 2663", sobre Código Sustantivo del Trabajo, 5 de agosto de 1950, artículo 430.

industrial o comercial. Sin embargo, el parágrafo del artículo 8 de la Ley 1508 de 2012 establece algunas exclusiones que no pueden pasarse por alto. En efecto, la norma en cita excluye del ámbito de aplicación de la ley a

> las Sociedades de Economía Mixta en las que el Estado tenga participación inferior al cincuenta por ciento (50%), sus filiales y las Sociedades entre Entidades Públicas con participación del Estado inferior al cincuenta por ciento (50%), las Empresas de Servicios Públicos Domiciliarios y las Empresas Industriales y Comerciales del Estado cuando desarrollen actividades comerciales en competencia con el sector privado y/o público, nacional o internacional o en mercados regulados cuando estas obren como contratantes.[36]

Al analizar la previsión contenida en el parágrafo del artículo 8 de la Ley 1508 de 2012, se observa que el legislador excluyó del ámbito de aplicación de las APP a aquellos organismos de derecho público que operan, bajo reglas de contratación de derecho privado, como agentes en mercados regulados por el principio de libre competencia económica.

Pese a la exclusión señalada por el legislador, en diferentes consultas, Planeación Nacional ha concluido que las empresas de servicios públicos domiciliarios pueden ser sujetos de aplicación de la Ley 1508 de 2012, cuando actúan como contratistas, caso en el cual cuentan con las mismas prerrogativas que la Ley otorga a las personas naturales y jurídicas de derecho privado.[37] Las consultas referidas indican específicamente que las empresas de servicios públicos domiciliarios, al estar sujetas al derecho privado, poseen un amplio margen para configurar sus relaciones contractuales, con sujeción a la Constitución y la Ley.[38]

Finalmente, dejando de lado el alcance de la noción de servicios públicos, ya para concluir el estudio del alcance de la tipología de los acuerdos APP en la legislación colombiana, es necesario mencionar que recientemente el

---

[36] Colombia, Congreso de la República, "Ley 1508 de 2012", artículo 8.

[37] Departamento Nacional de Planeación, "Consulta 20143220374091", 11 de abril de 2014 y Departamento Nacional de Planeación, "Consulta 20138640548681", 15 de julio de 2014.

[38] Ibid.

Congreso de la República ha autorizado el uso de APP para otros tipos de negocios de infraestructura, diferentes a los previstos en la Ley 1508 de 2012.

Tal es el caso de la Ley 1776 de 2016 que creó las zonas de interés de desarrollo rural, económico y social —Zidres—, como territorios con aptitud agrícola, pecuaria, forestal y piscícola, identificados por la Unidad de Planificación Rural Agropecuaria —UPRA—, que se establecerán a partir de Planes de Desarrollo Rural Integral.

En efecto, el artículo 24 de la precitada ley (1776 de 2016) facultó al sector empresarial vinculado a las Zidres y al Gobierno Nacional para suscribir acuerdos de APP y concesiones, para el desarrollo de la infraestructura y servicios públicos necesarios al desarrollo agroindustrial.

Conclusiones

En el ámbito jurídico internacional, la noción de APP no se asemeja a una tipología contractual en concreto, sino a una serie de instrumentos que incluyen técnicas especiales de estructuración, modelos de evaluación, instrumentos de valoración de riesgo, adopción de mecanismos de pago, uso de técnicas de financiación de proyectos y modelos contractuales para la gestión de infraestructura.

Contrario a las prácticas internacionales, los artículos 1 y 3 de la Ley 1508 de 2012 limitan el concepto de APP a una tipología contractual, hecho que genera inconsistencias y contradicciones conceptuales a la hora de precisar el ámbito de aplicación de la figura, además de provocar dificultades de exégesis en el campo de la hermenéutica jurídica.

Lamentablemente, una interpretación aislada del artículo 1 de la Ley 1508 de 2012 ha permitido la proliferación de tesis restrictivas por parte de funcionarios públicos, limitando los esquemas contractuales de las APP a los acuerdos DBFO y a los de concesión, excluyendo una variedad de tipologías que son de uso común y gran utilidad en el ámbito internacional.

Afortunadamente, una interpretación sistemática en los términos del artículo 30 del Código Civil, permite inferir que la Ley 1508 de 2012 no define una tipología contractual específica, sino que reconoce la existencia de pluralidad de esquemas contractuales, en los que hay libertad para establecer diferentes formas de remuneración al contratista.

Habida cuenta de las anteriores consideraciones, el análisis propuesto concluye que el concepto de APP no debería considerarse vinculado a una tipología contractual en concreto, sino que comprende una serie de instrumentos que incluyen técnicas especiales de estructuración de proyectos, valoración de riesgo, mecanismos de financiación y modelos contractuales para la gestión de infraestructura, dentro de los cuales se hayan las concesiones de obra pública, bienes y servicios públicos, y, en general, todos aquellos contratos, nominados o innominados, que incluyan los elementos de la esencia definidos por el legislador, dentro de los cuales pueden destacarse principalmente los acuerdos *Design-build-finance-operate* —DBFO—, *Build-develop-operate* —BDO—, *Design-construct-manage-finance* —DCMF—, *Buy-build-operate* —BBO—, *Lease-develop-operate* —LDO—, *Wrap-around addition* —WAA—, *Build-own-operate* —BOO—, *Build-operate-transfer* —BOT—, *Build-own-operate-transfer* —BOOT—, *Build-rent-own-transfer* —BROT—, *Build-lease-operate-transfer* —BLOT— y *Build-transfer-operate* —BTO—.

De igual manera y más allá de las consideraciones señaladas, puede concluirse que la existencia de una APP no debería estar dada por el uso de una tipología contractual en especial, sino por la presencia de los siguientes elementos: (i) la prestación de un servicio de naturaleza pública por parte del sector privado; (ii) la responsabilidad del Estado en la dirección y vigilancia del proyecto; (iii) el uso de técnicas de *Project Management* para la estructuración de la iniciativa; (iv) el uso de técnicas de financiación como las de *Project Financie*; (v) el uso de metodologías cuantitativas y cualitativas para la tipificación, cuantificación y asignación de riesgos previsibles; (vi) El uso de técnicas para la validación de la generación de valor por dinero (*Value for Money*) como el Comparador Público Privado; (vii) el uso de procedimientos para la selección de contratistas, como el diálogo competitivo y las propuestas no solicitadas; (viii) la forma en la que se recupera la inversión privada, a través del cobro de tarifas, tasas, valorización, o en la participación que se le otorgue al particular en la explotación del bien, o en una suma periódica, única o porcentual y, en general, en cualquier otra modalidad de contraprestación que las partes acuerden; y (ix) la libertad de acción del socio privado, en consideración a que la labor del ente público en este tipo de relaciones se circunscribe a definir los alcances de los objetivos y metas del proyecto, dejando amplio margen de maniobra al socio particular.

Vista la importancia de las técnicas e instrumentos anteriormente enunciados, podría inferirse que la noción de APP se acerca más a un procedimiento administrativo especial para la estructuración de proyectos que a una tipología contractual en concreto.

Finalmente, es menester advertir que una política acertada en el campo de las asociaciones público privadas puede coadyuvar significativamente al desarrollo de importantes sectores de la economía del país, pero el éxito de ese tipo de iniciativas se supedita a una revisión de las imprecisiones conceptuales y vacíos de la Ley 1508 de 2012, para extender la vinculación de capital privado no solo a proyectos viales, sino también a infraestructura social, industrial y comercial del Estado.

Obras citadas

Barreto Cifuentes, Sebastián e Ibagón Ibagón, Mónica. *Introducción a las asociaciones público-privadas en Colombia*. Bogotá: Universidad Externado de Colombia, 2016.

Benavides, José Luis. *Estudios sobre el régimen jurídico de las asociaciones público-privadas*. Bogotá: Universidad Externado de Colombia, 2014.

Bovis, Christopher. *Public-private partnerships in the European Union*. Nueva York: Taylor & Francis, 2014.

Burger, Philippe, Bergvall, Daniel, Jacobzone, Stéphane y An, David. *Public-private partnerships: in pursuit of risk sharing and value for money draft for discussion*. Organisation for Economic Co-operation and Development —OECD—, 2008. Consultado 29 de marzo de 2017. http://www.oecd.org/officialdocuments/publicdisplaydocumentpdf/?cote=GOV/PGC/SBO(2008)1&docLanguage=En

Colombia. "Decreto Ley 2663 de 1950", sobre Código Sustantivo del Trabajo. Bogotá, 5 de agosto de 1950.

______. "Constitución Política de Colombia". 7 de julio de 1991.

Colombia, Congreso de la República. "Ley 80 de 1993", por la cual se expide el Estatuto General de Contratación de la Administración Pública. Bogotá, 28 de octubre de 1993.

______. "Ley 1508 de 2012", por la cual se establece el régimen jurídico de las Asociaciones Público Privadas, se dictan normas orgánicas de presupuesto y se dictan otras disposiciones. Bogotá, 10 de enero de 2012.

Colombia, Corte Constitucional. "Sentencia T-064 de 1994". 17 de febrero de 1994. Magistrado ponente: Hernando Herrera Vergara.

Colombia, Departamento Nacional de Planeación. "Consulta 20143220374091". 11 de abril de 2014.

______. "Consulta 20138640548681". 15 de julio de 2014.

Comisión Europea. *Libro Verde sobre la colaboración público-privada y el Derecho comunitario en materia de contratación pública y concesiones*. 2004.

Corporación Andina de Fomento. *Financiamiento privado de infraestructuras. Estudio de alternativas y experiencias en materia de proyectos de participación público-privada para América del Sur. Sector Transporte*. Consultado 27 de marzo de 2017. http://www.iirsa.org/admin_iirsa_web/Uploads/Documents/fid_financiamiento_privado_de_infraestructuras.pdf

Crown. *Standardisation of PFI Contracts Version 4*. Londres: HM Treasury, 2007. Recuperado de http://webarchive.nationalarchives.gov.uk/20130129110402/http:/www.hm-treasury.gov.uk/ppp_standardised_contracts.htm

España, Jefatura del Estado. "Ley 13 de 2003". Madrid, 23 de mayo de 2003.

Fiscal Affairs Department. *International Monetary Fund. Public-private partерships*. 2004. Consultado 27 de marzo de 2017. https://www.imf.org/external/np/fad/2004/pifp/eng/031204.pdf

Hernández Ucrós, María Mónica. *Asociaciones Público-Privadas. Comentarios especiales a la Ley 1508 de 2012 de la República de Colombia*. Bogotá: Editorial Universidad del Rosario, 2014.

Mayer, Otto. *Derecho administrativo alemán. Tomo IV, parte especial*. Traducido por Horacio Heredia y Ernesto Krotoschin. Buenos Aires: Ediciones Arayú, 1954.

Millán, Germán. *Asociaciones público-privadas para el desarrollo de infraestructura y la provisión de servicios públicos. Experiencia del Reino Unido Informe Final*. México: Programa para el impulso de asociaciones público privadas en Estados Mexicanos —PIAPPEM—, 2009. Consultado 27 de marzo de 2017. http://www.piappem.org/Document.php?idDocumentCategory=49

Parada, Ramón. *Derecho administrativo I*. Madrid: Marcial Pons, 2004.

Rozas Balbontín, Patricio, Bonifaz, José Luís y Guerra-García, Gustavo. *El Financiamiento de la Infraestructura. Propuesta para el desarrollo sostenible de una política sectorial*. Santiago de Chile: Naciones Unidas, 2012. Recuperado de http://repositorio.cepal.org/bitstream/handle/11362/27858/S1100447_es.pdf?sequence=1

Vassallo Magro, José Manuel e Izquierdo de Bartolomé, Rafael. *Infraestructura pública y participación privada: conceptos y experiencias en América y España*.

Corporación Andina de Fomento, 2010. Consultado 27 de marzo de 2017. https://www.caf.com/media/3163/LibroinfraestructuraFINAL.pdf

Webb, Richard y Pulle, Bernard. *Public Private Partnerships: An Introduction. Research Paper No. 1 2002—03*. Australia: Department of the Parliamentary Library, 2002. Consultado 27 de marzo de 2017. http://www.aph.gov.au/binaries/library/pubs/rp/2002-03/03rp01.pdf

World Bank Group. *Concessions, Build-Operate-Transfer (BOT) and Design-Build-Operate (DBO) Projects*. Consultado 29 de marzo de 2017, http://ppp.worldbank.org/public-private-partnership/agreements/concessions-bots-dbos#BOT_projects

______. *Power Purchase Agreements (PPA) and Energy Purchase Agreements (EPA)*. Consultado 29 de marzo de 2017. http://ppp.worldbank.org/public-private-partnership/sector/energy/energy-power-agreements/power-purchase-agreements

______. ¿Qué son las asociaciones público-privadas? Consultado 27 de marzo de 2017. https://ppp.worldbank.org/public-private-partnership/es/asociaciones-publico-privadas/definicion

La inserción de las nuevas tecnologías de la información y la comunicación en la Administración Pública colombiana, una muestra del Estado posmoderno de Jacques Chevallier

Angélica González Acosta*
Andrés Rodríguez Gutiérrez**

Sumario: Introducción. 1. El tránsito del Estado posmoderno de la dirección pública al *New public management*. 1.1. Período de adaptación de los métodos de organización y acción administrativos. 1.2. Transformación de los métodos de gestión pública. 2. El imperativo de eficacia. 3. El ciudadano en el centro de la Administración Pública. 4. Retos jurídicos a los que se enfrenta esta nueva era de la Administración Pública en el siglo XXI. 4.1. Falla de los operadores en el uso de medios electrónicos como intermediarios en la prestación de servicios públicos. 4.2. Falla de la Administración Pública

---

* Abogada de la Universidad del Rosario, magíster en Derecho Administrativo de la Universidad del Rosario, Master of Science en Health Policy and Administration de la Universidad Estatal de Pensilvania —PSU—.

** Abogado de la Universidad Santo Tomás sede Bogotá, magíster (DEA) en Ciencia administrativa de la Universidad de París II Panthéon-Assas, Francia. Doctorado en Derecho público en la Universidad Montesquieu-Bordeaux IV, Francia.

Deseo manifestar mis más sinceros sentimientos de afecto y agradecimiento a la señorita Lina María Salcedo, abogada de la Universidad de los Andes y colaboradora en mi equipo de trabajo, quien desempeñó una invaluable labor proactiva en la elaboración del presente documento. Le auguro un gran avenir.

en el uso de medios electrónicos durante procedimientos administrativos. 4.3. El derecho fundamental a los medios electrónicos de los ciudadanos. Conclusiones. Obras citadas.

Introducción

Las transformaciones de los Estados influencian el funcionamiento de la Administración Pública, renovando las formas de administrar lo público,[1] así los paradigmas de lo administrativo tienden a desprenderse de la discusión sobre las diferentes configuraciones del Estado. Autores, como el profesor Giraldo,[2] afirman que la relación entre la Administración Pública y las transformaciones del Estado no responde a una dependencia de causalidad lineal, sino interdependiente. Así, si el uso de medios electrónicos en la Administración Pública está fundado en las reformas del Estado, el efecto más amplio que puede tener este sobre los valores sociales y políticos asociados al suministro de los servicios públicos aparece descuidado.[3]

Las reformas estructurales estatales, configuradas de acuerdo con las tradiciones y coyunturas propias de cada país, representan un desafío de acoplamiento para la Administración Pública. La redefinición de las funciones del Estado, como la tendencia de la dirección pública hacia el *New public managment* —NPM—, el imperativo de eficacia y el ciudadano en el centro de la administración,[4] se han visto reflejadas en el proceso de configuración de los Gobiernos por agilizar, optimizar, flexibilizar, transparentar y abaratar procesos o actividades del sistema público mediante el uso de las tecnologías de información y comunicación (al implementar la *e-administration* o *e-goverment*). En este sentido, esta investigación explora implicaciones teóricas y prácticas que las ideas del Estado posmoderno han

---

[1] Jaime Espejel Mena, José Luis Rodríguez Mena y Misael Flores Vega, "Las transformaciones del Estado y la administración pública: del Estado de bienestar al Estado cívico". *Espacios Públicos*, 17, (2014): 31-51.

[2] Alberto Giraldo Saavedra, "Una aproximación a los cambios de la Administración Pública colombiana en las transformaciones del Estado", *Revista Iusta*, 2, (2014): 17-39.

[3] Carla M. Bonina y Antonio Cordella, "The new public management, e-government and the notion of 'public value': lessons from Mexico". Ponencia en Proceedings of SIG GlobDev's First Annual Workshop, París, 13 de diciembre de 2008, 1-21.

[4] Jacques Chevallier, *El Estado posmoderno*, traducido por Oswaldo Pérez Orozco (Bogotá: Universidad Externado de Colombia, 2011), 1-447.

tenido sobre las tendencias de la actual Administración Pública al interior de la sociedad colombiana.

En función de lo anterior, el presente capítulo plantea la interrelación entre la nueva cara del Estado posmoderno, enfrentado al reto de la mundialización, y la tendencia de la Administración Pública colombiana a usar medios electrónicos. El planteamiento se establece a través de la revisión de tres de las características más importantes del Estado posmoderno descritas por Jaques Chevallier frente al uso de las tecnologías (*e-goverment, e-administration*)[5] en la Administración Pública: (i) el tránsito del Estado posmoderno de la dirección pública al NPM; (ii) el imperativo de eficacia y (iii) la concepción del ciudadano en el centro de la Administración. Asimismo, se expondrán los retos jurídicos a los que se enfrenta esta nueva era de la Administración Pública en el siglo XXI.

1. El tránsito del Estado posmoderno de la dirección pública al *New public management*

La Administración Pública ha mostrado tener una característica distintiva en cada modo de producción, según la situación que presentan la sociedad y el Estado.[6] La crisis de gobernabilidad, ocasionada por la ineficiencia burocrática (lentitud, rigidez, impersonalidad) y la alienación burocrática (empobrecimiento de las tareas derivadas de la división rígida del trabajo, el conformismo y la dependencia), condujeron a "promover nuevos métodos de decisión y de acción que sustituyeran los procesos clásicos de gobierno adaptados al concepto de posmodernidad".[7] Lo anterior, asociado con la revaloración de la vida política en un mundo cambiante y contradictorio,

---

[5] Según la Naciones Unidas, el *e-government* (gobierno electrónico) se define como el uso de las TIC y su aplicación por el Gobierno para el suministro de información y los servicios públicos. Así, el objetivo del gobierno electrónico es la gestión de gobierno eficaz de la información, una mejor prestación de servicios y empoderamiento de las personas mediante el acceso a la información y participación en las políticas públicas. Naciones Unidas, "United Nations E-Government Survey 2016: E-Government in Support of Sustainable Development" (2016), recuperado de http://workspace.unpan.org/sites/Internet/Documents/UNPAN97453.pdf

[6] Jaime Espejel Mena, "Estado y administración pública: la búsqueda de una conciliación". *CIENCIA ergo-sum*, 21-2, (2014), 143-148.

[7] Manuel Alberto Restrepo Medina, "La administración pública en la Constitución de 1991: sincretismo, involuntario entre la burocracia, el gerencialismo y la gobernanza", *Estudios Socio-Jurídicos*, 13, (2011): 365-388.

donde la incertidumbre, la complejidad, el dinamismo, lo discontinuo y lo efímero son lo característico.[8]

Como lo señala el profesor Pérez traduciendo a Jacques Chevallier,[9] las instituciones internacionales condicionaron la ayuda a los países en vía de desarrollo a la adopción de los principios de buena gobernanza, propios del modelo liberal y el sector empresarial, articulando lo político y lo administrativo.[10] El desafío que se le plantea hoy a la Administración Pública del siglo XXI es hacer la gestión pública realmente operativa, recurriendo a instrumentos y técnicas novedosas, aún aquellas propias de la gerencia privada, sin dejar de lado la responsabilidad general de garantía a cargo del Estado.[11] El uso de medios electrónicos en la administración representa un elemento clave en la relación de la administración con el ciudadano y las empresas, y del incremento en la exigencia de calidad y estructuración de nuevos servicios públicos.[12]

En la práctica, lo que se ha denominado el *e-goverment, e-administration* (gobierno electrónico y administración electrónica) puede mejorar las reformas al interior de la Administración Pública logrando algunos de los valores centrales del NPM,[13] esto es, una Administración Pública más responsable, eficiente, efectiva y participativa.

La relación entre NPM y el uso de las tecnologías de la información y las comunicaciones —TIC— ha tenido diferentes interpretaciones por parte de los académicos, como las que se enumeran a continuación.

1. Algunos expertos consideran que el NPM no significa una privatización del sector público o la simple aplicación de técnicas surgidas del ámbito de los negocios.[14] Este propone la recuperación de la

---

8 R. Vázquez García (Ed.), *Teorías actuales sobre el Estado contemporáneo* (España: Universidad de Granada), 2011.

9 Chevalier, *El Estado Posmoderno*, 281.

10 Espejel Mena, Rodríguez Mena y Flores Vega, "Las transformaciones del Estado...".

11 Espejel Mena, "Estado y administración pública".

12 Sandra Cristina Riascos, Graciela Martínez Giordano y Omar Javier Solano, "El Gobierno Electrónico como estrategia de participación ciudadana en la Administración pública a nivel de Suramérica -Casos Colombia y Uruguay", *CollECTeR Iberoamérica* (2008): 1-10.

13 OCDE, *Hacia una gestión pública más efectiva y dinámica en México*, (OCDE Publishing, 2011).

14 David Shand, "La Nueva Gestión Pública: Retos y temas de discusión en una perspectiva internacional", *Revista de Administración Pública*, 91, (1996): 77-88.

esencia del servicio público centrado en el ciudadano, empleando para ello técnicas y tecnologías que, como planeación estratégica, administración de la calidad y gestión financiera, permitan hacer más eficaz, eficiente y legítima la acción estatal.[15]

2. Otros autores asocian el gobierno electrónico y la administración electrónica a la versión electrónica del NPM.[16] El gobierno electrónico y la administración electrónica es la respuesta a las críticas de los ciudadanos hacia el NPM, como son: (i) ausencia de eficiencia, de modo que para reducir costos de la administración o generar políticas con efectos a corto plazo, se ha afectado la calidad en la prestación de servicios públicos ocasionado fallas en el servicio; (ii) la transición hacia el NPM ha sido inequitativa.[17] Para Oakley, iniciando el siglo XXI se percibe el *Managerialism*, el cual ha ocasionado un gran distanciamiento entre el Gobierno y los ciudadanos, en particular con las poblaciones más vulnerables, desencadenando el descontento en la gestión de la Administración Pública.[18]
3. De acuerdo con la profesora Torres, la incorporación de TIC en la Administración Pública ha servido para superar falencias del concepto de gerencia propio del sector privado en el sector público, por las siguientes razones: (i) internet disponible las 24 horas al día, siete días a la semana, lo cual rompe la estructura jerárquica tradicional: se garantiza la oportunidad en el acceso a la información y a trámites de la administración; (ii) mejora la confianza de los ciudadanos en la Administración a través de la denominada *accountability*; y (iii) empodera a los ciudadanos para monitorear el desempeño de la Administración de manera más cercana.[19]

---

[15] Jaime Torres Fragoso, "Gobierno electrónico: de la nueva gerencia pública a la gobernanza", *Revista Ciencia Administrativa Iiesca*, 2, (2012): 77-88.

[16] Ibid.

[17] Marius Petrescu, Delia Popescu, Ionut Barbu y Roxana Dinescu, "Public Management: between the Tradition and New Model", *Review of International Comparative Management*, 11, (2010): 408-415.

[18] Lourdes Torres, Vicente Pina y Sonia Royo, "E-government and the transformation of public administration in EU countries: Beyond NPM or just second wave of reform?", documento de trabajo 2005-01, España: Universidad de Zaragoza, 2005.

[19] Ibid.

4. Otros estudios consideran que existen contradicciones entre las características propias del NPM y el gobierno electrónico y la administración electrónica. Por ejemplo: (i) mientras el enfoque de NPM se focaliza en usar los objetivos como una manera de lograr el control, y cambiar la estructura de la organización, el gobierno electrónico y la administración electrónica se focaliza en la obtención de resultados por parte de la Administración; (ii) el NPM implica descentralizar la responsabilidad por los recursos y los resultados (privatización), en cambio el gobierno electrónico y la administración electrónica buscan la centralización (bajo estándares para lograr la interoperabilidad entre los diferentes sectores y organismos de la Administración), en particular restaurar la *unidad de la Administración*; y (iii) a diferencia del NPM, el *e-goverment, e-administration* rompe con la visión jerárquica de la Administración Pública.[20]

En Colombia la interconexión entre las ideas del NPM y gobierno electrónico y la administración electrónica es explicada por los beneficios potenciales que traen en la reorganización de estrategias internas en el sector público. Las TIC son percibidas como una herramienta para racionalizar y simplificar los procedimientos de la Administración, y, con ello, el logro de los objetivos del NPM. A continuación se relacionan las características principales de transición al NPM descritas por Jacques Chevallier en su libro el *Estado posmoderno*, frente al modelo de madurez de las iniciativas del gobierno electrónico o administración electrónica,[21] en el contexto colombiano.

1.1. Período de adaptación de los métodos de organización y acción administrativos

Para Jacques Chevallier el orden burocrático, que se sustenta en un esquema de jerarquización, es desestabilizado por la proliferación de un nuevo tipo de estructuras, situadas fuera del aparato de gestión clásica y de la influencia de la jerarquía. Se presenta un período de adaptación de la organización del

20 Hermann Hill, "Transformation of the administration by e-goverment". Deutsches Institut fur Urbanistik. 2, (2004), recuperado de: https://difu.de/node/6037

21 Alejandra Naser y Gastón Concha, "El gobierno electrónico en la gestión pública", *Cepal - Serie Gestión pública*, 73, (2011), 9.

Estado, conforme a la idea de posmodernidad: mientras que el modelo burocrático responde a un principio de unidad y centralización, en el Estado posmoderno se evocan entidades autónomas, que no conocen una estructura sino que se desarrollan a partir de conexiones libres, conectadas por relaciones horizontales de interdependencia. "La figura posmoderna de la red tiende por tanto a sustituir a la de la pirámide".[22]

Esta tendencia del Estado posmoderno va en línea con el inicio de la incorporación de los medios electrónicos en la Administración Pública en Colombia. De la revisión normativa sobre los comienzos del gobierno electrónico, se puede observar que este inicia con el denominado derecho blando,[23] el cual está fuera de la pirámide de Kelsen, como ejemplo de esto está el documento CONPES 2790 de 1995,[24] que estableció cómo hacer uso eficiente y eficaz de los recursos públicos, creó la Unidad de Eficiencia de la Consejería Presidencial para el Desarrollo Institucional, que cimentó la estrategia Gobierno en línea. En contraste al denominado derecho blando, el Gobierno Nacional expidió en 1995 el Decreto-Ley 2150,[25] llamado Decreto anti-trámites, que impuso a las entidades públicas la obligación de habilitar sistemas de transmisión electrónica de datos para que los usuarios enviaran o recibieran información en sus actuaciones (artículo 26). Esta norma de manera imperativa incorpora la transformación de la Administración Pública hacia las necesidades del siglo XXI. Fue la primera mención de uso de medios electrónicos para la realización de trámites.[26]

Así, se evidencia la necesidad de una adaptación de los métodos tradicionales a las exigencias de la sociedad y comunidad internacional,

---

22 Chevallier, *El Estado posmoderno*, 146.

23 Karen Adriana Medina González, "La presencia del soft law en el Derecho Administrativo Colombiano. Los documentos Conpes como manifestación del soft law en Colombia", Trabajo de grado de Maestría, Universidad del Rosario, Bogotá, 2016.

24 Departamento Nacional de Planeación, "Gestión pública orientada a resultados" (Documento Conpes 2790), Bogotá, 21 de junio de 1995.

25 Colombia, Presidencia de la República, "Decreto 2150 de 1995", por el cual se suprimen y reforman regulaciones, procedimientos o trámites innecesarios existentes en la Administración Pública, Bogotá, Diario Oficial, 5 de diciembre de 1995.

26 Ministerio de Tecnologías de la Información y las Comunicaciones, "Normativa del Gobierno Electrónico en Colombia", documento interno, recuperado de: http://viejoprograma.gobiernoenlinea.gov.co/apc-aa-files/5686d2a87532a21a70ead773ed71353b/NormativaGEL.pdf

que demanda una nueva gestión pública inspirada en el modelo de gestión de la empresa privada,[27] orientada hacia el cambio, la calidad, la autonomía, la eficiencia y los resultados en su gestión.

La transición hacia el NPM coincide con el uso de las TIC en la Administración Pública colombiana. Como lo señala el profesor Restrepo citando a Friedmann:

> el Estado pierde su centralidad como eje de cohesión y reproducción social, compitiendo con fuerzas y movimientos transnacionales no solo en el control de los mercados sino en su capacidad para movilizar recursos y aun estados de opinión (...). La aparición de nuevas preocupaciones públicas (medio ambiente, terrorismo, drogas) exige cuerpos administrativos nacionales e internacionales de una especial capacitación, lo que unido a la revolución tecnológica-informativa, trastoca y cuestiona el orden administrativo tradicional.[28]

Las dimensiones más importantes de la transformación estructural del Estado —NPM—, influenciadas por los avances científicos de la sociedad, el sector privado y la comunidad internacional, que impactan su administración, fueron: privatización, desregulación, descentralización, el uso de tecnologías, la desburocratización y la orientación de la gestión hacia la obtención de resultados.[29] En el contexto colombiano, muchas de estas dimensiones no se han materializado. Por ejemplo, frente a la desregulación de servicios públicos, se ve un Estado robustecido en su capacidad regulatoria, en parte por la dualidad de Estado social de derecho dentro de un marco político neoliberal. Asimismo, mediante la canalización de información y uso de tecnologías, se ha buscado centralizar el control y la vigilancia en la gestión de las entidades territoriales, que han mostrado debilidades técnicas en su gestión. En cuanto a la desburocratización, se evidencian dos facetas, de un lado altos índices de corrupción en el sector público, y de otro, el impacto

---

[27] Vázquez García (Ed.), *Teorías actuales*, 128.

[28] Restrepo Medina, "La administración pública..." 382.

[29] Manuel Alberto Restrepo Medina, "Burocracia, gerencia pública y gobernanza", *Revista Diálogos de Saberes*, 30, (2009): 173.

del buen uso de las TIC agilizando trámites y procesos en la provisión de servicios públicos en algunos sectores.

1.2. Transformación de los métodos de gestión pública

Para Torres, el gobierno electrónico es uno de los elementos esenciales de ese conjunto de tecnologías mencionadas por el profesor Chevallier como característica del NPM,[30] y de acuerdo con el profesor Peters, en esta transición el Gobierno pierde su carácter protagónico en el suministro de servicios, pues ya no forma parte de un Estado autoritario y jerárquico, ahora es componente de un Estado facilitador, donde su función radica en conducir la economía y la sociedad.[31]

Christopher Hood, menciona por primera ocasión el término de *New Public Management*, con la hipótesis básica de que la gestión orientada al mercado del sector público dará una mayor rentabilidad para los Gobiernos, así, implica la introducción en los servicios públicos de la 'tres emes': *markets*, *managers* y *measurement*,[32] reflexión que puede leerse en consonancia con la perspectiva sobre la inserción de los medios electrónicos en la Administración Pública como una manera de incrementar la capacidad de gestión y desempeño en el sector público.[33]

Mientras en los países desarrollados el NPM y el uso de las TIC en la Administración ha sido progresivo, en Colombia ambos procesos han ocurrido paralelamente.[34] Lo anterior también tiene implicaciones en el uso de los conceptos asociados al uso de medios electrónicos en la administración, tales como, *e-goverment, e-administration* y *e-governance*. En países como Estados Unidos y el Reino Unido estos conceptos tienen connotaciones diferentes, mientras que en Colombia se usan de manera indiscriminada.

---

30 Torres Fragoso, "Gobierno electrónico", 77.

31 Ibid.

32 Christopher Hood, "A public managment for all seasons?", *Public Administration*, 69, (1991): 1-17.

33 Ani Matei y Diana Camelia Iancu, *E-Administration as a Way of Increasing the Managerial Capacity in Public Sector*, Munich Personal RePEc, 2003.

34 Julie Massal y Carlos Germán Sandoval, "Gobierno electrónico. ¿Estado, ciudadanía y democracia en Internet?", *Revista análisis político*, 23, (2010): recuperado de http://www.scielo.org.co/pdf/anpol/v23n68/v23n68a01.pdf

De acuerdo con Helene Michele, existen tres modelos de relaciones de los ciudadanos con la administración usando medios electrónicos: *e-goverment, e-administration* y *e-governance*, así:[35]

1. *E-goverment* (Gobierno de la gente): Ciudadanos como agentes pasivos. La administración se encarga de mejorar las políticas como oportunidades de éxito para los ciudadanos. El gobierno electrónico es un concepto de gestión que fusiona la utilización intensiva de las tecnologías de información y comunicación, con modalidades de gestión, planificación y administración, como una nueva forma de gobierno. Este fundamenta su aplicación en la Administración Pública, teniendo como objetivo el uso de los medios electrónicos para mejorar los servicios ofrecidos a los ciudadanos y organizaciones, simplificar los procesos de soporte institucional, aumentar la transparencia y la participación ciudadana.[36]
2. *E-administration* (Gobierno para la gente): El ciudadano es un consumidor de derechos y servicios públicos que los demanda personalizados y eficientes. Basado en la necesidad de cuantificar y comparar soluciones, aquí la estrategia del Gobierno es el mejoramiento de la satisfacción del ciudadano. La administración electrónica puede entenderse como "una nueva forma de gestión pública basada en el uso interactivo de las tecnologías de la información y la comunicación —en particular de Internet— con el doble objetivo de prestar mejores servicios para ciudadanos y empresas y avanzar en sus procesos internos".[37]
3. *E-governance* (Gobierno por la gente): Enfatiza la participación, siendo los ciudadanos parte del proceso político, pues el objetivo es animar el debate de los ciudadanos.

---

[35] Hélène Michel, "e-Administration, e-Government, e-Governance and the Learning City: A typology of Citizenship management using ICTS", *The Electronic Journal of e-Government*, 3, (2005): 213-218.

[36] Naser y Concha, "El gobierno electrónico", 21.

[37] Ibid., 10.

En Colombia el manejo de estos conceptos ha sido diferente. El Consejo de Estado ha diferenciado los términos para referirse al uso de medios electrónicos en la Administración Pública de la siguiente manera:

> *La Administración electrónica*, es la expresión utilizada de manera generalizada para hacer referencia al uso de la tecnología de la información y la comunicación en la Administración Pública, la cual junto con "...un cambio organizativo tiene como objeto mejorar los servicios públicos, los procesos democráticos y las políticas públicas, y se desarrolla en tres dimensiones:
>
> "-Prestación de servicios (*e-administración*): se refiere a la gestión, información, tramitación de servicios y formulación de quejas y sugerencias.
>
> -Promoción de la democracia (*e-democracia*): implica el fortalecimiento de una nueva relación política gobierno-ciudadanía, la consulta y generación de reclamos, el logro de la participación, deliberación en la toma de decisiones públicas y la fiscalización de la labor pública por parte de los ciudadanos, a través de la exigencia de la transparencia y de rendición de cuentas...
>
> -Motivación en la elaboración de políticas públicas (*e-gobernanza*): es la participación activa en el diseño, gestión, implementación y evaluación de políticas públicas. (Cursiva añadida)[38]

A diferencia de otros países donde se distingue entre administración electrónica y gobierno electrónico, en función del rol del ciudadano (activo o pasivo), en Colombia estos dos conceptos son utilizados para definir lo mismo. El Consejo de Estado habla de "la administración electrónica o el gobierno electrónico".[39]

Autores como Bonina identifican el NPM como el nuevo paradigma de la Administración Pública.[40] A continuación, se describen las características comunes del NPM y cómo se ven reflejadas en el uso de medios electrónicos

---

[38] Colombia, Consejo de Estado, Sección segunda (Subsección B), "Sentencia del 3 de noviembre de 2011", expediente (0763-06). Magistrado ponente: Gerardo Arenas Monsalve.

[39] Ibid.

[40] Bonina y Cordella, "The new public management...".

por la Administración Pública.[41] Algunos de los objetivos del NPM son: (i) reducción; (ii) rendición de cuentas; (iii) desempeño; (iv) preocupación por el resultado; (v) descentralización y desagregación organizacional; (vi) "importación" o "mimetismo" de varias prácticas del sector privado,[42] tales como, privatización, orientación hacia el cliente, competencia y gestión del personal.

El gobierno electrónico puede ayudar a la Administración a hacer mejor su trabajo, reforzando los objetivos del buen gobierno, sin embargo, las reformas administrativas son necesarias para lograr que la implementación del gobierno electrónico y la administración electrónica sea exitosa. El gobierno electrónico y la reforma del NPM son entonces mutualmente reforzadas.[43]

A continuación, se pasa a hacer una revisión del NPM y el uso de las tecnológicas de la información y las comunicaciones en la Administración Pública colombiana, a través de los planes nacionales de desarrollo, desde 1998 hasta 2018, pues durante estos 20 años se ha robustecido la relación del ciudadano con la Administración Pública.[44]

Mientras en el Plan de Desarrollo 1995-1998, Ley 188 de 1995, la incorporación de medios electrónicos fue débilmente mencionada, en los Gobiernos posteriores la tendencia ha sido el proceso de modernización y renovación del Estado mediante el acceso en el uso de medios electrónicos en la Administración Pública y el proceso de adaptación hacia los objetivos del NPM.

1.2.1. Ley 508 de 1999 (1999-2002)

Estrategia de NPM: Determinada por la modernización del Estado y redefinición del papel estatal, buscó reducir la duplicidad de funciones y programas; racionalizar el gasto público; y desarrollar la descentralización.

---

41 R. Batley y G. Larbi, *The Changing Role of Government: The reform of public services in developing countries* (Houndmills y Nueva York: Palgrave Macmillan, 2004).

42 Andrés Rodríguez, "El Consejo de Estado colombiano y el Consejo de Estado francés, aproximaciones y diferencias", *Principia iuris*, 15, (2011): 279-297.

43 Ministerio de Tecnologías de la Información y las Comunicaciones, *Documento de Agenda Estratégica de Innovación*, Bogotá, 2012, recuperado de https://www.mintic.gov.co/portal/604/articles-6116_recurso_3.pdf

44 Shand, "La Nueva Gestión Pública", 78.

Ejes de acción, la administración electrónica: Un gran avance lo representa la Agenda de Conectividad, política de Estado que busca masificar el uso de las TIC, para el fortalecimiento del desarrollo económico, político, social y cultural del país. Asimismo, la *masificación en el uso de las TIC,* implicó un desarrollo del gobierno electrónico en las entidades de la rama ejecutiva del orden nacional, a través de: (i) la contratación pública con soporte electrónico; (ii) los portales de información, prestación de servicios, y (iii) la participación ciudadana y el desarrollo de sistemas intergubernamentales de flujo de información. En este sentido, la *articulación y coordinación de los sistemas de información* fue un eje importante orientado a mejorar la garantía en la provisión de los servicios y a mejorar la interacción ciudadanos-empresarios-Estado. Finalmente, el *portal del Estado colombiano*: www.gobiernoenlinea.gov.co, fue implementado como punto de acceso integrado, de fácil ubicación y acceso, a toda la información y servicios que ofrecen las entidades públicas en sus propios sitios en Internet.[45]

1.2.2. Ley 812 de 2003 (2002-2006)

Estrategia de NPM: Renovación de la Administración Pública. Gobierno en línea. Avance en la descentralización que conllevó mayores y efectivos niveles de autonomía territorial.

Ejes de acción, la administración electrónica: En este período la *Agenda de conectividad* representó la arquitectura del *Gobierno en Línea,*[46] asignando

[45] Al respecto se encuentra la siguiente normatividad: Colombia, Congreso de la República, "Ley 527 de 1999", por medio de la cual se define y reglamenta el acceso y uso de los mensajes de datos, del comercio electrónico y de las firmas digitales, y se establecen las entidades de certificación y se dictan otras disposiciones, Bogotá, Diario Oficial, 18 de agosto de 1999; Colombia, Congreso de la República, "Ley 790 de 2002", por la cual se expiden disposiciones para adelantar el programa de renovación de la administración pública y se otorgan unas facultades extraordinarias al Presidente de la República, Bogotá, Diario Oficial, 27 de diciembre de 2002; Departamento Nacional de Planeación, "Agenda de conectividad" (Documento Conpes 3072), Bogotá, 9 de febrero de 2000; Colombia, Presidencia de la República, "Directiva presidencial 02 de 2000", Gobierno en línea, Bogotá, 28 de agosto de 2000; Colombia, Presidencia de la República, "Decreto 1747 de 2000", por el cual se reglamenta parcialmente la Ley 527 de 1999, en lo relacionado con las entidades de certificación, los certificados y las firmas digitales, Bogotá, Diario Oficial, 11 de septiembre de 2000; Colombia, Presidencia de la República, "Decreto 127 de 2001", por el cual se crean las Consejerías y Programas Presidenciales en el Departamento Administrativo de la Presidencia de la República, Bogotá, Diario Oficial, 19 de enero de 2001.

[46] Massal y Sandoval, "Gobierno electrónico".

como autoridad de control al Ministerio de Comunicaciones. La *información en línea* por parte de las entidades del Estado, a través de sus sitios web, representa uno de los avances centrales de este tiempo. Se crea la Comisión Intersectorial de Políticas y de Gestión de la Información para la Administración Pública con el fin de impulsar estándares en los procesos.

Adicionalmente, como consecuencia de las recomendaciones de la OCDE (realizadas en 2004) en estrategias de gobierno digital, el Gobierno adoptó enfoques más estratégicos para un uso de la tecnología, se orientaron esfuerzos en *fortalecer el marco regulatorio e institucional del sector.* La automatización de la cadena de trámites intersectoriales mediante la coordinación institucional y la adecuación normativa a favor del uso de las tecnologías favoreció la *competitividad y el desarrollo en la administración* eliminando trámites y costos de transacción. El Portal Único de Contratación, www.contratos.gov.co, agilizó el acceso a la información sobre la demanda del Estado por bienes y servicios, y mejoró la transparencia y la obtención de documentos básicos de procesos de contratación. Estos aspectos han favorecido a personas, empresas y organismos, dentro o fuera del territorio nacional, que quieran participar. Igualmente, la descentralización administrativa traslada el *gobierno en línea a los territorios*, como base de las interacciones Estado-ciudadano.[47]

---

[47] Al respecto se encuentra la siguiente normatividad: Colombia, Presidencia de la República, "Directiva presidencial 10 de 2002", Programa de renovación de la Administración Pública: hacia un Estado comunitario, Bogotá, 20 de agosto de 2002; Colombia, Presidencia de la República, "Directiva presidencial 12 de 2002", Lucha contra la corrupción en la contratación estatal, Bogotá, 1 de octubre de 2002; Colombia, Presidencia de la República, "Decreto 2170 de 2002", por el cual se reglamenta la ley 80 de 1993, se modifica el decreto 855 de 1994 y se dictan otras disposiciones en aplicación de la Ley 527 de 1999, Bogotá, Diario Oficial, 30 de septiembre de 2002 (combatir la corrupción); Colombia, Congreso de la República, "Ley 734 de 2002", por la cual se expide el Código Disciplinario Único, Bogotá, 5 de febrero de 2002; Colombia, Congreso de la República, "Ley 790 de 2002"; Colombia, Congreso de la República, "Ley 794 de 2003", por la cual se modifica el Código de Procedimiento Civil, se regula el proceso ejecutivo y se dictan otras disposiciones, Bogotá, Diario Oficial, 8 de enero de 2003; Departamento Nacional de Planeación, "Renovación de la Administración Pública" (Conpes 3248 de 2003), Bogotá, 20 de octubre de 2003; Colombia, Presidencia de la República, "Decreto 3816 de 2003", por el cual se crea la Comisión Intersectorial de Políticas y de Gestión de la Información para la Administración Pública, Bogotá, 30 de diciembre de 2003; Colombia, Presidencia de la República, "Decreto 3107 de 2003", por el cual se suprime un Programa Presidencial, Diario Oficial, Bogotá, 30 de octubre de 2003; Colombia, Presidencia de la República, "Decreto 1620 de 2003", por el cual se modifica la estructura del Ministerio de Comunicaciones y se dictan otras disposiciones, Bogotá, 13 de junio de 2003; Departamento Nacional de Planeación,

1.2.3. Ley 1151 de 2007 (2006-2010)

Estrategia de NPM: Promoción en el acceso y servicio universal de TIC.

Ejes de acción, la administración electrónica: Período característico por la *interacción en línea.* Los sitios web son actualizados con mayor regularidad y se habilita la comunicación de dos vías, de entidades con ciudadanos y empresas, con las consultas en línea e interacción con servidores públicos. Asimismo, se implementan mecanismos que garantizan a las entidades internacionales de financiamiento y a las agencias de cooperación el suministro de información electrónica sobre los procesos contractuales. En cuanto a las entidades territoriales, se habla de *departamentos y municipios digitales*, se busca la promoción e implementación progresiva del software en las entidades públicas. Igualmente, se evidencia la necesidad de vincular a los funcionarios públicos y a los ciudadanos con la funcionalidad del gobierno en línea, para garantizar un desarrollo sostenible de esta.[48]

"Proyecto de racionalización y automatización de trámites" (Conpes 3292 de 2004), Bogotá, 28 de junio de 2004; Colombia, Congreso de la República, "Ley 962 de 2005", por la cual se dictan disposiciones sobre racionalización de trámites y procedimientos administrativos de los organismos y entidades del Estado y de los particulares que ejercen funciones públicas o prestan servicios públicos, Bogotá, Diario Oficial, 8 de julio de 2005; Colombia, Presidencia de la República, "Decreto 4669 de 2005", por el cual se reglamenta parcialmente la Ley 962 de 2005, Bogotá, Diario Oficial, 21 de diciembre de 2005; Colombia, Presidencia de la República, "Decreto 3620 de 2004", por el cual se crea la Comisión Intersectorial de Contratación Pública, Bogotá, Diario Oficial, 3 de noviembre de 2004; Colombia, Presidencia de la República, "Decreto 2434 de 2006", por el cual se reglamenta la Ley 80 de 1993, se modifica parcialmente el Decreto 2170 de 2002 y se dictan otras disposiciones, Bogotá, Diario Oficial, 18 de julio de 2006.

[48] Al respecto se encuentra la siguiente normatividad: Colombia, Congreso de la República, "Ley 1150 de 2007", por medio de la cual se introducen medidas para la eficiencia y la transparencia en la Ley 80 de 1993 y se dictan otras disposiciones generales sobre la contratación con Recursos Públicos, Bogotá, 16 de julio de 2007; Colombia, Congreso de la República, "Ley 1266 de 2008", por la cual se dictan las disposiciones generales del habeas data y se regula el manejo de la información contenida en bases de datos personales, en especial la financiera, crediticia, comercial, de servicios y la proveniente de terceros países y se dictan otras disposiciones, Bogotá, 31 de diciembre de 2008; Colombia, Presidencia de la República, "Decreto 2474 de 2008", por el cual se reglamentan parcialmente la Ley 80 de 1993 y la Ley 1150 de 2007 sobre las modalidades de selección, publicidad, selección objetiva, y se dictan otras disposiciones, Bogotá, Diario Oficial, 7 de julio de 2008; Colombia, Presidencia de la República, "Decreto 1151 de 2008", por el cual se establecen los lineamientos generales de la Estrategia de Gobierno en Línea de la República de Colombia, se reglamenta parcialmente la Ley 962 de 2005, y se dictan otras disposiciones, Bogotá, Diario oficial, 14 de abril de 2008; Colombia, Congreso de la República, "Ley 1341 de 2009", por la cual se definen Principios y conceptos sobre la sociedad de la información y la organización de las Tecnologías de la Información y las Comunicaciones -TIC-, se crea la Agencia Nacional del Espectro y se dictan otras disposiciones, Bogotá, 30

1.2.4. Ley 1450 de 2011 (2010-2014)

Estrategia de NPM: Gobierno en línea como estrategia de buen gobierno.

Ejes de acción, la administración electrónica: Se permiten transacciones electrónicas para obtener productos y servicios, mediante canales seguros. Igualmente, inicia la *fase de transformación en línea*, en la que se realizan cambios en la forma de operar de las entidades, para organizar los servicios alrededor de necesidades de ciudadanos y empresas, con ventanillas únicas virtuales y mediante el uso de la intranet gubernamental. Otro gran avance es la sistematización de muchos procesos al interior de la Administración, tales como: (i) detenciones de infracciones de tránsito por medios electrónicos; (ii) suministro de información —obligatorio en las entidades públicas—; (iii) herramientas de seguimiento y evaluación de la gestión y resultados como Sinergia, Sistema de Seguimiento a Metas de Gobierno —SISMEG—, Sistema Nacional de Evaluaciones —SISDEVAL—; (iv) Sistema Único de Información de trámites —SUIT—; (v) Sistema integrado de pagos de aportes a la Seguridad Social; y (vi) Registro Único Nacional de Tránsito —RUNT—. Otro avance para resaltar es la unificación del reporte de información a cargo del Ministerio de las Tecnologías de la Información y las Comunicaciones, encargado de la coordinación con entidades del Estado.[49]

---

de julio de 2009 (operadores, organización de las TIC y se crea la Agencia nacional del Espectro, ente que se encarga de regular el espacio físico y permite las comunicaciones); Ministerio de la Protección Social, "Circular externa 058 de 2009", Bogotá, 11 de septiembre de 2009.

49 Al respecto se encuentra la siguiente normatividad: Departamento Nacional de Planeación, "Importancia estratégica de la estrategia de Gobierno en Línea" (Conpes 3650 de 2010), Bogotá, 15 de marzo de 2010; Colombia, Ministerio del Interior y de Justicia, "Decreto 235 de 2010", por el cual se regula el intercambio de información entre entidades para el cumplimiento de funciones públicas, Bogotá, 28 de enero de 2010; Colombia, Congreso de la República, "Ley 1480 de 2011", por medio de la cual se expide el Estatuto del Consumidor y se dictan otras disposiciones, 12 de octubre de 2011; Colombia, Congreso de la República, "Ley 1437 de 2011", por la cual se expide el Código de Procedimiento Administrativo y de lo Contencioso Administrativo, Bogotá, Diario Oficial, 18 de enero de 2011 (fija la utilización de medios electrónicos en el procedimiento administrativo); Colombia, Ministerio de Defensa Nacional, "Decreto 3485 de 2011", por el cual se reglamenta el Sistema Electrónico para la Contratación Pública y se dictan otras disposiciones, Bogotá, Diario Oficial, 22 de septiembre de 2011; Colombia, Congreso de la República, "Ley 1581 de 2012", por la cual se dictan disposiciones generales para la protección de datos personales, Bogotá, Diario Oficial, 17 de octubre de 2012; Colombia, Presidencia de la República, "Decreto Ley 019 de 2012", por el cual se dictan normas para suprimir o reformar regulaciones, procedimientos y trámites innecesarios existentes en la Administración Pública, Bogotá, Diario Oficial, 10 de enero de 2012; Colombia,

1.2.5. Ley 1753 de 2015 (2014-2018)

Estrategia de NPM: Buen gobierno, transparencia, rendición de cuentas, gestión óptima de la información, eficacia y eficiencia administrativa, articulación y cooperación en lugar de competencia (estrategias o asociaciones público privadas).

Ejes de acción, la administración electrónica: Etapa de cambios en la forma de operar del Estado, elimina límites entre entidades y organiza servicios alrededor de necesidades de ciudadanos y empresas. Interconexión de instituciones y sus sistemas de información, aprovechar la intranet gubernamental se convierte en un propósito del Gobierno. De esta manera la *interoperabilidad* se convierte en elemento esencial en las operaciones de la Administración Pública y la administración de justicia. Igualmente, se implementan herramientas tecnológicas para la *prestación de servicios públicos,* tales como: histórica clínica electrónica, autenticación electrónica, trámites y servicios digitales, telesalud. Finalmente, es importante resaltar la orientación de la inversión a resultados en la que hace énfasis el Gobierno. La Ley 1753 de 2015 incorpora la implementación, según el artículo 193, como deber de la Nación de asegurar la prestación continua, oportuna y de calidad de los servicios públicos de comunicaciones, para lo cual velará por el despliegue de la infraestructura de redes de telecomunicaciones en las entidades territoriales. Asimismo, establece la responsabilidad de la nación vinculando el acceso a las TIC para garantizar el goce efectivo de derechos constitucionales como la comunicación, la vida en situaciones de

---

Presidencia de la República, "Decreto 2482 de 2012", por el cual se establecen los lineamientos generales para la integración de la planeación y la gestión, Bogotá, Diario Oficial, 3 de diciembre de 2012; Colombia, Presidencia de la República, "Decreto 2618 de 2012", por el cual se modifica la estructura del Ministerio de Tecnologías de la Información y las Comunicaciones y se dictan otras disposiciones, Bogotá, 17 de diciembre de 2012; Colombia, Congreso de la República, "Ley 1564 de 2012", por medio de la cual se expide el Código General del Proceso y se dictan otras disposiciones, Bogotá, Diario Oficial, 12 de julio de 2012; Colombia, Presidencia de la República, "Decreto 2693 de 2012", por el cual se establecen los lineamentos generales de la Estrategia de Gobierno en Línea de la República de Colombia, se reglamentan parcialmente las Leyes 1341 de 2009, 1450 de 2011, y se dictan otras disposiciones, Bogotá, Diario Oficial, 21 de diciembre de 2012; Colombia, El Ministerio del Interior y de Justicia, "Decreto 4948 de 2009", por el cual se reglamenta la habilitación general para la provisión de redes y servicios de telecomunicaciones y el registro de TIC, Bogotá, Diario Oficial 47567, 18 de diciembre de 2009.

emergencia, la educación, la salud, la seguridad personal, y el acceso a la información, al conocimiento, la ciencia y la cultura.[50]

En el Estado posmoderno, una combinación de los paradigmas de NPM y medios electrónicos es percibida en el funcionamiento de la Administración. La administración electrónica es una respuesta para modernizar el Estado, buscar eficiencia, productividad y calidad de sus servicios, con el mismo presupuesto de los elementos esenciales del NPM. Las TIC, en teoría, constituyen para el NPM una herramienta útil dado que traspasa fronteras, permitiendo, agilizando y flexibilizando la relación de la ciudadanía con la Administración Pública, adaptándose a las necesidades de las personas. Esa idea de adaptación continua es a su vez el centro de la noción de servicio público que está ligado a la legitimidad del Estado, pues los usuarios-ciudadanos esperan que este responda a sus expectativas para mejorar la calidad de vida, por ejemplo, reduciendo los tiempos de espera en los trámites y teniendo acceso fácilmente. Así, tanto la jurisprudencia como la doctrina internacional hablan ya del derecho a la administración electrónica.[51]

La estrategia de Gobierno en línea en Colombia ha mostrado resultados: la evolución del gobierno electrónico y la administración electrónica ha pasado de un proceso inicial de divulgación de información en internet, enfocado en la oferta de servicios por parte de las entidades públicas sin involucrar usuarios, a interactuar con estos en los trámites electrónicos que involucran transacciones multicanal (entre el ciudadano y la Administración Pública).

Igualmente, en los últimos años ha mejorado el proceso de integración y transformación entre las entidades que requieren de la interoperabilidad entre sistemas de información en diferentes procesos tales como: la

---

[50] En relación, se encuentran: Colombia, Presidencia de la República, "Decreto 2573 de 2014", por el cual se establecen los lineamientos generales de la Estrategia de Gobierno en línea, se reglamenta parcialmente la Ley 1341 de 2009 y se dictan otras disposiciones, Bogotá, Diario Oficial, 12 de diciembre de 2014 y Colombia, Congreso de la República, "Ley 1712 de 2014", por medio de la cual se crea la Ley de Transparencia y del Derecho de Acceso a la Información Pública Nacional y se dictan otras disposiciones, Bogotá, Diario Oficial, 6 de marzo de 2014.

[51] Ministerio de Economía y Hacienda, *La administración electrónica y el servicio a los ciudadanos*, España: Ministerio de Economía y Hacienda, Secretaría General Técnica, Subdirección General de Información, Documentación y publicaciones, 2009, recuperado de http://www.minhafp.gob.es/Documentacion/Publico/SGT/e-administracion.pdf

contratación electrónica, el uso de la planilla de liquidación de aportes, el acto administrativo electrónico, etc.[52] No obstante, es importante pensar a un nivel micro, no solo un entendimiento de la entidad hacia afuera, sino que necesariamente ello haya implicado ajustes estructurales en los procesos internos.[53]

El gobierno electrónico o administración electrónica, es visto como un canal positivo para mejorar la confianza en la Administración Pública a través de la responsabilidad del Gobierno y el empoderamiento del ciudadano. La inserción de los medios electrónicos en la Administración Pública ha sido vista como una herramienta de gobernanza en las reformas del sector público,[54] toda vez que contribuye a las administraciones a mejorar su trabajo reforzando los objetivos del buen gobierno.[55] El uso de las TIC es un elemento transversal y crucial en muchos de los componentes de las reformas del Gobierno en la adopción del NPM. En efecto, las iniciativas del gobierno electrónico vienen incrustadas como parte de las reformas políticas y de gestión del NPM en muchos países alrededor del mundo, para mejorar las actividades intraestatales (buen gobierno).[56]

La proliferación del gobierno electrónico y la administración electrónica en todo el mundo se ha venido separando de la exclusividad del NPM. De acuerdo con Heeks y Bailure, existen diferentes perspectivas sobre el impacto de las tecnologías en la información en la Administración Pública. Mientras para algunos investigadores el gobierno electrónico o la administración electrónica tiene un impacto positivo al generar ahorro y calidad en los servicios públicos, otros estudios tienen una visión pesimista y asocian esta tendencia a altos costos y a una pérdida de responsabilidad de lo público.[57]

De acuerdo con el Reporte Global de las Naciones Unidas (2010) Colombia se ubica como líder latinoamericano en presencia en Internet, siendo

---

52 OCDE, *Hacia una gestión pública.*

53 Naser y Concha, "El gobierno electrónico".

54 Torres Fragoso, "Gobierno electrónico", 78.

55 Chevallier, *El Estado Posmoderno.*

56 Massal y Sandoval, "Gobierno electrónico".

57 Richard Heeks y Savita Bailur, "Analyzing E-Government Research: Perspectives, Philosophies, Theories, Methods and Practice", *Government Information Quarterly*, 24, (2007): 243-265.

el mejor en gobierno electrónico y en participación electrónica de América Latina y el Caribe (puestos 31 y 26 respectivamente a nivel mundial) y el número 9 del mundo en servicios en línea. La población tiene acceso a la información pública en los sitios web del Estado, lo cual incluye el 100 % de los municipios.[58]

Dentro de la línea de enfoques *post-modernos* predomina la búsqueda de adaptaciones ante la expansión de un mundo regido por procesos acelerados e impredecibles caracterizado por imprevistos, donde el nivel de integración del sistema es el prerrequisito y no el objeto de tal proceso.[59] Se observa en el desarrollo del gobierno electrónico y la administración electrónica "pluralidad de procesos que transcurren simultáneamente y que en ocasiones no conducen a transformaciones radicales en las relaciones entre Gobiernos, ciudadanos y empresas".[60] La ambigüedad y la incertidumbre determinan la evolución de la Administración Pública.

La contradicción e incertidumbre propias del Estado posmoderno pueden usarse para minimizar las deficiencias y fortalecer las ventajas en el uso de medios electrónicos en la Administración Pública. La dinámica de regulación, privatización, reconocimiento del ciudadano como el centro de la administración y adaptación a los contextos que viven las sociedades en este tránsito, podría contribuir en el logro de los objetivos del gobierno electrónico o administración electrónica, en particular, en la garantía de ofrecer valor en la prestación de servicios públicos, entendida como calidad en los procesos y obtención de resultados en beneficio de los ciudadanos. En un contexto donde el concepto de solidaridad está acompañado por el esfuerzo personal y la retribución por parte del ciudadano son importantes.[61]

Asimismo, el esfuerzo de los Gobiernos por superar la brecha digital es uno de los principales obstáculos que enfrentan los países en vía de desarrollo

---

[58] Programa Gobierno en Línea, "Evolución del Gobierno en Línea en Colombia", Bogotá, Ministerio de Tecnologías de la Información y las Comunicaciones, junio de 2011, recuperado de http://programa.gobiernoenlinea.gov.co/apc-aa-files/5854534aee4eee4102f0bd5ca294791f/Documento_de_evoluci_n_de_la_pol_tica_GEL_20110630.pdf

[59] Massal y Sandoval, "Gobierno electrónico".

[60] Ibid.

[61] Viviana Díaz Perilla, "Una mirada al Estado pos-moderno de Jackes Chevallier", en AA. VV., *Temas de Derecho Administrativo Contemporáneo*, 411-433, (Bogotá: Centro Editorial Universidad del Rosario, 2006).

en la garantía del derecho a la administración electrónica.[62] Finalmente, la privatización debe fomentar la competencia de tal manera que se garantice la calidad y el valor en la Administración Pública, esto es la obtención de resultados en su gestión. La interconexión entre NPM y las ideas centrales del gobierno electrónico es explicada por los beneficios potenciales que las TIC traen en la reorganización de las estrategias internas del sector público. El gobierno electrónico puede mejorar las reformas en la Administración Pública logrando los valores fundamentales del NPM.[63]

2. El imperativo de eficacia

De acuerdo con el profesor Pérez citando a Jacques Chevallier, el imperativo de eficacia-consiste en el tránsito de una administración orientada a satisfacer el interés general o legitimidad extrínseca a una administración juzgada en resultados, esto es los medios con que dispone para lograr su eficiencia o legitimidad intrínseca.[64]

En la administración el concepto de eficacia se ha ido reduciendo a *eficiencia*, entendida como el mejor uso posible de los medios con los cuales dispone la Administración. Con la privatización y la entrada del modelo neogerencial de la Administración Pública, resulta imperativa la realización de la eficacia, como la realización de los objetivos fijados por los representantes, no en función de la sola *rentabilidad* financiera como ocurre en el sector privado,[65] sino en función del concepto de valor público que hoy en día se espera de la Administración Pública.[66]

De acuerdo con la OCDE, el uso de las TIC es una herramienta para lograr un mejor gobierno: más responsable, eficiente, efectivo y participativo. El efecto de las políticas del gobierno electrónico o administración electrónica, ya sean positivas o negativas, debe mirarse en el impacto sobre el valor

---

62 José David Carracedo, "Jerarquías y desigualdades en la sociedad de la información: la estratificación digital en relación con la democracia digital", *Democracia digital, límites y oportunidades*, editado por Heriberto Cairo Carou, 45-67 (Madrid: Trotta, 2002).

63 Bonina y Cordella, "The new public management...", 1-21.

64 Chevallier, *El Estado Posmoderno*, 1-447.

65 Ibid.

66 Changlin Wang, Junping Liu y Runsheng Fang, "Public model in electronic government service: an empirical research", Pacis 2016 Proceedings, 2016.

público, esto es, el logro de los objetivos establecidos por los programas de gobierno y suministro de servicios públicos a los ciudadanos. Así las cosas, el uso de las TIC dentro del Estado posmoderno, está en línea con la priorización de las ideas de eficacia y buen desempeño en la Administración Pública, capaz de alcanzar los desafíos y requerimientos del siglo XXI, como una administración que, en vez de responder a sus propias necesidades, se focalice en las necesidades de los ciudadanos y los empresarios.[67]

Algunos autores han denominado esta nueva tendencia la transformación del Gobierno, y busca principalmente: (i) encontrar y mantener los más altos estándares en la prestación de servicios; (ii) adoptar un enfoque centrado en el ciudadano; (iii) minimizar la carga de los ciudadanos y empresarios; (iv) aprender cómo tomar ventaja de las oportunidades ofrecidas por la tecnología de la información; y (v) tomar un rol líder en promover la innovación, la calidad y el suministro de servicios con mejor valor.[68] En este sentido la Corte Constitucional ha afirmado que

> la eficacia constituye una cualidad de la acción administrativa en la que se expresa la vigencia del Estado social en el ámbito jurídico-administrativo. (…) La eficacia, hace relación al cumplimiento de las determinaciones de la administración y la eficiencia a la elección de los medios más adecuados para el cumplimiento de los objetivos. (…) Estos dos principios se orientan hacia la verificación objetiva de la distribución y producción de bienes y servicios del Estado destinados a la consecución de los fines sociales propuestos por el Estado Social de Derecho. Por lo tanto, la administración necesita un apoyo logístico suficiente, una infraestructura adecuada, un personal calificado y la modernización de ciertos sectores que permitan suponer la transformación de un Estado predominantemente legislativo a un Estado administrativo de prestaciones.[69]

---

[67] Shand, "La Nueva Gestión Pública".

[68] Sylvia Archman y Just Castillo Iglesias, "eGoverment - a driving force for innovation and efficiency in Public Administration", EIPAScope, 1, (2010): 29-36.

[69] Colombia, Corte Constitucional, "Sentencia C-826", expediente D-9623, 13 de noviembre de 2013 Magistrado ponente: Luis Ernesto Vargas Silva.

Así las cosas, la inserción de medios electrónicos en la Administración Pública se ve como una herramienta para alcanzar el propósito del imperativo de eficacia,[70] reconocido en varios artículos de la Constitución Política colombiana, como: en el artículo 209 en el que se habla del principio de obligatorio acatamiento por quienes ejercen la función administrativa; en el 365 como uno de los objetivos en la prestación de los servicios públicos; en los artículos 256 numeral 4, 268 numeral 2, 277 numeral 5 y 343, relativos al control de la gestión y resultados. Igualmente el Consejo de Estado ha señalado este enfoque en su jurisprudencia:

> Esa idea de adaptación continua mediante el uso de los medios electrónicos en la administración, es a su vez el centro de la noción servicio público que en cierta medida está ligado a la legitimidad del Estado, pues los usuarios-ciudadanos esperan que éste responda a sus expectativas para así mejorar su calidad de vida, por ejemplo reduciendo los tiempos de espera en los trámites, sin tener que desplazarse y teniendo acceso más fácilmente a la información de las entidades.[71]

3. El ciudadano en el centro de la Administración Pública

Un análisis de las iniciativas gubernamentales en todo el mundo demuestra que el gobierno electrónico requiere de la implementación de una política en la cual un tema central es mejorar los servicios centrados en los ciudadanos, contando con la infraestructura necesaria para ello. El gobierno electrónico o administración electrónica en vez de esperar un comportamiento de los ciudadanos orientado a contribuir al interés público, obliga a los ciudadanos a comportarse como consumidores suministrando servicios proactivamente. Algunos autores critican esta postura al considerar que afecta el carácter fundamental de la Administración Pública construida sobre una ciudadanía activa involucrada en aportar a la posición social del Gobierno, alejándose

[70] Stavros Zouridis y Marcel Thaens, "E-Government: Towards a Public Administration Approach", *Asian Journal of Public Administration*, 25, (2003): 159-183.

[71] Colombia, Consejo de Estado, Sección segunda (Subsección B), "Sentencia del 3 de noviembre de 2011".

de la estructura básica de sus instituciones[72] y avalando la posición de una ciudadanía consumidora de derechos, más exigente, en la eficiencia y efectividad de los servicios que recibe, y menos responsable.[73]

De acuerdo con Jackes Chevallier, la posmodernidad implica una redefinición de las funciones del Estado, "donde el Estado no tiene más esencia estable y su futuro sigue siendo indeterminado".[74] La reproducción del modelo de buena gobernanza, impulsado por la comunidad internacional, propio de los Estados liberales en los países subdesarrollados, legitima la intervención del Estado en consideración a tres principios: *subsidiariedad*, solo en caso de insuficiencia o de incapacidad de los mecanismos de autorregulación social; *sustitución*, en vez de reemplazar a los protagonistas sociales, debe fomentar sus iniciativas en lo que se refiere a la gestión de funciones colectivas; *proximidad*, la instauración de dispositivos de gestión dispuestos lo más cerca posible de los ciudadanos; y cooperación, deseo de asociar los actores sociales a la aplicación de las acciones públicas.[75]

La inserción de los medios electrónicos en la Administración Pública se aleja de los principios de subsidiariedad y sustitución propios de la transformación del Estado en la posmodernidad, tal y como ha sido entendido por el Gobierno y los tribunales judiciales dentro del marco de la Constitución Política y un Estado social y democrático de derecho, por dos razones. De un lado, ha incrementado los riesgos de responsabilidad del Estado por falla en el suministro de servicios por medios electrónicos. De otro lado, maximiza el rol de la Administración pública en cuanto a los resultados, eficiencia y efectividad en el desarrollo de sus funciones, se hace más exigente su labor frente a la connotación de ciudadanos como consumidores de servicios. No obstante, por el contrario, va en línea con el principio de proximidad el cual busca acercar la Administración a las necesidades y expectativas de la ciudadanía. Para Mario José de Mariano Sánchez,[76] los servicios centrados en el ciudadano requieren de:

---

[72] Díaz Perilla, "Una mirada al Estado pos-moderno".

[73] Michel, "e-Administration, e-Government".

[74] Chevallier, *El Estado Posmoderno*, 1-447.

[75] Ibid.

[76] Ministerio de Economía y Hacienda, *La administración electrónica*.

- Garantizar el acceso electrónico a todos los servicios. Todas las Administraciones están esforzándose para cumplirlo, pues ha cambiado completamente la forma en que ciudadanos y empresas se relacionan con la Administración Pública y cómo la Administración Pública interactúa entre sí y con sus funcionarios, y con esto se logra prestar mejores servicios a los ciudadanos y empresas, así como mejorar los procesos internos de las entidades.[77]
- La seguridad proporcionada por las infraestructuras técnicas y la validez jurídica impulsada por un desarrollo normativo son pilares para su desarrollo. De lo contrario se podría incrementar la responsabilidad del Estado por fallas en la gestión de riesgos, administrando los servicios colectivos.
- La garantía de que todos los ciudadanos puedan acceder equitativamente a las ventajas derivadas del uso de las nuevas tecnologías.
- La participación de los ciudadanos en la definición de políticas públicas y en el diseño de servicios.

El reconocimiento del derecho a la administración electrónica, como derecho subjetivo de carácter prestacional, generador de verdaderos deberes jurídicos para las administraciones públicas, materializa la consideración de los ciudadanos como centro de la Administración. Así, a partir del artículo 53 del Código de Procedimiento Administrativo y de lo Contencioso Administrativo se observan manifestaciones concretas de este derecho de nueva generación, el cual tiene como primera expresión el derecho a elegir el medio, electrónico o convencional, para relacionarse con la Administración Pública.

Aunque en Colombia no existe una disposición expresa que reconozca el derecho de los ciudadanos a relacionarse con las administraciones públicas por medios electrónicos, como sí ocurre en España con la Ley 11 de 2007,[78]

[77] Erick Rincón Cárdenas, "Administración electrónica para el Estado", *Colombia digital*, 2013, recuperado de https://colombiadigital.net/opinion/columnistas/certicamara/item/5062-administracion-electronica-para-el-estado.html

[78] "Se reconoce a los ciudadanos el derecho a relacionarse con las Administraciones Públicas utilizando medios electrónicos para el ejercicio de los derechos previstos en el artículo 35 de la LPC, así como para obtener informaciones, realizar consultas y alegaciones, formular solicitudes,

conviene mencionar que en el país sí se regulan aspectos básicos de la utilización de las TIC en la actividad administrativa en las relaciones entre las administraciones públicas.

4. Retos jurídicos a los que se enfrenta esta nueva era de la Administración Pública en el siglo XXI

El funcionamiento de la Administración Pública se ha visto influenciado en los últimos tiempos con la llegada de los medios electrónicos y su inserción en el funcionamiento de la estructura social del Estado,[79] replanteando las relaciones de los individuos y las empresas con la Administración Pública, la interacción de las entidades públicas entre ellas mismas y al interior de la organización con sus funcionarios.

Aunque es incierto el alcance de las TIC, característica del Estado posmoderno, y sus implicaciones jurídicas cuando la Administración falla, su uso genera un riesgo latente para la Administración. El artículo 90 de la Constitución Política representa el criterio orientador sobre la responsabilidad basada en el daño antijurídico.[80] En este caso la responsabilidad del Estado se podría ver comprometida ante la omisión de la Administración por los vacíos de ley o la no regulación a favor de la ciudadanía, por la prestación del servicio mediante el uso de medios electrónicos inadecuada o interrumpida.

De un lado ya es reconocido por la doctrina y normatividad internacional el derecho a una Administración Pública electrónica, lo cual dentro del NPM demanda su funcionamiento eficaz. De otro lado, la Administración Pública puede ver comprometida su responsabilidad directamente o con ocasión del funcionamiento de los operadores encargados de garantizar el

---

manifestar consentimiento, entablar pretensiones, efectuar pagos, realizar transacciones y oponerse a las resoluciones y actos administrativos (...)". España, Jefatura del Estado, "Ley 11 de 2007", Boletín Oficial Español núm. 150, 23 de junio de 2007.

[79] Jairo Becerra, "La relación de responsabilidad entre el Estado y los proveedores de servicios de telecomunicaciones", *Revista Prolegómenos Derechos y Valores*, 19, (2016): 57-66. doi: http://dx.doi.org/10.18359/prole.1679

[80] El Estado responderá patrimonialmente por los daños antijurídicos que le sean imputables, causados por la acción o la omisión de las autoridades públicas.

suministro de las TIC en el funcionamiento de las entidades del Estado. Teniendo en cuenta que estas pueden causar un daño antijurídico a los demás sujetos con los que interactúa, la responsabilidad del Estado en este ámbito impacta todos los niveles de la Administración Pública, desde causar un daño antijurídico hasta la afectación de derechos fundamentales, como habeas data, igualdad, debido proceso.

A continuación, se describen algunos ejemplos de cómo el Estado podría ver comprometida su responsabilidad en el uso de medios electrónicos en la Administración Pública, teniendo en consideración los tres actores principales en la relación de responsabilidad.

4.1. Falla de los operadores en el uso de medios electrónicos como intermediarios en la prestación de servicios públicos

En este caso el Estado podría ver comprometida su responsabilidad en su rol como garante del ordenamiento jurídico cuando, por una actuación del operador delegado para el funcionamiento de, por ejemplo, una plataforma electrónica, se causan perjuicios a los ciudadanos, ya sea porque no funcionó, funcionó mal o de manera interrumpida. Tal es el caso en el que a una persona natural o jurídica se le presenta imposibilidad de participar en una licitación pública por falla en el sistema, cuando la culpa es imputable al operador.[81] De un lado la Administración actúa con las personas naturales y jurídicas por medios electrónicos, usando intermediarios que faciliten el proceso que, cuando incurren en alguna de las conductas descritas en el artículo 63 de la Ley 1341 de 2009 sobre infracciones en el uso de las TIC, pueden comprometer su responsabilidad. De otro lado, cuando el Estado como garante del ordenamiento jurídico tiene el deber de regular y vigilar el cumplimiento de los operadores y no lo hacen.

En Colombia existen antecedentes de riesgo en el uso de medios electrónicos por parte de ciertos operadores para agilizar la labor de la Administración en el suministro de ciertos servicios públicos, tales

[81] Becerra, "La relación de responsabilidad...".

como: en el sector salud: (i) Planilla Integral de Liquidación de Aportes[82] y (ii) MIPRES.[83]

Se vería comprometida la responsabilidad del Estado cuando los operadores fallan en la ejecución de actividades delegadas por el Estado, por las fallas de control o regulación sobre los servicios que prestan los proveedores de redes u operadores que ocasiona un daño antijurídico, ya que cae sobre la Administración la obligación de control. Como lo ha señalado el Consejo de Estado, en caso de que un particular deba soportar individualmente una carga anormal y excepcional esto constituye un daño especial por el cual la Administración debe responder.[84]

4.2. Falla de la Administración Pública en el uso de medios electrónicos durante procedimientos administrativos

Las nuevas situaciones nacidas a raíz de la administración electrónica requieren de un marco normativo que las incorpore y señale unos principios que sirvan de guía a la Administración cuando haga uso de las TIC, lo cual garantiza la seguridad jurídica a la que tienen derecho los ciudadanos.

En los últimos años se ha visto un considerable esfuerzo normativo de adaptación de nuestro ordenamiento jurídico a estos fenómenos, dictando nuevas normas, propias de la administración electrónica, así como ajustando otras ya existentes, tal es el caso de la Ley 1437 de 2011, la cual regula el procedimiento administrativo electrónico. Dicho proceso, ha dado lugar a un conjunto de principios rectores de la administración electrónica, algunos

[82] "'Tras 10 días la planilla PILA sigue con dificultades'. Plataformas digitales paralizadas, sistemas bloqueados y llamadas sin atender fue a lo que se enfrentaron durante las últimas dos semanas, los trabajadores independientes, contratistas y compañías, luego de entrar en vigencia los cambios para el pago de la Planilla Integrada de Aportes PILA. El tema no es menor, si se tiene en cuenta que personas naturales y jurídicas han denunciado la suspensión de los servicios de salud por parte de las EPS. (...) El Ministerio (...) indicó que 'las dificultades presentadas no pueden ser excusa para la negación de servicios de salud, ni pueden generar intereses de mora a los aportantes', señaló Alejandro Gaviria, ministro de salud". El Tiempo, "Tras 10 días, la planilla Pila sigue con dificultades", *El Tiempo,* 17 de marzo de 2017.

[83] Publimetro, "Pacientes, preocupados por la efectividad de Mipres. Una encuesta realizada por Consultor Salud revela las primeras fallas", *Publimetro*, 16 de mayo de 2017.

[84] Colombia, Consejo de Estado, Sala de lo Contencioso Administrativo, Sección tercera (subsección C), "Sentencia de 7 de septiembre de 2015", Expediente (34158). Consejero ponente: Jaime Orlando Santofimio Gamboa.

novedosos, mientras que otros representan una reformulación de principios tradicionales de la actividad administrativa.

Algunos académicos han visto, dentro de las categorías de falla del servicio, la omisión de la Administración como la causa más frecuente de daño antijurídico en la relación de los ciudadanos con el gobierno electrónico o la administración electrónica. De acuerdo con la jurisprudencia del Consejo de Estado, los requisitos para que exista una omisión legal en sentido estricto son:

> a) la existencia de una obligación legal o reglamentaria a cargo de la entidad demandada de realizar la acción con la cual se habrían evitado los perjuicios; b) la omisión de poner en funcionamiento los recursos de que se dispone para el adecuado cumplimiento del deber legal, atendidas las circunstancias particulares del caso; c) un daño antijurídico, y d) la relación causal entre la omisión y el daño.[85]

Siendo más explícitos, el inciso 2 del artículo 62 de la Ley 1437 de 2011, habla específicamente de "falla en el servicio" cuando menciona: "2. *Cuando fallen los medios electrónicos de la autoridad*, que impidan a las personas enviar sus escritos, peticiones o documentos, el remitente podrá insistir en su envío dentro de los tres (3) días siguientes, o remitir el documento por otro medio dentro del mismo término, siempre y cuando exista constancia de los hechos constitutivos de la *falla en el servicio*."[86] (cursiva añadida).

El Título III, denominado "Procedimiento administrativo general" y su Capítulo IV denominado "Utilización de medios electrónicos en el procedimiento administrativo" demuestran el carácter imperativo por parte del legislador a la actuación de la Administración. Lo anterior demanda cargas administrativas de comportamiento en cuatro niveles:[87]

- Gobierno a ciudadano (G2C).
- Gobierno a empresa (G2B).

---

[85] Colombia, Consejo de Estado, Sala de lo Contencioso Administrativo, Sección Tercera, "Sentencia de marzo 6 de 2008", expediente (14443). Consejera ponente: Ruth Stella Correa Palacio.

[86] Colombia, Congreso de la República, "Ley 1437 de 2011", artículo 62.

[87] Naser y Concha, "El gobierno electrónico".

- Gobierno a empleado (G2E).
- Gobierno a Gobierno (G2G).

Estas relaciones son determinantes en lograr una gestión integrada o compartida de la gestión pública en el uso de los medios electrónicos. Para lograrlo, en algunos casos será necesario reestructurar procesos, eliminar e innovar en servicios prestados. De lo contrario se verá involucrada la responsabilidad del Estado. Este proceso, aunque paulatino, demanda la necesidad de sensibilizar a cada uno de los actores para su ejecución correcta.

La falla más frecuente que se ha evidenciado en el uso de medios electrónicos en el procedimiento administrativo ha sido la notificación electrónica, generado en la mayoría de los casos por la ausencia de capacitación o por la disponibilidad de herramientas necesarias a favor de los funcionarios de la Administración que garanticen su operatividad adecuada. Este tipo de omisiones generan inoperancia, desincentivando su uso, debido a la inseguridad jurídica y a eventuales perjuicios a los que se expone a los ciudadanos.

En la protección de los derechos de los administrados, cuando la Administración hace uso de los medios electrónicos, por ejemplo, en el procedimiento administrativo, existen diferentes posiciones por parte de las altas cortes.

La Corte Constitucional ha reconocido este derecho asociado al derecho fundamental al debido proceso,[88] alejada de la tendencia internacional, por ejemplo, del derecho español el cual reconoce que "el derecho de los ciudadanos a una administración electrónica, de carácter prestacional, generador de verdaderos deberes jurídicos para las administraciones públicas".[89] Por el contrario, el Consejo de Estado, en primer lugar, recientemente ha reconocido el derecho fundamental a la cláusula de la buena administración, que ordena a la administración garantizar los derechos de los ciudadanos cuando entran en interacción con ella,[90] lo cual de entrada incluiría la operación adecuada de los medios electrónicos por parte de los funcionarios

---

[88] Colombia, Corte Constitucional, "Sentencia T-286", expediente T-3.748.679 20, de mayo de 2013. Magistrado sustanciador: Nilson Pinilla Pinilla.

[89] Ministerio de Economía y Hacienda. *La administración electrónica*, 1-310.

[90] Colombia, Consejo de Estado, "Sentencia de 10 de octubre de 2016", radicado 55813. Consejero ponente: Jaime Orlando Santofimio Gamboa.

en su gestión, respetando las expectativas de los ciudadanos cuando actúan de buena fe ante la Administración. En segundo lugar, ha destacado en sus pronunciamientos el deber que tienen los funcionarios públicos en su gestión de garantizar el funcionamiento adecuado de los medios electrónicos.[91]

4.3. El derecho fundamental a los medios electrónicos de los ciudadanos

En España, la Ley 11 de 2007, representa un gran avance en el reconocimiento del derecho de los ciudadanos a relacionarse con las administraciones públicas por medios electrónicos, así como una obligación correlativa de las Administraciones de garantizar el buen funcionamiento, la igualdad y la no discriminación de los ciudadanos, combatiendo la denominada brecha digital.[92] En torno a este punto, la doctrina ha venido desarrollando una serie de principios, los cuales garantizan cierto grado de seguridad jurídica en este proceso de avance e indeterminación propio del Estado posmoderno:

1. Principio de accesibilidad[93] a la información y a los servicios por medios electrónicos. Accesibilidad universal, así como el diseño para todos los soportes, canales y situaciones que garanticen a todas las personas ejercer sus derechos en igualdad de condiciones, adaptando las características necesarias para garantizar la accesibilidad de aquellas personas que lo requieran. Este principio es de difícil realización, en particular en países subdesarrollados como el nuestro, donde la localización geográfica, la educación, la cultura, el precio de la incorporación tecnológica y el grado de aceptabilidad de estos cambios son determinantes. En Colombia, es alto el número de zonas rurales, de baja densidad de población, sin acceso a

---

91 Colombia, Consejo de Estado, Sección Cuarta, "Auto del 9 de febrero de 2017", expediente 21647. Concejero ponente: Hugo Fernando Bastidas.

92 "1. La presente Ley reconoce el derecho de los ciudadanos a relacionarse con las Administraciones Públicas por medios electrónicos y regula los aspectos básicos de la utilización de las tecnológicas de la información en la actividad administrativa, en las relaciones entre las Administraciones Públicas, así como en las relaciones de los ciudadanos con las mismas con la finalidad de garantizar sus derechos, un tratamiento común ante ellas y la validez y eficacia de la actividad administrativa en condiciones de seguridad jurídica". España, Jefatura del Estado, "Ley 11 de 2007", artículo 1.

93 "Artículo 4. Principios generales (...) c) Principio de accesibilidad a la información y a los servicios por medios electrónicos". España, Jefatura de Estado, "Ley 11 de 2007".

banda ancha telefónica, donde se dificulta la operación, el acceso a internet, y por ende la posibilidad de ser beneficiarios de servicios públicos por medios electrónicos.

2. Principio de seguridad en la implantación y utilización de los medios electrónicos[94] y principio de responsabilidad y calidad en la veracidad y autenticidad de las informaciones y servicios ofrecidos por las administraciones públicas a través de medios electrónicos.[95] Este principio es de gran importancia, teniendo en cuenta que el uso de los medios electrónicos entraña un gran riesgo en relación con la propagación de ciertos datos que se encuentran protegidos, tanto por la ley de habeas data como por la Constitución (artículo 18). No obstante, se exige la firma electrónica, en algunos casos esto no es suficiente para garantizar la seguridad, como ocurre en el caso de los bancos.
3. Principio de neutralidad tecnológica y de adaptabilidad al progreso de las técnicas y sistemas de comunicaciones electrónicas.[96] Se persigue asegurar que, sea cual sea el medio o soporte electrónico elegido por la Administración, quede garantizada, de forma suficiente, su compatibilidad con la mayor parte de los equipos informáticos de los usuarios, tanto en lo referente al hardware como al software.

---

[94] "Artículo 4. Principios generales (…) f) Principio de seguridad en la implantación y utilización de los medios electrónicos por las Administraciones Públicas, en cuya virtud se exigirá al menos el mismo nivel de garantías y seguridad que se requiere para la utilización de medios no electrónicos en la actividad administrativa". España, Jefatura de Estado, "Ley 11 de 2007".

[95] Sobre el principio y en concordancia con la titularidad de las sedes electrónicas de la Administración la jurisprudencia en instancias internacionales ha mencionado que:"La información pública en las sedes electrónicas tiene carácter de oficial y auténtica, de manera que si cualquier ciudadano se ve perjudicado por una información incorrecta publicada en una página web pública podrá reclamar ante los tribunales de justicia el resarcimiento del perjuicio que la Administración le ha causado. La Administración titular de la sede es responsable de los servicios públicos de información que presta a través de la misma (apartado 2 del artículo 10 (Ley 11 de 2007))". España, Tribunal Superior de Justicia, Sala de lo Social, "Sentencia del 25 de enero de 2007", expediente STSJ ICAN 797/2007. Magistrada ponente: María del Carmen Sánchez-Parodi Pascua.

[96] "Artículo 4. Principios generales (…) i) Principio de neutralidad tecnológica y de adaptabilidad al progreso de las técnicas y sistemas de comunicaciones electrónicas ". España, Jefatura de Estado, "Ley 11 de 2007".

4. Interoperabilidad:[97] la conectividad entre las sedes electrónicas y las plataformas tecnológicas que usen otras Administraciones y los ciudadanos debe ser plena.

Las administraciones públicas deben impedir que los ciudadanos y empresas soporten cargas administrativas que no sean estrictamente necesarias para el logro de sus objetivos, muy especialmente orientados al bienestar de los ciudadanos como clientes, administrados, consumidores, ciudadanos y como nación. Gracias al conjunto de normas que se han emitido en los últimos años en Colombia, sobre la regulación de la administración electrónica o la inserción de medios electrónicos en la Administración Pública, se han generado nuevas situaciones y relaciones jurídicas, que comprometen la responsabilidad del Estado, como constructor, promotor y agente activo del sector de los medios electrónicos.[98]

Conclusiones

En Colombia, la estrategia de gobierno electrónico registra décadas de evolución, que para muchos ha pasado desapercibida. Los avances en la modernización, agilización de trámites y obtención de resultados en el suministro de servicios públicos dentro del esquema del gobierno electrónico o administración electrónica representa dos caras. De un lado, una visión positiva de un Estado posmoderno que tiene en el centro las expectativas de los ciudadanos; y de otro lado, una visión negativa al comprometer aún

---

97 "Artículo 4. Principios generales (...) e) Principio de cooperación en la utilización de medios electrónicos por las Administraciones". España, Jefatura de Estado, "Ley 11 de 2007.

98 Departamento Nacional de Planeación. "Agenda de conectividad" (Conpes 3072 de 2000); Departamento Nacional de Planeación, "Importancia estratégica de la estrategia de Gobierno en Línea" (Conpes 3650 de 2010); Colombia, Congreso de la República, "Ley 527 de 1999" (firma electrónica); Colombia, Congreso de la República. "Ley 1438 de 2011", por medio de la cual se reforma el Sistema General de Seguridad Social en Salud y se dictan otras disposiciones. Bogotá, Diario Oficial, 19 de enero de 2011 (Estatuto del Consumidor); Colombia, Congreso de la República, "Ley 1564 de 2012" (Nuevo Código General del Proceso); Colombia, Congreso de la República, "Ley 1437 de 2011" (medios electrónicos en el procedimientos administrativo); Colombia, Congreso de la República, "Ley 1266 de 2008" (Habeas data); Colombia, Congreso de la República, "Ley 1581 de 2012" (protección de datos personales); Colombia, Congreso de la República, "Ley 1712 de 2014" (acceso a la información pública).

más la responsabilidad del Estado por las fallas en el servicio generadas por medios electrónicos, que es alarmante cuando se comprometen los derechos fundamentales.

Se puede observar que existe una influencia del Estado posmoderno en la inserción de medios electrónica en la Administración Pública, como respuesta a una ciudadanía más exigente, que demanda acceso a servicios con calidad, gestión, rapidez, transparencia y resultados en la Administración Pública.

Si bien las expectativas del gobierno electrónico o administración electrónica son altas, y su implementación adecuada podría garantizar lo que la doctrina denomina *valor en la Administración Pública,* existe una gran responsabilidad del Estado por gestionar los cuatro niveles en su implementación: Gobierno a ciudadano (G2C); Gobierno a empresa (G2B); Gobierno a empleado (G2E); Gobierno a Gobierno (G2G), creando no solo mecanismos de garantía y protección a derechos, sino también deberes de los ciudadanos en el momento de hacer su uso.

Los países subdesarrollados tienen un gran compromiso en superar la brecha digital, solo así se puede lograr la tecnificación total del sector de la Administración Pública en una sociedad de la información dinámica.

Obras citadas

Archman, Sylvia y Castillo Iglesias, Just. "eGoverment-a driving force for innovation and efficiency in Public Administration". *EIPAScope*, 1, (2010): 29-36.

Batley, R. y Larbi, G. *The Changing Role of Government: The reform of public services in developing countries.* Houndmills y Nueva York: Palgrave Macmillan, 2004.

Becerra, Jairo. "La relación de responsabilidad entre el Estado y los proveedores de servicios de telecomunicaciones". *Revista Prolegómenos Derechos y Valores*, 19, (2016): 57-66. doi: http://dx.doi.org/10.18359/prole.1679

Bonina, Carla M. y Cordella, Antonio. "The new public management, e-government and the notion of 'public value': lessons from Mexico". Ponencia en Proceedings of SIG GlobDev's First Annual Workshop. París, 13 de diciembre de 2008.

Carracedo, José David. "Jerarquías y desigualdades en la sociedad de la información: la estratificación digital en relación con la democracia digital".

En: *Democracia digital, límites y oportunidades,* editado por Heriberto Cairo Carou, 45-67. Madrid: Trotta, 2002.

Chevallier, Jacques. *El Estado posmoderno.* Traducido por Oswaldo Pérez Orozco. Bogotá: Universidad Externado de Colombia.

Colombia, Congreso de la República. "Ley 188 de 1995", por la cual se expide el Plan Nacional de Desarrollo y de Inversiones 1995 -1998. Bogotá, Diario Oficial, 5 de junio de 1995.

______"Ley 508 de 1999", por la cual se expide el Plan Nacional de Desarrollo para los años de 1999-2002. Bogotá, Diario Oficial, 29 de julio de 1999.

______. "Ley 527 de 1999", por medio de la cual se define y reglamenta el acceso y uso de los mensajes de datos, del comercio electrónico y de las firmas digitales, y se establecen las entidades de certificación y se dictan otras disposiciones. Bogotá, Diario Oficial, 18 de agosto de 1999.

______. "Ley 734 de 2002", por la cual se expide el Código Disciplinario Único. Bogotá, 5 de febrero de 2002.

______. "Ley 790 de 2002", por la cual se expiden disposiciones para adelantar el programa de renovación de la administración pública y se otorgan unas facultades extraordinarias al Presidente de la República. Bogotá, Diario Oficial, 27 de diciembre de 2002.

______. "Ley 794 de 2003", por la cual se modifica el Código de Procedimiento Civil, se regula el proceso ejecutivo y se dictan otras disposiciones. Bogotá, Diario Oficial, 8 de enero de 2003.

______. "Ley 812 de 2003", por la cual se aprueba el Plan Nacional de Desarrollo 2003-2006, hacia un Estado comunitario. Bogotá, Diario Oficial, 27 de junio de 2003.

______. "Ley 962 de 2005", por la cual se dictan disposiciones sobre racionalización de trámites y procedimientos administrativos de los organismos y entidades del Estado y de los particulares que ejercen funciones públicas o prestan servicios públicos. Bogotá, Diario Oficial, 8 de julio de 2005.

______. "Ley 1150 de 2007", por medio de la cual se introducen medidas para la eficiencia y la transparencia en la Ley 80 de 1993 y se dictan otras disposiciones generales sobre la contratación con Recursos Públicos. Bogotá, Diario Oficial, 16 de julio de 2007.

______. "Ley 1151 de 2007", por la cual se expide el Plan Nacional de Desarrollo 2006-2010. Bogotá, Diario Oficial, 24 de julio de 2007.

______. "Ley 1266 de 2008", por la cual se dictan las disposiciones generales del habeas data y se regula el manejo de la información contenida en bases de datos personales, en especial la financiera, crediticia, comercial, de servicios y la proveniente de terceros países y se dictan otras disposiciones. Bogotá, 31 de diciembre de 2008.

______. "Ley 1341 de 2009", por la cual se definen Principios y conceptos sobre la sociedad de la información y la organización de las Tecnologías de la Información y las Comunicaciones —TIC—, se crea la Agencia Nacional del Espectro y se dictan otras disposiciones. Bogotá, 30 de julio de 2009.

______. "Ley 1437 de 2011", por la cual se expide el Código de Procedimiento Administrativo y de lo Contencioso Administrativo. Bogotá, Diario Oficial, 18 de enero de 2011.

______. "Ley 1438 de 2011", por medio de la cual se reforma el Sistema General de Seguridad Social en Salud y se dictan otras disposiciones. Bogotá, Diario Oficial, 19 de enero de 2011.

______. "Ley 1450 de 2011", por la cual se expide el Plan Nacional de Desarrollo, 2010-2014. Bogotá, Diario Oficial, 16 de junio de 2011.

______. "Ley 1480 de 2011", por medio de la cual se expide el Estatuto del Consumidor y se dictan otras disposiciones. 12 de octubre de 2011.

______. "Ley 1564 de 2012", por medio de la cual se expide el Código General del Proceso y se dictan otras disposiciones. Bogotá, Diario Oficial, 12 de julio de 2012.

______. "Ley 1581 de 2012", por la cual se dictan disposiciones generales para la protección de datos personales. Bogotá, Diario Oficial, 17 de octubre de 2012.

______. "Ley 1712 de 2014", por medio de la cual se crea la Ley de Transparencia y del Derecho de Acceso a la Información Pública Nacional y se dictan otras disposiciones. Bogotá, Diario Oficial, 6 de marzo de 2014.

______. "Ley 1753 de 2015", por la cual se expide el Plan Nacional de Desarrollo 20142018 "Todos por un nuevo país". Bogotá, Diario Oficial, 9 de junio de 2015.

Colombia, Consejo de Estado. "Sentencia de 10 de octubre de 2016". Radicado 55813 de octubre 10 de 2016. Consejero ponente: Jaime Orlando Santofimio Gamboa.

Colombia, Consejo de Estado, Sección Segunda (subsección B). "Sentencia del 3 de noviembre de 2011". Expediente 0763-06. Magistrado ponente: Gerardo Arenas Monsalve.

Colombia, Consejo de Estado, Sala de lo Contencioso Administrativo, Sección Tercera. "Sentencia del 6 de marzo de 2008". Expediente (14443). Consejera ponente: Ruth Stella Correa Palacio.

Colombia, Consejo de Estado, Sala de lo Contencioso Administrativo, Sección Tercera (subsección C). "Sentencia del 7 de septiembre de 2015". Expediente (34158). Consejero ponente: Jaime Orlando Santofimio Gamboa.

Colombia, Consejo de Estado, Sección Cuarta. "Auto del 9 de febrero de 2017". Expediente (21647). Consejero Ponente: Hugo Fernando Bastidas.

Colombia, Corte Constitucional. "Sentencia T-286 del 20 de mayo de 2013". Expediente (T-3.748.679). Magistrado sustanciador: Nilson Pinilla Pinilla.

______. "Sentencia C-826 de noviembre 13 de 2013". Expediente D-9623. Magistrado ponente: Luis Ernesto Vargas Silva.

Colombia, Ministerio de Defensa Nacional. "Decreto 3485 de 2011", Por el cual se reglamenta el Sistema Electrónico para la Contratación Pública y se dictan otras disposiciones. Bogotá, Diario Oficial. 22 de septiembre de 2011.

Colombia, Ministerio del Interior y de Justicia. "Decreto 4948 de 2009", por el cual se reglamenta la habilitación general para la provisión de redes y servicios de telecomunicaciones y el registro de TIC. Bogotá, Diario Oficial 47567. 18 de diciembre de 2009.

______. "Decreto 235 de 2010", por el cual se regula el intercambio de información entre entidades para el cumplimiento de funciones públicas. Bogotá, 28 de enero de 2010.

Colombia, Presidencia de la República. "Decreto 2150 de 1995", por el cual se suprimen y reforman regulaciones, procedimientos o trámites innecesarios existentes en la Administración Pública. Bogotá, Diario Oficial, 5 de diciembre de 1995.

______. "Directiva presidencial 02 de 2000", Gobierno en línea. Bogotá, 28 de agosto de 2000.

______. "Decreto 1747 de 2000", por el cual se reglamenta parcialmente la Ley 527 de 1999, en lo relacionado con las entidades de certificación, los certificados y las firmas digitales. Bogotá, Diario Oficial, 11 de septiembre de 2000.

______. "Decreto 127 de 2001", por el cual se crean las Consejerías y Programas Presidenciales en el Departamento Administrativo de la Presidencia de la República. Bogotá, Diario Oficial, 19 de enero de 2001.

______. "Directiva presidencial 10 de 2002", Programa de renovación de la Administración Pública: hacia un Estado comunitario. Bogotá, 20 de agosto de 2002.

______. "Decreto 2170 de 2002", por el cual se reglamenta la Ley 80 de 1993, se modifica el Decreto 855 de 1994 y se dictan otras disposiciones en aplicación de la Ley 527 de 1999. Bogotá, Diario Oficial, 30 de septiembre de 2002.

______. "Directiva presidencial 12 de 2002", Lucha contra la corrupción en la contratación estatal. Bogotá, 1 de octubre de 2002.

______. "Decreto 1620 de 2003", por el cual se modifica la estructura del Ministerio de Comunicaciones y se dictan otras disposiciones. Bogotá, 13 de junio de 2003.

______. "Decreto 3107 de 2003", por el cual se suprime un Programa Presidencial. Diario Oficial, Bogotá, 30 de octubre de 2003.

______. "Decreto 3816 de 2003", por el cual se crea la Comisión Intersectorial de Políticas y de Gestión de la Información para la Administración Pública. Bogotá, 30 de diciembre de 2003.

______. "Decreto 3620 de 2004", por el cual se crea la Comisión Intersectorial de Contratación Pública. Bogotá, Diario Oficial, 3 de noviembre de 2004.

______. "Decreto 4669 de 2005", por el cual se reglamenta parcialmente la Ley 962 de 2005. Bogotá, Diario Oficial, 21 de diciembre de 2005.

______. "Decreto 2434 de 2006", por el cual se reglamenta la Ley 80 de 1993, se modifica parcialmente el Decreto 2170 de 2002 y se dictan otras disposiciones. Bogotá, Diario Oficial, 18 de julio de 2006.

______. "Decreto 1151 de 2008", por el cual se establecen los lineamientos generales de la Estrategia de Gobierno en Línea de la República de Colombia, se reglamenta parcialmente la Ley 962 de 2005, y se dictan otras disposiciones. Bogotá, Diario oficial, 14 de abril de 2008.

______. "Decreto 2474 de 2008", por el cual se reglamentan parcialmente la Ley 80 de 1993 y la Ley 1150 de 2007 sobre las modalidades de selección, publicidad, selección objetiva, y se dictan otras disposiciones. Bogotá, Diario Oficial, 7 de julio de 2008.

______. "Decreto Ley 019 de 2012", por el cual se dictan normas para suprimir o reformar regulaciones, procedimientos y trámites innecesarios existentes en la Administración Pública. Bogotá, Diario Oficial, 10 de enero de 2012.

______. "Decreto 2482 de 2012", por el cual se establecen los lineamientos generales para la integración de la planeación y la gestión. Bogotá, Diario Oficial, 3 de diciembre de 2012.

______. "Decreto 2618 de 2012", por el cual se modifica la estructura del Ministerio de Tecnologías de la Información y las Comunicaciones y se dictan otras disposiciones. Bogotá, 17 de diciembre de 2012.

______. "Decreto 2693 de 2012", por el cual se establecen los lineamentos generales de la Estrategia de Gobierno en Línea de la República de Colombia, se reglamentan parcialmente las Leyes 1341 de 2009, 1450 de 2011, y se dictan otras disposiciones. Bogotá, Diario Oficial, 21 de diciembre de 2012.

______. "Decreto 2573 de 2014", por el cual se establecen los lineamientos generales de la Estrategia de Gobierno en línea, se reglamenta parcialmente la Ley 1341 de 2009 y se dictan otras disposiciones. Bogotá, Diario Oficial, 12 de diciembre de 2014.

Departamento Nacional de Planeación. "Gestión pública orientada a resultados" (Conpes 2790 de 1995). Bogotá, 21 de junio de 1995.

______. "Agenda de conectividad" (Conpes 3072 de 2000). Bogotá, 9 de febrero de 2000.

______. "Renovación de la Administración Pública" (Conpes 3248 de 2003). Bogotá, 20 de octubre de 2003.

______. "Proyecto de racionalización y automatización de trámites" (Conpes 3292 de 2004). Bogotá, 28 de junio de 2004.

______. "Importancia estratégica de la estrategia de Gobierno en Línea" (Conpes 3650 de 2010). Bogotá, 15 de marzo de 2010.

Díaz Perilla, Viviana. "Una mirada al Estado pos-moderno de Jackes Chevallier". En AA. VV., *Temas de Derecho Administrativo Contemporáneo*, 411-433. Bogotá: Editorial Universidad del Rosario, 2006.

El Tiempo. "Tras 10 días, la planilla Pila sigue con dificultades". *El Tiempo*, 17 de marzo de 2017.

España, Jefatura del Estado. "Ley 11 de 2007". Boletín Oficial Español núm. 150, 23 de junio de 2007.

España, Tribunal Superior de Justicia, Sala de lo Social. "Sentencia del 25 de enero de 2007", expediente STSJ ICAN 797/2007. Magistrada ponente: María del Carmen Sánchez-Parodi Pascua.

Espejel Mena, Jaime. "Estado y administración pública: la búsqueda de una conciliación". *CIENCIA ergo-sum*, 21-2, (2014): 143-148.

Espejel Mena, Jaime, Rodríguez Mena, José Luis y Flores Vega, Misael. "Las transformaciones del Estado y la Administración Pública: del Estado de bienestar al Estado cívico". *Espacios Públicos*, 17, (2014): 31-51.

Giraldo Saavedra, Alberto. "Una aproximación a los cambios de la Administración Pública colombiana en las transformaciones del estado". *Revista Iusta*, 2, (2014): 17-39.

Heeks, Richard y Bailur Savita. "Analyzing E-Government Research: Perspectives, Philosophies, Theories, Methods, and Practice". *Government Information Quarterly*, 24, (2007): 243-265.

Hill, Hermann. "Transformation of the administration by e-goverment". *Deutsches Institut fur Urbanistik*, 2, (2004). Recuperado de https://difu.de/node/6037

Hood, Christopher. "A public managment for all seasons?". *Public Administration*, 69, (1991): 1-17.

Massal, Julie y Sandoval, Carlos Germán. "Gobierno electrónico. ¿Estado, ciudadanía y democracia en Internet?". *Revista análisis político*, 23, (2010): 3-25. Recuperado de http://www.scielo.org.co/pdf/anpol/v23n68/v23n68a01.pdf

Medina González, Karen Adriana. "La presencia del soft law en el Derecho Administrativo Colombiano. Los documentos Conpes como manifestación del soft law en Colombia". Trabajo de grado de Maestría, Universidad del Rosario, Bogotá, 2016.

Matei, Ani e Iancu, Diana Camelia. *E-Administration as a Way of Increasing the Managerial Capacity in Public Sector*. Munich Personal RePEc, 2003.

Michel, Hélène. "e-Administration, e-Government, e-Governance and the Learning City: A typology of Citizenship management using ICTs". *The Electronic Journal of e-Government*, 3, (2005): 213-218.

Ministerio de Economía y Hacienda. *La administración electrónica y el servicio a los ciudadanos*. España: Ministerio de Economía y Hacienda, Secretaría General Técnica, Subdirección General de Información, Documentación y publicaciones, 2009. Recuperado de http://www.minhafp.gob.es/Documentacion/Publico/SGT/e-administracion.pdf

Ministerio de la Protección Social. "Circular externa 058 de 2009". Bogotá, 11 de septiembre de 2009.

Ministerio de Tecnologías de la Información y las Comunicaciones. "Normativa del Gobierno Electrónico en Colombia". Documento interno. Recuperado de http://viejoprograma.gobiernoenlinea.gov.co/apc-aa-files/5686d2a87532a21a70ead773ed71353b/NormativaGEL.pdf

______. *Manual 3.0 para la implementación de la Estrategia de Gobierno en línea en las entidades del orden nacional de la República de Colombia*. Bogotá, junio 2008.

______. *Documento de Agenda Estratégica de Innovación*. Bogotá, 2012. Recuperado de https://www.mintic.gov.co/portal/604/articles-6116_recurso_3.pdf

Naser, Alejandra y Concha, Gastón. "El gobierno electrónico en la gestión pública". *Cepal-Serie Gestión pública*, 73, (2011).

OCDE. *Hacia una gestión pública más efectiva y dinámica en México*. OCDE Publishing, 2011.

Petrescu, Marius; Popescu, Delia; Barbu, Ionut y Dinescu, Roxana. "Public Management: between the Tradition and New Model". *Review of International Comparative Management*, 11, (2010): 408-415.

Programa Gobierno en Línea. "Evolución del Gobierno en Línea en Colombia". Bogotá, Ministerio de Tecnologías de la Información y las Comunicaciones, junio de 2011. Recuperado de http://programa.gobiernoenlinea.gov.co/apc-aa-files/5854534aee4eee4102f0bd5ca294791f/Documento_de_evoluci_n_de_la_pol_tica_GEL_20110630.pdf

Publimetro. "Pacientes, preocupados por la efectividad de Mipres. Una encuesta realizada por Consultor Salud revela las primeras fallas en el sistema". *Publimetro*, 16 de mayo de 2017.

Restrepo Medina, Manuel Alberto. "Burocracia, gerencia pública y gobernanza". *Revista Diálogos de Saberes*, 30, (2009): 167-185.

______. "La administración pública en la Constitución de 1991: sincretismo, involuntario entre la burocracia, el gerencialismo y la gobernanza". *Estudios Socio-Jurídicos*, 13, (2011): 365-388.

Riascos, Sandra Cristina, Martínez Giordano, Graciela y Solano, Omar Javier. "El Gobierno Electrónico como estrategia de participación ciudadana en la Administración Pública a nivel de Suramérica-Casos Colombia y Uruguay". *CollECTeR Iberoamérica,* (2008): 1-10.

Rincón Cárdenas, Erick. "Administración electrónica para el Estado". *Colombia digital.* 2013. Recuperado de: https://colombiadigital.net/opinion/columnistas/certicamara/item/5062-administracion-electronica-para-el-estado.html

Rodríguez, Andrés. "El Consejo de Estado colombiano y el Consejo de Estado francés, aproximaciones y diferencias". *Revista Principia Iuris*, 15, (2011): 279-297.

Shand, David. "La Nueva Gestión Pública: Retos y temas de discusión en una perspectiva internacional". *Revista de Administración Pública*, 91, (1996): 77-88.

Torres Fragoso, Jaime. "Gobierno electrónico: de la nueva gerencia pública a la gobernanza". *Revista Ciencia Administrativa Iiesca*, 2, (2012): 77-88.

Torres, Lourdes, Pina, Vicente y Royo, Sonia. "E-government and the transformation of public administration in EU countries: Beyond NPM or just second wave of reform?". Documento de trabajo. España: Universidad de Zaragoza, 2005.

United Nations. "United Nations E-Government Survey 2016: E-Government in Support of Sustainable Development". 2016. Recuperado de http://workspace.unpan.org/sites/Internet/Documents/UNPAN97453.pdf

Vázquez García, R. *Teorías actuales sobre el Estado contemporáneo*. España: Universidad de Granada, 2011.

Wang, Changlin, Liu, Junping y Fang, Runsheng. "Public model in electronic government service: an empirical research". *Pacis 2016 Proceedings,* 2016.

Zouridis, Stavros y Thaens, Marcel. "E-Government: Towards a Public Administration Approach". *Asian Journal of Public Administration*, 25, (2003) 159-183.

Evaluación integral del control interno como herramienta necesaria para el mejoramiento de la gestión de la Administración Pública colombiana

Manuel Alberto Restrepo Medina*

Sumario: Introducción. 1. Evaluación del control interno contable. 2. Evaluación del control fiscal interno. 3. Evaluación del control interno de gestión. 4. Integralidad de la evaluación del control interno. Conclusiones. Obras citadas.

Introducción

La modernidad trajo consigo un cambio profundo en la concepción del Estado y en la manera de establecer las relaciones entre quienes ejercen el poder público y los ciudadanos. Reflejo de esa transformación fue la introducción progresiva de mecanismos de control sobre la actuación de las autoridades, primero para limitar el ejercicio arbitrario de las potestades públicas y restablecer el imperio de la ley en caso de su quebrantamiento y luego para verificar el cumplimiento de los fines del Estado por parte de aquellas.

* Abogado, especialista en Legislación Financiera, magíster en Estudios Políticos, magíster en Derecho Administrativo. DEA en Derecho Procesal. Ph. D. en Derecho. Profesor titular y director de la Escuela Doctoral de la Facultad de Jurisprudencia de la Universidad del Rosario.

En particular, el ejercicio de la función administrativa, por ser la que de manera más directa ha de procurar la satisfacción de las necesidades básicas y esenciales de las personas, ha sido respecto de la cual ha habido un mayor desarrollo de tales controles. Dentro de los ellos se cuenta el control interno, el cual, por descansar en las propias entidades administrativas que llevan a cabo la gestión, ha conducido a que, en el caso colombiano, requiera de una validación de su ejercicio.

Esa validación, que de acuerdo con las previsiones legales pertinentes es efectuada por el Departamento Administrativo de la Función Pública, la Contaduría General de la Nación y la Contraloría General de la República, desde las perspectivas del control interno de gestión, el control interno contable y el control fiscal, respectivamente, al ser efectuada con metodologías y desde enfoques diferentes ha impedido realizar una evaluación integral del control interno y, como lo ha puesto de presente la Comisión Legal de Cuentas de la Cámara de Representantes, en no pocas ocasiones sus resultados están lejos de ser cercanos e inclusive, en ciertos casos, han sido contradictorios.

En función de esa situación, si bien no se puede y no es ese el propósito llegar a una evaluación integrada del control interno, resulta conveniente acercar las escalas de evaluación de manera que los resultados obtenidos puedan ser no solamente agregables, sino comparables entre sí, de manera que la integralidad de la evaluación permita tomar decisiones asertivas de intervención, encaminadas al mejoramiento de la gestión de las entidades de la rama ejecutiva.

Para este propósito, el objeto de esta contribución es presentar una propuesta de acercamiento de las escalas de evaluación y de la comparabilidad de la evaluación del control interno de gestión que verifica el Departamento Administrativo de la Función Pública, con las del control interno contable, que consolida la Contaduría General de la Nación, y el control fiscal interno, que realiza la Contraloría General de la República.

1. Evaluación del control interno contable

La Contaduría General de la Nación ha definido el procedimiento para la evaluación del control interno contable como uno de los procedimientos transversales que fueron incorporados a la estructura del Régimen de Contabilidad Pública, por medio de la Resolución No. 192 del 5 de mayo de 2016 proferida por el contador general de la Nación. Allí se define que el control interno contable

> es el proceso que bajo la responsabilidad del representante legal o máximo directivo de la entidad, así como de los responsables de las áreas financieras y contables, se adelanta en las entidades, con el fin de lograr la existencia y efectividad de los procedimientos de control y verificación de las actividades propias del proceso contable, de modo que garanticen razonablemente que la información financiera cumpla con las características fundamentales de relevancia y representación fiel de que trata el Régimen de Contabilidad Pública.[1]

Y señala a continuación que la evaluación del control interno contable es la medición que se hace del control interno en el proceso contable de una entidad, con el propósito de determinar la existencia de controles y su efectividad para la prevención y neutralización del riesgo asociado a la gestión contable, y de esta manera establecer el grado de confianza que se le puede entregar.

La evaluación del control interno contable comprende una valoración cuantitativa y otra cualitativa. Para los efectos de la evaluación integral que se pretende, interesa detenerse en la valoración cuantitativa; esta se realiza, como sucede con la evaluación del control interno de gestión, mediante el diligenciamiento de un formulario, que para la evaluación del control interno contable está compuesto por 32 preguntas atinentes a la existencia de los controles y 73 interrogantes sobre su efectividad. De acuerdo con la respuesta dada se asigna un valor y de la ponderación de todas las respuestas se determina el resultado de la calificación, de la manera que se muestra en las siguientes tablas.

---

[1] Colombia, Contaduría General de la Nación, "Resolución 192 de 2016", por la cual se incorpora, en la estructura del Régimen de Contabilidad Pública, el elemento Procedimientos Transversales, Bogotá, 5 de mayo de 2016.

Tabla 1. Valoración de la existencia del control interno contable

Existencia	
Respuesta	**Valor**
Sí	0,3
Parcialmente	0,18
No	0,06

Tabla 2. Valoración de la efectividad del control interno contable

Efectividad	
Respuesta	**Valor**
Sí	0,7
Parcialmente	0,42
No	0,14

El porcentaje obtenido se multiplica por 5, de manera que la calificación definitiva oscila entre 1 y 5, en correspondencia con el grado de cumplimiento y efectividad del control interno contable, como se indica en la siguiente tabla.

Tabla 3. Evaluación del control interno contable

Rango	Calificación
De 1,0 a =< 3,0	Deficiente
De 3,0 a =< 4,0	Adecuado
De 4,0 a =< 5,0	Eficiente

De la lectura de las preguntas que conforman el cuestionario se advierte que la evaluación del control interno contable se focaliza en la constatación de la existencia y efectividad de los controles para la prevención y neutralización de aquellos eventos internos y externos que tienen la capacidad de afectar el proceso contable (riesgos contables) y que, como consecuencia de ello, impiden la generación de información financiera con las características fundamentales de relevancia y representación fiel establecidas en el Régimen de Contabilidad Pública.

2. Evaluación del control fiscal interno

Por su parte, para la Contraloría General de la República, a través del modelo de evaluación del control interno, en el desarrollo del proceso auditor se pretende determinar el grado de confianza que se puede depositar en los controles implementados por el ente objeto de control fiscal, para establecer la calificación de su calidad y eficiencia en los términos en que se lo exigen la Constitución y la Ley 42 de 1993.

Para llegar a esa determinación, en la fase de planeación de la auditoría se evalúa el diseño de los controles, mediante la verificación de que: el control identificado prevenga o mitigue los riesgos de la actividad a controlar, que haya una persona responsable de ejecutar el control ajustada al cargo que desempeña, que la periodicidad en la aplicación del control corresponda a la frecuencia de ejecución de las actividades controladas y que el control se encuentre formalizado en políticas y manuales de procedimientos y funciones. Como se advierte, al igual que en la evaluación del control interno contable, la del control fiscal interno también está focalizada en el control de la gestión del riesgo.

Con base en las pruebas de recorrido que se practiquen se determina si el diseño del control es adecuado, parcialmente adecuado o inadecuado, conforme a la siguiente escala numérica (ver tabla 4).

Tabla 4. Valoración de la adecuación del control fiscal interno

Evaluación	Criterios	Calificación
Adecuado	El diseño cumple con los cuatro criterios.	1
Parcialmente adecuado	El diseño es apropiado pero no cumple algún otro de los criterios.	2
Inadecuado	El diseño no es apropiado o no cumple con ninguno de los criterios.	3

En la fase de ejecución se practican pruebas de cumplimiento para determinar la efectividad de los controles, al verificar la existencia de evidencia de que el control implementado está siendo utilizado, que el control examinado prevenga o mitigue los riesgos y que no se determinen hallazgos de auditoría asociados a ese control.

Con base en las pruebas que se practiquen se determina la efectividad de los controles, conforme a la escala numérica descrita enn la siguiente tabla.

Tabla 5. Valoración de la efectividad del control fiscal interno

Evaluación	Criterios	Calificación
Efectivo	Cumple con los tres criterios.	1
Con deficiencias	Incumple uno de los criterios.	2
Inefectivo	Incumple todos los criterios.	3

La evaluación de la calidad y eficiencia de los controles se determina de acuerdo con el puntaje asignado al diseño y a la efectividad, con una ponderación del 30 % y el 70 % sobre el total, de manera que las calificaciones finales pueden oscilar entre 1, cuando el control es adecuado y efectivo, y 3, cuando el control es inadecuado e inefectivo. Esto genera los siguientes rangos posibles (tabla 6):

Tabla 6. Evaluación del control fiscal interno

Rangos	Concepto
De 1,0 a <1,5	Eficiente
De =>1,5 a <2,0	Con deficiencias
De =>2,0 a 3,0	Ineficiente

3. Evaluación del control interno de gestión

Para la evaluación del control interno de gestión, corresponde al respectivo jefe de la Oficina de Control Interno elaborar el Informe Ejecutivo Anual de Evaluación del Sistema de Control Interno, bajo los parámetros definidos por el Consejo Asesor del Gobierno Nacional, en cumplimiento de lo previsto en los Decretos 2145 de 1999 y 153 de 2007.

La evaluación es realizada mediante el diligenciamiento de la encuesta MECI y el análisis cualitativo,[2] metodología igual a la que se aplica para la evaluación del control interno contable. Para responder las preguntas del

[2] Sobre la caracterización del MECI en Colombia, véase Departamento Administrativo de la Función Pública, "Manual Técnico del Modelo Estándar de Control Interno para el Estado Colombiano", 2014, recuperado de http://www.funcionpublica.gov.co/documents/418537/506911/Manual+T%C3%A9cnico+del+Modelo+Est%C3%A1ndar+de+Control+Interno+para+el+Estado+Colombiano+MECI+2014/065a3838-cc9f-4eeb-a308-21b2a7a040bd

cuestionario y realizar el análisis cualitativo el jefe de la Oficina de Control Interno debe recopilar toda la información o evidencia relevante relacionada con la gestión del sistema de control interno en la vigencia, proveniente de informes de auditorías internas y externas, resultados de actividades de autoevaluación, informes de gestión de los procesos, resultados de indicadores, informes presentados por la oficina de control interno e información financiera y contable.

El cuestionario de autoevaluación del control interno, a través de la consolidación de las respuestas a las preguntas que conforman sus componentes propios, busca medir el grado de madurez del sistema, a nivel de entidad y de sector, para lo cual se indaga por aspectos atinentes a: entorno de control, información y comunicación, direccionamiento estratégico, administración de riesgos y seguimiento.[3]

En el componente de entorno de control (40 preguntas) se analizan los aspectos básicos que facilitarán la implantación del modelo de control, como son: el compromiso de la alta dirección, los lineamientos éticos, las políticas para el desarrollo del talento humano y aquellos lineamientos básicos para el direccionamiento estratégico de la entidad (misión, visión y objetivos institucionales).

En el componente de información y comunicación (64 preguntas) se analizan los aspectos requeridos para el manejo de la información tanto interna como externa, entre ellos la identificación básica de usuarios (internos y externos), fuentes de información, los mecanismos y sistemas de información que permiten su gestión. Así mismo se verifican los lineamientos relacionados con la política de transparencia y rendición de cuentas.

En el componente de direccionamiento estratégico (64 preguntas) se analiza el modelo de operación por procesos en toda su complejidad (análisis de necesidades de usuarios, procedimientos, indicadores, acciones correctivas y preventivas), como base fundamental para el desarrollo de los planes, programas y proyectos de la entidad.

---

[3] Estos elementos corresponden al enfoque del control del modelo COSO. Sobre la correspondencia entre este modelo y el control interno en la gestión pública, véase OLACEFS, *El control interno desde la perspectiva del enfoque COSO —su aplicación y evaluación en el sector público—* (Giz, 2015), recuperado de http://www.olacefs.com/wp-content/uploads/2016/03/15.pdf

En el componente de administración del riesgo (44 preguntas) se analiza cada uno de los elementos que desarrollan y facilitan la gestión del riesgo en todos los niveles de la entidad.

En el componente de seguimiento (43 preguntas) se analizan los procesos de evaluación y seguimiento implementados por la entidad. Incluye el seguimiento realizado por parte de los líderes de los procesos, la evaluación independiente realizada por parte de la Oficina de Control Interno y los procesos auditores llevados a cabo por parte de los organismos de control. Se evalúa la implementación y efectividad de los planes de mejoramiento (institucional, por procesos e individual).

Las preguntas que conforman el cuestionario son de cumplimiento (sí o no), frecuencia, calificación y cobertura. En función de su ponderación se valora el control interno de gestión de la manera que se especifica en la siguiente tabla.

Tabla 7. Valoración de la autoevaluación del control interno

Rango	Valoración	Concepto
0-10	Inicial	La entidad conoce de forma incipiente la estructura del MECI.
11-35	Básico	La entidad aplica el MECI de manera primaria.
36-65	Intermedio	La entidad aplica el MECI de forma más estructurada.
66-90	Satisfactorio	La entidad cumple de forma completa y bien estructurada con la aplicación del MECI.
91-100	Avanzado	La entidad gestiona el MECI de forma continua y sistemática.

4. Integralidad de la evaluación del control interno

Para que los resultados de las evaluaciones de los tres sistemas puedan ser comparables es necesario que las variables que ellos miden también lo sean, por lo cual, aunque los objetivos de las evaluaciones sean diferentes entre sí, dada su proximidad conceptual, derivada de que en los tres casos se examina el mismo objeto, resultaría conveniente reformular la encuesta de autoevaluación, que hoy es el instrumento principal con que cuenta el Departamento Administrativo de la Función Pública —DAFP— para producir la calificación del control interno de gestión.

En esa medida, la evaluación del grado de madurez del control interno debería proveer información acerca del establecimiento, mantenimiento y aseguramiento por parte de los procesos de administración y control de la entidad de la confiabilidad e integridad de la información financiera, contable y operativa, la realización eficiente y el logro de resultados eficaces de las operaciones, la protección de los activos y el cumplimiento de las leyes, regulaciones y requerimientos contractuales de las acciones y decisiones de la entidad.

Para lograr ese objetivo, la evaluación del control interno debería asumirse como la constatación de la implementación y aplicación de las acciones de control para la mitigación o neutralización de sus factores de riesgo, y en función de esa aproximación se tendría que reenfocar la manera de evaluar los distintos ámbitos abordados en el cuestionario.[4] En esa medida se propone evaluar la existencia y efectividad de los mecanismos o actividades dirigidos a reducir, transferir, compartir o asumir aquellos eventos que puedan inhibir o impedir el logro de los objetivos de la dirección, planeación, organización, ejecución y evaluación de la gestión de la respectiva entidad.

De acuerdo con las consideraciones anteriores, se propone replantear el enfoque del cuestionario, de manera que las preguntas estén dirigidas a evaluar la existencia y operación de los elementos de control interno y a determinar la evidencia que soporte el cumplimiento de ambas condiciones, de tal modo que frente a cada pregunta se seleccione el grado de cumplimiento en el que se encuentra la implementación del elemento de control interno. Algunos ejemplos de las preguntas que podrían formularse son los siguientes.

- ¿La misión, visión, objetivos y metas de la entidad existen y están alineados con el Plan Nacional de Desarrollo y con los planes y programas sectoriales?

---

[4] Un ejemplo de este cambio de enfoque se encuentra en el caso mexicano. Al respecto, pueden consultarse: México, Secretaría de la Función Pública, "Guía para la elaboración del informe anual del estado que guarda el sistema de control interno institucional", 2007, recuperado de http://www.conasami.gob.mx/pdf/oic/Normas%20Generales%20de%20Control%20Interno.pdf y México, Auditoría Superior de la Federación, "Modelo de Evaluación de Control Interno en la Administración Pública Estatal", recuperado de http://www.asf.gob.mx/uploads/182_Metodologias_para_la_Evaluacion/Modelo_de_Control_Interno_en_la_Administracion_Publica_Estatal.pdf

- ¿Se efectúa la planeación estratégica institucional como un proceso sistemático con mecanismos de control y seguimiento, que proporcionen periódicamente información relevante y confiable para la toma oportuna de decisiones?
- ¿Los manuales, guías e instructivos de funciones, procesos y procedimientos están alineados con los objetivos y las metas institucionales con base en la estructura organizacional definida y las facultades y obligaciones establecidas en las leyes, reglamentos y políticas?
- ¿Se cuenta con políticas, lineamientos o criterios aplicables para la elaboración de informes sobre el avance en el cumplimiento de los objetivos y las metas del plan estratégico institucional?
- ¿Se implementan programas de capacitación y actualización para desarrollar y fortalecer las competencias de los servidores públicos de la entidad en materia de control interno, riesgos, cultura de la legalidad, ética e integridad?
- ¿Se difunden a todas las dependencias de la entidad las obligaciones de cumplir con sus responsabilidades respecto al sistema de control interno institucional y a la administración de riesgos en cada uno de los procesos?
- ¿Se tiene establecida una metodología institucional para realizar la administración de riesgos, de conformidad con los lineamientos fijados en el Manual Técnico del Modelo Estándar de Control Interno?
- ¿Los riesgos están identificados en función de los objetivos y las metas del plan estratégico institucional?
- ¿Se tiene establecido un procedimiento para identificar los riesgos de corrupción que puedan afectar a la entidad?
- ¿Se aplica la metodología establecida institucionalmente sobre identificación, evaluación, atención y seguimiento de los riesgos de cada proceso?
- ¿En los procesos se tienen identificados y formalmente documentados los riesgos que pueden afectar el logro de los objetivos y las metas institucionales?
- ¿Se identifican los factores internos y externos (de orden social, político, económico, legal, financiero, tecnológico o ambiental)

que pueden aumentar el impacto o la probabilidad de los riesgos identificados en los procesos?

- ¿Se identifican y evalúan en los procesos los cambios internos (administración, personal, filosofía de dirección) y externos (ambiente regulatorio, factores económicos o físicos) que puedan impactar en la identificación de riesgos y en el sistema de control interno institucional?
- ¿Se tiene establecido formalmente un procedimiento por el cual se asignen las responsabilidades para la mitigación y administración de riesgos por parte de quienes operan los procesos?
- ¿Existe un procedimiento formal que establezca la obligación de los responsables de las áreas que intervienen en los procesos de implantar un programa de administración de riesgos?
- ¿Se aplican acciones específicas para identificar y reducir los riesgos de corrupción inherentes a las operaciones de los procesos que puedan afectar a la entidad?
- ¿Se desarrollan actividades de control que ayuden a reducir los riesgos de los procesos con base en el uso de TIC?
- ¿Las actividades de control interno atienden y mitigan los riesgos de los procesos, son comunicadas y ejecutadas por los servidores públicos facultados para realizarlas?
- ¿Se encuentran definidas claramente las actividades de control interno en cada proceso para cumplir con las metas de ejecución operativa y presupuestal en cada período?
- ¿Se tienen en operación los instrumentos y mecanismos que miden el avance y los resultados de cada proceso, y con base en ellos se establecen las variaciones en el cumplimiento de los objetivos y las metas institucionales?
- ¿Se tienen establecidos estándares de calidad en la ejecución de los procesos?
- ¿En los procesos se establecen mecanismos para identificar y atender las causas de las observaciones y hallazgos determinados por las instancias internas y externas de fiscalización para eliminar su recurrencia?
- ¿Se evalúan y actualizan las políticas, los procedimientos, acciones, mecanismos e instrumentos de control en los procesos?

- ¿Los resultados de las auditorías internas y externas se utilizan para retroalimentar a los responsables y mejorar los procesos?
- ¿Se llevan a cabo evaluaciones del control interno por parte de la alta dirección para determinar la suficiencia y efectividad de los controles establecidos?
- ¿La alta dirección analiza y hace seguimiento a los temas relevantes relacionados con el logro de los objetivos y las metas institucionales, el sistema de control interno y la administración de riesgos?
- ¿Los comités internos cumplen con sus funciones en los términos establecidos en las normas que les sean aplicables?
- ¿Existe un plan estratégico institucional de TIC alienado con el plan estratégico institucional, que contenga los recursos financieros, humanos, materiales y tecnológicos requeridos para su desarrollo?
- ¿Se tiene implantado un sistema de información con mecanismos adecuados para el registro y generación de información interna y externa, que sea clara, confiable, oportuna y suficiente, que soporte la operación del control interno?
- ¿Se cuenta con información periódica y relevante de los avances en la ejecución de los acuerdos y compromisos de la gerencia operativa con la alta dirección?
- ¿Se supervisa y evalúa periódicamente el sistema de control interno institucional por parte de los servidores públicos responsables de su ejecución, en sus respectivos niveles y ámbitos de competencia, a fin de mantener y elevar su eficacia y eficiencia?
- ¿Las debilidades del sistema de control interno institucional identificadas en su evaluación su utilizan para su retroalimentación, y se atienden con diligencia y prioridad las de mayor importancia?
- ¿El sistema de control interno verifica y da atención oportuna a las recomendaciones de los órganos externos de fiscalización o vigilancia y control?
- ¿Se aplican actividades de control efectivas para atender los riesgos de los procesos, tales como registros, autorizaciones, verificaciones, conciliaciones, revisiones, resguardo de archivos, bitácoras de control, alertas o bloqueos de sistemas?

Cada pregunta sería respondida con una calificación entre 0 y 5, de acuerdo con la siguiente escala (ver tabla 8) que, de manera uniforme, refleja el grado de madurez del elemento de control que está evaluando:

Tabla 8. Valoración del control interno de gestión

Valoración	Calificación	Concepto
Inexistente	0	Las condiciones del elemento de control no existen.
Inicial	1	Las condiciones del elemento de control están definidas pero no formalizadas.
Básico	2	Las condiciones del elemento de control están documentadas.
Intermedio	3	Las condiciones del elemento de control están operando y existe evidencia documental de su cumplimiento.
Satisfactorio	4	Las condiciones del elemento de control están operando y existe evidencia documental de su eficacia y eficiencia.
Avanzado	5	Las condiciones del elemento de control están operando en un proceso institucionalizado de mejora continua y existe evidencia documental de instancias evaluadoras de su eficacia y eficiencia.

La evaluación del control interno de gestión resultaría de promediar la calificación de todas las preguntas, de modo que el resultado facilite una lectura comparativa con los resultados y conceptos que son medidos en las evaluaciones del control interno contable y del control fiscal interno, de la manera que se describe en la siguiente tabla.

Tabla 9. Evaluación del control interno de gestión

Rango	Evaluación
De 0 a < 3	Inefectivo
De =>3 a < 4	Insuficiente
De =>4 a 5	Efectivo

Algunos ejemplos, tomados del resultado del índice de madurez de la vigencia 2015, indican la equivalencia que este índice tendría con la escala de evaluación propuesta (ver tabla 10).

Tabla 10. Equivalencia entre el índice de madurez del MECI y la evaluación del control interno de gestión

Sector	Entidad	Indicador de madurez MECI	Adecuación a la propuesta	Calificación
Trabajo	Unidad Administrativa Especial del Servicio Público de Empleo	46	2,30	Inefectivo
	Unidad Administrativa Especial de Organizaciones Solidarias	94,95	4,74	Efectivo
	Superintendencia del Subsidio Familiar	92,7	4.13	Efectivo
	Servicio Nacional de Aprendizaje	88,1	4,40	Efectivo
	Ministerio del Trabajo	74,95	3,79	Insuficiente
	Administradora Colombiana de Pensiones	76, 4	3,82	Insuficiente
Inclusión social y reconciliación	Unidad de Atención y Reparación Integral a las Víctimas	67,4	3,37	Insuficiente
	Instituto Colombiano de Bienestar Familiar	67,8	3,39	Insuficiente
	Departamento Administrativo para la Prosperidad Social	83,6	4,18	Efectivo
	Centro de Memoria Histórica	57,15	2,85	Inefectivo

De esta manera, se tendrían tres modelos de evaluación que permitirían presentar una evaluación integrada del control interno en escalas que facilitan la comparación, sin que se pierda la identidad y especificidad predicable de cada sistema (ver tabla 11).

Tabla 11. Evaluación integrada del control interno

Sistema	Rango	Calificación
Control interno contable	De 1,0 a =< 3,0	Deficiente
	De 3,0 a =< 4,0	Adecuado
	De 4,0 a =< 5,0	Eficiente
Control fiscal interno	De 1,0 a <1,5	Eficiente
	De =>1,5 a <2,0	Con deficiencias
	De =>2,0 a 3,0	Ineficiente
Control interno de gestión	De 0 a < 3,0	Inefectivo
	De =>3,0 a < 4,0	Insuficiente
	De =>4,0 a 5,0	Efectivo

A partir de los resultados generados por los tres sistemas de control se puede establecer una valoración integrada por la comparación de los resultados, que muestre la necesidad de generar medidas de intervención desde el control administrativo de tutela (ver tabla 12).

Tabla 12. Valoración comparativa de la evaluación integrada del control interno

Control contable	Control fiscal	Control de gestión
Eficiente	Eficiente	Efectivo
Eficiente	Eficiente	Insuficiente
Eficiente	Eficiente	Inefectivo
Eficiente	Con deficiencias	Efectivo
Eficiente	Con deficiencias	Insuficiente
Eficiente	Con deficiencias	Inefectivo
Eficiente	Ineficiente	Efectivo
Eficiente	Ineficiente	Insuficiente
Eficiente	Ineficiente	Inefectivo
Adecuado	Eficiente	Efectivo
Adecuado	Eficiente	Insuficiente
Adecuado	Eficiente	Inefectivo
Adecuado	Con deficiencias	Efectivo
Adecuado	Con deficiencias	Insuficiente
Adecuado	Con deficiencias	Inefectivo
Adecuado	Ineficiente	Efectivo
Adecuado	Ineficiente	Insuficiente
Adecuado	Ineficiente	Inefectivo
Deficiente	Eficiente	Efectivo
Deficiente	Eficiente	Insuficiente
Deficiente	Eficiente	Inefectivo
Deficiente	Con deficiencias	Efectivo
Deficiente	Con deficiencias	Insuficiente
Deficiente	Con deficiencias	Inefectivo

Continúa

Control contable	Control fiscal	Control de gestión
Deficiente	Ineficiente	Efectivo
Deficiente	Ineficiente	Insuficiente
Deficiente	Ineficiente	Inefectivo

En función de las combinaciones posibles se determinaría el grado de criticidad de la entidad respectiva (ver tabla 13) y las consiguientes medidas de intervención a que haya lugar, incluyendo decisiones de raíz que pudieran llegar a tomarse por parte del presidente de la República como suprema autoridad administrativa.

Tabla 13. Grado de criticidad institucional en función del resultado de la evaluación integrada del control interno

Calificación 1	Calificación 2	Calificación 3	Criticidad
Alta	Alta	Alta	Baja
Alta	Alta	Media	Baja
Alta	Alta	Baja	Media baja
Alta	Media	Media	Media baja
Alta	Baja	Baja	Media baja
Alta	Media	Baja	Media
Media	Media	Media	Media
Media	Media	Baja	Media
Media	Baja	Baja	Alta
Baja	Baja	Baja	Alta

Finalmente, es de anotar que la evaluación del control interno de gestión, al estar fundamentada en la autoevaluación que la entidad realiza, aún si la lleva a cabo el jefe de la Oficina de Control Interno, que es designado por el presidente de la República, tiene el riesgo de la falta de contrastación de la confiabilidad de las respuestas suministradas, por lo cual habría que pensar en un mecanismo de verificación.

Para neutralizar este riesgo, derivado de la falta de autonomía de las oficinas de control interno, se propone establecer un instrumento de contrastación, mediante el ejercicio del control de tutela por parte del órgano principal del sector correspondiente, anterior al envío del informe ejecutivo anual.

En relación con los informes elaborados por los órganos principales de la Administración, la revisión, a través del mecanismo que se llegue a determinar, estaría a cargo del Departamento Administrativo de la Función Pública, en función de sus competencias legales y reglamentarias como organismo rector del Sistema Nacional de Control Interno.

Ahora bien, para evitar el mismo riesgo, en el caso de los informes generados por el Departamento Administrativo de la Función Pública, su revisión tendría que estar a cargo del presidente de la República, quien, en función de la estructura actual de la Presidencia de la República, podría asignar esta función a la Secretaría de Transparencia.

El instrumento que se propone para llevar a cabo la contrastación de la confiabilidad de la autoevaluación del control interno de gestión, mediante el ejercicio del control de tutela, consiste en realizar una evaluación de la calidad de los hallazgos de auditoría contenidos en los informes de las auditorías practicadas por las oficinas de control interno.

Los hallazgos de auditoría son un producto generado durante la ejecución del proceso auditor que adelantan las entidades de fiscalización sobre la gestión de los sujetos auditados; estos evidencian el alcance de la función fiscalizadora sobre la hacienda pública que se realiza a través de las auditorías. En términos generales, existe una aproximación conceptual muy similar en los diferentes regímenes sobre la noción de hallazgo de auditoría.

Así, por ejemplo, en el caso argentino,[5] se denomina hallazgo de auditoría al resultado de la comparación que se realiza entre un criterio y la situación actual revelada durante el examen a un área, actividad u operación. Es toda información que a juicio del auditor le permite identificar hechos o circunstancias importantes que inciden en la gestión de la entidad, programa o proyecto bajo examen y que merecen ser comunicados en el informe.

El Manual de Auditoría Gubernamental de Perú[6] considera que el hallazgo es el resultado de la comparación realizada entre un criterio y la

[5] Universidad de Buenos Aires, "Manual de Procedimientos de Auditoría Interna", 2015, recuperado de http://www.uba.ar/download/institucional/informes/manual.pdf

[6] O. Fonseca Luna, *Auditoría Gubernamental Moderna* (Lima: Instituto de Investigación en Accountability y Control IICO, 2007), 378.

situación actual encontrada durante el examen a un área, actividad u operación y, por lo tanto, comprende toda información que a juicio del auditor permita identificar hechos o circunstancias importantes que inciden en la gestión de recursos en la entidad, programa o proyecto bajo examen y que merecen ser comunicados a los funcionarios y servidores facultados de la entidades.

De manera sintética, la norma ISO 9000:2000 definió los hallazgos de auditoría como los resultados de la evaluación de la evidencia de la auditoría recopilada frente a los criterios de auditoría.[7] Esta definición fue reiterada por la norma ISO/CD.3 19011.[8]

La Guía de Auditoría de la Contraloría General de la República de Colombia[9] indica que el hallazgo de auditoría es un hecho relevante que se constituye en un resultado determinante en la evaluación de un asunto en particular, al comparar la condición (situación detectada) con el criterio (deber ser), que se determina al aplicar pruebas de auditoría y se complementa estableciendo sus causas y efectos.

En síntesis, y siguiendo a Araya Navarro,[10] los hallazgos de auditoría son aquellas situaciones críticas que revisten importancia relativa para la actividad u operación objeto de examen del auditor, que requieren ser documentadas y debidamente comprobadas, que van a ser de utilidad para exponer o emitir criterio, en el respectivo documento o informe de auditoría.

Se estima apropiado el instrumento que se ha sugerido, porque la construcción y validación de los hallazgos evidencia el resultado de la planeación, ejecución e informe de la evaluación independiente del sistema de control interno de la entidad, que es realizada por las oficinas de control interno a través de la ejecución de procesos de auditoría.

---

7 J. Cervera, *La transición a las nuevas ISO 9000:2000 y su implantación* (Madrid: Ediciones Díaz de Santos, 2001), 72.

8 J. P. Rusell, Generating audit findings and conclusions, 2006, recuperado de http://asq.org/quality-progress/2006/12/standards-outlook/generating-audit-findings-and-conclusions.html

9 Colombia, Contraloría General de la República, "Resolución Orgánica No. 6368", 22 de agosto de 2011, recuperada de https://www.minagricultura.gov.co/Normatividad/Resoluciones/Resoluci%C3%B3n%20%206368%20de%20%202011.pdf

10 J. D. Araya Navarro, "Los Hallazgos de Auditoría Interna en el Sector Público", *Boletín No. 007, Instituto de Auditores Internos de Costa Rica*, recuperado de http://www.iaicr.com/boletin/boletin07/hallazgos_auditoria_interna.pdf

Con esta finalidad, se propone aplicar una matriz con preguntas de respuesta si o no, cuyo contenido permita determinar la satisfacción por parte de un hallazgo de auditoría de sus elementos constitutivos en función del agotamiento de las etapas para su configuración y validación técnica. La matriz sería la que se muestra en la tabla siguiente:

Tabla 14. Matriz de evaluación de la calidad de los hallazgos de auditoría

Indicador	Respuesta	
	Sí	No
¿El hallazgo presenta de manera diferenciada la condición, el criterio y la deficiencia establecida a partir de la comparación de la una con el otro?		
¿El hallazgo establece los motivos por los cuales se presenta la condición y no se cumple con el criterio?		
¿El hallazgo establece los resultados adversos, reales o potenciales, que se derivan de la condición encontrada?		
¿El hallazgo identifica y expone, en términos cuantitativos, sus efectos, que permitan demostrar su importancia, en función de la recurrencia de la condición o su naturaleza, magnitud o riesgo potencial, con fundamento en las evidencias obtenidas?		
¿El hallazgo identifica los responsables de la ejecución de las operaciones, incluyendo los niveles de revisión o aprobación, señalando la fuente que permite efectuar la atribución causal de la responsabilidad?		
¿El hallazgo evalúa la respuesta dada por el auditado y justifica argumentativamente la decisión de confirmar la observación?		

En función de la evaluación realizada, si la valoración de la calidad de los hallazgos es baja, ello constituirá un elemento de juicio para que haya una baja confiabilidad en la información reportada en la encuesta de autoevaluación, por lo cual será necesario complementar con evidencias documentales para determinar si lo reportado en el informe ejecutivo anual es consistente con la realidad.

Conclusiones

La vigencia del Estado de derecho, como modelo de organización política de la sociedad contemporánea, se trata de garantizar con el establecimiento de controles sobre las actuaciones de las autoridades públicas. Dentro de ellos, el control interno permite anticipar y corregir de manera oportuna las desviaciones y disfunciones en su gestión; no obstante, al ser un ejercicio auto-referencial, para poder lograr su objetivo es menester que instancias externas lo evalúen periódicamente.

En el diseño institucional colombiano, esa evaluación se realiza desde tres perspectivas distintas por parte de órganos diferentes: la Contaduría General de la Nación mide el control interno contable, el Departamento Administrativo de la Función Pública lo hace con el control interno de gestión y la Contraloría General de la República evalúa el control fiscal interno. En la medida en que cada evaluación se hace con escalas diferentes, sus resultados no son comparables y por ello no se puede contar con una evaluación integral del control interno, que permita tomar decisiones de intervención dirigidas al mejoramiento de la gestión de las entidades de la rama ejecutiva.

Atendiendo a la conveniencia de contar con un instrumento de comparabilidad de las evaluaciones parciales sobre el control interno, se elaboró una propuesta que acerca las tres escalas de medición, por medio de un reenfoque metodológico de la evaluación del control interno de gestión, centrada en la constatación de la implementación y aplicación de las acciones de control para la mitigación o neutralización de sus factores de riesgo, y un cambio en su escala valorativa, que pasa de un rango de 0 a 100 con cinco valoraciones a un rango de 0 a 5 con tres valoraciones.

De esta manera las tres evaluaciones serían comparables entre sí y se podría establecer una valoración integrada por la comparación de sus resultados, que muestre la necesidad de generar medidas de intervención desde el control administrativo de tutela. En función de las combinaciones posibles se determinaría el grado de criticidad de la respectiva entidad y las consiguientes medidas de intervención a que hubiera lugar, incluyendo decisiones de raíz que pudieran llegar a ser tomadas por el presidente de la República como suprema autoridad administrativa.

Obras citadas

Araya Navarro, J. D. "Los Hallazgos de Auditoría Interna en el Sector Público". *Boletín No. 007, Instituto de Auditores Internos de Costa Rica*. Recuperado de http://www.iaicr.com/boletin/boletin07/hallazgos_auditoria_interna.pdf

Cervera, J. *La transición a las nuevas ISO 9000:2000 y su implantación*. Madrid: Ediciones Díaz de Santos, 2001.

Colombia. "Constitución Política de Colombia". 7 de julio de 1991.

Colombia, Congreso de la República. "Ley 42 de 1993", sobre la organización del sistema de control fiscal financiero y los organismos que lo ejercen. Bogotá, Diario Oficial 40732, 27 de enero de 1993. Recuperada de: http://www.alcaldiabogota.gov.co/sisjur/normas/Norma1.jsp?i=289

Colombia, Contaduría General de la Nación. "Procedimiento para la evaluación del control interno contable". Recuperado de http://www.incp.org.co/Site/2016/info/archivos/procedimiento-para-la-evaluacion-del-control-interno-contable-contraloria.pdf

Colombia. Contraloría General de la República. "Resolución Orgánica No. 6368". 22 de agosto de 2011. Recuperada de https://www.minagricultura.gov.co/Normatividad/Resoluciones/Resoluci%C3%B3n%20%206368%20de%20%202011.pdf

Colombia, Presidencia de la República. "Decreto 2145 de 1999", por el cual se dictan normas sobre el Sistema Nacional de Control Interno de las Entidades y Organismos de la Administración Pública del Orden Nacional y Territorial y se dictan otras disposiciones. Bogotá, Diario Oficial 43773, 4 de noviembre de 1999. Recuperado de: http://www.alcaldiabogota.gov.co/sisjur/normas/Norma1.jsp?i=1209

______. "Decreto 153 de 2007", por el cual se modifica la fecha de entrega del Informe Ejecutivo Anual de Evaluación del Sistema de Control Interno. Bogotá, Diario Oficial 46521, 24 de enero de 2007. Recuperado de: http://www.alcaldiabogota.gov.co/sisjur/normas/Norma1.jsp?i=22963

Departamento Administrativo de la Función Pública. "Manual Técnico del Modelo Estándar de Control Interno para el Estado Colombiano". 2014. Recuperado de http://www.funcionpublica.gov.co/documents/418537/506911/Manual+T%C3%A9cnico+del+Modelo+Est%C3%A1ndar+de+Control+Interno+para+el+Estado+Colombiano+MECI+2014/065a3838-cc9f-4eeb-a308-21b2a7a040bd

Fonseca Luna, O. *Auditoría Gubernamental Moderna*. Lima: Instituto de Investigación en Accountability y Control IICO, 2007.

México, Secretaría de la Función Pública. "Guía para la elaboración del informe anual del estado que guarda el sistema de control interno institucional", 2007. Recuperado de http://www.conasami.gob.mx/pdf/oic/Normas%20Generales%20de%20Control%20Interno.pdf

México, Auditoría Superior de la Federación. "Modelo de Evaluación de Control Interno en la Administración Pública Estatal". Recuperado de http://

www.asf.gob.mx/uploads/182_Metodologias_para_la_Evaluacion/Modelo_de_Control_Interno_en_la_Administracion_Publica_Estatal.pdf

OLACEFS. *El control interno desde la perspectiva del enfoque COSO —su aplicación y evaluación en el sector público—*. Giz, 2015. Recuperado de http://www.olacefs.com/wp-content/uploads/2016/03/15.pdf

Rusell, J. P. "Generating audit findings and conclusions". 2006. Recuperado de http://asq.org/quality-progress/2006/12/standards-outlook/generating-audit-findings-and-conclusions.html

Universidad de Buenos Aires. "Manual de Procedimientos de Auditoría Interna". 2015. Recuperado de http://www.uba.ar/download/institucional/informes/manual.pdf

La conciliación contencioso administrativa: entre la discrecionalidad y una voluntad sujeta a imperativos y deberes reglados

Camilo José Orrego Morales*

Sumario: Introducción. 1. La conciliación como mecanismo de resolución de los conflictos económicos entre la Administración y los particulares. 2. Regulación de la decisión administrativa sobre la procedencia o no de la conciliación en materia contencioso administrativa. 3. La buena administración del Estado y la decisión sobre la procedencia o no de la conciliación judicial o extrajudicial por parte de los entes públicos. Conclusión. Obras citadas.

Introducción

En el presente escrito nos proponemos abrir un diálogo en relación con los límites que tiene la voluntad de la autoridad administrativa a la hora de establecer su ánimo o no conciliatorio para resolver un conflicto, para lo cual presentaremos el marco jurídico de este mecanismo alternativo de resolución de conflictos, la forma y autoridades como tal postura deontológicamente

---

* Camilo José Orrego Morales. Abogado y licenciado en Filosofía y Letras de la Universidad Pontificia Bolivariana de Medellín. Magíster en Derecho Administrativo de la Universidad del Rosario, donde se ha desempeñado como docente de pregrado y postgrado. Doctorando en Derecho Administrativo de la Universidad de Salamanca, donde realizó cursos de especialización en derecho constitucional, administrativo y civil (daños y contratos). Se ha desempeñado como servidor público de la Alcaldía de Bogotá, la Dirección de Impuestos y Aduanas Nacionales, la Agencia Nacional de Defensa Jurídica del Estado y actualmente es el procurador primero delegado para la Contratación Estatal.

debe formarse, y cómo la misma trasiega los terrenos de una voluntad pública reglada. Lo cual desde la óptica procesal que diseñó la conciliación como mecanismo alternativo de resolución de conflictos entraría en aparente conflicto con la libertad dispositiva que tienen las partes para llegar o no a un acuerdo conciliatorio.

1. La conciliación como mecanismo de resolución de los conflictos económicos entre la Administración y los particulares

La doctrina procesal ha consagrado la conciliación dentro de los diferentes mecanismos procesales y extraprocesales que permiten la composición, resolución o disolución de un conflicto entre dos partes, que pueden ser personas naturales o jurídicas, de carácter público o privado.

En tal sentido, el artículo 64 de la Ley 446 de 1998 definió la conciliación como un "mecanismo de resolución de conflictos a través del cual, dos o más personas gestionan por sí mismas la solución de sus diferencias, con la ayuda de un tercero neutral y calificado, denominado conciliador",[1] teniendo las partes libertad para conciliar o no (libertad dispositiva).[2]

Desde este horizonte, a la conciliación, indistintamente de si sucede en un escenario extrajudicial o judicial, se le ha concebido como una forma híbrida de composición de un conflicto junto con la amigable composición y la mediación,[3] estableciendo frente a la primera de ellas que acontece ante una autoridad que ejerce,[4] en tal contexto, una función pública denominada Administración de Justicia y que le impone como carga velar porque el

---

1 Colombia, Congreso de la República, "Ley 446 de 1998", por la cual se adoptan como legislación permanente algunas normas del Decreto 2651 de 1991, se modifican algunas del Código de Procedimiento Civil, se derogan otras de la Ley 23 de 1991 y del Decreto 2279 de 1989, se modifican y expiden normas del Código Contencioso Administrativo y se dictan otras disposiciones sobre descongestión, eficiencia y acceso a la justicia, Bogotá, Diario Oficial 43335, 7 de julio de 1998.

2 Entre otras, las sentencias: Colombia, Corte Constitucional, "Sentencia C-598 de 2011", 10 de agosto de 2011. Magistrado ponente: Jorge Ignacio Pretelt Chaljub, y Colombia, Corte Constitucional, "Sentencia C-1195 de 2001", 15 de noviembre de 2001. Magistrados ponentes: Manuel José Cepeda Espinosa y Marco Gerardo Monroy Cabra.

3 Beatriz Quintero y Eugenio Prieto, *Teoría General del Proceso* (Bogotá, Editorial Temis, 2000), 8.

4 La conciliación, como veremos, puede acontecer, conforme con la regulación legal, ante un particular o un órgano público, que independientemente de ello tendrá el carácter de autoridad.

acuerdo esté acorde con el ordenamiento jurídico y que además, para el caso de los entes públicos, el mismo no lesione el patrimonio público.

En efecto, el inciso tercero del artículo 116 de la Constitución Política consagra que "los particulares pueden ser investidos transitoriamente de la función de administrar justicia en la condición de... conciliadores ...en los términos que determine la ley",[5] condición que debe ser armonizada con lo preceptuado en el artículo 228 que establece, entre otros principios, el carácter público de dicha función, la independencia de las decisiones que adoptan las autoridades que la ejercen, la prevalencia del derecho sustancial en sus decisiones y su funcionamiento desconcentrado y autónomo.

Postulados que tienen adicionalmente una conexión directa con el derecho fundamental que tiene toda persona de acceder a la Administración de Justicia, conforme con lo preceptuado por el artículo 229,[6] y el deber de promoción que de dicho derecho y de la tutela judicial efectiva se radicó en cabeza del Gobierno y de las máximas autoridades de la rama judicial de acuerdo con lo señalado en el inciso primero del artículo 254 del Estatuto Superior, modificado por el artículo 15 del Acto Legislativo 2 de 2015.[7]

Del ordenamiento constitucional también es importante traer a colación que la Ley 270 de 1996 estipuló que la Administración de Justicia "es la parte de la función pública que cumple el Estado encargada por la Constitución Política y la ley de hacer efectivos los derechos, obligaciones, garantías y libertades consagrados en ellas, con el fin de realizar la convivencia social y lograr y mantener la concordia nacional".[8]

Partiendo de tales postulados, procederemos a analizar las siguientes disposiciones legales que han regulado la conciliación contencioso-administrativa,[9] como mecanismo de solución de los conflictos.

---

[5] Colombia, "Constitución Política de Colombia", 7 de julio de 1991.

[6] Ibid.

[7] Colombia, Congreso de la República, "Acto Legislativo 2 de 2015", por medio del cual se adopta una reforma de equilibrio de poderes y reajuste institucional y se dictan otras disposiciones, Bogotá, Diario Oficial 49560, 1 de julio de 2015.

[8] Colombia, Congreso de la República, "Ley 270 de 1996", Estatutaria de la Administración de Justicia, Bogotá, Diario Oficial 42745, 15 de marzo de 1996.

[9] La Corte Constitucional en relación con la naturaleza de la conciliación expresó lo siguiente: "La conciliación es una institución en virtud de la cual se persigue un interés público, mediante la solución negociada de un conflicto jurídico entre partes, con la intervención de un funcionario esta-

Ahora bien, dentro de la primigenia regulación como mecanismo de solución de conflictos, la conciliación la encontramos dentro de la regulación de las potestades de intervención del Ministerio Público en el Decreto 1 de 1984,[10] (artículo 127 modificado por el artículo 19 del Decreto 2304 de 1989,[11] modificado por el artículo 35 de la Ley 446 de 1998)[12] y dentro de la regulación de la efectividad de las condenas contra las entidades públicas (artículo 177) y la regulación del recurso de apelación, cuando señalaba la procedencia de dicho medio de contradicción en contra de los autos que aprueben las conciliaciones judiciales o prejudiciales (artículo 181 modificado por el artículo 57 de la Ley 446 de 1998).[13]

Por su parte, la Ley 23 de 1991,[14] en sus artículos 59 y siguientes, modificados, entre otros, por el artículo 70 de la Ley 446 de 1998, reglamentó la conciliación como una forma de solución de conflictos de carácter particular y de contenido patrimonial, que normalmente se tramitarían mediante el ejercicio de las acciones de nulidad y el restablecimiento del derecho de

---

tal, perteneciente a la rama judicial o a la administración, y excepcionalmente de particulares. Como caracteres esenciales que informan la conciliación se destacan los siguientes: a) Es un instrumento de autocomposición de un conflicto, por la voluntad concertada o el consenso de las partes. (...) b) La conciliación constituye una actividad preventiva, en la medida en que busca la solución del conflicto antes de acudir a la vía procesal o durante el trámite del proceso, en cuyo caso no se llega al resultado final normal de aquél, que es la sentencia. En este último evento, se constituye en una causal de terminación anormal del proceso. c) La conciliación no tiene en estricto sentido el carácter de actividad judicial ni da lugar a un proceso jurisdiccional, porque el conciliador, autoridad administrativa o judicial, o particular, no intervienen para imponer a las partes la solución del conflicto en virtud de una decisión autónoma e innovadora. (...) d) La conciliación es un mecanismo útil para la solución de los conflictos. (...) e) La conciliación tiene un ámbito que se extiende a todos aquellos conflictos susceptibles, en principio, de ser negociados, o en relación con personas cuya capacidad de transacción no se encuentre limitada por el ordenamiento jurídico. (...) f) La conciliación es el resultado de una actuación que se encuentra reglada por el legislador...". Colombia, Corte Constitucional, "Sentencia C-160 de 1999", 17 de marzo de 1999. Magistrado ponente: Antonio Barrera Carbonell.

[10] Colombia, Presidencia de la República, "Decreto 1 de 1984", por el cual se reforma el Código Contencioso Administrativo, Bogotá, Diario Oficial 36439, 2 de enero de 1984.

[11] Colombia, Presidencia de la República, "Decreto 2304 de 1989", por el cual se introducen algunas modificaciones al Código Contencioso Administrativo, Bogotá, Diario Oficial 39013, 7 de octubre de 1989.

[12] Colombia, Congreso de la República, "Ley 446 de 1998".

[13] Ibid.

[14] Colombia, Congreso de la República, "Ley 23 de 1991", por medio de la cual se crean mecanismos para descongestionar los Despachos Judiciales, y se dictan otras disposiciones, Bogotá, Diario Oficial 39752, 21 de marzo de 1991.

reparación directa[15] y de controversias contractuales,[16] excluyendo la posibilidad de que se concilie sobre asuntos que versen sobre conflictos de carácter tributario.

Ahora bien, en el artículo 62 de la citada Ley 23 de 1991, modificado por el artículo 71 de la Ley 446 de 1998, se enfatizó en que, cuando del acuerdo económico se haya creado o haya modificado una situación de carácter particular y concreto o reconocido un derecho de igual categoría, el acta de conciliación equivaldrá al consentimiento expreso y escrito del respectivo titular, para efectos de poder modificar la situación particular y concreta a través de la figura de la revocatoria directa.[17]

Adicionalmente y en relación con el objeto de la presente disertación, el artículo 64 de la citada Ley 23 de 1991 dispuso, desde entonces, lo siguiente, en relación con la conducta y postura conciliatoria de la entidad pública e inclusive en relación con el particular:

> Cuando los representantes de las entidades públicas no concurran a la Audiencia de Conciliación, se abstengan durante ella de presentar propuestas de solución, se nieguen a discutir las formuladas o asuman actitud de rechazo a las posibilidades de acuerdo legítimo, conductas todas que calificará el Fiscal, su actitud constituirá falta disciplinaria de mala conducta y será apreciada en el proceso judicial, si hay lugar al mismo, como indicio grave en contra de la entidad que representan.
>
> Si quien no compareciere, o compareciendo asumiere conductas como las señaladas en el inciso anterior, es el particular, se presumirán ciertos los hechos susceptibles de confesión enumerados por la entidad pública, y la actitud mencionada se tendrá además como indicio grave en contra del particular.[18]

Con lo cual tenemos un primer antecedente que nos permite inferir, en sentido positivo, que es un deber de las autoridades públicas discutir las

---

[15] Colombia, Presidencia de la República, "Decreto 1 de 1984", artículo 85.

[16] Ibid., artículo 86 y 87.

[17] Ibid., artículo 73.

[18] Colombia, Congreso de la República, "Ley 23 de 1991", artículo 64.

fórmulas conciliatorias formuladas y no rechazar las posibilidades de un acuerdo conciliatorio legítimo, deber que en caso de quebrantarse conllevaría una causal disciplinaria de mala conducta y procesalmente como un indicio grave en contra de la entidad pública.

De igual forma, el artículo 64, modificado por el artículo 72 de la Ley 446 de 1998 y posteriormente derogado por el artículo 49 de la Ley 640 de 2001,[19] previó, entre otros aspectos, la revisión judicial del acuerdo conciliatorio celebrado ante el fiscal, hoy procurador judicial, revisión que observaría si lo acordado es legal y no es lesivo para los intereses patrimoniales del Estado.

En materia de contratación estatal, la Ley 80 de 1993, por la cual se expide el Estatuto General de Contratación de la Administración Pública, estableció en materia de conciliación las siguientes disposiciones: a la hora de reglamentar la ocurrencia y contenido de la liquidación de los contratos estatales que en la misma las partes dejarán constancia de los acuerdos y transacciones a que llegaren para poner fin a las divergencias presentadas y poder declararse a paz y salvo. De igual forma, le impuso a las entidades contratantes y a los contratistas el deber de buscar "solucionar en forma ágil, rápida y directa las diferencias y discrepancias surgidas de la actividad contractual (...) [y para tal efecto] al surgir las diferencias acudirán al empleo de los mecanismos de solución de controversias contractuales previstos en esta ley y a la conciliación, amigable composición y transacción".[20]

Empero en relación con dicho deber y en torno a la competencia del juez contencioso administrativo, la Ley 80 de 1993 estableció en el parágrafo 1 del artículo 75 la oportunidad conciliatoria en sede judicial, una vez practicadas las pruebas dentro del proceso.

Oportunidad que, para ese momento, se tramitaría en el proceso contencioso administrativo de conformidad con lo previsto en el artículo 101 del Código de Procedimiento Civil,[21] acotando que la misma debe celebrarse

---

19 Colombia, Congreso de la República, "Ley 640 de 2001", por la cual se modifican normas relativas a la conciliación y se dictan otras disposiciones, Bogotá, Diario Oficial 44303, 5 de enero de 2001.

20 Colombia, Congreso de la República, "Ley 80 de 1993", por la cual se expide el Estatuto General de Contratación de la Administración Pública, Bogotá, 28 de octubre de 1993, artículo 60.

21 Colombia, Presidencia de la República, "Decreto 1400 de 1970", por los cuales se expide el Código de Procedimiento Civil, Bogotá, Diario Oficial 33150, 6 de agosto de 1970. Hoy tendríamos

con personas diferentes de aquellas que intervinieron en la producción de los actos o en las situaciones que provocaron las discrepancias.

Sin embargo, en los parágrafos 2 y 3 del citado artículo 75 se establecieron sanciones de contenido pecuniario cuando ha existido una posición temeraria no conciliatoria por parte de los servidores públicos que intervinieron en las conversaciones correspondientes, que no son otra cosa que el diálogo que las partes deben sostener previo o durante la conciliación para lograr, conforme al tenor de la ley, una solución rápida, ágil y directa de sus diferencias.

> ...En caso de condena en procesos originados en controversias contractuales, el juez, si encuentra la existencia de temeridad en la posición no conciliatoria de alguna de las partes, condenará a la misma o a los servidores públicos que intervinieron en las correspondientes conversaciones, a cancelar multas a favor del Tesoro Nacional de cinco (5) a doscientos (200) salarios mínimos legales mensuales (...)
>
> En los procesos derivados de controversias de naturaleza contractual se condenará en costas a cualquiera de las partes, siempre que se encuentre que se presentó la conducta del parágrafo anterior.[22]

Lo anterior, sin perjuicio de la responsabilidad fiscal que puede conllevar para los citados servidores públicos la mayor onerosidad o agravamiento del daño antijurídico que pudiera generarse por diferir al juez la solución de la controversia.

Ahora bien, posteriormente, con la expedición de la Ley 446 de 1998, en el artículo 75,[23] que introdujo el artículo 65B de la Ley 23 de 1991, se ordenó a las entidades públicas del orden nacional, departamental, distrital y los municipios capital de departamento, entre otras cuestiones ya vistas, la creación de los comités de conciliación, que cumplirían las funciones que determine la ley y sobre los cuales nos referiremos más adelante.

---

que referirnos a la oportunidad conciliatoria prevista en la audiencia inicial de que trata el numeral 8 del artículo 180 de la Ley 1437 de 2011, sin perjuicio de que en cualquier momento del proceso se pueda intentar la conciliación hasta antes de proferirse la sentencia de segunda instancia.

22 Colombia, Congreso de la República, "Ley 80 de 1993", artículo 75.

23 Colombia, Congreso de la República, "Ley 446 de 1998".

Adicionalmente, y como garantía del derecho de acceso a la Administración de Justicia, en el artículo 76,[24] derogado por el artículo 49 de la Ley 640 de 2001, se estatuyó la interrupción de la caducidad de la acción contencioso administrativa mientras dura el trámite conciliatorio.

La Ley 446 de 1998 reguló la oportunidad de la conciliación judicial en materia contencioso administrativa, la cual sería procedente a solicitud de cualquiera de las partes y se celebrará vencido el término probatorio.[25]

No obstante, las partes, de común acuerdo, podrán solicitar su celebración en cualquier estado del proceso e, inclusive, se dispuso que, en segunda instancia la audiencia de conciliación podrá ser promovida por cualquiera de las partes antes de que se profiera el fallo. De igual forma, en el artículo 105, al regularse los efectos de la conciliación administrativa se recaba en su idoneidad para la resolución total o parcial del conflicto.

Por su parte, el Gobierno nacional, mediante el Decreto 1818 de 1998, expidió el Estatuto de los mecanismos alternativos de solución de conflictos, reglamentó la conciliación en materia contencioso administrativa,[26] regulación dentro de la cual destacamos el carácter de cosa juzgada que se le dio al acuerdo conciliatorio y a su aprobación u homologación judicial.[27]

Es importante indicar que, el artículo 58 del Decreto a la hora de reglamentar las sanciones, refirió las mismas no solo a la inasistencia (sancionada con multa) sino a la negativa de discutir las propuestas formuladas, omitiendo de la primigenia regulación de la Ley 23 de 1991 sanciones cuando los autoridades "asuman actitud de rechazo a las posibilidades de acuerdo legítimo".[28]

En los artículos 66 y 67,[29] concordantes con los artículos 104 y 105 de la Ley 446 de 1998, se señaló, en relación con la conciliación judicial, una amplia oportunidad conciliatoria, inclusive en segunda instancia, antes del

---

[24] Ibid., artículo 76.

[25] Ibid., artículo 104.

[26] Colombia, Presidencia de la República, "Decreto 1818 de 1998", por medio del cual se expide el Estatuto de los mecanismos alternativos de solución de conflictos, Bogotá, Diario Oficial 43380, 7 de septiembre de 1998, artículo 56 y ss.

[27] Ibid., artículos 59, 60 y 64.

[28] Colombia, Congreso de la República, "Ley 23 de 1991".

[29] Ibid.

fallo de segunda instancia, y la posibilidad de repetir lo pagado en contra del agente estatal una vez sea debidamente aprobada la conciliación y aceptada por el agente estatal.

Mediante el Decreto 2511 de 1998 se reglamentó la conciliación extrajudicial en materia contencioso administrativa,[30] posteriormente ese Decreto fue derogado por el Decreto 1716 de 2009, dentro del cual se trajeron a colación las sanciones anteriormente comentadas,[31] previstas en la regulación de la Ley 23 de 1991.[32]

Posteriormente, en la Ley 640 de 2001,[33] se estableció que la conciliación extrajudicial en materia contencioso administrativa podría celebrarse ante los agentes del Ministerio Público, competencia declarada exequible por la Corte Constitucional en la Sentencia C-417 de 2002,[34] o los centros de conciliación debidamente autorizados, esto último declarado inexequible mediante la Sentencia C-893 de 2001.[35]

Adicionalmente, el artículo 35 de la comentada Ley 640 estableció el requisito de procedibilidad de la conciliación extrajudicial para poder acudir ante la jurisdicción contencioso-administrativa,[36] requisito que fue declarado inexequible por la Corte Constitucional en la mencionada Sentencia C-417 de 2002.

Asimismo y con el propósito de facilitar la fundamentación del acuerdo, se facultó para la conciliación extrajudicial (artículo 25) y la judicial

---

[30] Colombia, Presidencia de la República, "Decreto 2511 de 1998", por el cual se reglamenta la conciliación extrajudicial contencioso administrativa y en materia laboral previstas en la Parte III, Título I, capítulos 1, 2 y 3, Secciones 1, 2 y 3 de la Ley 446 de 1998, y en los artículos 19, 21 y 22 del Código Procesal del Trabajo, Bogotá, Diario Oficial 43451, 10 de diciembre de 1998.

[31] Colombia, Presidencia de la República, "Decreto 1716 de 2009", por el cual se reglamenta el artículo 13 de la Ley 1285 de 2009, el artículo 75 de la Ley 446 de 1998 y del Capítulo V de la Ley 640 de 2001, Bogotá, Diario Oficial 47349, 14 de mayo de 2009.

[32] Colombia, Congreso de la República, "Ley 23 de 1991", artículo 64.

[33] Colombia, Congreso de la República, "Ley 640 de 2001", artículo 23.

[34] Colombia, Corte Constitucional, "Sentencia C-417 de 2002", 28 de mayo de 2002. Magistrado ponente: Eduardo Montealegre Lynett.

[35] Colombia, Corte Constitucional, "Sentencia C-893 de 2001", 22 de agosto de 2001. Magistrada ponente: Clara Inés Vargas Hernández.

[36] Colombia, Congreso de la República, "Ley 640 de 2001", artículo 35.

(artículo 26) la posibilidad de practicar pruebas para establecer los presupuestos de hecho y derecho del acuerdo conciliatorio.[37]

Es importante indicar que el legislador, en la Ley 819 de 2003, relativa a disposiciones orgánicas de presupuesto, responsabilidad y transparencia fiscal, ordenó al Gobierno nacional, en su artículo 1, presentar, antes del 15 de junio de cada vigencia fiscal, en un marco fiscal de mediano plazo, la relación de los pasivos contingentes que pueden afectar la situación financiera de la Nación, pasivos todos ellos que de manera directa —ora por vía de la conciliación extrajudicial o judicial— han podido ser objeto de resolución alternativa y pronta del conflicto.[38]

Por su parte, en el documento 3250 del 20 de octubre de 2003,[39] el Consejo de Política Ecónomica y Social abordó las líneas de acción para el fortalecimiento de la defensa legal de la Nación y para valorar los pasivos contingentes.

En relación con la defensa legal, se indicó que del total de conflictos el 48 % correspondía a asuntos de naturaleza laboral, el 23 % a asuntos contractuales y el 16 % a reparación directa, en un universo de 51 484 demandas, para ese momento.

En relación con la conciliación, se informó que, del total de 1691 conciliaciones realizadas, el 38 % estaban derivadas de la responsabilidad extracontractual del Estado, el 23 % de la jurisdicción laboral ordinaria y un 16 % de conflictos laborales contencioso administrativos.

Más adelante, el legislador mediante la Ley 1285 de 2009 reformó la Ley 270 de 1996, Estatutaria de la Administración de Justicia, e introdujo como limitación el derecho de acción y como requisito de procedibilidad a la conciliación prejudicial para ejercer las acciones de nulidad y restablecimiento del derecho, de reparación directa y de controversias contractuales,

[37] Ibid.

[38] Colombia, Congreso de la República, "Ley 819 de 2003", por la cual se dictan normas orgánicas en materia de presupuesto, responsabilidad y transparencia fiscal y se dictan otras disposiciones, Bogotá, Diario Oficial 45243, 9 de julio de 2003.

[39] Departamento Nacional de Planeación, "Líneas de acción para el fortalecimiento de la defensa legal de la Nación y para la valoración de pasivos contingentes" (Conpes 3250 de 2003), Bogotá, 20 de octubre de 2003.

mediante la introducción de un nuevo artículo a la Ley 270 de 1996, el 42A, conforme lo dispuesto en el artículo 13.[40]

La Ley 1395 de 2010, que adoptó medidas en materia de descongestión judicial en su artículo 52 (que modificó el artículo 35 de la Ley 640 de 2001), estableció la conciliación prejudicial como un requisito de procedibilidad para poder acudir a la jurisdicción contencioso administrativa,[41] disposición que pudo ser introducida al ordenamiento jurídico por la modificación que de la Ley Estatutaria de Administración de Justicia, 270 de 1996, introdujo la citada Ley 1285 de 2009.

Finalmente, el legislador con la expedición del Código de Procedimiento Administrativo y de lo Contencioso Administrativo, Ley 1437 de 2011, estatuyó como instituciones novedosas para la resolución de conflictos la oferta de revocatoria directa de los actos administrativos, la cual puede ser formulada por el juez, las partes o el Ministerio Público quienes señalarán los actos y las decisiones objeto de la misma y la forma en que se propone restablecer el derecho conculcado o reparar los perjuicios causados con los actos demandados.[42]

De igual forma, reiteró la conciliación extrajudicial como un requisito de procedibilidad de toda demanda en que se formulen pretensiones relativas a nulidad con restablecimiento del derecho, reparación directa y controversias contractuales.[43]

Con respecto al trámite de la audiencia inicial, el artículo 180 aclaró, dentro de la oportunidad conciliatoria, el papel del juez como conciliador, que puede "invitar a las partes a conciliar sus diferencias, caso en el cual deberá proponer fórmulas de arreglo, sin que ello signifique prejuzgamiento".[44]

---

[40] Colombia, Congreso de la República, "Ley 1285 de 2009", por medio de la cual se reforma la Ley 270 de 1996 Estatutaria de la Administración de Justicia, Bogotá, Diario Oficial 47240, 22 de enero de 2009, artículo 13.

[41] Colombia, Congreso de la República, "Ley 1395 de 2010", por la cual se adoptan medidas en materia de descongestión judicial, Bogotá, Diario Oficial 47768, 12 de julio de 2010.

[42] Colombia, Congreso de la República, "Ley 1437 de 2011", por la cual se expide el Código de Procedimiento Administrativo y de lo Contencioso Administrativo, Bogotá, 18 de enero de 2011, parágrafo del artículo 95.

[43] Ibid., numeral 1 del artículo 161.

[44] Ibid., numeral 8 del artículo 180.

En el artículo 191 el legislador estableció una oportunidad obligatoria conciliatoria, según la cual "cuando el fallo de primera instancia sea de carácter condenatorio y contra el mismo se interponga el recurso de apelación, el Juez o Magistrado deberá citar a audiencia de conciliación, que deberá celebrarse antes de resolver sobre la concesión del recurso. La asistencia a esta audiencia será obligatoria. Si el apelante no asiste a la audiencia, se declarará desierto el recurso".[45]

Es importante indicar que en la Ley 1450 de 2011, por la cual se expide el Plan Nacional de Desarrollo 2010-2014, se ordenó que "a través de los Ministerios de Defensa y Hacienda y Crédito Público, se buscará establecer una estrategia adecuada para resolver la litigiosidad en torno a los asuntos relativos a las asignaciones salariales, a las asignaciones de retiro, por la pérdida del poder adquisitivo de la moneda por fenómenos inflacionarios, mediante su actualización empleando el índice de precios al consumidor (IPC) y a otras reclamaciones de personal activo y la reserva de las fuerzas militares y la policía",[46] y que para tal efecto "se deberá concertar con la agencia responsable de la defensa judicial del Estado y se deberá inscribir dentro del marco de una estrategia integral en ese campo",[47] conflicto que se suscitó por las reclamaciones por efecto de la no actualización de los sueldos de retiro del personal en retiro de las fuerzas militares y que generó una jurisprudencia decantada y reiterada de las altas corporaciones judiciales, al punto que, en este caso el legislador ordenó la citada estrategia, la cual fue desarrollada a través de un plan conciliatorio de estos conflictos.

En relación con la conciliación, el Consejo Nacional de Política Económica y Social, en el documento 3722 del 29 de marzo de 2012, dentro de la justificación del Programa de Fortalecimiento de la Defensa Jurídica del Estado señaló que en Colombia el Estado es parte en más de 200 000 procesos cuyas pretensiones representan más de 500 billones de pesos, con

---

45 Ibid., inciso 4 del artículo 191.

46 Colombia, Congreso de la República, "Ley 1450 de 2011", por la cual se expide el Plan Nacional de Desarrollo, 2010-2014, Bogotá, Diario Oficial 48102, 16 de junio de 2011, artículo 271.

47 Ibid.

lo cual el programa tiene por objetivo mejorar la efectividad de la gestión de la defensa jurídica del Estado.[48]

En tal perspectiva, en la descripción del segundo componente del Programa: Mejora de la gestión del ciclo de defensa, se planteó la financiación para elaborar criterios e incentivos de utilización del método de la conciliación, para lo cual se destinarían recursos por 260 000 dólares.[49]

Es importante indicar que como uno de los indicadores del Programa se planteó el incremento en el número de conciliaciones sobre el total de solicitudes de conciliación (tasa de conciliación anual), el cual partió de una línea base para el año 2011 del 4,9 % según datos de la Procuraduría General de la Nación, buscando que para el año 2016 el indicador estuviera en un 20 %.

De igual forma, como indicador de mejora de la calidad de los servicios jurídicos en las entidades de la Nación se fijó el número de entidades con políticas o directivas integrales documentadas en materia de conciliación, que partió de una línea base del 47 % buscando que en el 2016 estuviera en el 95 %.

Con lo cual, como puede observarse, desde el punto de vista fiscal se dispuso de una estragia y una política pública para incentivar la conciliación de los conflictos administrativos.

Finalmente, en la Ley 1564 de 2012, Código General del Proceso, se modificó la Ley 1437 de 2011, en el sentido de imponer la carga al interesado de acreditar la entrega de copia de la solicitud de conciliación extrajudicial a la Agencia Nacional de Defensa Jurídica del Estado, con el propósito de que esta entidad decida si interviene o no en el Comité de Conciliación de la entidad convocada, así como en la audiencia de conciliación, con la finalidad de defender los intereses litigiosos de la Nación, conforme a las competencias que en tal sentido le fijó la Ley 1444 de 2011 y el Decreto

---

[48] Departamento Nacional de Planeación, "Concepto favorable a la Nación para contratar un empréstito externo con la banca multilateral hasta por la suma de US$10 millones o su equivalente en otras monedas destinado a financiar el Programa de Fortalecimiento de la Defensa Jurídica del Estado" (Conpes 3722 de 2012), Bogotá, 29 de marzo de 2012.

[49] Ibid., 9.

Ley 4085 de 2011 y,[50] adicionalmente, se excluyó de agotar este requisito de procedibilidad para el caso de los procesos ejecutivos de los que conozca la jurisdicción contencioso administrativa, en los procesos que se pidan medidas cautelares de carácter patrimonial, así como cuando quien demande sea una entidad pública.[51]

Si se observa, de los antecedentes anteriormente presentados, la conciliación, inicialmente concebida como un mecanismo alternativo de resolución de conflictos —*dentro de un marco de descongestión de los despachos judiciales*—, se fue tornando allende de su primigenia concepción como un mecanismo a través del cual las partes deciden de manera libre poner fin a sus diferencias llegando a un acuerdo económico ante un tercero calificado y con el control de legalidad y de no lesión para el patrimonio público por parte del juez contencioso administrativo, en un trámite obligatorio para poder acceder a la jurisdicción e inclusive para poder ejercer el derecho de contradicción de la decisión judicial con la interposición del recurso de apelación de la sentencia de condena, la cual siempre será, en materia contencioso administrativa, en contra de una autoridad administrativa[52] o de un agente estatal.[53]

Así las cosas y dado el impacto que tiene esta institución en relación con el derecho fundamental de acceso a la Administración de Justicia y la temática propuesta en esta disertación, procederemos a analizar la regulación que al interior de la Administración tiene la decisión sobre si es procedente o no la conciliación en materia contencioso administrativa.

---

[50] Colombia, Congreso de la República, "Ley 1444 de 2011", por medio de la cual se escinden unos Ministerios, se otorgan precisas facultades extraordinarias al Presidente de la República para modificar la estructura de la Administración Pública y la planta de personal de la Fiscalía General de la Nación y se dictan otras disposiciones, Bogotá, Diario Oficial 48059, 4 de mayo de 2011.

Colombia, Presidencia de la República, "Decreto 4085 de 2011", por el cual se establecen los objetivos y la estructura de la Agencia Nacional de Defensa Jurídica del Estado, Bogotá, Diario Oficial 48240, 1 de noviembre de 2011.

[51] Colombia, Congreso de la República, "Ley 1564 de 2012", por medio de la cual se expide el Código General del Proceso y se dictan otras disposiciones, Bogotá, Diario Oficial 48489, 12 de julio de 2012, artículo 613.

[52] Colombia, Congreso de la República, "Ley 1437 de 2011", artículo 2.

[53] Colombia, "Constitución Política de Colombia", artículo 90, en concordancia con el artículo 142 de la Ley 1437 de 2011.

2. Regulación de la decisión administrativa sobre la procedencia o no de la conciliación en materia contencioso administrativa

El Decreto 1214 de 2000 reglamentó las funciones de los comités de conciliación, los cuales conforme al artículo 2 son "una instancia administrativa que actúa como sede de estudio, análisis y formulación de políticas sobre prevención del daño antijurídico y defensa de los intereses de la entidad" y adicionalmente les corresponde decidir "en cada caso específico sobre la procedencia de la conciliación o cualquier otro medio alternativo de solución de conflictos, con sujeción estricta a las normas jurídicas sustantivas, procedimentales y de control vigentes".[54]

En relación con las funciones de los comités de conciliación y de cara a la operatividad de la conciliación, a esta instancia administrativa le corresponde "fijar las directrices institucionales para la aplicación de los mecanismos de arreglo directo, tales como la transacción y la conciliación (...) [y] determinar la procedencia o improcedencia de la conciliación y señalar la posición institucional que fije los parámetros dentro de los cuales el representante legal o el apoderado actuará en las audiencias de conciliación".[55]

Decisión que en relación con la procedencia de la conciliación está mediada por la elaboración de una ficha técnica en la que el apoderado hace un análisis del caso y recomienda al Comité de Conciliar el conciliar o no el conflicto.

En el año 2003, mediante la Directiva 2 de 2003, el Gobierno dispuso directrices en relación con los mecanismos alternativos de resolución de conflictos, cuando las partes en conflicto fueran entes públicos, eventos en los cuales previo a demandar o estando en curso el litigio debía agotarse una forma de arreglo directo del conflicto, señalándose a la entonces Dirección de Defensa Judicial de la Nación del Ministerio de Justicia y del Derecho como un mediador a efecto de componer los conflictos entre entes públicos.[56]

---

[54] Colombia, Presidencia de la República, "Decreto 1214 de 2000", por el cual se establecen funciones para los Comités de Conciliación de que trata el artículo 75 de la Ley 446 de 1998 y se dictan otras disposiciones, Bogotá, Diario Oficial 44069, 29 de junio de 2000, artículo 2.

[55] Ibid., numerales 4 y 5 del artículo 5.

[56] Colombia, Presidencia de la República, "Directiva 2 de 2003", Orden sobre métodos alternativos de solución de conflictos entre las entidades estatales, Bogotá, 28 de febrero de 2003.

Posteriormente, con la introducción de la conciliación como requisito de procedibilidad para acudir a la jurisdicción de lo contencioso administrativo, el Gobierno expidió el Decreto 1716 de 2009,[57] que derogó el Decreto 1214 de 2000. En este Decreto, entre otras disposiciones, se estableció (en los parágrafos 1 y 2) la no procedencia de la conciliación en asuntos que versen sobre conflictos tributarios, aquellos que deban tramitarse mediante el proceso ejecutivo de que trata el artículo 75 de la precitada Ley 80 de 1993 y en aquellos asuntos en los cuales la acción hubiere caducado, así como el deber del conciliador de velar porque no se menoscaben los derechos ciertos e indiscutibles, así como los derechos mínimos e intransigibles, dentro de los cuales tenemos, por ejemplo, los derechos y prestaciones laborales que no son susceptibles de conciliación.[58]

En materia tributaria, por ejemplo, el Comité de Conciliación de la Dirección de Impuestos y Aduanas Nacionales —DIAN—, en el Acuerdo 2 de 2011, en desarrollo del artículo 70 de la Ley 446 de 1998 que prohíbe la conciliación en asuntos de carácter tributaria,[59] precisó, en su concepto el catálogo de conflictos que están cobijados por tal restricción.[60]

Ahora bien, el citado Decreto 1716 dispuso el derecho de postulación, según el cual "los interesados, trátese de personas de derecho público, de particulares o de personas jurídicas de derecho privado, actuarán en la conciliación extrajudicial por medio de apoderado, quien deberá ser abogado inscrito y tener facultad expresa para conciliar".[61] Esta restricción es armónica con lo dispuesto en el artículo 160 de la Ley 1437 de 2011, en relación con tal derecho de postulación, empero afecta el sentido propiamente dicho de la conciliación como mecanismo en que las partes arreglan directamente sus diferencias, lo cual es comprensible de cara a la Administración Pública, quien expresa su voluntad a través de un apoderado que, como vimos,

---

[57] Colombia, Presidencia de la República, "Decreto 1716 de 2009".

[58] Según el artículo 15 del Código Sustantivo del Trabajo no son transigibles los derechos ciertos e indiscutibles, lo cual es además armónico con el artículo 2469 del Código Civil.

[59] Colombia, Congreso de la República, "Ley 446 de 1998".

[60] Dirección de Impuestos y Aduanas Nacionales —DIAN—, "Acuerdo 2 de 2011", por medio del cual se adopta la política de conciliación y se establecen líneas decisionales para su aplicación a casos análogos, Bogotá, 30 de noviembre de 2011.

[61] Colombia, Presidencia de la República, "Decreto 1716 de 2009", artículo 5.

debe ceñirse a la decisión que en materia de procedencia de la conciliación adopta el Comité de Conciliación, más no así de cara al ciudadano parte del trámite conciliatorio extrajudicial e inclusive en la oportunidad conciliatoria de la audiencia inicial de que trata el numeral 8 del artículo 180 de la citada Ley 1437 de 2011, cuya presencia no es obligatoria para agotar este requisito de procedibilidad y trámite judicial.

Lo anterior, sumado al hecho de que en el artículo 6 del Decreto 1716 de 2009 se diseñó la conciliación como el requisito clave de procedibilidad de la acción contencioso administrativa.[62]

En relación con los comités de conciliación, en el artículo 16 se reproduce fundamentalmente la naturaleza de los mismos fijada desde el Decreto 1214 de 2000. Sin embargo, se añade que dicho comité

> decidirá, en cada caso específico, sobre la procedencia de la conciliación o cualquier otro medio alternativo de solución de conflictos, con sujeción estricta a las normas jurídicas sustantivas, procedimentales y de control vigentes, evitando lesionar el patrimonio público. [y adicionalmente, en materia del principio de responsabilidad que] La decisión de conciliar tomada en los términos anteriores, por sí sola, no dará lugar a investigaciones disciplinarias, ni fiscales, ni al ejercicio de acciones de repetición contra los miembros del Comité.[63]

Lo que querría decir, en un sentido negativo, que cuando la decisión del Comité no se ha sujetado de manera estricta a las normas sustantivas, procedimentales y de control vigente, evitando lesionar el patrimonio público, la misma debe ser objeto del control disciplinario, fiscal e inclusive del ejercicio de la acción de repetición, cuando de la decisión del Comité se pueda derivar la causación o agravamiento de un daño antijurídico, lo cual refuerza el carácter preventivo que en relación con el daño antijurídico tienen estas instancias administrativas.[64]

---

[62] Ibid., artículos 6, literal e, y 11.

[63] Ibid., artículo 16.

[64] Ibid., artículos 19, numeral 1, y 21.

Ahora bien, en relación con la procedencia de la conciliación el Decreto 1716 de 2009 introdujo una regla decisional según la cual el Comité de Conciliación deberá analizar "las pautas jurisprudenciales consolidadas, de manera que se concilie en aquellos casos donde exista identidad de supuestos con la jurisprudencia reiterada".[65]

Otra novedad que trajo consigo el Decreto 1716 de 2009 la encontramos en que extendió la obligación de contar con comités de conciliación en todas las entidades de derecho público y los organismos públicos del orden nacional, así como en los entes descentralizados del orden distrital y de los municipios capital de departamento.[66]

Tal disposición tiene adicionalmente un desarrollo posterior, cuando mediante la Directiva 5 de 2009, el presidente de la República dictó instrucciones para el ejercicio adecuado de la conciliación extrajudicial como requisito de procedibilidad en materia de lo contencioso administrativo a los ministros, los directores de departamentos administrativos, los superintendentes, los gerentes, los directores, los representantes legales de entidades descentralizadas del orden nacional, y los miembros de los comités de conciliación de los organismos y entidades del orden nacional.[67]

En la instrucción número cuatro, la suprema autoridad administrativa del Estado señaló el siguiente deber de conciliar, así: "la decisión sobre la procedencia de la conciliación debe ser adoptada con sujeción estricta a las normas jurídicas sustantivas, procedimentales y de control vigentes, de manera que las entidades públicas deben conciliar siempre que se presenten los supuestos jurídicos y probatorios que hagan viable la celebración de un acuerdo conciliatorio".[68]

De igual forma, la necesidad de que la decisión de procedencia o improcedencia de la conciliación debe estar debidamente argumentada y sustentada,[69] porque además, el agente del Ministerio Público puede evaluar

---

[65] Ibid.

[66] Ibid., artículo 15.

[67] Colombia, Presidencia de la República, "Directiva 5 de 2009", Instrucciones para el adecuado ejercicio de la conciliación extrajudicial como requisito de procedibilidad en materia de lo contencioso administrativo, Bogotá, Diario Oficial 47357, 22 de mayo de 2009.

[68] Ibid.

[69] Ibid., instrucción 5.

la decisión y citar a la audiencia de conciliación al Comité para que analice las fórmulas de avenimiento propuestas por el Ministerio Público.[70]

Adicionalmente, en la Instrucción No 6 el presidente en la Directiva 5 de 2009 precisó que

> en los asuntos en los cuales exista alta probabilidad de condena, con fundamento en el acervo probatorio allegado al expediente y en la jurisprudencia reiterada y decantada de las altas Cortes, especialmente en asuntos relacionados con reconocimientos pensionales y eventos de responsabilidad objetiva, los miembros de los Comités de Conciliación deberán analizar las pautas jurisprudenciales consolidadas, de manera que se concilie en aquellos casos donde exista identidad de supuestos con la jurisprudencia reiterada.[71]

Posteriormente, mediante el Decreto Ley 4085 de 2011 se creó la Agencia de Defensa Jurídica del Estado, entidad que en relación con la conciliación tiene por función, según lo señalado en el artículo 6, el diseño de políticas, estrategias, planes y acciones para su cumplimiento; elaborar los instructivos para la aplicación integral de las políticas de prevención y de conciliación, y participar en los comités de conciliación de las entidades u organismos del orden nacional, cuando lo estime conveniente, con derecho a voz y voto y actuar como mediador en los conflictos que se originen entre entidades y organismos del orden nacional.[72]

El Gobierno nacional, mediante el Decreto 1069 de 2015 "Por medio del cual se expide el decreto único reglamentario del sector justicia y del derecho", al compilar las normas del sector, recogió dentro de este Decreto las funciones de los comités previstas en el citado Decreto 1716 de 2009, reiterando las consideraciones anteriormente esbozadas en relación con las funciones de los comités de conciliación y el deber de observar

---

70 Colombia, Presidencia de la República, "Decreto 1716 de 2009", inciso 2 del numeral 2, artículo 9.

71 Colombia, Presidencia de la República, "Directiva 5 de 2009", instrucción 6.

72 Colombia, Presidencia de la República, "Decreto 4085 de 2011", artículo 6.

las líneas o tendencias jurisprudenciales consolidadas para hacer viable la conciliación.[73]

Ahora bien, en último lugar, como antecedente administrativo se destaca la labor de la Agencia Nacional de Defensa Jurídica del Estado, entidad que ha logrado consolidar, entre otras cosas, la información litigiosa de la Nación en la que podemos observar lo siguiente:

- En el informe de gestión de la Agencia Nacional de Defensa Jurídica del Estado de 2016, se estableció que "los procesos [contenciosos administrativos] se demoran en promedio 12 años, desde la fecha de los hechos hasta la sentencia de segunda instancia",[74] y se recomendó "promover el uso del mecanismo la conciliación ya que los resultados evidencian un uso moderado-bajo de la misma por parte de los demandantes y demandados"[75] y, se destaca que, para el 31 de diciembre de 2016, según el sistema eKogui, existían 539 061 procesos activos en contra del Estado cuyas pretensiones ascendían a 3057 billones de pesos.
- En el informe para el año 2015 se indicó la existencia de 459 479 procesos en contra de la Nación, cuyas pretensiones ascienden a la suma de 3322 billones de pesos.[76] Con lo cual, aunque se ha reducido el valor del contingente judicial, el número de conflictos jurídicos judiciales aumentó.

A partir de los antecedentes administrativos analizados en los dos capítulos anteriores, a continuación analizaremos cómo, desde el derecho administrativo esta regulación constitucional, legal y reglamentaria rela-

---

[73] Colombia, Presidencia de la República, "Decreto 1069 de 2015", por medio del cual se expide el decreto único reglamentario del sector justicia y del derecho, Bogotá, 26 de mayo de 2015, artículo 2.2.4.3.1.2.5.

[74] Agencia Nacional de Defensa Jurídica del Estado, *Informe de gestión anual 2016*, recuperado de: https://www.defensajuridica.gov.co/gestion/informes/informes-gestion/Documents/informe_gestion_anual_2016_310117.pdf, 7

[75] Ibid.

[76] Agencia Nacional de Defensa Jurídica del Estado, *Informe de gestión 2015*, enero de 2016, recuperado de: https://defensajuridica.gov.co/gestion/informes/informes-gestion/Documents/informe_gestion_ANDJE_2015.pdf, 50

tiva a la conciliación administrativa puede tener una lectura particular en relación con la buena administración del Estado.

3. La buena administración del Estado y la decisión sobre la procedencia o no de la conciliación judicial o extrajudicial por parte de los entes públicos

Aun cuando la presente disertación no gravita propiamente en torno al concepto de la buena administración del Estado como principio del derecho administrativo o a la posibilidad de que sea comprendido como un derecho fundamental, encontramos necesario plantear algunos aspectos que permiten su comprensión en torno a si a partir de tal principio puede mirarse la postura conciliatoria del Estado como una decisión discrecional o, si por el contrario, tal voluntad está limitada y reglamentada por el ordenamiento jurídico.

Es importante recordar que el derecho administrativo contemporáneo finca sus raíces en la limitación cada vez mas amplía y férrea de la arbitrariedad, la discrecionalidad y la ausencia de controles de las decisiones de las autoridades administrativas.[77]

---

[77] Al respecto Rodríguez-Arana afirma que "El derecho administrativo es, en el tiempo en que vivimos, una rama del Derecho Público que partiendo de la Norma Fundamental aspira a la realización del Estado social y democrático de Derecho que hoy caracteriza la forma de Estado dominante en el planeta. Desde sus orígenes, el Derecho Administrativo se nos presenta dependiente del interés general, de aquellos asuntos supraindividuales que a todos afectan por ser comunes a la condición humana y que reclaman una gestión y administración equitativa y que satisfaga las necesidades colectivas en un marco de racionalidad y de justicia. El Derecho Administrativo en sentido estricto, especialmente a partir de la Revolución Francesa, surge como un derecho autoritario sobre la base del acto administrativo y sus principales atributos: ejecutividad y ejecutoriedad, propiedades inherentes de la actuación administrativa que se entienden desde ese tiempo, en buena parte hasta nuestros días, en clave de privilegio y prerrogativa (...) En tiempos en los que la legalidad administrativa procedente del Estado Liberal de Derecho era la guía y el norte de la actuación de las instituciones y técnicas adecuadas a las nuevas finalidades que la Constitución le impone (...) Atrás quedaron las versiones cerradas y unilaterales del interés general, abriéndose las puertas a nuevas perspectivas que han de contar con la presencia y participación de los ciudadanos. Es decir, el interés general ya no se define unilateral y monopolísticamente por la Administración pública, como antaño. Ahora es preciso convocar y recibir la vitalidad real que emerge de la vida social, lo que reclama una cada vez más intensa y honda participación social (...) Los derechos fundamentales de la persona, concebidos en su origen como derechos de libertad, derechos ante los que el Estado debía declinar toda actuación, por mor de la cláusula del Estado social y democrático de derecho se amplían hacia nuevos espacios, imprescindibles para una vida digna". Jaime Rodríguez-Arana, *Derecho administrativo y derechos*

Ahora bien, en relación con la buena administración del Estado empleamos los siguientes conceptos doctrinarios a efectos de ilustrar los rasgos fundamentales de este principio en relación con la temática que en este escrito nos convoca.

Sobre este principio, la profesora Beatriz Tomás Mallén explica que "...si los derechos valen tanto como las garantías, en el derecho a la buena administración puede decirse que se conjugan ambos elementos, conformando una especie de derecho-garantía o derecho instrumental, que propicia la defensa de los otros derechos...".[78]

En tal escenario, la Administración ocupa un papel fundamental de cara a concebir al ciudadano como el centro del sistema político y de la organización estatal, y desde ese rol y en razón de sus potestades públicas, las autoridades en sus decisiones pueden crear, modificar o extinguir los derechos y las obligaciones de los asociados.

En atención a ello, encuentra sentido lo dicho por la citada doctrinante cuando explica que a la buena administración del Estado se la ha "considerado como parte integrante (previa) del derecho a la buena justicia (tutela judicial efectiva), concretamente en lo relativo a la reparación en caso de producirse perjuicio a causa de administración/justicia lenta, es decir, indemnización de perjuicios por daños ocasionados como consecuencia de no dictar un acto administrativo o una sentencia, respectivamente, dentro de un plazo razonable".[79]

De lo que podríamos decir que si a la Administración de Justicia le corresponde la tutela judicial efectiva de los derechos de las personas, a la Administración Pública le corresponde la tutela administrativa efectiva de los mismos derechos, siendo la primera una intervención de control posterior de las decisiones que adoptó o debió adoptar la segunda.

Armónico con lo anterior, Jaime Rodríguez-Arana expone, en relación con la Declaración del Milenio, lo siguiente en relación con la función

---

sociales fundamentales, (España: Global Law Pree-Editorial Derecho Global e Instituto Nacional de Administración Pública —INAP—, 2015), 11, 12.

[78] Beatriz Tomás Mallén, *El derecho fundamental a una buena administración* (Madrid: Instituto Nacional de Administración Pública, 2004), 42.

[79] Ibid., 43.

esencial de la Administración Pública de cara a la buena administración del Estado:

> los objetivos que Naciones Unidas planteó como metas para el milenio... requieren la existencia de un Gobierno y una Administración pública eficaces, eficientes, así como sistemas sólidos de gestión de los asuntos públicos en la medida en que, como reconoce Naciones Unidas, la función esencial de la Administración general y de la capacidad de las personas que trabajan en el sector público en particular, está vinculada a la promoción de los derechos humanos, a la democracia y al buen gobierno.[80].

Con lo cual, la Administración Pública, según el citado doctrinante

> ha de configurarse como una organización que debe distinguirse por los principios de legalidad, de eficacia y de servicio. Legalidad, porque el procedimiento administrativo no es otra cosa que un camino pensado para salvaguardar los derechos e intereses legítimos de los ciudadanos. Eficacia, porque hoy es perfectamente exigible a la organización administrativa que ofrezca productos y servicios de calidad. Y servicio, sobre todo, porque no se puede olvidar que la justificación de la existencia de la Administración, como ya se ha dicho, se encuentra en el servicio a los intereses colectivos. Por eso, las distintas potestades y poderes públicos son manifestaciones concretas de esa idea de servicio público.[81].

Con lo cual, la decisión administrativa sobre la procedencia o no de la conciliación debe estar mediada por un estudio y una argumentación de calidad, según la cual se deberá no solo respetar el imperio del ordenamiento jurídico, sino además procurar el poder componer el conflicto suscitado, a

---

[80] Jaime Rodríguez-Arana, *El Buen Gobierno y la Buena Administración de Instituciones Públicas*, (Navarra: Aranzadi, 2006), 145.

[81] Jaime Rodríguez-Arana, "Reformas y modernización de la Administración Pública española", en: *La Administración Pública española*, dirigido por Jaime Rodríguez-Arana (Madrid: Instituto Nacional de Función Pública y Ministerio de Administraciones Públicas, 2002), 17.

través de la conciliación, cuando los presupuestos de hecho y de derecho así lo recomiendan, ya que tal decisión es una expresión de la Administración de Justicia y del derecho fundamental de acceso efectivo a la misma.

De ahí que, desde este horizonte, la buena administración del Estado estaría en íntima conexidad con el derecho fundamental de acceso a la Administración de Justicia, que no es otro que aquél que tiene toda persona de acceder a una pronta y efectiva Administración de Justicia,[82] en procura de la tutela efectiva de sus derechos e intereses.

El doctrinante Juan Felipe Solórzano sostiene en su obra "La asistencia jurídica pública al Estado y su influencia en la actuación del poder ejecutivo", en relación con la buena administración y el buen gobierno, que los mismos "son un principio en el que confluyen otros principios, valores y derechos que conminan al Ejecutivo a que actúe de acuerdo con la constitución".[83]

Por lo que, desde estos basamentos doctrinarios, para efectos de nuestra disertación, la buena administración del Estado demandará que, previo al escenario judicial, corresponda a la autoridad administrativa, con apego a la legalidad y buscando la efectividad y garantía de los derechos de las personas, y cuando está ante una reclamación legítima y fundamentada, emplear las potestades, los procesos administrativos y recursos para restablecer los derechos y garantías de los asociados de manera efectiva e inmediata.

Inclusive, sin necesidad de que para tal efecto se deba diferir tal deber a la autoridad judicial a través del proceso contencioso administrativo, o judicial en general, en un escenario posterior y que como vimos no responde, dada la congestión judicial, al ritmo que las demandas sociales de efectividad de los derechos se reclaman del Estado.

En tal contexto, la buena administración del Estado la tendríamos como principio que ilumina la gestión administrativa pública y la aleja de malas prácticas administrativas, dentro de las que encontramos, sin lugar a dudas, el contravenir las disposiciones que orientan la decisión que sobre la procedencia o no de la conciliación, judicial o extrajudicial, profieren las entidades públicas.

---

[82] Colombia, "Constitución Política de Colombia", artículo 229.

[83] Juan Felipe Solórzano, "La asistencia jurídica pública al Estado y su influencia en la actuación del poder ejecutivo", Tesis doctoral, Universidad de Salamanca, España, 2016, 168.

Al respecto, la doctrinante María Cruz Díaz y Díaz expresa lo siguiente en relación con la buena administración del Estado, la que concibe, entre otras características:

> como rompiente frente a posibles malas prácticas administrativas o incluso supuestos de corrupción pública. Y es que, una Administración que cumpla de manera correcta y adecuada con todos y cada uno de los deberes que le obligan a actuar de una manera determinada, facilitando los derechos de los ciudadanos, y alcanzando los objetivos de atención al interés general dispuestos por el ordenamiento, es una Administración de calidad cuya organización es, a priori, incompatible con malas prácticas administrativas o sucesos de corrupción".[84]

Lo cual impactaría y fundamentaría la finalidad que debe observar la autoridad administrativa, en cabeza, como vimos, del apoderado del Estado, de los comités de conciliación y de los conciliadores a la hora de abordar el trámite de una conciliación judicial o extrajudicial.

Ello implica a su vez, desde la óptica de la institución del daño antijurídico, como título de imputación de la responsabilidad patrimonial del Estado, conforme al artículo 90 de la Constitución Política, no solo el prevenir la causación de tales daños, sino de reparar con prontitud y evitar que tales daños se hagan más gravosos para el ciudadano y para el erario que debe resarcirlos.

Lo anterior encuentra plena consonancia en nuestro ordenamiento jurídico cuando en la Constitución se establece que las autoridades de la República están instituidas para proteger en general los derechos y libertades de las personas,[85] lo cual es concordante con el principio de imparcialidad, previsto en el artículo 3 de la Ley 1437 de 2011, según el cual las autoridades deberán actuar teniendo en cuenta que la finalidad de los procedimientos consiste en asegurar y garantizar los derechos de todas las

---

[84] María Cruz Díaz y Díaz, "El empleado público ante el procedimiento administrativo: deberes y obligaciones de buena administración", Tesis doctoral, Universidad de Salamanca, España, 2010, recuperada de http://www2.congreso.gob.pe/sicr/cendocbib/con4_uibd.nsf/EA721CBD2CA161AF05257BE500235AA1/$FILE/DDAFP_Diaz_Diaz_MC_ElEmpleadoPublico.pdf

[85] Colombia, "Constitución Política de Colombia", artículo 2.

personas sin discriminación alguna y sin tener en consideración factores de afecto o de interés y, en general, cualquier clase de motivación subjetiva.[86]

Disposiciones que encuentran armonía y coherencia cuando en la Carta Iberoamericana de los Derechos y Deberes del Ciudadano en relación con la Administración Pública se establecieron, dentro de sus diferentes principios, el de imparcialidad, concebido este en los mismos términos del anteriormente citado.[87]

Ahora bien, como se pudo analizar en los capítulos precedentes, el ordenamiento jurídico limitó la decisión administrativa sobre si era procedente o no conciliar a partir del análisis de la forma como en relación con casos análogos la jurisprudencia había trazado pautas jurisprudenciales decantadas y uniformes.

Normatividad que para el momento en que se reglamentó primigeniamente este deber, hacia el año 2009, no existían instituciones con el deber de aplicar de manera uniforme las normas y la jurisprudencia, previsto en el artículo 10 de la Ley 1437 de 2011, según el cual "al resolver los asuntos de su competencia, las autoridades aplicarán las disposiciones constitucionales, legales y reglamentarias de manera uniforme a situaciones que tengan los mismos supuestos fácticos y jurídicos. Con este propósito, al adoptar las decisiones de su competencia, deberán tener en cuenta las sentencias de unificación jurisprudencial del Consejo de Estado en las que se interpreten y apliquen dichas normas".[88]

Disposición cuyo alcance fue ampliado por la Corte Constitucional quien, en la Sentencia C-634 de 2011, la declaró exequible de manera condicionada

> en el entendido que las autoridades tendrán en cuenta, junto con las sentencias de unificación jurisprudencial proferidas por el Consejo de Estado y de manera preferente, las decisiones de la Corte Constitucional que interpreten las normas constitucionales aplicables a

---

[86] Colombia, Congreso de la República, "Ley 1437 de 2011", numeral 3 del artículo 3.

[87] Centro Latinoamericano de Administración para el Desarrollo —CLAD—, *Carta Iberoamericana de los Derechos y Deberes del Ciudadano en Relación con la Administración Pública*, Caracas: CLAD, 10 de octubre de 2013.

[88] Colombia, Congreso de la República, "Ley 1437 de 2011", artículo 10.

> la resolución de los asuntos de su competencia, esto sin perjuicio del carácter obligatorio *erga omnes* de las sentencias que efectúan el control abstracto de constitucionalidad.[89]

Institución que además es reforzada, en cuanto a su observancia a través de un procedimiento judicial y administrativo, denominado extensión de los efectos de la jurisprudencia del Consejo de Estado a terceros, por parte de las autoridades en sede administrativa [90] o judicial.[91]

En tal escenario y de cara a la conciliación, situaciones como el retiro del servicio de una mujer en estado de embarazo o de un empleado con fuero sindical, sin que haya mediado una autorización administrativa o judicial, o en casos de reclamaciones pensionales (como la indexación de la primera mesada pensional) que resultan apacibles en la forma como se ha resuelto el conflicto en la jurisdicción, establecen en cabeza de los comités de conciliación y de los apoderados de los entes públicos de adoptar una postura, en principio, favorable a la conciliación desde lo jurídico.

Lo mismo podría decirse si la autoridad es deudora de derechos laborales ciertos e indiscutibles, donde debería proceder a su pronto pago y conciliar las indemnizaciones que se hayan generado por su no pago, o prestaciones contractuales acreditadas y cumplidas por el contratista del Estado y que no le han sido reconocidas y pagadas.

E inclusive, aspectos jurídicos que generan aparentes dudas para interpretar una norma jurídica que facilita la procedencia de la conciliación y frente a las cuales se ha dictado una sentencia de unificación por parte del Consejo de Estado o de control constitucional por parte de la Corte Constitucional que, como vimos, ilumina y fuerza la solución hermenéutica, abriendo paso, por tanto, a la composición conciliada del conflicto.

De igual forma, de cara a quien funge como conciliador, en sede judicial o administrativa, la buena administración le impone la carga de completar probatoriamente aquellos aspectos dudosos que impiden el arreglo directo del conflicto, practicando pruebas u ordenando a las partes que las

---

[89] Colombia, Corte Constitucional, "Sentencia C-634 de 2011", 24 de agosto de 2011. Magistrado ponente: Luis Ernesto Vargas Silva.

[90] Colombia, Congreso de la República, "Ley 1437 de 2011", artículo 102.

[91] Ibid., artículo 269.

suministren, inclusive conminado a las partes a que revisen sus posturas no conciliatorias y proponiendo fórmulas de arreglo, como vimos en el primer numeral de nuestra disertación.

En igual sentido, a los apoderados del Estado o de los particulares, inclusive a quienes intervienen en el Comité de Conciliación, como parte del trámite conciliatorio y por ende de la Administración de Justicia y del acceso a la Administración de Justicia, les es exigible en relación con la conciliación, una postura leal y fiel para procurar la pronta resolución del conflicto.

Al respecto, la Ley 1123 de 2007 establece como deberes de los abogados el de "prevenir litigios innecesarios, inocuos o fraudulentos y facilitar los mecanismos de solución alternativa de conflictos"[92] e "Informar con veracidad a su cliente sobre las siguientes situaciones: (...) c) La constante evolución del asunto encomendado y las posibilidades de mecanismos alternos de solución de conflictos".[93]

Adicionalmente, se establecieron como faltas de lealtad con el cliente "el no informar al cliente sobre las posibilidades de mecanismos alternos de solución de conflictos",[94] y contra el deber de prevenir litigios y facilitar los mecanismos de solución alternativa de conflictos "entorpecer los mecanismos de solución alternativa de conflictos con el propósito de obtener un lucro mayor o fomentarlos en su propio beneficio".[95]

El derecho y las reglas de la profesión del abogado reclaman, por tanto, del abogado del Estado —*en el marco de las normas que reglamentan el procedimiento de cómo se forma la decisión sobre la procedencia o no de la conciliación al interior de la Administración Pública*— una postura inflexible e inquebrantable, que apunta como norte de su asesoría y gestión procesal o extraprocesal a la primacía del orden jurídico y a la efectividad y garantía de los derechos de las personas.

---

[92] Colombia, Congreso de la República, "Ley 1123 de 2007", por la cual se establece el Código Disciplinario del Abogado, Bogotá, Diario Oficial 46519, 22 de enero de 2007, numeral 13 del artículo 28.

[93] Ibid., numeral 28 del artículo 28.

[94] Ibid., literal c del artículo 34.

[95] Ibid., literal 2 del artículo 38.

En tal contexto, si la postura no conciliatoria se aleja de las orillas del derecho y arriba al puerto de la no disponibilidad de recursos para asumir el resarcimiento de los daños causados a las personas, así deberá dejarse claramente argumentado en la decisión conciliatoria.

No sería por tanto, una decisión legal y fiel con los deberes que el acceso a la Administración de Justicia demanda de los profesionales del derecho y de las autoridades administrativas enmascarar problemas fiscales —*como la insuficiencia de recursos*— como problemas jurídicos aparentes o inexistentes.

Mucho menos disfrazar en una postura no conciliatoria, empleando el derecho, el no conciliar para proteger la decisión antijurídica de una autoridad administrativa. Lo cual estaría traspasando la frontera de la moralidad administrativa y entraría en los terrenos de la corrupción administrativa, en desmedro de los derechos de los ciudadanos, o no motivar y argumentar con claridad y plenitud la postura no conciliatoria, o inclusive la conciliatoria lo que impide el diálogo conciliatorio y el control de la decisión.

Conclusión

Así las cosas, la buena administración del Estado permitiría deducir dos caras complementarias en torno a la regulación que el derecho administrativo ha establecido contemporáneamente en el ordenamiento jurídico colombiano respecto de la conciliación.

La primera, el deber que en relación con la conducta pública debe observarse en la conciliación administrativa, desde la óptica de la buena administración del Estado, expresada anteriormente.

La segunda, teniendo como centro del derecho administrativo las personas, las mismas:

(i) Tienen derecho a que la autoridad administrativa explique y haga públicos y explícitos, con lealtad y fidelidad con la función administrativa, sus argumentos de hecho y de derecho en los que motiva su postura conciliatoria o no conciliatoria.
Conforme a la normatividad vigente, aun cuando la decisión sobre la procedencia o no de la conciliación no conlleva por sí misma una responsabilidad penal, disciplinaria ni fiscal, ello no implica que, quebrantado el orden jurídico y vulnerados los derechos de las personas, las autoridades administrativas no resultarán inmunes al

control judicial o administrativo en relación con su conducta antijurídica y que afecte los derechos de las personas, en especial, el acceso a la Administración de Justicia.

No puede perderse de vista que el acuerdo conciliatorio tiene control judicial en cuanto a su legalidad y la no lesión del patrimonio público.

(ii) Tienen derecho a que la Administración tenga una postura conciliatoria en su caso cuando han acreditado una reclamación legítima y fundamentada.

Ello impone a las partes y a sus apoderados, que convocan la conciliación o que acuden a la oportunidad conciliatoria en sede judicial, a obrar con lealtad y fidelidad frente a lo que reclaman y a facilitar el arreglo del conflicto a través de este mecanismo alternativo de solución de conflictos.

No puede perderse de vista que si no se expresa ánimo conciliatorio por parte del ente público, estando frente a una reclamación legítima que debe ser conciliada, el agravamiento del daño antijurídico y la lesión de los derechos de las personas es exigible del patrimonio del Estado, por vía del daño antijurídico, el cual, una vez indemnizado es repetible para el agente estatal.[96]

Por lo que, la buena administración del Estado —*expresada en las normas que regulan la forma como la Administración Pública decide la procedencia o improcedencia de la conciliación administrativa*— limita la discrecionalidad con la que los entes públicos expresan su voluntad en el procedimiento conciliatorio, judicial o extrajudicial.

En tal contexto, y como constante del derecho administrativo del Estado social de derecho, la limitación de la discrecionalidad administrativa (la lucha contra las inmunidades del poder, en palabras del maestro García de Enterría),[97] de la oposición a la arbitrariedad del poder público, y de la ausencia de motivación o de una motivación insuficiente o engañosa en las

---

96 Colombia, "Constitución Política de Colombia", artículo 90.

97 Eduardo García de Enterría, *La lucha contra las inmunidades del poder en el derecho administrativo* (Madrid: Civitas, 1995).

decisiones públicas, son una conquista que no debe hacerse menos intensa o exigible de las autoridades administrativas cuando, tratándose del derecho de acceso a la Administración de Justicia, se concurre a la conciliación como forma de resolver los conflictos entre la Administración y las personas.

Obras citadas

Agencia Nacional de Defensa Jurídica del Estado. *Informe de gestión 2015*. Enero de 2016. Recuperado de: https://defensajuridica.gov.co/gestion/informes/informes-gestion/Documents/informe_gestion_ANDJE_2015.pdf

______. *Informe de gestión anual 2016*. Recuperado de: https://www.defensajuridica.gov.co/gestion/informes/informes-gestion/Documents/informe_gestion_anual_2016_310117.pdf

Centro Latinoamericano de Administración para el Desarrollo —CLAD—. *Carta Iberoamericana de los Derechos y Deberes del Ciudadano en Relación con la Administración Pública*. Caracas: CLAD, 10 de octubre de 2013.

Colombia, "Decreto Ley 2663", sobre Código Sustantivo del Trabajo. Bogotá, 5 de agosto de 1950.

______. "Constitución Política de Colombia". 7 de julio de 1991.

Colombia, Congreso de la República. "Ley 23 de 1991", por medio de la cual se crean mecanismos para descongestionar los Despachos Judiciales, y se dictan otras disposiciones. Bogotá, Diario Oficial 39752, 21 de marzo de 1991.

______. "Ley 80 de 1993", por la cual se expide el Estatuto General de Contratación de la Administración Pública. Bogotá, 28 de octubre de 1993.

______. "Ley 270 de 1996", Estatutaria de la Administración de Justicia. Bogotá, Diario Oficial 42745, 15 de marzo de 1996.

______. "Ley 446 de 1998", por la cual se adoptan como legislación permanente algunas normas del Decreto 2651 de 1991, se modifican algunas del Código de Procedimiento Civil, se derogan otras de la Ley 23 de 1991 y del Decreto 2279 de 1989, se modifican y expiden normas del Código Contencioso Administrativo y se dictan otras disposiciones sobre descongestión, eficiencia y acceso a la justicia. Bogotá, Diario Oficial 43335, 7 de julio de 1998.

______. "Ley 640 de 2001", por la cual se modifican normas relativas a la conciliación y se dictan otras disposiciones. Bogotá, Diario Oficial 44303, 5 de enero de 2001.

______. "Ley 819 de 2003", por la cual se dictan normas orgánicas en materia de presupuesto, responsabilidad y transparencia fiscal y se dictan otras disposiciones. Bogotá, Diario Oficial 45243, 9 de julio de 2003.

______. "Ley 1123 de 2007", por la cual se establece el Código Disciplinario del Abogado. Bogotá, Diario Oficial 46519, 22 de enero de 2007.

______. "Ley 1285 de 2009", por medio de la cual se reforma la Ley 270 de 1996 Estatutaria de la Administración de Justicia. Bogotá, Diario Oficial 47240, 22 de enero de 2009.

______. "Ley 1395 de 2010", por la cual se adoptan medidas en materia de descongestión judicial. Bogotá, Diario Oficial 47768, 12 de julio de 2010.

______. "Ley 1437 de 2011", por la cual se expide el Código de Procedimiento Administrativo y de lo Contencioso Administrativo. Bogotá, 18 de enero de 2011.

______. "Ley 1444 de 2011", por medio de la cual se escinden unos Ministerios, se otorgan precisas facultades extraordinarias al Presidente de la República para modificar la estructura de la Administración Pública y la planta de personal de la Fiscalía General de la Nación y se dictan otras disposiciones. Bogotá, Diario Oficial 48059, 4 de mayo de 2011.

______. "Ley 1450 de 2011", por la cual se expide el Plan Nacional de Desarrollo, 2010-2014. Bogotá, Diario Oficial 48102, 16 de junio de 2011.

______. "Ley 1564 de 2012", por medio de la cual se expide el Código General del Proceso y se dictan otras disposiciones. Bogotá, Diario Oficial 48489, 12 de julio de 2012.

______. "Acto Legislativo 2 de 2015", por medio del cual se adopta una reforma de equilibrio de poderes y reajuste institucional y se dictan otras disposiciones. Bogotá, Diario Oficial 49560, 1 de julio de 2015.

Colombia, Corte Constitucional, "Sentencia C-160 de 1999". 17 de marzo de 1999. Magistrado ponente: Antonio Barrera Carbonell.

______. "Sentencia C-893 de 2001". 22 de agosto de 2001. Magistrada ponente: Clara Inés Vargas Hernández.

______. "Sentencia C-1195 de 2001". 15 de noviembre de 2001. Magistrados ponentes: Manuel José Cepeda Espinosa y Marco Gerardo Monroy Cabra.

______. "Sentencia C-417 de 2002". 28 de mayo de 2002. Magistrado ponente: Eduardo Montealegre Lynett.

______. "Sentencia C-598 de 2011". 10 de agosto de 2011. Magistrado ponente: Jorge Ignacio Pretelt Chaljub.

Colombia, Presidencia de la República, "Decreto 1400 de 1970", por los cuales se expide el Código de Procedimiento Civil. Bogotá, Diario Oficial 33150, 6 de agosto de 1970.

______. "Decreto 1 de 1984", por el cual se reforma el Código Contencioso Administrativo. Bogotá, Diario Oficial 36439, 2 de enero de 1984.

______. "Decreto 2304 de 1989", por el cual se introducen algunas modificaciones al Código Contencioso Administrativo. Bogotá, Diario Oficial 39013, 7 de octubre de 1989.

______. "Decreto 1818 de 1998", por medio del cual se expide el Estatuto de los mecanismos alternativos de solución de conflictos. Bogotá, Diario Oficial 43380, 7 de septiembre de 1998.

______. "Decreto 2511 de 1998", por el cual se reglamenta la conciliación extrajudicial contencioso administrativa y en materia laboral previstas en la Parte III, Título I, capítulos 1, 2 y 3, Secciones 1, 2 y 3 de la Ley 446 de 1998, y en los artículos 19, 21 y 22 del Código Procesal del Trabajo. Bogotá, Diario Oficial 43451, 10 de diciembre de 1998.

______. "Decreto 1214 de 2000", por el cual se establecen funciones para los Comités de Conciliación de que trata el artículo 75 de la Ley 446 de 1998 y se dictan otras disposiciones. Bogotá, Diario Oficial 44069, 29 de junio de 2000.

______. "Directiva 2 de 2003", Orden sobre métodos alternativos de solución de conflictos entre las entidades estatales. Bogotá, 28 de febrero de 2003.

______. "Decreto 1716 de 2009", por el cual se reglamenta el artículo 13 de la Ley 1285 de 2009, el artículo 75 de la Ley 446 de 1998 y del Capítulo V de la Ley 640 de 2001. Bogotá, Diario Oficial 47349, 14 de mayo de 2009.

______. "Directiva 5 de 2009", Instrucciones para el adecuado ejercicio de la conciliación extrajudicial como requisito de procedibilidad en materia de lo contencioso administrativo. Bogotá, Diario Oficial 47357, 22 de mayo de 2009.

______. "Decreto 4085 de 2011", por el cual se establecen los objetivos y la estructura de la Agencia Nacional de Defensa Jurídica del Estado. Bogotá Diario Oficial 48240, 1 de noviembre de 2011.

______. "Decreto 1069 de 2015", por medio del cual se expide el decreto único reglamentario del sector justicia y del derecho. Bogotá, 26 de mayo de 2015.

Departamento Nacional de Planeación. "Líneas de acción para el fortalecimiento de la defensa legal de la Nación y para la valoración de pasivos contingentes" (Conpes 3250 de 2003). Bogotá, 20 de octubre de 2003.

______. "Concepto favorable a la Nación para contratar un empréstito externo con la banca multilateral hasta por la suma de US$10 millones o su equivalente en otras monedas destinado a financiar el Programa de Fortalecimiento de la Defensa Jurídica del Estado" (Conpes 3722 de 2012). Bogotá, 29 de marzo de 2012.

Díaz y Díaz, María Cruz. "El empleado público ante el procedimiento administrativo: deberes y obligaciones de buena administración". Tesis doctoral, Universidad de Salamanca, España, 2010. Recuperado de: http://www2.congreso.gob.pe/sicr/cendocbib/con4_uibd.nsf/EA721CBD2CA161AF05257BE500235AA1/$FILE/DDAFP_Diaz_Diaz_MC_ElEmpleadoPublico.pdf

Dirección de Impuestos y Aduanas Nacionales —DIAN—. "Acuerdo 2 de 2011", por medio del cual se adopta la política de conciliación y se establecen líneas decisionales para su aplicación a casos análogos. Bogotá, 30 de noviembre de 2011.

García de Enterría, Eduardo. *La lucha contra las inmunidades del poder en el derecho administrativo*. Madrid: Civitas, 1995.

Quintero, Beatriz y Prieto, Eugenio. *Teoría General del Proceso*. Bogotá: Editorial Temis, 2000.

Rodríguez-Arana, Jaime. "Reformas y modernización de la Administración Pública española (1996-2000)", en: *La Administración Pública española*, dirigido por Jaime Rodríguez-Arana. Madrid: Instituto Nacional de Función Pública y Ministerio de Administraciones Públicas, 2002.

______. *El Buen Gobierno y la Buena Administración de Instituciones Públicas*. Navarra: Editorial Aranzadi, 2006.

______. *Derecho administrativo y derechos sociales fundamentales*. España: Global Law Pree-Editorial Derecho Global e Instituto Nacional de Administración Pública —INAP—, 2015.

Solórzano, Juan Felipe. La asistencia jurídica pública al Estado y su influencia en la actuación del poder ejecutivo. Tesis doctoral, Universidad de Salamanca, España, 2016.

Tomás Mallén, Beatriz. *El derecho fundamental a una buena administración*. Madrid: Instituto Nacional de Administración Pública, 2004.

Evolución de la negociación colectiva de los empleados públicos en Colombia

Adriana Camacho-Ramírez*

Sumario: Introducción. 1. Organización Internacional del Trabajo y negociación colectiva de los empleados públicos. 2. Evolución del marco normativo actual sobre la negociación colectiva de los empleados públicos en Colombia. 2.1. Generalidades. 2.2. Antecedentes del marco normativo. 3. Actualidad de la negociación colectiva de los empleados públicos: Decreto 1092 de 2012 y Decreto 160 de 2014. 3.1. Objeto. 3.2. A quiénes se aplica. 3.3. Capacitación. 3.4. Garantías de fuero sindical y de permiso sindical. 3.5. Representación. 3.6. Pliego de solicitudes. 3.7. Objeto de la negociación. 3.8. Asuntos no susceptibles de negociación. 3.9. Desarrollo de la negociación. 3.10. Contenido del acuerdo. 3.11. Conclusiones. Obras citadas.

Introducción

La base de los derechos colectivos es la libertad sindical de una persona, que se encuentra reconocida en la mayoría de las constituciones modernas de los Estados y en los instrumentos internacionales sobre derechos fundamentales.

* Abogada de la Universidad del Rosario (Colombia). Abogada de la Universitá degli Studi di Milano (Italia). Maestría en Derecho Laboral y Administración del Personal en la Universitá Cattolica del Sacro Cuore di Milano (Italia). Doctora *summa cum laude* de la Universidad Alfonso X El Sabio (España). Profesora de carrera y miembro del Grupo de Derecho Privado de la Facultad de Jurisprudencia de la Universidad del Rosario. Dirección: Calle 14 No. 6-25, Bogotá D. C., correo electrónico: adriana.camacho@urosario.edu.co

La concepción de la libertad sindical como un instrumento sobre derechos humanos se ha producido en medio de dos transformaciones del concepto de garantías esenciales del hombre: "el reconocimiento de los derechos sociales y la aceptación de derechos cuyo titular no es el individuo, sino una colectividad".[1]

Los derechos a sindicalizarse, a negociar colectivamente, a acudir a la huelga como mecanismo de presión, trípode fundamental de los derechos colectivos, se encuentran estipulados en el artículo 39 de la Carta Magna, así como en el 53, el 55 y el 56.[2] Sin embargo, en el ordenamiento jurídico, estos derechos en los empleados públicos se encontraban limitados.[3]

Asimismo, el Código Sustantivo del Trabajo —CST—, en su capítulo IX parte colectiva, estipuló varias normas referentes a esta clase de trabajadores,[4] algunas de ellas modificadas e influenciadas en gran parte por pronunciamientos de la Organización Internacional del Trabajo —OIT—, por la jurisprudencia de las Altas Cortes que han interpretado esas normas y, por qué no decirlo, por la presión ejercida por los Estados Unidos como requisito para la firma del TLC con Colombia en 2011.

A continuación se presentará un análisis de los aportes de la OIT, los antecedentes del actual marco normativo y el actual régimen normativo del Decreto 1092 de 2012 y en especial, del Decreto 160 de 2014 sobre la negociación colectiva de los empleados públicos, todo acompañado con la jurisprudencia más importante al respecto emanada por la Corte Constitucional y el Consejo de Estado. Finalmente, habrá una mención sobre el Decreto 89 de 2014 que trata el tema de la negociación en empresas con pluralidad sindical.

---

1 Eduardo Caamaño, "El reconocimiento de la libertad sindical y el problema de la representación de los trabajadores en la negociación colectiva", *Revista de Derecho de la Pontificia Universidad Católica de Valparaíso*, 30, (2008): 265-291. Consultado el 2 de mayo de 2014. http://www.scielo.cl/scielo.php?pid=S0718-68512008000100007&script=sci_arttext

2 Colombia, "Constitución Política de Colombia", 7 de julio de 1991.

3 Con esta frase no se quiere significar que hoy los empleados públicos no tengan limitaciones al momento de realizar una negociación colectiva. A pesar del paso abismal a favor de este tipo de negociación, los empleados públicos tienen limitaciones por su misma naturaleza, como se verá a lo largo del presente documento.

4 Colombia. "Decreto Ley 2663", Sobre Código Sustantivo del Trabajo. Bogotá, 5 de agosto de 1950. Consultado 18 de mayo de 2014. http://www.ilo.org/dyn/travail/docs/1539/Codigo%20Sustantivo%20del%20Trabajo%20Colombia.pdf

1. Organización Internacional del Trabajo y negociación colectiva de los empleados públicos

Con el objetivo de promover los derechos del trabajo y oportunidades de trabajo decente, así como de mejorar la protección social de los empleados y fortalecer el diálogo social que permitan superar los problemas y coyunturas laborales, la OIT ha orientado la discusión acerca de la negociación colectiva extendida a los empleados públicos a través de diferentes convenios y recomendaciones.

El Convenio 84 de 1947 determinó la obligación para los Estados de establecer las normas y medidas necesarias para garantizar el derecho a celebrar contratos colectivos.[5]

El Convenio 87 de 1948 acuerda la protección del derecho de sindicalización en general, reconociendo este derecho para empleadores y trabajadores de los sectores público y privado, sin ninguna distinción y sin autorización previa.[6] Allí, se establecen algunos principios rectores del derecho de asociación sindical en general, como los derechos a redactar sus propios estatutos y reglamentos administrativos, a elegir libremente sus representantes, a la abstención de cualquier intervención de la autoridad pública tendiente a limitar o a entorpecer este ejercicio, a la garantía de que sea un juez quien determine la suspensión o disolución, entre otros.

El Convenio 98 de 1949 se refiere igualmente al derecho de sindicalización y de negociación colectiva, estableciendo la obligación de adoptar medidas para la protección de la negociación colectiva por medio de procedimientos voluntarios. Las organizaciones de los trabajadores deberán gozar de protección frente a cualquier acto de injerencia en su vida interna, principalmente de aquellas medidas que tiendan a dominar o controlar

---

5 Organización Internacional del Trabajo, "Convenio 84 de 1947", Convenio sobre el derecho de asociación (territorios no metropolitanos), Ginebra, 11 de julio de 1947. Recuperado de: http://www.ilo.org/dyn/normlex/es/f?p=NORMLEXPUB:12100:0::NO::P12100_INSTRUMENT_ID:312229

6 Organización Internacional del Trabajo, "Convenio 87 de 1948", Convenio sobre la libertad sindical y la protección del derecho de sindicación, San Francisco, 9 de julio de 1948. Recuperado de: http://www.ilo.org/dyn/normlex/es/f?p=NORMLEXPUB:12100:0::NO:12100:P12100_ILO_CODE:C087

por parte de los empleadores las organizaciones de los trabajadores, ya sea realizada directamente o por medio de alguno de sus miembros.[7]

El Convenio 98 dejaba por fuera de su campo de aplicación a los funcionarios públicos que trabajan en la administración del Estado; posteriormente, el Convenio 151 establece "que los Estados fomenten procedimientos de negociación u otros métodos que permitan a los representantes de los empleados públicos participar en la determinación de sus condiciones de empleo".[8]

La Recomendación 91 de 1951[9] estableció la importancia de definir el procedimiento para la negociación, concertación, revisión y renovación de los contratos colectivos y señaló sus efectos y extensión.

El Convenio 150 de 1978 obliga a los Estados a "establecer procedimientos para garantizar, la consulta, la cooperación y la negociación entre las autoridades públicas"[10] y los representantes de los empleadores y trabajadores.

El Convenio 151 de 1978 consagra el derecho de negociación colectiva de los empleados públicos al establecer en su artículo 1 que el convenio "deberá aplicarse a todas las personas empleadas por la administración pública, en la medida que no le sean aplicables disposiciones más favorables de otros convenios internacionales de trabajo".[11]

Excepcionalmente, este "deja al legislador la facultad de determinar hasta qué punto las garantías previstas en él sean aplicadas a los empleados

---

[7] Organización Internacional del Trabajo, "Convenio 98 de 1949", Convenio sobre el derecho de sindicación y de negociación colectiva, Ginebra, 1 de julio de 1949. Recuperado de: http://www.ilo.org/dyn/normlex/es/f?p=NORMLEXPUB:12100:0::NO:12100:P12100_ILO_CODE:C098

[8] Bernard Gernigon, Alberto Odero y Horacio Guido, "Principios de la OIT sobre negociación colectiva", *Revista Internacional del Trabajo*, 119, (2000): 51. Consultado el 18 de mayo de 2014, http://www.ilo.org/public/spanish/revue/download/pdf/gernigon.pdf

[9] Organización Internacional del Trabajo, "Recomendación 91". Recomendación sobre los contratos colectivos. Ginebra, 29 de junio de 1951. Recuperado de: http://www.ilo.org/dyn/normlex/es/f?p=NORMLEXPUB:12100:0::NO:12100:P12100_ILO_CODE:R091

[10] Organización Internacional del Trabajo, "Convenio 150", Convenio sobre la administración del trabajo. Ginebra, 26 de junio de 1978. Recuperado de: http://www.ilo.org/dyn/normlex/es/f?p=NORMLEXPUB:12100:0::NO:12100:P12100_INSTRUMENT_ID:312295:NO

[11] Organización Internacional del Trabajo. "Convenio 151 de 1978", Convenio sobre las relaciones de trabajo en la administración púbica, Ginebra, 27 de junio de 1978. Recuperado de: http://www.ilo.org/dyn/normlex/es/f?p=NORMLEXPUB:12100:0::NO:12100:P12100_INSTRUMENT_ID:312296:NO

de alto nivel que por sus funciones poseen poder decisorio, a los empleados cuyas obligaciones son de naturaleza altamente confidencial, a las fuerzas armadas o a la policía".[12]

Además, consagra la obligación de "adoptar medidas adecuadas a las condiciones de cada país para estimular y fomentar el pleno desarrollo y utilización de procedimientos de negociación entre las autoridades públicas competentes y las organizaciones de empleados públicos acerca de las condiciones de empleo, o de cualesquiera otros métodos que permitan a los representantes de los empleados públicos participar en la determinación de dichas condiciones".[13]

El Convenio 154 de 1981, aplicable a todas las ramas de la actividad económica, incluyendo la Administración Pública, fija además la "potestad de los Estados para determinar hasta qué punto las fuerzas armadas y la policía pueden hacer parte de este convenio que indica la importancia de los mecanismos de conciliación y arbitraje en una negociación colectiva".[14]

El Convenio 154 fue complementado por la Recomendación 159 de 1978, sobre los procedimientos para determinar las condiciones de empleo en la Administración Pública, indicando que los Estados deben prever en su legislación quiénes serán las personas autorizadas para negociar, y el procedimiento para terminar, renovar o revisar las negociaciones, además de determinar las condiciones de empleo en la Administración Pública.

2. Evolución del marco normativo actual sobre la negociación colectiva de los empleados públicos en Colombia

2.1. Generalidades

La negociación colectiva permite la solución de conflictos laborales en un país, así como posibilita la "adaptación de la disciplina laboral a los nuevos acontecimientos económicos y sociales",[15] y aunque tiene un largo historial

---

[12] Ibid.

[13] Ibid., artículo 7.

[14] Organización Internacional del Trabajo, "Convenio 154 de 1981", Convenio sobre la negociación colectiva, Ginebra, 3 de junio de 1981. Consultado 18 de mayo de 2014. http://www.ilo.org/dyn/normlex/es/f?p=NORMLEXPUB:12100:0::NO:12100:P12100_ILO_CODE:C154

[15] Guillermo Guerrero Figueroa, *Manual de derecho del trabajo* (Bogotá: Editorial Leyer, 2011), 598.

en Colombia "no se ha construido una memoria sistemática sobre ella, y mucho menos, sobre los contenidos y alcances de la misma".[16] Esto se ha evidenciado aún más frente a la negociación y a los derechos colectivos en general de los empleados públicos, debido a que por muchos años predominó la *teoría de la relación unilateral* entre la Administración que impone las reglas propias y sus trabajadores. Este *carácter estatutario* de donde se deriva el empleo público en sus relaciones laborales predominó, y la exclusión de los derechos colectivos tal y como se manejaba en el sector privado tenía básicamente esa razón jurídica, aunada a: ideas como la estabilidad laboral con las que cuentan sus trabajadores a diferencia de los demás empleados, la carrera administrativa con la que no se cuenta por fuera de este sector, el interés público y general que no puede ser superado por intereses particulares, e incluso, la idea de que podía llegar a constituirse en una limitación para el ejercicio del mismo poder.

Estos pensamientos fueron cambiando en el mundo, influenciados profundamente por los convenios y recomendaciones de la OIT, y en Colombia, por la promulgación de la nueva Carta Política de 1991 y por la firma del Plan de Acción Laboral (PAL) con Estados Unidos en el 2011.

A continuación, se esbozarán los principales antecedentes del marco normativo de la convención colectiva de los empleados públicos como mecanismo de protección laboral.

2.2. Antecedentes del marco normativo

La defensa de los derechos laborales y de asociación sindical en Colombia se estableció en la Constitución Política de 1991 (en adelante CP), a través de la de los artículos 38 y 39, que garantizan los derechos de libre asociación y libertad sindical, respectivamente.

> Artículo 38. Se garantiza el derecho de libre asociación para el desarrollo de las distintas actividades que las personas realizan en sociedad.
>
> Artículo 39. Los trabajadores y empleadores tienen derecho a constituir sindicatos o asociaciones, sin intervención del Estado. Su

[16] Ricardo Bonilla, "Negociación colectiva en Colombia", Programa Nacional una Escuela de Concertación para Colombia, Colombia, 2013, Recuperado de: https://issuu.com/cutorgco/docs/cartilla_de_negociacion_colectiva_2

> reconocimiento jurídico se producirá con la simple inscripción del acta de constitución.
>
> La estructura interna y el funcionamiento de los sindicatos y organizaciones sociales y gremiales se sujetarán al orden legal y a los principios democráticos.
>
> La cancelación o la suspensión de la personería jurídica solo proceden por vía judicial. Se reconoce a los representantes sindicales el fuero y las demás garantías necesarias para el cumplimiento de su gestión.
>
> No gozan del derecho de asociación sindical los miembros de la Fuerza Pública.[17]

La CP también consagró la obligación de expedir un estatuto de trabajo, documento que debería garantizar, entre otros aspectos, que los trabajadores tuvieran la posibilidad de conciliar; la Carta Política también estableció la correspondencia de la legislación colombiana con la normativa internacional.

> Artículo 53. El Congreso expedirá el estatuto del trabajo. La ley correspondiente tendrá en cuenta por lo menos los siguientes principios mínimos fundamentales:
>
> Igualdad de oportunidades para los trabajadores; remuneración mínima vital y móvil, proporcional a la cantidad y calidad de trabajo; estabilidad en el empleo; irrenunciabilidad a los beneficios mínimos establecidos en normas laborales; facultades para transigir y conciliar sobre derechos inciertos y discutibles; situación más favorable al trabajador en caso de duda en la aplicación e interpretación de las fuentes formales de derecho; primacía de la realidad sobre formalidades establecidas por los sujetos de las relaciones laborales; garantía a la seguridad social, la capacitación, el adiestramiento y el descanso necesario; protección especial a la mujer, a la maternidad y al trabajador menor de edad.
>
> El Estado garantiza el derecho al pago oportuno y al reajuste periódico de las pensiones legales.

[17] Colombia, "Constitución Política de Colombia", artículos 38 y 39.

> Los convenios internacionales del trabajo debidamente ratificados, hacen parte de la legislación interna.
>
> La ley, los contratos, los acuerdos y convenios de trabajo, no pueden menoscabar la libertad, la dignidad humana ni los derechos de los trabajadores.[18]

De esta manera el Estado constituye su línea de protección a los derechos laborales, especificando, además, el mecanismo de negociación colectiva como un rango constitucional y estableciendo la posibilidad de una excepción legal. Así com lo indica el artículo 55 "Se garantiza el derecho de negociación colectiva para regular las relaciones laborales, con las excepciones que señale la ley. Es deber del Estado promover la concertación y los demás medios para la solución pacífica de los conflictos colectivos de trabajo".[19]

Excepción que afectó a los empleados públicos con lo instituido en el artículo 416 del CST que consagró ciertas limitaciones "los sindicatos de empleados públicos no pueden presentar pliegos de peticiones ni celebrar convenciones colectivas".[20]

Así, se generó un debate debido a que mientras la CP consagraba la igualdad de los colombianos, no sucedía lo mismo con los derechos laborales limitados a los empleados públicos por el CST, respaldado en la expresión de la constituyente "excepciones que señale la ley".

Controversia que empezó a esclarecerse gracias a la consonancia normativa de la constituyente con la legislación internacional. Así, con la Ley 411 de 1997, el Congreso aprueba la aplicación del Convenio 151 de la OIT sobre la protección del derecho de sindicación y los procedimientos para determinar las condiciones de empleo en la Administración Pública.[21]

---

[18] Ibid., artículo 53.

[19] Ibid.

[20] Colombia, "Decreto Ley 2663".

[21] "Artículo 1º.-

1. El presente Convenio deberá aplicarse a todas las personas empleadas por la administración pública, en la medida en que no les sean aplicables disposiciones más favorables de otros convenios internacionales del trabajo.

2. La legislación nacional deberá determinar hasta qué punto las garantías previstas en el presente Convenio se aplican a los empleados de alto nivel que, por sus funciones, se considera

También, con la Ley 524 de 1999,[22] se ratificó el Convenio 154 de la OIT[23] sobre el fomento a la negociación colectiva.

> Artículo 2. A los efectos del presente Convenio, la expresión 'negociación colectiva' comprende todas las negociaciones que tienen lugar entre un empleador, un grupo de empleadores o una organización o varias organizaciones de empleadores, por una parte, y una organización o varias organizaciones de trabajadores, por otra, con el fin de:
>
> (a) fijar las condiciones de trabajo y empleo, o
> (b) regular las relaciones entre empleadores y trabajadores, o
> (c) regular las relaciones entre empleadores o sus organizaciones y una organización o varias organizaciones de trabajadores, o lograr todos estos fines a la vez.[24]

Diversos proyectos de ley y sentencias abarcaron en diferentes fechas el derecho de negociación colectiva con el fin de dar respuesta a las dudas

---

normalmente que poseen poder decisorio o desempeñan cargos directivos o a los empleados cuyas obligaciones son de naturaleza altamente confidencial.

3. La legislación nacional deberá determinar así mismo hasta qué punto las garantías previstas en el presente Convenio son aplicables a las fuerzas armadas y a la policía.

Artículo 2º.- A los efectos del presente Convenio, la expresión 'empleado público' designa a toda persona a quien se aplique el presente Convenio, de conformidad con su artículo 1º.

Artículo 3º.- A los efectos del presente Convenio, la expresión 'organización de empleados públicos' designa a toda organización, cualquiera que sea su composición, que tenga por objeto fomentar y defender los intereses de los empleados públicos". Colombia, Congreso de Colombia. "Ley 411 de 1997", por medio de la cual se aprueba el 'Convenio 151 sobre la protección del derecho de sindicación y los procedimientos para determinar las condiciones de empleo en la administración pública', adoptado en la 64 Reunión de la Conferencia General de la Organización Internacional del Trabajo, Ginebra, 1978. Bogotá, Diario Oficial 43168, 5 de noviembre de 1997, consultada 18 de mayo de 2014, http://www.alcaldiabogota.gov.co/sisjur/normas/Norma1.jsp?i=335

[22] Colombia, Congreso de la República, "Ley 524 de 1999", por la cual se aprueba el 'Convenio Número Ciento Cincuenta y Cuatro (154) sobre el fomento de la negociación colectiva', adoptado en la Sexagésima Séptima (67) Reunión de la Conferencia General de la Organización Internacional del Trabajo, Ginebra, con fecha diecinueve (19) de junio de mil novecientos ochenta y uno (1981). Bogotá, Diario Oficial 43670, 12 de agosto de 1999, consultada 18 de mayo de 2014, http://www.alcaldiabogota.gov.co/sisjur/normas/Norma1.jsp?i=13348

[23] Organización Internacional del Trabajo. "Convenio 154 de 1981".

[24] Colombia, Congreso de la República, "Ley 524 de 1999".

jurídicas en las que se debatía la existencia de la prohibición a los empleados públicos para que hicieran uso de este mecanismo.[25]

De acuerdo con la literatura al respecto, existieron tres puntos importantes en la discusión. Uno se dio en 2005 cuando la Corte Constitucional no se refirió a una prohibición absoluta, sino que señaló que "la negociación no es plena",[26] en la medida "en que su adopción encuentra restricciones en la movilidad de discusión y de decisión ya que esta finalmente es tomada por las autoridades constitucionalmente facultadas para disponer los términos de la relación laboral, es decir, en el ámbito nacional al Congreso y al Presidente de la República, y en el ámbito territorial, a las Asambleas, Concejos, Gobernadores y Alcaldes".[27]

El segundo punto importante ocurre en 2008 cuando el máximo órgano constitucional señaló que el derecho a la negociación colectiva no podía limitarse a la posibilidad de presentar pliegos de peticiones buscando suscribir convenciones, "sino que podía abarcar otras formas de negociación, abriendo posibles escenarios de interacción entre los empleados públicos y las autoridades sin significar la presentación de pliego de peticiones y una eventual violación al reiteradamente mencionado artículo 416 del Código Sustantivo del Trabajo".[28]

Y el tercero, también en 2008, cuando la Corte ahondó lo ya manifestado e indicó que "los sindicatos de empleados públicos no estaban excluidos del derecho a la negociación colectiva y, aun cuando esta no era plena, no implicaba que los sindicatos de estos servidores públicos no puedan desarrollar instancias legítimas para alcanzar una solución negociada y concertada" en

---

25 Por ejemplo, en la Sentencia C-1234 de 2005 de la Corte Constitucional se estableció lo siguiente: "Si bien esta clase de servidores goza del derecho de sindicalización y, por ende de la búsqueda de soluciones negociadas y concertadas, este derecho no puede afectar la facultad que la Constitución les confiere a las autoridades de fijar unilateralmente las condiciones de empleo y la fijación de salarios". Colombia, Corte Constitucional, "Sentencia C-1234 de 2005", 29 de noviembre de 2005. Magistrado ponente: Alfredo Beltrán Sierra.

26 Ibid.

27 Asociación Sindical de Profesores Universitarios, "Línea jurisprudencial Negociación Colectiva del sector público", 6. Consultado 18 de mayo de 2014: https://www.slideshare.net/MarthaLucaSalamancaSolis/linea-jurisprudencialnegociacioncolectivasectorpublico

28 Ibid., 7.

el caso de conflictos económicos o de interés entre los empleados públicos y las autoridades.[29]

Ante la diversidad de posiciones, las necesidades de los empleados públicos, la decisiva influencia de la firma del TLC con Estados Unidos[30] y las diferentes negociaciones relacionadas con el derecho a la negociación colectiva entre el Gobierno y las asociaciones sindicales, se llegó al establecimiento de los Decretos 1092 de 2012 y 160 de 2014 que son los que actualmente regulan la negociación colectiva de los empleados públicos en Colombia.

3. Actualidad de la negociación colectiva de los empleados públicos: Decreto 1092 de 2012 y Decreto 160 de 2014

Según la corriente ideológica que ha predominado, no es conveniente someter al mismo tratamiento de derechos colectivos, en especial a la negociación colectiva, a los trabajadores públicos y a los privados. En gran medida han sido los efectos que una huelga puede tener sobre la comunidad lo que ha llevado a muchos países y sociedades a limitar el uso indiscriminado de este mecanismo de presión por parte de los trabajadores,[31] y dado que la huelga es una figura fundamental en el ejercicio de la actividad sindical en una negociación colectiva, se han querido limitar las graves consecuencias para la ciudadanía en la prestación de un servicio público.[32] Con todo y lo

---

29 Ibid., 7.

30 En el Plan de Acción de Colombia y Estados Unidos para Derechos Laborales, del 27 de abril de 2011 quedó consignado: "Artículo 17.1. Declaración de compromisos adquiridos: 1. (...) Cada Parte procurará asegurar que tales principios laborales y los derechos laborales internacionalmente reconocidos establecidos en el numeral 17.7, *sean reconocidos y protegidos por su legislación*. 2. Las Partes reafirman su pleno respeto por sus Constituciones *y reconocen el derecho de cada Parte de adoptar o modificar sus leyes y normas laborales* (...). Art. 17.7. Para los propósitos de este capítulo: Legislación laboral significa leyes o regulaciones de una Parte, o disposiciones de la misma, que estén directamente relacionadas con los siguientes derechos laborales internacionalmente reconocidos: a. libertad de asociación, b. *derecho de organizarse y negociar colectivamente* (...)" (cursiva añadida). "Plan de Acción de Colombia y Estados Unidos para Derechos Laborales", 27 de abril de 2011, Capítulo 17, Asuntos Laborales.

31 Alberto Armstrong, Rafael Águila y Darío Rodríguez, "Proposición de proceso de negociación colectiva para los sectores público y municipal", en: *Camino al bicentenario propuestas para Chile*, 179-218, (Chile, 2007), 181. Recuperado de: http://politicaspublicas.uc.cl/wp-content/uploads/2015/02/proposicion-de-proceso-de-negociacion-colectiva-para-los-sectores-publico-y-municipal.pdf

32 En el caso colombiano, "La Constitución y la ley establecen que los empleados públicos no podrán declarar la huelga, dado el carácter de su relación legal y reglamentaria, por cuanto al

anterior, los Decretos 1092 de 2012 y 160 de 2014 se consideran un paso abismal para la verdadera negociación colectiva.

3.1. Objeto

El Decreto 160 de 2014 tiene por objeto "regular el procedimiento para la negociación exclusivamente para las condiciones de empleo, entre las entidades y autoridades públicas competentes y las organizaciones sindicales de empleados públicos",[33] y derogó lo establecido previamente por el Decreto 1092 de 2012 "regular los términos y procedimientos que se aplicarán a la negociación entre las organizaciones sindicales de empleados públicos y las entidades públicas en la determinación de las condiciones de empleo de los empleados públicos de las entidades públicas del orden nacional, departamental, distrital y municipal; los organismos de control, la Organización Electoral y los órganos autónomos e independientes".[34]

Es interesante resaltar que, habiéndose especificado que la negociación se realizará entre organizaciones sindicales y entidades públicas, se "excluye la posibilidad de negociación para aquellos empleados públicos que no se encuentren sindicalizados, con la consecuente conclusión de que no podrán existir pactos colectivos".[35]

3.2. A quiénes se aplica

La negociación se aplicará a los empleados públicos de todas las entidades y organismos del sector público, con excepción de: "los empleados públicos que desempeñen empleos de alto nivel político, jerárquico o directivo,

---

permitirse esta se atentaría contra el interés colectivo, en razón a la parálisis que se produciría en la función pública". Colombia, Corte Constitucional, "Sentencia T-1059 de 2001", 5 de octubre de 2001. Magistrado ponente: Jaime Araujo Rentería.

33 Colombia, Presidencia de la República, "Decreto 160 de 2014", por el cual se reglamenta la Ley 411 de 1997 aprobatoria del Convenio 151 de la OIT, en lo relativo a los procedimientos de negociación y solución de controversias con las organizaciones de empleados públicos, Bogotá, Diario Oficial 49055, 5 de febrero de 2014, artículo 1.

34 Colombia, Presidencia de la República, "Decreto 1092 de 2012", por el cual se reglamentan los artículos 7 y 8 de la Ley 411 de 1997 en lo relativo a los procedimientos de negociación y solución de controversias con las organizaciones de empleados públicos, Bogotá, 24 de mayo de 2012, artículo 1.

35 Jaime Cerón Coral y Adriana Camacho-Ramírez, *Derecho colectivo del trabajo* (Bogotá: Editorial Ibañez y Universidad del Rosario, 2014), 113.

cuyas funciones comporten atribuciones de gobierno, representación, autoridad o de conducción institucional, cuyo ejercicio implica la adopción de políticas públicas",[36] como por ejemplo, el presidente de la República, los congresistas, los ministros, los viceministros, los directores y subdirectores de Departamentos Administrativos, entre otros. Tampoco se aplica al personal uniformado de las Fuerzas Militares y de la Policía Nacional, ni a los trabajadores oficiales (que siguen con el derecho a la negociación colectiva como en el sector privado).

Se debe entender por empleado público, quien se vincula a la Administración Pública según una relación legal y reglamentaria.[37]

3.3. Capacitación

Es una obligación que los organismos y las entidades públicas incluyan dentro de los programas institucionales la capacitación de sus funcionarios para la realización de negociaciones colectivas. Igualmente, sería interesante capacitar a las personas para ser negociadoras. El artículo 16 del Decreto 160 de 2014 indica el deber de realizar programas y talleres dirigidos a impartir formación a los servidores públicos precisamente para participar de las negociaciones. Esta es una muestra de la importancia que se le quiere dar a esta institución, involucrando a los empleados públicos desde el conocimiento de que una negociación se puede hacer y explicándoles de qué manera.

3.4. Garantías de fuero sindical y de permiso sindical

Mientras dure la negociación, gozarán de las garantías de fuero sindical y permiso sindical aquellos empleados públicos que lo soliciten. Se considera que este fuero sindical pretende ser utilizado como fuero circunstancial para garantizar la fuerza de la parte trabajadora en las negociaciones. Sin embargo, se está de acuerdo con José Roberto Herrera Vergara cuando indica que este fuero es desproporcionado e innecesario y crea un desequilibrio estructural con el fuero circunstancial, sobre todo cuando su campo de aplicación alcanza no solo a los negociadores sino a los beneficiarios de la

---

[36] Colombia, Presidencia de la República, "Decreto 160 de 2014", artículo 2.

[37] Ibid., artículo 4.

negociación. Adicionalmente, Herrera analiza que este derecho (fuero) ha sido creado por vía reglamentaria, no obstante su clara reserva legal pues, de acuerdo con el artículo 53 de la CP, es el legislador quien puede instituirlo.[38]

El Decreto 2813 de 2000 expresa la obligación de otorgar permisos sindicales durante la negociación colectiva además de mantener los derechos salariales y prestacionales correspondientes, así como los derivados de la carrera.[39] Como no se hace alusión al número de permisos ni de beneficiarios, consideramos que deben respetarse los principios de razonabilidad, proporcionalidad y necesidad.[40]

3.5. Representación

La representación la puede tener un sindicato, varios sindicatos o una federación sindical. No puede existir sino una sola negociación colectiva por cada entidad, intentando la negociación conjunta de los sindicatos, a diferencia de las varias negociaciones simultáneas que operan en el sector privado. En caso de existir pluralidad de sindicatos, se deberá coordinar la integración de solicitudes con el fin de integrar un único pliego de solicitudes y ponerse de acuerdo en la integración de las comisiones negociadoras y asesoras. Los negociadores deben ser elegidos en Asamblea Estatutaria y en esta se debe adoptar el pliego de solicitudes que deberá ser presentado dentro de los dos meses siguientes.[41]

3.6. Pliego de solicitudes

El pliego de peticiones que se presenta en el sector privado se llama pliego de solicitudes en el ámbito de la negociación de los empleados públicos. El término para la presentación del pliego será dentro del primer bimestre

---

[38] Roberto Herrera, "Negociación colectiva de empelados públicos", presentación Universidad del Rosario, consultado 18 de mayo de 2014, http://www.urosario.edu.co/Educacion-Continuada/documentos/Memorias/Jurisprudencia/NEGOCIACION-COLECTIVA-DE-EMPLEADOS-PUBLICOS.pdf

[39] Colombia, Presidencia de la República, "Decreto 2813 de 2000", por el cual se reglamenta el artículo 13 de la Ley 584 de 2000, Bogotá, Diario Oficial, 29 de diciembre de 2000.

[40] Roberto Herrera, "Negociación colectiva de empelados públicos".

[41] Colombia, Presidencia de la República, "Decreto 160 de 2014", artículo 8.

de cada año, es decir en los meses de enero y febrero, término más corto respecto a la anterior normativa.[42]

3.7. Objeto de la negociación

La negociación versa exclusivamente sobre las condiciones de empleo. Entre ellas:

- La remuneración establecida para los diferentes empleos, resaltando que para las entidades del nivel territorial (Departamentos, Distritos y Municipios) se deberán tener en cuenta los límites salariales máximos establecidos por el Gobierno nacional, para lo cual se deberá contar previamente con la disponibilidad presupuestal y responder a la política macroeconómica del Estado.[43]

---

[42] Más corto en comparación con el Decreto 1092 de 2012, que indicaba que el pliego de solicitudes debía presentarse en el primer trimestre de cada año.

[43] A propósito del tema de la remuneración como objeto de la negociación, resulta interesante analizar la sentencia: Colombia, Consejo de Estado, Sala de lo Contencioso Administrativo, "Sentencia 1998-06185 del 28 de febrero de 2013", Bogotá, Consejero ponente: Danilo Rojas Betancourth.

En efecto, la negociación colectiva no se vulnera por desacuerdos entre los negociadores o empleados.

El problema jurídico que se ventila en esta Sentencia es la presentación de la inconformidad, a través de una acción de tutela, de ciertos grupos que consideraban no estar representados por Asonal Judicial, a participar en el proceso de negociación colectiva iniciado para solucionar el problema de nivelación salarial en la rama judicial (el llamado paro judicial del año 2012). A juicio de la demandante se firmó un acuerdo que no tuvo en cuenta los intereses y los desacuerdos de todos los miembros de la mesa de negociación sino solo los de la Fiscalía General de la Nación y los representantes de funcionarios y empleados de la rama judicial, desamparando el derecho fundamental a la partición en las decisiones que los afectan y al derecho a la negociación colectiva como instancia de concertación.

El Consejo de Estado, haciendo un análisis jurisprudencial, sobre todo de la Corte Constitucional (en especial de las sentencias C-1234 de 2005 y C-377 de 1998), reitera que si bien la potestad de fijar las condiciones salariales de los empleados públicos y en particular, de los empleados de la rama judicial, es del Gobierno nacional en virtud del derecho a la participación en las decisiones que los afectan, los empleados y funcionarios pueden formar parte de un proceso de negociación y concertación. Analiza que en el presente caso se probó la facultad de participación de todos los grupos interesados, aunque no se incluyeron en el acuerdo de Asonal todas las propuestas y se excluyeron varios puntos de grupos disidentes. Esto no significa una violación a los derechos de negociación colectiva, porque existe una representación que supone que los representantes llevan a la mesa de negociación las peticiones previamente concertadas entre los servidores.

Es frecuente que en este tipo de procesos se presenten desavenencias entre los propios negociadores o entre los mismos empleados. Empero, eso no significa que el proceso de negociación esté viciado o que se vulnere el derecho de negociación colectiva. El derecho de negociación queda

- El horario de trabajo, dentro de la jornada laboral de 44 horas a la semana, sin afectar la prestación del servicio.
- Calidad de vida laboral (mejoramiento de las condiciones en el puesto de trabajo, propender por un ambiente laboral seguro).
- Adopción de medidas encaminadas a promover y mantener el más alto grado de bienestar físico, mental y social de los empleados.
- Capacitación y estímulos.
- Bienestar social e incentivos.
- Los demás aspectos que contribuyan a mejorar las condiciones laborales de los empleados públicos.

3.8. Asuntos no susceptibles de negociación

La negociación debe respetar las competencias exclusivas que la Constitución y la ley atribuyen a las autoridades públicas. Concertar sobre potestades del Estado puede lesionar los principios o los valores constitucionales, las bases de la organización estatal o asuntos de elevado interés social, respecto de los cuales la Administración Pública no solamente no puede convenir sino que ni siquiera puede adelantar ninguna negociación. Sería importante que la ley o la jurisprudencia precisen tales competencias exclusivas.

Los asuntos sobre los cuales no es posible negociar son:

- La estructura organizacional.
- Las plantas de personal.
- Las competencias de dirección, administración y fiscalización del Estado.
- Los procedimientos administrativos.
- La carrera administrativa.

---

protegido si se permite a los negociadores exponer fórmulas de arreglo. Que existan desacuerdos tampoco significa el derecho a la negociación que deba negociarse con cada grupo de personas que se declare disidente, que no quiera aceptar la legitimidad de los dignatarios.

Y se reitera, en repetidas ocasiones a lo largo de la sentencia, que negociar es tratar un conflicto en procura de la mejor solución, pero no implica que se deban suscribir tantos acuerdos como posiciones existan frente al conflicto. Habiéndose demostrado la participación en el proceso de negociación de la parte actora, no se vulneró el derecho a la negociación colectiva ni cuanto menos a la participación, y por ende, se deniegan las pretensiones de la acción de tutela interpuesta por la parte demandante. Ver: Colombia, Consejo de Estado, Sección Cuarta, "Sentencia nº 25000-23-25-000-2012-01675-01(AC)", 28 de febrero de 2013. Consejero ponente: Hugo Fernando Bastidas Bárcenas.

- El Régimen Disciplinario.
- El Régimen Prestacional.

En materia salarial podrá haber concertación. Sin perjuicio de lo anterior, en el nivel territorial, se respetarán los límites que fije el Gobierno nacional.

3.9. Desarrollo de la negociación

La fase inicial de la negociación colectiva de los empleados públicos, es la concertación entre las partes negociadoras, etapa en la que propende por lograrse un acuerdo voluntario. En efecto, dentro de los 5 días hábiles siguientes a la presentación del pliego de solicitudes y de la designación de los negociadores, empieza la etapa del arreglo directo, que dura 20 días hábiles prorrogables hasta por 20 días hábiles más.[44] Cada acuerdo y cada punto no acordado deben quedar plasmados en actas que incluirán los argumentos expuestos por cada parte. El o las actas, en caso de ser varias, deberán registrarse ante el Ministerio del Trabajo. Si durante la negociación quedaran puntos pendientes, deberá acudirse a la etapa de la mediación en donde el mediador puede ser designado por las partes o por el Ministerio del Trabajo en caso de que ellas no se pongan de acuerdo en el nombre. También, las partes pueden solicitárselo directamente al Ministerio. El mediador contará con 10 días hábiles para proponer, de manera escrita, fórmulas justificadas para lograr el acuerdo y superar las dificultades (los primeros 5 días de esos 10 se reunirá con cada parte para solicitar la información necesaria). Una vez presentadas las propuestas, las partes dispondrán de 3 días hábiles para acoger integralmente las propuestas del mediador, o parcialmente, o incluso no acoger ninguna de ellas. En las últimas dos hipótesis deberá realizarse una audiencia dentro de los 3 días hábiles siguientes, que permitirá definitivamente solucionar la controversia, a realizarse con la participación del mediador y de las partes. En esta negociación no es posible acudir al tribunal de arbitramento, pues las normas no lo han contemplado, así que necesariamente debe llegarse a un acuerdo conclusivo. Una vez firmado el acuerdo colectivo no se podrán formular nuevas solicitudes durante su

---

[44] Inicialmente el Decreto 1092 de 2012 expresaba un término de 20 días prorrogables hasta por diez días más, pero el Decreto 160 de 2014 indicó que en vez de 10 debían ser 20 días más (tal como son los términos del arreglo directo en el sector privado).

vigencia. "Es importante indicar la obligación que tienen los negociadores de concurrir a las reuniones de negociación con el ánimo de buscar alternativas para la solución del pliego de solicitudes, según el nuevo Decreto 160 de 2014, obligación que no existía en las anteriores normativas y que puede fortalecer la negociación".[45]

Para visualizar mejor las etapas de la negociación colectiva de los empleados públicos, se incluye la siguiente figura:

Figura 1. Decreto 160 de 2014

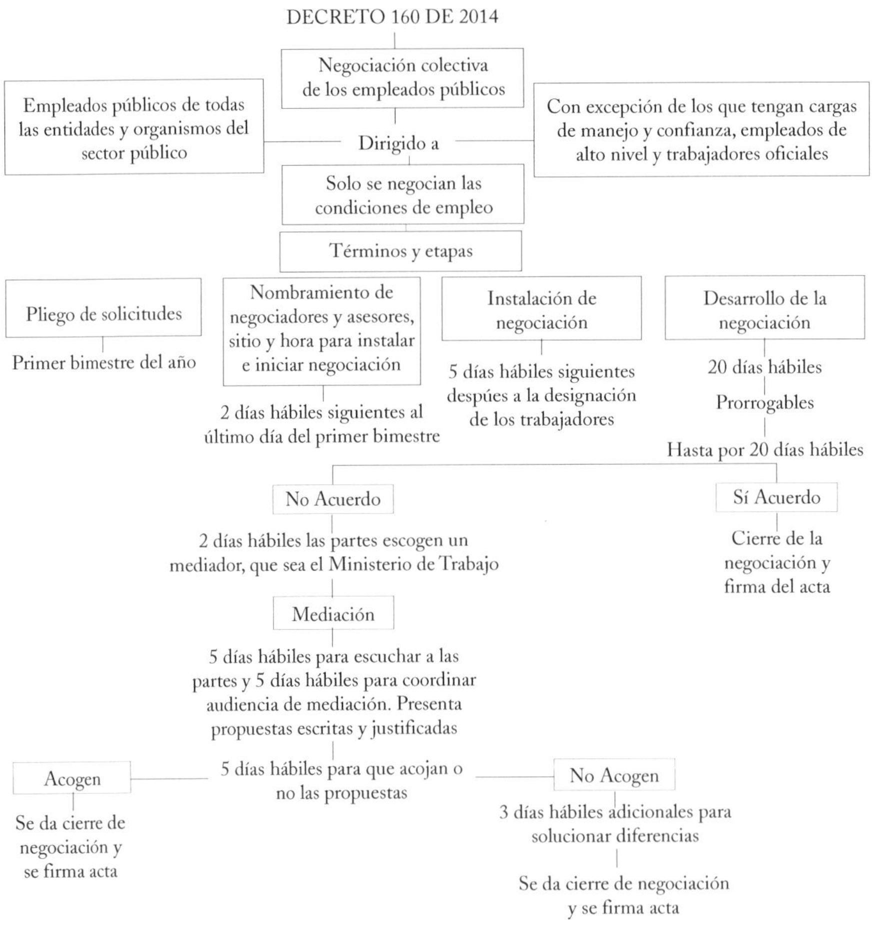

Fuente: elaboración propia.

[45] Cerón Coral y Camacho-Ramírez, *Derecho colectivo del trabajo*, 113.

3.10. Contenido del acuerdo

El acuerdo colectivo debe contener, según el artículo 13 del Decreto 160 de 2014, lo siguiente: (i) lugar y fecha; (ii) las partes y sus representantes; (iii) el texto de lo acordado; (iv) el ámbito de su aplicación; (v) el período de vigencia; (vi) la forma, medios y tiempos para su implementación; y (vii) la integración y funcionamiento del comité de seguimiento para el cumplimiento e implementación del acuerdo colectivo.

3.11. Comentarios adicionales

El Decreto 160 de 2014 ha completado varias de las lagunas que existían en la anterior norma, el Decreto 1092 de 2012. Sin embargo, aunque la mayoría de las propuestas son afortunadas, la resolución del conflicto parece falta de desenlace, o mejor con una terminación de la negociación colectiva incompleta.

En efecto, el artículo 11 indica que "cumplidos los términos anteriormente señalados para la etapa de la negociación y para adelantar la mediación, se dará cierre a la misma y se levantarán las actas respectivas".[46] Estamos de acuerdo con el profesor Villegas Arbeláez en que "ahí no ha debido terminar la norma. Ha debido seguir para regular el Arbitraje".[47]

La norma vigente indica categóricamente que agotadas las etapas de arreglo directo y la mediación, se dará cierre a la negociación, dejando la sensación de que aún en el caso de que el conflicto persista, se terminará. El Convenio 151 de la OIT indica que

> La solución de los conflictos que se planteen con motivo de la determinación de las condiciones de empleo se deberá tratar de lograr, de manera apropiada a las condiciones nacionales, por medio de la negociación entre las partes o mediante procedimientos independientes

---

[46] Colombia, Presidencia de la República, "Decreto 160 de 2014", numeral 10 del artículo 11.

[47] Jairo Villegas, "El nuevo Decreto 160 de febrero 5 de 2014 Negociación Colectiva en la Administración Pública", *Suma*, 18 de febrero de 2014. Recuperado de: http://sumadossomosfuerza.org/index.php/noticias/sector-sindical/306-el-nuevo-decreto-160-de-febrero-5-de-2014-sobre-negociacion-colectiva-en-la-administracion-publica

> e imparciales, tales como la mediación, la conciliación y el arbitraje, establecidos de modo que inspiren la confianza de los interesados.[48]

Así que no se entiende por qué el arbitraje no se incluye como una herramienta válida para intentar resolver el conflicto que aún no haya sido solucionado, más aún cuando se transcribe específicamente este enunciado en el "Considerando" del Decreto 160 de 2014, que hace alusión a la necesidad de adoptar las medidas acogidas por el Convenio mencionado.

Respecto a si les es aplicable el fuero circunstancial o no durante la negociación, se concluye que por el momento, y aunque no está superado el tema, no es posible toda vez que este fuero surge con la presentación del pliego de peticiones, lo cual no sucede en el sector privado, pues la herramienta para dar inicio a la negociación es el pliego de solicitudes.[49]

4. Negociación colectiva en empresas con varios sindicatos

A los conflictos generados por la existencia de la pluralidad sindical dentro de las empresas, y que no tenían un precepto jurídico esclarecedor debido a que la Corte Constitucional en la Sentencia C-567 del año 2000 retira las normas relacionadas con la existencia de más de un sindicato en una organización de este tipo, el Gobierno nacional propuso una solución con la aprobación del Decreto 89 de 2014 por el cual se reglamentan los numerales 2 y 3 del artículo 374 del Código Sustantivo del Trabajo, y que según fuentes oficiales tiene como objeto fortalecer la autonomía, la democracia sindical y la negociación colectiva.

Expertos afirman que el decreto defiende la representación y participación de los diferentes sindicatos cuando hay coexistencia de los mismos en una empresa,[50] y de esta manera se alcanza la unidad en la negociación —una comisión negociadora (integrada por representantes de los diferentes sindicatos) presentará un solo pliego de peticiones—.

---

[48] Organización Internacional del Trabajo. "Convenio 151 de 1978", parte V del artículo 8.

[49] Adriana Camacho-Ramírez y Mónica María Cuervo-Aparicio, *Conflicto colectivo del trabajo de los empleados públicos* (Bogotá: Editorial Universidad del Rosario, 2017), 54.

[50] Adrian Puentes, "Desde ahora habrá unidad de negociación en empresas con varios sindicatos", *Activo Legal*, 22 de enero de 2014, recuperado de: http://www.activolegal.com/web/index.php/noticias/actualidad/768-unidad-sindical-decreto-89-2014-negociacion-colectiva

Con la expedición de este Decreto se estuvo acatando la jurisprudencia de la Corte Constitucional y los lineamientos de la Comisión de Expertos de la Organización Internacional de Trabajo, OIT, en lo que hace referencia a la representatividad sindical y negociación colectiva.

Por otro lado, es relevante tener en cuenta que este tipo de legislación y muchas de las acciones actuales en diferentes sectores, en este caso el laboral, han surgido y se han mantenido por las interpretaciones que ha hecho el Consejo de Estado sobre normatividad pasada, vigente y en transición; los pronunciamientos, las sentencias, y los consejos de este *órgano* permiten resolver, en última instancia, los procesos que involucran al Estado, a entidades estatales y a particulares. Así puede entenderse cómo la jurisprudencia que emana de dicho ente ha aportado al desarrollo del derecho administrativo colombiano.

En este orden de ideas, en el caso que nos atañe, puede decirse que gracias a los principios de progresividad y no regresividad, y de no disminución de derechos laborales acogidos por el Consejo de Estado, se garantiza al derecho administrativo la protección de los derechos en materia laboral, su actualización, progresión y mejoramiento, sin socavar las normas benéficas de pronunciamientos anteriores.

Conclusiones

Estar en consonancia con la normatividad internacional respecto a la negociación colectiva le permitió a la legislación colombiana apropiarse de los convenios y recomendaciones de la OIT que favorecían a los empleados públicos. Dicha conformidad hace parte de los antecedentes de la reglamentación del país al respecto, para darles a estos empleados la posibilidad de acceder a este mecanismo y participar de las decisiones laborales que los benefician o no.

Desde que se emanó el Decreto 1092 de 2012 sobre todo se han visto comentarios negativos, frente a la incipiente y débil normativa que surgía frente al tema de la negociación colectiva de los empleados públicos. Aquí se considera que, por el contrario, se ha dado un paso abismal con el Decreto 1092 y se agigantó con la expedición del Decreto 160 de 2014 que deroga las disposiciones del Decreto 1092 que le son contrarias. Finalmente se está en presencia de la aplicación del Convenio 151 de la OIT sobre la negociación colectiva en la Administración Pública, piedra angular de esta figura.

El hecho de incluir una negociación colectiva homogénea a la de la negociación colectiva del sector privado, excepto por algunos temas —como resulta obvio— es una prueba del compromiso del Estado por cumplir con las normas internacionales que han expresado esta necesidad, y de darle las herramientas a sus trabajadores para que mejoren sus condiciones de trabajo. Obligaciones como la formación a través de capacitaciones y talleres que permitan conocer cómo es una negociación colectiva transmiten un concepto de interés que no puede desvalorarse.

Por supuesto que hay aspectos por mejorar aún, como la inclusión del arbitramento en el desarrollo de una negociación con desacuerdos, en donde la autocomposición directa de las partes y de la intervención de un mediador de conflictos, no sea suficiente.

Obras citadas

Armstrong, Alberto, Águila, Rafael y Rodríguez, Darío. "Proposición de proceso de negociación colectiva para los sectores público y municipal". En: *Camino al bicentenario propuestas para Chile*, 179-218. Chile, 2007. Recuperado de: http://politicaspublicas.uc.cl/wp-content/uploads/2015/02/proposicion-de-proceso-de-negociacion-colectiva-para-los-sectores-publico-y-municipal.pdf

Bonilla, Ricardo. "Negociación colectiva en Colombia". Programa Nacional una Escuela de Concertación para Colombia. 2013. Recuperado de: https://issuu.com/cutorgco/docs/cartilla_de_negociacion_colectiva_2

Caamaño, Eduardo. "El reconocimiento de la libertad sindical y el problema de la representación de los trabajadores en la negociación colectiva". *Revista de Derecho de la Pontificia Universidad Católica de Valparaíso*, 30, (2008): 265-291. Consultado 2 de mayo de 2014. http://www.scielo.cl/scielo.php?pid=S0718-68512008000100007&script=sci_arttext

Camacho-Ramírez, Adriana y Cuervo-Aparicio, Mónica María. *Conflicto colectivo del trabajo de los empleados públicos*. Bogotá: Editorial Universidad del Rosario, 2017.

Cerón Coral, Jaime y Camacho-Ramírez, Adriana. *Derecho colectivo del trabajo*. Bogotá: Editorial Ibañez y Universidad del Rosario, 2014.

Colombia. "Decreto Ley 2663", Sobre Código Sustantivo del Trabajo. Bogotá, 5 de agosto de 1950. Consultado 18 de mayo de 2014. http://www.ilo.org

/dyn/travail/docs/1539/Codigo%20Sustantivo%20del%20Trabajo%20 Colombia.pdf

______. "Constitución Política de Colombia". 7 de julio de 1991.

Colombia, Congreso de la República. "Ley 411 de 1997", por medio de la cual se aprueba el 'Convenio 151 sobre la protección del derecho de sindicación y los procedimientos para determinar las condiciones de empleo en la administración pública', adoptado en la 64 Reunión de la Conferencia General de la Organización Internacional del Trabajo, Ginebra, 1978. Bogotá, Diario Oficial 43168, 5 de noviembre de 1997. Consultada 18 de mayo de 2014. http://www.alcaldiabogota.gov.co/sisjur/normas/ Norma1.jsp?i=335

______. "Ley 524 de 1999", por la cual se aprueba el 'Convenio Número Ciento Cincuenta y Cuatro (154) sobre el fomento de la negociación colectiva', adoptado en la Sexagésima Séptima (67) Reunión de la Conferencia General de la Organización Internacional del Trabajo, Ginebra, con fecha diecinueve (19) de junio de mil novecientos ochenta y uno (1981). Bogotá, Diario Oficial 43670, 12 de agosto de 1999. Consultada 18 de mayo de 2014. http://www.alcaldiabogota.gov.co/sisjur/normas/Norma1.jsp?i=13348

Colombia. Asociación Sindical de Profesores Universitarios. "Línea jurisprudencial Negociación Colectiva del sector público". Consultado 18 de mayo de 2014. http://www.slideshare.net/MarthaLucaSalamancaSolis/ linea-jurisprudencialnegociacioncolectivasectorpublico

Colombia, Consejo de Estado, Sala de lo Contencioso Administrativo. "Sentencia 1998-06185 del 28 de febrero de 2013". Bogotá, Consejero ponente: Danilo Rojas Betancourth.

Colombia, Consejo de Estado, Sección Cuarta. "Sentencia nº 25000-23-25-000-2012-01675-01(AC)". 28 de febrero de 2013. Consejero ponente: Hugo Fernando Bastidas Bárcenas.

Colombia, Corte Constitucional. "Sentencia C-377 de 1998". 27 de julio de 1998. Magistrado ponente: Alejandro Martínez Caballero.

______. "Sentencia T-1059 de 2001". 5 de octubre de 2001. Magistrado ponente: Jaime Araujo Rentería.

______. "Sentencia C-1234 de 2005". 29 de noviembre de 2005. Magistrado ponente: Alfredo Beltrán Sierra.

Colombia, Presidencia de la República. "Decreto 2813 de 2000", por el cual se reglamenta el artículo 13 de la Ley 584 de 2000. Bogotá, Diario Oficial, 29 de diciembre de 2000.

______. "Decreto 1092 de 2012", por el cual se reglamentan los artículos 7 y 8 de la Ley 411 de 1997 en lo relativo a los procedimientos de negociación y solución de controversias con las organizaciones de empleados públicos. Bogotá, 24 de mayo de 2012.

______. "Decreto 160 de 2014", por el cual se reglamenta la Ley 411 de 1997 aprobatoria del Convenio 151 de la OIT, en lo relativo a los procedimientos de negociación y solución de controversias con las organizaciones de empleados públicos. Bogotá, Diario Oficial 49055, 5 de febrero de 2014.

Gernigon, Bernard, Odero, Alberto y Guido, Horacio. "Principios de la OIT sobre negociación colectiva". *Revista Internacional del Trabajo*, 119 (2000): 37-59. Consultado el 18 de mayo de 2014. http://www.ilo.org/public/spanish/revue/download/pdf/gernigon.pdf

Guerrero Figueroa, Guillermo. *Manual de derecho del trabajo*. Bogotá: Editorial Leyer, 2011.

Herrera, José Roberto. "Negociación colectiva de empleados públicos". Presentación, Universidad del Rosario. Consultado 18 de mayo de 2014. http://www.urosario.edu.co/Educacion-Continuada/documentos/Memorias/Jurisprudencia/NEGOCIACION-COLECTIVA-DE-EMPLEADOS-PUBLICOS.pdf

Organización Internacional del Trabajo. "Convenio 154 de 1981", Convenio sobre la negociación colectiva. Ginebra, 3 de junio de 1981. Consultado 18 de mayo de 2014. http://www.ilo.org/dyn/normlex/es/f?p=NORMLEXPUB:12100:0::NO:12100:P12100_ILO_CODE:C154

______. "Convenio 151 de 1978", Convenio sobre las relaciones de trabajo en la administración púbica. Ginebra, 27 de junio de 1978. Recuperado de: http://www.ilo.org/dyn/normlex/es/f?p=NORMLEXPUB:12100:0::NO:12100:P12100_INSTRUMENT_ID:312296:NO

______. "Convenio 150", Convenio sobre la administración del trabajo. Ginebra, 26 de junio de 1978. Recuperado de: http://www.ilo.org/dyn/normlex/es/f?p=NORMLEXPUB:12100:0::NO:12100:P12100_INSTRUMENT_ID:312295:NO

______. "Recomendación 91", Recomendación sobre los contratos colectivos. Ginebra, 29 de junio de 1951. Recuperado de: http://www.ilo.org/dyn/

normlex/es/f?p=NORMLEXPUB:12100:0::NO:12100:P12100_ILO_CODE:R091

______. "Convenio 98 de 1949", Convenio sobre el derecho de sindicación y de negociación colectiva. Ginebra, 1 de julio de 1949. Recuperado de: http://www.ilo.org/dyn/normlex/es/f?p=NORMLEXPUB:12100:0::NO:12100:P12100_ILO_CODE:C098

______. "Convenio 84 de 1947", Convenio sobre el derecho de asociación en territorios no metropolitanos. Ginebra, 11 de julio de 1947. Recuperado de: http://www.ilo.org/dyn/normlex/es/f?p=NORMLEXPUB:12100:0::NO::P12100_INSTRUMENT_ID:312229

______. "Convenio 87 de 1948", Convenio sobre la libertad sindical y la protección del derecho de sindicación. San Francisco, 9 de julio de 1948. Recuperado de: : http://www.ilo.org/dyn/normlex/es/f?p=1000:12100:0::NO::P12100_ILO_CODE:C087

"Plan de Acción de Colombia y Estados Unidos para Derechos Laborales". 27 de abril de 2011, Capítulo 17, Asuntos Laborales.

Puentes, Adrian. "Desde ahora habrá unidad de negociación en empresas con varios sindicatos". *Activo Legal*, 22 de enero de 2014. Recuperado de: http://www.activolegal.com/web/index.php/noticias/actualidad/768-unidad-sindical-decreto-89-2014-negociacion-colectiva

Villegas, Jairo. "El nuevo Decreto 160 de febrero 5 de 2014 Negociación Colectiva en la Administración Pública". *Suma*, 18 de febrero de 2014. Recuperado de: http://sumadossomosfuerza.org/index.php/noticias/sector-sindical/306-el-nuevo-decreto-160-de-febrero-5-de-2014-sobre-negociacion-colectiva-en-la-administracion-publica

Las categorías clásicas del derecho administrativo desde una mirada contemporánea

De la teoría clásica del control de legalidad al control de convencionalidad: la construcción de un nuevo paradigma jurídico

Carlos Mauricio López Cárdenas*
Estefanía Acosta Páez**

Sumario: Introducción. 1. El control de legalidad: el concepto de ley y los límites de la Administración. 1.1. El principio de legalidad, el origen de una limitación al poder ejecutivo. 1.2. El Estado social de derecho, origen del principio de legalidad administrativa. 1.3. El principio de legalidad: concepto de ley en sentido estricto y bloque de constitucionalidad. 1.4. La aparición del control de legalidad en la jurisdicción administrativa. 1.5. Evolución jurisprudencial del control de legalidad en el Consejo de Estado. 2. La ampliación del control de legalidad: el bloque de constitucionalidad y la influencia de la jurisprudencia constitucional. 2.1. El bloque de constitucionalidad: concepto. 2.2. La norma integradora del bloque de constitucionalidad: el artículo 93 de la Constitución. 2.3. Evolución

* Doctor en Derecho y magíster en Derecho Internacional de la Universidad Complutense de Madrid (España), magíster en Derecho Administrativo y abogado de la Universidad del Rosario (Colombia). Profesor de carrera académica e investigador del Grupo de Derecho Público de la Facultad de Jurisprudencia de la Universidad del Rosario (Colombia). Correo electrónico: carlosm.lopez@urosario.edu.co / carloslop12@hotmail.com

** Estudiante de doctorado de la Universidad del Rosario (Colombia), magíster en Derecho Público de la Universidad de Bordeaux (Francia), abogada de la Universidad Santo Tomas (Colombia). Docente e investigadora de la línea Globalización y Derecho de la Fundación Universitaria Los Libertadores (Colombia). Correo electrónico: eacostap@libetadores.edu.co / eacostapaez@gmail.com

jurisprudencial del bloque de constitucionalidad: el bloque *stricto* y *latu sensu*. 2.4. El bloque de constitucionalidad y el principio de supremacía constitucional: ¿qué ocurre con el *pacta sunt servanda*? 2.5. ¿Los principios generales del derecho internacional se incluyen dentro del bloque de constitucionalidad? 2.6. ¿La costumbre internacional se incluye dentro del bloque de constitucionalidad? 2.7. La aplicación del concepto de bloque de constitucionalidad en la jurisprudencia del Consejo de Estado. 3. La aparición del control de convencionalidad: la revaluación de paradigmas y la influencia del derecho internacional. 3.1. El control de convencionalidad: concepto. 3.2. Características conceptuales del control de convencionalidad en la jurisprudencia de la Corte IDH. 3.3. El control de convencionalidad en la jurisprudencia de la Corte Constitucional y del Consejo de Estado: diferencias y similitudes. 3.4. ¿Es posible que el derecho comunitario —con anterioridad— haya establecido una especie de control de convencionalidad?: la supremacía constitucional vs. la primacía del derecho comunitario. 3.5. Prospectivas del control de convencionalidad: la reevaluación del principio de legalidad. Conclusiones. Obras citadas.

Introducción

La doctrina clásica ha considerado que "las proposiciones jurídicas particulares, aunque pueden por sí mismas considerarse en su abstracción, tienden naturalmente a constituirse en sistema. La necesidad de coherencia lógica lleva a que se acerquen aquellas que son compatibles o respectivamente complementarias, y a que se rechacen las contradictorias o incompatibles".[1]

Precisamente, la coherencia interna de todo el ordenamiento jurídico se garantiza a través del principio de legalidad que, a través de un estudio sobre la validez de la norma jurídica, permite expulsarla o armonizarla con el resto del ordenamiento. En este sentido, el objetivo del presente capítulo es explorar, a través de un estudio descriptivo, la forma como ha venido evolucionando el control de legalidad en el ordenamiento jurídico colombiano.

Con este propósito el capítulo se encuentra dividido en tres secciones: en la primera parte, se realiza un recuento histórico acerca del surgimiento del principio de legalidad y la forma como se instauró en la jurisdicción

---

1 Del Vecchio citado en: Norberto Bobbio, *Teoría General del Derecho* (Bogotá: Temis, 2007), 183.

administrativa colombiana. En la segunda sección, se desarrolla el concepto de bloque de constitucionalidad y se señala la importancia de las cláusulas de reenvío (*clauses de renvoi*) de la Constitución Política, que permiten articular los contenidos constitucionales y aquellos provenientes de diferentes manifestaciones del derecho internacional. Por último, en la tercera sección, se explora el concepto de control de convencionalidad, como una forma de evolución del concepto clásico de control de constitucionalidad, se analizan sus características y el impacto que podría ocasionar en el sistema jurídico colombiano.

1. El control de legalidad: el concepto de ley y los límites de la Administración

1.1. El principio de legalidad, el origen de una limitación al poder ejecutivo

El principio de legalidad —en sentido amplio— ha sido desarrollado por varias ramas de la ciencia jurídica y, actualmente, se considera uno de los pilares del Estado social de derecho. Ahora bien, aunque no ha sido sencillo para la doctrina establecer el origen, se consideran como antecedentes la Carta Magna de 1215 en Inglaterra o, más recientemente, la Declaración de Derechos del Hombre y del Ciudadano de 1789 en Francia; no obstante que, para la mayoría de los doctrinantes, el surgimiento del principio de legalidad tuvo lugar al final de las monarquías absolutistas en la Europa del siglo XVIII y su desarrollo se debe al liberalismo político burgués, fruto del pensamiento ilustrado, "en el momento en el que el pueblo deja de ser sujeto pasivo del poder monarca y empieza a participar y a exigir unas garantías".[2]

Este principio ha sido, por ejemplo, desarrollado ampliamente por el derecho penal, ya que aparece como la primera regla limitante del *ius puniendi* estatal[3] y, en tal sentido, constituye un logro de la ideología liberal de los siglos XVIII y XIX en la superación de un Estado absolutista, el cual refleja el *imperium* de la ley y la supremacía del poder legislativo sobre los

---

[2] Francisco Muñoz Conde, *Introducción al Derecho Penal* (Barcelona: Bosch Casa editorial, 1975), 82.

[3] Rosario de Vicente Martínez, *El principio de legalidad penal* (Valencia: Tirant lo blanch, 2004), 13.

otros poderes del Estado, así como la legalidad de la actuación administrativa y la salvaguarda de los derechos y libertades individuales. No obstante, su garantía no se agota en la protección de la seguridad jurídica, sino que además incluye una función de garantía y respeto a la libertad de los ciudadanos al imponer al legislador el deber de establecer taxativamente y de forma previa los delitos y las penas.[4]

Así mismo, el principio de legalidad ha sido desarrollado por el derecho administrativo francés tratándose —en sentido estricto— de la sumisión de la Administración a la ley.[5] Esta supremacía es un reflejo del ideal revolucionario en contra del absolutismo monárquico y el principio de la soberanía del rey, que propugnaba por la implementación de la soberanía popular, la separación entre los poderes y, como *piedra angular* del proyecto revolucionario, la ley como expresión de la voluntad general y fuente primera del derecho.

Sin embargo, con el tiempo se desprende la idea de la supremacía de la ley frente a la Constitución, pues —inicialmente— se le consideró de mayor importancia, lo que conllevó a que, en los procesos interpretativos, se dieran diferencias sobre la teoría de la supremacía de la Constitución y, en consecuencia, fuese contradictorio al modelo norteamericano.[6] Así las cosas, se vio necesario que en Francia pasara mucho tiempo hasta que, finalmente, en 1971 se admitiera el control de constitucionalidad de las leyes por el Consejo Constitucional, dando lugar a la posibilidad de ampliar el sentido legal mucho más allá de lo expedido por el órgano legislativo a lo contemplado en el bloque de constitucionalidad.

1.2. El Estado social de derecho origen del principio de legalidad administrativa

La superación del Estado absolutista, trajo como consecuencia el desarrollo del constitucionalismo —teoría de la limitación del poder— y el

---

[4] Ibid., 14.

[5] Traducido de: *La soumission de l'administration au droit. Les sources de ce principe se sont progressivement diversifiées et son efficacité est assurée par le contrôle de légalité opéré par le juge administratif.* Pierre Tifine, "Droit administratif français — Deuxième Partie — Chapitre 1 — Section II", *Revue générale du droit*, 5625, (2013), consulto 13 de mayo de 2017, www.revuegeneraledudroit.eu/?p=5625.

[6] Jaime Santofimio, *Tratado de derecho administrativo tomo 1* (Bogotá: Universidad Externado de Colombia, 2003), 356.

establecimiento de reglas relativas al ejercicio del poder y de protección de derechos y libertades como base fundamental del ordenamiento jurídico, dentro del cual, se situó al principio de legalidad entendido como la superación de la máxima norma jurídica: la Constitución.[7]

En el derecho administrativo, se observa cómo los orígenes del principio de legalidad se remontan al surgimiento del Estado de derecho,[8] el cual se traduce en un "régimen en el cual el Derecho administrativo preexiste a la actuación de la administración y la actividad de ésta se subordina al ordenamiento jurídico; conjuntamente los derechos fundamentales de las personas se hallan plenamente garantizados, solo pueden ser reglamentados por las leyes y existen tribunales independientes para juzgar las contiendas",[9] lo cual permite interpretar entonces que, según este principio, la Administración debe actuar dentro de los límites impuestos por la ley.

En Colombia, el concepto de Estado social de derecho se introdujo en la reforma constitucional de 1936,[10] con el establecimiento de los deberes del Estado y los particulares y —más recientemente— en 1991, año en el que, en razón a la promulgación de una carta constitucional, se hace un fuerte reconocimiento de los derechos fundamentales e inicia una nueva etapa del constitucionalismo en nuestro país.[11] Por consiguiente, el principio de legalidad es una característica del Estado social de derecho, el cual no agota su alcance con el estricto cumplimiento de la ley,[12] sino que como ha expresado la Corte Constitucional colombiana en la Sentencia SU-747 de 1998:

---

7 Jaime Vidal Perdomo, et. al., *Temas de derecho administrativo contemporáneo* (Bogotá: Centro Editorial Universidad del Rosario, 2005), 156.

8 Expresión que fue acuñada por primera vez por Von Mohl en 1832, según Juan Carlos Cassagne, *Derecho Adminisitrativo* (Bogotá: Pontificia Universidad Javeriana y Abeledo Perrot, 2009).

9 Ibid.

10 Vidal Perdomo, et. al., *Temas de derecho administrativo.*

11 Óscar Dueñas Ruiz, *Acción y procedimiento en la tutela* (Bogotá: Librería Ediciones del Profesional Ltda, 2006), 3.

12 "La acepción Estado de derecho se refiere a que la actividad del Estado está regida por las normas jurídicas, es decir que se ciñe al derecho. La norma jurídica fundamental es la Constitución, lo cual implica que toda la actividad del Estado debe realizarse dentro del marco de la última. En esta situación se habla entonces de Estado constitucional de derecho." Colombia, Corte Constitucional, "Sentencia SU-747 de 1998", 2 de diciembre de 1998. Magistrado ponente: Eduardo Cifuentes Muñoz.

> Con el término social se señala que la acción del Estado debe dirigirse a garantizarle a los asociados condiciones de vida dignas. Es decir, con este concepto se resalta que la voluntad del Constituyente en torno al Estado no se reduce a exigir de éste que no interfiera o recorte las libertades de las personas, sino que también exige que el mismo se ponga en movimiento para contrarrestar las desigualdades sociales existentes y para ofrecerle a todos las oportunidades necesarias para desarrollar sus aptitudes y para superar los apremios materiales.[13]

Entonces, es pertinente ver cuál es el significado del principio de legalidad dentro de ese sistema jurídico, que no se encuentra bajo el entendido del respeto por la ley *strictu sensu*, sino por el llamado bloque de constitucionalidad,[14] en el cual la Administración debe sujetar su actuar no solo a la ley, sino también a la Constitución, incluidos ciertos tratados internacionales e incluso a los valores y principios allí establecidos.[15]

1.3. El principio de legalidad: concepto de ley en sentido estricto y bloque de constitucionalidad

Según Santofimio, el principio de legalidad implica una doble proyección: tanto para gobernantes como para gobernados. En cuanto a los gobernantes,

> en la medida en que los circunscribe para el ejercicio de sus funciones y la totalidad de sus actuaciones a un régimen de derecho que debe ser entendido en sus vertientes formal y teleológica: la primera en cuanto al respeto por la norma en estricto sentido, y la segunda en cuanto a que el cumplimiento de la norma implica el ejercicio de la función administrativa para la consolidación de los propósitos y finalidades que motivaron la institucionalización del Estado, esto es, la proyección de valores y principios hacia los horizontes que

---

13 Ibid.

14 Jaime Santofimio, *Acto administrativo. Procedimiento, eficacia y validez* (Bogotá: Universidad Externado de Colombia, 2003), 98.

15 Margarita Beladiez Rojo, "La vinculación de la administración al derecho", *Revista de administración pública*, 153, (2000): 315-350.

consoliden y justifiquen la existencia del mismo: en últimas, satisfacer el interés general.[16]

De lo anterior se colige que, mientras la legalidad formal conlleva a que quien ejerce las funciones administrativas actúe dentro del marco prescriptivo de la norma jurídica, la legalidad teleológica busca la satisfacción del interés general,[17] a través de la búsqueda de los objetivos que ha planteado la nación *ex ante* y que la llevaron a constituir un Estado. Para algunos autores como Vidal Perdomo, la satisfacción del interés general tiene estrecha relación con la facultad discrecional de la Administración y, por consiguiente, con la realización efectiva del principio de legalidad, ya que, la discreción "es una apreciación subjetiva de quien valora la oportunidad y conveniencia",[18] proporcionándole a la autoridad la posibilidad de escoger diferentes opciones; sin embargo, nuestro centro de interés se ubica en la igualdad formal y en el interrogante del alcance de la ley.

Como bien afirma el profesor Vedel "la legalidad es la cualidad de aquello que es conforme a la ley", la cual también puede ser considerada como el conjunto de normas que integran el ordenamiento jurídico de un país. Por este motivo, cuando nos referimos al principio de legalidad, necesariamente hacemos mención al concepto ley —en sentido general—.

De conformidad con lo anterior, en el ordenamiento jurídico colombiano la validez de las normas jurídicas se encuentra establecida de la siguiente manera: Constitución Política y bloque de constitucionalidad (sobre el cual nos referiremos más adelante), leyes (proferidas por el Congreso de la República y decretos presidenciales con fuerza de ley), decretos, resoluciones ejecutivas y demás actos del presidente de la República con fundamento en la ley, así como actos de otras autoridades administrativas, según su jerarquía.[19]

Según lo anterior, podemos afirmar que el principio de legalidad constituye no solamente un límite para la Administración en el sentido en el

---

16 Santofimio, *Tratado de derecho administrativo*, 366.

17 Santofimio, *Acto administrativo,* 96.

18 Vidal, et al., *Temas de derecho administrativo,* 154.

19 Libardo Rodríguez Rodríguez, *Derecho administrativo: general y colombiano* (Bogotá: Temis, 2015), 341.

que los funcionarios únicamente pueden actuar dentro del marco de las facultades que le son otorgadas, sino que, además, estos funcionarios deben actuar con observancia de la integración normativa establecida dentro de un orden jurídico y jerárquico de un país.

Es importante resaltar que, para algunos autores, en Colombia, la concepción francesa de ley —estricto sentido— no es del todo asimilada, ya que, conforme al artículo 121 de la Constitución colombiana, la función administrativa en Colombia está sometida a la totalidad del ordenamiento jurídico de manera indistinta, lo que implica que se encuentra bajo la órbita de los valores y principios constitucionales, la ley y el reglamento. Todo un bloque de legalidad donde la ley es solo un elemento.[20]

Ahora bien, cuando la Administración se aparta de su deber ser y no observa el ordenamiento a través de la expedición irregular de actos administrativos, atenta contra el orden jurídico y ello se traduce en actos ilegales, los cuales presentan lo que la doctrina denomina vicios o irregularidades. Sobre este quebrantamiento, el gobernado o gobernante tiene la posibilidad de solicitar al juez administrativo el respectivo control de legalidad de dichos actos. En el caso colombiano debe aludir a las causales de infracción establecidas por la Ley 1437 de 2011,[21] las cuales son: la falta de competencia, la ilegalidad en cuanto al objeto, la falsa motivación, los vicios en las formalidades y la desviación del poder.[22]

1.4. La aparición del control de legalidad en la jurisdicción administrativa

Hemos visto cómo las normas que la Administración expida deben sujetarse a las reglas jurídicas superiores, cualquiera que sea su autor. La consecuencia que se deriva del quebrantamiento de este principio es la violación al orden jurídico, lo cual puede dar lugar a su anulación por el juez que ejerce el control legal.[23]

---

[20] Santofimio, *Acto administrativo*, 98.

[21] Colombia, Congreso de la República, "Ley 1437 de 2011", por la cual se expide el Código de Procedimiento Administrativo y de lo Contencioso Administrativo, Bogotá, Diario Oficial 47956, 18 de enero de 2011.

[22] Rodríguez, *Derecho administrativo*, 353.

[23] Jaime Vidal Perdomo, *Derecho administrativo* (Bogotá, Legis, 2004), 475.

En Colombia, la evolución de la jurisdicción de lo contencioso administrativo ha sido establecida de manera independiente a la creación del Consejo de Estado. El 30 de octubre de 1817 el Libertador Simón Bolívar creó el máximo órgano consultivo, el cual, a lo largo de la historia, ha sido sujeto a una serie de modificaciones y supresiones tanto orgánicas como sustantivas desde su creación hasta la actualidad. Mientras que, en relación a la jurisdicción de lo contencioso administrativo, el artículo 42 del Acto Legislativo 3 de 1910[24] impuso el deber al legislador de establecer dicha jurisdicción, por lo cual se expide el primer Código Contencioso Administrativo a través de la Ley 130 de 1913.[25]

Inicialmente, la jurisdicción administrativa colombiana fue colegial, es decir que estuvo conformada por tribunales cuyo objeto de competencia era la revisión de algunos actos de los funcionarios de la rama ejecutiva según las facultades otorgadas por la ley. Posteriormente, al expedirse la Ley 167 de 1941, se estableció la organización de la jurisdicción contenciosa y se les asignaron competencias a los tribunales para conocer en primera instancia los juicios de nulidad de actos de las Asambleas Departamentales, de los gobernadores, intendentes, comisarios, de los acuerdos, resoluciones y otros actos de los Concejos Municipales además de los decretos, resoluciones y otros actos del Gobierno, de los ministros y demás funcionarios, empleados o personas administrativas, *por motivos de inconstitucionalidad o ilegalidad.*[26]

La mentada Ley 167 de 1941 enuncia en su artículo 62 lo siguiente, "Cuando un acto de carácter particular ha sido proferido por un funcionario, empleado o persona administrativa del orden nacional, y con él se viola un reglamento ejecutivo, habrá lugar a recurso ante la jurisdicción contencioso-administrativa."[27] De igual manera, cuando los decretos, resoluciones y otros actos de los gobernadores son acusables por violación jerárquica de lo establecido en las ordenanzas.

---

[24] "Artículo 42: La ley establecerá la jurisdicción contencioso-administrativa". Colombia, Asamblea Nacional de Colombia, "Acto Legislativo 3 de 1910", Bogotá, Diario Oficial año XLVI. N. 14131, 31 de octubre de 1910.

[25] Colombia, Congreso de la República, "Ley 130 de 1913", sobre la jurisdicción de lo contencioso-administrativo, Bogotá, Diario Oficial año L. N.15123, 13 de diciembre de 1913.

[26] Colombia, Congreso de la República, "Ley 167 de 1941", sobre organización de la jurisdicción Contencioso-administrativa, Bogotá, Diario Oficial año LXXVII. N. 24853, 24 de diciembre de 1941.

[27] Ibid.

Así mismo, en virtud de esta Ley los actos de las autoridades, funcionarios o personas administrativas del orden municipal eran anulables por los mismos motivos y, además, por violación de los acuerdos de los Concejos. Cualquier persona podía iniciar la acción de nulidad la cual procedía contra los actos administrativos, no solo por estos motivos, sino también cuando habían sido expedidos en forma irregular, o con abuso o desviación de las atribuciones propias del funcionario o corporación que las profiere.

En 1984 a través del Decreto 01 con fuerza del Ley, se expidió el Código Contencioso Administrativo, el cual establece las acciones de nulidad, nulidad y restablecimiento del derecho, reparación directa y contractual, las cuales —actualmente— se encuentran reconocidas como medios de control de la Administración en la Ley 1437 de 2011 que promulgó el Código de Procedimiento Administrativo y de lo Contencioso Administrativo.

El principio de legalidad se encuentra materializado a través de diferentes controles, tales como: la pretensión de nulidad, de nulidad y restablecimiento del derecho, de reparación directa, la acción de inconstitucionalidad, entre otros, los cuales pueden ser interpuestos por el interesado ante el juez correspondiente y, en algunos casos, previo agotamiento en sede administrativa. Ahora bien, corresponde analizar lo pertinente a la evolución jurisprudencial que ha tenido el control de legalidad desde su existencia a la actualidad.

1.5. Evolución jurisprudencial del control de legalidad en el Consejo de Estado

Existen algunos antecedentes jurisprudenciales que nos ilustran sobre cómo era visto el principio de legalidad, antes de la expedición de la Constitución Política Colombiana de 1991. Por ejemplo, mediante la Sentencia del 8 de octubre de 1951, el Consejo de Estado fue severo al sancionar actos administrativos que no correspondían a la realidad, invocando la causal de falsa motivación.

En la Sentencia del 18 de febrero de 1969, el máximo tribunal de lo contencioso administrativo, refiriéndose a un acuerdo municipal que no estaba finalizado porque las objeciones formuladas no fueron estudiadas ni fue publicado, expresó que:

> la noción de acto inexistente conlleva la idea de una agresión tan grosera y brutal al orden jurídico, que desborda todos los límites de la legalidad. Toca la esencia misma de la organización y del sistema administrativo, y generalmente es la resultante de una usurpación de poderes y atribuciones o de la omisión de formas sustanciales en la expedición del ordenamiento. Más que violación del derecho, esos actos implican la negación de todo derecho. Como ejemplos típicos, se citan ordinariamente los proferidos con pretensiones de providencias administrativas, por personas particulares o por agrupaciones que no tienen el carácter de corporación pública. Pero una decisión expedida por el funcionario competente, previo el cumplimiento de todas las formalidades legales, no puede motejarse de acto inexistente.[28]

En Colombia, aunque la teoría de la inexistencia no ha sido del todo desarrollada, la doctrina y la jurisprudencia se han pronunciado al respecto, entendiendo como acto inexistente aquel que carece de los elementos sustanciales de fondo, verbigracia, cuando el acto no lo suscribe la autoridad que debe hacerlo.[29]

En relación con lo anterior, podemos inferir que tanto la ley como la jurisprudencia protegían el principio de legalidad al exigir que los actos de la Administración fuesen expedidos conforme a las leyes que se encontraban por encima de las autoridades. No obstante, con la expedición de la Constitución Política de Colombia y el refuerzo de una concepción de supremacía de la Carta Política,[30] el principio de legalidad empezó a reinterpretarse.

Esta evolución no fue solamente de orden jurisprudencial, sino también constitucional. Al respecto, se observa que el artículo 241 de la Carta consagra la guarda y supremacía de la Constitución en relación con los

---

[28] Jaime Vidal Perdomo, *Derecho administrativo,* 482.

[29] Ibid.

[30] "Artículo 4. La Constitución es norma de normas. En todo caso de incompatibilidad entre la Constitución y la ley u otra norma jurídica, se aplicarán las disposiciones constitucionales. Es deber de los nacionales y de los extranjeros en Colombia acatar la Constitución y las leyes, y respetar y obedecer a las autoridades". Colombia, "Constitución Política de Colombia", 7 de julio de 1991, artículo 4.

decretos expedidos por el Gobierno nacional y los actos que se encuentran a un nivel inferior al de la Constitución. Algo similar ocurre con el artículo 4 y 298 superiores, donde se impone a las autoridades que los actos que profieran, respeten la jerarquía normativa.[31]

De manera detallada, observamos que en Colombia el principio de legalidad impone que las autoridades administrativas deban basar sus decisiones sobre una norma superior,[32] de lo contrario su observancia estará sujeta al control respectivo por parte del juez administrativo. De manera concreta, el artículo 4 de la Constitución establece la preferencia que se debe tener en cuenta cuando una disposición legal se encuentre en contradicción con el texto constitucional.

Precisamente, sobre esta evolución y cambio de paradigma se centran las dos secciones posteriores. La primera relacionada con la forma como la Corte Constitucional amplió el control de constitucionalidad de las leyes —y en cascada de los actos de la Administración—, a través del empleo del concepto de bloque de constitucionalidad. Y la segunda, que describe una nueva tendencia jurisprudencial, denominada control de convencionalidad, que permite que cualquier juez, en obediencia a una norma internacional, pueda dejar sin efectos las normas jurídicas de rango inferior, incluyendo, la propia norma constitucional.

2. La ampliación del control de legalidad: el bloque de constitucionalidad y la influencia de la jurisprudencia constitucional

La adopción de la Constitución de 1991 estableció que la posibilidad de incorporar normas internacionales en el orden jurídico interno tiene su sustento en los artículos 9, 44, 53, 93, 94, 101, 214 y 221 de la Constitución Política (*clauses de renvoi*).[33] En este sentido, podría señalarse que,

---

[31] Rodríguez, *Derecho administrativo*, 254.

[32] Carlos Mario Molina Betancur, "El control de legalidad de los actos administrativos en Colombia", *Opinión jurídica*, 1, (2002), 60.

[33] La Constitución Política contiene otra serie de normas relacionadas con remisiones expresas relacionadas con el derecho internacional en los artículos: 35, 96, 150 (numerales 15 y 16), 154, 170, 189 (numerales 2 y 69), 224, 225, 226, 227, 235, 241 y 58 transitorio. Colombia, "Constitución Política de Colombia".

con la entrada en vigencia de la Constitución, el parámetro para ejercer el control de legalidad por parte de las autoridades judiciales se ha ampliado sustancialmente.

Por consiguiente, el objetivo de esta sección consiste en analizar la forma como la jurisprudencia constitucional y administrativa han empleado diferentes manifestaciones normativas del derecho internacional para ejercer lo que podría denominarse un control de legalidad ampliado.

2.1. El bloque de constitucionalidad: concepto

Cuando se hace referencia al bloque de constitucionalidad nos referimos al conjunto de normas y principios que "sin aparecer formalmente en el articulado del texto constitucional, son utilizados como parámetros del control de constitucionalidad de las leyes, por cuanto han sido normativamente integrados a la Constitución, por diversas vías y por mandato de la propia Constitución".[34]

Este término, cuya utilización data de fecha reciente —solo a partir de 1995—,[35] ha implicado numerosos estudios y controversias, básicamente debido a la complejidad de las normas de remisión de la Constitución, que no permiten establecer *prima facie* las normas que lo integran y que podrían incluso ser contrarias al propio ordenamiento constitucional. Esta situación llevó a la Corte Constitucional a pronunciarse sobre las posibles relaciones y tensiones entre el derecho interno y el derecho internacional; fue así como, en la Sentencia C-400 de 1998, se estableció una regla genérica —

---

[34] Mónica Arango Olaya. "El Bloque de Constitucionalidad en la Jurisprudencia de la Corte Constitucional Colombiana", *Revista Precedente*, (2004), 79. En sentido similar: Luis Andrés Fajardo Arturo "Contenido y alcance jurisprudencial del bloque de constitucionalidad en Colombia", *Universidad Sergio Arboleda*, 7, (2007): 15-34, p. 16 y Rodrigo Uprimny Yepes, "El Bloque de Constitucionalidad en Colombia. Un análisis jurisprudencial y un ensayo de sistematización doctrinal", Curso de formación de promotores/as de derechos humanos, libertad sindical y trabajo decente, Universidad Nacional de Colombia, 2005, 2. De la misma manera: Colombia, Corte Constitucional, "Sentencia C-225 de 1995", 18 de mayo de 1995. Magistrado ponente: Alejandro Martínez Caballero, y Colombia, Corte Constitucional, "Sentencia C-191 de 1998", 6 de mayo de 1998. Magistrado ponente: Eduardo Cifuentes Muñoz.

[35] Se resalta que la Corte Constitucional, con anterioridad, inició la aproximación para la aplicación de normas internacionales en el ámbito interno en los siguientes pronunciamientos: Colombia, Corte Constitucional, "Sentencia T-409 de 1992", 8 de junio de 1992. Magistrados ponentes: Alejandro Martínez Caballero y Fabio Morón Díaz y Colombia, Corte Constitucional, "Sentencia C-574 de 1992", 28 de octubre de 1992. Magistrado ponente: Ciro Angarita Barón.

denominada monismo moderado— que señala que: (i) por regla general, la Constitución prevalece sobre todos los tratados que han sido ratificados por el Estado colombiano y (ii) una regla que exceptúa los tratados de derechos humanos cuyas normas no se pueden suspender en los estados de excepción y los tratados de limítrofes.[36]

Esta distinción, que se centra en una interpretación sesgada y errada de la doctrina del jurista austriaco Alfred Verdross,[37] estableció una distinción jerárquica en relación con el carácter vinculante de las normas internacionales en el ordenamiento jurídico interno. Esta idea puesta de manifiesto en la Sentencia C-582 de 1999 predica que "las normas que integran el bloque de constitucionalidad son parámetros de legitimidad constitucional, pero no por ello gozan de idéntica jerarquía normativa".[38]

Teniendo en cuenta lo anterior, la Corte Constitucional ha señalado en relación con el control de legalidad una serie de normas de interpretación, a saber:

> En primer lugar, (i) el bloque de constitucionalidad es una categoría que explica la relación entre el mandato de prevalencia del inciso primero del artículo 93 y el deber de asegurar la supremacía constitucional. En segundo lugar, (ii) las normas que integran el bloque de constitucionalidad no están incorporadas formalmente a la Constitución y, en esa medida, no demandan para su modificación el trámite aplicable a las reformas constitucionales. Su incorporación se produce como consecuencia de la remisión que a tales normas hace el texto de la Carta. En tercer lugar (iii) el bloque de

---

[36] Al respecto, señaló la Corte "con excepción de los tratados de fronteras y ciertos convenios de derechos humanos, en virtud del artículo 4º superior, son inaplicables en nuestro país todas aquellas normas previstas por instrumentos internacionales que desconozcan preceptos constitucionales". Colombia, Corte Constitucional, "Sentencia C-400 de 1998", 10 de agosto de 1998. Magistrado ponente: Alejandro Martínez Caballero.

[37] Aunque Verdross criticó el denominado monismo radical de Kelsen, lo importante es señalar que en su obra *Derecho Internacional Público*, estableció que el monismo moderado o estructurado parte del supuesto de la primacía del derecho internacional, no al contrario. Alfred Verdross, *Derecho Internacional Público* (Madrid: Aguilar, 1982), 96-97.

[38] Colombia, Corte Constitucional, "Sentencia C-582 de 1999", 11 de agosto de 1999. Magistrado ponente: Alejandro Martínez Caballero.

> constitucionalidad no es nunca parámetro para el juzgamiento de la Constitución de 1991 y sí lo es para el control constitucional de las leyes. En cuarto lugar, (iv) a partir de las normas del bloque de constitucionalidad se activan deberes de modificar o ajustar el ordenamiento jurídico infra-constitucional en aquello que resulte incompatible con tales normas.[39]

Por consiguiente, de la amplitud que se le otorgue al bloque de constitucionalidad, dependerá el alcance del control de legalidad que aplique la jurisdicción.

2.2. La norma integradora del bloque de constitucionalidad: el artículo 93 de la Constitución

Desde sus inicios, la Corte Constitucional indicó que el dispositivo integrador de las normas internacionales en el bloque de constitucionalidad se encuentra establecido en el inciso primero del artículo 93 de la Constitución Política.[40] De manera que, en un sentido literal, para que una disposición supranacional integre el bloque de constitucionalidad se requiere que cumpla con los siguientes supuestos: (i) el reconocimiento de un derecho humano y (ii) que se encuentre prohibida su limitación durante los estados de excepción.[41]

Teniendo en consideración lo anterior, es necesario precisar que no todos los derechos que se enuncian en los tratados internacionales sobre derechos humanos, implican *per se* que estos no puedan suspenderse en casos excepcionales v. gr. estados de excepción.[42] Al respecto, la jurisprudencia internacional ha sido enfática en aclarar que solo algunas disposiciones taxativamente incorporadas en instrumentos internacionales, o en el *corpus juris*

---

[39] Colombia, Corte Constitucional, "Sentencia C-269 de 2014", 2 de mayo de 2014, Magistrado ponente: Mauricio González Cuervo.

[40] Colombia, Corte Constitucional, "Sentencia C-295 de 1993", 29 de julio de 1993. Magistrado ponente: Carlos Gaviria Díaz.

[41] Colombia, Corte Constitucional, "Sentencia C-582 de 1999".

[42] Naciones Unidas, Comité de Derechos Humanos, *Observación General N° 29. Estados de emergencia (artículo 4).*, U.N. Doc. CCPR/C/21/Rev.1/Add.11, 31 de agosto de 2001, § 27 (Suspensión de obligaciones durante un estado de excepción).

internacional de protección de derechos humanos, no pueden suspenderse en situaciones excepcionales.[43] Tan es así, que la Convención Americana sobre Derechos Humanos de 1969 —Pacto de San José—, en su artículo 27,[44] establece qué derechos no pueden suspenderse en situaciones excepcionales, aspecto que también contempla el artículo 4[45] del Pacto Internacional de Derechos Civiles y Políticos de la Organización de las Naciones Unidas de 1966 y el artículo 3 común a los Convenios de Ginebra.

Siendo estrictos en la interpretación del artículo 93 de la Constitución, solo los derechos taxativamente enunciados en los convenios internacionales como no susceptibles de suspensión en los estados de excepción serán los que se incorporen al bloque de constitucionalidad. No obstante, en un empeño —no justificado— para ampliar las bases jurídicas para el ejercicio del control de constitucionalidad, la jurisprudencia se ha ocupado de diferenciar el alcance de los dos primeros incisos del artículo 93. Así, mediante un ejercicio de construcción jurídica ha señalado que mientras el primer inciso cumple una función integradora, el siguiente cumple una interpretativa.

---

[43] Corte IDH, El hábeas corpus bajo suspensión de garantías (Arts. 27.2, 25.1 y 7.6 Convención Americana sobre Derechos Humanos). Opinión Consultiva OC-8/87 de 30 de enero de 1987. Serie A No. 8 y Corte IDH, Garantías judiciales en estados de emergencia (Arts. 27.2, 25 y 8 Convención Americana sobre Derechos Humanos). Opinión Consultiva OC-9/87 de 6 de octubre de 1987. Serie A No. 9.

[44] "Artículo 27. Suspensión de Garantías (...) 2. La disposición precedente no autoriza la suspensión de los derechos determinados en los siguientes artículos: 3 (Derecho al Reconocimiento de la Personalidad Jurídica); 4 (Derecho a la Vida); 5 (Derecho a la Integridad Personal); 6 (Prohibición de la Esclavitud y Servidumbre); 9 (Principio de Legalidad y de Retroactividad); 12 (Libertad de Conciencia y de Religión); 17 (Protección a la Familia); 18 (Derecho al Nombre); 19 (Derechos del Niño); 20 (Derecho a la Nacionalidad), y 23 (Derechos Políticos), ni de las garantías judiciales indispensables para la protección de tales derechos". Organización de Estados Americanos, "Convención americana sobre derechos humanos suscrita en la Conferencia especializada interamericana sobre derechos humanos (B-32)", San José, Costa Rica, 7 al 22 de noviembre de 1969.

[45] "1. En situaciones excepcionales que pongan en peligro la vida de la nación y cuya existencia haya sido proclamada oficialmente, los Estados Partes en el presente Pacto podrán adoptar disposiciones que, en la medida estrictamente limitada a las exigencias de la situación, suspendan las obligaciones contraídas en virtud de este Pacto, siempre que tales disposiciones no sean incompatibles con las demás obligaciones que les impone el derecho internacional y no entrañen discriminación alguna fundada únicamente en motivos de raza, color, sexo, idioma, religión u origen social. 2. La disposición precedente no autoriza suspensión alguna de los artículos 6, 7, 8 (párrafos 1 y 2), 11, 15, 16 y 18". Naciones Unidas, "Pacto Internacional de Derechos Civiles y Políticos", 16 de diciembre de 1966, artículo 4.

En efecto, en la Sentencia T-1319 de 2001 la Corte Constitucional precisó "(i) que el primer enunciado incorpora al bloque las normas de derechos humanos que no permiten su limitación en los estados de excepción —derechos intangibles— y (ii) que el segundo inciso 'completa y dinamiza el contenido protegido de un derecho que ya está consagrado en la Carta'".[46]

Bajo esta argumentación se ha ampliado a nivel interpretativo el bloque de constitucionalidad, incorporando dentro del ordenamiento jurídico interno normas susceptibles de ser suspendidas en los estados de excepción que, a pesar de no proveer un parámetro específico de constitucionalidad, permiten ser guía de las cláusulas constitucionales apalancando el ejercicio hermenéutico que realiza la Corte Constitucional en aplicación del control abstracto de constitucionalidad.

Así, aunque —en principio— esta forma de interpretación del artículo 93 pueda parecer protectora al ampliar el marco de protección de los derechos humanos, no parece conveniente que un tribunal constitucional aproveche la amplitud de las normas constitucionales y otorgue un sentido diferente a la norma de remisión expresa del artículo 93 de la Constitución, pues en todo caso pareciera que se estuviera apartando del sentir del constituyente primario que estableció los supuestos precisos sobre los cuales se conforma el bloque de constitucionalidad. Esta situación genera que, a la fecha, no se tenga certeza sobre las normas internacionales que conforman el bloque de constitucionalidad y que sirven de parámetro o guía para realizar el respectivo control.

2.3. Evolución jurisprudencial del bloque de constitucionalidad: el bloque *stricto* y *latu sensu*

En su esfuerzo por establecer qué normas forman parte del bloque, la Corte Constitucional elaboró una doctrina compleja que llevó a entender la existencia de dos vertientes. La primera denominada *strictu sensu*, en la cual, se incorporan aquellos principios y normas que consagran derechos humanos y cuya suspensión se prohíbe en los estados de excepción, a la

[46] Colombia, Corte Constitucional, "Sentencia T-1319 de 2001", 11 de diciembre de 2001. Magistrado ponente: Rodrigo Uprimny Yepes.

que agregó además los convenios de derecho internacional humanitario.[47] Y la segunda denominada *latu sensu*, compuesta por todas aquellas normas que sirven de parámetro para efectuar un control de constitucionalidad y que vienen dadas por los tratados internacionales del artículo 93 y demás disposiciones constitucionales de reenvío, las leyes orgánicas[48] y en determinadas ocasiones leyes estatutarias[49] (se ha entendido que se incluye la Ley estatutaria de los estados de excepción —Ley 137 de 1994—).[50]

A pesar de lo anterior, el afán de la Corte Constitucional por ampliar el espectro de comparación en los procesos de constitucionalidad hizo que, a partir del año 1998, precisara la integración de otras disposiciones internacionales con rango relevante dentro del bloque de constitucionalidad, de manera que estableció que también formaban parte del mismo los tratados limítrofes.[51] La posición de integración de otras normas dentro del ámbito jurídico interno llevó a que se incluyeran dentro del bloque de constitucionalidad: las disposiciones de derechos humanos relacionadas con la protección de la mujer embarazada,[52] algunos convenios de la

---

[47] Colombia, Corte Constitucional, "Sentencia C-225 de 1995"; Colombia, Corte Constitucional, "Sentencia C-578 de 1995", 4 de diciembre de 1995. Magistrado ponente: Eduardo Cifuentes Muñoz y Colombia, Corte Constitucional, "Sentencia C-135 de 1996", 9 de abril de 1996. Magistrados ponentes: Jorge Arango Mejía, Alejandro Martínez Caballero y Antonio Barrera Carbonell.

[48] Respecto a las leyes orgánicas, se puede aludir al concepto que en principio había desarrollado el Consejo Constitucional Francés. Sin embargo, tal y como lo evidencia Louis Favoreu, las leyes orgánicas no forman parte del bloque de constitucionalidad, ya que en realidad cuando se hace un juicio de constitucionalidad no es en violación de la ley orgánica, sino de la propia Constitución. Igualmente, tal y como lo establece Vedel en el caso francés "en realidad cuando el juez constitucional censura una ley ordinaria (…) en cuanto contraria a una ley orgánica, el fundamento de esta censura no es último análisis el desconocimiento por aquella de las disposiciones del artículo 46 de la Constitución". Citado por Louis Favoreu y Francisco Rubio Llorente. *El Bloque de la constitucionalidad (simposium franco-español de Derecho Constitucional)* (Madrid: Editorial Civitas, 1991), 37.

[49] Esta posición es defendida por Rodrigo Uprimny, según el cual, el bloque de constitucionalidad puede estar integrado por otras normas estatutarias que condicionen la constitucionalidad de leyes ordinarias. Ver Uprimny Yepes, "El Bloque de Constitucionalidad".

[50] Colombia, Corte Constitucional, "Sentencia C-708 de 1999", 22 de septiembre de 1999. Magistrado ponente: Álvaro Tafur Galvis.

[51] Colombia, Corte Constitucional, "Sentencia C-191 de 1998".

[52] Colombia, Corte Constitucional, "Sentencia T-662 de 1997", 9 de diciembre de 1997. Magistrado ponente: Alejandro Martínez Caballero; Colombia, Corte Constitucional, "Sentencia T-270 de 1997", 29 de mayo de 1997. Magistrado ponente: Alejandro Martínez Caballero y Colombia, Corte

Organización Internacional del Trabajo —OIT— relativos a la protección de la libertad sindical[53] y el Convenio 169 sobre pueblos indígenas y tribales en países independientes.[54]

Asimismo, la jurisprudencia de la Corte Constitucional ha entendido que instrumentos internacionales relativos a derechos sociales, económicos y culturales, entre ellos el Protocolo de San Salvador, forman parte íntegra del bloque,[55] y reconoció que la Decisión 351 de 1993 de la Comunidad Andina de Naciones relativa a derechos de autor responde a derechos fundamentales que se le incorporan.[56]

Por último, ha decidido que la jurisprudencia de las instancias y tribunales internacionales es obligatoria como criterio de interpretación,[57] aspecto que a la postre resulta inútil, por cuanto ha sido la jurisprudencia internacional la que ha establecido que esos fallos dan alcance y sentido a las convenciones internacionales y, por lo tanto, su interpretación es obligatoria para los Estados contratantes; esto último es lo que se conoce como control de convencionalidad, lo cual se detallará en la tercera parte de este capítulo.

Constitucional, "Sentencia T-891 de 2004", 15 de septiembre de 2004. Magistrado ponente: Jaime Araújo Rentería.

53 Colombia, Corte Constitucional, "Sentencia T-568 de 1999", 10 de agosto de 1999. Magistrado ponente: Carlos Gaviria Díaz y Colombia, Corte Constitucional, "Sentencia C-567 de 2000", 17 de mayo de 2000. Magistrado ponente: Alfredo Beltrán Sierra.

54 Colombia, Corte Constitucional, "Sentencia T-955 de 2003", 17 de octubre de 2003. Magistrado ponente: Álvaro Tafur Galvis.

55 Colombia, Corte Constitucional, "Sentencia T-642 de 2004", 1 de julio de 2004. Magistrado ponente: Rodrigo Uprimny y Colombia, Corte Constitucional, "Sentencia T-827 de 2004", 1 de septiembre de 2004. Magistrado ponente: Rodrigo Uprimny.

56 Colombia, Corte Constitucional, "Sentencia C-1049 de 2000", 10 de agosto de 2000. Magistrado ponente: José Gregorio Hernández Galindo, y Colombia, Corte Constitucional, "Sentencia C-053 de 2001", 24 de enero de 2001. Magistrada ponente: Cristina Pardo.

57 Colombia, Corte Constitucional, "Sentencia C-010 de 2000", 19 de enero de 2000. Magistrado ponente: Alejandro Martínez Caballero; Colombia, Corte Constitucional, "Sentencia C-200 de 2002", 19 de marzo de 2002. Magistrado ponente: Álvaro Tafur Galvis y Colombia, Corte Constitucional, "Sentencia C-671 de 2002", 20 de agosto de 2002. Magistrado ponente: Eduardo Montealegre Lynett. Así, por ejemplo, la Corte Constitucional expresó que "la jurisprudencia de la Corte IDH contiene la interpretación auténtica de los derechos contenidos en la CADH, instrumento internacional que integra el parámetro de control de constitucionalidad". Colombia, Corte Constitucional, "Sentencia C-442 de 2011", 25 de mayo de 2011. Magistrado ponente: Humberto Antonio Sierra Porto.

2.4. El bloque de constitucionalidad y el principio de supremacía constitucional: ¿qué ocurre con el *pacta sunt servanda*?

Como se mencionó, la Sentencia C-400 de 1998 estableció en Colombia la existencia de un monismo moderado con prevalencia del derecho interno sobre el derecho internacional. Bajo este parámetro, se presenta una fuerte tensión entre el principio de supremacía constitucional y el principio de *pacta sunt servanda*, que establece que un Estado no puede abstenerse de cumplir sus obligaciones internacionales amparándose en una norma interna.[58]

Precisamente, en el asunto del Trato de los Nacionales Polacos —una de las sentencias más emblemáticas— la Corte Permanente de Justicia Internacional, en aplicación de este principio, negó que el Gobierno de Polonia empleara determinadas disposiciones de la Constitución de la Ciudad Libre de Danzig con el pretexto de incumplir el derecho internacional señalando que:

> [...] según los principios generalmente admitidos un Estado no puede, con respecto a otro Estado, valerse de las disposiciones constitucionales de éste, sino únicamente del derecho internacional y de las obligaciones internacionales debidamente aceptadas [...]. A la inversa, un Estado no puede alegar contra otro Estado su propia Constitución con el fin de eludir obligaciones que le incumben en virtud del derecho internacional o de tratados en vigencia. La aplicación de la Constitución de la Ciudad Libre puede traer como consecuencia el incumplimiento de una obligación jurídica internacional de Danzig para con Polonia, derivada de las estipulaciones convencionales o del derecho internacional común [...]. Con todo, en un caso de esa índole no es la Constitución, como tal, sino la obligación internacional la que hace surgir la responsabilidad de la Ciudad Libre.[59]

---

[58] Así lo establece la Convención de Viena sobre el Derecho de los Tratados: "Art. 26. *"Pacta sunt servanda"*. Todo tratado en vigor obliga a las partes y debe ser cumplido por ellas de buena fe" y " Art. 27. *El derecho interno y la observancia de los tratados*. Una parte no podrá invocar las disposiciones de su derecho interno como justificación del incumplimiento de un tratado. Esta norma se entenderá sin perjuicio de lo dispuesto en el artículo 46". Naciones Unidas, "Convención de Viena sobre el Derecho de los Tratados", U.N. Doc A/CONF.39/27, Viena, 23 de mayo de 1969, artículos 26 y 27.

[59] Corte Permanente de Justicia Internacional, "Treatment of Polish Nationals and Other Persons of Polish Origin or Speech in the Danzig Territory", 1932, C.P.J.I., Series A/B, No. 44, 4 de febrero

A pesar de que es clara la regla internacional —reconocida en el artículo 9 de la Constitución—, resulta complicado comprender la licitud del argumento central de la Sentencia C-400 de 1998 que establece que las normas de carácter constitucional prevalecen sobre las manifestaciones normativas del derecho internacional, a excepción de: (i) los tratados de derechos humanos cuyas garantías no se pueden suspender en los estados de excepción; (ii) las normas de *ius cogens* por ser normas imperativas de derecho internacional, aceptadas por la comunidad internacional en su conjunto y (iii) los tratados limítrofes.

Precisamente, la interpretación establecida en la sentencia C-400 de 1998 le ha permitido al tribunal constitucional establecer una serie de reglas relacionadas con la primacía del derecho interno en contraposición al derecho internacional, en el siguiente sentido:

> "(i) la Constitución impone un deber de inaplicación de los tratados en el plano interno, por las autoridades nacionales, en aquellos supuestos de contradicción de sus disposiciones con normas constitucionales, con fundamento en el artículo 4 superior: (ii) existe un deber de ajuste del ordenamiento jurídico para superar la situación de incumplimiento del derecho internacional y evitar el surgimiento de responsabilidad internacional, a cargo de las autoridades políticas, mediante la modificación de los tratados o la reforma de la Constitución; (iii) es obligación de las autoridades competentes asegurar la armonización de las obligaciones internacionales contraídas por Colombia con el ordenamiento jurídico interno, en la mayor medida posible, al momento de aplicar disposiciones no constitucionales".[60]

Esta postura, reafirmada en diferentes pronunciamientos, permite que el juez constitucional pueda declarar la inexequibilidad de las obligaciones

---

de 1932, 24-25. Este mismo tribunal también estableció en el caso "Greco-Bulgarian 'Communities'" que "[...] un principio generalmente reconocido del derecho de gentes es que, en las relaciones entre las Partes Contratantes de un tratado, las disposiciones de una ley interna no pueden prevalecer sobre las de un tratado". Corte Permanente de Justicia Internacional, "Greco-Bulgarian 'Communities'", 1930, C.P.J.I., Series B, No. 17, 31 de agosto de 1931, 32.

[60] Colombia, Corte Constitucional, "Sentencia C-269 de 2014".

internacionales asumidas por el Estado colombiano en todos aquellos casos en que la Constitución se contrapone a una norma de derecho internacional. Bajo este entendido, por vía jurisprudencial se ha abierto la puerta para que el Estado colombiano, amparado en la Constitución, pueda cometer hechos ilícitos internacionales, so pretexto del cumplimiento de una norma de derecho interno. Solo así se comprende el pronunciamiento de la Corte Constitucional que señala que es una "obligación nacional de adelantar acciones para asegurar el cumplimiento de la Constitución y disminuir los efectos negativos que de la inaplicación de un tratado pueden derivarse para el Estado colombiano en materia de responsabilidad internacional".[61]

Bajo estos condicionamientos la teoría del bloque de constitucionalidad asume una posición contradictoria: por un lado, permite la integración de normas al orden constitucional que sirvan de parámetro para realizar un control abstracto y, por otro lado, puede verse abocado a su desconocimiento cuando una norma de rango constitucional se encuentre en contraposición.

Teniendo en consideración lo anterior, se pone en duda el alcance del principio de *pacta sunt servanda* en el ordenamiento jurídico colombiano, máxime si se tiene en consideración que la amplitud interpretativa del tribunal constitucional, podría ser empleada para declarar la inconstitucionalidad de compromisos internacionales. Igualmente, nada obsta para que, mediante reformas constitucionales, el Congreso de la República, en uso de su poder derivado, modifique la Constitución en contravía de normas internacionales previamente aceptadas por el Estado colombiano.

2.5. ¿Los principios generales del derecho internacional se incluyen dentro del bloque de constitucionalidad?

Como es bien sabido, el artículo 9 de la Constitución Política establece que las relaciones exteriores se fundamentan a partir del reconocimiento de los principios del derecho internacional aceptados por el Estado.[62] Al respecto, la Corte Constitucional ha expresado que es "deber de todas las autoridades, incluso del juez de constitucionalidad, de asegurar el respeto de aquellas normas (i) que puedan ser consideradas como principios del

---

[61] Ibid.

[62] Sobre el concepto de principios de derecho internacional, consultar: Ana Gemma López Martín (Ed.), *Derecho Internacional Público* (Madrid: Dilex, 2012), 33-45.

derecho internacional, (ii) que sean aceptados por el Estado Colombiano y (iii) que sean compatibles con la regla de supremacía constitucional".[63]

Bajo esta caracterización, la jurisprudencia ha señalado que "los principios generales de derecho aceptados por las naciones civilizadas gozan de prevalencia normativa en nuestro ordenamiento, en la misma medida de los tratados, siempre y cuando su contenido se ajuste a los dictados de la Carta, y sin perjuicio de que haya ciertas normas consuetudinarias que, por consagrar derechos inherentes al ser humano, se integran al bloque de constitucionalidad".[64]

En este sentido, nuevamente, nos encontramos ante un pronunciamiento que aplica la regla contenida en la Sentencia C-400 de 1998, según la cual, la Constitución prevalece sobre todas las normas de derecho internacional, salvo que se trate de normas de *ius cogens* o de derechos humanos cuyas normas no se pueden suspender en los estados de excepción. Bajo esta argumentación, los principios generales de derecho internacional son infra constitucionales, de manera que, según el tribunal constitucional, es posible hacer prevalecer el ordenamiento jurídico interno.

Teniendo en consideración lo anterior, en la Sentencia C-269 de 2014, la Corte Constitucional estableció los principios que —hasta el momento— han sido aceptados por el Estado colombiano, a saber:

> principio de buena fe;[65] el principio de proscripción de la guerra para la solución de controversias internacionales,[66] a la par, con el principio del arreglo pacífico de las mismas;[67] el principio de igualdad soberana

[63] Colombia, Corte Constitucional, "Sentencia C-269 de 2014".

[64] Colombia, Corte Constitucional, "Sentencia C-1189 de 2000", 13 de septiembre de 2000. Magistrado ponente: Carlos Gaviria Díaz.

[65] Colombia, Corte Constitucional, "Sentencia C-202 de 2001", 21 de febrero de 2001. Magistrado ponente: Álvaro Tafur Galvis; Colombia, Corte Constitucional, "Sentencia C-578 de 2002", 30 de julio de 2002. Magistrado ponente: Manuel José Cepeda Espinosa y Colombia, Corte Constitucional, "Sentencia C-823 de 2011", 2 de noviembre de 2011. Magistrada ponente: María Victoria Calle Correa.

[66] Colombia, Corte Constitucional, "Sentencia C-287 de 2002", 23 de abril de 2002. Magistrada ponente: Clara Inés Vargas Hernández.

[67] Colombia, Corte Constitucional, "Sentencia C-264 de 2002", 16 de abril de 2002. Magistrado ponente: Manuel José Cepeda Espinosa y Colombia, Corte Constitucional, "Sentencia C-915 de 2010", 16 de noviembre de 2010. Magistrado ponente: Humberto Antonio Sierra Porto.

de los Estados;[68] el principio de respeto a la soberanía nacional de los mismos sujetos de derecho internacional;[69] el principio de no intervención;[70] el principio de inmunidad soberana de los Estados —extensible a las organizaciones internacionales—;[71] el principio de reciprocidad[72] y ciertos principios del derecho de los tratados,[73] en particular, el principio "*pacta sunt servanda*".[74]

---

[68] Colombia, Corte Constitucional, "Sentencia C-264 de 2002".

[69] Colombia, Corte Constitucional, "Sentencia C-401 de 1997", 28 de agosto de 1997. Magistrado ponente: Hernando Herrera Vergara; Colombia, Corte Constitucional, "Sentencia C-914 de 2001", 29 de agosto de 2001. Magistrado ponente: Álvaro Tafur Galvis; Colombia, Corte Constitucional, "Sentencia C-264 de 2002"; Colombia, Corte Constitucional, "Sentencia C-578 de 2002"; Colombia, Corte Constitucional, "Sentencia C-316 de 2002", 30 de abril de 2002. Magistrado ponente: Marco Gerardo Monroy Cabra; Colombia, Corte Constitucional, "Sentencia C-189 de 2008", 27 de febrero de 2008. Magistrado ponente: Manuel José Cepeda Espinosa; Colombia, Corte Constitucional, "Sentencia C-609 de 2010", 3 de agosto de 2010. Magistrada ponente: María Victoria Calle Correa; Colombia, Corte Constitucional, "Sentencia C-417 de 2012", 6 de junio de 2012. Magistrado ponente: Gabriel Eduardo Mendoza Martelo y Colombia, Corte Constitucional, "Sentencia C-819 de 2012", 17 de octubre de 2012. Magistrado ponente: Alexei Julio Estrada.

[70] Colombia, Corte Constitucional, "Sentencia C-974 de 2001", 12 de septiembre de 2001. Magistrado ponente: Álvaro Tafur Galvis; Colombia, Corte Constitucional, "Sentencia C-264 de 2002" y Colombia, Corte Constitucional, "Sentencia C-189 de 2008".

[71] Colombia, Corte Constitucional, "Sentencia C-203 de 1995", 11 de mayo de 1995. Magistrado ponente: José Gregorio Hernández Galindo; Colombia, Corte Constitucional, "Sentencia C-915 de 2010"; Colombia, Corte Constitucional, "Sentencia C-788 de 2011", 20 de octubre de 2011. Magistrado ponente: Luis Ernesto Vargas Silva; Colombia, Corte Constitucional, "Sentencia C-316 de 2012", 2 de mayo de 2012. Magistrado ponente: Mauricio González Cuervo; Colombia, Corte Constitucional, "Sentencia T-667 de 2011", 8 de septiembre de 2011. Magistrado ponente: Luis Ernesto Vargas Silva y Colombia, Corte Constitucional, "Sentencia T-180 de 2012", 8 de marzo de 2012. Magistrada ponente: María Victoria Calle Correa.

[72] Colombia, Corte Constitucional, "Sentencia C-609 de 2010".

[73] Colombia, Corte Constitucional, "Sentencia C-264 de 2002" y Colombia, Corte Constitucional, "Sentencia C-578 de 2002". En esta última providencia la Corte, al referirse al derecho de denuncia, indicó: "Esta disposición reafirma el artículo 9 constitucional, que establece el consentimiento como fundamento para obligarse internacionalmente y además con los principios de derecho internacional aceptados por Colombia, dentro de los cuales se encuentran las disposiciones sobre la materia que consagra la Convención de Viena de 1969, sobre el derecho de los tratados".

[74] Colombia, Corte Constitucional, "Sentencia C-276 de 1993", 22 de julio de 1993. Magistrado ponente: Vladimiro Naranjo Mesa; Colombia, Corte Constitucional, "Sentencia C-202 de 2001"; Colombia, Corte Constitucional, "Sentencia C-974 de 2001" y Colombia, Corte Constitucional, "Sentencia C-578 de 2002". En esta última sentencia la Corte se refirió al vínculo entre la soberanía y el *pacta sunt servanda* al indicar: "Encuentra la Corte que estas disposiciones desarrollan los principios que rigen el manejo de las relaciones internacionales de Colombia previstas en nuestro

Adicionalmente, es necesario precisar que el artículo 9 de la Constitución Política ha señalado de manera expresa el reconocimiento de los principios de la soberanía nacional y la autodeterminación de los pueblos, los cuales, de conformidad con la jurisprudencia constitucional gozan de precedencia normativa en el andamiaje constitucional.

El hecho es que, aun sin formar parte del bloque de constitucionalidad, la Corte Constitucional ha señalado que los principios generales del derecho internacional pueden ser empleados como parámetro de constitucionalidad abstracto de las leyes si: (i) han sido aceptados de manera previa por el Estado colombiano y no lo han dejado de ser, y (ii) el control recae sobre normas "que no tengan por objeto ni como resultado, la sustitución de un principio de derecho internacional previamente aceptado por Colombia".[75]

Con ocasión de este condicionamiento, vemos que en realidad no resulta útil el empleo conceptual del bloque de constitucionalidad, toda vez que según la jurisprudencia constitucional los principios pueden erigirse como parámetros de control de otras normas, siempre y cuando su aceptación no se encuentre en oposición con un postulado constitucional.

2.6. ¿La costumbre internacional se incluye dentro del bloque de constitucionalidad?

La Constitución Política de Colombia de 1991 no establece de manera expresa un sistema de incorporación de la costumbre internacional, no obstante, la Corte Constitucional en la Sentencia C-1189 de 2000 sostuvo que las normas consuetudinarias que vinculaban al Estado Colombiano podían ser de dos tipos, a saber:

a) Aquellas que, por consagrar derechos inherentes a la persona humana, ingresan al ordenamiento jurídico por virtud de los artículos 93 y 94 de la Constitución, conformando junto con ésta

ordenamiento constitucional, en cuanto reiteran el respeto a los principios de soberanía y *pacta sunt servanda* aceptados por Colombia (artículo 9 CP), según los cuales los compromisos internacionales de Colombia y de cualquier Estado, surgen solo cuando se ha expresado válidamente el consentimiento para obligarse".

[75] Colombia, Corte Constitucional, "Sentencia C-269 de 2014".

el llamado bloque de constitucionalidad, tal y como se reconoció en las sentencias C-574 de 1992 y C-179 de 1994; y

b) aquellas que, si bien no se refieren a derechos inherentes a la persona, prescriben normas de conducta igualmente obligatorias para los Estados. Esta segunda categoría no forma parte del bloque de constitucionalidad, pero es vinculante para el Estado colombiano.[76]

Así pues, la Corte Constitucional, con el propósito de ajustar el contenido normativo de la costumbre internacional a los parámetros establecidos por la Sentencia C-400 de 1998, se vio en la necesidad de dividir —de manera artificiosa— la costumbre internacional en dos categorías jurídicas que se acomodaran al bloque de constitucionalidad.

A pesar de lo anterior, existe en la jurisprudencia constitucional una ambigüedad al señalar que la costumbre internacional goza de prevalencia normativa en nuestro ordenamiento, pero que se localizan normas que, por consagrar derechos inherentes al ser humano, se integran al bloque de constitucionalidad.[77] En este sentido, la jurisprudencia no es clara en señalar cual es el nivel de jerarquía de la costumbre internacional, esto es si puede emplearse en todos los casos como medio para realizar el control abstracto de constitucionalidad.

El hecho es que, dada la carencia de una norma explícita dentro de la Constitución, la Corte Constitucional se ha visto forzada a realizar esta división con el propósito de justificar la existencia de costumbres internacionales que son obligatorias para el Estado colombiano, pero que no pueden incluirse dentro del concepto clásico de bloque de constitucionalidad.

Al respecto, consideramos que en un futuro la jurisprudencia constitucional deberá precisar esta regla, con el objetivo de establecer hasta qué punto una norma consuetudinaria puede servir de parámetro de constitucionalidad de las leyes. Lo cierto en este momento es que, por su propia naturaleza, la costumbre internacional es quizá la única fuente reconocida por la Corte Constitucional que puede generar obligaciones para el Estado colombiano y que no es susceptible de control constitucional.

---

[76] Colombia, Corte Constitucional, "Sentencia C-1189 de 2000".

[77] Ibid.

2.7. La aplicación del concepto de bloque de constitucionalidad en la jurisprudencia del Consejo de Estado

Como se ha señalado, el concepto de bloque de constitucionalidad obedece a un ejercicio de creación jurisprudencial por parte de la Corte Constitucional; no obstante, el Consejo de Estado —máxima autoridad de la jurisdicción contenciosa administrativa— ha aceptado el empleo de este concepto para revisar la legalidad de los actos que llegan a su conocimiento.

Precisamente, al interior de su jurisprudencia ha aceptado que la norma integradora del bloque de constitucionalidad se localiza en el artículo 93 de la Constitución, haciendo —en ocasiones— referencia a la división clásica entre bloque amplio y estricto.[78] No obstante, a pesar de la amplitud de normas que contiene el bloque de constitucionalidad, su empleo al interior de su jurisprudencia resulta ser un poco retórica, toda vez que el empleo de la norma internacional no suele ser el argumento principal para controlar la legalidad de los actos que llegan a su conocimiento.[79]

---

[78] Al respecto el Consejo de Estado ha señalado que "el artículo 93 de la Constitución Política dispone que los tratados y convenios internacionales, ratificados por el Congreso, que reconocen los derechos humanos prevalecen en el ordenamiento interno. El Estado colombiano aceptó el bloque de constitucionalidad que está compuesto por las normas constitucionales y por los tratados internacionales de derechos humanos de que trata el artículo 93 de la Constitución Política". Colombia, Consejo de Estado, Sala de lo Contencioso Administrativo, Sección Tercera, "Sentencia del 22 de febrero de 2007", expediente 2000-00662-01(26036). Consejero ponente: Ramiro Saavedra Becerra.

[79] Al respecto podrían consultarse las sentencias: Colombia, Consejo de Estado, Sala Plena de lo Contencioso Administrativo, "Sentencia del 14 de febrero de 2012", expediente 2010-00036-01(IJ). Consejero ponente: Jaime Santofimio Gamboa; Colombia, Consejo de Estado, Sala de Consulta y Servicio Civil, "Concepto de 3 de octubre de 2012", expediente 2012-00065-00(2116). Consejero ponente: Luis Fernando Álvarez Jaramillo; Colombia, Consejo de Estado, Sala de Consulta y Servicio Civil, "Concepto de 30 de octubre de 2013", expediente 2013-00400-00(2163). Consejero ponente: William Zambrano Cetina; Colombia, Consejo de Estado, Sala de lo Contencioso Administrativo, Sección Tercera, Subsección C, "Sentencia del 24 de octubre de 2013", expediente 1999-00577-01(25981). Consejero ponente: Jaime Santofimio Gamboa; Colombia, Consejo de Estado, Sala de Consulta y Servicio Civil, "Concepto de 12 de marzo de 2014", expediente 2013-00440-00. Consejero ponente: Germán Bula Escobar; Colombia, Consejo de Estado, Sala Plena de lo Contencioso Administrativo, "Sentencia del 5 de agosto de 2014", expediente 2012-02201-01(IJ). Consejero ponente: Jorge Octavio Ramírez Ramírez; Colombia, Consejo de Estado, Sala de Consulta y Servicio Civil, "Concepto de 22 de enero de 2015", expediente 2014-00181-00(2226). Consejero ponente: Álvaro Namén Vargas; Colombia, Consejo de Estado, Sala de lo Contencioso Administrativo, Sección Quinta, "Sentencia del 21 de julio de 2016", expediente 2015-00030-00. Consejero ponente: Alberto Yepes Barreiro y Colombia, Consejo de Estado, Sala de lo Contencioso Administrativo, Sección Tercera, Subsección B, "Sentencia de 1 de agosto de 2016", expediente 2005-03157-01(42484). Consejero ponente: Ramiro Pazos Guerrero.

A pesar de lo anterior, no sobra resaltar que en algunas oportunidades el Consejo de Estado ha empleado el bloque de constitucionalidad para aplicar la excepción de inconstitucionalidad, señalando que la norma para realizar el control de legalidad proviene de una norma de remisión constitucional. Esta situación se puso de presente, por ejemplo, en la Sentencia del 7 de diciembre de 2006, en la cual empleó la convención sobre la eliminación de todas las formas de discriminación contra la mujer para inaplicar —vía de excepción— la Ley de cuotas en el seno de las juntas administradoras locales para la conformación de las ternas para designar alcaldes locales.[80]

En otras oportunidades, ha empleado el concepto de bloque de constitucionalidad para remitirse a las sentencias de la Corte Constitucional que han fijado el alcance normativo de algún precepto específico de orden internacional. Esta fue la situación que ocurrió en el renombrado caso de la destitución e inhabilidad del exalcalde de Bogotá, Gustavo Petro, caso en el cual, el Consejo de Estado se refirió al concepto de bloque de constitucionalidad para remitir su estudio a las sentencias C-028 de 2006 y SU-712 de 2013, que analizaban la facultad del procurador general de la Nación para destituir servidores públicos a la luz del Pacto de San José.[81]

En definitiva, aunque el empleo del bloque de constitucionalidad por parte de la jurisdicción contencioso administrativa no es usual, lo importante es señalar que la amplitud de fuentes normativas que lo componen, de manera directa, amplía también el control de legalidad que se realiza sobre los actos de la Administración.

3. La aparición del control de convencionalidad: la revaluación de paradigmas y la influencia del derecho internacional

Como lo señalamos en el acápite anterior, la Corte Constitucional en su afán por ampliar el marco jurídico sobre el cual realiza el control abstrac-

---

80 Colombia, Consejo de Estado, Sala de lo Contencioso Administrativo, Sección Quinta, "Sentencia de 7 de diciembre de 2006", expedientes 2005-00961-01(4136) y 2005-00968-01. Consejera ponente: María Nohemí Hernández Pinzón.

81 Colombia, Consejo de Estado, Sala Plena de lo Contencioso Administrativo, "Sentencia de 18 de febrero de 2014", expediente 2013-06871-01. Consejero ponente: Guillermo Vargas Ayala. En igual sentido: Colombia, Consejo de Estado, Sala de lo Contencioso Administrativo, Sección Segunda, Subsección B, "Sentencia de 6 de octubre de 2016", expediente 2012-00681-00 (2362-12). Consejera ponente: Sandra Lisset Ibarra Vélez.

to de constitucionalidad, se aseguró de que, sin reconocer la primacía de las normas internacionales, su jurisprudencia tuviera algo de coherencia —argumentativa— con la obligación jurídica que contempla el artículo 27 de la Convención de Viena sobre el Derecho de los Tratados de 1969, que establece que los Estados no pueden invocar las disposiciones de su derecho interno como justificación para el incumplimiento de un tratado.

A pesar de lo anterior, dentro del estudio planteado resultan paradójicas dos situaciones: (i) que la Corte Constitucional tenga la posibilidad de declarar la inconstitucionalidad de una norma jurídica empleando normas internacionales sin reconocerles su primacía y (ii) que los jueces aunque cuentan con la facultad de aplicar la denominada excepción de constitucionalidad —incluye la Constitución y el bloque—, solo puedan inaplicar la norma jurídica para un caso en concreto sin poder declarar su inconstitucionalidad.[82]

Esta situación, aunque parece extraña, es compartida por una gran parte de los ordenamientos jurídicos americanos, que de antaño han diferenciado las normas provenientes del derecho internacional y aquellas proferidas por sus cuerpos colegiados de elección popular. En razón de esta disyuntiva, se han presentado serías incompatibilidades entre las normas internacionales ratificadas o aceptadas por los Estados y la regulación propia de los Estados

---

[82] "La figura de la excepción de inconstitucionalidad encuentra su fundamento en el artículo 4° de la Carta, es decir en el principio de supremacía constitucional (...) (L)os jueces de la República tienen el deber de aplicar la excepción de inconstitucionalidad cuando quieran que adviertan en un caso concreto que existe incompatibilidad entre la norma legal (o de inferior jerarquía) a aplicar y la Constitución, de suerte que la constitucionalidad de una decisión judicial queda en entredicho cuando se abstiene de cumplir dicho deber".

Colombia, Corte Constitucional, "Sentencia T-298 de 2004", 25 de marzo de 2004. Magistrado ponente: Eduardo Montealegre Lynett y Colombia, Corte Constitucional, "Sentencia T-704 de 2012", 4 de septiembre de 2012. Magistrado ponente: Luis Ernesto Vargas Silva.

"La definición acerca de si existe o no la incompatibilidad entre la norma inferior y las fundamentales debe producirse en el caso específico, singular, concreto, y en relación con las personas involucradas en el mismo, sin que pueda exceder ese marco jurídico preciso. Se habla entonces de un efecto inter partes, o circunscrito a quienes tienen interés en el caso. Y la norma inaplicada no se afecta en su vigencia general, aunque, por motivo de la inaplicación, no haya producido efectos en el asunto particular del que se trata. La excepción de inconstitucionalidad no ocasiona consecuencias en abstracto, ni puede significar la pérdida de vigencia o efectividad de la disposición sobre la cual recae, ni tampoco se constituye, dentro de nuestro sistema jurídico, en precedente forzoso para decidir otros casos que, bajo distintas circunstancias, también estén gobernados por aquélla". Colombia, Corte Constitucional, "Sentencia C-600 de 1998".

americanos, que solo puede ser resuelta armónicamente si se reconoce la primacía a alguna de las dos.

Así, por ejemplo, en uno de los casos más famosos —La última tentación de Cristo—,[83] la Corte Interamericana de Derechos Humanos (en adelante Corte IDH) señaló que la cláusula constitucional chilena que permitía realizar censura previa audiovisual era contraria al Pacto de San José, por lo que ordenó su modificación. En este caso, se observa cómo una norma interna de carácter constitucional, pervive en el ordenamiento jurídico aun siendo contraria al ordenamiento internacional.

Debido a esta situación, la Corte IDH desarrolló el denominado control de convencionalidad, como un mecanismo para dejar sin efectos jurídicos aquellos preceptos normativos contrarios al ordenamiento internacional. En razón de lo anterior, la presente sección tiene como propósito analizar el concepto y alcance del control de convencionalidad, con el objetivo de establecer el grado de impacto del ordenamiento jurídico internacional en los ordenamientos jurídicos internos y, por consiguiente, determinar hasta qué punto se ha modificado el paradigma de control establecido por la Corte Constitucional.

3.1. El control de convencionalidad: concepto

La Corte IDH, en el renombrado asunto Almonacid Arellano y otros contra el Estado de Chile (2006), estableció el denominado control de convencionalidad,[84] según el cual, los jueces tienen la capacidad de inaplicar, por ellos mismos, a solicitud de parte o de oficio, aquellas normas de su ordenamiento jurídico interno que se encuentren en contraposición con

---

[83] Corte IDH, "Caso 'La Última Tentación de Cristo' (Olmedo Bustos y otros) vs. Chile", Fondo, Reparaciones y Costas, Sentencia de 5 de febrero de 2001. Serie C No. 73.

[84] Un estudio reciente y completo sobre este mecanismo se localiza en: Manuel Fernando Quinche Ramírez, *El control de convencionalidad* (Bogotá: Temis, 2017); así como el estudio más completo publicado: Jaime Santofimio, *El concepto de convencionalidad: vicisitudes para su construcción sustancial en el Sistema Interamericano de Derechos Humanos: ideas fuerzas rectoras* (Bogotá: Universidad Externado de Colombia, 2017). Con anterioridad, el juez Sergio García Ramírez había realizado una aproximación conceptual al control de convencionalidad, en sus votos de los casos: Corte IDH, "Caso Myrna Mack Chang vs. Guatemala", Fondo, Reparaciones y Costas, Sentencia de 25 de noviembre de 2003, Serie C No. 101 y Corte IDH, "Caso Tibi Vs. Ecuador", Excepciones Preliminares, Fondo, Reparaciones y Costas, Sentencia de 07 de septiembre de 2004, Serie C No. 114.

aquellas establecidas en el Pacto de San José y su jurisprudencia. La Corte IDH expresaría esta nueva forma de control, en los siguientes términos:

> (C)uando un Estado ha ratificado un tratado internacional como la Convención Americana, sus jueces, como parte del aparato del Estado, también están sometidos a ella, lo que les obliga a velar porque los efectos de las disposiciones de la Convención no se vean mermadas por la aplicación de leyes contrarias a su objeto y fin, y que desde un inicio carecen de efectos jurídicos. En otras palabras, el Poder Judicial debe ejercer una especie de "control de convencionalidad" entre las normas jurídicas internas que aplican en los casos concretos y la Convención Americana sobre Derechos Humanos. En esta tarea, el Poder Judicial debe tener en cuenta no solamente el tratado, sino también la interpretación que del mismo ha hecho la Corte Interamericana, intérprete última de la Convención Americana.[85]

Este pronunciamiento, que ha sido reiterado y precisado en múltiples sentencias de este tribunal internacional,[86] puede generar dos efectos, a saber: "a) el primero, es represivo, o destructivo. Cuando la norma doméstica opuesta al pacto o a la jurisprudencia de la Corte Interamericana, es convencional o anticonvencional, tiene un resultado de mínima: no se aplica al caso bajo examen, se descarta o resulta inválida para el mismo (...) b) (...) la Corte Interamericana dibuja otra función del control de convencionalidad, con un efecto positivo o constructivo. En esta etapa los jueces deben aplicar y hacer funcionar el derecho local de acuerdo con las reglas

---

[85] Corte IDH. "Caso Almonacid Arellano y otros vs. Chile", Excepciones Preliminares, Fondo, Reparaciones y Costas. Sentencia de 26 de septiembre de 2006, Serie C No. 154, párr. 124.

[86] Corte IDH, "Caso Boyce y otros vs. Barbados", Excepción Preliminar, Fondo, Reparaciones y Costas. Sentencia de 20 de noviembre de 2007, Serie C No. 169, párr. 78; Corte IDH, "Caso Heliodoro Portugal vs. Panamá", Excepciones Preliminares, Fondo, Reparaciones y Costas. Sentencia de 12 de agosto de 2008, Serie C No. 186, párr. 180; Corte IDH, "Caso Manuel Cepeda Vargas vs. Colombia", Excepciones Preliminares, Fondo, Reparaciones y Costas. Sentencia de 26 de mayo de 2010, Serie C No. 213, párr. 208; Corte IDH, "Caso Trabajadores Cesados del Congreso (Aguado Alfaro y otros) vs. Perú", Excepciones Preliminares, Fondo, Reparaciones y Costas. Sentencia de 24 de Noviembre de 2006, Serie C No. 158, párr. 128; y Corte IDH, "Caso Cabrera García y Montiel Flores vs. México", Excepción Preliminar, Fondo, Reparaciones y Costas. Sentencia de 26 de noviembre de 2010, Serie C No. 220, párr. 225.

del pacto de San José de Costa Rica, y según, también, la jurisprudencia de la Corte Interamericana de Derechos Humanos".[87]

Bajo esta nueva perspectiva el juez nacional tiene que comenzar a realizar su análisis a partir del Pacto de San José y la jurisprudencia de la Corte IDH, antes de entrar a valorar la normativa interna,[88] con lo cual, el control de convencionalidad resulta convirtiéndose en un mecanismo a través del cual se privilegia el ordenamiento jurídico internacional por encima de las normas de derecho interno.

3.2. Características conceptuales del control de convencionalidad en la jurisprudencia de la Corte IDH

En términos simples, el control de convencionalidad es una "institución que se utiliza para aplicar el derecho internacional, en este caso el derecho internacional de los Derechos Humanos, y específicamente la Convención Americana y sus fuentes, incluyendo la jurisprudencia".[89] No obstante, a partir del caso Almonacid Arellano, la Corte IDH ha venido precisando su contenido y alcance con el objetivo de lograr la coherencia del sistema interamericano con los ordenamientos jurídicos internos de los Estados parte. Las principales características de este concepto, son las siguientes:

- *El control de convencionalidad se realiza ex officio:* en múltiples pronunciamientos la Corte IDH ha señalado que "los órganos del Poder Judicial deben ejercer no solo un control de constitucionalidad, sino también 'de convencionalidad' *ex officio* entre las normas internas

---

[87] Néstor Pedro Sagüés, "El 'control de convencionalidad' en el sistema interamericano, y sus anticipos en el ámbito de los derechos económico-sociales. Concordancias y diferencias con el sistema europeo", en *Construcción y papel de los derechos sociales fundamentales. Hacia un ius constitutionale commune en América Latina*, 384-385 (México: Instituto de Investigaciones Jurídicas,, Universidad Nacional Autónoma de México, 2011).

[88] "En todo caso, el juez local que realice la función represiva y la constructiva que impone el control de convencionalidad diseñado por la Corte Interamericana, está en verdad actuando como agente u operador del sistema interamericano de derechos humanos contemplado por el Pacto de San José de Costa Rica, antes que ejerciendo competencias domésticas como juez nacional". Sagüés, "El 'control de convencionalidad'", 388.

[89] Corte IDH, "Caso Gelman vs. Uruguay". Supervisión de Cumplimiento de Sentencia. Resolución de la Corte Interamericana de Derechos Humanos de 20 de marzo de 2013, párr. 65.

y la Convención Americana, evidentemente en el marco de sus respectivas competencias".[90] Esta característica que no solo debe ser aplicada a los funcionarios judiciales, sino que ha sido ampliada a todos los funcionarios públicos, reafirma la obligación internacional del Estado de cumplir con sus obligaciones internacionales, motivo por el cual, no resulta novedosa, pues confirma el principio de antaño de *pacta sunt sevanda.*

- *Todos los órganos vinculados a la Administración de Justicia tienen la competencia para realizar el control de convencionalidad:* como es bien sabido, los jueces en sus providencias están sometidos al derecho vigente, razón por la cual, la Corte IDH ha señalado que es una obligación de todas las autoridades judiciales aplicar las normas de aquellos tratados internacionales que han sido ratificados por su Estado. Por consiguiente, todos los niveles de la Administración de Justicia se encuentran en la facultad de aplicar las normas convencionales en el marco de sus competencias "lo cual les obliga a velar por que los efectos de las disposiciones de la Convención no se vean mermados por la aplicación de normas contrarias a su objeto y fin".[91] Bajo este argumento, el sistema interamericano se ha encargado de establecer la prevalencia del orden jurídico internacional sobre el derecho interno de los Estados parte.
- *Todos los órganos estatales están en la obligación de aplicar el control de convencionalidad:* de manera reiterada, la Corte IDH ha establecido que "en el ámbito de su competencia todas las autoridades y órganos de un Estado Parte en la Convención tienen la obligación de ejercer un 'control de convencionalidad'".[92] Este argumento, en realidad,

---

[90] Corte IDH, "Caso Trabajadores Cesados del Congreso (Aguado Alfaro y otros) vs. Perú", párr. 128; Corte IDH, "Caso Heliodoro Portugal vs. Panamá", párr. 180; Corte IDH, "Caso Radilla Pacheco vs. México", Excepciones Preliminares, Fondo, Reparaciones y Costas. Sentencia de 23 de noviembre de 2009, Serie C No. 209, párr. 339 y Corte IDH, "Caso Liakat Ali Alibux vs. Surinam", Excepciones Preliminares, Fondo, Reparaciones y Costas. Sentencia de 30 de enero de 2014, Serie C No. 276, párr. 151.

[91] Corte IDH, "Caso Cabrera García y Montiel Flores vs. México", párr. 225 y Corte IDH, "Caso de personas dominicanas y haitianas expulsadas vs. República Dominicana", Excepciones Preliminares, Fondo, Reparaciones y Costas. Sentencia de 28 de agosto de 2014, Serie C No. 282, párr. 311.

[92] Corte IDH, "Caso de personas dominicanas y haitianas expulsadas vs. República Dominicana",

solo confirma el deber de todos los órganos estatales de cumplir con los compromisos internacionales aceptados por el Estado, so pena de que su comportamiento comprometa la responsabilidad internacional del Estado.

- *El control de convencionalidad se extiende a otros tratados de derechos humanos:* En la práctica los Estados americanos han ratificado diferentes tratados interamericanos relacionados con derechos humanos. En este sentido, la Corte IDH ha señalado que la obligación internacional de aplicar sus disposiciones no se predica únicamente de la Convención Americana, sino que se extiende a los demás tratados que hayan sido ratificados válidamente.[93] Esta característica —nuevamente— reafirma la obligación del Estado de cumplir con sus obligaciones internacionales, motivo por el cual, no resulta novedosa.
- *No existe un modelo para ejercer el control de convencionalidad:* en la práctica, el control de convencionalidad reafirma la obligación del Estado de cumplir con sus compromisos internacionales, razón por la cual, no le incumbe al derecho internacional establecer los mecanismos, medios o herramientas que empleará el Estado para cumplir con sus deberes. Por este motivo, se entiende que la Corte IDH haya expresado que "la Convención Americana no impone un modelo específico para realizar un control de constitucionalidad y convencionalidad",[94] toda vez que esto implicaría inmiscuirse en los asuntos internos de cada Estado. No obstante lo anterior, en ocasiones, la Corte IDH ha señalado que "el control de constitucionalidad implica necesariamente un control de convencionalidad, ejercidos de forma complementaria".[95]

párr. 497 y Corte IDH, "Caso Rochac Hernández y otros vs. El Salvador", Fondo, Reparaciones y Costas, Sentencia de 14 de octubre de 2014, Serie C No. 285, párr. 213.

93 Corte IDH, "Caso Gudiel Álvarez y otros ('Diario Militar') vs. Guatemala", Fondo Reparaciones y Costas, Sentencia de 20 noviembre de 2012, Serie C No. 253, párr. 330 y Corte IDH, "Caso Masacres de Río Negro vs. Guatemala", Excepción Preliminar, Fondo, Reparaciones y Costas, Sentencia de 4 de septiembre de 2012, Serie C No. 250, párr. 262.

94 Corte IDH, "Caso Liakat Ali Alibux vs. Surinam", párr. 124.

95 Corte IDH, "Caso Gelman vs. Uruguay", párr. 88.

- *El control se predica de las opiniones consultivas y la interpretación que realicen las sentencias sobre los textos convencionales:* la Corte IDH ha señalado que el control de convencionalidad no solo procede respecto de los textos convencionales, sino también sobre la interpretación que fija el tribunal interamericano en sus opiniones consultivas y sentencias contenciosas.[96] Al mismo tiempo ha indicado que "es posible observar dos manifestaciones distintas de esa obligación de los Estados de ejercer el control de convencionalidad, dependiendo de si la Sentencia ha sido dictada en un caso en el cual el Estado ha sido parte o no".[97] En estos supuestos, ha señalado que cuando la sentencia se ha dictado en un caso específico, todos los órganos del Estado están sometidos a la sentencia en virtud del fenómeno procesal de la cosa juzgada internacional, mientras que en el supuesto en el cual el Estado "concernido no ha sido parte en el proceso internacional (...) por el solo hecho de ser Parte en la Convención Americana, todas sus autoridades públicas y todos sus órganos, incluidas las instancias democráticas, jueces y demás órganos vinculados a la administración de justicia en todos los niveles, están obligados (...) teniendo en cuenta el propio tratado y, según corresponda, los precedentes o lineamientos jurisprudenciales de la Corte Interamericana".[98]

Teniendo en cuenta lo anterior, la Corte IDH ha señalado además que "la Sentencia no se limita en su efecto vinculante a la parte dispositiva del fallo, sino que incluye todos los fundamentos, motivaciones, alcances y efectos del mismo, de modo que aquélla es vinculante en su integridad, incluyendo su *ratio decidendi*".[99]

---

[96] Corte IDH. Derechos y garantías de niñas y niños en el contexto de la migración y/o en necesidad de protección internacional. Opinión Consultiva OC-21/14 de 19 de agosto de 2014. Serie A No. 21, párr. 31 y Corte IDH, "Caso Radilla Pacheco vs. México", párr. 339.

[97] Corte IDH, "Caso Gelman vs. Uruguay", párr. 67.

[98] Ibid., párr. 69.

[99] Ibid., párr. 102.

3.3. El control de convencionalidad en la jurisprudencia de la Corte Constitucional y del Consejo de Estado: diferencias y similitudes

En el caso colombiano la recepción del control de convencionalidad fue avalada por la Corte Constitucional[100] e impulsada por la jurisprudencia del Consejo del Estado quien ha señalado que "El control de convencionalidad garantiza que la hermenéutica y aplicación de las leyes internas se realice de manera acorde con la Constitución Política (control de constitucionalidad difuso), y con los convenios y reglas internacionales sobre derechos humanos que hayan sido ratificadas por los Estados (control de convencionalidad)".[101]

A pesar de lo anterior —en la actualidad— se presentan serias divergencias interpretativas sobre el alcance del control de convencionalidad en la jurisprudencia de la Corte Constitucional y del Consejo de Estado. En efecto, la Corte Constitucional ha señalado que la jurisprudencia de las instancias internacionales constituye "un criterio hermenéutico relevante para establecer el sentido de las normas constitucionales sobre derechos fundamentales",[102] mientras que, por su parte, el Consejo de Estado ha señalado que "El juez de lo contencioso administrativo es, a su vez, juez de convencionalidad en el ordenamiento interno, es decir un juez que integra la normatividad interna con los estándares y reglas de protección del SIDH y que, por lo mismo, tiene como deber no solo verificar el cumplimiento de las obligaciones internacionales de respeto y garantía de los derechos humanos por parte de las autoridades públicas internas, sino, también,

---

[100] En la sentencia C-442/11, se reconoce, por primera vez, el control de convencionalidad y su aplicación en el orden interno. Colombia, Corte Constitucional, "Sentencia C-442 de 2011".

[101] Consejo de Estado, Sala de lo Contencioso Administrativo, Sección Tercera, "Sentencia de 26 de noviembre de 2013", expediente AP 25000232400020110022701. Consejero ponente: Enrique Gil Botero.

[102] Colombia, Corte Constitucional, "Sentencia C-010 de 2000". Adicionalmente, la Corte Constitucional ha señalado que existe la posibilidad de reabrir un asunto previamente examinado por la Corte Constitucional en consideración a las interpretaciones sobrevinientes de la Corte IDH cuando "(i) el parámetro de control del asunto previamente examinado haya sido una norma integrada al bloque de constitucionalidad en sentido estricto; (ii) los pronunciamientos de la Corte Interamericana de Derechos Humanos hayan variado radicalmente y de forma clara el sentido de tal norma; (iii) la nueva interpretación resulte compatible con la Constitución Política; (iv) ofrezca un mayor grado de protección a los derechos, que el otorgado por la Constitución; (v) se integre a la *ratio decidendi* de las decisiones de la Corte Interamericana de Derechos Humanos; y (vi) sea uniforme y reiterada". Colombia, Corte Constitucional, "Sentencia C-500 de 2014", 16 de julio de 2014. Magistrado ponente: Mauricio González Cuervo.

fundamentar, a partir de esa clase de normas supraconstitucionales, el juicio de responsabilidad estatal".[103]

Aunque es claro que el control de convencionalidad para el tribunal constitucional solo es un criterio interpretativo y que "los pronunciamientos de la Corte Interamericana de Derechos Humanos solo obligan al Estado colombiano cuando éste ha sido parte en el respectivo proceso",[104] lo importante es señalar la posición contrapuesta que ha establecido la jurisdicción administrativa respecto de esta forma de control.

Por consiguiente, siguiendo esta línea interpretativa, el Consejo de Estado a partir del año 2007 ha venido empleando de manera sistemática esta forma de control y le ha dado alcance a la jurisprudencia de la Corte Interamericana de Derechos Humanos, especialmente, en lo que atañe a las diferentes modalidades para realizar la reparación integral.[105] Al respecto, recientemente la Sección Tercera del Consejo de Estado, ha precisado que

> Este tipo de preceptos (art. 4º y 93) son normas de integración normativa y referente interpretativo, en la medida que asignan en cabeza de todos los jueces la obligación o el deber de garantizar la

---

[103] Colombia, Consejo de Estado, Sala de lo Contencioso Administrativo, Sección Tercera, Subsección A, "Sentencia de 14 de septiembre de 2016", expediente 34.349. Consejero ponente: Hernán Andrade Rincón; Colombia, Consejo de Estado, Sala de lo Contencioso Administrativo, Sección Tercera, Subsección A, "Sentencia de 27 de abril de 2016", expediente 50.231. Consejero ponente: Hernán Andrade Rincón y Colombia, Consejo de Estado, Sala de lo Contencioso Administrativo, Sección Tercera, Subsección A, "Sentencia de 14 de julio de 2016", expediente 35.029. Consejero ponente: Hernán Andrade Rincón.

[104] Colombia, Corte Constitucional, "Sentencia C-500 de 2014".

[105] Colombia, Consejo de Estado, Sala de lo Contencioso Administrativo, Sección Tercera, "Sentencia de 19 de octubre de 2007", expediente 29273. Consejero ponente: Enrique Gil Botero; Colombia, Consejo de Estado, Sala de lo Contencioso Administrativo, Sección Tercera, "Sentencia de 20 de febrero de 2008", expediente 16996. Consejero ponente: Enrique Gil Botero; Colombia, Consejo de Estado, Sala de lo Contencioso Administrativo, Sección Tercera, "Sentencia de 28 de enero de 2009", expediente 30340. Consejero ponente: Enrique Gil Botero; Colombia, Consejo de Estado, Sala de lo Contencioso Administrativo, Sección Tercera, "Sentencia de 26 de marzo de 2009", expediente 17994. Consejero ponente: Enrique Gil Botero; Colombia, Consejo de Estado, Sala de lo Contencioso Administrativo, Sección Tercera, "Sentencia de 4 de mayo de 2011", expediente 19355. Consejero ponente: Enrique Gil Botero y Colombia, Consejo de Estado, Sala de lo Contencioso Administrativo, Sección Tercera, "Sentencia de 13 de junio de 2013", expediente 25180. Consejero ponente: Enrique Gil Botero.

> coherencia del sistema jurídico, en los siguientes términos: i) toda norma jurídica que trasgreda o vulnere la Constitución Política o los tratados sobre derechos humanos debe ser inaplicada al caso concreto, en virtud de los controles difusos de constitucionalidad y convencionalidad, ii) si existen varias interpretaciones posibles frente a una misma regla de derecho, prevalecerá aquella que sea más garantista de los derechos humanos y, por lo tanto, la que desencadene un efecto útil para su protección, iii) la jurisprudencia de los tribunales internacionales encargados de la aplicación de los convenios o tratados de derechos humanos, constituye una guía hermenéutica principal en la solución de los casos concretos, iv) los tratados y convenciones de derechos humanos ratificadas por el Estado constituyen derecho viviente que se integra al derecho interno en virtud del bloque de constitucionalidad, v) el derecho viviente de los derechos humanos se determina porque el contenido y alcance de las disposiciones convencionales se establece a partir de la dinámica jurisprudencial de los tribunales internacionales, así como por las condiciones particulares (individuales, sociales y políticas) del país o Estado en el que se aplican los preceptos.[106]

Como resultado de lo anterior —en teoría—, los jueces que pertenecen a la jurisdicción administrativa cuentan con dos herramientas para dejar sin efectos un precepto jurídico en un caso en concreto: por un lado, cuentan con el control de constitucionalidad para inaplicar una norma específica en un caso determinado en donde se viole de manera directa la Constitución (incluye el bloque de constitucionalidad) y, por otro lado, disponen del control del convencionalidad, a través del cual, pueden declarar que una norma es contraria a las obligaciones internacionales contraídas por el Estado y proceder a inaplicarla, así la Corte Constitucional haya declarado su exequibilidad.

En este sentido podríamos advertir, que aunque las dos herramientas cuentan con serias similitudes y que su aplicación conjunta podría darse

[106] Consejo de Estado, Sala de lo Contencioso Administrativo, Sección Tercera, "Sentencia de 26 de noviembre de 2013".

en una situación determinada,[107] existen algunas diferencias prácticas, a saber: (i) la excepción de constitucionalidad es de origen interno, mientras que el control de convencionalidad proviene del sistema interamericano de protección de derechos humanos; (ii) no es posible aplicar la excepción de inconstitucionalidad respecto de una norma que ha sido objeto de control abstracto de constitucionalidad,[108] mientras que esta limitante no se aplica al control de convencionalidad, toda vez que es posible que el pronunciamiento de constitucionalidad sea contrario a las obligaciones internacionales contraídas por el Estado; (iii) la aplicación de la excepción de inconstitucionalidad no ocasiona consecuencias en abstracto, ni puede conllevar a que la norma sobre la cual recae la excepción pierda su vigencia o efectividad,[109] mientras que con el control de convencionalidad es posible que la norma pierda su vigencia y se constituya en precedente forzoso para decidir otros casos que, bajo distintas circunstancias, también se encuentren circunscritos a la misma norma jurídica; y (iv) la excepción de inconstitucionalidad no puede integrar preceptos normativos al sistema jurídico, mientras que la función constructiva del control de convencionalidad implica que el juez

[107] Esta situación, por ejemplo, se presentó en el renombrado caso de la Fundación Instituto de Inmunología de Colombia, en donde el Consejo de Estado inaplicó "—vía excepción de inconstitucionalidad y contraconvencionalidad— la expresión contenida en el inciso segundo del artículo 144 de la Ley 1437 de 2011 que determina: "sin que en uno u otro evento, pueda el juez anular el acto o contrato", argumentando que el precepto jurídico no sólo era contrario al ordenamiento constitucional, sino que introducía "una limitación que hac(ía) nugatoria la protección efectiva de derechos reconocidos internacionalmente". Colombia, Consejo de Estado, Sala de lo Contencioso Administrativo, Sección Tercera, "Sentencia de 26 de noviembre de 2013".

[108] Al respecto, se ha señalado "que una vez que mediante sentencia de constitucionalidad, que hace tránsito a cosa juzgada y tiene efectos generales y vinculantes, se ha hecho un pronunciamiento sobre la compatibilidad de un precepto legal con la Constitución, el aplicador del derecho no puede abstenerse de aplicar la norma amparándose en la excepción de inconstitucionalidad, respecto de un ámbito normativo que se encuentra específicamente cobijado por esa declaratoria de exequibilidad. De este modo, el operador jurídico estaría aplicando una norma cuyo sentido contraría una sentencia que irradia sus efectos a todo el ordenamiento jurídico, y en consecuencia se incurre en vulneración de los principios de supremacía constitucional y cosa juzgada constitucional". Colombia, Corte Constitucional, "Sentencia T-704 de 2012" y Colombia, Corte Constitucional, "Sentencia C-600 de 1998", 21 de octubre de 1998. Magistrado ponente: José Gregorio Hernández Galindo.

[109] Así ha sido asimilado por el Consejo de Estado. Colombia, Consejo de Estado, Sala de lo Contencioso Administrativo, Sección Tercera, "Sentencia de 6 de octubre de 2005", expediente AG-948-01. Consejera ponente: Ruth Stella Correa, y Colombia, Consejo de Estado, Sala de lo Contencioso Administrativo, Sección Tercera, "Sentencia de 26 de enero de 2006", expediente AG-213-01B. Consejera ponente: Ruth Stella Correa.

tenga en consideración que el derecho es viviente y, por lo tanto, la interpretación de las normas que realice la Corte Interamericana de Derechos Humanos resulta siendo obligatoria.

Teniendo en consideración lo anterior, vemos cómo se ha venido ampliando el control de legalidad, hasta llegar a señalar que el juez contencioso administrativo debe actuar como un juez de convencionalidad. Esto significa que, en el caso colombiano, se ha revaluado el paradigma que establecía que las autoridades solo se encontraban sometidas a la Constitución; con esta nueva interpretación, los jueces que pertenecen a la jurisdicción administrativa pueden —ahora— inaplicar la legislación interna, en aquellas situaciones, en las cuales, consideren que un precepto normativo vulnera una norma internacional.

3.4. ¿Es posible que el derecho comunitario —con anterioridad— haya establecido una especie de control de convencionalidad?: la supremacía constitucional vs. la primacía del derecho comunitario

Cualquier proceso de integración regional implica la cesión de competencias a una organización internacional para que tome decisiones que son vinculantes para los Estados parte.[110] Esta característica, podría ser considerada un antecedente del concepto moderno de control de convencionalidad, toda vez que implica que el Estado aplica de manera prevalente el derecho que proviene del órgano comunitario, por encima de su normatividad interna. Aunque —en principio— la articulación entre el orden jurídico interno y el comunitario debería ser sencillo, lo cierto es que suelen presentarse fuertes tensiones entre el ordenamiento jurídico interno y las normas de carácter comunitario.

Precisamente, el derecho comunitario se edifica sobre el principio de primacía, que señala que los actos que han sido tomados por la organización

[110] En la Sentencia C-228 de 1995 la Corte Constitucional señaló que la transferencia de competencias a una organización internacional de integración se ajustaba al preámbulo, así como a los artículos 9 (inciso 2), 150 (numeral 16) y 227 de la de la Constitución Política. Este pronunciamiento fue reiterado en la Sentencia T-477 de 2012. Colombia, Corte Constitucional, "Sentencia C-228 de 1995", 25 de mayo de 1995. Magistrado ponente: Antonio Barrera Carbonell y Colombia, Corte Constitucional, "Sentencia T-477 de 2012", 25 de junio de 2012. Magistrada ponente: Adriana María Guillén Arango.

prevalecen en el orden interno de los Estados.[111] Aunque esta característica ha sido confirmada por la Corte Constitucional en la Sentencia C-227 de 1999, lo cierto es que la construcción jurisprudencial del concepto de bloque de constitucionalidad, ha ocasionado serios problemas de tipo conceptual.

En efecto, el tribunal constitucional ha establecido una línea jurisprudencial que sostiene que el derecho comunitario andino no integra, por regla general,[112] el bloque de constitucionalidad.[113] Lo anterior implica que, en caso de conflicto entre una norma comunitaria y el derecho interno del Estado, prevalecerá la norma constitucional:

> (…) Debe en todo caso plantearse el interrogante teórico sobre el curso de acción que habrá de seguirse si una norma o decisión dictada en desarrollo del acuerdo, viola un principio superior. La independencia y autonomía del derecho comunitario, se ha querido preservar en este trance merced a la obligada intervención que se reserva al Tribunal de Justicia del Acuerdo, el cual a instancia de cualquier país miembro, de un órgano del sistema o de la persona natural o jurídica perjudicada, deberá anular el acto que quebrante el derecho comunitario, incluso por desviación de poder, el que sin duda se presenta cuando quiera se desacatan los principios superiores (Ley 17 de 1980, art. 17-20). La denegación de justicia por parte del Tribunal o la probada ineficacia de sus mecanismos judiciales para enervar las decisiones o actos de la comunidad que violen los

---

[111] Carlos Fernández Casadevante Romani, *Derecho de la Unión Europea. Nociones Básicas* (Madrid: Dilex, 2012), 249 y Paz Andrés Sáenz de Santamaría, Javier. A. González Vega y Bernardo Fernández Pérez, *Introducción al derecho de la Unión Europea* (Madrid: Eurolex, 1999), 459.

[112] La Corte Constitucional ha señalado que cuando una norma comunitaria hace referencia a derechos humanos, puede integrar el bloque de constitucionalidad en sentido lato, como ocurre con la Decisión 351 de 1993 de la Comunidad Andina. Colombia, Corte Constitucional, "Sentencia C-1490 de 2000", 2 de noviembre de 2000. Magistrado ponente: Fabio Morón Díaz.

[113] Colombia, Corte Constitucional, "Sentencia C-155 de 1998", 28 de abril de 1998. Magistrado ponente: Vladimiro Naranjo Mesa; Colombia, Corte Constitucional, "Sentencia C-256 de 1998, 27 de mayo de 1998. Magistrado ponente: Fabio Morón Díaz; Colombia, Corte Constitucional, "Sentencia C-988 de 2004", 12 de octubre de 2004. Magistrado ponente: Humberto Sierra Porto; Colombia, Corte Constitucional, "Sentencia C-339 de 2006", 3 de mayo de 2006. Magistrado ponente: Jaime Córdoba Triviño, entre otras.

> derechos humanos u otro principio jurídico superior, podría eventualmente llevar a la Jurisdicción Constitucional, en una situación extrema, a ordenar su inaplicación interna, siempre que previamente se hubiere procurado obtener del Tribunal Andino la interpretación de la norma sobre cuya aplicación se centra la controversia (Ley 17 de 1980 art. 29). En este evento cabe distinguir la validez de la decisión comunitaria que es asunto ajeno al órgano judicial nacional, de la inaplicación interna en un caso particular y por el motivo expresado.[114]

Por obvias razones, este pronunciamiento se aparta de la regla general que ha establecido el derecho comunitario, en virtud del cual, una vez que los Estados han cedido sus competencias no pueden oponerse a él a través de medidas legislativas o actos jurídicos unilaterales. Se entiende de esta manera la supuesta tensión que se presenta entre el principio de supremacía constitucional y el de primacía del derecho comunitario, ya que la interpretación constitucional errada ha hecho prevalecer el primero.[115]

Precisamente, desde sus inicios, el Tribunal de Justicia de la Comunidad Andina en una decisión del 3 de diciembre de 1987, señaló que era "necesario puntualizar que el ordenamiento jurídico de la integración andina prevalece en su aplicación sobre las normas internacionales o nacionales,

---

[114] Colombia, Corte Constitucional, "Sentencia C-231 de 1997", 15 de mayo de 1997. Magistrado ponente: Eduardo Cifuentes Muñoz.

[115] Al respecto, el Consejo de Estado ha señalado que "(...) Las normas de derecho comunitario andino reflejan la 'cesión voluntaria' que los Estados miembros han acordado, por lo que si bien dichas normas no tienen supremacía o prevalencia sobre la Constitución, esto no implica que pueda invocarse ésta para sustraerse a las obligaciones derivadas del tratado de adhesión. Tal obstáculo viene consagrado en una reiterada jurisprudencia del Tribunal Internacional de Justicia, y en lo arts. 26, 27 y 46 de los Convenios de Viena sobre derecho de los tratados de 1969 y 1986. En efecto, todo Estado, independientemente de sus preceptos constitucionales, como sujeto internacional está obligado a respetar sus compromisos internacionales, no pudiendo invocar frente a otros Estados parte en el tratado su propia Constitución para sustraerse a las obligaciones que éste le impone. Todo lo anterior significa sin duda que entre el derecho comunitario andino y el derecho interno se produce una plena integración como un todo al que quedan sujetos los Estados miembros, esto es el ordenamiento jurídico andino (...)". Colombia, Consejo de Estado, Sala de lo Contencioso Administrativo, Sección Tercera, "Sentencia de 9 de agosto de 2012", expediente 11001-0326000 201 200013 00 (43045). Consejero ponente: Mauricio Fajardo Gómez.

por ser característica esencial del Derecho Comunitario, como requisito básico para la construcción integracionista".[116]

Al respecto, el Tribunal de Justicia —en reiteradas decisiones— ha sostenido que en caso de incompatibilidad entre la norma interna y la comunitaria, la primera quedará desplazada, siempre y cuando, pueda comprobarse que el Estado ha transferido dicha competencia.[117] Así se ha sostenido en diferentes pronunciamientos, en los cuales se ha precisado que "Las normas comunitarias están investidas de un principio esencial, el cual es la *preeminencia*, por el cual prevalecen sobre las normas internas, las cuales serán aplicables en caso de contradicción con las comunitarias".[118]

Según lo anterior, la aplicación preferencial del derecho comunitario andino —principio de primacía— sobre las normas nacionales de los países miembros, implica que estos no pueden oponer disposiciones internas que contradigan u obstaculicen su aplicación.[119] Por consiguiente, la solución dada por la Corte Constitucional no resulta ser satisfactoria, toda vez que implica poner en tensión aparente dos principios cuyo margen de aplicación es diferente.

Por esta razón, compartimos la conclusión de Cubillos que señala que "El hecho de que en los Estados parte de una organización internacional de integración prevalezcan las normas de derecho comunitario sobre las normas de derecho constitucional, no significa que se esté queriendo menoscabar o deteriorar el principio de soberanía de los Estados, sino que en virtud de las competencias cedidas a la organización supranacional se debe respetar tal prerrogativa".[120]

---

[116] Tribunal de Justicia de la Comunidad Andina, "Sentencia Proceso 1-IP-87", Quito, 3 de diciembre de 1987.

[117] Tribunal de Justicia de la Comunidad Andina, "Sentencia Proceso 2-IP-88", Quito, 25 de mayo de 1988.

[118] Tribunal de Justicia de la Comunidad Andina, "Sentencia Proceso 1-IP-87".

[119] Un estudio en: Andrea Cubillos Hernández, Juan Sebastián Pachón Guerrero y Carlos Mauricio López Cárdenas, "Los principios de primacía y eficacia directa del derecho comunitario andino: conceptualización, desarrollo y aplicación", *Jurídicas*, 2, (2014): 148-169.

Luis Carlos Sáchica, *Introducción al derecho comunitario andino* (Ecuador: Impreseñal, 1985), 35.

[120] Cubillos Hernández, Andrea. *Principio de primacía del Derecho Comunitario Andino y sus efectos en la jurisprudencia del Consejo de Estado* (Bogotá: Universidad del Rosario, en prensa), 174.

Bajo este entendido, el campo de acción de estos principios no se solapa, toda vez que se dará aplicación al principio de primacía en aquellos casos en los cuales se hayan transferido competencias por parte del Estado, mientras que se aplicará de manera preferente el principio de supremacía constitucional en el resto de situaciones. Esta es la razón por la cual resultaría altamente prudente aplicar el precedente establecido por el Tribunal Constitucional Español, que con holgura ha resuelto la aparente tensión indicando:

> Primacía y supremacía son categorías que se desenvuelven en órdenes diferenciados. (...) La supremacía se sustenta en el carácter jerárquico superior de una norma y, por ello, es fuente de validez de las que le están infraordenadas, con la consecuencia, pues, de la invalidez de éstas si contravienen lo dispuesto imperativamente en aquélla. La primacía, en cambio, no se sustenta necesariamente en la jerarquía, sino en la distinción entre ámbitos de aplicación de diferentes normas, en principio válidas, de las cuales, sin embargo, una o unas de ellas tienen capacidad de desplazar a otras en virtud de su aplicación preferente o prevalente debida a diferentes razones. Toda supremacía implica, en principio, primacía (...), salvo que la misma norma suprema haya previsto, en algún ámbito, su propio desplazamiento o inaplicación. La supremacía de la Constitución es, pues, compatible con regímenes de aplicación que otorguen preferencia aplicativa a normas de otro Ordenamiento diferente del nacional siempre que la propia Constitución lo haya así dispuesto, que es lo que ocurre exactamente con la previsión contenida en su art. 93, mediante el cual es posible la cesión de competencias derivadas de la Constitución a favor de una institución internacional así habilitada constitucionalmente para la disposición normativa de materias hasta entonces reservadas a los poderes internos constituidos y para su aplicación a éstos. En suma, la Constitución ha aceptado, ella misma, en virtud de su art. 93, la primacía del Derecho de la Unión en el ámbito que a ese Derecho le es propio.[121]

[121] España, Tribunal Constitucional, "Declaración 1/2004", Madrid, 13 de diciembre de 2004.

Como se ha puesto de relieve, el error cometido por la Corte Constitucional proviene de intentar emplear el concepto de bloque de constitucionalidad a una situación que tiene una configuración jurídica diferente en la Constitución. Al respecto, lo verdaderamente importante consiste en señalar que, en aquellos casos en los que el operador judicial se encuentre en esta aparente tensión, deberá aplicar la norma comunitaria y suspender la norma interna que se encuentra en contraposición, de manera que realiza un verdadero control de convencionalidad al aplicar de manera preferente una norma localizada en otro ordenamiento jurídico.

3.5. Prospectivas del control de convencionalidad: la reevaluación del principio de legalidad

Como se puede observar, el control de convencionalidad no es más que la reafirmación del cumplimiento de las obligaciones internacionales del Estado, incluyendo la interpretación que de dichas normas establezca su órgano de control. En definitiva, el mejor resumen de esta nueva forma de control que ha hecho eco en los tribunales latinoamericanos la resume el profesor Miguel Carbonell, quien sobre el particular ha señalado que

> En este contexto, el control de convencionalidad debe entenderse como una herramienta que permite a los jueces contrastar las normas generales internas frente a las normas del sistema internacional (tratados internacionales, pero también derecho derivado de los mismos). Esto significa que los jueces nacionales deberán desarrollar —de oficio— una serie de razonamientos que permitan la aplicación más amplia posible y el mayor respeto a las obligaciones establecidas por los tratados internacionales. Lo anterior puede conducir, en un caso extremo, a que un juez inaplique una norma interna cuando esté en contradicción con una norma internacional.[122]

---

[122] Carbonell, Miguel "Introducción general al control de convencionalidad", en: *El constitucionalismo contemporáneo: homenaje a Jorge Carpizo*, coordinado por Luis Raúl González Pérez y Diego Valadés (México: Instituto de Investigaciones Jurídicas, Universidad Nacional Autónoma de México, 2013), 71.

Bajo este nuevo panorama, el control de convencionalidad intenta superar los debates relacionados con la primacía del derecho internacional (tesis monista), a través del empleo de una figura jurisprudencial reconocida por los tribunales nacionales. En este sentido, podemos expresar que nos encontramos ante una revaluación del principio de legalidad —en su versión primigenia—, para adentrarnos en una categoría más amplia y coherente, que implica armonizar los postulados del derecho internacional con el ordenamiento jurídico interno.

Conclusiones

El principio de legalidad ha venido transformándose. Desde sus inicios, cuando se consideraba que el parámetro máximo de control lo constituía la ley —el derecho interno—, hasta nuestros días, cuando se armonizan en un solo sistema normativo las normas internacionales.

En este transcurrir de la historia, los tribunales nacionales han sido los encargados de ampliar el espectro de comparación y, con ello, lo que debe entenderse por principio de legalidad. En un primer momento, la Corte Constitucional al adoptar —a través de las normas de renvío— el concepto de bloque de constitucionalidad y, en un segundo momento, el Consejo de Estado cuando decide que el juez administrativo actúa como juez de convencionalidad.

Sin duda alguna, el concepto clásico francés de ley ha sido superado. Nos encontramos frente a una realidad diferente: múltiples sistemas jurídicos que subsisten y se nutren entre sí. En este campo, es donde la armonización de los sistemas jurídicos que, de antaño consideraban que el máximo rasero para la Administración consistía en las leyes promulgadas por el órgano de representación popular, es superado por un nuevo concepto que obliga a los Estados a cumplir sus compromisos internacionales.

A pesar de que puedan resultar novedosas las figuras jurídicas que fueron analizadas en este capítulo —bloque de constitucionalidad y control de convencionalidad— lo importante es señalar que el concepto de legalidad ha venido ampliándose y que, por más que se intente, aún no ha sido superada la pugna eterna entre monistas y dualistas.

En últimas, la ampliación del control de legalidad de las leyes y de los actos de la Administración, ha venido de la mano de esa lucha entre la prevalencia de normas internas o internacionales. No obstante, como lo señalamos en este trabajo, pareciera ser que, por el momento, la jurisdicción contenciosa administrativa ha dado un paso definitivo: otorgar la prevalencia normativa al derecho internacional a través de la figura del juez administrativo convencional.

Obras citadas

a. Doctrina

Andrés Sáenz de Santamaría, Paz, González Vega, Javier. A. y Fernández Pérez, Bernardo. *Introducción al derecho de la Unión Europea.* Madrid: Eurolex, 1999.

Arango Olaya, Mónica. "El Bloque de Constitucionalidad en la Jurisprudencia de la Corte Constitucional Colombiana". *Revista Precedente*, (2004): 79-102.

Beladiez Rojo, Margarita. "La vinculación de la administración al derecho", *Revista de administración pública,* 153, (2000): 315-349.

Bobbio, Norberto. *Teoría General del Derecho.* Bogotá: Temis, 2007.

Carbonell, Miguel. "Introducción general al control de convencionalidad". En: *El constitucionalismo contemporáneo: homenaje a Jorge Carpizo*, coordinado por Luis Raúl González Pérez y Diego Valadés, 67-95. México: Instituto de Investigaciones Jurídicas, Universidad Nacional Autónoma de México, 2013.

Casadevante Romani, Carlos. *Derecho de la Unión Europea. Nociones Básicas.* Madrid: Dilex, 2012.

Cassagne, Juan Carlos. *Derecho Adminisitrativo.* Bogotá: Pontificia Universidad Javeriana y Abeledo Perrot, 2009.

Cubillos Hernández, Andrea. *Principio de primacía del Derecho Comunitario Andino y sus efectos en la jurisprudencia del Consejo de Estado.* Bogotá: Universidad del Rosario, en prensa.

Cubillos Hernández, Andrea, Pachón Guerrero, Juan Sebastián y López Cárdenas, Carlos Mauricio. "Los principios de primacía y eficacia directa del derecho comunitario andino: conceptualización, desarrollo y aplicación". *Jurídicas*, 2, (2014): 148-169.

De Vicente Martínez, Rosario. *El principio de legalidad penal.* Valencia: Tirant lo blanch, 2004.

Dueñas Ruiz, Óscar. *Acción y procedimiento en la tutela*. Bogotá: Librería Ediciones del profesional Ltda., 2006.

Fajardo Arturo, Luis Andrés. "Contenido y alcance jurisprudencial del bloque de constitucionalidad en Colombia". *Universidad Sergio Arboleda*, 7, (2007): 15-34.

Favoreu, Louis y Rubio Llorente, Francisco. *El Bloque de la constitucionalidad (simposium franco-español de Derecho Constitucional)*. Madrid: Editorial Civitas, 1991.

López Martín, Ana Gemma (Ed.). *Derecho Internacional Público*. Madrid: Dilex, 2012.

Molina Betancur, Carlos Mario. "El control de legalidad de los actos administrativos en Colombia". *Opinión jurídica*, 1, (2002).

Muñoz Conde, Francisco. *Introducción al Derecho Penal*. Barcelona: Bosch Casa Editorial, 1975.

Quinche Ramírez, Manuel Fernando. *El control de convencionalidad*. Bogotá: Temis, 2017.

Rodríguez Rodríguez, Libardo. *Derecho administrativo: general y colombiano*. Bogotá: Temis, 2015.

Sáchica, Luis Carlos. *Introducción al derecho comunitario andino*. Ecuador: Impreseñal, 1985.

Sagués, Néstor Pedro. "El 'control de convencionalidad' en el sistema interamericano, y sus anticipos en el ámbito de los derechos económico-sociales. Concordancias y diferencias con el sistema europeo". En: *Construcción y papel de los derechos sociales fundamentales. Hacia un* ius constitutionale commune *en América Latina*. México: Instituto de Investigaciones Jurídicas, Universidad Nacional Autónoma de México, 2011.

Santofimio, Jaime. *Acto administrativo. Procedimiento, eficacia y validez*. Bogotá: Universidad Externado de Colombia, 2003.

______. *Tratado de derecho administrativo tomo 1*. Bogotá: Universidad Externado de Colombia, 2003.

______. *El concepto de convencionalidad: vicisitudes para su construcción sustancial en el Sistema Interamericano de Derechos Humanos: ideas fuerzas rectoras*. Bogotá: Universidad Externado de Colombia, 2017.

Tifine, Pierre. "Droit administratif français – Deuxième Partie – Chapitre 1 – Section II". *Revue générale du droit*, 5625, (2013). Consultado 13 de mayo de 2017. www.revuegeneraledudroit.eu/?p=5625

Uprimny Yepes, Rodrigo. "El Bloque de Constitucionalidad en Colombia. Un análisis jurisprudencial y un ensayo de sistematización doctrinal", Curso de formación de promotores/as de derechos humanos, libertad sindical y trabajo decente. Universidad Nacional de Colombia, 2005.

Verdross, Alfred. *Derecho Internacional Público.* Madrid: Aguilar, 1982.

Vidal Perdomo, Jaime. *Derecho administrativo.* Bogotá, Legis, 2004.

Vidal Perdomo, Jaime, et. al. *Temas de derecho administrativo contemporáneo.* Bogotá: Centro Editorial Universidad del Rosario, 2005.

b. Jurisprudencia internacional

Corte Permanente de Justicia Internacional

Corte Permanente de Justicia Internacional. "Greco-Bulgarian 'Communities'", 1930 C.P.J.I., Series B, No. 17. 31 de agosto de 1931.

______. "Treatment of Polish Nationals and Other Persons of Polish Origin or Speech in the Danzig Territory", 1932 C.P.J.I., Series A/B, No. 44. 4 de febrero de 1932.

Corte Interamericana de Derechos Humanos

Corte IDH. El hábeas corpus bajo suspensión de garantías (Arts. 27.2, 25.1 y 7.6 Convención Americana sobre Derechos Humanos). Opinión Consultiva OC-8/87 de 30 de enero de 1987. Serie A No. 8.

______. Garantías judiciales en estados de emergencia (Arts. 27.2, 25 y 8 Convención Americana sobre Derechos Humanos). Opinión Consultiva OC-9/87 de 6 de octubre de 1987. Serie A No. 9.

______. "Caso 'La Última Tentación de Cristo' (Olmedo Bustos y otros) vs. Chile". Fondo, Reparaciones y Costas. Sentencia de 5 de febrero de 2001. Serie C No. 73.

______. "Caso Myrna Mack Chang vs. Guatemala". Fondo, Reparaciones y Costas. Sentencia de 25 de noviembre de 2003. Serie C No. 101.

______. "Caso Tibi Vs. Ecuador". Excepciones Preliminares, Fondo, Reparaciones y Costas. Sentencia de 07 de septiembre de 2004. Serie C No. 114.

______. "Caso Almonacid Arellano y otros vs. Chile". Excepciones Preliminares, Fondo, Reparaciones y Costas. Sentencia de 26 de septiembre de 2006. Serie C No. 154.

______. "Caso Trabajadores Cesados del Congreso (Aguado Alfaro y otros) vs. Perú". Excepciones Preliminares, Fondo, Reparaciones y Costas. Sentencia de 24 de Noviembre de 2006. Serie C No. 158.

______. "Caso Boyce y otros vs. Barbados". Excepción Preliminar, Fondo, Reparaciones y Costas. Sentencia de 20 de noviembre de 2007. Serie C No. 169.

______. "Caso Heliodoro Portugal vs. Panamá". Excepciones Preliminares, Fondo, Reparaciones y Costas. Sentencia de 12 de agosto de 2008. Serie C No. 186.

______. "Caso Radilla Pacheco vs. México". Excepciones Preliminares, Fondo, Reparaciones y Costas. Sentencia de 23 de noviembre de 2009. Serie C No. 209.

______. "Caso Manuel Cepeda Vargas vs. Colombia". Excepciones Preliminares, Fondo, Reparaciones y Costas. Sentencia de 26 de mayo de 2010. Serie C No. 213.

______. "Caso Cabrera García y Montiel Flores vs. México". Excepción Preliminar, Fondo, Reparaciones y Costas. Sentencia de 26 de noviembre de 2010. Serie C No. 220.

______. "Caso Masacres de Río Negro vs. Guatemala". Excepción Preliminar, Fondo, Reparaciones y Costas. Sentencia de 4 de septiembre de 2012. Serie C No. 250.

______. "Caso Gudiel Álvarez y otros ('Diario Militar') vs. Guatemala". Fondo Reparaciones y Costas. Sentencia de 20 noviembre de 2012. Serie C No. 253.

______. "Caso Gelman vs. Uruguay". Resolución de la Corte Interamericana de Derechos Humanos de 20 de marzo de 2013. Supervisión de Cumplimiento de Sentencia.

______. "Caso Liakat Ali Alibux vs. Surinam". Excepciones Preliminares, Fondo, Reparaciones y Costas. Sentencia de 30 de enero de 2014. Serie C No. 276.

______. Derechos y garantías de niñas y niños en el contexto de la migración y/o en necesidad de protección internacional. Opinión Consultiva oc-21/14 de 19 de agosto de 2014. Serie A No. 21.

______. "Caso de personas dominicanas y haitianas expulsadas vs. República Dominicana". Excepciones Preliminares, Fondo, Reparaciones y Costas. Sentencia de 28 de agosto de 2014. Serie C No. 282.

______. "Caso Rochac Hernández y otros vs. El Salvador". Fondo, Reparaciones y Costas. Sentencia de 14 de octubre de 2014. Serie C No. 285.

Tribunal de Justicia de la Comunidad Andina

Tribunal de Justicia de la Comunidad Andina. "Sentencia Proceso 1-IP-87". Quito, 3 de diciembre de 1987.

______. "Sentencia Proceso 2-IP-88". Quito, 25 de mayo de 1988.

c. Legislación Nacional

Colombia. "Constitución Política de Colombia". 7 de julio de 1991.

Colombia, Asamblea Nacional de Colombia. "Acto Legislativo 3 de 1910". Bogotá, Diario Oficial año XLVI. N. 14131. 31 de octubre de 1910.

Colombia, Congreso de la República. "Ley 130 de 1913", sobre la jurisdicción de lo contencioso-administrativo. Bogotá, Diario Oficial año XLII. N.15123. 13 de diciembre de 1913.

______. "Ley 167 de 1941", Sobre organización de la jurisdicción Contencioso-administrativa. Bogotá, Diario Oficial año LXXVII. N. 24853. 24 de diciembre de 1941.

______. "Ley 1437 de 2011", por la cual se expide el Código de Procedimiento Administrativo y de lo Contencioso Administrativo. Bogotá, Diario Oficial 47956. 18 de enero de 2011.

d. Jurísprudencia Nacional

Corte Constitucional

Colombia, Corte Constitucional. "Sentencia T-409 de 1992". 8 de junio de 1992. Magistrados ponentes: Alejandro Martínez Caballero y Fabio Morón Díaz.

______. "Sentencia C-574 de 1992". 28 de octubre de 1992. Magistrado ponente: Ciro Angarita Barón.

______. "Sentencias C-276 de 1993". 22 de julio de 1993. Magistrado ponente: Vladimiro Naranjo Mesa.

______. "Sentencia C-295 de 1993". 29 de julio de 1993. Magistrado ponente: Carlos Gaviria Díaz.

______. "Sentencias C-203 de 1995". 11 de mayo de 1995. Magistrado ponente: José Gregorio Hernández Galindo.

______. "Sentencia C-225 de 1995". 18 de mayo de 1995. Magistrado ponente: Alejandro Martínez Caballero.
______. "Sentencia C-228 de 1995". 25 de mayo de 1995. Magistrado ponente: Antonio Barrera Carbonell.
______. "Sentencia C-578 de 1995". 4 de diciembre de 1995. Magistrado ponente: Eduardo Cifuentes Muñoz.
______. "Sentencia C-135 de 1996". 9 de abril de 1996. Magistrados ponentes: Jorge Arango Mejía, Alejandro Martínez Caballero y Antonio Barrera Carbonell.
______. "Sentencia C-231 de 1997". 15 de mayo de 1997. Magistrado ponente: Eduardo Cifuentes Muñoz.
______. "Sentencia T-270 de 1997". 29 de mayo de 1997. Magistrado ponente: Alejandro Martínez Caballero.
______. "Sentencias C-401 de 1997". 28 de agosto de 1997. Magistrado ponente: Hernando Herrera Vergara.
______. "Sentencia T-662 de 1997". 9 de diciembre de 1997. Magistrado ponente: Alejandro Martínez Caballero.
______. "Sentencia C-155 de 1998". 28 de abril de 1998. Magistrado ponente: Vladimiro Naranjo Mesa.
______. "Sentencia C-191 de 1998". 6 de mayo de 1998. Magistrado ponente: Eduardo Cifuentes Muñoz.
______. "Sentencia C-256 de 1998. 27 de mayo de 1998. Magistrado ponente: Fabio Morón Díaz.
______. "Sentencia C-400 de 1998". 10 de agosto de 1998. Magistrado ponente: Alejandro Martínez Caballero.
______. "Sentencia C-600 de 1998". 21 de octubre de 1998. Magistrado ponente: José Gregorio Hernández Galindo.
______. "Sentencia SU-747 de 1998". 2 de diciembre de 1998. Magistrado ponente: Eduardo Cifuentes Muñoz.
______. "Sentencia T-568 de 1999". 10 de agosto de 1999. Magistrado ponente: Carlos Gaviria Díaz.
______. Sentencia C-582 de 1999. 11 de agosto de 1999. Magistrado ponente: Alejandro Martínez Caballero.
______. "Sentencia C-708 de 1999". 22 de septiembre de 1999. Magistrado ponente: Álvaro Tafur Galvis.

______. "Sentencia C-010 de 2000". 19 de enero de 2000. Magistrado ponente: Alejandro Martínez Caballero.
______. "Sentencia C-567 de 2000". 17 de mayo de 2000. Magistrado ponente: Alfredo Beltrán Sierra.
______. "Sentencia C-1049 de 2000". 10 de agosto de 2000. Magistrado ponente: José Gregorio Hernández Galindo.
______. "Sentencia C-1189 de 2000". 13 de septiembre de 2000. Magistrado ponente: Carlos Gaviria Díaz.
______. "Sentencia C-1490 de 2000". 2 de noviembre de 2000. Magistrado ponente: Fabio Morón Díaz.
______. "Sentencia C-053 de 2001". 24 de enero de 2001. Magistrada ponente: Cristina Pardo.
______. "Sentencia C-202 de 2001". 21 de febrero de 2001. Magistrado ponente: Álvaro Tafur Galvis.
______. "Sentencia C-914 de 2001". 29 de agosto de 2001. Magistrado ponente: Álvaro Tafur Galvis.
______. "Sentencias C-974 de 2001". 12 de septiembre de 2001. Magistrado ponente: Álvaro Tafur Galvis.
______. "Sentencia T-1319 de 2001". 11 de diciembre de 2001. Magistrado ponente: Rodrigo Uprimny Yepes.
______. "Sentencia C-200 de 2002". 19 de marzo de 2002. Magistrado ponente: Álvaro Tafur Galvis.
______. "Sentencia C-287 de 2002". 23 de abril de 2002. Magistrada ponente: Clara Inés Vargas Hernández.
______. "Sentencia C-316 de 2002". 30 de abril de 2002. Magistrado ponente: Marco Gerardo Monroy Cabra.
______. "Sentencia C-578 de 2002". 30 de julio de 2002. Magistrado ponente: Manuel José Cepeda Espinosa.
______. "Sentencias C-264 de 2002". 16 de abril de 2002. Magistrado ponente: Manuel José Cepeda Espinosa.
______. "Sentencia C-671 de 2002". 20 de agosto de 2002. Magistrado ponente: Eduardo Montealegre Lynett.
______. "Sentencia T-955 de 2003". 17 de octubre de 2003. Magistrado ponente: Álvaro Tafur Galvis.
______. "Sentencia T-298 de 2004". 25 de marzo de 2004. Magistrado ponente: Eduardo Montealegre Lynett.

______. "Sentencia T-642 de 2004". 1 de julio de 2004. Magistrado ponente: Rodrigo Uprimny.

______. "Sentencia T-827 de 2004". 1 de septiembre de 2004. Magistrado ponente: Rodrigo Uprimny.

______. "Sentencia T-891 de 2004". 15 de septiembre de 2004. Magistrado ponente: Jaime Araújo Rentería.

______. "Sentencia C-339 de 2006". 3 de mayo de 2006. Magistrado ponente: Jaime Córdoba Triviño.

______. "Sentencia C-189 de 2008". 27 de febrero de 2008. Magistrado ponente: Manuel José Cepeda Espinosa.

______. "Sentencia C-609 de 2010". 3 de agosto de 2010. Magistrada ponente: María Victoria Calle Correa.

______. "Sentencia C-915 de 2010". 16 de noviembre de 2010. Magistrado ponente: Humberto Antonio Sierra Porto.

______. "Sentencia C-442 de 2011". 25 de mayo de 2011. Magistrado ponente: Humberto Antonio Sierra Porto.

______. "Sentencia T-667 de 2011". 8 de septiembre de 2011. Magistrado ponente: Luis Ernesto Vargas Silva.

______. "Sentencia C-788 de 2011". 20 de octubre de 2011. Magistrado ponente: Luis Ernesto Vargas Silva.

______. "Sentencia C-823 de 2011". 2 de noviembre de 2011. Magistrada ponente: María Victoria Calle Correa.

______. "Sentencia T-180 de 2012". 8 de marzo de 2012. Magistrada ponente: María Victoria Calle Correa.

______. "Sentencia C-316 de 2012". 2 de mayo de 2012. Magistrado ponente: Mauricio González Cuervo.

______. "Sentencia C-417 de 2012". 6 de junio de 2012. Magistrado ponente: Gabriel Eduardo Mendoza Martelo.

______. "Sentencia T-477 de 2012". 25 de junio de 2012. Magistrada ponente: Adriana María Guillén Arango.

______. "Sentencia T-704 de 2012". 4 de septiembre de 2012. Magistrado ponente: Luis Ernesto Vargas Silva.

______. "Sentencia C-819 de 2012". 17 de octubre de 2012. Magistrado ponente: Alexei Julio Estrada.

______. "Sentencia C-269 de 2014". 2 de mayo de 2014. Magistrado ponente: Mauricio González Cuervo.

______. "Sentencia C-988 de 2004". 12 de octubre de 2014. Magistrado ponente: Humberto Sierra Porto.

Consejo de Estado

Colombia, Consejo de Estado, Sala de Consulta y Servicio Civil. "Concepto de 3 de octubre de 2012", expediente 2012-00065-00(2116). Consejero ponente: Luis Fernando Álvarez Jaramillo.

______. "Concepto de 12 de marzo de 2014", expediente No. 2013-00440-00. Consejero ponente: Germán Bula Escobar.

______. "Concepto de 30 de octubre de 2013", expediente No. 2013-00400-00(2163). Consejero ponente: William Zambrano Cetina.

______. "Concepto de 22 de enero de 2015", expediente No. 2014-00181-00(2226). Consejero ponente: Álvaro Namén Vargas.

Colombia, Consejo de Estado, Sala de lo Contencioso Administrativo, Sección Quinta. "Sentencia de 7 de diciembre de 2006", expedientes 2005-00961-01(4136) y 2005-00968-01. Consejera ponente: María Nohemí Hernández Pinzón.

______. "Sentencia del 21 de julio de 2016", expediente No. 2015-00030-00. Consejero ponente: Alberto Yepes Barreiro.

Colombia, Consejo de Estado, Sala de lo Contencioso Administrativo, Sección Segunda, Subsección B. "Sentencia de 6 de octubre de 2016", expediente 2012-00681-00 (2362-12). Consejera ponente: Sandra Lisset Ibarra Vélez.

Colombia, Consejo de Estado, Sala de lo Contencioso Administrativo, Sección Tercera. "Sentencia de 6 de octubre de 2005", expediente AG-948-01. Consejera ponente: Ruth Stella Correa.

______. "Sentencia de 26 de enero de 2006", expediente AG-213-01B. Consejera ponente: Ruth Stella Correa.

______. "Sentencia del 22 de febrero de 2007", expediente 2000-00662-01(26036). Consejero ponente: Ramiro Saavedra Becerra.

______. "Sentencia de 19 de octubre de 2007", expediente 29273. Consejero ponente: Enrique Gil Botero.

______. "Sentencia de 20 de febrero de 2008", expediente 16996. Consejero ponente: Enrique Gil Botero.

______. "Sentencia de 28 de enero de 2009", expediente 30340. Consejero ponente: Enrique Gil Botero.

______. "Sentencia de 26 de marzo de 2009", expediente 17994. Consejero ponente: Enrique Gil Botero.
______. "Sentencia de 4 de mayo de 2011", expediente 19355. Consejero ponente: Enrique Gil Botero.
______. "Sentencia de 9 de agosto de 2012", expediente 11001-0326000 201 200013 00 (43045). Consejero ponente: Mauricio Fajardo Gómez.
______. "Sentencia de 13 de junio de 2013", expediente 25180. Consejero ponente: Enrique Gil Botero.
______. "Sentencia de 26 de noviembre de 2013", expediente AP 250002324000201 100227 01. Consejero ponente: Enrique Gil Botero.
Colombia, Consejo de Estado, Sala Plena de lo Contencioso Administrativo. "Sentencia del 14 de febrero de 2012", expediente 2010-00036-01(IJ). Consejero ponente: Jaime Santofimio Gamboa.
______. "Sentencia de 18 de febrero de 2014", expediente 2013-06871-01. Consejero ponente: Guillermo Vargas Ayala.
______. "Sentencia del 5 de agosto de 2014", expediente No. 2012-02201-01(IJ). Consejero ponente: Jorge Octavio Ramírez Ramírez.
Colombia, Consejo de Estado, Sección Tercera, Subsección A. "Sentencia de 27 de abril de 2016", expediente No. 50.231. Consejero ponente: Hernán Andrade Rincón.
______. "Sentencia de 14 de julio de 2016", expediente 35.029. Consejero ponente: Hernán Andrade Rincón.
______. "Sentencia de 14 de septiembre de 2016", expediente 34.349. Consejero ponente: Hernán Andrade Rincón.
Colombia, Consejo de Estado, Sección Tercera, Subsección B. "Sentencia de 1 de agosto de 2016", expediente 2005-03157-01(42484). Consejero ponente: Ramiro Pazos Guerrero.
Colombia, Consejo de Estado, Sección Tercera, Subsección C, "Sentencia del 24 de octubre de 2013", expediente 1999-00577-01(25981). Consejero ponente: Jaime Santofimio Gamboa.

e. Otros documentos

Naciones Unidas. "Pacto Internacional de Derechos Civiles y Políticos". 16 de diciembre de 1966.
______. "Convención de Viena sobre el Derecho de los Tratados", U.N. Doc A/CONF.39/27. Viena, de 23 de mayo de 1969.

Naciones Unidas, Comité de Derechos Humanos. *Observación General N° 29: Estados de emergencia (artículo 4)*. U.N. Doc. CCPR/c/21/Rev.1/Add.11. 31 de agosto de 2001.

Organización de Estados Americanos. "Convención americana sobre derechos humanos suscrita en la Conferencia especializada interamericana sobre derechos humanos". San José, Costa Rica, 7 al 22 de noviembre de 1969.

España, Tribunal Constitucional. "Declaración 1/2004". Madrid, 13 de diciembre de 2004.

Las sentencias de unificación, una nueva fuente del derecho administrativo que materializa la igualdad*

Paola Marcela Iregui Parra**

Sumario: Introducción. 1. Las fuentes del derecho administrativo. 2. Evolución del rol de la jurisprudencia y el precedente judicial. 3. Las sentencias de unificación y el mecanismo de unificación jurisprudencial. Conclusiones. Obras citadas.

Introducción

Al hablar de las transformaciones del derecho administrativo en los últimos años es importante reflexionar frente a uno de los temas más tradicionales del derecho, sus fuentes, con la finalidad de ver que la jerarquía en la que las mismas se han clasificado, en la actualidad, es insuficiente debido a la aparición de nuevas instituciones jurídicas, como lo son las sentencias de unificación jurisprudencial.

---

* Este capítulo recoge algunos resultados del proyecto de investigación: "Una mirada al papel del precedente judicial y su aplicación por parte de los jueces administrativos y de la administración pública", cuyo producto principal es el libro: Paola Marcela Iregui-Parra, *Precedente judicial en el contencioso administrativo. Estudio desde las fuentes del derecho* (Bogotá: Editorial Universidad del Rosario, 2016).

** Abogada y Colegial de Número de la Universidad del Rosario, con Maestría en Derecho Administrativo en la misma Universidad. Profesora de carrera académica del Grupo de Investigación en Derechos Humanos, vinculada al Observatorio Legislativo de la Universidad del Rosario y coordinadora del Semillero de Investigación en Derechos Humanos. Correo electrónico: paola.iregui@urosario.edu.co

Con la expedición de la Ley 1437 de 2011, "por la cual se expide el Código de Procedimiento Administrativo y de lo Contencioso Administrativo",[1] en adelante CPACA, el legislador creó las sentencias de unificación de jurisprudencia, las cuales ameritan ser estudiadas por el rol fundamental que se les atribuye en la interpretación del derecho y por el alcance de su concepto para aplicar el derecho y materializar principios constitucionales como la igualdad y la seguridad jurídica.

El problema que se pretende responder es ¿son las sentencias de unificación una nueva fuente del derecho administrativo para materializar la seguridad jurídica y la igualdad?

Para responder a este problema de investigación el estudio se dividió en tres partes: En un primer momento se estudiaron las fuentes tradicionales del derecho administrativo. Posteriormente, se estudió la evolución que ha tenido el rol de la jurisprudencia en el derecho colombiano a la luz de la Constitución de 1991 y la respectiva interpretación que ha dado la Corte Constitucional, en la que aparece el precedente judicial como fuente principal del derecho. En la última parte se estudió el propósito de las sentencias de unificación jurisprudencial y su reconocimiento como una nueva fuente del derecho administrativo que propende por la materialización de la igualdad y la seguridad jurídica.

El objetivo de este capítulo es esbozar unas reflexiones frente a la alteración de las fuentes del derecho administrativo y profundizar frente al estudio de las sentencias de unificación para lo cual la metodología planteada para su desarrollo evidencia una orientación deductiva, ya que se parte de premisas generales, como el estudio de las fuentes del derecho administrativo y la interpretación que la Corte Constitucional le ha dado a conceptos como el precedente judicial, para obtener resultados particulares, como es que las sentencias de unificación son una nueva fuente del derecho administrativo, que ayudan a materializar principios esenciales del Estado social de derecho como son la seguridad jurídica y la igualdad.

---

1 Colombia, Congreso de la República, "Ley 1437 de 2011", Bogotá, Diario Oficial 47956, 18 de enero de 2011.

1. Las fuentes del derecho administrativo

En esta investigación se opta por el concepto más amplio y sencillo que define las fuentes del derecho como "los hechos y los actos jurídicos cuyo resultado es la creación de normas jurídicas".[2] La anterior definición se complementa con que el objetivo de las fuentes del derecho que "constituye el fundamento del orden jurídico y consiste en directivas que no se refieren directamente al modo como ha de ser resuelta una controversia jurídica, sino que indican la manera en que debe proceder el juez para descubrir las directivas que son decisivas para la cuestión en debate".[3] En este sentido, las fuentes del derecho son todos los factores que le ayudan a tomar las decisiones al juez.

Para abordar puntualmente las fuentes del derecho administrativo se debe mencionar que las experiencias francesa y española, enmarcadas en la tradición jurídica continental, o en la también conocida tradición jurídica romano germánica, fueron las que influenciaron directamente la formación del derecho administrativo colombiano. En este sentido, las fuentes de dicho derecho obedecen a esta tradición jurídica. Sin embargo, el sistema de las fuentes del derecho administrativo se fundamenta en el principio de legalidad, "lo que implica que toda la actuación de la administración es susceptible de analizarse jurídicamente, pues está sometida al derecho y al control judicial, situación que es precisamente la que permite que funcione dicho principio".[4]

Tradicionalmente se ha considerado que las fuentes del derecho administrativo son: la ley y los actos administrativos (los reglamentos), y, excepcionalmente, la doctrina, la jurisprudencia y los principios generales del derecho.

La ley es la fuente principal, teniendo en cuenta el carácter reglado del derecho administrativo. Sin embargo, el concepto de ley es comprendido en un sentido amplio, en el que se considera que la Constitución está dentro de dicho concepto y se ubica en la parte superior de la estructura jerárquica

---

2 Norberto Bobbio, *Teoría general del derecho* (Bogotá: Temis, 1987), 158.

3 Alf Ross, *Sobre el derecho y la justicia* (Buenos Aires: Eudeba, 2011), 105.

4 Javier Andrés Serna Mesa, "El bloque de constitucionalidad como fuente del Derecho Administrativo", *Revista Diálogos de Derecho y Política*, 5, (2010): 1-32.

del ordenamiento jurídico, por lo que tiene prevalencia sobre las demás normas, "al ser definida como el conjunto de normas fundamentales que se encargan de establecer los derechos y libertades públicas y la estructura del Estado".[5] De esta manera, la Constitución se convierte en una norma efectiva que permea todo el derecho administrativo. Entonces es posible entender que aunque la fuente principal del derecho administrativo es la ley, no puede por ello "escapar al hecho que existe un estatuto superior compuesto por un grupo de principios, reglas y normas de derecho positivo que conforman el bloque de constitucionalidad y que comparten con los artículos del texto de la Carta la mayor jerarquía normativa en el orden jurídico interno".[6]

Los decretos expedidos por el presidente (decretos ley o extraordinarios y los decretos legislativos) también tienen fuerza material de ley. Por medio de los decretos ley o extraordinarios, el presidente de la República obtiene la posibilidad de ejercer la función legislativa, puesto que es habilitado para dicho ejercicio por voluntad del Congreso, con base en el artículo 150, numeral 10, de la Constitución Política.

Siguiendo con el estudio de las fuentes del derecho administrativo, se encuentran los actos administrativos. Estos pueden ser de contenido general o particular, sin embargo solo los de carácter general son considerados fuente objetiva de derecho, y generalmente son reglamentarios. Los reglamentarios son "declaraciones unilaterales realizadas en ejercicio de la función administrativa que produce efectos jurídicos generales en forma directa",[7] y son de grado inferior a la ley. La Constitución de 1991 establece un sistema difuso de creación de reglamentos, ya que no es una potestad exclusiva del presidente, sino que otros órganos, dependiendo de su competencia, los expiden. El reglamento es el principal instrumento mediante el cual se manifiesta y se confirma el papel preponderante de la función administrativa del Estado en el proceso de la realización del Estado social de derecho.

---

[5] Aleksey Herrera Robles, *Aspectos generales del derecho administrativo* (Barranquilla, Bogotá: Universidad del Norte y Grupo Editorial Ibañez, 2012), 37.

[6] Serna Mesa, "El Bloque de constitucionalidad", p. 3

[7] Agustín Gordillo, *Tratado de derecho administrativo* (Medellín, Biblioteca Jurídica Dike, 1998), 32.

Teniendo claro lo anterior, se mencionarán otras fuentes del derecho administrativo, o como afirma Santofimio Gamboa, al análisis de los elementos coadyuvantes o de colaboración del sistema normativo, es decir los principios generales del derecho, la jurisprudencia, la costumbre y la doctrina. "La jurisprudencia y la doctrina no son fuentes normativas sino intelectuales, es decir, que no son producto del poder del Estado sino de la interpretación que se hace de las mismas en las decisiones judiciales, libros y escritos".[8] En atención al propósito de este capítulo, se profundizará únicamente en la jurisprudencia.

Desde siempre ha existido una preocupación constante por plasmar en la ley los criterios para hacer la actividad del Estado y los particulares, por eso tradicionalmente nuestro derecho se ha clasificado como un derecho legislado, dando un espacio muy pequeño a la interpretación de los jueces y a la jurisprudencia. Según el artículo 230 de la Constitución Política, la jurisprudencia está clasificada como un criterio auxiliar de la actividad judicial.

Contrario a esto, en el derecho francés "la tarea del Consejo de Estado y el Tribunal de Conflictos ha sido fundamental en la formación del derecho administrativo, sea adaptando las construcciones doctrinarias o tomando la iniciativa para la elaboración de las categorías para la solución de litigios",[9] al respecto puede decirse que el derecho administrativo francés es en buena parte creación jurisprudencial. Tal como se mencionó anteriormente sobre la influencia del derecho francés en el derecho administrativo colombiano, algunos autores mencionan que en Colombia, pese al papel auxiliar que se le reconoce a la jurisprudencia, la realidad del derecho administrativo es que "sus instituciones han sido el producto de la interpretación y de la adaptación doctrinal que por vía de jurisprudencia ha hecho el Consejo de Estado".[10] Es por esto que, a pesar de que el origen del derecho administrativo es reglado, de manera que a través del Congreso se han venido desarrollando sus distintas reglas, la jurisprudencia ha sido vital en el desarrollo de muchas de sus instituciones debido a la especialidad de sus contenidos

---

[8] Jaime Vidal Perdomo, *Derecho administrativo* (Bogotá: Legis, 2004), 17.

[9] Ibid., 33.

[10] Jaime Orlando Santofimio Gamboa, *Tratado de derecho administrativo,* 1ª edición, (Bogotá: Editorial Universidad Externado de Colombia, 1996), 457.

y conflictos. Sobre este último punto se profundizará en la siguiente parte de este capítulo.

2. Evolución del rol de la jurisprudencia y el precedente judicial

Tal como se ha venido diciendo, la tradicional clasificación de las fuentes del derecho administrativo colombiano redujo el derecho a la ley positiva y producida por el legislador, excluyendo los principios generales, la costumbre y la jurisprudencia, por lo que durante mucho tiempo se "desconoció el papel de las decisiones judiciales o precedentes como fuentes de derecho y dejó a los juristas la tarea de describir una legislación considerada fruto de un legislador racional incapaz de dejar vacíos o de incurrir en contradicciones".[11] A partir de esta concepción tradicional, la base de nuestro sistema son las normas emitidas por el poder legislativo y el ejecutivo, quienes profieren reglas dotadas de una legitimidad democrática, las cuales son interpretadas y aplicadas por el poder judicial.

Conforme lo anterior, el papel del juez estaba enmarcado en la teoría clásica de la función judicial, que se "fundamentaba en la idea de que aplicar una norma no era otra cosa que extraer para el caso concreto las consecuencias que en ella se prevén de manera general y abstracta",[12] entonces el juez está subordinado a los casos contemplados en la ley. Autores como Hans Kelsen, Hart y Dworkin, rechazaron ese único culto a la ley y resaltaron la labor creativa del juez en la interpretación de las normas.

Tal como se mencionó en la primera parte, el análisis del artículo 230 realizado por la Corte Constitucional ha permitido cambiar la interpretación jurídica tradicional basada en los postulados de la escuela de la exégesis, hacia una hermenéutica en la que se privilegia el criterio del juez al aplicar la ley, es decir, "el juez tiene juicio al aplicar la ley y tener juicio es tener criterio valorativo".[13] De esta manera, es posible evidenciar un cambio en

---

[11] Diana Patricia Quintero Mosquera, "La seguridad jurídica: entre la tradición y la renovación del derecho", *Revista Precedente*, (2001), 140. Consultada 4 de abril de 2017, https://www.icesi.edu.co/precedente/ediciones/2001/8QuinteroMosquera.pdf

[12] Marco Gerardo Monroy Cabra, *Introducción al derecho*, 15ª edición (Bogotá, Temis, 2010), 244.

[13] Francesco, Carnelutti, *Cómo se hace un proceso* (Bogotá: Editorial Temis, 2007), 32.

la visión tradicional que se tenía sobre la relación entre la ley y el juez,[14] dando en la actualidad el papel protagónico al juez, no como ocurría en el pasado en que la protagonista era únicamente la ley.

En otros países este cambio también ocurrió por la creación de los tribunales constitucionales: "En el período posterior a la Segunda Guerra Mundial, los tribunales constitucionales europeos recibieron importantes competencias en el campo de los derechos desde el primer momento".[15] Lo anterior ocurrió porque deberían existir jueces especializados, que desarrollaran sus interpretaciones constitucionales de forma coherente, aislados de presiones políticas, de tal manera que privilegiaran siempre la protección de los derechos y que pudieran controlar la legislación.

"Los tribunales constitucionales han sido una institución defensora del régimen constitucional democrático. Garantizan la supremacía e integridad de la Constitución como norma de normas y fuente de fuentes del derecho".[16] Es en esa defensa de la Constitución, fundada en las corrientes del nuevo constitucionalismo, donde realmente se empieza a comprender la verdadera importancia de los jueces, de su interpretación y del papel de la jurisprudencia. Roberto Gargarella afirma que "la ley es entonces una expresión de la democracia, no obstante la interpretación de la ley no admite todos los sentidos y una amplitud indefinida, sino una interpretación acorde con los principios democráticos",[17] dando de esta manera unos lineamientos claros de interpretación para los jueces.

Monroy Cabra citando a Giuseppe Zacarria, señala que "el juez es, por lo tanto, un creador de derecho, un activo operador y cooperador respecto de los datos jurídicos y fácticos que se le presentan",[18] entonces hay un nuevo

---

[14] Ver: Diego Eduardo López Medina, *Teoría impura del derecho* (Bogotá: Legis, Universidad Nacional de Colombia y Universidad de los Andes, 2005).

[15] Víctor Ferreres Comella, *La defensa del modelo europeo de control de constitucionalidad* (Madrid, Editorial Marcial Pons, 2011), 29.

[16] Marco Gerardo Monroy Cabra, "Necesidad e importancia de los tribunales constitucionales en un Estado social de Derecho", en: *Anuario de derecho constitucional latinoamericano*, Tomo I, (Montevideo: Editorial Konrad-Adenauer-Stiftung, 2004), 20.

[17] Roberto Gargarella, *La justicia frente al gobierno sobre el carácter contramayoritario del poder judicial* (Barcelona: Editorial Ariel, 1996), 80.

[18] Monroy Cabra, *Introducción al derecho*, 246.

papel de los jueces que está dado por el deber que tienen de interpretar adecuadamente las normas aplicables al caso, encontrando su verdadero significado, es decir que deben aterrizar la ley a las situaciones particulares, respetando el marco constitucional general y los derechos fundamentales en particular.

En Colombia se le ha dado "una posición sobresaliente al activismo de la Corte Constitucional, y a sus interpretaciones de la Constitución",[19] otorgando un carácter creador de derecho a la jurisprudencia constitucional por dos razones: la primera, debido a la necesidad de aplicar en el contexto social los abstractos principios y valores constitucionales. La segunda es porque a la Corte Constitucional se le confió la tarea de salvaguardar la Constitución y de ser su interprete legítimo a través de sus sentencias, convirtiendo estas últimas en fuente de derecho al ser las que permiten la aplicación directa de la Constitución. De esta manera, hoy en día los tribunales constitucionales actúan como verdaderos legisladores positivos al expedir sus sentencias, lo cual es sin lugar a dudas un importante voto de confianza en la capacidad de los jueces, lo que conlleva a una gran responsabilidad por parte de ellos.

Es en este contexto del papel creativo del juez en el que se hace la nueva interpretación al artículo 230 de la Constitución, donde a la jurisprudencia se le reconoce una posición importante dentro de la jerarquía de las fuentes, "en el día a día, la jurisprudencia se ha ganado un sitial más sustantivo y jerárquico, que indefectiblemente, no consulta el alcance lexicográfico atribuido al vocablo 'auxiliar', proveniente del latín auxiliaría, adjetivo que indica que no es principal".[20] Es por esto que se comulga con la tesis que afirma que estamos frente a una reconfiguración de las fuentes del derecho colombiano por el nuevo lugar que tiene la jurisprudencia y más aún cuando a algunas sentencias se les ha reconocido el carácter de precedentes judiciales, figura que parecía únicamente parte del sistema del *Common Law*.

---

19 Luisa García López,"¿Ideal democrático? Del activismo judicial a la constitucionalización del derecho", *Revista Civilizar Ciencias Sociales y Humanas*, 13, (2013), 18.

20 Eloy García López, "La crisis de las fuentes del derecho", en: *La crisis de las fuentes del derecho en la globalización*, editado por Joaquín González y Eloy García López (Medellín: Biblioteca Jurídica Dike, 2011), 184.

Es entonces pertinente hablar de que el legislador colombiano, con la finalidad de unificar las interpretaciones que realizaban los jueces, introdujo los conceptos de doctrina legal[21] y doctrina probable[22] como elementos necesarios para suplir los vacíos dejados por el legislador en la norma positiva y la posibilidad de llenarlos mediante el uso de la jurisprudencia. La Corte Constitucional, al revisar estos conceptos consagrados en el artículo 4 de la Ley 169 dc 1896 y la Ley 153 de 1887, a la luz del artículo 230 de la Constitución de 1991, abre la puerta a la aparición del precedente judicial y a su rol de unificador del derecho colombiano.

En este punto se considera necesario estudiar la aparición del concepto de precedente judicial a la luz de las reflexiones del tribunal constitucional colombiano, el cual ha sido el líder en el tema. Para los propósitos de este artículo se toma la siguiente definición, se conoce como precedente judicial "la decisión anterior de una autoridad que fija posición interpretativa en relación con ciertas circunstancias fácticas y jurídicas, para ser aplicadas en el futuro, esto es, como antecedente vinculante generador de regla, principio o concepto aplicable a casos sustancialmente similares",[23] dicho concepto coincide con lo dicho por la Corte Constitucional "de allí que se pueda definir el precedente aplicable como aquella sentencia anterior y pertinente cuya ratio conduce a una regla —prohibición, orden o autorización— determinante para resolver el caso, dados unos hechos y un problema jurídico, o una

---

[21] "Es doctrina legal la interpretación que la Corte Suprema hace a unas mismas leyes en tres decisiones uniformes. También constituyen doctrina legal las declaraciones que la misma Corte haga, en tres decisiones uniformes, para llenar los vacíos que ocurran, es decir, en fuerza de la necesidad de que una cuestión dada no quede sin resolver por no existir leyes apropiadas al caso". Colombia, Consejo Nacional Legislativo, "Ley 61 de 1886", Provisional sobre organización y atribuciones del Poder Judicial y el Ministerio Público y algunos procedimientos especiales, Bogotá, Diario Oficial 6881-6882, 5 de diciembre de 1886, artículo 39. La doctrina legal se enriqueció con la expedición de la Ley 153 de 1887.

[22] El artículo 4 de la Ley 169 de 1896 modificó el artículo 10 de la Ley 153 de 1887: "Tres decisiones uniformes dadas por la Corte Suprema, como tribunal de casación, sobre un mismo punto de derecho, constituyen doctrina probable, y los jueces podrán aplicarla en casos análogos, lo cual no obsta para que la Corte varíe la doctrina en caso de que juzgue erróneas las decisiones anteriores". Colombia, Congreso de la República, "Ley 169 de 1896", sobre reformas judiciales, Bogotá, Diario Oficial 10235, 31 de diciembre de 1896.

[23] Jaime Orlando Santofimio Gamboa, *La Fuerza de los precedentes administrativos en el sistema jurídico del derecho positivo colombiano* (Bogotá: Universidad Externado de Colombia, 2010), 10.

cuestión de constitucionalidad específica, semejantes".[24] A continuación se hará una breve referencia a algunas sentencias que han ratificado el precedente judicial como parte del sistema de fuentes de derecho colombiano.[25]

Es importante resaltar que en la mayoría de sentencias en las que se ha abordado puntualmente este tema ha habido un gran hilo conductor consistente en la importancia de tener una posición clara frente a las diferentes interpretaciones que puede tener la ley en casos particulares, y que es indispensable tener un mecanismo de unificación y armonización del derecho. Principalmente los argumentos que se desarrollan en diferentes momentos de la historia constitucional hacen referencia a que la unificación de la jurisprudencia asegura la efectividad de principios y derechos constitucionales como la igualdad y la seguridad jurídica. "Es indispensable para el normal funcionamiento del sistema jurídico jerárquico y único el establecimiento de mecanismos que permitan conferirle uniformidad a la jurisprudencia".[26] En las propias palabras de la Corte Constitucional:

> La uniformidad no es un fin despreciable. Ella busca garantizar los siguientes altos objetivos:
>
> 1) Asegurar la efectividad de los derechos y colabora así en la realización de la justicia material —art. 2° CP—.
> 2) Procurar exactitud.
> 3) Conferir confianza y credibilidad de la sociedad civil en el Estado, a partir del principio de la buena fé (sic) de los jueces —art. 83 CP—.
> 4) Unificar la interpretación razonable y disminuye la arbitrariedad.
> 5) Permitir estabilidad.
> 6) Otorgar seguridad jurídica materialmente justa.

---

[24] Colombia, Corte Constitucional, "Sentencia T-292 de 2006", 6 de abril de 2006. Magistrado ponente: José Manuel Cepeda.

[25] Sobre la evolución del concepto se sugiere consultar: Manuel Fernando Quinche Ramírez, *El precedente judicial y sus reglas* (Bogotá: Editorial Universidad del Rosario y Legis, 2014).

[26] Colombia, Corte Constitucional, "Sentencia C-104 de 1993", 11 marzo 1993. Magistrado ponente: Alejandro Martínez Caballero, 10.

7) Llenar el vacío generado por la ausencia de mecanismos tutelares contra providencias judiciales.[27]

Adicionalmente, en diferentes sentencias[28] de la Corte Constitucional se puede percibir el argumento reiterativo de que el juez debe ser consistente con sus decisiones previas y debe respetar los precedentes marcados por los tribunales de jerarquía superior para garantizar la seguridad jurídica y brindar coherencia al sistema jurídico. Frente a esto último, en la Sentencia SU-047 de 1999,[29] se agregan argumentos como que el respeto del precedente judicial es un mecanismo de control de la propia actividad judicial, porque los jueces de jerarquía superior, al estudiar las sentencias de primera instancia, pueden revisar que los inferiores efectivamente estén respetando los precedentes. En esta misma sentencia, la Corte habla de el respeto de esta nueva figura jurídica que protege la libertad ciudadana y la confianza en los jueces, pero sobre todo menciona que sirve para garantizar el principio de igualdad, puesto que no es justo que casos iguales sean resueltos de manera distinta por un mismo juez, siendo así desarrollo del artículo 13 del texto constitucional.

Por su parte, la Sentencia C-836 de 2001 es un verdadero hito en este tema, "en tanto traduce el precedente judicial en nuestro sistema de fuentes de derecho, sin restringirlo ya a la jurisprudencia de la Corte Constitucional".[30] En la mencionada sentencia la Corte realizó el análisis sobre la constitucionalidad de la doctrina probable consagrada en el artículo 4 de la Ley 169 de 1896. Uno de los principales argumentos de la Sentencia es que el

---

[27] Ibid., 11.

[28] Véase: Colombia, Corte Constitucional, "Sentencia C-400 de 1998", 10 de agosto de 1998. Magistrado ponente: Alejandro Martínez Caballero y Colombia, Corte Constitucional, "Sentencia C-447 de 1997", 18 de septiembre de 1997. Magistrado ponente: Alejandro Martínez Caballero. En este período es importante la Sentencia T-175 de 1997, en la cual la Corte estudia un caso sobre discriminación laboral, allí se señaló que la Sentencia T-418 de 1996 constituía el precedente obligatorio que debía ser seguido vertical y horizontalmente. Colombia, Corte Constitucional, "Sentencia T-175 de 1997", 8 de abril de 1997. Magistrado ponente: José Gregorio Hernández Galindo.

[29] Colombia, Corte Constitucional, "Sentencia SU-047 de 1999", 29 de enero de 1999. Magistrados ponentes: Carlos Gaviria Díaz y Alejandro Martínez Caballero.

[30] Jorge Andrés Contreras Calderón, "El precedente judicial en Colombia: Un análisis desde la teoría del derecho", *Revista Facultad de Derecho y Ciencias Políticas*, 41, 331-361.

respeto del precedente judicial garantiza la seguridad jurídica y la confianza legítima en la Administración de Justicia, valores que se presentan como una garantía esencial para los ciudadanos en el Estado social de derecho y que sin lugar a dudas hace la realización práctica de la igualdad. Por esta razón, los jueces deben aplicar el precedente judicial sentado por el órgano de cierre de la jurisdicción: "cuando no ha habido un tránsito legislativo relevante, los jueces están obligados a seguir explícitamente la jurisprudencia de la Corte Suprema de Justicia en todos los casos en que el principio o regla jurisprudencial sigan teniendo aplicación".[31] De esta manera, "una decisión judicial que desconozca caprichosamente la jurisprudencia y trate de manera distinta casos previamente analizados por la jurisprudencia, so pretexto de la autonomía judicial, en realidad está desconociéndolos y omitiendo el cumplimiento de un deber constitucional".[32]

Es precisamente en la revisión del nuevo papel del juez de ser aplicador de los deberes constitucionales en donde "se entiende el cambio de papel de la doctrina probable y la jurisprudencia, al hacer un reconocimiento de la existencia del precedente judicial",[33] como esa decisión que denota una regla unificadora del derecho o de una interpretación y en ese sentido los precedentes se vuelven de aplicación obligatoria.

Sin perjuicio de lo anterior, en la parte resolutiva de la Sentencia se declaró la exequibilidad de la norma acusada, pero la condicionó a que "siempre y cuando se entienda que la Corte Suprema de Justicia, como juez de casación, y los demás jueces que conforman la jurisdicción ordinaria, al apartarse de la doctrina probable dictada por aquella, están obligados a exponer clara y razonadamente los fundamentos jurídicos que justifican su decisión".[34] Lo anterior quiere decir que es posible modificar el precedente para evitar errores y adecuarlo a las realidades del momento, imponiendo unas reglas para apartarse del mismo.

---

31 Colombia, Corte Constitucional, "Sentencia C-836 de 2001", 9 agosto de 2001. Magistrado ponente: Rodrigo Escobar Gil, 35.

32 Ibid., 58.

33 Paola Marcela Iregui-Parra, *Precedente judicial en el contencioso administrativo* (Bogotá, Editorial Universidad del Rosario, 2016), 51.

34 Colombia, Corte Constitucional, "Sentencia C-836 de 2001", 38.

Además de lo estudiado, a juicio particular, el aporte más significativo de esta sentencia es cuando hace referencia al sistema de fuentes del derecho colombiano, cuando menciona que la Constitución, como norma fundamental de ese sistema, debe sujetar la actividad productora de derecho en todas las esferas, tanto públicas como privadas, siendo los principios como la igualdad y la seguridad jurídica la guía para la obligatoriedad del precedente en Colombia. La Corte encuentra que la realización material de esos principios es el sustento constitucional de la vinculatoriedad de la doctrina judicial elaborada por la Corte Suprema de Justicia y por el Consejo de Estado.

Por todo lo expuesto anteriormente, se concuerda con la tesis que menciona que, debido a la aparición de nuevas figuras como el precedente constitucional y el precedente judicial de las altas cortes, se está frente a la reconfiguración de las fuentes del derecho colombiano y también del derecho administrativo, porque su organización tradicional ya no corresponde a la realidad jurídica actual.

3. Las sentencias de unificación y el recurso extraordinario de unificación de jurisprudencia

De lo visto hasta este momento es claro y resulta necesario que los órganos de cierre de las distintas jurisdicciones cumplan la función de unificar los criterios de interpretación, para garantizar así la seguridad jurídica y la igualdad de trato entre las personas en el reconocimiento de sus derechos. Para profundizar este tema en el derecho administrativo es indispensable hacer mención a la expedición de la Ley 1437 de 2011, como se ha mencionado, en la que se señala el camino para considerar la obligatoriedad de la jurisprudencia y con esto la existencia del precedente judicial en la jurisdicción contenciosa administrativa. Antes de estudiar a profundidad las sentencias de unificación se revisarán algunos de los antecedentes de la mencionada ley para conocer el contexto de su expedición.

El fenómeno de la globalización con la tendencia a la unificación del derecho, los cambios producidos en nuestro ordenamiento constitucional y la congestión judicial, fueron algunas de las razones que motivaron la expedición de la Ley 1437 de 2011. Aquí es importante resaltar que el tema de la unificación jurisprudencial era un gran reto para esta nueva ley, en razón a que la estructura de la jurisdicción contencioso administrativa y la aparición de la figura del juez administrativo en el 2006 "implicó un replanteamiento de las competencias y un cambio cualitativo en la toma de las decisiones dentro de la jurisdicción, por cuanto se pasó de una estructura piramidal de dos a tres niveles y de decisiones colegiadas a la existencia también de decisiones unipersonales",[35] al respecto Chahín Lizcano menciona que la creación de estos tribunales generó una "desarticulación de la jurisprudencia, en la medida en que casi todos los procesos que se conocían en segunda instancia por parte del Consejo de Estado, pasaron a ser de conocimiento de los Tribunales, por haber sido fallados, ahora en primera instancia por los jueces unipersonales".[36] Lo anterior implicó que en la reforma que se iba a hacer se debía analizar el papel del Consejo de Estado como Tribunal Supremo de lo Contencioso Administrativo y su rol para unificar la jurisprudencia combatiendo la *federalización de la jurisprudencia*, hecho que afectaba la seguridad jurídica.

El Consejo de Estado, durante el 2006 y el 2007, inició una reflexión para "repensar la jurisdicción contencioso-administrativa", para lo cual, se creó una Comisión de Reforma a la Jurisdicción Contencioso Administrativa.[37] La Comisión propició la participación de "los servidores judiciales de la jurisdicción, de los representantes de los demás poderes públicos, incluidos los órganos de control, y de los académicos y estudiosos de esta área del derecho",[38] con la finalidad de recoger las opiniones y presentar ante el Congreso de la República el Proyecto de Ley[39] "Por la cual se expide el Código de Procedimiento Administrativo y de lo Contencioso Administrativo", el cual fue sancionado por el presidente de la República el 18 de enero de 2011, y se estableció que entraría en vigencia el 2 de julio del 2012.

---

[35] Álvaro Namén Vargas, "Alcances del nuevo Código de Procedimiento Administrativo y de lo Contencioso Administrativo-Ley 1437", en: *Aproximación a la historia de una década de trasformaciones de la justicia colombiana* (Bogotá, Corporación Excelencia en la Justicia, 2013), 110.

[36] Chahín Lizcano, Guillermo, "El recurso extraordinario de unificación de jurisprudencia", en *Seminario Internacional de presentación del nuevo Código Administrativo y Contencioso Administrativo Ley 1437 de 2011. Memorias*, editado por Consejo de Estado, (Bogotá, Consejo de Estado, 2011), 373.

[37] La Comisión se crea mediante el Decreto 4820 del 14 de diciembre de 2007.

[38] Corina Duque Ayala y Aura Catalina Martínez Cruz, "El nuevo código de procedimiento administrativo y de procedimiento Contencioso Administrativo y la constitucionalización del derecho administrativo en Colombia", *Revista IUSTA*, 1, (2011), 70.

[39] Proyecto de Ley 198 de 2010 Senado - 315 de 2010 Cámara.

La Ley 1437 de 2011 es el CPACA, norma que sin lugar a dudas es una reforma transcendental, pues responde al espíritu renovador de la Constitución Política de 1991, en la que se resalta el papel fundamental de la Administración en la protección de los derechos de las personas y se coloca a los jueces como garantes de la realización de los principios constitucionales.

Con esto claro, a continuación se profundizará en el análisis de las normas contenidas en la Ley 1437 de 2011, que crean las sentencias de unificación con la idea de cumplir con los propósitos de unificar la jurisprudencia para la realización de la igualdad material. De esta forma, las sentencias de unificación se definen en el CPACA de la siguiente manera:

> Sentencias de unificación jurisprudencial. Para los efectos de este Código se tendrán como sentencias de unificación jurisprudencial las que profiera o haya proferido el Consejo de Estado por importancia jurídica o trascendencia económica o social o por necesidad de unificar o sentar jurisprudencia; las proferidas al decidir los recursos extraordinarios y las relativas al mecanismo eventual de revisión previsto en el artículo 36A de la Ley 270 de 1996, adicionado por el artículo 11 de la Ley 1285 de 2009.[40]

Así, Enrique Arboleda Perdomo señala que se debía crear una nueva figura jurídica, "con el fin de definir como orientadoras de las decisiones administrativas y judiciales algunas sentencias expedidas por el Consejo de Estado que tuvieran el mérito suficiente para que su interpretación del derecho preexistente fuera obligatoria para la Administración y los jueces".[41]

Esta nueva categoría de sentencias, no existía en el ordenamiento colombiano para la jurisdicción contenciosa administrativa, pero en la práctica es posible compararla con las sentencias de unificación dictadas por la Corte Constitucional en acciones de tutela y con la facultad que el artículo 97 del Decreto 01 de 1984,[42] antiguo Código Contencioso Administrativo,

---

[40] Colombia, Congreso de la República, "Ley 1437 de 2011", artículo 270.

[41] Enrique José Arboleda Perdomo, *Comentarios al Nuevo Código de Procedimiento Administrativo y de lo Contencioso Administrativo,* (Bogotá: Legis, 2012), 405.

[42] El artículo 97 del Decreto 01 de 1984 fue declarado exequible por la Corte Constitucional, mediante la Sentencia C-588 de 2012. Colombia, Corte Constitucional, "Sentencia C-588 de 2012", 25 de julio de 2012. Magistrado ponente: Mauricio González Cuervo.

confería a la Sala Plena del Consejo de Estado para unificar criterios por importancia jurídica y trascendencia social en temas de su competencia. Es así como esta nueva tipología de sentencias tienen un propósito principal: la unificación de las interpretaciones para dar seguridad jurídica a los administrados y a la propia Administración frente a un punto donde la ley no es clara. "Esta nueva categoría de sentencias de unificación está orientada a forjar la unidad de interpretación del ordenamiento, con la cual se pretende evitar posiciones contrarias respecto de un mismo problema jurídico al interior de la jurisdicción, del Consejo de Estado entre las distintas secciones e, incluso, al interior de una sección, como ha ocurrido en el pasado en las secciones del Consejo de Estado".[43]

El artículo 270 del CPACA es claro en señalar cuáles son las sentencias de unificación, sin embargo ante la dificultad de identificar las sentencias de unificación que se habían proferido antes de la expedición de la Ley 1437, aquí se señala una guía que facilita su identificación:[44]

- Las expedidas por importancia jurídica o trascendencia económica o social, o por necesidad de unificar o sentar jurisprudencia:
    - Las sentencias que regulaba el Código Contencioso Administrativo en el pasado, tal como se estudió, que son las expedidas por la Sala Plena de lo Contencioso Administrativo del Consejo de Estado por importancia jurídica, trascendencia económica o social y las que en los mismos casos ahora pueden proferir las secciones[45] en relación con los asuntos de las subsecciones del Consejo de Estado o de los tribunales.[46]

---

43 Iregui-Parra, *Precedente judicial*, 94.

44 Ibid., 97 y 98.

45 En la modificación del reglamento del Consejo de Estado de julio del 2014, se incluye el artículo 13 en el que se señala que las secciones, según su especialidad, tendrán competencia, entre otras, para: (i) tramitar y decidir el recurso extraordinario de unificación de jurisprudencia y (ii) dictar las sentencias de unificación jurisprudencial por razones de importancia jurídica, trascendencia económica o social o necesidad de sentar jurisprudencia, en relación con los asuntos que provengan de las subsecciones o de los tribunales administrativos.

46 Colombia, Congreso de la República, "Ley 1437 de 2011", artículo 271.

  - Las sentencias de la Sala Plena de lo Contencioso Administrativo o de las secciones del Consejo de Estado que hagan expresa la "necesidad de sentar jurisprudencia".[47]
- Las proferidas al decidir los recursos extraordinarios:
  - Las que decidan o hayan decidido el recurso extraordinario de revisión,[48] en Sala Plena de lo Contencioso Administrativo o en las secciones.[49]
  - Las que hayan decidido el derogado recurso extraordinario de súplica, en Sala Plena de lo Contencioso Administrativo o en las salas transitorias creadas por la Ley 954 de 2005.[50]
  - Las que decidan el nuevo recurso extraordinario de unificación de jurisprudencia en las secciones del Consejo de Estado, contra las sentencias dictadas por los tribunales administrativos en única y segunda instancia.[51]
- Las relativas al mecanismo eventual de revisión previsto en el artículo 36A de la Ley 270 de 1996, adicionado por el artículo 11 de la Ley 1285 de 2009.[52]

Comprendida la importancia de estas nuevas sentencias y con el objetivo de facilitar su identificación, el Consejo de Estado, mediante el Acuerdo 148 de 9 de julio de 2014, modificó el reglamento interno, incluyendo el artículo 43B de ese último,[53] en el que se indica que las sentencias de uni-

---

[47] Ibid.

[48] Ibid., artículo 248 y ss.

[49] Ibid., artículo 249; Colombia, Presidencia de la República, "Decreto 01 de 1984",, por el cual se reforma el Código Contencioso Administrativo, Bogotá, Diario Oficial 36439, 2 de enero de 1984, artículo 186 y Colombia, Consejo de Estado, Sala plena del Consejo de estado, "Acuerdo 58 de 1999", Bogotá, Diario Oficial 43753, 15 de septiembre de 1999, artículo 13.

[50] Colombia, Presidencia de la República, "Decreto 01 de 1984", artículo 194 y Colombia, Congreso de la República, "Ley 954 de 2005", por medio de la cual se modifican, adicionan y derogan algunos artículos de la Ley 446 de 1998 y del Código Contencioso Administrativo, y se dictan otras disposiciones sobre competencia, descongestión, eficiencia y acceso a la administración de justicia, Bogotá, Diario Oficial 45893, 28 de abril de 2005, artículo 2.

[51] Colombia, Congreso de la República, "Ley 1437 de 2011", artículos 256-268.

[52] Respecto de acciones populares y de grupo, Ibid., artículos 272-274.

[53] "Artículo 8. Adiciónese al Acuerdo 58 de 1999 un artículo, así: Artículo 43B. *Identificación y publicidad de las sentencias de unificación jurisprudencial.* Las sentencias de unificación jurisprudencial

ficación jurisprudencial se identificarán con las siglas CE-SUJ, seguidas del número de la sección y el número anual consecutivo que les corresponda. Por su parte para identificar las sentencias expedidas con anterioridad a la Ley 1437, la Sala de Consulta y Servicio Civil del Consejo de Estado publicó el libro *Las sentencias de unificación jurisprudencial y el mecanismo de extensión de la jurisprudencia*,[54] en el que se recogen las sentencias de unificación expedidas con anterioridad al CPACA y dentro de ellas las que permiten activar el mecanismo de extensión jurisprudencial del artículo 102, con el propósito de facilitarle al ciudadano, los jueces y la Administración su reconocimiento.

Como se evidencia en la clasificación anterior, cada tipo de sentencias de unificación tiene una regulación específica. En cuanto al procedimiento, el artículo 271 del CPACA regula las decisiones de unificación relativas a la importancia jurídica o a la trascendencia económica o social, o por necesidad de unificar o sentar jurisprudencia; las sentencias fruto del mecanismo extraordinario de unificación de jurisprudencia se regulan en el artículo 256 y siguientes, y las relativas al mecanismo eventual de revisión se regularon en los artículos 272 y 273 del CPACA. Por razones del objeto de este capítulo, no se estudiará el detalle de los procedimientos para la expedición de los tipos de sentencias de unificación presentadas anteriormente, pues el objetivo es analizar su definición como nueva categoría de sentencias productoras de derecho y su propósito para materializar principios constitucionales como la igualdad y la seguridad jurídica.

Si se revisan las motivaciones para crear este tipo de sentencias y la regulación detallada que realizó el legislador a las mismas, se puede concluir

---

se identificarán con las siglas CE-SUJ seguidas del número de la Sección y el número anual consecutivo que les corresponda. Dichas sentencias serán publicadas en la sede electrónica del Consejo de Estado, en un enlace especial de fácil acceso e identificación.

Parágrafo Transitorio. La Sala Plena de lo Contencioso Administrativo y las Secciones identificarán las sentencias de unificación jurisprudencial dictadas a partir del 2 de julio de 2012 de conformidad con el artículo 270 de la Ley 1437 de 2011, e informarán a la Relatoría de la Corporación para efectos de asegurar su publicación en la sede electrónica en los términos del presente artículo". Colombia, Consejo de Estado, "Acuerdo 148 de 9 de julio de 2014", por medio del cual se adiciona y modifica el Acuerdo 58 de 1999, Bogotá, Diario Oficial 49241, 9 de julio de 2014, artículo 8.

[54] Consejo de Estado, Sala de Consulta y Servicio Civil, *Las sentencias de unificación jurisprudencial y el mecanismo de extensión de la jurisprudencia* (Bogotá, Consejo de Estado, 2014).

que son una nueva fuente del derecho administrativo. Al respecto es importante incluir que Alfonso Vargas señala que "la tipificación de las sentencias de unificación y su instauración en el ordenamiento jurídico implicará, además un cambio en el concepto tradicional de la ley como fuente formal de derecho",[55] alterando la jerarquía clásica del derecho administrativo. En el mismo sentido se puede afirmar que

> se les da un papel preponderante en el sistema de las fuentes del derecho administrativo ubicándolas sin lugar a dudas al mismo nivel de la ley, lo que significa que se desplaza el papel de la jurisprudencia como criterio auxiliar del derecho administrativo para pasar a formar parte de las fuentes directas y primarias del mismo, a partir de la aplicación de la ley siguiendo la interpretación que sobre la misma haya llevado a cabo la jurisprudencia de unificación del Consejo de Estado.[56]

Es entonces, tal como se ha visto a lo largo del capítulo, que estas sentencias son nuevas fuentes del derecho administrativo y ayudan a cumplir con los propósitos del legislador de proporcionar coherencia, seguridad jurídica e igualdad al ordenamiento jurídico, acercando los derechos y sus garantías a los ciudadanos, quienes son sus únicos y verdaderos destinatarios, siendo coherentes con la filosofía de la Constitución de 1991, por lo que se les debe reconocer ese nuevo estatus.

Para complementar lo mencionado, la Corte Constitucional en la Sentencia C-634 de 2011,[57] señala: "El reconocimiento de la jurisprudencia como fuente formal de derecho, opción adoptada por el legislador en la norma demandada, se funda en una postura teórica del derecho que parte de considerar que los textos normativos, bien sea constitucionales, legales

---

[55] Alfonso Vargas Rincón, "Sentencias de unificación jurisprudencial. Fuerza vinculante del precedente jurisprudencial", en: *Instituciones del derecho administrativo en el nuevo Código* (Bogotá: Consejo de Estado y Banco de la República, 2012), 130.

[56] Mario Ramón Segura, "Precedente jurisprudencial vs. unificación jurisprudencial", *Revista Verba Iuris*, 1, (2011), 22, consultado 20 de abril de 2017 www.unilibre.edu.co/verbaiuris/images/stories/vol1/da4.pdf

[57] Demanda de inconstitucionalidad contra el artículo 10 (parcial) de la Ley 1437 de 2011.

o reglamentarios, carecen de un único sentido, obvio o evidente (...) Esta interpretación, cuando es realizada por autoridades investidas de facultades constitucionales de unificación de jurisprudencia, como sucede con las altas cortes de justicia, adquiere carácter vinculante".[58] De esta forma resulta necesario que los órganos de cierre de las distintas jurisdicciones cumplan la función de unificar los criterios de interpretación, para así garantizar la seguridad jurídica y la igualdad de trato entre las personas en el reconocimiento de sus derechos.

Como argumento final a la existencia de las sentencias de unificación como una nueva fuente del derecho administrativo se tratará brevemente el recurso extraordinario de unificación de jurisprudencia.

El artículo 256 del CPACA establece que: "El recurso extraordinario de unificación de jurisprudencia tiene como fin asegurar la unidad de la interpretación del derecho, su aplicación uniforme y garantizar los derechos de las partes y de los terceros que resulten perjudicados con la providencia recurrida y, cuando fuere del caso, reparar los agravios inferidos a tales sujetos procesales".[59] De la lectura literal, se comprende que este recurso fue creado para mantener la unidad del derecho, es decir tanto su interpretación como su aplicación. Eso significa que el mismo recurso se puede interponer cuando la decisión de un juez es contraria a una sentencia de unificación y esto cause perjuicios a las partes, afirmación que soporta la tesis que se está manejando frente a la obligatoriedad de aplicación de estas sentencias.

Se reconoció tal importancia a estas sentencias que la única causal para su procedencia es "cuando la sentencia impugnada contraríe o se oponga a una sentencia de unificación del Consejo de Estado (...) [y] únicamente procede contra providencias en firme dictadas por Tribunales Administrativos en única o segunda instancia, y será del conocimiento, según la naturaleza de la pretensión, de las distintas Secciones del Consejo de Estado".[60] De esta manera, el Consejo de Estado funge como el tribunal supremo de lo contencioso administrativo, y cumple la función de órgano

---

[58] Colombia, Corte Constitucional, "Sentencia C-634 de 2011", 24 agosto 2011. Magistrado ponente: Luis Ernesto Vargas Silva, 28.

[59] Colombia, Congreso de la República, "Ley 1437 de 2011", artículo 256.

[60] Namén Vargas, "Alcances del nuevo Código", 138.

de cierre en relación con las decisiones de sus inferiores funcionales, hasta con la potestad de corregir los errores del inferior en la aplicación de una interpretación errónea previamente fijada.

En los artículos 256 al 268 del CPACA se regula sobre: los fines, la procedencia, la competencia para decidir, la legitimación para interponerlo, los requisitos del recurso, la cuantía del interés para recurrir, el trámite del recurso y los efectos de la sentencia. Temas que no se tratan en este capítulo porque desbordan el objeto del mismo.

Por último, el legislador, para reafirmar su intención de volver las sentencias de unificación una verdadera fuente del derecho administrativo, creó el mecanismo de extensión de jurisprudencia,[61] otra novedad del CPACA, con la finalidad de obligar a los jueces y a la Administración a respetar y acatar dichas sentencias. "El propósito principal de este nuevo instituto es el de asegurar que la administración se tome en serio la jurisprudencia de sus jueces y su marco teórico lo constituye lo que se ha denominado el sistema de protección y garantía de los derechos de las personas en sede administrativa".[62] Al respecto el artículo 102, del CPACA consagra:

> Extensión de la jurisprudencia del Consejo de Estado a terceros por parte de las autoridades. Las autoridades deberán extender los efectos de una sentencia de unificación jurisprudencial dictada por el Consejo de Estado, en la que se haya reconocido un derecho, a quienes lo soliciten y acrediten los mismos supuestos fácticos y jurídicos.
>
> Para tal efecto el interesado presentará petición ante la autoridad legalmente competente para reconocer el derecho, siempre que la pretensión judicial no haya caducado (...).[63]

---

[61] Sobre el tema se sugiere revisar los artículos 10, 102, 269 y 270 del CPACA simultáneamente, porque regulan la unificación de jurisprudencia del Consejo de Estado y su aplicación.

[62] William Zambrano Cetina, "Fundamentos y objetivos de la reforma del libro primero del nuevo Código de Procedimiento Administrativo y de lo Contencioso Administrativo", en *Seminario Internacional de presentación del nuevo Código de Procedimiento Administrativo y de lo Contencioso Administrativo Ley 1437 de 2011. Memorias* (Bogotá: Consejo de Estado y Contraloría de Bogotá, 2011), 43.

[63] Colombia, Congreso de la República, "Ley 1437 de 2011", artículo 102.

El estudio a profundidad de este mecanismo será objeto de una próxima investigación, pero es importante tener en cuenta que existe y que sirve precisamente como un argumento adicional en el que se fortalece la tesis de que las sentencias de unificación son fuente del derecho administrativo al ser vinculantes para realizar la igualdad de trato.

Conclusiones

Una vez agotadas todas las partes de la investigación, a continuación se presentan las principales conclusiones sobre la temática.

- En los últimos años ha habido una clara modificación o alteración en las fuentes del derecho colombiano y específicamente del derecho administrativo con la aparición de una nueva fuente del derecho, las sentencias de unificación jurisprudencial.
- La justificación para la existencia de estas sentencias es que el derecho no es estático y la ley no logra contemplar todas las soluciones para las situaciones que se presentan en la vida cotidiana, y mucho menos indicar la interpretación correcta, por lo que debe existir un órgano capacitado para unificar las interpretaciones y la aplicación del derecho. En particular en la jurisdicción contenciosa administrativa se otorgó esta función al Consejo de Estado.
- La unificación jurisprudencial materializa principios constitucionales como la igualdad, la seguridad jurídica, la confianza hacia el Estado y la buena fe.
- Las sentencias de unificación jurisprudencial creadas por el CPACA son fuente del derecho administrativo, porque establecen una regla para ser seguida por la Administración y por los otros jueces. Entonces, al igual que las demás fuentes del derecho, se vuelven una pauta de aplicación del derecho y un límite para los jueces y la Administración.
- El juez se convierte en creador del derecho, y con esto garante de la democracia y de la realización del Estado social de derecho.
- Otra razón que justificó la creación de estas sentencias fue el buscar una manera para ayudar a descongestionar la jurisdicción contenciosa administrativa y realizar el ideal de justicia.

- El recurso extraordinario de unificación jurisprudencial y la posibilidad de extender los efectos de las sentencias de unificación jurisprudencial por parte de los jueces, y de la Administración directamente, reafirma el carácter de fuente del derecho administrativo de las mencionadas sentencias.
- La evaluación de la efectividad del alcance de las sentencias de unificación jurisprudencial, como el estudio del recurso extraordinario de unificación jurisprudencial y el mecanismo de extensión de la jurisprudencia y su aplicación en la práctica deben ser objeto de futuras investigaciones con la finalidad de evidenciar si el legislador triunfó en sus propósitos de garantizar una justicia más oportuna e igualitaria.

Obras citadas

Arboleda Perdomo, Enrique José. *Comentarios al Nuevo Código de Procedimiento Administrativo y de lo Contencioso Administrativo.* Bogotá: Legis, 2012.

Bobbio, Norberto. *Teoría general del derecho.* Bogotá: Temis, 1987.

Carnelutti, Francesco. *Cómo se hace un proceso.* Bogotá: Temis, 2007.

Chahín Lizcano, Guillermo. "El recurso extraordinario de unificación de jurisprudencia", en *Seminario Internacional de presentación del nuevo Código Administrativo y Contencioso Administrativo Ley 1437 de 2011. Memorias*, editado por Consejo de Estado, 373-384. Bogotá, Consejo de Estado, 2011.

Colombia, Congreso de la República. "Ley 169 de 1896", Sobre reformas judiciales. Bogotá, Diario Oficial 10235, 31 de diciembre de 1896.

______. "Ley 954 de 2005", por medio de la cual se modifican, adicionan y derogan algunos artículos de la Ley 446 de 1998 y del Código Contencioso Administrativo, y se dictan otras disposiciones sobre competencia, descongestión, eficiencia y acceso a la administración de justicia. Bogotá, Diario Oficial 45893, 28 de abril de 2005.

______. "Ley 1437 de 2011", por la cual se expide el Código de Procedimiento Administrativo y de lo Contencioso Administrativo. Bogotá, Diario Oficial 47956, 18 de enero de 2011.

Colombia, Consejo de Estado. "Acuerdo 148 de 9 de julio de 2014", por medio del cual se adiciona y modifica el Acuerdo 58 de 1999. Bogotá, Diario Oficial 49241, 9 de julio de 2014.

Colombia, Consejo de Estado, Sala plena del Consejo de Estado. "Acuerdo 58 de 1999". Bogotá, Diario Oficial 43753, 15 de septiembre de 1999.

Colombia, Consejo Nacional Legislativo. "Ley 61 de 1886", Provisional sobre organización y atribuciones del Poder Judicial y el Ministerio Público y algunos procedimientos especiales. Bogotá, Diario Oficial 6881-6882, 5 de diciembre de 1886.

Colombia, Corte Constitucional. "Sentencia C-104 de 1993". 11 de marzo de 1993. Magistrado ponente: Alejandro Martínez Caballero.

______. "Sentencia T-175 de 1997". 8 de abril de 1997. Magistrado ponente: José Gregorio Hernández Galindo.

______. "Sentencia C-447 de 1997". 18 de septiembre de 1997. Magistrado ponente: Alejandro Martínez Caballero.

______. "Sentencia C-400 de 1998". 10 de agosto de 1998. Magistrado ponente: Alejandro Martínez Caballero.

______. "Sentencia SU-047 de 1999". 29 de enero de 1999. Magistrados ponentes: Carlos Gaviria Díaz y Alejandro Martínez Caballero.

______. "Sentencia C-836 de 2001". 9 de agosto de 2001. Magistrado ponente: Rodrigo Escobar Gil.

______. "Sentencia T-292 de 2006". 6 abril 2006. Magistrado ponente: José Manuel Cepeda.

______. "Sentencia C-634 de 2011". 24 agosto 2011. Magistrado ponente: Luis Ernesto Vargas Silva.

______. "Sentencia C-588 de 2012". 25 de julio de 2012. Magistrado ponente: Mauricio González Cuervo.

Colombia, Presidencia de la República. "Decreto 01 de 1984", por el cual se reforma el Código Contencioso Administrativo. Bogotá, Diario Oficial 36439, 2 de enero de 1984.

Consejo de Estado, Sala de Consulta y Servicio Civil. *Las sentencias de unificación jurisprudencial y el mecanismo de extensión de la jurisprudencia.* Bogotá: Consejo de Estado, 2014.

Contreras Calderón, Jorge Andrés. "El precedente judicial en Colombia: Un análisis desde la teoría del derecho". *Revista Facultad de Derecho y Ciencias Políticas*, 41, 331-361.

Duque Ayala, Corina y Martínez Cruz, Aura Catalina. "El nuevo código de procedimiento administrativo y de procedimiento Contencioso Administrativo y la constitucionalización del derecho administrativo en Colombia". *Revista IUSTA*, 1, (2011): 69-86.

Ferreres Comella, Víctor. *La defensa del modelo europeo de control de constitucionalidad*. Madrid: Editorial Marcial Pons, 2001.

García López, Eloy. "La crisis de las fuentes del derecho". En: *La crisis de las fuentes del derecho en la globalización*, editado por Joaquín González y Eloy García López. Medellín: Biblioteca jurídica Dike, 2011.

García López, Luisa. "¿Ideal democrático? Del activismo judicial a la constitucionalización del derecho". *Revista Civilizar Ciencias Sociales y Humanas*, 13, (2013): 17-32.

Gargarella, Roberto. *La justicia frente al gobierno sobre el carácter contramayoritario del poder judicial*. Barcelona: Editorial Ariel, 1996.

Gordillo, Agustín. *Tratado de derecho administrativo*. Medellín: Biblioteca Jurídica Dike, 1998.

Herrera Robles, Aleksey. *Aspectos generales del derecho administrativo*. Barranquilla, Bogotá: Universidad del Norte y Grupo Editorial Ibañez, 2012.

Iregui-Parra, Paola Marcela. *Precedente judicial en el contencioso administrativo*. Bogotá: Editorial Universidad del Rosario, 2016.

López Medina, Diego Eduardo. *Teoría impura del derecho*. Bogotá: Legis, Universidad Nacional de Colombia y Universidad de los Andes, 2005.

Monroy Cabra, Marco Gerardo. "Necesidad e importancia de los tribunales constitucionales en un Estado social de Derecho". En: *Anuario de derecho constitucional latinoamericano*, Tomo I, 15-40. Montevideo: Editorial Konrad-Adenauer-Stiftung, 2004.

______. *Introducción al derecho*, 15ª edición. Bogotá: Temis, 2010.

Namén Vargas, Álvaro. "Alcances del nuevo Código de Procedimiento Administrativo y de lo Contencioso Administrativo-Ley 1437". En: *Aproximación a la historia de una década de trasformaciones de la justicia colombiana*, 107-144. Bogotá: Corporación Excelencia en la Justicia, 2013.

Quinche Ramírez, Manuel Fernando. *El precedente judicial y sus reglas*. Bogotá: Editorial Universidad del Rosario y Legis, 2014.

Quintero Mosquera, Diana Patricia. "La seguridad jurídica: entre la tradición y la renovación del derecho". *Revista Precedente*, (2001): 135-149. Consultada 4 de abril de 2017. https://www.icesi.edu.co/precedente/ediciones/2001/8QuinteroMosquera.pdf

Ross, Alf. *Sobre el derecho y la justicia*. Buenos Aires: Eudeba, 2011.

Santofimio Gamboa, Jaime Orlando. *Tratado de derecho administrativo,* 1ª edición. Bogotá: Editorial Universidad Externado de Colombia, 1996.

______. *La Fuerza de los precedentes administrativos en el sistema jurídico del derecho positivo colombiano.* Bogotá: Universidad Externado de Colombia, 2010.

Segura, Mario Ramón. "Precedente jurisprudencial vs. unificación jurisprudencial" *Revista Verba Iuris,* 1, (2011). Consultado 20 de abril de 2017 www.unilibre.edu.co/verbaiuris/images/stories/vol1/da4.pdf

Serna Mesa, Javier Andrés. "El bloque de constitucionalidad como fuente del Derecho Administrativo". *Revista Diálogos de Derecho y Política,* 5, (2010): 1-32.

Vargas Rincón, Alfonso. "Sentencias de unificación jurisprudencial. Fuerza vinculante del precedente jurisprudencial". En: *Instituciones del derecho administrativo en el nuevo Código,* 125-140. Bogotá: Consejo de Estado y Banco de la República, 2012.

Vidal Perdomo, Jaime. *Derecho administrativo.* Bogotá: Legis, 2004.

Zambrano Cetina, William. "Fundamentos y objetivos de la reforma del libro primero del nuevo Código de Procedimiento Administrativo y de lo Contencioso Administrativo". En: *Seminario Internacional de presentación del nuevo Código de Procedimiento Administrativo y de lo Contenciosos Administrativo Ley 1437 de 2011. Memorias,* 37-77. Bogotá: Consejo de Estado, 2011.

El vicio de inconvencionalidad del acto administrativo

Víctor Rafael Hernández-Mendible*

Sumario: Introducción. 1. El fundamento de la convencionalidad. 2. La autonomía del vicio de inconvencionalidad. 3. La legitimación para denunciar la inconvencionalidad. 4. El órgano competente para conocer la denuncia de inconvencionalidad. 5. El lapso para la denuncia del vicio de inconvencionalidad. 6. La teoría de las nulidades y el vicio de inconvencionalidad. 7. El procedimiento administrativo y el vicio de inconvencionalidad. 8. El proceso administrativo y el vicio de inconvencionalidad. Conclusiones. Obras citadas.

Introducción

Las primeras palabras son para manifestar agradecimiento por la invitación a participar en esta obra colectiva, conmemorativa del vigésimo aniversario de la Maestría en Derecho Administrativo de la Universidad del Rosario,

---

* Doctor en Derecho. Profesor de la Maestría en Derecho en la Universidad del Rosario, director del Centro de Estudios de Regulación Económica en la Universidad Monteávila (Venezuela), así como profesor en la Maestría en Derecho Energético y Sustentabilidad en la Universidad Autónoma de Nuevo León (México) e invitado en la University for Peace, de la Organización de las Naciones Unidas —ONU— y miembro de la Comisión Académica del Doctorado en Derecho Administrativo Iberoamericano de la Universidad de La Coruña (España). Miembro del Foro Iberoamericano de Derecho Administrativo, de la Asociación Iberoamericana de Estudios de Regulación, de la Red de Contratos Públicos en la Globalización Jurídica; fundador del Instituto Internacional de Derecho Administrativo, de la Asociación Iberoamericana de Derecho Administrativo, Asociación Internacional de Derecho Municipal y de la Red Internacional de Bienes Públicos. www.hernandezmendible.com

a través de la que también se rendirá homenaje a quienes han sido sus directores y profesores en estos cuatro lustros. Este agradecimiento lo quiero personalizar para el director de la Escuela Doctoral de la Facultad de Jurisprudencia, el profesor Manuel Alberto Restrepo Medina, cuya generosidad me permite contribuir con estas reflexiones.

El texto que he seleccionado para participar en esta obra se ubica en uno de los temas más polémicos del derecho administrativo actual en América Latina, como lo constituye su relación con el derecho internacional público y el derecho internacional de los derechos humanos, cuya interrelación lleva a replantear algunas categorías tradicionales del derecho administrativo.

Es justamente a ensayar una aproximación a la convencionalización del derecho administrativo y el impacto que ello ha producido en la teoría de las nulidades a lo que se referirá el presente estudio.

En los países de Iberoamérica que son tributarios del derecho administrativo español en materia de procedimientos administrativos, predomina la tesis de la clasificación bipartita de los vicios de los actos administrativos, que permite distinguir entre los vicios invalidantes y los vicios intrascendentes.

Es así como se reconoce que los vicios invalidantes pueden generar en unos supuestos la nulidad absoluta o de pleno derecho y en otros supuestos la nulidad relativa o anulabilidad; mientras que los vicios intrascendentes en ningún caso afectan la validez de los actos administrativos, a lo sumo pueden afectar su eficacia.

Lo anterior ha permitido que, producto de la casuística, se haya desarrollado una evolución jurisprudencial, que se ha enriquecido con la doctrina científica para dar origen a una sólida teoría de las nulidades de los actos administrativos, que tiene sus particularidades en cada realidad nacional.

No obstante, actualmente se asiste a la convencionalización del derecho administrativo, como se pone de manifiesto al analizar: los límites a la discrecionalidad,[1] la garantía de suministro de los servicios de agua po-

[1] La Corte IDH precisa que: "La determinación de quienes son nacionales sigue siendo competencia interna de los Estados. Sin embargo, *su discrecionalidad en esa materia sufre un constante proceso de restricción conforme a la evolución del derecho internacional, con vistas a una mayor protección de la persona frente a la arbitrariedad de los Estados*. Así que en la actual etapa de desarrollo del derecho internacional de los derechos humanos, dicha facultad de los Estados está limitada, por un lado, por su deber de brindar a los individuos una protección igualitaria y efectiva de la ley y sin discriminación y, por otro lado, por su deber de prevenir, evitar y reducir la apatridia" (cursiva añadida). Corte IDH,

table, saneamiento y energía eléctrica[2] o de salud,[3] el vicio en la finalidad de la actuación administrativa conocido como desviación de poder[4] o del

"Caso Niñas Yean y Bosico vs. República Dominicana", Fondo, Reparaciones y Costas, Sentencia de 8 de septiembre de 2005, serie C N° 130, párr. 140.

[2] Como la decisión de la Corte IDH en el Caso Masacre Plan de Sánchez vs. Guatemala, ratificada y ampliada por la misma Corte en el "Caso Masacre de Río Negro vs. Guatemala", en que ha señalado que la infraestructura y los servicios básicos son responsabilidad del Estado, en los siguientes términos: "... la Corte dispone que Guatemala deberá implementar en dicho lugar, previa consulta con las víctimas o sus representantes, e independientemente de las demás obras públicas que estén previstas en el presupuesto nacional para la colonia Pacux o para la región en que se encuentra, las siguientes medidas: a) el fortalecimiento del centro de salud de Pacux mediante la dotación de recursos humanos permanentes y calificados en materia de atención a la salud física, psicológica y odontológica, medicamentos y ambulancias equipadas; b) el diseño e implementación de programas de seguridad alimenticia y nutricional; c) la mejora de calles y avenidas dentro de la Colonia; d) *la implementación de un sistema de alcantarillado, tratamiento de aguas negras o residuales y abastecimiento de agua potable*, y e) la reconstrucción o mejora de las escuelas de nivel primario en la Colonia de Pacux y el establecimiento de un programa de educación a nivel secundario bilingüe en español y en maya achí. El Estado debe implementar dichos programas referidos dentro de un plazo de cinco años, contado a partir de la notificación de esta Sentencia. Finalmente, en el plazo de un año, a partir de la notificación de este Fallo, *el Estado deberá garantizar la provisión de energía eléctrica a los habitantes de la colonia Pacux a precios asequibles*" (cursiva añadida). Corte IDH, "Caso Masacre Plan de Sánchez vs. Guatemala", Reparaciones, Sentencia de 19 de noviembre de 2004, serie C N° 116, párr. 110 y Corte IDH, "Caso Masacre de Río Negro vs. Guatemala", Excepción Preliminar, Fondo, Reparaciones y Costas, Sentencia de 4 de septiembre de 2012, serie C N° 250, párr. 284.

[3] La Corte sostiene que "... el deber de supervisión y fiscalización es del Estado, aun cuando el servicio de salud lo preste una entidad privada. El Estado mantiene la obligación de proveer servicios públicos y de proteger el bien público respectivo. Al respecto, la Corte ha establecido que 'cuando la atención de salud es pública, es el Estado el que presta el servicio directamente a la población [...]. El servicio de salud público [...] es primariamente ofrecido por los hospitales públicos; sin embargo, la iniciativa privada, de forma complementaria, y mediante la firma de convenios o contratos, también provee servicios de salud bajo los auspicios del [Estado]. En ambas situaciones, ya sea que el paciente esté internado en un hospital público o en un hospital privado que tenga un convenio o contrato [...], la persona se encuentra bajo cuidado del [...] Estado'. Por otra parte, la Corte ha citado al Tribunal Europeo de Derechos Humanos para señalar que el Estado mantiene el deber de otorgar licencias y ejercer supervisión y el control sobre instituciones privadas. Además, se ha señalado que la obligación de fiscalización estatal comprende tanto a servicios prestados por el Estado, directa o indirectamente, como a los ofrecidos por particulares". Corte IDH, "Caso Gonzales Lluy y otros vs. Ecuador", Excepciones Preliminares, Fondo, Reparaciones y Costas, Sentencia de 1 de septiembre de 2015, serie C N° 298, párr. 184.

[4] La Corte IDH, se pronuncia sobre la desviación de poder en los siguientes términos: "La Corte concluye entonces, como lo ha hecho en otros casos, que los hechos del presente caso implicaron *una desviación de poder, ya que se hizo uso de una facultad permitida del Estado con el objetivo de alinear editorialmente al medio de comunicación con el gobierno*. La anterior afirmación se deriva a partir de las dos conclusiones principales a las cuales puede arribar este Tribunal a partir de lo descrito anteriormente,

incumplimiento del procedimiento administrativo[5] —por citar algunos ejemplos—, que patentiza el progreso de la consolidación del derecho de la convencionalidad y de la garantía de su vigencia a través del control de convencionalidad, que se manifiesta en sus dos modalidades: por una parte, el que ha realizado desde su creación la Corte Interamericana de Derechos Humanos —Corte IDH—, de manera concentrada en sede contenciosa o

---

a saber, que la decisión se encontraba tomada con anterioridad y que se fundaba en las molestias generadas por la línea editorial de RCTV, sumado al contexto sobre el 'deterioro a la protección a la libertad de expresión', que fue probado en el presente caso (supra párr. 61) (...). Asimismo, este Tribunal considera necesario resaltar que la desviación de poder aquí declarada tuvo un impacto en el ejercicio de la libertad de expresión, no sólo en los trabajadores y directivos de RCTV, sino además en la dimensión social de dicho derecho (supra párr. 136), es decir, en la ciudadanía que se vio privada de tener acceso a la línea editorial que RCTV representaba. En efecto, la finalidad real buscaba acallar voces críticas al gobierno, las cuales se constituyen junto con el pluralismo, la tolerancia y el espíritu de apertura, en las demandas propias de un debate democrático que, justamente, el derecho a la libertad de expresión busca proteger" (cursiva añadida). Corte IDH, "Caso Granier y otros (Radio Caracas Televisión) vs. Venezuela", Excepciones Preliminares, Fondo, Reparaciones y Costas, Sentencia de 22 de junio de 2015, serie C N° 293, párr. 197, 198.

[5] La Corte IDH ha sostenido que "En cualquier materia, inclusive en la laboral y la administrativa, la discrecionalidad de la administración tiene límites infranqueables, siendo uno de ellos el respeto a los derechos humanos. Es importante que la actuación de la administración se encuentre regulada, y ésta no puede invocar el orden público para reducir discrecionalmente las garantías de los administrados. Por ejemplo, no puede la administración dictar actos administrativos sin otorgar a los sancionados la garantía del debido proceso (...). Es un derecho humano el obtener todas las garantías que permitan alcanzar decisiones justas, no estando la administración excluida de cumplir con este deber. Las garantías mínimas deben respetarse en el procedimiento administrativo y en cualquier otro procedimiento cuya decisión pueda afectar los derechos de las personas".Corte IDH, "Caso Baena Ricardo y otros vs. Panamá", Fondo, Reparaciones y Costas, Sentencia de 2 de febrero de 2001, serie C N° 72, párr. 126, 127.

En otro caso también sostuvo que "En este sentido, la Corte ha considerado que el debido proceso legal debe respetarse en el procedimiento administrativo y en cualquier otro procedimiento cuya decisión pueda afectar los derechos de las personas". Corte IDH, "Caso Comunidad indígena Yakye Axa vs. Paraguay", Fondo, Reparaciones y Costas, Sentencia de 17 de junio de 2005, serie C N° 125, párr. 62.

Y en el Caso Granier y otros vs. Venezuela, la Corte señala que "... era necesario que los procedimientos administrativos continuaran para efectos de definir si se aceptaba o no la transformación o renovación de la concesión. Asimismo, la Corte resalta que de haberse seguido dichos procedimientos con apego a la normativa interna y respetando las salvaguardas mínimas que dichas normas establecen, se habría podido evitar la arbitrariedad en la decisión. Por ello, el Tribunal considera que la existencia de dichos procedimientos y que se haya decidido no aplicarlos es justamente un efecto más de la finalidad real e ilegítima que ya fue declarada en la presente Sentencia (supra párrs. 198 y 199)". Corte IDH, "Caso Granier y otros (Radio Caracas Televisión) vs. Venezuela", párr. 252 (ver también los párrs. 199, 252-253).

en ejercicio de la función consultiva;[6] por la otra, el que de manera paulatina vienen realizando los tribunales nacionales, en concreto aquellos que integran el orden jurisdiccional administrativo, de manera difusa.[7] Es así como el derecho de la convencionalidad y su garantía han alumbrado en todos los países signatarios de la Convención Americana sobre Derechos Humanos, y del resto del bloque de la convencionalidad, un vicio invalidante común a todos los ordenamientos jurídicos, el vicio de inconvencionalidad.

Esto permite apreciar que en la realidad jurídico administrativa americana se reconoce un vicio invalidante, cuya originalidad introduce unas características que ameritan un estudio concreto, con respecto a la categorización tradicional de los vicios invalidantes de los actos administrativos.

En el presente trabajo se pretende efectuar una aproximación al vicio de inconvencionalidad como uno de los vicios del acto administrativo, que exige un estudio diferenciado de los otros vicios invalidantes en virtud de: su reciente reconocimiento, su potencial asimilación en los ordenamientos jurídicos nacionales, la necesidad de constatar si existe una regulación idónea para su aplicación y la atribución de las potestades a las autoridades administrativas o los poderes a los órganos jurisdiccionales administrativos, que les permitan resolver aquellos asuntos en que se encuentre presente un vicio de inconvencionalidad.

Para una mayor claridad en la exposición de las ideas, dividiré el presente estudio en varios apartados, en que se abordarán los siguientes aspectos: (i) El fundamento de la convencionalidad; (ii) la autonomía del vicio de inconvencionalidad; (iii) la legitimación para denunciar la inconvencionalidad; (iv) el órgano competente para conocer la denuncia de inconvencionalidad; (v) el lapso para la denuncia del vicio de inconvencionalidad; (vi) la teoría de las nulidades y el vicio de inconvencionalidad; (vii) el procedimiento administrativo y el vicio de inconvencionalidad; (viii) el proceso administrativo y el vicio de inconvencionalidad; y (ix) las conclusiones.

---

6 Corte IDH, Informes de la Comisión Interamericana de Derechos Humanos (Art. 51 Convención Americana sobre Derechos Humanos). Opinión Consultiva OC-15/97 de 14 de noviembre de 1997. Serie A No. 15, párrs. 25-27.

7 Allan R. Brewer-Carías, "Sobre el marco conceptual del control de convencionalidad: Antecedentes, derecho de amparo y Derecho Administrativo", en *Estudios sobre el Control de Convencionalidad*, editado por Allan R. Brewer-Carías, Ernesto Jinesta Lobo, Víctor Hernández Mendible y Jaime Orlando Santiofimio Gamboa (Caracas: Editorial Jurídica Venezolana, 2015), 111-112.

1. El fundamento de la convencionalidad

El origen de la Convención Americana sobre Derechos Humanos es internacional, constituye un pacto de mínimos en materia de derechos humanos, al que se comprometieron los países signatarios en el continente americano.

Se trata de una fuente de derecho de jerarquía idéntica o equiparable a la Constitución, en la medida en que los textos constitucionales nacionales, le fueron reconociendo de manera expresa rango y jerarquía suprema normativa, lo que generó como consecuencia que en muchos ordenamientos jurídicos pasara a integrar el bloque de la constitucionalidad;[8] y en aquellos que tienen jerarquía infraconstitucional, pero supralegal, ocupa un espacio destacado en el bloque de legalidad,[9] debiendo reconocerse su importancia normativa en el sistema de fuentes del ordenamiento jurídico nacional.

Ello se proyecta respecto a las obligaciones que tienen todos los órganos que ejercen el poder público dentro del Estado, pues su actuación debe realizarse con sujeción al bloque de constitucionalidad o legalidad, según sea el caso.

En tal virtud, la integración de la Convención Americana y del resto del *corpus iuris* de la convencionalidad[10] al bloque de la constitucionalidad o de la legalidad condiciona la actuación de los órganos que ejercen el poder público, al estricto respeto de los derechos humanos reconocidos por el derecho de la convencionalidad, que constituyen límites al ejercicio de las potestades públicas, en el marco de una sociedad auténticamente democrática. Es así como la Corte Interamericana ha interpretado que:

---

[8] Carlos Ayala Corao, *Del diálogo jurisprudencial al control de convencionalidad* (Caracas: Editorial Jurídica Venezolana, 2012), 90-102.

[9] Brewer-Carías, "Sobre el marco conceptual", 110.

[10] La Opinión Consultiva OC-16/99 señala que "El *corpus juris* del Derecho Internacional de los Derechos Humanos está formado por un conjunto de instrumentos internacionales de contenido y efectos jurídicos variados (tratados, convenios, resoluciones y declaraciones). Su evolución dinámica ha ejercido un impacto positivo en el Derecho Internacional, en el sentido de afirmar y desarrollar la aptitud de este último para regular las relaciones entre los Estados y los seres humanos bajo sus respectivas jurisdicciones. Por lo tanto, esta Corte debe adoptar un criterio adecuado para considerar la cuestión sujeta a examen en el marco de la evolución de los derechos fundamentales de la persona humana en el derecho internacional contemporáneo". Corte IDH, El derecho a la información sobre la asistencia consular en el marco de las garantías del debido proceso legal. Opinión Consultiva OC-16/99 de 1 de octubre de 1999. Serie A No. 16, párr. 115.

> la protección a los derechos humanos, en especial los derechos civiles y políticos recogidos en la Convención, parte de la afirmación de la existencia de ciertos atributos inviolables de la persona humana que no pueden ser legítimamente menoscabados por el ejercicio del poder público. Se trata de esferas individuales que el Estado no puede vulnerar o en las que sólo puede penetrar limitadamente. Así, en la protección a los derechos humanos, está necesariamente comprendida la noción de la *restricción al ejercicio del poder estatal.*[11]

El fundamento de la protección de los derechos humanos encuentra sus directrices en los artículos 1 y 2 de la Convención Americana, que señalan lo siguiente:

> 1. Los Estados Partes en esta Convención se comprometen a respetar los derechos y libertades reconocidos en ella y a garantizar su libre y pleno ejercicio a toda persona que esté sujeta a su jurisdicción, sin discriminación alguna por motivos de raza, color, sexo, idioma, religión, opiniones políticas o de cualquier otra índole, origen nacional o social, posición económica, nacimiento o cualquier otra condición social. 2. Para los efectos de esta Convención, persona es todo ser humano.[12]

El otro de los textos convencionales dispone que:

> Si en el ejercicio de los derechos y libertades mencionados en el artículo 1 no estuviere ya garantizado por disposiciones legislativas o de otro carácter, los Estados partes se comprometen a adoptar, con arreglo a sus procedimientos constitucionales y a las disposiciones de esta Convención, las medidas legislativas o de otro carácter que fueren necesarias para hacer efectivos tales derechos y libertades.[13]

---

[11] Corte IDH, La expresión "Leyes" en el artículo 30 de la Convención Americana sobre Derechos Humanos. Opinión Consultiva OC-6/86 de 9 de mayo de 1986. Serie A No. 6, párr. 21.

[12] Organización de Estados Americanos, "Convención Americana sobre Derechos Humanos suscrita en la Conferencia especializada interamericana sobre derechos humanos", San José, Costa Rica, 7 al 22 de noviembre de 1969, artículo 1.

[13] Ibid., artículo 2.

Estas disposiciones convencionales deben ser leídas y aplicadas conforme a los artículos 31 y 32 de la Convención de Viena sobre el Derecho de los Tratados[14] y a los criterios hermenéuticos establecidos en el artículo 29 de la Convención Americana,[15] así como a los principios *pro homine*,[16, 17] y con efecto útil[18] a los fines de hacer eficaz el respeto, garantía y protección

---

[14] Corte IDH, Restricciones a la pena de muerte (Arts. 4.2 y 4.4 Convención Americana sobre Derechos Humanos). Opinión Consultiva OC-3/83 de 8 de septiembre de 1983. Serie A No. 3, párrs. 47-59; Corte IDH, El hábeas corpus bajo suspensión de garantías (Arts. 27.2, 25.1 y 7.6 Convención Americana sobre Derechos Humanos). Opinión Consultiva OC-8/87 de 30 de enero de 1987. Serie A No. 8, párrs. 14-16; Corte IDH, "Caso Trabajadores de la Hacienda Brasil Verde vs. Brasil", Excepciones Preliminares, Fondo, Reparaciones y Costas, Sentencia de 20 de octubre de 2016, serie C N° 318, párr. 246.

[15] El artículo 29 señala que: "Ninguna disposición de la presente Convención puede ser interpretada en el sentido de:

a) permitir a alguno de los Estados Partes, grupo o persona, suprimir el goce y ejercicio de los derechos y libertades reconocidos en la Convención o limitarlos en mayor medida que la prevista en ella;

b) limitar el goce y ejercicio de cualquier derecho o libertad que pueda estar reconocido de acuerdo con las leyes de cualquiera de los Estados Partes o de acuerdo con otra convención en que sea parte uno de dichos Estados;

c) excluir otros derechos y garantías que son inherentes al ser humano o que se derivan de la forma democrática representativa de gobierno, y

d) excluir o limitar el efecto que puedan producir la Declaración Americana de Derechos y Deberes del Hombre y otros actos internacionales de la misma naturaleza". Organización de Estados Americanos, "Convención Americana", artículo 29.

[16] Corte IDH, La colegiación obligatoria de periodistas (Arts. 13 y 29 Convención Americana sobre Derechos Humanos). Opinión Consultiva OC-5/85 de 13 de noviembre de 1985. Serie A No. 5, párr 52; Corte IDH, "Caso Boyce y otros vs. Barbados", Excepciones preliminares, Fondo, Reparaciones y Costas, Sentencia de 20 de noviembre de 2007, serie C N° 169, párr. 52; Corte IDH, "Caso Dacosta Cadogan vs. Barbados", Excepciones Preliminares, Fondo, Reparaciones y Costas, Sentencia de 24 de septiembre de 2009, serie C N° 204, párr. 49; Corte IDH, "Caso Wo Ho Wing vs. Perú", Excepción Preliminar, Fondo, Reparaciones y Costas, Sentencia de 30 de junio de 2015, serie C N° 297, párr. 126.

[17] Corte IDH, Condición jurídica y derechos de los migrantes indocumentados. Opinión Consultiva oc-18/03 de 17 de septiembre de 2003. Serie A No. 18, párr. 156.

[18] Corte IDH, "Caso Almonacid Arellano y otros vs. Chile", Excepciones preliminares, Fondo, Reparaciones y Costas, Sentencia de 26 de septiembre de 2006, serie C N° 154, párr. 124; Corte IDH, "Caso Aguado Alfaro y otros (Trabajadores Cesados del Congreso) vs. Perú", Excepciones Preliminares, Fondo, Reparaciones y Costas, Sentencia de 24 de noviembre de 2006, serie C N° 158, párr. 128; Corte IDH, "Caso Radilla Pacheco vs. México", Excepciones Preliminares, Fondo, Reparaciones y Costas, Sentencia de 23 de noviembre de 2009, serie C N° 209, párr. 339; Corte IDH, "Caso Cabrera García y Montiel Flores vs. México", Excepción preliminar, Fondo, Reparaciones y Costas, Sentencia de 26 de noviembre de 2010, serie C N° 220, párr. 225; Corte IDH, "Caso Gelman vs. Uruguay", Fondo y Reparaciones, Sentencia de 24 de febrero de 2011, serie C N° 221, párr. 194.

de los derechos inherentes a la dignidad de la persona humana,[19] que han sido reconocidos en este instrumento y el resto de los que integran el *corpus iuris* de la convencionalidad.[20]

2. La autonomía del vicio de inconvencionalidad

Una vez precisado el fundamento normativo y la jerarquía que tiene el derecho convencional, como fuente del ordenamiento jurídico, corresponde analizar de dónde emerge el vicio de inconvencionalidad.

El vicio de inconvencionalidad puede ser analizado en dos vertientes: una objetiva, que consiste en la ignorancia, el desconocimiento o la transgresión del bloque de la convencionalidad, considerado desde el punto de vista del estándar mínimo de obligaciones asumidas por los Estados nacionales, que establece el derecho convencional; y otra subjetiva, que implica una afectación tangible, concreta, individualizada o colectiva a los derechos humanos de las personas.

Ello se puede producir por cualquier acto jurídico expedido por los órganos que ejercen el poder público, pudiendo estar afectados por vicios de inconvencionalidad las normas de los textos constitucionales,[21] los legales,[22] los reglamentarios, los demás actos administrativos generales e individuales,[23] los contractuales, así como los actos jurisdiccionales[24]

---

19 Corte IDH, "Caso I.V.* vs. Bolivia", Excepción preliminar, Fondo, Reparaciones y Costas, Sentencia de 30 de noviembre de 2016, serie C N° 329, párrs. 149 y 150.

20 Sagües, Néstor Pedro, "El control de convencionalidad. En particular sobre las constituciones nacionales", *La Ley*, 19 de febrero de 2009, 2.

21 Corte IDH, "Caso 'La Última Tentación de Cristo' (Olmedo Bustos y otros) vs. Chile", Fondo y Reparaciones, sentencia de 5 de febrero de 2001, serie C N° 73, punto resolutivo 4; Corte IDH, "Caso Hilaire, Constantine y Benjamin y otros vs. Trinidad y Tobago", Fondo, Reparaciones y Costas, Sentencia de 21 de junio de 2002, serie C N° 94, párr. 212 y punto resolutivo 8.

22 Corte IDH, "Caso Barrios Altos vs. Perú", Fondo, Sentencia de 14 de marzo de 2001, serie C N° 75, párrs. 41-44; Corte IDH, "Caso Boyce y otros vs. Barbados", párrs. 79-80; Corte IDH, "Caso Cabrera García y Montiel Flores vs. México", párr. 233.

23 Jaime Orlando Santofimio Gamboa, *El concepto de convencionalidad. Vicisitudes para la construcción sustancial en el sistema interamericano de derechos humanos. Ideas fuerza rectoras* (Bogotá, Universidad Externado de Colombia, 2017), 274.

24 Corte IDH, "Caso Fontevecchia y D'Amico vs. Argentina", Fondo, Reparaciones y Costas, Sentencia de 29 de noviembre de 2011, serie C N° 238, párrs. 105 y 108; Corte IDH, "Caso Artavia Murillo y otros ('fecundación in vitro') vs. Costa Rica", Excepciones preliminares, Fondo, Reparaciones y Costas, Sentencia de 28 de noviembre de 2012, serie C N° 257, párrs. 160-162.

(sentencias, fallos o autos) y cualesquiera otros actos equivalentes y que tengan fuerza de tales (laudos arbitrales).

Esto se infiere del criterio establecido por la Corte Interamericana en ejercicio de la función consultiva, cuando ha sostenido lo siguiente:

> 1. Que la expedición de una ley manifiestamente contraria a las obligaciones asumidas por un Estado al ratificar o adherir a la Convención, constituye una violación de ésta y, en el caso de que esa violación afecte derechos y libertades protegidos respecto de individuos determinados, genera la responsabilidad internacional de tal Estado. 2. Que el cumplimiento por parte de agentes o funcionarios del Estado de una ley manifiestamente violatoria de la Convención, genera responsabilidad internacional para el Estado. En caso de que el acto de cumplimiento constituya *per se* un crimen internacional, genera también la responsabilidad internacional de los agentes o funcionarios que ejecutaron el acto.[25]

Esta opinión consultiva permite sostener —cambiando lo que hay que cambiar—, que la mera expedición de un acto administrativo que contravenga el bloque de la convencionalidad constituye una inconvencionalidad objetiva y, si además afecta a personas determinadas en los derechos y las libertades que le reconoce el *corpus iuris* de la convencionalidad, produce una inconvencionalidad subjetiva y la consecuente responsabilidad del Estado, que en principio deberán establecer los órganos que ejercen el poder público a nivel nacional, y en caso de que ello no ocurra, entonces se verá comprometida la responsabilidad internacional del Estado, que le corresponderá establecer a la Corte Interamericana de Derechos Humanos.

En segundo lugar, es posible advertir que el cumplimiento o ejecución por los funcionarios del Estado de un acto administrativo que manifiestamente viola el *corpus iuris* de la convencionalidad constituye una inconvencionalidad objetiva y si además afecta derechos y libertades reconocidos en el bloque de convencionalidad respecto a personas concretas, produce una

---

[25] Corte IDH, Responsabilidad internacional por expedición y aplicación de leyes violatorias de la Convención (arts. 1 y 2 Convención Americana sobre Derechos Humanos). Opinión Consultiva OC-14/94 de 9 de diciembre de 1994. Serie A No. 14, puntos de la opinión 1 y 2.

inconvencionalidad subjetiva, que genera responsabilidad del Estado. Esta deberá ser reconocida por los órganos que ejercen el poder público a nivel nacional y de no producirse dicho reconocimiento, entonces deberá exigirse la responsabilidad internacional del Estado,[26] que deberá ser determinada por la Corte Interamericana de Derechos Humanos.

En el supuesto que el cumplimiento o la ejecución del acto administrativo constituya la materialización de un crimen internacional, además de la responsabilidad del Estado, se compromete la responsabilidad penal personal de los funcionarios que lo ejecutaron, que se podrá establecer por los tribunales penales nacionales o por los internacionales.[27]

Tal como se puede apreciar, el vicio de inconvencionalidad constituye un vicio autónomo del acto administrativo, que con independencia de que se encuentre reconocido expresamente en una norma jurídica nacional, causa la invalidez de tal acto que deberá declarar la autoridad pública competente, cuando concurran los supuestos antes analizados y sin tener que acudir al auxilio de otros vicios para lograr dicha invalidez.

3. La legitimación para denunciar la inconvencionalidad

Conforme a los ordenamientos jurídicos nacionales, son los interesados quienes tienen reconocimiento constitucional y legal para solicitar la invalidez de un acto administrativo, que a los efectos que se analizan haya sido expedido en desconocimiento de la Convención Americana sobre Derechos Humanos o del resto del bloque de la convencionalidad.

---

[26] La Corte IDH en el Caso Almonacid Arellano y otros vs. Chile afirma que "El cumplimiento por parte de agentes o funcionarios del Estado de una ley violatoria de la Convención produce responsabilidad internacional del Estado, y es un principio básico del derecho de la responsabilidad internacional del Estado, recogido en el Derecho Internacional de los Derechos Humanos, en el sentido de que todo Estado es internacionalmente responsable por actos u omisiones de cualesquiera de sus poderes u órganos en violación de los derechos internacionalmente consagrados, según el artículo 1.1 de la Convención Americana". Corte IDH, "Caso Almonacid Arellano y otros vs. Chile", párr. 123.

[27] El artículo 1 del Estatuto de Roma de la Corte Penal Internacional establece lo siguiente: "Se instituye por el presente una Corte Penal Internacional ("la Corte"). La Corte será una institución permanente, estará facultada para ejercer su jurisdicción sobre personas respecto de los crímenes más graves de trascendencia internacional de conformidad con el presente Estatuto y *tendrá carácter complementario de las jurisdicciones penales nacionales*. La competencia y el funcionamiento de la Corte se regirán por las disposiciones del presente Estatuto" (cursiva añadida). Naciones Unidas, "Estatuto de Roma de la Corte Penal Internacional", Roma, 17 de julio de 1998.

No obstante, hay que destacar que el concepto de interesado, limitado a los titulares de derechos subjetivos o intereses jurídicos personales, se ha ampliado a quienes representan derechos o intereses supraindividuales, con la introducción por vía constitucional o legal del reconocimiento de la legitimación.

Conforme a ello, tanto los derechos o intereses colectivos, que se identifican con aquellos que son representados por asociaciones u organizaciones que agrupan a personas que tienen determinados vínculos profesionales, académicos, sociales, culturales, etc.; como los derechos o intereses difusos, que pueden ser representados por cualquier persona, pero que tienen incidencia sobre todas las personas que integran una sociedad, sin necesidad de que se encuentren organizadas o agrupadas en asociaciones, han ido adquiriendo reconocimiento y protección en los ordenamientos jurídicos nacionales.

Es así como, en el contexto del derecho de la convencionalidad, se consideran como interesados a las personas físicas víctimas de violación de derechos humanos que son titulares de auténticos derechos subjetivos frente al acto administrativo inconvencional que los afecta; así como sus familiares, que no siendo titulares de tales derechos, si tienen un interés jurídico actual, en que cese la lesión y se restablezca la situación jurídica lesionada, que también ha podido afectarlos.[28]

Además es interesado para acudir en sede administrativa a exigir el cumplimiento de la convencionalidad cualquier persona que habita en el espacio geográfico en que el Estado ejerce sus competencias, en función de que en

---

[28] La Corte IDH, Titularidad de derechos de las personas jurídicas en el sistema interamericano de derechos humanos (Interpretación y alcance del artículo 1.2, en relación con los artículos 1.1, 8, 11.2, 13, 16, 21, 24, 25, 29, 30, 44, 46, y 62.3 de la Convención Americana sobre Derechos Humanos, así como del artículo 8.1 A y B del Protocolo de San Salvador). Opinión Consultiva OC-22/16 de 26 de febrero de 2016. Serie A No. 22, párr. 70, sostuvo que conforme a la Convención de Viena sobre el Derecho de los Tratados, del término "persona" que emplea la Convención Americana sobre Derechos Humanos, "se desprende con claridad que las personas jurídicas no son titulares de derechos convencionales, por lo que no pueden ser consideradas como presuntas víctimas en el marco de los procesos contenciosos ante el sistema interamericano"; no obstante advierte en el párr. 120, que "...debido a las múltiples formas que pueden surgir de la figura de personas jurídicas, tales como empresas o sociedades comerciales, partidos políticos, asociaciones religiosas u organizaciones no gubernamentales, no es viable establecer una fórmula única que sirva para reconocer la existencia del ejercicio de derechos de personas naturales a través de su participación en una persona jurídica, de manera como lo ha realizado con el derecho a la propiedad y a la libertad de expresión", por lo que concluye que ello debe hacerse en cada caso concreto. Ibid., párr. 120.

ese ordenamiento jurídico se reconozca la acción popular en defensa del bloque de la constitucionalidad o de legalidad, según el ordenamiento jurídico respectivo, que sirven de paraguas para permitir la defensa del bloque de la convencionalidad, en la medida en que este integra parte de aquellos. Este supuesto se situaría en el escenario de la defensa de la convencionalidad objetiva.

También serían interesados las comunidades indígenas y tribales,[29] las asociaciones u organizaciones que tienen por objeto la protección de los derechos humanos en general y en particular de los grupos más vulnerables, que en el caso concreto actuarían en defensa de los derechos o intereses colectivos;[30] e igualmente, aquellas personas que siendo las destinatarias de un acto administrativo, cuyos efectos se proyectan sobre terceros, se ven afectados en sus derechos humanos de manera similar al resto de los integrantes de la sociedad en la que viven.

En función de la afectación a sus derechos humanos, los interesados pueden solicitar tanto la invalidez del acto administrativo inconvencional, como la reparación integral del daño experimentado.

4. El órgano nacional competente para conocer la denuncia de inconvencionalidad

Con fundamento en los artículos 26 de la Convención de Viena sobre el Derecho de los Tratados[31] y 2 de la Convención Americana sobre Derechos

[29] La Corte IDH, en la Opinión Consultiva OC-22/16, señala que "las comunidades indígenas y tribales, por encontrarse en una situación particular, deben ser consideras como titulares de ciertos derechos humanos. Adicionalmente, ello se explica en atención a que, en el caso de los pueblos indígenas su identidad y ciertos derechos individuales, como por ejemplo el derecho a la propiedad o a su territorio, solo pueden ser ejercidos por medio de la colectividad a la que pertenecen", sin que sea necesario que cada uno de sus integrantes, se presenten individualmente para tal fin. Ibid., párrs. 83 y 84.

[30] La Opinión Cunsultiva OC-22/16 señala que "la Corte ha concluido la titularidad de los derechos establecidos en el artículo 8.1.a del Protocolo de los sindicatos, las federaciones y las confederaciones, lo cual les permite presentarse ante el sistema interamericano en defensa de sus propios derechos. Ahora bien, en este punto la Corte considera relevante recordar que en razón de lo dispuesto por el artículo 44 de la Convención Americana, los sindicatos, las federaciones y las confederaciones legalmente reconocidos en uno o más Estados Parte de la Convención, formen o no parte del Protocolo de San Salvador, pueden presentar peticiones individuales ante la Comisión Interamericana en representación de sus asociados, en caso de una presunta violación de los derechos de sus miembros por un Estado Parte de la Convención Americana". Ibid., párr. 105,

[31] Corte IDH, "Caso Almonacid Arellano y otros vs. Chile", párr. 125; Corte IDH, "Caso La Cantuta vs. Perú", Fondo, Reparaciones y Costas, Sentencia de 29 de noviembre de 2006, serie C N° 162, párr. 173; Corte IDH, "Caso Boyce y otros vs. Barbados", párr. 78.

Humanos, todos los órganos que ejercen el poder público tienen un doble grupo de obligaciones: por una parte, garantizar el respeto y garantía de los mencionados derechos y libertades; y por la otra, deben adoptar las medidas necesarias para hacer efectivos tales derechos y libertades.[32] Se trata de medidas interrelacionadas, complementarias y que deben ser efectivas,[33] en cuanto conllevan a la supresión de las normas, políticas, prácticas, usos o costumbres que constituyan violaciones o potenciales violaciones de los derechos y libertades reconocidos en la Convención; y a la adopción de normas, políticas, prácticas, usos o costumbres, actos administrativos o decisiones judiciales que garanticen el efectivo respeto de los derechos,[34] las libertades y el cumplimiento de la Convención.[35]

En este orden de ideas, para garantizar y proteger el efectivo ejercicio de los derechos y libertades reconocidos en el bloque de la convencionalidad, dentro del Estado, son competentes los órganos que ejercen el poder legislativo, el poder ejecutivo y el poder judicial, cada uno de ellos actuando con sujeción plena al principio de legalidad o imperio de la ley.

Así lo ha reconocido la Corte Interamericana de Derechos Humanos al desarrollar su jurisprudencia sobre el control difuso de convencionalidad. En efecto, en su primera sentencia sobre el tema estableció:

> ...los jueces y tribunales internos están sujetos al imperio de la ley, y por ello, están obligados a aplicar las disposiciones vigentes en el ordenamiento jurídico. Pero cuando un Estado ha ratificado un

---

32 Corte IDH, "Caso Gangaram Panday vs. Surinam", Excepciones preliminares, Sentencia de 4 de diciembre de 1991, serie C N° 12, párr. 50; y Corte IDH, Responsabilidad internacional por expedición y aplicación de leyes violatorias de la Convención (Arts. 1 y 2 Convención Americana sobre Derechos Humanos). Opinión Consultiva OC-14/94 de 9 de diciembre de 1994, párr. 48.

33 Corte IDH, "Caso Garrido y Baigorria vs. Argentina", Reparaciones y costas, Sentencia de 27 de agosto de 1998, serie C N° 39, párrs. 68 y 69.

34 Corte IDH, "Caso Castillo Petruzzi y otros vs. Perú", Fondo, Reparaciones y Costas, Sentencia de 30 de mayo de 1999, serie C N° 52, párr. 207; Corte IDH, "Caso Durand y Ugarte vs. Perú", Fondo, Sentencia de 16 de agosto de 2000, serie C N° 68, párr. 137; Corte IDH, "Caso Cantoral Benavides vs. Perú", Fondo, Sentencia de 18 de agosto de 2000, serie C N° 69, párr. 178; Corte IDH, "Caso Almonacid Arellano y otros vs. Chile", párr. 118; Corte IDH, "Caso La Cantuta vs. Perú", párr. 172; Corte idh, "Caso Heliodoro Portugal vs. Panamá", Excepciones Preliminares, Fondo, Reparaciones y Costas, Sentencia de 12 de agosto de 2008, serie C N° 186, párr. 180.

35 Corte idh, "Caso Comunidad Indígena Yakye Axa vs. Paraguay", párr. 101.

> tratado internacional como la Convención Americana, sus jueces, como parte del aparato del Estado, también están sometidos a ella, lo que obliga a velar porque los efectos de las disposiciones de la Convención no se vean mermadas por la aplicación de leyes contrarias a su objeto y fin, y que desde un inicio carecen de efectos jurídicos. En otras palabras, el Poder Judicial debe ejercer una especie de 'control de convencionalidad' entre las normas jurídicas internas que aplican en los casos concretos y la Convención Americana sobre Derechos Humanos. En esta tarea, el Poder Judicial debe tener en cuenta no solamente el tratado, sino también la interpretación que del mismo ha hecho la Corte Interamericana, intérprete última de la Convención Americana.[36]

Posteriormente, la Corte Interamericana dio un paso adicional al señalar que no constituye una responsabilidad exclusiva del poder judicial, garantizar el cumplimiento de la Convención Americana sobre Derechos Humanos, sino que *todos los órganos* del Estado son responsables, actuando con sujeción a la legalidad, cada uno en el ámbito de sus respectivas competencias. En tal sentido ha expresado:

> Este Tribunal ha establecido en su jurisprudencia que es consciente de que las autoridades internas están sujetas al imperio de la ley y, por ello, están obligadas a aplicar las disposiciones vigentes en el ordenamiento jurídico. Pero cuando un Estado es Parte de un tratado internacional como la Convención Americana, todos sus órganos, incluidos sus jueces, también están sometidos a aquel, lo cual les obliga a velar porque los efectos de las disposiciones de la Convención no se vean mermados por la aplicación de normas contrarias a su objeto y fin.[37]

---

[36] Corte IDH, "Caso Almonacid Arellano y otros vs. Chile", párr. 124.

[37] Corte IDH, "Caso Cabrera García y Montiel Flores vs. México", párr. 225; Corte IDH, "Caso Gelman vs. Uruguay", párr. 193; Corte IDH, "Caso Rochac Hernández y otros vs. El Salvador" Fondo, Reparaciones y Costas, Sentencia de 14 de octubre de 2014, serie C N° 285, párr. 213; Corte IDH, "Caso de personas dominicanas y haitianas expulsadas vs. República Dominicana", Excepciones Preliminares, Fondo, Reparaciones y Costas, Sentencia de 28 de agosto de 2014, serie C 282, párrs. 311 y 471.

En consecuencia, la interpretación que debe darse a la Convención Interamericana sobre Derechos Humanos lleva a sostener que tanto los órganos que ejercen el poder público en la rama judicial, como aquellos de las ramas legislativa y ejecutiva, incluida la Administración Pública, tienen el deber convencional, con sujeción al principio del imperio de la ley, de realizar sus actuaciones para garantizar, proteger y, de ser el caso, reparar las violaciones a los derechos humanos reconocidos en el bloque la convencionalidad.

5. El lapso para formular la denuncia del vicio de inconvencionalidad

En principio, los ordenamientos jurídicos nacionales no contemplan expresamente el vicio de inconvencionalidad, razón por la que no deberían contemplar lapsos para formular las denuncias de contravención al bloque de convencionalidad y a la eventual afectación a los derechos humanos.

De allí que al no existir un lapso jurídicamente establecido para denunciar el vicio de inconvencionalidad ante las autoridades nacionales —lo que por otra parte resulta ser lo más recomendable en virtud de la imprescriptibilidad de las violaciones a las convenciones internacionales y a los derechos humanos—, la formulación de la denuncia en sede administrativa o jurisdiccional puede realizarse en cualquier oportunidad, dado que ni el transcurso del tiempo, ni la voluntad expresa de la Administración Pública, de un órgano jurisdiccional o incluso de las víctimas o sus familiares pueden convalidar o subsanar los actos administrativos viciados de inconvencionalidad.

6. La teoría de las nulidades y el vicio de inconvencionalidad

La teoría tradicional de los vicios del acto administrativo permite distinguir entre los vicios invalidantes y los vicios intrascendentes, siendo que estos últimos no afectan la validez del acto administrativo; mientras que los primeros pueden derivar en dos potenciales consecuencias: la nulidad absoluta, de pleno derecho o radical, que no puede ser subsanada y es imprescriptible; y la nulidad relativa o anulabilidad, que admite subsanación y puede prescribir por el transcurso del tiempo.

Como se ha señalado anteriormente, el vicio de inconvencionalidad tiene virtud invalidante y constituye un vicio autónomo de los otros vicios que producen una consecuencia jurídica similar, pero comparte con los vicios de nulidad absoluta el hecho de que no puede ser subsanado y que es imprescriptible, en virtud de que el acto administrativo viciado de inconvencionalidad supone un desconocimiento del bloque de convencionalidad o de legalidad, conforme se ha explicado anteriormente. Este desconocimiento del derecho de la convencionalidad puede producirse por ignorancia de su existencia, por interpretación y aplicación errónea del mismo, por negarle aplicación a una convención en vigor o aplicar una convención que no esté vigente, o por una grosera violación de los derechos humanos de determinadas personas.

Lo anterior supone que el *test* de conformidad con la legalidad —entendida en sentido amplio— lleve a constatar la conformidad del acto administrativo con el bloque de la convencionalidad, el bloque de la constitucionalidad —en algunos países el primero forma parte del segundo— o el bloque de la legalidad —en otros países el primero forma parte de este—, lo que conduce a plantear las hipótesis y a partir de allí los posibles vicios y las consecuencias a que son reconducibles en las legislaciones nacionales, que se pasan a describir de la siguiente manera:

1. Que sea constitucional, legal y convencional. Válido.
2. Que sea constitucional, ilegal y convencional. Inválido: Nulidad absoluta o relativa.
3. Que sea constitucional, legal e inconvencional. Inválido: Nulidad absoluta.
4. Que sea constitucional, ilegal e inconvencional. Inválido: Nulidad absoluta.
5. Que sea inconstitucional, legal y convencional. Inválido: Nulidad absoluta.
6. Que sea inconstitucional, ilegal y convencional. Inválido: Nulidad absoluta.
7. Que sea inconstitucional, legal e inconvencional. Inválido: Nulidad absoluta.
8. Que sea inconstitucional, ilegal e inconvencional. Inválido: Nulidad absoluta.

En consecuencia, aunque el vicio de inconvencionalidad no se encuentre tipificado en los ordenamientos jurídicos nacionales es un vicio invalidante que produce las mismas consecuencias que los vicios de nulidad absoluta,[38] que sí se encuentran expresamente reconocidos en los ordenamientos jurídicos nacionales.

7. El procedimiento administrativo y el vicio de inconvencionalidad

Una de las mayores expresiones de la libertad de configuración del legislador se proyecta dentro de la regulación del procedimiento administrativo, que siendo una materia de reserva legal no puede desconocer el núcleo duro o contenido esencial del derecho, lo que permite que este establezca tantos procedimientos administrativos como considere pertinentes, para los distintos asuntos que deben ser resueltos por la Administración Pública.

En la mayoría de los países del continente americano, donde existen leyes de procedimientos administrativos, estos han sido configurados por el legislador en dos grados: el primero, atiende al procedimiento administrativo constitutivo, que debe finalizar con la expedición de un acto administrativo, que generalmente se denomina definitivo; y el segundo, atiende al procedimiento administrativo de revisión, que deberá finalizar con la emisión de un acto administrativo, que pongan fin a la vía administrativa. Es en el contexto de estos procedimientos en el que vamos a analizar la presencia del vicio de inconvencionalidad.

El reconocimiento del vicio de inconvencionalidad de un acto administrativo no tiene un procedimiento administrativo especialmente previsto en los ordenamientos jurídicos nacionales, en virtud de lo cual, a los fines de establecer su reconocimiento, se deberá tramitar por el procedimiento administrativo ordinario o común que establezca la legislación en cada Estado, el cual deberá sujetarse a los estándares de la Convención Americana sobre Derechos Humanos.[39]

---

[38] Ernesto Jinesta Lobo, "Control de convencionalidad difuso ejercido por las jurisdicciones constitucional y contencioso administrativa", en *Estudios sobre el Control de Convencionalidad*, editado por Allan R. Brewer-Carías, Ernesto Jinesta Lobo, Víctor Hernández Mendible y Jaime Orlando Santiofimio Gamboa (Caracas: Editorial Jurídica Venezolana, 2015), 134-135.

[39] La Corte IDH recuerda que "Este Tribunal ha señalado que las garantías contempladas en el artículo 8.1 de la Convención son aplicables en los supuestos en que una autoridad no judicial adop-

El procedimiento administrativo se podrá iniciar en la instancia de la Administración Pública competente, que se encuentra sujeta al imperio de la ley, en virtud de lo establecido en el artículo 2 de la Convención Americana sobre Derechos Humanos y a la interpretación realizada por la Corte Interamericana de Derechos Humanos.[40]

También se podrá iniciar el procedimiento administrativo por iniciativa de los interesados, mediante una solicitud o a través de un recurso administrativo, conforme a lo que disponga la legislación nacional en cada caso.

Una vez tramitado el procedimiento administrativo, se deberán resolver todos los asuntos planteados o incluso aquellos que no se hayan propuesto inicialmente por los interesados, pero que siendo relevantes surjan del asunto analizado, sobre lo que se deberá pronunciar la Administración Pública al momento de expedir el acto administrativo.

Esta resolución se debe emitir en el plazo establecido legalmente para ello, pues en caso de no hacerlo, operarían las consecuencias de la ausencia de decisión oportuna, establecida en cada ordenamiento jurídico nacional.

El reconocimiento del vicio de inconvencionalidad del acto administrativo es uno de los aspectos que deberá involucrar la resolución administrativa, bien sea porque lo ha planteado algún interesado o porque ha surgido de oficio,[41] por la iniciativa de la Administración Pública —en cuyo caso deberá notificarlo a los interesados antes de decidir, para que presenten sus alegatos y medios probatorios—; pero además, en caso de haberse producido una violación de derechos humanos a personas concretas, entonces, también deberán establecerse las modalidades de reparación integral de los derechos humanos afectados.

---

te decisiones que afecten la determinación de los derechos de las personas, tomando en cuenta que no le son exigibles aquellas propias de un órgano jurisdiccional, pero sí debe cumplir con aquellas destinadas a asegurar que la decisión no sea arbitraria". Corte IDH, "Caso Flor Freire vs. Ecuador", Excepción preliminar, Fondo, Reparaciones y Costas, Sentencia de 31 de agosto de 2016, serie C N° 315, párr. 165.

[40] Corte IDH, "Caso Cabrera García y Montiel Flores vs. México", párr. 225.

[41] Corte IDH, "Caso Aguado Alfaro y otros", párr. 128; Corte IDH, "Caso Gelman vs. Uruguay", párr. 193; Corte IDH, "Caso Rochac Hernández y otros vs. El Salvador", párr. 213.

8. El proceso administrativo y el vicio de inconvencionalidad

En su origen, los órganos jurisdiccionales administrativos nacieron como controladores de la sujeción de la Administración Pública, al bloque de legalidad.

Con la constitucionalización del derecho administrativo, los órganos jurisdiccionales administrativos avanzaron en el control de la Administración Pública, al constatar la sujeción de su actividad e inactividad al derecho, valga decir, al bloque de constitucionalidad, al bloque de legalidad y a los principios generales del derecho.

La convencionalización del derecho administrativo produjo la ampliación del control que ejercen los órganos jurisdiccionales administrativos, extendiéndolo a la verificación de la sujeción de la actividad o inactividad administrativa, al *corpus iuris* o bloque de la convencionalidad.

En cualquiera de los escenarios señalados, los órganos jurisdiccionales administrativos ejercerán su competencia de control objetivo, ante la hipotética violación de la legalidad, la constitucionalidad o la convencionalidad, y de control subjetivo, ante el supuesto que se haya generado una lesión o afectación a los derechos subjetivos, de naturaleza legal, constitucional o convencional, que impone una reparación integral, es decir, idónea, adecuada y eficaz.

En las demandas ante los órganos jurisdiccionales se pueden formular pretensiones declarativas, constitutivas o de condena, según los ordenamientos jurídicos nacionales, y estas se tramitarán a través de un único proceso administrativo o de diversos procesos administrativos, en atención a los tipos de pretensiones y de procesos que contemple cada realidad nacional.

Las demandas incoadas contra el acto administrativo viciado de inconvencionalidad pueden oscilar entre pretender la anulación del acto administrativo[42] y solicitar además la condena a la reparación de los derechos humanos afectados por el acto inconvencional o limitarse a la pretensión de la reparación de los daños causados por la expedición o ejecución, que han afectado los derechos humanos.

No obstante, cabe señalar que la Corte Interamericana ha reconocido que el órgano jurisdiccional nacional no se encuentra limitado a las pre-

---

[42] Jinesta Lobo, "Control de convencionalidad difuso", 131-132.

tensiones que le formulen las partes, por lo que podrá incluso actuar de oficio, en ejercicio del control difuso de convencionalidad. Al respecto ha expresado que:

> ... los órganos del Poder Judicial deben ejercer no sólo un control de constitucionalidad, sino también de convencionalidad *ex officio*, entre las normas internas y la Convención Americana, evidentemente en el marco de sus respectivas competencias y de las regulaciones procesales pertinentes. Esta función no debe quedar limitada exclusivamente por las manifestaciones o actos de los accionantes en cada caso concreto, aunque tampoco implica que ese control deba ejercerse siempre, sin considerar otros supuestos formales y materiales de admisibilidad y procedencia de este tipo de acciones.[43]

Es importante destacar que la Corte Interamericana reconoce que la actuación de control de convencionalidad de oficio, que se le reconoce al órgano jurisdiccional nacional, no es absoluta e ilimitada, sino que encuentra como condicionantes que este la realiza en el ejercicio de las competencias legalmente establecidas y con sujeción a las reglas procesales correspondientes, formales y materiales.

Un tema fundamental está relacionado con la tempestividad de la denuncia del vicio de inconvencionalidad y que lleva al órgano jurisdiccional administrativo a efectuar el control difuso de convencionalidad.

Cabe señalar que en ejercicio del derecho a la acción, los legitimados para acudir al proceso administrativo deberían formular la denuncia del vicio de inconvencionalidad del acto administrativo al momento de presentar la demanda que contendrá las diversas pretensiones.

No obstante, de no hacerlo en esa oportunidad procesal, ello no constituye óbice para que formulen la denuncia de inconvencionalidad del acto administrativo durante la tramitación del proceso, mientras no se haya producido sentencia firme.

En el supuesto que las partes no hayan alegado durante el proceso el vicio de inconvencionalidad, pero sea advertido por el órgano jurisdiccional

---

[43] Corte IDH, "Caso Aguado Alfaro y otros", párr. 128; Corte IDH, "Caso Gelman vs. Uruguay", párr. 193; Corte IDH, "Caso Rochac Hernández y otros vs. El Salvador", párr. 213.

administrativo, este deberá proceder de oficio, comenzando por comunicárselo a las partes que intervienen en el proceso administrativo, antes de que se produzca la sentencia sobre el mérito o fondo de la controversia.[44]

Resulta necesario acotar que el vicio de inconvencionalidad del acto administrativo puede ser alegado por las partes en el primer o segundo grado de jurisdicción y eventualmente en el proceso de casación administrativa e igualmente el órgano jurisdiccional puede advertirlo de oficio, en cualquier estado y grado del proceso,[45] así como incluso proceder a la casación de oficio de la sentencia recurrida, al detectar el vicio de inconvencionalidad en el acto administrativo, que no fue alegado por las partes, ni advertido por los órganos jurisdiccionales de instancia.

En cualquiera de los supuestos anteriores se debe garantizar el derecho de todas las partes a presentar los alegatos y los medios probatorios respecto a la presunta inconvencionalidad del acto administrativo objeto de la pretensión procesal.

La expedición de los actos administrativos, como toda actividad administrativa, es de rango sublegal, por lo que el órgano jurisdiccional administrativo no se limita a verificar la juridicidad del mismo, sino que debe constatar que la ley que le sirve de fundamento es conforme al bloque de convencionalidad, pues en caso contrario deberá pronunciarse en primer lugar sobre la inconvencionalidad de la ley[46] y, en virtud del control difuso, proceder a su inaplicación en caso de estar afectada por el vicio de inconvencionalidad[47-48] y, por vía de consecuencia, a la declaración de nulidad

---

44 Jinesta Lobo, "Control de convencionalidad difuso", 135.

45 Ibid., 136.

46 La doctrina científica sostiene que cuando el órgano jurisdiccional administrativo tiene por delante una ley presuntamente inconvencional deberá, según el modelo de justicia constitucional nacional, proceder en los siguientes términos: "a) En un sistema concentrado de control de constitucionalidad, deberá desaplicar, para el caso concreto la ley «inconvencional» y aplicar preferentemente, el parámetro de convencionalidad y b) En un sistema de control difuso de constitucionalidad, el juez contencioso-administrativo podrá declarar «inconvencional» la respectiva ley. En cualquiera de los supuestos, la conducta administrativa debe ser, entonces, declarada absolutamente nula por el vicio gravísimo de «inconvencionalidad»". Ibid., 138.

47 Corte IDH, "Caso Almonacid Arellano y otros vs. Chile", párr. 123; Corte IDH, "Caso Liakat Ali Alibux vs. Suriname", Excepciones preliminares, Fondo, Reparaciones y Costas, Sentencia de 30 de enero de 2014, serie C N° 276, párr. 124.

48 Santofimio Gamboa, *El concepto de convencionalidad*, 475.

del acto administrativo inconvencional, expedido con fundamento en una ley inconvencional.[49]

En lo que respecta a la reparación integral producto de la expedición o ejecución de un acto administrativo declarado inconvencional, el órgano jurisdiccional administrativo debe tener presente que toda violación de derechos humanos comporta el deber de reparación, que debe estar relacionado por "un nexo causal con los hechos del caso, las violaciones declaradas, los daños acreditados, así como las medidas solicitadas para reparar los daños respectivos",[50] debiendo tener en cuenta con respecto a la acreditación que

> no es necesario que se pruebe la responsabilidad del Estado más allá de toda duda razonable, ni que se identifique individualmente a los agentes a los cuales se atribuyen los hechos violatorios, sino que es suficiente demostrar que se han verificado acciones u omisiones que hayan permitido la perpetración de esas violaciones o que exista una obligación del Estado que haya sido incumplida por éste, en los términos expuestos supra.[51]

Un punto que no se puede soslayar es que el órgano jurisdiccional administrativo, al resolver la pretensión procesal dirigida contra el acto administrativo inconvencional que ha conculcado derechos humanos reconocidos en el bloque de la convencionalidad y conforme a la interpretación de la misma que ha efectuado la Corte Interamericana, deberá adoptar todas las previsiones que sean necesarias para garantizar la no repetición de estas violaciones, por futuros actos administrativos.[52]

En lo que respecta al cumplimiento de la sentencia que se pronuncia sobre el vicio de inconvencionalidad del acto administrativo, esta se deberá

---

[49] Brewer-Carías, "Sobre el marco conceptual", 110-111.

[50] Corte IDH, "Caso Miembros de la Aldea Chichupac y comunidades vecinas del Municipio de Rabinal vs. Guatemala", Excepciones Preliminares, Fondo, Reparaciones y Costas, Sentencia de 30 de noviembre de 2016, serie C N° 328, párr. 267.

[51] Corte IDH, "Caso Tenorio Roca y otros vs. Perú", Excepciones Preliminares, Fondo, Reparaciones y Costas, Sentencia de 22 de junio de 2016, serie C N° 314, párr. 144.

[52] María Carmelina Londoño Lázaro, *Las garantías de no repetición en la jurisprudencia interamericana* (México: Universidad de La Sabana y Tirant lo Blanc, 2014), 197-198.

ejecutar voluntariamente por la Administración Pública perdidosa; pero en caso de requerirse la ejecución forzosa, entonces, se deberá recurrir a los medios de ejecución de sentencia que contemple el ordenamiento jurídico nacional[53] para garantizar la tutela judicial efectiva.

Es en estos términos que lo contempla la Convención Americana sobre Derechos Humanos, al referirse a la ejecución de sentencias de la propia Corte Interamericana de Derechos Humanos, cuando expresa: "1. Los Estados partes en la Convención se comprometen a cumplir la decisión de la Corte en todo caso en que sean partes. 2. La parte del fallo que disponga indemnización compensatoria se podrá ejecutar en el respectivo país por el procedimiento interno vigente, para la ejecución de sentencias contra el Estado".[54]

En conclusión, la forma de ejecución de la sentencia en el proceso administrativo en que se declara la invalidez de un acto administrativo viciado de inconvencionalidad e incluso que ordena la reparación a las víctimas o sus familiares, por la lesión a los derechos humanos, deberá producirse conforme a lo que disponga cada ordenamiento jurídico nacional, para el cumplimiento de las sentencias declarativas, constitutivas o de condena.

Conclusiones

La constitucionalización del bloque de la convencionalidad, le ha otorgado al derecho convencional el rango equivalente a la norma jurídica de mayor jerarquía y por tanto de fuente de todo el ordenamiento jurídico del Estado.

Ello tiene un impacto directo en el derecho administrativo nacional, pues todos los actos jurídicos de los órganos que ejercen el poder legislativo, ejecutivo y judicial, deben orientarse a cumplir y hacer cumplir el bloque de constitucionalidad, —salvo en los países que se considera que integra el bloque de la legalidad— y por ende el derecho de la convencionalidad, bien sea porque este forme parte de aquel o por las obligaciones internacionales asumidas conforme al derecho de los tratados.

---

[53] Sobre los medios procesales internos para la ejecución de sentencias en la reciente legislación continental, —además de España—, se puede consultar el análisis crítico de Miguel Ángel Torrealba Sánchez, *La ejecución de sentencias en el proceso administrativo iberoamericano. España, Perú, Costa Rica, Colombia y Venezuela* (Caracas: CIDEP y Editorial Jurídica Venezolana, 2017).

[54] Organización de Estados Americanos, "Convención Americana", artículo 68.

Esto también permite señalar que el poder legislativo, el poder ejecutivo y el poder judicial de cada Estado son órganos del control difuso de la convencionalidad en materia de derechos humanos,[55] y en consecuencia gozan de la condición de autoridades públicas convencionales del sistema interamericano de derechos humanos, que operan en el ámbito nacional para garantizar y proteger los derechos humanos.

Lo anterior permite sostener que la Administración Pública nacional es una autoridad pública convencional del sistema interamericano de derechos humanos, en cada uno de sus respectivos países y tiene la obligación de defender el bloque de la convencionalidad, así como de garantizar, proteger y reparar los derechos humanos, conforme a las competencias que tienen atribuidas en el ordenamiento jurídico nacional.[56]

Según esto, la Administración Pública en el contexto de sus competencias legalmente establecidas puede reconocer la invalidez de un acto administrativo inconvencional, de oficio o a solicitud de la parte interesada y, en caso de haberse concretado una violación de derechos humanos a determinadas personas, puede proceder a reparar integralmente a las víctimas por las lesiones infligidas a sus derechos.

Por su parte, los órganos jurisdiccionales administrativos tienen la posibilidad de ejercer el control difuso de convencionalidad sobre las leyes que consideren inconvencionales, desaplicarlas en el caso concreto e incluso, en ejercicio de este control, pueden establecer la invalidez del acto administrativo expedido en contravención del *corpus iuris* de la convencionalidad.

En caso de que la expedición o la ejecución de tal acto administrativo haya causado lesiones a los derechos humanos reconocidos en el bloque de la convencionalidad, el órgano jurisdiccional administrativo deberá establecer la reparación integral a los interesados.

Es así como el *Ius Commune Administrativo* continental se consolida, producto del control difuso de convencionalidad, que conforme al principio de legalidad o al imperio de la ley deben realizar los órganos que ejercen el

---

[55] Santofimio Gamboa, *El concepto de convencionalidad*, 266.

[56] Víctor R. Hernández-Mendible, "El control de convencionalidad como expresión del control de constitucionalidad. Originalidad y desaciertos", en *Estudios sobre el Control de Convencionalidad*, editado por Allan R. Brewer-Carías, Ernesto Jinesta Lobo, Víctor Hernández Mendible y Jaime Orlando Santiofimio Gamboa (Caracas: Editorial Jurídica Venezolana, 2015), 146-150.

poder público en el ámbito nacional y que, en caso de no producirse este, abrirá la puerta para el acceso al control concentrado de convencionalidad.

Obras citadas

Ayala Corao, Carlos. *Del diálogo jurisprudencial al control de convencionalidad.* Caracas: Editorial Jurídica Venezolana, 2012.

Brewer-Carías, Allan R. "Sobre el marco conceptual del control de convencionalidad: Antecedentes, derecho de amparo y Derecho Administrativo". En: *Estudios sobre el Control de Convencionalidad*, editado por: Allan R. Brewer-Carías, Ernesto Jinesta Lobo, Víctor Hernández Mendible y Jaime Orlando Santiofimio Gamboa, 35-111. Caracas: Editorial Jurídica Venezolana, 2015.

Corte IDH. Restricciones a la pena de muerte (Arts. 4.2 y 4.4 Convención Americana sobre Derechos Humanos). Opinión Consultiva OC-3/83 de 8 de septiembre de 1983. Serie A No. 3.

______. La colegiación obligatoria de periodistas (Arts. 13 y 29 Convención Americana sobre Derechos Humanos). Opinión Consultiva OC-5/85 de 13 de noviembre de 1985. Serie A No. 5.

______. La expresión "Leyes" en el artículo 30 de la Convención Americana sobre Derechos Humanos. Opinión Consultiva OC-6/86 de 9 de mayo de 1986. Serie A No. 6.

______. El hábeas corpus bajo suspensión de garantías (Arts. 27.2, 25.1 y 7.6 Convención Americana sobre Derechos Humanos). Opinión Consultiva OC-8/87 de 30 de enero de 1987. Serie A No. 8.

______. "Caso Gangaram Panday vs. Surinam". Excepciones preliminares. Sentencia de 4 de diciembre de 1991, serie C N° 12.

______. Responsabilidad internacional por expedición y aplicación de leyes violatorias de la Convención (Arts. 1 y 2 Convención Americana sobre Derechos Humanos). Opinión Consultiva OC-14/94 de 9 de diciembre de 1994. Serie A No. 14.

______. Informes de la Comisión Interamericana de Derechos Humanos (Art. 51 Convención Americana sobre Derechos Humanos). Opinión Consultiva OC-15/97 de 14 de noviembre de 1997. Serie A No. 15.

______. El derecho a la información sobre la asistencia consular en el marco de las garantías del debido proceso legal. Opinión Consultiva OC-16/99 de 1 de octubre de 1999. Serie A No. 16.

______. "Caso Garrido y Baigorria vs. Argentina". Reparaciones y costas. Sentencia de 27 de agosto de 1998, serie C N° 39.

______. "Caso Castillo Petruzzi y otros vs. Perú". Fondo, Reparaciones y Costas. Sentencia de 30 de mayo de 1999, serie C N° 52.

______. "Caso Durand y Ugarte vs. Perú". Fondo. Sentencia de 16 de agosto de 2000, serie C N° 68.

______. "Caso Cantoral Benavides vs. Perú". Fondo. Sentencia de 18 de agosto de 2000, serie C N° 69.

______. "Caso Baena Ricardo y otros vs. Panamá". Fondo, Reparaciones y Costas. Sentencia de 2 de febrero de 2001, serie C N° 72.

______. Caso 'La Última Tentación de Cristo' (Olmedo Bustos y otros) vs. Chile". Fondo y Reparaciones. Sentencia de 5 de febrero de 2001, serie C N° 73.

______. "Caso Barrios Altos vs. Perú". Fondo. Sentencia de 14 de marzo de 2001, serie C N° 75.

______. "Caso Hilaire, Constantine y Benjamin y otros vs. Trinidad y Tobago". Fondo, Reparaciones y Costas. Sentencia de 21 de junio de 2002, serie C N° 94.

______. Condición jurídica y derechos de los migrantes indocumentados. Opinión Consultiva oc-18/03 de 17 de septiembre de 2003. Serie A No. 18.

______. "Caso Masacre Plan de Sánchez vs. Guatemala". Reparaciones. Sentencia de 19 de noviembre de 2004, serie C N° 116.

______. "Caso Comunidad indígena Yakye Axa vs. Paraguay". Fondo, Reparaciones y Costas. Sentencia de 17 de junio de 2005, serie C N° 125.

______. "Caso Niñas Yean y Bosico vs. República Dominicana". Fondo, Reparaciones y Costas. Sentencia de 8 de septiembre de 2005, serie C N° 130.

______. "Caso Almonacid Arellano y otros vs. Chile". Excepciones preliminares, Fondo, Reparaciones y Costas. Sentencia de 26 de septiembre de 2006, serie C N° 154.

______. "Caso Aguado Alfaro y otros (Trabajadores Cesados del Congreso) vs. Perú". Excepciones Preliminares, Fondo, Reparaciones y Costas. Sentencia de 24 de noviembre de 2006, serie C N° 158.

______. "Caso La Cantuta vs. Perú". Fondo, Reparaciones y Costas. Sentencia de 29 de noviembre de 2006, serie C N° 162.

______. "Caso Boyce y otros vs. Barbados". Excepciones preliminares, Fondo, Reparaciones y Costas. Sentencia de 20 de noviembre de 2007, serie C N° 169.

______. "Caso Heliodoro Portugal vs. Panamá". Excepciones Preliminares, Fondo, Reparaciones y Costas. Sentencia de 12 de agosto de 2008, serie C N° 186.

______. "Caso Dacosta Cadogan vs. Barbados". Excepciones Preliminares, Fondo, Reparaciones y Costas. Sentencia de 24 de septiembre de 2009, serie C N° 204.

______. "Caso Radilla Pacheco vs. México". Excepciones Preliminares, Fondo, Reparaciones y Costas. Sentencia de 23 de noviembre de 2009, serie C N° 209.

______. "Caso Cabrera García y Montiel Flores vs. México". Excepción preliminar, Fondo, Reparaciones y Costas. Sentencia de 26 de noviembre de 2010, serie C N° 220.

______. "Caso Gelman vs. Uruguay, Fondo y Reparaciones". Fondo y Reparaciones. Sentencia de 24 de febrero de 2011, serie C N° 221.

______. "Caso Fontevecchia y D'Amico vs. Argentina". Fondo, Reparaciones y Costas. Sentencia de 29 de noviembre de 2011, serie C N° 238.

______. "Caso Masacre de Río Negro vs. Guatemala". Excepción Preliminar, Fondo, Reparaciones y Costas. Sentencia de 4 de septiembre de 2012, serie C N° 250.

______. "Caso Artavia Murillo y otros ('fecundación in vitro') vs. Costa Rica". Excepciones preliminares, Fondo, Reparaciones y Costas. Sentencia de 28 de noviembre de 2012, serie C N° 257.

______. "Caso Liakat Ali Alibux vs. Suriname". Excepciones preliminares, Fondo, Reparaciones y Costas. Sentencia de 30 de enero de 2014, serie C N° 276.

______. "Caso Rochac Hernández y otros vs. El Salvador". Fondo, Reparaciones y Costas. Sentencia de 14 de octubre de 2014, serie C N° 285.

______. "Caso de personas dominicanas y haitianas expulsadas vs. República Dominicana". Excepciones Preliminares, Fondo, Reparaciones y Costas. Sentencia de 28 de agosto de 2014, serie C 282.

______. "Caso Granier y otros (Radio Caracas Televisión) vs. Venezuela". Excepciones Preliminares, Fondo, Reparaciones y Costas. Sentencia de 22 de junio de 2015, serie C N° 293.

______. "Caso Wo Ho Wing vs. Perú". Excepción Preliminar, Fondo, Reparaciones y Costas. Sentencia de 30 de junio de 2015, serie C N° 297.

______. "Caso Gonzales Lluy y otros vs. Ecuador". Excepciones Preliminares, Fondo, Reparaciones y Costas. Sentencia de 1 de septiembre de 2015, serie C N° 298.

______. Titularidad de derechos de las personas jurídicas en el sistema interamericano de derechos humanos (Interpretación y alcance del artículo 1.2, en relación con los artículos 1.1, 8, 11.2, 13, 16, 21, 24, 25, 29, 30, 44, 46, y 62.3 de la Convención Americana sobre Derechos Humanos, así como del artículo 8.1 A y B del Protocolo de San Salvador). Opinión Consultiva oc-22/16 de 26 de febrero de 2016. Serie A No. 22.

______. "Caso Tenorio Roca y otros vs. Perú". Excepciones Preliminares, Fondo, Reparaciones y Costas. Sentencia de 22 de junio de 2016, serie C N° 314.

______. "Caso Flor Freire vs. Ecuador". Excepción preliminar, Fondo, Reparaciones y Costas. Sentencia de 31 de agosto de 2016, serie C N° 315.

______. "Caso Trabajadores de la Hacienda Brasil Verde vs. Brasil". Excepciones Preliminares, Fondo, Reparaciones y Costas. Sentencia de 20 de octubre de 2016, serie C N° 318.

______. "Caso Miembros de la Aldea Chichupac y comunidades vecinas del Municipio de Rabinal vs. Guatemala". Excepciones Preliminares, Fondo, Reparaciones y Costas. Sentencia de 30 de noviembre de 2016, serie C N° 328.

______. "Caso I.V. vs. Bolivia". Excepción preliminar, Fondo, Reparaciones y Costas. Sentencia de 30 de noviembre de 2016, serie C N° 329.

Hernández-Mendible, Víctor R. "El control de convencionalidad como expresión del control de constitucionalidad. Originalidad y desaciertos". En: *Estudios sobre el Control de Convencionalidad*, editado por: Allan R. Brewer-Carías, Ernesto Jinesta Lobo, Víctor Hernández Mendible y Jaime Orlando Santiofimio Gamboa. Caracas: Editorial Jurídica Venezolana, 2015.

Jinesta Lobo, Ernesto. "Control de convencionalidad difuso ejercido por las jurisdicciones constitucional y contencioso administrativa". En: *Estudios sobre el Control de Convencionalidad*, editado por Allan R. Brewer-Carías, Ernesto Jinesta Lobo, Víctor Hernández Mendible y Jaime Orlando Santiofimio Gamboa. Caracas: Editorial Jurídica Venezolana, 2015.

Londoño Lázaro, María Carmelina. *Las garantías de no repetición en la jurisprudencia interamericana*. México: Universidad de La Sabana y Tirant lo Blanc, 2014.

Naciones Unidas. "Convención de Viena sobre el Derecho de los Tratados". Viena, 23 de mayo de 1969.

______. "Estatuto de Roma de la Corte Penal Internacional". Roma, 17 de julio de 1998.

Organización de Estados Americanos. "Convención Americana sobre Derechos Humanos suscrita en la Conferencia especializada interamericana sobre derechos humanos". San José, Costa Rica, 7 al 22 de noviembre de 1969.

Sagües, Néstor Pedro. "El control de convencionalidad. En particular sobre las constituciones nacionales". *La Ley,* 19 de febrero de 2009.

Santofimio Gamboa, Jaime Orlando. *El concepto de convencionalidad. Vicisitudes para la construcción sustancial en el sistema interamericano de derechos humanos. Ideas fuerza rectoras.* Bogotá: Universidad Externado de Colombia, 2017.

Torrealba Sánchez, Miguel Ángel. *La ejecución de sentencias en el proceso administrativo iberoamericano. España, Perú, Costa Rica, Colombia y Venezuela.* Caracas: CIDEP y Editorial Jurídica Venezolana, 2017.

Problemáticas y elementos asociados al proceso administrativo para el otorgamiento de las licencias ambientales en Colombia

Gloria Amparo Rodríguez*

Sumario: Introducción. 1. Deber de realizar un riguroso estudio. 2. Sobre las comunidades afectadas y la dimensión distributiva de la justicia ambiental. 3. Dimensión participativa de la licencia ambiental. 4. Licencias ambientales en parques nacionales. 5. Licencia ambiental y consulta previa. 6. La protección ambiental y los derechos económicos. Conclusión. Obras citadas.

Introducción

De acuerdo con la normatividad colombiana, se requiere de licencia ambiental cuando se van a desarrollar proyectos, obras o actividades que puedan causar deterioro considerable a los recursos renovables o al ambiente, o que introduzcan modificaciones considerables o notorias al paisaje. Esta es una autorización que otorga la autoridad ambiental competente para la ejecución de una obra o actividad, sujeta al cumplimiento por parte del beneficiario de la licencia de los requisitos que la misma establezca en relación con la prevención, mitigación, corrección, manejo y compensación de los

* Profesora titular de la Facultad de Jurisprudencia de la Universidad del Rosario. Abogada, con Ph.D. en Sociología Jurídica e Instituciones Políticas. Actualmente se desempeña como directora de la Especialización y de la Línea de Investigación en Derecho Ambiental. Cuenta con diferentes publicaciones sobre temas ambientales y étnicos y ha sido editora académica de otras obras. Correo electrónico: gloria.rodriguez@urosario.edu.co; http://gloriamparodriguez.blogspot.com

efectos ambientales de la obra o la actividad autorizada, según lo establece el artículo 50 de la Ley 99 de 1993.

La licencia ambiental que es otorgada mediante acto administrativo se convierte en el instrumento principal para la evaluación ambiental en Colombia. Para ello la normatividad ha consagrado los tipos de proyectos, obras o actividades que requieren licencia ambiental de manera taxativa, así como el procedimiento que debe adelantarse para su otorgamiento, y a lo largo del tiempo ha presentado diversas reglamentaciones y cambios, tanto de fondo como de forma, en especial, el número o cantidad de actividades que requieren el cumplimiento de este requisito, el procedimiento y los tiempos para la toma de la decisión final, mediante la cual se aprueba o niega la licencia ambiental.

La autoridad competente,[1] mediante el proceso de licenciamiento ambiental, evalúa los posibles impactos que los proyectos, obras o actividades puedan generar,[2] constituyéndose este proceso en uno de los principales instrumentos de planificación ambiental que responde al nuevo rol del Estado que, según la Constitución Política de Colombia, se encuentra investido de facultades para intervenir en los procesos de desarrollo, de explotación de los recursos naturales y en la producción, distribución y consumo de bienes y servicios, con el fin de conseguir el mejoramiento de la calidad de vida de los habitantes, la distribución equitativa de los beneficios del desarrollo y la preservación de un ambiente sano.[3]

En este contexto, la planificación ambiental debe responder a los dictados de una política nacional, que se debe adoptar con la participación activa de la comunidad y del ciudadano, y debe ser coordinada y articulada

---

[1] En Colombia son autoridades competentes para otorgar o negar licencia ambiental, conforme a la ley y al Decreto 2041 de 2014, las siguientes: (i) la Autoridad Nacional de Licencias Ambientales –ANLA–; (ii) las Corporaciones Autónomas Regionales y las de Desarrollo Sostenible y (iii) los municipios, distritos y áreas metropolitanas cuya población urbana sea superior a un millón de habitantes.

[2] Este tipo de actividades genera impactos ambientales tales como consumo y utilización insostenible de recursos; contaminación atmosférica o de las aguas; generación de residuos sólidos, vertimientos o ruido; degradación del suelo, deterioro del paisaje, etc. También se generan impactos económicos y culturales, el aumento del costo de vida, desplazamiento de la población, alteraciones de las relaciones de poder, mejoramiento de la infraestructura, entre otros.

[3] Colombia, "Constitución Política de Colombia", 7 de julio 1991, artículo 334.

entre la Nación y las entidades territoriales correspondientes.[4] La evaluación ambiental al permitir introducir la variable ambiental dentro de la toma de decisiones para llevar a cabo una obra o actividad se vuelve un verdadero proceso de planificación.[5]

A través de los años, con las diferentes disposiciones mediante las cuales ha sido reglamentado el procedimiento para el otorgamiento de las licencias ambientales, se han generado diversos conflictos relacionados con estas autorizaciones, los cuales han terminado por judicializarse, dando lugar a una importante jurisprudencia sobre esta temática, que obedece, entre otras causas, al hecho de prescindir de la licencia en la ejecución de proyectos o al hecho de no contar con intervención o participación de las comunidades afectadas.

Como antecedente se debe resaltar que la evaluación de impacto ambiental[6] se desarrolló en nuestro país a partir del Código de Recursos Naturales Renovables y de Protección al Medio Ambiente, es decir el Decreto Ley 2811 de 1974, que en sus artículos 27 y 28 regula lo referente a la Declaración de Efecto Ambiental –DEA– y al Estudio Ecológico Ambiental –EEA–, teniendo en cuenta el modelo americano de regulaciones ambientales.[7] En ese momento, se exigía a las personas naturales o jurídicas, públicas o privadas, declarar ante el Instituto Nacional de los Recursos Naturales Renovables –INDERENA– el peligro ambiental que se pudiera derivar de una obra o actividad y obtener de la autoridad ambiental una Declaratoria de Efecto Ambiental, lo cual suponía un estudio ambiental previo por parte del interesado.[8]

---

4 Colombia, Corte Constitucional, "Sentencia C-495 de 1996", 26 de septiembre de 1996. Magistrado ponente: Fabio Morón Díaz.

5 Luis Fernando Macías Gómez, "Licencias y permisos ambientales", en: *Perspectivas del derecho ambiental en Colombia*, editado por Beatriz Londoño Toro, Gloria Amparo Rodríguez y Giovanni J. Herrera (Bogotá: Editorial de la Universidad del Rosario, 2006), 229.

6 Se entiende por impacto ambiental la alteración que se produce en el entorno, ocasionada por la ejecución de un proyecto, obra o actividad.

7 Macías Gómez, "Licencias y permisos ambientales", 231.

8 Gloria Amparo Rodríguez, Andrés Gómez Rey y Juan Carlos Monroy Rosas, *Las licencias ambientales en Colombia. Una mirada desde la participación y la responsabilidad* (Bogotá: FNA y Grupo Editorial Ibáñez, 2013).

Lo anterior tiene relación con la planificación establecida en la Constitución Política de 1991, donde además se consagró el derecho de todas las personas a gozar de un ambiente sano, siendo el deber del Estado salvaguardar nuestro patrimonio natural y cultural, garantizar un desarrollo sostenible, cumplir con la función ecológica de la propiedad y velar por la conservación de un ambiente sano. El Estado está comprometido con la protección de la diversidad e integridad del ambiente, la conservación de las áreas de especial importancia ecológica y con fomentar la educación para el logro de estos fines.[9] Así mismo, en el artículo 80 de la Carta Política se estableció el deber del Estado de prevenir y controlar los factores de deterioro ambiental, además de planificar el manejo y aprovechamiento de los recursos naturales para garantizar su desarrollo sostenible,[10] su conservación, restauración o sustitución. Estos elementos son el fundamento constitucional de la licencia ambiental en Colombia.[11]

De esta manera, la evaluación de impacto ambiental pasa a constituirse en un elemento de planificación y de gestión ambiental, a partir de la Constitución Política de Colombia y de la Ley 99 de 1993 que acoge entre sus principios generales ambientales el que señala que los estudios de impacto ambiental serán el instrumento básico para la toma de decisiones respecto a la construcción de obras y actividades que afecten significativamente el medio ambiente natural o artificial. Lo anterior significa que la evaluación ambiental se materializa especialmente a través del proceso de licenciamiento, orientado a la consolidación del desarrollo sostenible en el largo, mediano y corto plazo, con el objeto de reducir los efectos de los proyectos

---

9 Colombia, "Constitución Política de Colombia", artículos 8, 95.8 y 79.

10 La Ley 99 de 1993 acoge los postulados del desarrollo sostenible, entendido como aquel que conduzca al crecimiento económico, a la elevación de la calidad de la vida y al bienestar social, sin agotar la base de recursos naturales renovables en que se sustenta, ni deteriorar el medio ambiente o el derecho de las generaciones futuras a utilizarlo para la satisfacción de sus propias necesidades. Colombia, Congreso de la República, "Ley 99 de 1993", por la cual se crea el Ministerio del Medio Ambiente, se reordena el Sector Público encargado de la gestión y conservación del medio ambiente y los recursos naturales renovables, se organiza el Sistema Nacional Ambiental, SINA, y se dictan otras disposiciones, Bogotá, Diario Oficial 41146, 22 de diciembre de 1993, artículo 3.

11 Gloria Amparo Rodríguez, "La consagración de los derechos ambientales en las constituciones políticas de Colombia, Ecuador y Bolivia", en: *Temas de derecho ambiental: una mirada desde lo público*, editado por Gloria Amparo Rodríguez e Iván Andrés Páez Páez (Bogotá: Editorial Universidad del Rosario, 2012), 7-8.

en los aspectos biofísicos —bióticos, abióticos—, económicos, sociales y culturales. En este mismo sentido, para la Corte Constitucional, la exigencia de licencias ambientales constituye un mecanismo de intervención típico por parte del Estado en la economía, y una limitación de la libre iniciativa privada, justificada por el propósito de garantizar que la propiedad cumpla con la función ecológica que le es inherente —como lo ha establecido el artículo 58 de la Constitución Nacional—.

Debemos señalar que, en suma, según la Corte Constitucional, el desarrollo sostenible no es solamente un marco teórico, sino que involucra un conjunto de instrumentos, entre ellos los jurídicos, que hacen factible el progreso de las próximas generaciones en consonancia con un desarrollo armónico de la naturaleza. La Constitución Política de Colombia, con base en un avanzado y actualizado marco normativo en materia ecológica, es armónica con la necesidad mundial de lograr un desarrollo sostenible, pues no solo obliga al Estado a planificar el manejo y aprovechamiento de los recursos naturales sino que además, al establecer el llamado tríptico económico,[12] determinó en él una función social, a la que le es inherente una función ecológica, encaminada a la primacía del interés general y del bienestar comunitario. Del contenido de las disposiciones constitucionales citadas se puede concluir que el constituyente patrocinó la idea de hacer siempre compatibles el desarrollo económico y el derecho a un ambiente sano y a un equilibrio ecológico.[13]

En el presente texto se presentarán las principales tendencias jurisprudenciales en cuanto a las licencias ambientales en Colombia, estableciendo los postulados de los fallos emanados en esta materia por la Corte Constitucional colombiana.

1. Deber de realizar un riguroso estudio

Como se viene planteando, es importante instituir acciones que ofrezcan soluciones a los problemas ambientales, para lo cual se han adoptado mecanismos jurídicos, económicos, de planificación y de participación, como

---

[12] Conformado constitucionalmente por el trabajo, la propiedad y la empresa.

[13] Colombia, Corte Constitucional, "Sentencia C-339 de 2002", 7 de mayo de 2002. Magistrado ponente: Jaime Araujo Rentería y Colombia, Corte Constitucional, "Sentencia C-519 de 1994", 21 de noviembre de 1994. Magistrado ponente: Vladimiro Naranjo.

la adopción de la licencia ambiental, un instrumento a través del cual se realiza la evaluación ambiental, que posibilita realizar el análisis previo, establecer las posibles consecuencias o impactos que genera un proyecto y tomar las medidas correspondientes. Desde estas perspectivas, las autoridades ambientales están llamadas a jugar un papel fundamental en la identificación y evaluación de los impactos, con el fin de lograr el desarrollo sostenible y de esta manera controlar o evitar los desequilibrios ecológicos. Este rol que se exige a las autoridades ambientales es indispensable para garantizar el derecho a gozar de un ambiente sano y para cumplir con el deber de protección de nuestro patrimonio natural como lo señala la Constitución Política. De esta forma, los derechos ambientales tienen que ver con la protección del entorno, las condiciones adecuadas para garantizar una calidad de vida adecuada, el uso sostenible de los recursos naturales, la protección de la salud y la promoción de la participación en los programas, proyectos, procesos de planificación, actividades y decisiones ambientales que puedan afectarles.

La gestión ambiental implica a las autoridades ambientales realizar acciones tendientes a la prevención de los efectos ambientales y a la evaluación de los impactos. También incluye la identificación de las actividades que puedan generar daño al entorno y la promoción del uso sostenible de los recursos.

En este contexto, el estudio de impacto ambiental —EIA— es el instrumento básico para la toma de decisiones sobre los proyectos, obras o actividades que requieren licencia ambiental, el cual debe ser elaborado por un equipo interdisciplinario incluyendo toda la información del proyecto (aspectos sociales, bióticos, abióticos, económicos etc.). Además, debe contener el Plan de Manejo Ambiental que es el conjunto detallado de medidas y actividades que, producto de una evaluación ambiental, están orientadas a prevenir, mitigar, corregir o compensar los impactos y efectos ambientales debidamente identificados, que se causen por el desarrollo de un proyecto, obra o actividad. Incluye los planes de seguimiento, monitoreo, contingencia, y abandono según la naturaleza del proyecto, obra o actividad.[14]

---

[14] Colombia, Presidencia de la República, "Decreto 1076 de 2015", por medio del cual se expide el Decreto Único Reglamentario del Sector Ambiente y Desarrollo Sostenible, Bogotá, 26 de mayo de 2015.

Es importante señalar que la evaluación de impacto ambiental se convierte en un instrumento que utiliza el derecho ambiental para lograr su propósito de cuidar y proteger los derechos e intereses colectivos relacionados con el ambiente. Así las cosas, dada la importancia que tiene la licencia ambiental en la planificación y protección ambiental, la Corte Constitucional ha considerado que la misma debe ser el producto de un riguroso estudio en el que se tomen en cuenta las consecuencias que pueden producirse y, por consiguiente, se adopten las medidas necesarias para evitar la causación de daños que tengan efectos irreparables para el medio ambiente en tanto bien colectivo, así como para los derechos fundamentales que se derivan del uso y disfrute del mismo, como el derecho fundamental al agua, a la salud e, incluso, a la vida en condiciones dignas.[15] De esta forma, la licencia ambiental debe incluir procesos de planificación, ejecución, instalación, construcción, montaje, mantenimiento, operación, funcionamiento, modificación y desmantelación, abandono, terminación del conjunto de todas las acciones, usos del espacio, actividades e infraestructura relacionadas y asociadas con su desarrollo. Esto quiere decir que el otorgamiento de una licencia no finaliza el proceso de protección del ambiente respecto de una obra o un proyecto que lo pueda afectar; a partir de la concesión de la misma debe examinarse el cumplimiento de los requisitos y condiciones en ella previstos, por cuanto de esto depende que verdaderamente se alcance el objetivo propuesto, lo cual es la efectiva protección de los elementos que componen el ambiente del entorno en que la actividad tiene lugar.[16]

Sobresale el hecho de que la Corte Constitucional ha hecho énfasis en la faceta preventiva de la licencia ambiental a propósito de la declaratoria de constitucionalidad de varias medidas provisorias de carácter sancionatorio en materia ambiental. En dicha oportunidad se precisó la relación que existe entre el principio de prevención y la licencia como herramienta de gestión ambiental. Sobre este punto se señaló que en materia ambiental la acción preventiva tiene distintas manifestaciones y su puesta en práctica suele apoyarse en variados principios, dentro de los que se destacan los de prevención y precaución. La afectación, el daño, el riesgo o el peligro

---

[15] Colombia, Corte Constitucional, "Sentencia C-123 de 2014", 5 de marzo de 2014. Magistrado ponente: Alberto Rojas Ríos.

[16] Ibid.

que enfrenta el ambiente son el punto de partida de la formulación de los principios que guían el derecho ambiental y que persiguen, como propósito último, dotar a las respectivas autoridades de instrumentos idóneos para actuar ante esas situaciones que comprometen gravemente el ambiente y también los derechos relacionados con él.[17]

Tratándose de daños o de riesgos, el Tribunal Constitucional afirma que en algunos casos es posible conocer las consecuencias que tendrá sobre el ambiente el desarrollo de determinado proyecto, obra o actividad, de modo que la autoridad competente puede adoptar decisiones antes de que el riesgo o el daño se materialicen, con la finalidad de reducir sus repercusiones o de evitarlas; cuando tal hipótesis se presenta opera el principio de prevención que se materializa en mecanismos jurídicos tales como la evaluación del impacto ambiental o el trámite y expedición de autorizaciones previas, cuyo presupuesto es la posibilidad de conocer con antelación el daño ambiental y poder obrar, de conformidad con ese conocimiento anticipado, a favor del medio ambiente.[18]

Ahora bien, el propósito de prevención que va envuelto en todo caso de licenciamiento ambiental es posible por la forma en que está concebido su trámite. Este, por un lado, incluye el aspecto técnico de la evaluación de los estudios de impacto ambiental y del diagnóstico ambiental de alternativas y, por el otro, es el escenario donde las comunidades o los posibles afectados por la obra, proyecto o actividad a realizar pueden participar y ser escuchados. Esta visión de la licencia ambiental ordenada por un fin preventivo o precautorio es la que caracteriza la decisión adoptada en la Sentencia C-035 de 1999.[19]

Adicionalmente, la Corte ha puntualizado que, acudiendo al principio de precaución, y con los límites que la propia norma legal consagra, una autoridad ambiental puede proceder a la suspensión de la obra o actividad que desarrolla el particular, mediante el acto administrativo motivado, si de

---

17 Colombia, Corte Constitucional, "Sentencia C-703 de 2010", 6 de septiembre de 2010. Magistrado ponente: Luis Eduardo Montealegre.

18 Colombia, Corte Constitucional, "Sentencia C-746 de 2012", 26 de septiembre de 2012. Magistrado ponente: Luis Guillermo Guerrero Pérez.

19 Colombia, Corte Constitucional, "Sentencia C-035 de 1999", 27 de enro de 1999. Magistrado ponente: Antonio Barrera Carbonell.

tal actividad se deriva daño o peligro para los recursos naturales o la salud humana, así no exista la certeza científica absoluta. La consecuencia del riesgo consiste en que el deterioro ambiental debe ser neutralizado desde sus propios orígenes y sin retardar la actuación hasta el momento mismo en que los efectos negativos se produzcan o generen un daño mayor. La expedición de licencias o el otorgamiento de permisos son, en buena medida, manifestaciones de una actividad administrativa dirigida a precaver riesgos o efectos no deseables y ese mismo propósito se encuentra en el derecho administrativo sancionador.[20]

Sobresale el hecho de que la Corte Constitucional también ha expresado que el requerimiento de la licencia ambiental para el desarrollo de estas actividades es una de las formas en las que el Estado interviene en la economía y limita la libre iniciativa privada, dado que la exigencia de licencias ambientales es un típico mecanismo de intervención del Estado en la economía, y una limitación de la libre iniciativa privada, justificada con el propósito de garantizar que la propiedad cumpla con la función ecológica que le es inherente de acuerdo con el artículo 58 de la Constitución.[21]

2. Sobre las comunidades afectadas y la dimensión distributiva de la justicia ambiental

En relación con las comunidades perjudicadas por los proyectos que requieren licencia ambiental, la Corte Constitucional ha sostenido que, en virtud del principio de buena fe, deben tenerse como ciertas las declaraciones de quienes aleguen su condición de afectadas, en cuyo caso, la carga de la prueba corresponde a quien pretende desvirtuar tal condición.[22]

En un fallo reciente la Corte se ocupa del tema de la justicia ambiental y la dimensión distributiva de la misma, destacando que, tras la segunda mitad del siglo XX, en especial a partir de la década de 1980, los términos *justicia* y *ambiente* comenzaron a aparecer conjugados hasta dar lugar al

---

20 Colombia, Corte Constitucional, "Sentencia C-293 de 2012", 18 de abril de 2012. Magistrado ponente: Jorge Ignacio Pretelt Chaljub.

21 Colombia, Corte Constitucional, "Sentencia C-035 de 2016", 8 de febrero de 2016. Magistrada ponente: Gloria Stella Ortiz Delgado.

22 Colombia, Corte Constitucional, Sentencia T-294 de 2014, 22 de mayo de 2014. Magistrada ponente: María Victoria Calle Correa.

concepto de *justicia ambiental*. De acuerdo con una conocida definición adoptada por la Agencia de Protección Ambiental de los Estados Unidos, tal concepto designa el tratamiento justo y la participación significativa de todas las personas independientemente de su raza, color, origen nacional, cultura, educación o ingresos con respecto al desarrollo y la aplicación de las leyes, reglamentos y políticas ambientales.

El componente de equidad distributiva de la justicia ambiental (que según la Corte aboga por el reparto equitativo de las cartas y beneficios ambientales entre los sujetos de una comunidad, eliminando aquellos factores de discriminación fundados ya sea en la raza, el género o el origen étnico, o bien en la condición socioeconómica o en la pertinencia a países del Norte o del Sur global), en relación con la ejecución de proyectos de desarrollo, ha sido objeto de avance jurisprudencial hasta el momento a través de las siguientes reglas:[23]

(i) La sostenibilidad ecológica, social, cultural y económica de los proyectos de desarrollo, la cual incorpora la exigencia de que estos sean equitativos "dentro y entre generaciones".[24]

(ii) Las personas y comunidades afectadas por la ejecución de proyectos de desarrollo tienen derecho a que su condición sea reconocida al momento en que se manifieste el impacto correspondiente y a obtener una adecuada compensación por los daños.[25]

(iii) La acción de tutela procede para lograr el reconocimiento de la condición de afectado y ser incluido en los censos correspondientes,[26] más no para obtener el pago efectivo de las compensaciones que se derivan de tal condición. Para esto último deberá acudirse a los mecanismos ordinarios o a las demás acciones constitucionales previstas para el efecto, salvo que la subsistencia o el mínimo vital del accionante puedan estar comprometidos de un modo

23 Ibid.

24 Colombia, Corte Constitucional, "Sentencia T-574 de 1996", 29 de octubre de 1996. Magistrado ponente: Alejandro Martínez Caballero.

25 Colombia, Corte Constitucional, "Sentencia T-135 de 2013", 13 de marzo de 2013. Magistrado ponente: Jorge Iván Palacio Palacio.

26 Ibid.

inminente como puede deducirse de algunas sentencias de la Corte Constitucional.[27]

En consecuencia, el desarrollo de proyectos, obras o actividades sujetas a licenciamiento ambiental deberá garantizar la dimensión distributiva de la justicia ambiental, permitiendo el equilibrio ecológico, la protección del patrimonio cultural, la identificación de los impactos económicos y sociales, además de la información y la participación de las comunidades afectadas en dichos procesos.

3. Dimensión participativa de la licencia ambiental

La posibilidad de incidir de manera directa en las decisiones ambientales que afecten a las comunidades, como es el caso de las licencias ambientales, se establece como un imperativo de la gestión del Estado. El derecho a la participación se encuentra previsto en la Constitución para todos los colombianos, como una manifestación del principio democrático del Estado social de derecho. Asimismo, se deriva de disposiciones como: el artículo 2º de la Carta, conforme al cual, entre los fines esenciales del Estado, se encuentra el de facilitar la participación de todos en las decisiones que los afectan y en la vida económica, política, administrativa y cultural de la Nación, y el artículo 40 superior, que consagra, para todo ciudadano, el derecho de participar en la conformación, ejercicio y control del poder político. Igualmente, el derecho a participar de las decisiones de la administración que les interesan a los ciudadanos se encuentra reconocido en el ámbito internacional por varios instrumentos.[28]

En este contexto, se debe promover y garantizar la participación de las personas afectadas o de aquellas que habitan en el área de influencia de los proyectos, es decir, en aquella zona en la cual se manifiestan de manera objetiva, y en lo posible cuantificable, los impactos ambientales significativos

---

[27] Colombia, Corte Constitucional, "Sentencia T-574 de 1996"; Colombia, Corte Constitucional, "Sentencia T-194 de 1999", 25 de marzo de 1999. Magistrado ponente: Carlos Gaviria Díaz y Colombia, Corte Constitucional, "Sentencia T-447 de 2012, 20 de junio de 2012. Magistrado ponente: Mauricio González Cuervo.

[28] Colombia, Corte Constitucional, "Sentencia T-348 de 2012", 15 de mayo de 2012. Magistrado ponente: Jorge Ignacio Pretelt Chaljub.

ocasionados por la ejecución de un proyecto, obra o actividad sobre los medios abiótico, biótico y socioeconómico, en cada uno de los componentes de dichos medios, como lo establece el Decreto 1076 de 2015. La Corte Constitucional ha tenido en cuenta la dimensión participativa de la justicia ambiental, a través del reconocimiento del derecho fundamental a la participación de las poblaciones que reciben de manera directa las cargas ambientales derivadas de la realización o del funcionamiento inadecuado de obras de infraestructura (oleoductos, hidroeléctricas, carreteras).[29]

Según la Corte Constitucional, el derecho a la participación comprende de manera específica: (i) la apertura de espacios de participación, información y concertación, y no de mera información o socialización, que impliquen el consentimiento libre e informado, en el momento de la evaluación de los impactos y del diseño de medidas de prevención, mitigación o compensación, de modo tal que en ellas se incorpore el conocimiento local y la voz de los afectados;[30] (ii) la participación en el proceso de elaboración de los censos de afectados y a todo lo largo de la realización del proyecto;[31] (iii) el cumplimiento de los compromisos acordados en los espacios de concertación;[32] (iv) la financiación de la asesoría que requieran las comunidades afectadas por el proyecto, a fin de que estas puedan ejercer su derecho a la participación efectiva;[33] (v) la participación de las comunidades afectadas por daños ambientales en las actividades de monitoreo y control.[34]

De esta manera, la Corte Constitucional asegura que la justicia ambiental incorpora una demanda de justicia participativa, esto es, un reclamo de participación significativa de los ciudadanos, en particular de quienes resultarán efectiva o potencialmente afectados por la ejecución de determinada actividad.[35] Esta dimensión comporta la apertura de espacios en donde los afectados puedan participar en la toma de decisiones relativas a

---

[29] Colombia, Corte Constitucional, "Sentencia T-294 de 2014".

[30] Colombia, Corte Constitucional, "Sentencia T-348 de 2012".

[31] Colombia, Corte Constitucional, "Sentencia T-135 de 2013".

[32] Colombia, Corte Constitucional, "Sentencia T-194 de 1999".

[33] Ibid.

[34] Colombia, Corte Constitucional, "Sentencia T-574 de 1996".

[35] Colombia, Corte Constitucional, "Sentencia T-294 de 2014".

la realización del proyecto, la evaluación de sus impactos, permitiendo que al lado del conocimiento técnico experto, que suele ser el único tenido en cuenta para orientar la toma de decisiones en materia ambiental, también haya un espacio significativo para el conocimiento local, que se expresa en la evaluación nativa de los impactos y en la definición de las medidas de prevención, mitigación y compensación correspondientes.[36]

En los procesos para el otorgamiento de las licencias ambientales, la Corte Constitucional considera que, además de su valor intrínseco, la participación también tiene un valor instrumental, en tanto medio para prevenir o, en su caso, corregir, el reparto de bienes y cargas ambientales inequitativo, así como para promover la formación de una ciudadanía activa e informada, capaz de aportar puntos de vista y visiones plurales del desarrollo, que quizás pueden tornar más compleja, pero sin duda también enriquecerán, la toma de decisiones ambientales.

Para la Corte Constitucional, dentro de esta definición, el tratamiento justo supone que "ningún grupo de personas, incluyendo los grupos raciales, étnicos o socioeconómicos, debe sobrellevar desproporcionadamente la carga de las consecuencias ambientales negativas como resultado de operaciones industriales, municipales y comerciales o la ejecución de programas ambientales y políticas a nivel federal, estatal, local y tribal".[37] Entretanto, se entiende que la participación comunitaria resulta significativa cuando:[38] (i) los residentes comunitarios potencialmente afectados tienen una oportunidad apropiada para participar en las decisiones sobre una actividad propuesta que afectará su ambiente o salud; (ii) la contribución del público y las preocupaciones de todos los participantes son efectivamente tenidas en cuenta y susceptibles de influir en la toma de decisiones; (iii) los

---

[36] Las medidas de compensación están dirigidas a resarcir y retribuir a las comunidades, las regiones, las localidades y al entorno natural por los impactos o efectos negativos generados que no puedan ser evitados, corregidos, mitigados o sustituidos. Las medidas de corrección están dirigidas a recuperar, restaurar o reparar las condiciones del medio ambiente afectado; las medidas de mitigación están dirigidas a minimizar los impactos y efectos negativos sobre el medio ambiente y, las medidas de prevención están encaminadas a evitar los impactos y efectos negativos sobre el medio ambiente. Colombia, Presidencia de la República, "Decreto 1076 de 2015".

[37] Colombia, Corte Constitucional, "Sentencia T-294 de 2014".

[38] Ibid.

responsables de decidir promueven y facilitan la participación de aquellas personas o grupos potencialmente afectados.[39]

4. Licencias ambientales en parques nacionales

Para la Corte Constitucional, la licencia ambiental es uno de los mecanismos jurídicos más importantes con que cuenta el Estado para el cumplimiento de los mandatos de: protección y conservación de los recursos naturales, y de prevención y control de los factores de deterioro ambiental. Es así que este Tribunal ha precisado cómo la licencia ambiental y el Sistema de Parques Nacionales Naturales fungen como herramientas jurídicas de la mayor relevancia para el cumplimiento de las obligaciones estatales en materia de protección del ambiente y de los recursos naturales del territorio nacional.[40]

La habilitación del legislador a la Administración nacional para la expedición de la licencia ambiental en estas áreas[41] no desconoce los mandatos constitucionales dado que tiene múltiples propósitos relacionados con la prevención, el manejo y la planificación y, opera, como un instrumento coordinador, previsor y cautelar, mediante el cual el Estado cumple —entre otros— con los mandatos constitucionales[42] de protección de los recursos naturales y del ambiente, el deber de conservación de las áreas de especial importancia ecológica y la realización de la función ecológica de la propiedad. Por demás, es el resultado de un proceso administrativo reglado y complejo que tiene simultáneamente un carácter técnico y otro participativo.

Nótese que las licencias ambientales podrán ser otorgadas en parques nacionales sobre aquellas actividades que permita la categoría de conservación

---

[39] Agencia de Protección Ambiental de los Estados Unidos —EPA—, *Justicia Ambiental y Participación Comunitaria*, Consultado 5 de diciembre de 2013, http://www.epa.gov/espanol/saludhispana/justicia.html

[40] Colombia, Corte Constitucional, "Sentencia C-746 de 2012".

[41] Jurídicamente es procedente la licencia ambiental en Parque Nacionales para aquellos proyectos, obras o actividades que afecten las áreas del Sistema de Parques Nacionales Naturales por realizarse al interior de estas, en el marco de las actividades allí permitidas.

[42] Es decir, el deber del Estado colombiano de salvaguardar el derecho colectivo a gozar de un ambiente sano; la obligación estatal y de todas las personas de proteger la diversidad e integridad del ambiente; la obligación del Estado de prevenir y controlar los factores de deterioro y garantizar un desarrollo sostenible, la función ecológica de la propiedad como lo menciona la Carta Política y el deber de planificar el uso de los recursos naturales y del ambiente.

y los usos del suelo. A manera de ejemplo, para realizar un aprovechamiento forestal o una captación de aguas, se requiere de una licencia ambiental. En consecuencia, actividades como la minería e hidrocarburos están expresamente prohibidas en dichas áreas.

En este sentido, la Corte considera además que no existe una contradicción entre los fines de la licencia ambiental y del Sistema de Parques Nacionales, ya que ambas figuras son susceptibles de armonización en escenarios concretos. Esto es así en diversos casos, por ejemplo, en todos aquellos en los que preexistan a la declaratoria de un área como perteneciente al Sistema de Parques Nacionales Naturales obras, actividades o proyectos, ubicados o desarrollados, o con efectos sobre el territorio reservado de tales áreas. También señala que algunas de las áreas protegidas del Sistema de Parques Nacionales Naturales tienen una zona de alta densidad de uso destinada a actividades recreativas y turísticas. Frente a la necesidad de adecuación de las facilidades ecoturísticas, la licencia funge igualmente como una herramienta de gestión y de prevención de los posibles impactos que tales obras puedan aparejar. En este punto es importante mencionar que, frente a esta situación, con posterioridad al fallo de la Sentencia C-746 de 2012 mencionada, se expidió la Resolución 531 de 2013 que impide el desarrollo de nueva infraestructura para ecoturismo.

Para la Corte, el carácter protector de la licencia frente a las posibles intervenciones en el Sistema de Parques Nacionales Naturales se concreta de diversas maneras: una primera, es la función que cumple la licencia en el marco del régimen preventivo de las libertades en el que, en algunas ocasiones, el ejercicio de los derechos de contenido económico está sometido a autorización previa, como expresión de control y supervisión del Estado. La licencia es protectora precisamente porque es de su esencia la posibilidad de que la autorización en que consiste sea negada por el órgano competente. La sola posibilidad de que se otorguen licencias que afecten el Sistema de Parques Nacionales no significa que las mismas deben ser siempre concedidas. La autoridad ambiental del orden nacional debe negar la licencia ambiental cuando advierta que el proyecto pueda tener efectos gravosos para el ambiente y los recursos naturales, o que el mismo no se aviene con el régimen jurídico especial del Sistema de Parques Nacionales Naturales.

Asimismo, este Tribunal considera que la licencia es protectora porque es de su esencia la posibilidad de someter la autorización del proyecto a la condición de que el beneficiario de la misma observe una serie de parámetros técnicos y jurídicos de estricto cumplimiento; requisitos a los que deberá someterse durante la construcción, ejecución y terminación del proyecto, so pena de suspensión o cancelación de la autorización. Otra forma en que se concreta el carácter protector de la licencia ambiental se observa en la función que cumple como herramienta de gestión y de control de los recursos naturales.[43]

En consecuencia, el trámite, otorgamiento o negación de cualquier licencia ambiental para proyectos, obras o actividades en las áreas del Sistema de Parques Nacionales Naturales debe estar sujeto a sus precisas finalidades y a los usos y actividades permitidas dentro de las áreas del Sistema, siempre que tales actividades no causen alteraciones significativas al ambiente.

5. Licencia ambiental y consulta previa

En materia ambiental, la Corte Constitucional ha establecido que en el caso de un proyecto de exploración o explotación de recursos naturales que generan una afectación directa o indirecta, como requisito *sine qua non*, se debe consultar a las comunidades indígenas y afrodescendientes antes de expedirse una licencia ambiental. Por ende, en estos casos, la consulta previa resulta ser un requisito previo sin el cual la autoridad estatal competente no puede emitir autorización alguna para la realización del proyecto. La razón de ello es la protección especial a la diversidad cultural e identidad de las comunidades dispuesta en la Constitución Política.[44]

La consulta previa es el derecho fundamental que tienen los pueblos indígenas y demás grupos étnicos, cada vez que se vaya a tomar una decisión que pueda afectarles directamente o cuando se pretendan realizar proyectos, obras o actividades, dentro de sus territorios,[45] que puedan afectarles

---

[43] Colombia, Corte Constitucional, "Sentencia C-746 de 2012".

[44] Colombia, Corte Constitucional, "Sentencia T-348 de 2012".

[45] Según el Convenio número 169 de la OIT, el Estado colombiano tiene la obligación de consultar a los pueblos indígenas mediante procedimientos apropiados y en particular, a través de sus instituciones representativas, cada vez que se prevean medidas legislativas o administrativas susceptibles de afectarles directamente. Dichas consultas deberán efectuarse de buena fe y de una manera apropiada a las circunstancias, con la finalidad de llegar a un acuerdo o lograr el consentimiento acerca de las medias propuestas.

directamente.[46] Mediante este mecanismo se busca llegar a un acuerdo o lograr el consentimiento, además de hacer efectivo el deber de proteger la integridad cultural, social y económica[47] y garantizar el derecho a la participación de estas colectividades.[48] En este orden de ideas, la consulta y la participación de los pueblos indígenas son primordiales para definir la política y la forma como deberá darse aplicación al Convenio número 169 de la OIT.[49]

La consulta previa se fundamenta en el derecho que tienen los pueblos indígenas de decidir sus propias prioridades en lo que concierne al proceso de desarrollo, en la medida en que este afecte sus vidas, creencias, instituciones y bienestar espiritual y las tierras que ocupan o utilizan de alguna manera, y en el derecho que tienen de controlar, en la medida de lo posible, su propio desarrollo económico, social y cultural. Además, la consulta previa se soporta en el derecho de dichos pueblos a participar en la formulación, aplicación y evaluación de los planes y programas de desarrollo nacional y regional, susceptibles de afectarles directamente, como se establece en el artículo 7 del mencionado Convenio.[50]

En cuanto a las licencias ambientales se debe realizar consulta previa cuando se vaya a dar una autorización que se otorga para la ejecución de un proyecto, obra o actividad que de acuerdo con la ley y los reglamentos pueda producir deterioro grave a los recursos naturales renovables o al ambiente o introducir modificaciones considerables o notorias al paisaje. Dicha

---

46 Colombia, Corte Constitucional, "Sentencia SU-039 de 1997", 3 de febrero de 1997. Magistrado ponente: Antonio Barrera Carbonell.

47 En Colombia, la explotación de los recursos naturales en los territorios indígenas se debe efectuar sin desmedro de la integridad cultural, social y económica de las comunidades indígenas. En las decisiones que se adopten respecto de dicha explotación, el Gobierno propiciará la participación de los representantes de las respectivas comunidades. Colombia, "Constitución Política de Colombia", parágrafo del artículo 330.

48 Gloria Amparo Rodríguez, *De la Consulta Previa al Consentimiento Libre, Previo e Informado a Pueblos Indígenas en Colombia* (Bogotá: Giz y Editorial Universidad del Rosario, 2014).

49 Colombia, Congreso de la República, "Ley 21 de 1991", por medio de la cual se aprueba el "Convenio núm. 169 sobre pueblos indígenas y tribales en países independientes", adoptado por la 76a. Reunión de la Conferencia General de la O. I. T., Ginebra, 1989. Bogotá, Diario Oficial 39720, 4 de marzo de 1991.

50 Organización Internacional del Trabajo —OIT—, "C169 - Convenio sobre pueblos indígenas y tribales, 1989", Ginebra, 76ª reunión CIT, 27 junio 1989, artículo 7.

licencia está sujeta al beneficiario de esta, al cumplimiento de los requisitos, términos, condiciones y obligaciones que la misma establezca en relación con la prevención, mitigación, corrección, compensación y manejo de los efectos ambientales del proyecto, obra o actividad autorizada.

Así las cosas, el concepto de la consulta a las comunidades y pueblos indígenas que pueden resultar afectados con motivo de un proyecto o por la exploración o explotación de los recursos naturales comporta el establecimiento de un diálogo genuino entre ambas partes, caracterizado por la comunicación y el entendimiento, el respeto mutuo y la buena fe, con el deseo sincero de llegar a un acuerdo común. En dichos casos, una reunión de mera información o socialización no se puede considerar en conformidad con lo dispuesto con el Convenio número 169. Además, es importante mencionar que la obligación de asegurar que las consultas tengan lugar de manera compatible con los requisitos establecidos en el Convenio es una obligación a cargo de los Gobiernos y no de personas o empresas privadas dueñas de los proyectos.[51]

Sobre el particular, la Corte Constitucional asegura que la participación no se reduce meramente a una intervención en la actuación administrativa dirigida a asegurar el derecho de defensa de quienes van a resultar afectados con la autorización de la licencia ambiental, sino que tiene una significación mayor por los altos intereses que ella busca tutelar, como son los atinentes a la definición del destino y la seguridad de la subsistencia de las referidas comunidades. Sobre la materia, la jurisprudencia ha establecido que la consulta se trata de un proceso cualitativamente diferente, de naturaleza constitucional, orientado a salvaguardar derechos fundamentales celosamente protegidos por la Carta Política; de este modo la participación no se reduce meramente a una intervención en la actuación administrativa dirigida a asegurar el derecho de defensa de quienes van a resultar afectados con la autorización de la licencia ambiental, sino que, como se ha mencionado, tiene una significación mayor por los altos intereses que ella busca tutelar, como son los atinentes a la definición del destino y la seguridad de la subsistencia de las referidas comunidades y pueblos indígenas.[52]

---

[51] Comisión de Expertos en Aplicación de Convenios y Recomendaciones —CEACR—, *Observación individual sobre el convenio núm. 169, Pueblos indígenas y tribales, 1989* (Bolivia, 2005).

[52] Colombia, Corte Constitucional, "Sentencia SU-039 de 1997".

En este orden de ideas, no tendrán valor de consulta previa la información o notificación que se le hace a la comunidad indígena sobre un proyecto de exploración o explotación de recursos naturales, ni los procesos consultivos realizados con posterioridad a la implementación de proyectos que han de ser consultados previamente; ni los procesos de diálogo o información realizados con organizaciones indígenas que no han sido expresa y específicamente delegadas para ello por las autoridades tradicionales de las comunidades específicamente afectadas por los proyectos, ni las simples reuniones entre miembros de tales grupos étnicos y funcionarios o apoderados que no tienen la facultad de representar al Gobierno nacional o a las comunidades indígenas o afrodescendientes afectadas.[53]

Como elemento adicional al tema, debemos referirnos al hecho de que, en el caso colombiano, la Corte Constitucional encuentra necesario que la consulta previa y el consentimiento libre, previo e informado —CLPI— de las comunidades étnicas en general, puede determinar la alternativa menos lesiva, cuando existan proyectos que tengan el potencial de poner en peligro sus formas de vida y específicamente en aquellos eventos que: (i) impliquen el traslado o desplazamiento de las comunidades por la obra o el proyecto; (ii) estén relacionados con el almacenamiento o vertimiento de desechos tóxicos en las tierras étnicas; (iii) representen un alto impacto social, cultural y ambiental en una comunidad étnica, que conlleve a poner en riesgo la existencia de la misma, entre otros.[54]

Cabe destacar que no solo se debe obtener el CLPI de las comunidades cuando existen planes para llevar a cabo grandes actividades de explotación en territorios indígenas en las cuales se requiere de la licencia ambiental, sino que obtenida su aprobación debe garantizarse que se compartan los beneficios derivados de dicha explotación en forma equitativa.[55] En consecuencia, el CLPI opera en los siguientes casos:

CLPI en el traslado de los territorios indígenas. Es claro que los pueblos indígenas no deben ser trasladados de las tierras que ocupan tradicionalmente.

---

[53] Colombia, Corte Constitucional, "Sentencia C-175 de 2009", 18 de marzo de 2009. Magistrado ponente: Luis Ernesto Vargas.

[54] Colombia, Corte Constitucional, "Sentencia T-129 de 2011", 3 de marzo de 2011. Magistrado ponente: Jorge Iván Palacio Palacio.

[55] Ibid.

Pero, cuando excepcionalmente el traslado y la reubicación se consideren necesarios, solo deben efectuarse con su consentimiento, dado libremente y con pleno conocimiento de causa. Cuando no pueda obtenerse su consentimiento, su traslado y reubicación solo debe tener lugar al término de procedimientos adecuados establecidos por la legislación nacional, incluidas encuestas públicas, cuando haya lugar, en que los pueblos indígenas tengan la posibilidad de estar efectivamente representados. En todo caso, siempre que sea posible, los pueblos indígenas deben tener el derecho de regresar a sus tierras tradicionales en cuanto dejen de existir las causas que motivaron su desplazamiento.[56]

CLPI en proyectos que afecten sus tierras y otros recursos. Los pueblos indígenas tienen derecho a determinar y elaborar las prioridades y estrategias para su desarrollo, así como a decidir sobre la utilización de sus tierras o territorios y otros recursos, con respecto a lo que consideran que son sus prioridades y necesidades. Los Estados deben celebrar consultas y cooperar de buena fe con estos pueblos, a fin de obtener su CLPI antes de aprobar cualquier proyecto que afecte sus territorios y otros recursos, particularmente en relación con el desarrollo, la utilización o la explotación de recursos minerales, hídricos o de otro tipo. En estos casos, el Estado está en la obligación de establecer mecanismos eficaces para la reparación justa y equitativa por esas actividades, y debe adoptar medidas adecuadas para mitigar las consecuencias nocivas de orden ambiental, económico, social, cultural o espiritual, como lo consagra el artículo 32 de la Declaración de Naciones Unidad sobre los Derechos de los Pueblos Indígenas —DNUDPI—.

CLPI en Planes de Desarrollo. La Corte Constitucional establece, en las sentencias T-769 de 2009 y T-129 de 2011, que cuando se trate de planes de desarrollo o de inversión a gran escala, que tengan mayor impacto dentro del territorio de los pueblos indígenas, es deber del Estado consultar a dichas comunidades y también obtener su CLPI, según sus costumbres y tradiciones. Para este Tribunal, al ejecutarse planes e inversiones de exploración y explotación en su hábitat, estos pueden conllevar a: (i) cambios sociales y económicos profundos; (ii) la pérdida de sus tierras tradicionales, el desalojo, la migración, el agotamiento de recursos necesarios para

---

[56] Rodríguez, *De la Consulta Previa.*

la subsistencia física y cultural y (iii) la destrucción y contaminación del ambiente tradicional, entre otras consecuencias. Así, en estos casos, las decisiones de las comunidades indígenas se consideran vinculantes, debido al alto grado de afectación que les acarrea y el CLPI implica la aplicación del principio *pro homine*.

La Corte Constitucional también encuentra necesario que la consulta previa y el consentimiento informado de las comunidades étnicas en general puedan determinar la alternativa menos lesiva o exigir, como se ha mencionado, la aplicación del principio *pro homine* en aquellos eventos de traslado o desplazamiento; almacenamiento o vertimiento de tóxicos y en proyectos que representen alto impacto social, cultural y ambiental, poniendo en riesgo su subsistencia.[57]

En ese sentido, toda medida administrativa (como la licencia ambiental) de infraestructura, de proyecto u obra que intervenga o tenga la potencialidad de afectar territorios indígenas o étnicos deberá agotar no solo el trámite de la consulta previa desde el inicio, sino que se orientará bajo el principio de participación y reconocimiento en un proceso de diálogo entre iguales que tendrá como fin el CLPI de las comunidades étnicas implicadas. En este contexto, este Tribunal aclara que la intervención del Estado o concesionarios del proyecto en estos territorios debe estar irradiada desde la etapa de planificación o proyección tanto por el derecho fundamental a la consulta previa, como por la obligación de estar enfocada en conseguir el consentimiento libre, previo e informado de las comunidades y pueblos étnicos. Sumado a ello, insiste en el derecho de compartir los beneficios derivados de los proyectos y obras que se realicen en los territorios de estas comunidades.

Sobre el particular, la Corte Constitucional, en la misma sentencia, ha señalado que conforme al desarrollo normativo y jurisprudencial actual no es fácil este tema, ya que se está ante un problema de dos extremos difíciles. De un lado, está la consulta previa veto (que estaría dentro de los términos del Convenio número 169, pero que genera todo tipo de resistencia) y, del otro lado, la consulta previa mera información (que no estaría conforme con la Convención y que con frecuencia es empleada para aparentar un

57 Colombia, Corte Constitucional, "Sentencia T-129 de 2011".

cumplimiento de dicho instrumento). Conforme a lo expuesto, para la Corte el criterio que permite conciliar estos extremos depende del grado de afectación de la comunidad, de los eventos específicos en que la consulta y el consentimiento pueden incluso llegar a determinar la medida menos lesiva, como medida de protección de las comunidades y pueblos indígenas.

Por ello, según este Tribunal, todo proceso deberá cualificarse conforme a las características propias de cada caso concreto, pues lo que está de por medio no es solo la expectativa de recibir ciertos beneficios económicos por un proyecto económico, sino que se trata de entender y reconocer que lo que está en juego es el presente y futuro de un pueblo, de un grupo de seres humanos que tiene derecho a autodeterminarse y defender su existencia física y cultural, por *absurdas* o *exóticas* que para algunos puedan parecer sus costumbres y modos de vida.

Así las cosas, de acuerdo con el avance jurisprudencial, todo tipo de acto, proyecto, obra, actividad o iniciativa que pretenda intervenir en territorios de los pueblos indígenas, sin importar la escala de afectación, desde el inicio deberá observar las siguientes reglas:[58]

- La consulta previa es un derecho de naturaleza fundamental y los procesos de consulta previa de comunidades étnicas se deben desarrollar conforme a este criterio orientador tanto en su proyección como en su implementación.
- No se admiten posturas adversariales o de confrontación durante los procesos de consulta previa. Se trata de un diálogo entre iguales en medio de las diferencias.
- No se admiten procedimientos que no cumplan con los requisitos esenciales de los procesos de consulta previa, es decir, asimilar la consulta previa a meros trámites administrativos, reuniones informativas o actuaciones afines.
- Es necesario establecer relaciones de comunicación efectiva basadas en el principio de buena fe, en las que se ponderen las circunstancias específicas de cada grupo y la importancia que tiene para este el territorio y sus recursos.

[58] Colombia, Corte Constitucional, "Sentencia T-129 de 2011".

- Es obligatorio que no se fije un término único para materializar el proceso de consulta y la búsqueda del consentimiento, sino que dicho término se adopte bajo una estrategia de enfoque diferencial conforme a las particularidades del grupo étnico y a sus costumbres. En especial en la etapa de factibilidad o planificación del proyecto y no en el instante previo a la ejecución del mismo.
- Es obligatorio definir el procedimiento a seguir en cada proceso de consulta previa, en particular mediante un proceso pre-consultivo o posconsultivo, a realizarse de común acuerdo con la comunidad afectada y demás grupos participantes. Es decir, la participación ha de entenderse no solo a la etapa previa del proceso, sino conforme a revisiones posteriores a corto, mediano y largo plazo.
- Es obligatorio realizar un ejercicio mancomunado de ponderación de los intereses en juego y someter los derechos, alternativas propuestas e intereses de los pueblos étnicos afectados únicamente a aquellas limitaciones constitucionalmente imperiosas.
- Es obligatoria la búsqueda del consentimiento libre, previo e informado. Las comunidades podrán determinar la alternativa menos lesiva en aquellos casos en los cuales la intervención: (i) implique el traslado o desplazamiento de las comunidades por el proceso, la obra o la actividad; (ii) esté relacionado con el almacenamiento o vertimiento de desechos tóxicos en las tierras étnicas; o (iii) representen un alto impacto social, cultural y ambiental en una comunidad étnica, que conlleve a poner en riesgo la existencia de la misma.
- En todo caso, en el evento en que se exploren las alternativas menos lesivas para las comunidades étnicas y de dicho proceso resulte probado que todas son perjudiciales y que la intervención conllevaría al aniquilamiento o desaparecimiento de los grupos, prevalecerá la protección de los derechos de las comunidades étnicas bajo el principio de interpretación *pro homine*.
- Es obligatorio el control de las autoridades en materia ambiental y arqueológica, en el sentido de no expedir las licencias sin la verificación de la consulta previa y de la aprobación de un Plan de Manejo Arqueológico conforme a la ley, so pena de no poder dar

inicio a ningún tipo de obra o, en aquellas que se estén ejecutando, ordenar su suspensión.

- Es obligatorio garantizar que los beneficios que conlleven la ejecución de la obra o la explotación de los recursos sean compartidos de manera equitativa. Al igual que el cumplimiento de medidas de mitigación e indemnización por los daños ocasionados.
- Es obligatorio que las comunidades étnicas cuenten con el acompañamiento de la Defensoría del Pueblo y la Procuraduría General de la Nación en el proceso de consulta y búsqueda del consentimiento. Incluso de la posibilidad de contar con el apoyo de organismos internacionales cuyos mandatos estén orientados a prevenir y proteger los derechos de las comunidades étnicas de la nación.

En síntesis, para la Corte Constitucional es fundamental lograr el CLPI porque en los casos señalados se generan cambios sociales y económicos profundos; se presenta la pérdida de las tierras tradicionales, el desalojo y la migración de los pueblos étnicos. Adicionalmente, se puede dar el agotamiento de recursos necesarios para la subsistencia física y cultural y, la destrucción y contaminación del ambiente tradicional, entre otras consecuencias. En muchos de estos casos, se requiere autorización de la autoridad mediante el otorgamiento de una licencia ambiental.

Termina asegurando la Corte Constitucional que si se tienen en cuenta los presupuestos y factores señalados anteriormente se espera que el proceso de consulta previa y participación respete de forma integral los derechos en juego en estos tipos de casos, como la subsistencia e integridad cultural de los pueblos étnicos.[59] No obstante, es necesario tener en cuenta que efectuar la consulta previa y buscar el consentimiento informado no justifica la violación material futura de los derechos fundamentales de los grupos afectados por una actuación u autorización administrativa de entidades del Estado o de particulares. Circunstancia en la que habrá lugar a la responsabilidad del Estado o de los concesionarios conforme a la normativa interna e internacional.

---

[59] Colombia, Corte Constitucional, "Sentencia T-129 de 2011".

6. La protección ambiental y los derechos económicos

Para la Corte Constitucional la protección del ambiente prevalece frente a los derechos económicos adquiridos por particulares mediante licencias ambientales y contratos de concesión en las circunstancias en que esté probado que la actividad produce un daño, o cuando exista mérito para aplicar el principio de precaución para evitar un daño a los recursos naturales no renovables y a la salud humana.

> Una teórica discusión jurídica en materia ambiental, sobre cuáles derechos prevalecen, la resuelve la propia Constitución, al reconocer la primacía del interés general, bajo las condiciones del artículo 1º. Al señalar que la propiedad privada no es un derecho absoluto, sino que "es una función social que implica obligaciones. Como tal, le es inherente una función ecológica" (art. 58, inciso 2). Además, señala la Constitución, que el Estado debe "prevenir y controlar los factores de deterioro ambiental, imponer las sanciones legales y exigir la reparación de los daños causados." (art. 80). Así mismo, establece dentro de los deberes de la persona y del ciudadano la obligación de "proteger los recursos culturales y naturales del país y velar por la conservación de un ambiente sano" (art. 95, ordinal 8).[60]

No obstante lo anterior, el derecho al ambiente sano no es absoluto, ni es de aplicación irrestricta, toda vez que la Carta Política no adopta un modelo puramente conservacionista respecto del medio ambiente. De lo anterior se deduce que existe una tensión entre la protección del ambiente y el desarrollo económico, ya que se trata de bienes jurídicos igualmente protegidos por la Constitución Política, cuyo contenido no es absoluto. Consciente de dicha tensión, la Corte Constitucional considera que, al adoptarse el concepto de desarrollo sostenible, lo que el constituyente pretendía era que se armonizaran o conciliaran el derecho al ambiente sano con el derecho a la libertad económica.

En esa medida, la Carta Política consagra la libertad económica como un derecho susceptible de ser limitado en aquellas situaciones en que pueda

---

[60] Colombia, Corte Constitucional, "Sentencia C-035 de 2016".

verse comprometido con fines constitucionalmente valiosos, dentro de los cuales se destaca el derecho a un ambiente sano y a un equilibrio ecológico. Lo anterior supone, entonces, que el mencionado equilibrio entre ambos bienes jurídicos debe ser conciliado en cada caso particular, con el fin de evitar que en abstracto uno prevalezca sobre el otro, tema que debe tenerse en cuenta al momento de otorgar una licencia ambiental. De manera concreta, para la Corte Constitucional uno de los fines del Estado consiste, precisamente, en garantizar que el desarrollo económico, y en particular la explotación de los recursos no renovables, sea sostenible en el tiempo. Este objetivo se concreta en el deber de proteger de manera efectiva determinadas áreas de especial importancia ecológica.[61]

Conclusión

Dados los retos planteados por el procedimiento administrativo para otorgar la licencia ambiental, las problemáticas planteadas evidencian la necesidad de trascender la visión administrativista del derecho ambiental hacia la construcción de una dogmática propia, que garantice tanto la protección de los derechos ambientales como la seguridad jurídica y otros valores propios de los principios ambientales y del derecho en defensa de lo público, tarea propia de esta disciplina jurídica que ha venido desarrollándose en los últimos tiempos.

Con fundamento en la jurisprudencia constitucional mencionada, se concluye que la licencia ambiental es una autorización que se basa en la realización de un estudio socio-ambiental riguroso e idóneo, que otorga el Estado para la ejecución de obras o la realización de proyectos o actividades que puedan ocasionar afectaciones. En consecuencia, el propósito de la licencia ambiental es prevenir, mitigar, manejar, corregir y compensar los efectos ambientales que produzcan tales actividades, siendo de carácter obligatoria y previa, por lo que debe ser obtenida antes de la ejecución o realización de dichas obras.

Según la jurisprudencia constitucional, la licencia opera como un instrumento planificador, coordinador, preventivo, cautelar y de gestión, mediante el cual el Estado cumple diversos mandatos constitucionales,

[61] Colombia, Corte Constitucional, "Sentencia C-035 de 2016".

entre ellos, proteger los recursos naturales y el ambiente, conservar áreas de especial importancia ecológica, prevenir y controlar el deterioro ambiental y realizar la función ecológica de la propiedad.

La licencia ambiental debe promover la justicia ambiental y permitir la participación ciudadana, la cual puede cualificarse con la aplicación del derecho a la consulta previa si en la zona de influencia de la obra, actividad o proyecto existen asentamientos indígenas o afrocolombianos o si los mismos hacen uso de estos.

La licencia ambiental tiene simultáneamente un carácter técnico y otro participativo, en donde se evalúan varios aspectos relacionados con los estudios de impacto ambiental y, en ocasiones, con los diagnósticos ambientales de alternativas, en un escenario a su vez técnico científico y sensible a los intereses de las poblaciones afectadas; y, finalmente, se concreta en la expedición de un acto administrativo de carácter especial, el cual puede ser modificado unilateralmente por la Administración e incluso revocado sin el consentimiento previo, expreso y escrito de su titular, cuando se advierta el incumplimiento de los términos que condicionan la autorización. En estos casos funciona como garantía de intereses constitucionales protegidos por el principio de prevención y demás normas con carácter de orden público.[62]

De manera concluyente, la Corte Constitucional también ha expresado que el requerimiento de la licencia ambiental para el desarrollo de estas actividades es una de las formas en las que el Estado interviene en la economía y limita la libre iniciativa privada, ya que la misma constituye un mecanismo de intervención estatal que busca además garantizar que la propiedad cumpla con la función ecológica y la salvaguarda del derecho a gozar de un ambiente sano.

Obras citadas

Agencia de Protección Ambiental de los Estados Unidos —EPA—. *Justicia Ambiental y Participación Comunitaria.* Consultado 5 de diciembre de 2013. http://www.epa.gov/espanol/saludhispana/justicia.html

Colombia. "Constitución Política de Colombia". 7 de julio de 1991.

[62] Colombia, Corte Constitucional, "Sentencia C-746 de 2012".

Colombia, Congreso de la República. "Ley 21 de 1991", por medio de la cual se aprueba el "Convenio núm. 169 sobre pueblos indígenas y tribales en países independientes", adoptado por la 76a. Reunión de la Conferencia General de la O. I. T., Ginebra, 1989. Bogotá, Diario Oficial 39720, 4 de maro de 1991.

______. "Ley 99 de 1993", por la cual se crea el Ministerio del Medio Ambiente, se reordena el Sector Público encargado de la gestión y conservación del medio ambiente y los recursos naturales renovables, se organiza el Sistema Nacional Ambiental, SINA, y se dictan otras disposiciones. Bogotá, Diario Oficial 41146, 22 de diciembre de 1993.

Colombia, Corte Constitucional. "Sentencia C-519 de 1994". 21 de noviembre de 1994. Magistrado ponente: Vladimiro Naranjo.

______. "Sentencia C-495 de 1996". 26 de septiembre de 1996. Magistrado ponente: Fabio Morón Díaz.

______. "Sentencia T-574 de 1996". 29 de octubre de 1996. Magistrado ponente: Alejandro Martínez Caballero.

______. "Sentencia SU-039 de 1997". 3 de febrero de 1997. Magistrado ponente: Antonio Barrera Carbonell.

______. "Sentencia C-035 de 1999". 27 de enero de 1999. Magistrado ponente: Antonio Barrera Carbonell.

______. "Sentencia T-194 de 1999". 25 de marzo de 1999. Magistrado ponente: Carlos Gaviria Díaz.

______. "Sentencia C-339 de 2002". 7 de mayo de 2002. Magistrado ponente: Jaime Araujo Rentería.

______. "Sentencia C-175 de 2009". 18 de marzo de 2009. Magistrado ponente: Luis Ernesto Vargas Silva.

______. "Sentencia C-703 de 2010". 6 de septiembre de 2010. Magistrado ponente: Luis Eduardo Montealegre.

______. Sentencia T-129 de 2011. 3 de marzo de 2011. Magistrado ponente: Jorge Iván Palacio Palacio.

______. "Sentencia C-293 de 2012". 18 de abril de 2012. Magistrado ponente: Jorge Ignacio Pretelt Chaljub.

______. "Sentencia C-746 de 2012". 26 de septiembre de 2012. Magistrado ponente: Luis Guillermo Guerrero Pérez.

______. "Sentencia T-348 de 2012". 15 de mayo de 2012. Magistrado ponente: Jorge Ignacio Pretelt Chaljub.

______. "Sentencia T-447 de 2012". 20 de junio de 2012. Magistrado ponente: Mauricio González Cuervo.

______. "Sentencia T-135 de 2013". 13 de marzo de 2013. Magistrado ponente: Jorge Iván Palacio Palacio.

______. "Sentencia C-123 de 2014". 5 de marzo de 2014. Magistrado ponente: Alberto Rojas Ríos.

______. "Sentencia T-294 de 2014". 22 de mayo de 2014. Magistrada ponente: María Victoria Calle Correa.

______. "Sentencia C-035 de 2016". 8 de febrero de 2016. Magistrada ponente: Gloria Stella Ortiz Delgado.

Colombia, Presidencia de la República. "Decreto 2041 de 2014", por el cual se reglamenta el Título VIII de la Ley 99 de 1993 sobre licencias ambientales. Bogotá, 15 de octubre de 2014.

______. "Decreto 1076 de 2015", por medio del cual se expide el Decreto Único Reglamentario del Sector Ambiente y Desarrollo Sostenible. Bogotá, 26 de mayo de 2015.

Comisión de Expertos en Aplicación de Convenios y Recomendaciones —CEACR—. *Observación individual sobre el convenio núm. 169, Pueblos indígenas y tribales, 1989*. Bolivia, 2005.

Macías Gómez, Luis Fernando. "Licencias y permisos ambientales". En: *Perspectivas del derecho ambiental en Colombia*. Beatriz Londoño Toro, Gloria Amparo Rodríguez y Giovanni J. Herrera, 229-252. Bogotá: Editorial de la Universidad del Rosario, 2006.

Organización Internacional del Trabajo —OIT—. "C169 - Convenio sobre pueblos indígenas y tribales, 1989". Ginebra, 76ª reunión CIT, 27 junio 1989.

Rodríguez, Gloria Amparo. "La consagración de los derechos ambientales en las constituciones políticas de Colombia, Ecuador y Bolivia". En: *Temas de derecho ambiental: una mirada desde lo público,* editado por Gloria Amparo Rodríguez e Iván Andrés Páez Páez, 1-54. Bogotá: Editorial Universidad del Rosario, 2012.

______. *De la consulta previa al consentimiento libre, previo e informado a pueblos indígenas en Colombia*. Bogotá: GIZ y Editorial Universidad del Rosario, 2014.

Rodríguez, Gloria Amparo, Gómez Rey, Andrés, Monroy Rosas, Juan Carlos. *Las licencias ambientales en Colombia. Una mirada desde la participación y la responsabilidad*. Bogotá: FNA y Grupo Editorial Ibáñez, 2013.

De las opciones interpretativas que comprenden el derecho administrativo: una mirada a través de la suspensión del servicio

Andrés Gómez-Rey*

Sumario: Introducción. 1. El servicio público y aquel domiciliario de acueducto. 2. La suspensión y el corte del servicio público domiciliario de acueducto. 3. Opciones interpretativas de la suspensión del servicio y el cobro de lo adeudado. Conclusiones. Obras citadas.

Introducción

Hemos *acusado* al derecho administrativo de huir y de regresar, de constitucionalizarse, de basarse en la noción de servicio público, pero al mismo tiempo de presentar crisis sobre esta teoría, develando con ello el dinamismo que lo caracteriza. En palabras de Vidal Perdomo "...el derecho administrativo está en permanente creación... se adapta y cambia...".[1]

---

* Abogado de la Universidad de La Sabana, especialista en Derecho Ambiental y magíster en Derecho Administrativo de la Universidad del Rosario. Profesor de cátedra de pregrado y posgrado de diversas instituciones, entre ellas la Universidad del Rosario, ICESI y la Universidad de La Salle. Ha sido asesor de entidades como la Defensoría del Pueblo, la Superintendencia de Servicios Públicos Domiciliarios, algunas Corporaciones Autónomas Regionales, el Ministerio de Ambiente y Desarrollo Sostenible, entre otras. De igual manera, acompaña a empresas privadas en temas ambientales, de servicios públicos domiciliarios y mineros. Correo electrónico: andres.gomez@urosario.edu.co

1 Jaime Vidal Perdomo, *Derecho Administrativo* (Bogotá: Temis, 1994), 8.

Empero, parece importante comprender que estos cambios, movimientos o tendencias del derecho administrativo han generado posiciones históricas de interpretación, alimentando la tradición dogmática del derecho público. Lo especial de esta reflexión radica en que las opciones interpretativas contenidas en el derecho administrativo derivadas de su constitucionalización distan radicalmente de aquellas generadas en la huida al derecho civil o de aquellas provenientes de la noción de servicio público o de las tendencias actuales.

Con ello, aparece entonces como prioridad presentar cómo la existencia de tan variadas opciones interpretativas derivadas de las diferentes tendencias del derecho administrativo ha complejizado la acción del Estado, aminorando además valores como la confianza legítima y la seguridad jurídica. En este sentido, presentaremos un tema específico al interior del régimen de los servicios públicos domiciliarios: la suspensión y corte del servicio público domiciliario, con el fin de observar cómo los movimientos del derecho administrativo han complejizado la interpretación de temas particulares.

Para lograrlo, se ha propuesto dividir el presente escrito en tres partes: primero se verá de manera sucinta el camino recorrido por el concepto del servicio público domiciliario, en donde se examinará de manera breve su concepción clásica y sus crisis, la huida del derecho administrativo al derecho privado y por último su constitucionalización. En el segundo aparte se presentan las generalidades de la suspensión del servicio público domiciliario de acueducto y en el tercero las posibles opciones interpretativas existentes en el ordenamiento sobre este particular, para así terminar con la recopilación *in genere* de lo observado.

La estrategia metodológica utilizada parte del estudio de las fuentes del derecho, norma *ius* fundamental, ley, doctrina, jurisprudencia y en general, el ordenamiento jurídico relacionado, con el fin de plantear consecuencias desconocidas de dicho análisis. No obstante, se buscará únicamente generar un planteamiento primario en la búsqueda del debate académico sobre la materia.

1. El servicio público y aquel domiciliario de acueducto

El servicio público comienza su camino como "...toda actividad de un conglomerado tendiente a satisfacer una necesidad de interés general...",[2] constituyéndose así la noción clásica que en principio soporta la existencia del derecho administrativo.[3] Según lo anterior, todo aquello considerado servicio público debía ser exclusivamente adelantado por el Estado,[4] a través del derecho administrativo, y toda controversia generada en su interior tenía como jurisdicción, la administrativa. Bajo esta posición, el servicio público que era adelantado por el Estado debía atender a reglas propias que lo llevaran a satisfacer las necesidades de la población, por ello el mantenimiento de dichas prestaciones serían pues su entera responsabilidad.

En esta misma línea, pero adelante en el tiempo,[5] en Francia se pensó que el servicio público poseía dos conceptos específicos y diferenciables que podrían llegar a quebrantar la noción tradicional de servicio público. Estos fueron denominados criterios "material o funcional"[6] y "orgánico o formal",[7] como determinadores de competencia según los cuales el ejercicio que rodea al servicio público no debe ser necesariamente realizado por el Estado sino también por particulares y que la Administración podría llevar a cabo acciones que no sean consideradas servicio público.[8] Por consiguiente, el

---

2 André de Laubarère, *Manual de Derecho Administrativo* (Bogotá: Temis, 1984), 35. (El original: André de Laubarère, Jean Claude Venezia, e Ives, Gaudemet, *Traitè de droit administratif*, París, Librairie Gégñerale de Droit et de Jurisprudence).

3 Véase en general, para sustentar la idea que el servicio público soporta y da lugar a la existencia de derecho administrativo: Agustín Gordillo, *Tratado de derecho administrativo, Tomo 3, El acto administrativo* (Medellín: Biblioteca Jurídica Diké, 1999).

4 Debe ser adelantada por los "gobernantes" en palabras de: León Duguit, *Manual de Derecho Constitucional* (Madrid: Librería Española y Extranjera, 1926), 20, 21 y 22.

5 Mediados del siglo pasado.

6 En palabras de Peña Porras, "...El Estado no es un órgano superior, por el contrario, es un servidor... y por esta razón es necesario crear un nuevo criterio (...) en desarrollo de las funciones del Estado. He ahí el fundamento del famoso criterio material." Diego Isaías Peña Porras, *La Construcción del Derecho Administrativo Colombiano* (Bogotá: Temis y Universidad de los Andes, 2008), 25.

7 Que expresa la competencia según la naturaleza de la entidad que adelanta la prestación del servicio. Véase entre otros, Enrique Berrocal, *Manual del acto administrativo* (Bogotá: Librería del Profesional, 2001), 30.

8 En la misma línea, pero esta vez con relación al acto administrativo, se pensó que también estos criterios podrían ser aplicables a su emisor. Por ello, fue aceptable considerar que el acto administrativo

derecho utilizado en el servicio público no era exclusivamente el administrativo y su titular no está representado únicamente en el Estado. Avances que fueron conocidos como la "crisis de la noción del servicio público".

> ...La crisis de la noción del servicio público habría empezado después de la primera guerra mundial, a partir del trastorno social y económico derivado de esta. Tal situación llevó a que el Estado poco a poco abriera espacios de intervención en la economía sobre sectores tradicionalmente ocupados por particulares, lo cual, de acuerdo con Rivero repercutió sobre la delimitación de las actividades pública y privadas que había servido de base a la teoría del servicio público...[9]

Según Vidal Perdomo,[10] la noción del servicio público clásica realmente nunca hizo parte de la cultura jurídica colombiana, ya que desde 1930 en el país se hacía referencia a los servicios industriales y comerciales del Estado, con los cuales el país observó cómo las actividades de la Administración iban más allá de los servicios públicos y que además los particulares podían participar en su prestación utilizando su derecho propio.[11] Por ende, al no hacer parte Colombia del inicio conceptual del servicio público, tampoco fuimos participes de su *profunda* crisis.

Afortunadamente el derecho administrativo europeo logró superar con éxito el *aprieto* conceptual descrito y determinó que será el Estado quien establezca cuáles actividades deben ser consideradas como servicio; lo cual fue conocido como la "concepción subjetiva del derecho público".[12] Se pudo observar una conclusión similar en nuestro ordenamiento, producto de fe-

---

puede ser emitido por cualquier órgano del Estado, así como por particulares en ejercicio de funciones administrativas; postura conocida como criterio objetivo o material, que va en contraposición del criterio subjetivo, orgánico o formal que establecía que los actos administrativos solo podían ser emitidos por la rama ejecutiva del poder.

9 Peña Porras, *La Construcción del Derecho Administrativo*, 29.

10 Jaime Vidal Perdomo, *Derecho Administrativo General* (Bogotá: Temis, 1996), 243.

11 No obstante dado el gusto común de los doctrinantes de *importar* teorías jurídicas, se encuentra en la literatura nacional la descripción de la existencia de dicha crisis en Colombia. Sobre los procesos de *migración* o de trasplante de teorías léase, Diego López Medina, *Teoría Impura del Derecho* (Bogotá: Universidad de los Andes, Legis y Universidad Nacional de Colombia, 2004).

12 Libardo Rodríguez, *Derecho Administrativo. General y colombiano* (Bogotá: Temis, 2001), 435.

nómenos como el Frente Nacional y la Guerra Fría, en donde se comenzó a estudiar la mejor forma de gestionar el Estado siendo útiles las primeras aproximaciones a la intervención en la economía y la regulación.[13]

Entre tanto, principalmente en España, el derecho administrativo *huyó* a las *redes* del derecho privado, por cuanto se comenzaron a utilizar las reglas de la rama común en el derecho público, planteando nuevamente una crisis dogmática. En palabras de Serrano "...El fenómeno conocido como huida del derecho administrativo propiamente dicho, está vinculado con la instrumentación de las técnicas y formas del derecho privado a aquellas funciones consideradas como auténticamente administrativas. En tal sentido, el reproche se centra en la disociación entre actividad y régimen jurídico, que en el presente caso se traduce en la disociación entre función administrativa y derecho administrativo...".[14] Sin embargo, en nuestro país no se presentó tan pronunciadamente ya que

> ...por regla general, en nuestro sistema jurídico existe coherencia entre las formas elegidas para desarrollar el contenido de sus actividades con el régimen jurídico que las gobierna. La concreción de esta tesis encuentra apoyatura desde la misma reforma administrativa de 1968, la cual, como se sabe, constituyó un gran esfuerzo por sistematizar, racionalizar y reorganizar la estructura y el funcionamiento de la administración nacional que no existía antes. Uno de los grandes aciertos fue clasificar el variado cúmulo de expresiones institucionales existentes a tres categorías jurídicas a saber: establecimientos públicos, empresas industriales y comerciales del Estado y sociedades de economía mixta. La aludida clasificación tomó como criterio orientador, para efectos de la aplicabilidad entre el derecho público y el derecho privado, la naturaleza de las actividades que dichas entidades estaban llamadas a desarrollar (...). Así, los establecimientos públicos eran organismos a quienes se les confiaba la atención de funciones administrativas conforme a las reglas del

---

[13] Peña Porras, *La Construcción del Derecho Administrativo*, 79-81.

[14] En palabras de David Andrés Serrano Salomón, "La huida del derecho administrativo en España y en Colombia. Un panorama desde las entidades descentralizadas", *Revista de Derecho Público*, 34, (2015), 26.

> derecho público; por su parte, las empresas industriales y comerciales del Estado como las sociedades de economía mixta eran organismos creados o autorizados por la ley, encargados de dinamizar actividades de naturaleza industrial y comercial, disciplinadas[15] por el derecho privado...[16]

Pese a lo dicho, parte de la doctrina nacional incluyó igualmente la huida del derecho administrativo como un fenómeno que se presentaba en nuestro derecho doméstico. Empero, con la consagración del Estado social del derecho y la proclamación de la Constitución Política de 1991, aparece el servicio público como garantizador de los intereses colectivos y por ello pasa a ser considerado como un fin del Estado, bajo el manto de la libertad de empresa y competencia.

Insistiendo, la Constitución, en su artículo 365, estableció que los servicios públicos son inherentes a la finalidad del Estado y por ello este será el llamado a asegurar su prestación eficiente (sin que sean exclusivos de la Administración)[17] y a emitir las reglas que se deben atender en su realización, es decir, mantendrá su regulación, su inspección, vigilancia y control. Igualmente el artículo 366 indicó que "...El bienestar general y el mejoramiento de la calidad de vida de la población son finalidades sociales del Estado. Será objetivo fundamental de su actividad la solución de las necesidades insatisfechas de salud, de educación, de saneamiento ambiental y de agua potable...".[18]

> ...Es este cambio constitucional el que ha dado lugar a que se sostenga que los servicios públicos han sufrido una mutación en su naturaleza jurídica, pasando de ser una expresión del poder de im-

---

[15] Punto de debate por la Sentencia C-671 de 1999 de la Corte Constitucional colombiana, que sin embargo no se tratará dado el objeto del presente escrito.

[16] Serrano Salomón, "La huida del derecho administrativo".

[17] "...podrán ser prestados por el Estado, directa o indirectamente, por comunidades organizadas, o por particulares...". Colombia, "Constitución Política de Colombia", 7 de julio de 1991, artículo 365. Con esto entonces, se crea la habilitación constitucional para que los particulares pudiesen prestar los servicios en términos de competencia.

[18] Sin que allí termine la mención sobre los servicios públicos; véanse igualmente los artículos 1, 2, 123 (inciso 2) y 209 constitucionales.

> perio del Estado, como una faceta más de la función administrativa, a convertirse en una actividad económica inherente a su finalidad social dentro de un mercado en competencia, reservándose el Estado, en todo caso, como director de la economía, la atribución de su regulación y control...[19]

Entre estos servicios se encuentran aquellos denominados *domiciliarios* que son aquellos que la Ley establece como tales y que se reciben en el domicilio de las personas, tal y como lo son: el acueducto o agua potable, el alcantarillado, el aseo, la energía eléctrica y el gas.

Así, la Ley 142 de 1994,[20] norma general de servicios públicos domiciliarios, contempló como posibles prestadores o personas habilitadas para asumir la tarea de garantizar estos servicios a:

(i) Las sociedades por acciones, tales como las anónimas, las anónimas simplificadas,[21] las que son en comandita por acciones, entre otras, las cuales se denominarán "empresas de servicios públicos".[22]
(ii) Los productores marginales que no son otra cosa que las "personas naturales o jurídicas que produzcan para ellas mismas o como consecuencia o complemento de su actividad principal, los bienes y servicios propios del objeto de las empresas de servicios públicos".[23]

---

[19] Serrano Salomón, "La huida del derecho administrativo", 18.

[20] Colombia, Congreso de la República, "Ley 142 de 1994", por la cual se establece el régimen de los servicios públicos domiciliarios y se dictan otras disposiciones, Bogotá, Diario Oficial 41433, 11 de julio de 1994.

[21] Siempre y cuando sean constituidas con un mínimo de cinco socios. Superintendencia de Servicios Públicos Domiciliarios, "Concepto 462 de 2015", Bogotá, 10 de junio de 2015.

[22] "Parágrafo 1o. Las entidades descentralizadas de cualquier orden territorial o nacional, cuyos propietarios no deseen que su capital esté representado en acciones, deberán adoptar la forma de empresa industrial y comercial del estado". Colombia, Congreso de la República, "Ley 142 de 1994", artículo 17.

[23] Según la Ley 142 de 1994 este concepto responde a "...la persona natural o jurídica que desee utilizar sus propios recursos para producir los bienes o servicios propios del objeto de las empresas de servicios públicos para sí misma o para una clientela compuesta principalmente por quienes tienen vinculación económica con ella o por sus socios o miembros o como subproducto de otra actividad principal...". Colombia, Congreso de la República, "Ley 142 de 1994".

(iii) Los municipios prestadores directos, cuando no exista empresa alguna que se ofreciera a prestarlo, o no exista interesado en organizar una empresa de servicios públicos en el municipio. Es importante tener en cuenta que la municipalidad, según el artículo 6 de la Ley 142 de 1994, es la última opción para que se presenten los servicios ya que para hacerlo hay que agotar el procedimiento allí descrito.

(iv) "Las organizaciones autorizadas" que corresponden a la prestación que realizan las juntas de acción comunal a través de sus comités empresariales, las asociaciones del derecho privado como asociaciones, corporaciones o fundaciones; las asociaciones de usuarios del Decreto 1541 de 1978,[24] compilado en el Decreto 1076 de 2015,[25] y el sector solidario que está representado en cooperativas y precooperativas de trabajo asociado y las administraciones públicas cooperativas; así como las empresas industriales y comerciales del Estado siempre y cuando hayan sido constituidas antes del 4 de enero de 1998, según lo dispuesto en el parágrafo 1 del Artículo 17 de la Ley 142 de 1994.[26]

De la reflexión propuesta, estos prestadores indistintamente de su naturaleza emiten actos administrativos en su relación con los suscriptores, llevan a cabo procedimientos administrativos, están sujetos a los recursos contenidos en la Ley 1437 de 2011,[27] celebran contratos de carácter público, de naturaleza mixta[28] y otros de naturaleza privada, poseen obligaciones

---

[24] Colombia, Presidencia de la República, "Decreto 1541 de 1978", por el cual se reglamenta la Parte III del Libro II del Decreto-Ley 2811 de 1974: "De las aguas no marítimas" y parcialmente la Ley 23 de 1973, Bogotá, 28 de julio de 1978.

[25] Colombia, Presidencia de la República, "Decreto 1076 de 2015", por medio del cual se expide el Decreto Único Reglamentario del Sector Ambiente y Desarrollo Sostenible, Bogotá, 26 de mayo de 2015.

[26] Siguiendo textualmente en este punto a Juan Pablo Díaz Castaño y Andrés Gómez-Rey, *De la convención de las naciones unidas contra la corrupción en el régimen de servicios públicos domiciliarios en Colombia* (Documento sin publicar).

[27] Colombia, Congreso de la República, "Ley 1437 de 2011", por la cual se expide el Código de Procedimiento Administrativo y de lo Contencioso Administrativo, Bogotá, 18 de enero de 2011.

[28] Como el contrato de condiciones uniformes que vincula a los prestadores y a los suscriptores el cual será brevemente tratado adelante.

especiales de auditoria, pueden ser objeto de reproche por el Ministerio Público, entre otras particularidades que muestran, sin lugar a dudas, que los servicios públicos domiciliarios poseen un régimen que comprende tanto el derecho privado, como el derecho público.

Siguiendo con nuestra intención y para sumar el trayecto histórico de interpretación, estos servicios públicos domiciliarios no han sido ajenos a la *constitucionalización* del derecho, es decir, han generado reglas específicas producto de la permeabilización de los preceptos establecidos en la Constitución Política de Colombia de 1991 y su aplicación como norma en sentido material en el derecho administrativo. Sobre este punto el profesor Restrepo explica los efectos de la constitucionalización así:

> ...En primer lugar, se produce un desplazamiento de la construcción doctrinaria del Derecho Administrativo de los jueces y tribunales administrativos a los tribunales constitucionales, en cuya definición a veces se suscitan decisiones encontradas entre ellos.
>
> En segundo lugar, se establece una conexión del mismo nivel entre los derechos humanos y las reglas de organización y actividad de la Administración, conduciendo a que cada vez más la resolución de los conflictos entre los ciudadanos y la Administración se decida merced al ejercicio por parte de aquellos de acciones constitucionales de protección y no de las acciones ordinarias contencioso administrativas.
>
> En tercer lugar, se subordina la antigua libertad de configuración del legislador del régimen jurídico aplicable a la Administración a las reglas detalladas determinadas al respecto por el constituyente, cuya interpretación y determinación de su alcance, en virtud del primer efecto señalado, corresponde a los tribunales constitucionales...[29]

Implica de este modo que, al ser fines del Estado, los servicios públicos domiciliarios contribuyen al mejoramiento de la calidad de vida de las

---

[29] Manuel Alberto Restrepo Medina, "La Respuesta del Derecho Administrativo a las transformaciones recientes del Estado Social de derecho", *Saberes. Revista de Estudios Jurídicos, Económicos y Sociales*, 5, (2007).

personas y dan solución a necesidades básicas insatisfechas "... de tal suerte que muchos de los factores que regulan legalmente su prestación deben tener como consideración fundamental el interés social que ellos revisten...".[30] De esta manera la Corte[31] ha dado lugar a la interpretación desde la cuna de los derechos consagrados en la Constitución hacia los servicios públicos.[32] Llegando en casos a reconocer que el agua "... en el ordenamiento jurídico colombiano tiene una doble connotación pues se erige como un derecho fundamental y como un servicio público".[33]

No obstante, en cuanto se ha tratado de la responsabilidad del Estado de garantizar los servicios, la Corte ha separado estos de las nociones de la función administrativa, dado que pueden ser prestados por particulares. Ha dicho, entre otras cosas, que

> ...si bien en un sentido amplio podría considerarse como función pública todo lo que atañe al Estado, cabe precisar que la Constitución distingue claramente los conceptos de función pública y de servicio público y les asigna contenidos y ámbitos normativos diferentes que impiden asimilar dichas nociones, lo que implica específicamente que no se pueda confundir el ejercicio de función públicas, con la prestación de servicios públicos (...). El servicio público se manifiesta esencialmente en prestaciones a los particulares. La función pública se manifiesta, a través de otros mecanismos que requieren

---

30 Colombia, Corte Constitucional, "Sentencia T-055 de 2011", 4 de febrero de 2011. Magistrado ponente: Jorge Iván Palacio Palacio.

31 Véase también la Sentencia C-739 de 2008 en donde la Corte expresa como reglas de estos servicios :"(i) la calidad y la eficiencia del servicio público y su aptitud para satisfacer las necesidades básicas de los usuarios (art. 367 Superior); (ii) la atención prioritaria de las necesidades básicas insatisfechas... (art. 366 Superior), y (iii) la ampliación permanente de la cobertura hasta que llegue a cobijar a todos los habitantes del territorio nacional (art. 365 Superior)". Colombia, Corte Constitucional, "Sentencia C-739 de 2008", 23 de julio de 2008. Magistrado ponente: Marco Gerardo Monroy Cabra.

32 Para un examen de lo dicho consúltese Andrés Gómez Rey y Gloria Amparo Rodríguez, *El derecho fundamental al agua. Desde el Derecho Ambiental y los Servicios Públicos Domiciliarios* (Bogotá: Editorial Universidad del Rosario y Legis, 2013).

33 Colombia, Corte Constitucional, "Sentencia T-974 de 2012", 22 de noviembre de 2012. Magistrado ponente: Alexei Julio Estrada.

> de las potestades públicas y que significan, en general, ejercicio de la autoridad inherente del Estado...[34]

Con esto entonces tenemos que en nuestro ordenamiento existen tendencias conceptuales de observar a los servicios públicos domiciliarios desde la noción clásica del servicio, desde su *crisis*, desde la huida del derecho administrativo y desde la constitucionalización de los mismos; creando con ello una gama de posibilidades interpretativas que complejizan su garantía y concertación. Para soportar esta afirmación, veremos a continuación cómo esto puede operar a través de la suspensión y corte del servicio.

2. La suspensión y el corte del servicio público domiciliario de acueducto

La forma de vinculación entre los suscriptores y los prestadores del servicio público domiciliario de acueducto es un contrato denominado *de condiciones uniformes* el cual debe atender a los principios contenidos en la ley, la regulación y el modelo que para el efecto expida la Comisión de Regulación de Agua Potable y Saneamiento Básico (en adelante CRA). Según el artículo 128 de la Ley 142 de 1994 es

> ...un contrato uniforme, consensual, en virtud del cual una empresa de servicios públicos los presta a un usuario a cambio de un precio en dinero, de acuerdo a estipulaciones que han sido definidas por ella para ofrecerlas a muchos usuarios no determinados, (...) [aclarando que] hacen parte del contrato no solo sus estipulaciones escritas, sino todas las que la empresa aplica de manera uniforme en la prestación del servicio.[35]

De su lectura es posible observar que se trata de un negocio jurídico de cláusulas uniformes, de adhesión, bilateral, de tracto sucesivo y oneroso.

---

[34] Colombia, Corte Constitucional, "Sentencia C-037 de 2003", 28 de enero de 2003. Magistrado ponente: Álvaro Tafur Galvis.

[35] Colombia, Congreso de la República, "Ley 142 de 1994".

Con la particularidad de ser un contrato que para su perfeccionamiento no requiere de la suscripción de las partes.[36]

Por esta relación contractual, surgen para cada una de las partes una serie de obligaciones tales como: (i) por parte del prestador, que el servicio se lleve a cabo con eficiencia y eficacia, garantizando la continuidad del mismo, la calidad o salubridad de las aguas distribuidas, atender a los reportes de información que la Superintendencia de Servicios Públicos Domiciliarios establezca,[37] realizar el cobro del servicio atendiendo a la metodología tarifaria emitida por la CRA,[38] entre otros; b) por parte del suscriptor, realizar el mantenimiento de las redes internas y cancelar el costo del servicio. Siendo para nosotros importante esta última característica que implica la obligación primaria de todo suscriptor de cancelar la tarifa producto de la prestación del servicio, y del prestador de cobrarla.

De la reflexión propuesta, la onerosidad esencial al contrato implica que el incumplimiento de las obligaciones derivadas del contrato debe tener consecuencias, las cuales son dos principalmente: la suspensión del servicio y el cobro de los costos adeudados.

1. Entiéndase por suspensión "...la interrupción temporal del suministro del servicio público respectivo...", la cual se encuentra

---

[36] Sobre este punto, la Oficina Asesora Jurídica de la Superintendencia de Servicios Públicos Domiciliarios estableció que "...el contrato de servicios públicos es además consensual, todo lo cual significa que nace a la vida jurídica solamente con el consentimiento de las partes (Artículo 1500 del Código Civil) y por tanto, no requiere de formalidades especiales para producir sus efectos. Cabe anotar que el consentimiento del usuario se entiende dado cuando solicita la prestación del servicio y/o acepta las condiciones que, para el efecto, establece la empresa prestadora del respectivo servicio.

En este sentido puede afirmarse que si un servicio público domiciliario se viene prestando a los usuarios, en las condiciones legales y contractuales, existe contrato de servicios públicos entre los mismos y la empresa prestadora del servicio, sin que sea necesaria la suscripción de documento alguno o el cumplimiento de alguna otra formalidad...". Superintendencia de Servicios Públicos Domiciliarios, "Concepto 849 de 2014", Bogotá, 22 de octubre de 2014.

[37] Tal y como lo puede ser inscribirse ante el Registro Único de Prestadores de Servicios Públicos Domiciliarios, reportar o cargar aquello que solicite el Sistema Único de Información (véase: www.sui.gov.co).

[38] Al utilizar la metodología tarifaria, el prestador debe consignar en un documento denominado "estudio de costos y tarifas" que debe ser de conocimiento público el valor que cobrarán a los suscriptores de manera plena, es decir, sin la aplicación de subsidios o contribuciones.

consagrada en el artículo 140 de la Ley 142 de 1994, modificado por el artículo 19 de la Ley 689 de 2001, que reza:

> ...El incumplimiento del contrato por parte del suscriptor o usuario da lugar a la suspensión del servicio en los eventos señalados en las condiciones uniformes del contrato de servicios y en todo caso en los siguientes:
>
> La falta de pago por el término que fije la entidad prestadora, sin exceder en todo caso de dos (2) períodos de facturación en el evento en que ésta sea bimestral y de tres (3) períodos cuando sea mensual y el fraude a las conexiones, acometidas, medidores o líneas...[39]

2. Sobre la segunda consecuencia (recuperación de la cartera adeudada), recordemos que, para cobrar el valor del servicio, el prestador debe presentarle al suscriptor una factura que según el artículo 130 de la Ley 142 ya citada, presta mérito ejecutivo, tal y como lo afirma la Superintendencia en el Concepto 525 de 2004:

> ...el prestador encuentra en la ley el fundamento jurídico para hacer valer los créditos que posea a favor. Es así como el inciso 3º del artículo 130 de la Ley 142 de 1994, el cual fue modificado por el artículo 18 de la Ley 689 de 2001, contempla la posibilidad que las deudas derivadas de la prestación de los servicios públicos podrán ser cobradas ejecutivamente ante la jurisdicción ordinaria o bien ejerciendo la jurisdicción coactiva por las empresas industriales y comerciales del Estado prestadoras de servicios públicos. La factura expedida por la empresa y debidamente firmada por el representante legal de la entidad prestará mérito ejecutivo de acuerdo con las normas del Derecho Civil y Comercial.
>
> Por esta razón la empresa antes de realizar los ajustes contables necesarios para aprovisionar las cuentas que se hayan registrado como cuentas por cobrar, debe iniciar las acciones de cobro de las

[39] Colombia, Congreso de la República, "Ley 689 de 2001", por la cual se modifica parcialmente la Ley 142 de 1994, Bogotá, Diario Oficial 44537, 28 de agosto de 2001, artículo 19.

> facturas de servicios públicos que se han dejado de pagar por parte de los suscriptores o usuarios morosos...[40]

El propósito en este punto será conducir nuestro argumento desde la comprensión de las diferentes posibilidades interpretativas en torno a la suspensión del servicio; así como sobre la persecución de los bienes del suscriptor por el incumplimiento de lo dispuesto en el contrato de condiciones uniformes a través de dos variables: la suspensión del servicio y el cobro de lo adeudado.

3. Opciones interpretativas de la suspensión del servicio y el cobro de lo adeudado

En principio, de la lectura del artículo 140 es posible comprender de manera cierta que en todo caso la falta de pago del suscriptor dará lugar a la suspensión del servicio.[41] A partir de lo cual entonces cabe preguntarse:

1. ¿Es una obligación del prestador adelantar el procedimiento de suspensión del servicio?
2. ¿Qué consecuencia posee el incumplimiento del prestador de suspender el servicio?

Lógicamente, las respuestas dependerán de la posición histórica dogmática a través de las preguntas. Veamos:

---

[40] Superintendencia de Servicios Públicos Domiciliarios, "Concepto 525 de 2004", Bogotá, 14 de julio de 2004.

[41] Que reza: "El incumplimiento del contrato por parte del suscriptor o usuario da lugar a la suspensión del servicio en los eventos señalados en las condiciones uniformes del contrato de servicios y en todo caso en los siguientes:

La falta de pago por el término que fije la entidad prestadora, sin exceder en todo caso de dos (2) períodos de facturación en el evento en que ésta sea bimestral y de tres (3) períodos cuando sea mensual y el fraude a las conexiones, acometidas, medidores o líneas.

Es causal también de suspensión, la alteración inconsulta y unilateral por parte del usuario o suscriptor de las condiciones contractuales de prestación del servicio.

Durante la suspensión, ninguna de las partes puede tomar medidas que hagan imposible el cumplimiento de las obligaciones recíprocas tan pronto termine la causal de suspensión.

Haya o no suspensión, la entidad prestadora puede ejercer todos los derechos que las leyes y el contrato uniforme le conceden para el evento del incumplimiento".

La concepción clásica del servicio público se presenta constantemente en aquellos lugares remotos del país en donde no existe empresa interesada en llevar a cabo la prestación y por ende el municipio debe asumirla directamente; es decir en donde, como se indicó anteriormente, el servicio público es adelantado por el Estado y en consecuencia este debe atender a reglas propias que lo llevarán a satisfacer las necesidades de la población, por ello, el mantenimiento de dichas prestaciones sería pues su entera responsabilidad.

Esto es conocido como la función de aseguramiento, según la cual el municipio es el garante de la prestación de los servicios públicos domiciliarios,[42] y por ello, en caso de existir prestador debe apoyarlo y socorrerlo y en caso de no existir deberá prestar él los servicios directamente.[43] Con esto, configurando al menos la visión inicial del servicio público en donde este es llevado a cabo por el Estado y por ende la rama del derecho que se utilizó fue su forma de actuación, es lógicamente, el derecho administrativo.

En relación con las preguntas formuladas, según la Coordinación de Pequeños Prestadores de la Superintendencia de Servicios Públicos Domiciliarios interpretando el Concepto 619 de 2009 de su Oficina Asesora Jurídica,

> ...no es facultativo de la empresa de servicios públicos suspender o no el servicio una vez se configura el incumplimiento, puesto que el artículo 140 de la Ley 142 de 1994 le señala un término máximo para proceder a la suspensión, ya que una vez configurado el incumplimiento del usuario o suscriptor en el pago de los servicios públicos, la empresa está obligada a suspender el servicio...[44]

Respuesta que en algún momento fue constante, al menos para los municipios prestadores directos. Para sustentar esta posición, la Coordinación

---

[42] Colombia, Congreso de la República, "Ley 142 de 1994", artículo 5.

[43] Si fuese imposible para el municipio cumplir con su función de aseguramiento, el Departamento, a través de su Gobernación deberá asumir la prestación. Véase: Colombia, Consejo de Estado, Sala de los Contencioso Administrativo, Sección Primera, "Sentencia de 24 de enero de 2008". Consejero ponente: Marco Antonio Velilla Moreno

[44] Superintendencia de Servicios Públicos Domiciliarios, Coordinación de Pequeños Prestadores, "Respuesta al Radicado SSPD No. 20128100095162", 20 de febrero de 2012.

cita dos sentencias de la Corte Constitucional,[45] que si bien están relacionadas con un tema diferente (la protección del arrendador no habitante de un inmueble que se ve inmerso en una "deuda" por el no pago del servicio por parte del arrendatario), sirvieron de fundamento para indicar que el prestador, en caso de incumplir con dicha obligación, deberá perder el precio posterior, es decir, si el prestador no realiza la suspensión en el tiempo contenido en el artículo 140 no podrá cobrar sino los tres primeros períodos de facturación cuando el suscriptor no cancele su obligación de pago, y si no realiza la suspensión del servicio perderá los valores que de aquí en adelante se generen; por cuanto estos fueron forjados en incumplimiento de una obligación del prestador y por ello deben ser considerados costos ineficientes de los servicios. Entonces, la pretensión de cobro de los valores del cuarto período en adelante, son una obligación que no es clara, expresa, ni actualmente exigible.

El argumento que da validez a esta posición del servicio público desde su visión clásica está representado en que la onerosidad del contrato implica que, en caso de no pago por parte del usuario, el prestador deba realizar el procedimiento de suspensión, lo cual a su vez, es un derecho de los usuarios. Es decir, será una sanción al suscriptor por no cancelar su costo, pero a su vez será una medida para proteger su patrimonio e impedir que la deuda u obligación monetaria aumente. En palabras de la Corte Constitucional una *empresa pública* que ha dejado acumular más de tres períodos sin realizar la suspensión del servicio puede proceder a solicitar a la autoridad judicial

---

[45] Una es la Sentencia T-723 de 2005 en la que la Corte establece que "... cuando no se cancela oportunamente la prestación del servicio público domiciliario, las empresas prestadoras *tienen la obligación* de suspenderlo máximo al vencimiento del tercer período de facturación. Esta Corporación ha señalado que esa exigencia no sólo constituye una garantía para la empresa, quien ejerce un mecanismo legítimo de coacción que le permite asegurar el pago del crédito, sino que constituye también una garantía para los propietarios de los inmuebles, en el evento en que sus arrendatarios incurran en mora en el pago de sus obligaciones, pues *con esta medida se evita el incremento de la deuda...*" (cursiva añadida). Colombia, Corte Constitucional, Sentencia T-723 de 2005, 7 de julio de 2005. Magistrado ponente: Humberto Antonio Sierra Porto.

Igualmente, la Corte dijo que "...las empresas de servicios públicos tienen la obligación de suspender el servicio a más tardar al tercer período de mora en el pago; que en caso de no hacerlo deben asumir directamente la responsabilidad por su negligencia; y que en estos eventos, para la reconexión del servicio solamente pueden exigir el pago de los tres períodos iniciales, así como los gastos de reconexión, reinstalación y los recargos en mora...". Colombia, Corte Constitucional, "Sentencia T-490 de 2003", 6 de junio de 2003. Magistrada ponente: Clara Inés Vargas Hernández.

competente el cobro de hasta los tres primeros períodos, más los intereses de mora y los cargos de reconexión y reinstalación.[46]

Sabemos sin embargo, y así debemos manifestarlo, que posturas como las mencionadas, no se encuentran unificadas al interior del sector de vigilancia y control de los servicios públicos.

Refiriéndonos ahora a la crisis del concepto clásico del servicio público, así como a la huida del derecho administrativo, encontramos una segunda posición bajo la cual debe observarse la suspensión y sus consecuencias a la luz de aquellas formas societarias propias del derecho privado. Es decir, las posiciones interpretativas de la crisis y de la huida se reflejan en aquellos lugares del territorio nacional en donde la prestación es llevada a cabo por sociedades por acciones o las antes descritas del derecho privado.

En el caso de San Sebastián de Mariquita (departamento del Tolima), se le preguntó[47] a la Superintendencia de Servicios Públicos Domiciliarios si la interpretación que vimos desde la concepción clásica del servicio público era aplicable a una empresa cuya naturaleza es sociedad anónima, ya que esta nunca realizó el procedimiento de suspensión del servicio y dadas las altas deudas de sus suscriptores adelantó los procesos judiciales que la ley le permite,[48] logrando el embargo y remate de bienes inmuebles habitacionales.

En dicha ocasión, la respuesta suscrita por la misma superintendente cuenta cómo el parágrafo del artículo 130 de la Ley 142 de 1994[49] posee dos connotaciones primordiales: una que el prestador está en la obligación de suspender el servicio por ausencia de pago y dos, que la consecuencia de

---

[46] Colombia, Corte Constitucional, "Sentencia T-490 de 2003".

[47] Superintendencia de Servicios Públicos Domiciliarios, Radicado de entrada No. 20135290430652, 23 de agosto de 2013.

[48] Es importante recordar que la factura de los servicios públicos es el medio que el prestador posee para informarle al usuario el uso y costo de lo ya consumido. Según la Ley 142 de 1994, ya citada, la factura presta mérito ejecutivo y por ende contiene una obligación clara, expresa y exigible, la cual podrá ser objeto de cobro judicialmente hablando. Colombia, Congreso de la República, "Ley 142 de 1994".

[49] Modificado por el artículo 18 de la Ley 689 de 2001 que reza "...Si el usuario o suscriptor incumple su obligación de pagar oportunamente los servicios facturados dentro del término previsto en el contrato, el cual no excederá dos períodos consecutivos de facturación, la empresa de servicios públicos estará en la obligación de suspender el servicio. Si la empresa incumple la obligación de la suspensión del servicio se romperá la solidaridad prevista en esta norma...". Colombia, Congreso de la República, "Ley 689 de 2001".

incumplir con esta obligación tendrá efectos únicamente cuando se trate de inmuebles ocupados por personas que no son sus propietarios; es decir, *la ruptura de la solidaridad* entre el propietario y el tenedor del inmueble cuando este último no haya cancelado las facturas. En este sentido aclara que "Resulta de suma importancia reiterar que la no suspensión oportuna del servicio por parte de la empresa, no implica que ésta pueda cobrar únicamente los servicios prestados durante los dos o tres primeros periodos de facturación dependiendo del ciclo de facturación; habida consideración que la no suspensión o corte del servicio trae como consecuencia directa la ruptura de la solidaridad, más no la pérdida del derecho de recibir el precio...".[50]

Así las cosas, la única figura asimilable a la pérdida del precio sería la regla general contenida en nuestro ordenamiento civil, conocida como la prescripción prevista para la acción ejecutiva que poseen las facturas; "Ello quiere decir que incluidos oportunamente los cobros dentro de la factura, la empresa podrá perseguir ejecutivamente el cobro de la misma hasta por cinco años y ordinariamente hasta por diez años; sin que sobre advertir que los jueces de la República son los competentes para señalar en cada caso particular lo que en derecho corresponda...".[51]

Por ello, explica la Superintendencia en este caso, que el reproche jurídico real por no adelantar la suspensión del servicio es la posible investigación administrativa sancionatoria que dicha entidad pudiese adelantar: y que la única causal legal en la cual la empresa *pierde el precio* es la ausencia de medición del consumo.

En suma, visto el servicio público desde la crisis de la noción clásica o desde la huida del derecho administrativo hacia el derecho privado, tenemos que la suspensión es una obligación del prestador, sin embargo su omisión no da lugar a la pérdida del precio, sino a las sanciones que la Superintendencia pueda imponer. Así, el prestador deberá buscar recuperar los valores adeudaos por el suscriptor hasta de manera judicial.

Por último, y a la luz de la constitucionalización, encontramos dos razones o argumentos desarrollados: el primero sobre la imposibilidad de

---

[50] Superintendencia de Servicios Públicos Domiciliarios, Radicado de salida No. 20134100552561, 30 de agosto de 2013.

[51] Ibid.

suspender de manera completa el servicio cuando existan usuarios de especial protección y la segunda, la imposibilidad de anular un derecho con otro.

En relación con la imposibilidad de suspender el servicio, a partir de la Sentencia C-150 de 2003,[52] se comienza con una carrera jurisprudencial para el desarrollo de esta teoría, la cual versa sobre la exigencia de unos requisitos para que el prestador no pueda adelantar el procedimiento citado.[53] Estos requisitos son:

Primero, que el suscriptor o los usuarios sean sujetos constitucionalmente protegidos,[54] tal y como lo pueden ser niños, adultos mayores, desplazados, personas con discapacidad física o mental, personas cabeza de familia, pueblos indígenas, personas clasificadas en Sisben 1[55], y que requieran el agua para consumo humano directo (ingesta).[56] Segundo, si se llegase a dar la suspensión del servicio, que esto tenga como consecuencia el desconocimiento o afectación de derechos constitucionales como la vida, la salud o la vivienda. Tercero, que el suscriptor no haya dejado de pagar el servicio de manera voluntaria pudiendo hacerlo, es decir, se requiere que sea "debido a circunstancias insuperables e incontrolables por el sujeto especialmente protegido o por quienes cuidan de él".[57] Cuarto, que el suscriptor no utilice medios fraudulentos o ilícitos para garantizar el derecho[58] y por último que el suscriptor le informe al prestador que reúne los presupuestos jurisprudenciales anteriores.[59]

---

[52] Colombia, Corte Constitucional, "Sentencia C-150 de 2003", 25 de febrero de 2003. Magistrado ponente: Manuel José Cepeda Espinosa.

[53] En este aparte se seguirá a Gómez Rey y Rodríguez, *El derecho fundamental al agua.*

[54] O sujetos de especial protección.

[55] La corte dijo que "Debe presumirse que en viviendas con personas clasificadas en el Sisben uno donde hay sujetos de especial protección no se puede suspender servicio por incumplimiento en el pago". Colombia, Corte Constitucional, "Sentencia T-717 de 2010", 8 de septiembre de 2010. Magistrada ponente: María Victoria Calle Correa.

[56] Es decir que no sea para otros usos como industrial o comercial, lo cual se puede ver en: Colombia, Corte Constitucional, "Sentencia T-888 de 2008", 12 de septiembre de 2008. Magistrado ponente: Marco Gerardo Monroy Cabra.

[57] Colombia, Corte Constitucional, "Sentencia T-717 de 2010".

[58] Colombia, Corte Constitucional, "Sentencia T-546 de 2009", 6 de agosto de 2009. Magistrada ponente: María Victoria Calle Correa.

[59] Colombia, Corte Constitucional, "Sentencia T-471 de 2011", 13 de junio de 2011. Magistrada ponente: María Victoria Calle Correa.

> Cumplidos los anteriores requisitos entonces no procederá la suspensión total del servicio, sin embargo sí se deberá modificar la forma en la cual se realiza la distribución del líquido. Manifiesta la Corte que el prestador deberá cambiar [la forma] en que se suministra el servicio y ofrecerle al destinatario final unas cantidades mínimas básicas e indispensables, en este caso, de agua potable es decir, debe mantener la cantidad de agua suficiente para el mantenimiento de la salud y la vida de las personas, más no deberá continuar con un suministro abierto del líquido…[60]

Proponiendo entonces una referencia necesaria a la opción interpretativa bajo la cual es inconstitucional la suspensión del servicio por ausencia de pago en cumplimiento de los anteriores requisitos. Pese a lo dicho, esto no extingue la obligación dineraria que dio lugar a suspender el servicio, la cual deberá ser recuperada por el prestar así sea a través de acuerdos de pago: empero, no será posible el cobro del servicio que se continua brindando en sede de esta regla constitucional, al menos hasta que desaparezcan los presupuestos jurisprudenciales.

Ahora, igualmente derivado de esta posición salta a la vista la última opción interpretativa, bajo la cual el prestador puede buscar hasta judicialmente la recuperación de su cartera, pero esto no deberá anular otros derechos como la vivienda, teniendo posiblemente como consecuencia la imposibilidad de solicitar el secuestro y embargo de bienes inmuebles habitacionales.

Conclusiones

Bajo el panorama descrito se encuentran posiciones jurídicas que, siendo en su mayor parte contradictorias, pueden generar a su vez decisiones contrapuestas, sin embargo cada una de ellas será legal y amparada bajo nuestro ordenamiento jurídico; lo anterior se alimenta de los movimientos y tendencias propias y naturales del derecho administrativo. Para expresarlo con otras palabras, la constante contradicción normativa en el derecho de los servicios públicos domiciliarios, permite a las autoridades administrativas y a los prestadores tomar decisiones en sentidos contrarios, sin que

---

[60] Gómez-Rey y Rodríguez, *El derecho fundamental al agua*, 65 y ss.

esto se considere una violación a principios del derecho público como el de legalidad, el de seguridad jurídica o la confianza legítima.

Recordemos entonces que bajo todas las concepciones la ausencia de pago por parte del suscriptor debe tener como consecuencia la suspensión del servicio ya que es una obligación de este último.

Como segunda reflexión, podemos afirmar que la consecuencia del incumplimiento por parte del prestador de realizar la suspensión varía de acuerdo con la visión que sobre el servicio público se tenga. Según la noción clásica, el prestador deberá perder el precio de los valores que se generaron luego de haberse configurado la obligación de suspender. Es decir, luego de los cuatro meses en los cuales no recibe el pago.

Bajo otro tipo de concepciones, como la crisis de la noción clásica y la huida del derecho administrativo al derecho privado, tenemos que el prestador, aunque incumpla con la obligación de suspender el servicio, no perderá nunca el precio. Más aun, deberá buscar recuperar los costos generados (aunque hayan sido posteriores a su propio incumplimiento) a través de las acciones judiciales, administrativas y otras.

Por último, bajo la constitucionalización, resulta contrario a la Carta que se suspenda el servicio a personas de especial protección en cumplimiento de unos requisitos, así como la posibilidad de secuestrar, embargar y rematar bienes inmuebles utilizados para la vivienda primaria y digna de estos suscriptores.

Nuestro propósito en este punto, es invitar a la reflexión sobre el particular.

Obras citadas

Berrocal, Enrique. *Manual del acto administrativo*. Bogotá: Librería del Profesional, 2001.

Colombia, Congreso de la República. "Ley 142 de 1994", por la cual se establece el régimen de los servicios públicos domiciliarios y se dictan otras disposiciones. Bogotá, Diario Oficial 41433, 11 de julio de 1994.

______. "Ley 689 de 2001", por la cual se modifica parcialmente la Ley 142 de 1994. Bogotá, Diario Oficial 44537, 28 de agosto de 2001.

______. "Ley 1437 de 2011", por la cual se expide el Código de Procedimiento Administrativo y de lo Contencioso Administrativo. Bogotá, 18 de enero de 2011.

Colombia, Consejo de Estado, Sala de los Contencioso Administrativo, Sección Primera. "Sentencia del 24 de enero de 2008". Consejero ponente: Marco Antonio Velilla Moreno.

Colombia, Corte Constitucional. "Sentencia T-490 de 2003". 6 de junio de 2003. Magistrada ponente: Clara Inés Vargas Hernández.

______. "Sentencia C-037 de 2003". 28 de enero de 2003. Magistrado ponente: Álvaro Tafur Galvis.

______. "Sentencia C-150 de 2003". 25 de febrero de 2003. Magistrado ponente: Manuel José Cepeda Espinosa.

______. "Sentencia T-723 de 2005". 7 de julio de 2005. Magistrado ponente Humberto Antonio Sierra Porto.

______. "Sentencia C-739 de 2008". 23 de julio de 2008. Magistrado ponente: Marco Gerardo Monroy Cabra.

______. "Sentencia T-888 de 2008". 12 de septiembre de 2008. Magistrado ponente: Marco Gerardo Monroy Cabra.

______. "Sentencia T-546 de 2009". 6 de agosto de 2009. Magistrada ponente: María Victoria Calle Correa.

______. "Sentencia T-717 de 2010". 8 de septiembre de 2010. Magistrada ponente: María Victoria Calle Correa.

______. "Sentencia T-055 de 2011". 4 de febrero de 2011. Magistrado ponente: Jorge Iván Palacio Palacio.

______. "Sentencia T-471 de 2011". 13 de junio de 2011. Magistrada ponente: María Victoria Calle Correa.

______. "Sentencia T-974 de 2012". 22 de noviembre de 2012. Magistrado ponente: Alexei Julio Estrada.

Colombia, Presidencia de la República. "Decreto 1541 de 1978", por el cual se reglamenta la Parte III del Libro II del Decreto-Ley 2811 de 1974: "De las aguas no marítimas" y parcialmente la Ley 23 de 1973. Bogotá, 28 de julio de 1978.

______. "Decreto 1076 de 2015", por medio del cual se expide el Decreto Único Reglamentario del Sector Ambiente y Desarrollo Sostenible". Bogotá, 26 de mayo de 2015.

Duguit, León. *Manual de Derecho Constitucional.* Madrid: Librería Española y Extranjera, 1926.

Díaz Castaño, Juan Pablo y Gómez-Rey, Andrés. *De la convención de las naciones unidas contra la corrupción en el régimen de servicios públicos domiciliarios en Colombia* (Documento sin publicar).

De Laubarère, André. *Manual de Derecho Administrativo*. Bogotá: Temis, 1984.

Gómez Rey, Andrés y Rodríguez, Gloria Amparo. *El derecho fundamental al agua. Desde el Derecho Ambiental y los Servicios Públicos Domiciliarios*. Bogotá: Editorial Universidad del Rosario y Legis, 2013.

Gordillo, Agustín. *Tratado de derecho administrativo, Tomo 3, El acto administrativo*. Medellín: Biblioteca Jurídica Diké, 1999.

López Medina, Diego. *Teoría Impura del Derecho*. Bogotá: Universidad de los Andes, Legis y Universidad Nacional de Colombia, 2004.

Peña Porras, Diego Isaías. *La Construcción del Derecho Administrativo Colombiano*. Bogotá: Temis y Universidad de los Andes, 2008.

Restrepo Medina, Manuel Alberto. "La Respuesta del Derecho Administrativo a las Transformaciones Recientes del Estado Social de derecho". *Saberes. Revista de Estudios Jurídicos, Económicos y Sociales*, 5, (2007).

Rodríguez, Libardo. *Derecho Administrativo. General y colombiano*. Bogotá: Temis, 2001.

Serrano Salomón, David Andrés. "La huida del derecho administrativo en España y en Colombia. Un panorama desde las entidades descentralizadas". *Revista de Derecho Público*, 34, (2015).

Superintendencia de Servicios Públicos Domiciliarios. "Concepto 525 de 2004". Bogotá, 14 de julio de 2004.

______. "Concepto 849 de 2014". Bogotá, 22 de octubre de 2014.

______. "Concepto 462 de 2015". Bogotá, 10 de junio de 2015.

Superintendencia de Servicios Públicos Domiciliarios, Coordinación de Pequeños Prestadores. "Respuesta al Radicado SSPD No. 20128100095162". 20 de febrero de 2012.

Vidal Perdomo, Jaime. *Derecho Administrativo*. Bogotá: Temis, 1994.

______. *Derecho Administrativo General*. Bogotá: Temis, 1996.

Evolución jurisprudencial del Consejo de Estado sobre la obligación que tienen las autoridades para proteger y garantizar la vida —posición de garante—

Ramiro Ignacio Dueñas Rugnon[*]

Sumario: Introducción. 1. Marco normativo y conceptual. 2. De la obligación de medio a la posición de garante. 2.1. Obligación de medio. 2.2. Posición de garante. 3. Daños causados en lugares determinados. 3.1. Daños físicos causados en las cárceles. 3.2. Daños causados en los establecimientos educativos oficiales. 3.3. Daños causados en lugares donde se producen atentados terroristas. 4. La indemnización y la solidaridad. Conclusiones. Obras citadas.

Introducción

La protección de la vida de las personas residentes en Colombia es una carga que está en cabeza de las autoridades por expresa disposición constitucional, desde la Constitución de 1886 y actualmente en la Constitución de 1991. El

* Abogado de la Universidad Externado, especialista en Derecho Administrativo de la Universidad del Rosario, especialista en Derecho Constitucional de la Universidad de los Andes, magíster en Derecho Administrativo de la Universidad del Rosario, doctor en Fundamentos de Derecho Político, con tesis calificada sobresaliente *cum laude* de la Universidad UNED (España). Ha sido abogado litigante y consultor en el área del derecho administrativo. Es docente en la Universidad del Rosario y en la Autónoma, actualmente cumple labores de director de tesis de grado y jurado de ellas en la Maestría de Derecho Administrativo en la Universidad del Rosario. Desde el mes de abril de 2016 es magistrado de la Sección Segunda del Tribunal Administrativo de Cundinamarca.

interés del tema radica en saber hasta dónde llega ese deber constitucional, esa carga, es decir, esa obligación impuesta por el ordenamiento jurídico.

El desarrollo que ha tenido la jurisprudencia del Consejo de Estado colombiano sobre la característica de esta obligación ha sido variado, pues se ha tocado y definido teniendo en cuenta diferentes situaciones. En concreto, cuando se está estructurando una posible falla del servicio por la violación de esa carga obligacional, se debe analizar el elemento de la *relatividad* en la falla, pues no se ha dictado una condena en esa corporación judicial con criterios de falla absoluta en el servicio.

Siguiendo la evolución que ha tenido el tema en la jurisprudencia del Consejo de Estado, se comenzó por hacer el análisis desde una perspectiva de obligación de medio, como regla general, explicando que en estos casos no existe la obligación de resultado, hasta llegar, en algunos casos concretos, a decidir que ese deber de las autoridades se convierte en una posición de garante de la vida de los residentes en Colombia.

En el desarrollo jurisprudencial se establecen los casos en que las autoridades colombianas adquieren esa posición de garante por tratarse de algunas personas en situaciones especiales de indefensión (personas sometidas al desplazamiento forzado, menores de edad, por ejemplo). Esta posición de garante implica que en un Estado social del derecho[1] se debe dar primacía a los principios constitucionales de la prevalencia del interés general y el de la solidaridad.[2]

---

1 En palabras de Pérez Luño, "Estado social de Derecho plantea... atribuir a los poderes públicos la consecución de la —procura existencial—; es decir, responsabiliza a la administración de la tarea de proporcionar a la generalidad de los ciudadanos las prestaciones necesarias y los servicios públicos adecuados para el pleno desarrollo de su personalidad reconocida no sólo a través de las libertades tradicionales, sino también a partir de la consagración constitucional de los derechos fundamentales de carácter económico, social y cultural." Antonio Pérez Luño, *Derechos Humanos, Estado de Derecho y Constitución*, 4 ed. (Madrid: Tecnos, 1991), 224. Por su parte, para los autores López Pina y Gutiérrez Gutiérrez, "El Estado de derecho surge con carácter polémico frente al Estado absolutista; su origen es liberal, y entronca con la ilustración, el auge de la burguesía y el surgimiento de la moderna *Sociedad Civil*". Antonio López Pina e Ignacio Gutiérrez Gutiérrez, *Elementos de Derecho Público* (Madrid: Marcial Pons, 2002), 50.

2 Según el autor Zagrebelsky, "El Estado de derecho indica un valor y alude sólo a una de las direcciones de desarrollo de la organización del Estado, pero no encierra en sí consecuencias precisas. El valor es la eliminación de la arbitrariedad en el ámbito de la actividad estatal que afecta a los ciudadanos. La dirección es la inversión de la relación entre poder y derecho que constituía la

La obligación de protección de la vida se concreta en actos positivos del Estado, en obligación de hacer, de reaccionar, prevenir, perseguir, por eso, la responsabilidad estatal surge cuando se viola ese deber, es decir, cuando estamos en presencia de una omisión administrativa en el actuar.

En estos casos, como se parte del principio de una responsabilidad por omisión, causada normalmente por el hecho de un tercero, el Estado es responsable en la medida en que estaba obligado a intervenir para impedir que sucediera el daño antijurídico. Estas omisiones siempre están dentro de un título de imputación subjetivo, porque no puede haber responsabilidad objetiva por omisión.[3]

En este artículo quedan de lado las posibles actuaciones ilícitas o ilegales del Estado, en donde por su actuar directo se causan daños antijurídicos a los residentes en Colombia. En estos eventos (conductas positivas, en donde el agente estatal es quien causa el daño) es claro que se configura una falla en el servicio por acción, por la mala actuación de las autoridades públicas.

1. Marco normativo y conceptual

En la Constitución de 1886, en su artículo 19[4] original (luego del Acto Legislativo No. 1 de 1936 convertido en el artículo 16) se consagraba esta carga para las autoridades de la República, la cual estaría en cabeza, entre otros, y principalmente de la Policía Nacional, según el Estatuto Orgánico de esa entidad.[5]

---

quintaesencia del *Machtstaat* y del *Polizeistaat*: no más *rex facit legem*, sino *lex facit regem*". Gustavo Zagrebelsky, *El derecho dúctil* (Madrid: Trotta Editorial, 1995), 21.

[3] En este mismo sentido: Hugo Andrés Arenas Mendoza, *El Régimen de Responsabilidad Subjetiva* (Bogotá: Legis, 2014), 216.

[4] En la Constitución de 1886 el artículo 19 decía que "Las autoridades de la República están instituidas para proteger a todas las personas residentes en Colombia, en sus vidas, honra y bienes..." Colombia, "Constitución Política de la República de Colombia de 1886", 5 de agosto de 1886.

[5] Según el "Estatuto Orgánico de la Policía Nacional", se atribuía a este cuerpo armado del Estado el deber de velar por las personas en su vida, honra y bienes (artículo 3), y según el artículo 1 la finalidad era la de: "mantener y garantizar el orden público interno de la Nación, el libre ejercicio de las libertades públicas y la convivencia pacífica de todos los habitantes del territorio nacional." Colombia, Presidencia de la República, "Decreto 2137 de 1983", por el cual se reorganiza la Policía Nacional, Bogotá, 29 de julio de 1983, artículos 1 y 3.

Actualmente, la Constitución de 1991 en el inciso segundo del artículo 2 consagra una disposición casi igual a la anterior normatividad constitucional, en donde señala: "Las autoridades de la República están instituidas para proteger a todas las personas residentes en Colombia, en su vida, honra, bienes, creencias y demás derechos y libertades, y para asegurar el cumplimiento de los deberes sociales del Estado y de los particulares".[6]

Es la misma Constitución la que dice que a la Policía Nacional le corresponde el mantenimiento de las condiciones necesarias para el ejercicio de los derechos y libertades públicas, y para asegurar que los habitantes de Colombia convivan en paz.[7]

Según las normas citadas, la principal razón de ser de las autoridades públicas es la de defender a todos los residentes en el país y asegurar el cumplimiento de los deberes sociales del Estado y de los particulares. Omitir el cumplimiento de esas funciones no solamente genera responsabilidad personal del funcionario, sino además, responsabilidad institucional, que de ser continua pone en tela de juicio su legitimación. Por lo tanto, el Estado debe utilizar todos los medios que tiene para lograr que el respeto a la vida y demás derechos de las personas, por parte de las autoridades públicas y los particulares, sea una realidad, y no conformarse con realizar una simple defensa formal de los mismos.[8]

Concretando el tema de la protección de la vida en la jurisprudencia del Consejo de Estado, y analizando su evolución, la pregunta es: ¿cuándo se incumple esta obligación de protección y garantía de la vida? y la respuesta es, de forma bastante reiterativa, la siguiente, claro está con algunos matices y circunstancias especiales que analizaré según el desarrollo de la jurisprudencia: cuando el Estado no adopta las medidas de protección eficaces frente a las acciones de las mismas autoridades públicas, o de los

6 Texto original de la norma, sin que hasta el momento se le hayan hecho modificaciones. Colombia, "Constitución Política de Colombia", 7 de julio de 1991, inciso segundo del artículo 2.

7 Colombia, "Constitución Política de Colombia", artículo 218. Estos deberes aparecían de forma precisa en el Decreto 1355 de 1970, norma que fue derogada por el actual Código Nacional de Policía y Convivencia Ciudadana, Ley 1801 del 29 de julio de 2016.

8 Colombia, Consejo de Estado, Sección Tercera, "Sentencia del 14 de julio de 2005", expediente 15.359. Consejera ponente: Ruth Stella Correa, y Colombia, Consejo de Estado, "Sentencia del 22 de enero de 2014", expediente 1998-03149-01 (26.931). Consejero ponente: Enrique Gil Botero, entre otras.

particulares, que puedan amenazar o vulnerar el derecho a la vida de las personas que habitan en este territorio, asumirá la responsabilidad patrimonial la entidad pública que tenía bajo su cargo esa obligación, siempre y cuando las autoridades hubieran tenido conocimiento (por aviso directo de la misma víctima o porque lo debían haber sabido) de la existencia de un riesgo real e inmediato para la vida de un individuo identificado o de algunos individuos respecto de actos criminales de terceros. Esta carga se le imputa a las autoridades porque no tomaron las medidas dentro de sus competencias adscritas que, juzgadas razonablemente, podían haber cumplido.

La jurisprudencia del Consejo de Estado ha señalado que para configurar esta responsabilidad se debe estructurar la falla del servicio por omisión, que debe tener la característica de *relativa*,[9] en donde se deben analizar varios factores, a saber: (i) la posibilidad que existía de causarse el daño (potencialidad); (ii) si se habían solicitado medidas de protección (o no se habían solicitado, o la situación de peligro era conocida por las autoridades);[10] (iii) si el daño era inminente, y (iv) la previsibilidad del daño. La falla del servicio tiene un universo relativo, pues al Estado no se le puede exigir, en una situación de grave alteración del orden público como la que vivimos en este país hace muchos años, que coloque al pie de cada bien o persona agentes del orden para que lo protejan.[11] Al Estado se le exigen los medios que corresponden a su realidad, haciendo caso omiso de las utopías y de la concepción ideal del Estado perfecto, omnipotente y omnipresente.[12]

---

[9] Colombia, Consejo de Estado, Sección Tercera, "Sentencia del 20 de mayo de 2013", expediente 1999-02379-01 (26.000). Consejero ponente: Mauricio Fajardo Gómez. Criterio reiterado en jurisprudencia reciente: Colombia, Consejo de Estado, "Sentencia del 8 de febrero de 2017", expediente 2004-00190-01 (37.609) Consejero ponente: Carlos Zambrano.

[10] Ramiro Pazos Guerrero y Guillermo Sánchez Luque (Ed.), *Graves violaciones a los Derechos Humanos e infracciones al Derecho Internacional Humanitario: Jurisprudencia básica del Consejo de Estado desde 1916* (Bogotá: Consejo de Estado, Imprenta Nacional de Colombia, 2017), 46 y 47.

[11] Colombia, Consejo de Estado, Sección Tercera, "Sentencia del 28 de abril de 1994", expediente 7.773; Colombia, Consejo de Estado, Sección Tercera, "Sentencia del 11 de mayo de 1995", expediente 10.176, y Colombia, Consejo de Estado, Sección Tercera, "Sentencia del 14 de mayo de 1998", expediente 12.175. Criterio reiterado en Colombia, Consejo de Estado, Sección Tercera, "Sentencia del 15 de abril de 2015", expediente 2002-00015-01 (32.923), Consejero ponente: Hernán Andrade

[12] Colombia, Consejo de Estado, Sección Tercera, "Sentencia del 15 de febrero de 1996", expediente 9.940, Consejero ponente: Jesús María Carrillo Ballesteros.

Con base en la teoría de la falla del servicio relativa,[13] la jurisprudencia del Consejo de Estado ha señalado que quien pretenda una declaratoria de responsabilidad del Estado, por no haber obtenido protección o vigilancia de las autoridades correspondientes, debe probar que no solo se pidió concretamente ante determinado hecho, sino que las circunstancias que rodeaban el caso, o el inminente riesgo que se cernía sobre la vida e integridad de las personas a raíz de amenazas públicas o privadas conocidas por la autoridad, imponían una especial protección o vigilancia, y que tal protección no se prestó a pesar de que la Administración disponía de los medios suficientes para actuar con prontitud y entereza en la prestación del servicio que se demandaba.[14]

La jurisprudencia[15] ha consolidado una tesis que afirma que el Estado debe responder patrimonialmente a título de falla en el servicio por omisión en el deber de prestar seguridad a las personas, cuando: (i) se deja a la población a merced de los grupos de la delincuencia, sin brindarles ninguna protección, en especial cuando se tiene conocimiento de que los derechos de esa población vienen siendo desconocidos por grupos organizados al margen de la ley; (ii) se solicita protección especial, con justificación en las condiciones de riesgo especiales en que se encuentra la persona; y (iii) no se solicita expresamente dicha protección, pero es evidente que la persona la necesitaba, en consideración a que existían pruebas o indicios conocidos que permitieran asegurar que la persona se encontraba amenazada[16] o expuesta a sufrir graves riesgos contra su vida, en razón de sus funciones.

---

[13] Ramiro Saavedra Becerra, *La Responsabilidad Extracontractual de la Administración Pública* (Bogotá: Editorial Ibáñez, 2003), 329-331.

[14] Colombia, Consejo de Estado, Sección Tercera, "Sentencia del 11 de marzo de 1999", expediente 10.520; Colombia, Consejo de Estado, Sección Tercera, "Sentencia del 3 de febrero de 2000", expediente 14.787, y Colombia, Consejo de Estado, Sección Tercera, "Sentencia del 26 de septiembre de 2002", expediente 14.122.

[15] Colombia, Consejo de Estado, Sección Tercera, "Sentencia del 14 de julio de 2005", expediente 15.359. Consejera ponente: Ruth Stella Correa, y Colombia, Consejo de Estado, Sección Tercera, "Sentencia del 25 de febrero de 2009, expediente 18.106. Consejero ponente: Mauricio Fajardo Gómez, entre otras. Criterio reiterado en reciente jurisprudencia: Colombia, Consejo de Estado, "Sentencia del 8 de febrero de 2017", expediente 2004-00190-01 (37609). Consejero ponente: Carlos Zambrano.

[16] Colombia, Consejo de Estado, Sección Tercera, "Sentencia de 30 de octubre de 1997", expediente 10.958. Consejero ponente: Ricardo Hoyos Duque. En un caso que merece recordarse, pues se declaró la responsabilidad del Estado a pesar de que no se pidió de manera previa la protección,

Según la doctrina,[17] la dificultad en delimitar conceptualmente la falla en el servicio se debe a la ausencia de factores objetivos, lo que implica que para materializarse se debe acudir al carácter relativo de la falla, bajo el matiz de la discrecionalidad judicial enunciado como *la lógica del caso concreto*, lo que ha permitido crear unos niveles altos de exigencia en cuanto a su configuración.[18]

Lo anterior llevó a la jurisprudencia a concluir que la obligación de proteger y garantizar la vida en Colombia se podría catalogar como de medio, por regla general, y que solo, de manera excepcional, se convertía en obligación de resultado en algunos casos específicos, cuando se trataba de daños causados a personas sujetas a una relación especial, o cuando se trataba de daños causados en lugares determinados en donde debía existir un máximo de cuidado y seguridad.

2. De la obligación de medio a la posición de garante

El Consejo de Estado sostuvo por muchos años que la obligación de vigilancia del Estado respecto de las personas constituye una obligación de medio, porque debe ser evaluado en cada caso concreto, teniendo en cuenta las circunstancias que rodean la situación, al no poder garantizar en todos los casos la obtención del resultado buscado. Solamente cuando pueda demostrarse que la vigilancia no ha sido ejercida en términos racionales, y además, que esa circunstancia ha constituido la causa eficiente del perjuicio sufrido por la víctima, podría imputarse el hecho y deducirse la responsabilidad estatal en el caso concreto.[19]

---

pero por tratarse de un líder de la oposición, presidente de un partido político perseguido y diezmado violentamente, debería, por esa sola circunstancia, haber recibido de los organismos de seguridad, sin necesidad de requerimiento previo, la protección adecuada para garantizarle su vida.

[17] Jaime Vidal Perdomo, *Derecho Administrativo* (Bogotá: Legis, 2008), 478-480.

[18] Enrique Gil Botero, *Responsabilidad Extracontractual del Estado* (Bogotá: Grupo Editorial Ibáñez, 2010), 329.

[19] Colombia, Consejo de Estado, Sección Tercera, "Sentencia del 27 de noviembre de 2003", expediente 13.280. Consejero ponente: Alier Hernández; Colombia, Consejo de Estado, Sección Tercera, "Sentencia del 26 de abril de 2008", expediente 1995 00169 01 (14.132). Consejera ponente: Myriam Guerrero, y Colombia, Consejo de Estado, Sección Tercera, "Sentencia del 24 de marzo de 2011", expediente 1992-08046-01 (18.947). Consejero ponente: Hernán Andrade.

2.1. Obligación de medio

La clasificación de las obligaciones contractuales en materia civil, según se garantice o no el resultado, es de dos clases: obligación de medio y de resultado, teniendo en cuenta la naturaleza de la actividad y los compromisos del deudor. En el tema que nos ocupa, es muy didáctica su utilización, y así lo ha hecho la jurisprudencia del Consejo de Estado para saber hasta dónde llegaba la obligación de las autoridades públicas en la protección y vigilancia de la vida e integridad personal de las personas residentes en Colombia, pues por expreso mandato constitucional se ordenaba que se cumpliera ese deber.

En la obligación de medio se debe una conducta del deudor con prudencia y diligencia, sin prometer un resultado, por ello, si ejecuta la obligación y el resultado no se alcanza, no se compromete su responsabilidad, sino cuando se acredita la comisión de una culpa.[20]

Sin importar los hechos, si no está demostrado que existieran antecedentes sobre el peligro, o situaciones de posible violación o daño, o alguna situación de amenaza que se hubiera dado a conocer, alguna de las cuales le impusiera a una autoridad pública una conducta de acción para prevenir daños, no se configura la responsabilidad estatal, así se trate de casos extremos, como cuando incursionan militares extranjeros y causan daños en territorio colombiano.[21]

Pero luego, para dejar de lado la tipología de la clasificación de las obligaciones contractuales, y pasar a utilizar una terminología y conceptos acordes con una nueva concepción del Estado, se empezó a pensar en las diferentes relaciones que debían existir entre el Estado y sus personas residentes, es por eso que se comenzaron a desarrollar las ideas de especiales relaciones de sujeción o la posición de garante.

---

[20] Saavedra Becerra, *La Responsabilidad Extracontractual*, 258 y 259.

[21] Colombia, Consejo de Estado, Sección Tercera, "Sentencia del 18 de marzo de 2004", expediente 13.318. Caso en el cual unos miembros de la guardia venezolana incursionaron en territorio colombiano y causaron graves daños a una persona, en este caso se exoneró al Estado colombiano porque quedó probado que no existían antecedentes sobre violación de la frontera, ni situaciones de amenaza conocidas por las autoridades, ni hechos que generaran una situación inminente de defensa e intervención de las autoridades colombianas en ese lugar.

2.2. Posición de garante

Por posición de garante la jurisprudencia del Consejo de Estado ha entendido aquella situación en la que el ordenamiento jurídico coloca a un determinado sujeto de derecho, en relación con el cumplimiento de una obligación específica de intervención por parte del Estado, de tal suerte, que cualquier desconocimiento de ella acarrea las mismas consecuencias, obligaciones y sanciones que repercuten al autor material y directo del hecho. La posición de garante encuentra su fundamento en el deber objetivo de cuidado que la misma ley —en sentido material— atribuye, en supuestos específicos y concretos, a ciertas personas que, tras la configuración material del daño, tengan que asumir las consecuencias de dicha conducta, siempre y cuando se compruebe, fáctica y jurídicamente, que la obligación de diligencia, cuidado y protección fue desconocida.[22]

Es muy interesante la posición asumida por la jurisprudencia,[23] al entender que, con base en los principios constitucionales como son los de la solidaridad y la prevalencia del interés general, existe la posibilidad de atribuir a un sujeto la responsabilidad por un daño, en principio, causado por la acción de un tercero o por un hecho, pero que le es imputable al primero en la medida en que se encontraba conminado a intervenir para impedir que el evento dañoso sucediera. La posición de garante justifica el imputar un daño ante un comportamiento omisivo, de manera pues que se reputa autor también a quien se abstuvo de intervenir, es lo que se conoce desde el plano penal como la *comisión por omisión.*

Entre el sujeto llamado a responder por su no actuar —omisión— y el afectado por el daño antijurídico, existe una relación de protección y cuidado, que se estructura por una obligación de intervención del primero, que es exigida como conducta positiva —hacer—, ante determinadas circunstancias que crean ese deber de acción, en aras de evitar que el segundo sea vulnerado en sus derechos.

---

[22] Colombia, Consejo de Estado, Sección Tercera, "Sentencia del 4 de octubre de 2007", expediente 15.567; Colombia, Consejo de Estado, Sección Tercera, "Sentencia del 4 de diciembre de 2007", expediente 16.894, y Colombia, Consejo de Estado, Sección Tercera, "Sentencia del 20 de febrero de 2008", expediente 16.996.

[23] Colombia, Consejo de Estado, Sección Tercera, "Sentencia del 9 de julio de 2014", expediente 44.333. Consejero ponente: Enrique Gil Botero.

Se adquiere la posición de garante cuando, por ejemplo, se debe proteger la vida, tomando las medidas de seguridad necesarias para brindar un servicio de protección eficiente y permanente a un destacado político y figura pública que ha sido objeto de serias amenazas provenientes de la guerrilla o la delincuencia común, las cuales eran conocidas suficientemente por la Policía Nacional.[24] En el mismo sentido, cuando se trata de proteger la seguridad personal de un sindicalista que se encuentra en una situación especial de riesgo, debido a su propia actividad, ligada a su liderazgo en la asociación sindical, las autoridades asumen sobre él una posición de garantes de su vida.[25] Y también, entre otros casos, cuando no se protege en debida forma una persona que se encuentra en estado de discapacidad física.[26]

Señalaré algunos de los eventos más relevantes en donde la jurisprudencia del Consejo de Estado ha manifestado que se adquiere la posición de garante.

2.2.1. En relación con los alumnos menores de edad de un establecimiento educativo oficial

La seguridad y la integridad física y síquica de los menores de edad en condición de estudiantes es responsabilidad del centro educativo oficial al cual están adscritos. Sobre este tema la jurisprudencia[27] ha dicho que el centro educativo se convierte en garante y adquiere la obligación de responder por los actos del educando que pudieran lesionar derechos propios o ajenos, es decir, que la obligación de cuidado de los maestros con respecto

---

[24] Colombia, Consejo de Estado, Sección Tercera, "Sentencia del 28 de abril de 2010", expediente 18.072. Consejero ponente: Enrique Gil Botero, y Colombia, Consejo de Estado, Sección Tercera, "Sentencia del 7 de septiembre de 2015", expediente 1999-01081-02 (34.158). Consejero ponente: Jaime Santofimio.

[25] Colombia, Consejo de Estado, Sección Tercera, "Sentencia del 26 de agosto de 2015", expediente 2000-02297-01 (32.432). Consejero ponente: Hernán Andrade, y Colombia, Consejo de Estado, Sección Tercera, "Sentencia del 5 de diciembre de 2016", expediente 2003-01392-01 (36.137). Consejera ponente: Stella Conto Díaz del Castillo.

[26] Colombia, Consejo de Estado, Sección Tercera, "Sentencia del 7 de septiembre de 2015", expediente 2010-00178-01 (47.671). Consejero ponente: Jaime Santofimio.

[27] Colombia, Consejo de Estado, Sección Tercera, "Sentencia del 20 de febrero de 2003", expediente 14.144; Colombia, Consejo de Estado, Sección Tercera, "Sentencia del 7 de septiembre de 2004", expediente 14.869. Consejera ponente: Nora Cecilia Gómez, y Colombia, Consejo de Estado, Sección Tercera, "Sentencia del 23 de junio de 2010", expediente 18.468, entre otras.

a los alumnos origina una responsabilidad de los centros educativos, y de los mismos maestros, por cualquier daño que los alumnos puedan llegar a causar o sufrir.

Ese deber de vigilancia de los centros educativos por los daños que causen o puedan sufrir los alumnos es inversamente proporcional a su edad o capacidad de discernimiento, de manera que es mayor frente a alumnos menores o con limitaciones físicas o sicológicas, pero será moderado respecto de alumnos con mayor edad y sin ningún tipo de limitación, pues a estos últimos se les debe dar una mayor libertad de decisión, claro está, advirtiéndoles del peligro y prohibiéndoles actividades que puedan representarles riesgos.[28]

En estos eventos, no importa qué tipo de tareas estén desempeñando los alumnos, si se trata de actividades realizadas dentro de las instalaciones del centro educativo, porque los alumnos están bajo su custodia, o si se trata de actividades por fuera del plantel educativo,[29] pero organizadas y dirigidas por el colegio, en ambos casos las autoridades y los profesores siguen asumiendo la misma responsabilidad, pues esa posición de garante no se pierde por el hecho de estar fuera de las instalaciones del centro educativo.

El deber de cuidado y vigilancia de los alumnos se justifica en la relación de subordinación existente entre el docente y el alumno, por virtud de la cual el primero ejerce dirección de conducta y disciplina respecto del segundo, ostenta una posición dominante en razón de su autoridad, y por ende, adquiere la obligación de impedir que el alumno actúe de una forma imprudente. Este deber está condicionado a la prueba de la vinculación del estudiante con el centro educativo y a la demostración de que la actividad desarrollada tiene un nexo con la función educativa del establecimiento.[30]

Esta responsabilidad por el deber de custodia y la posición de garante que ostentan las autoridades del colegio respecto de los alumnos menores

---

[28] Colombia, Consejo de Estado, Sección Tercera, "Sentencia del 2 de mayo de 2016", expediente 2004-02224-01 (37.430). Consejera ponente: Stella Conto.

[29] Colombia, Consejo de Estado, Sección Tercera, "Sentencia del 21 de febrero de 2002", expediente 14.081, y Colombia, Consejo de Estado, Sección Tercera, "Sentencia del 12 de junio de 2014", expediente 1994-07752-01 (28.433). Consejero ponente: Jaime Santofimio.

[30] Colombia, Consejo de Estado, Sección Tercera, "Sentencia de14 de julio de 2005", expediente 15.462. Consejera ponente: María Elena Giraldo Gómez.

(definidos por la Convención sobre los derechos del Niño),[31] se sustenta, además del artículo 90 de la Constitución, en el artículo 2.347 del Código Civil,[32] en donde se establece que las personas son responsables además del hecho propio, por el causado por aquellas personas que estuvieren bajo su cuidado. Es precisamente dentro de este marco constitucional y legal que se encaja el deber de vigilancia[33] y custodia de los establecimientos educativos y la posición de garante que ostentan estos respecto de los alumnos a su cargo.

Esta misma relación de subordinación existe dentro de los hogares comunitarios, administrados y vigilados por el ICBF (Instituto Colombiano de Bienestar Familiar), en relación con los menores que están allí para su cuidado. Por lo tanto, debe existir una adecuada función de vigilancia y protección de esos menores, para garantizarles su integridad física.[34]

---

[31] La Convención sobre los Derechos del Niño, adoptada por la Asamblea General de las Naciones Unidas el 20 de noviembre de 1989, y aprobada en Colombia mediante la Ley 12 de 1991, determina: "Artículo 1: Para los efectos de la presente Convención, se entiende por niño todo ser humano menor de dieciocho años de edad, salvo que, en virtud de la ley que le sea aplicable, haya alcanzado antes la mayoría de edad. (...) Artículo 3. 1. En todas las medidas concernientes a los niños que tomen las instituciones públicas o privadas de bienestar social, los tribunales, las autoridades administrativas o los órganos legislativos, una consideración primordial a que se atenderá será el interés superior del niño. 2. Los Estados Partes se comprometen a asegurar al niño la protección y el cuidado que sean necesarios para su bienestar, teniendo en cuenta los derechos y deberes de sus padres, tutores u otras personas responsables de él ante la ley y, con ese fin, tomarán todas las medidas legislativas y administrativas adecuadas". Naciones Unidas, "Convención sobre los Derechos del Niño", 20 de noviembre de 1989.

[32] Colombia, Consejo de Estado, Sección Tercera, "Sentencia del 2 de mayo de 2016", expediente 2004-02224-01 (37.430). Consejera ponente Stella Conto.

[33] "Cuando un alumno causa un daño a otro o a un tercero, e igualmente cuando se lesiona a sí mismo, ¿qué culpa cabe reprocharle al maestro? Una falta de vigilancia (...) En el curso de los juegos ocurren muchos accidentes; los tribunales eximen a los maestros cuando el acto del discípulo ha sido demasiado rápido para que pudiera intervenir el profesor; desde luego, el maestro será culpable si deja que los niños se entreguen a juegos peligrosos o brutales (...) el alumno se encuentra bajo la vigilancia del maestro desde el instante en que se le permite entrar en el local donde se da la enseñanza hasta el momento en que sale regularmente del mismo". Henry Mazeaud, León Mazeaud y Jean Mazeaud, *Lecciones de Derecho Civil. Parte segunda. V.II* (Buenos Aires: Ediciones Jurídicas Europa-América, 1960), 201 y 202, como se citó en: Colombia, Consejo de Estado, "Sentencia del 28 de agosto de 2014, expediente 2001-00731-01 (26.251), Consejero ponente: Jaime Santofimio.

[34] Colombia, Consejo de Estado, Sección Tercera, "Sentencia del 26 de marzo de 2014", expediente 2000-00116-01 (28.077). Consejero ponente: Jaime Santofimio.

Por otro lado, las instituciones que tienen a su cargo menores infractores de la ley[35] tienen el deber de cumplir con las obligaciones de custodia, seguridad y vigilancia, garantizando de esta manera que los niños o adolescentes logren reeducarse y resocializarse, para así reintegrarse a la sociedad cumpliendo a cabalidad con los deberes que se les imponen en los diferentes ámbitos de la vida social. Las obligaciones del centro de reeducación inician desde el momento en que el menor ingresa a las instalaciones del mismo, por orden de la autoridad competente, y finalizan en el momento en que sale de la institución, previa decisión judicial, teniendo en cuenta que los deberes no solo se circunscriben a garantizar la seguridad del joven dentro de la institución, sino también a vigilar el proceso de reeducación y resocialización, lo cual permite afirmar que se cumplió íntegramente con los compromisos adquiridos por parte del Estado con la sociedad y los familiares del joven infractor a través de este tipo de instituciones.

2.2.2. En relación con las personas que llegaron a encontrarse en una situación de desplazamiento forzado

Se puede decir que quien se ha visto forzado a migrar del lugar donde tenía su residencia o desarrollaba su actividad económica habitual, porque su vida, su integridad, su libertad personal o su seguridad hubieren sido amenazadas o vulneradas, como consecuencia del conflicto armado interno, por disturbios y tensiones interiores, por violencia generalizada, por violación masiva de derechos humanos, por la infracción al DIH[36] u otras circunstancias que alteren drásticamente el orden público, tendrá derecho a recibir una ayuda humanitaria de emergencia por encontrarse en una situación especial de desplazamiento forzado.[37]

---

[35] Colombia, Consejo de Estado, Sección Tercera, "Sentencia del 28 de agosto de 2014", expediente 2001-00731-01 (26.251).Consejero ponente Jaime Santofimio.

[36] Derecho internacional humanitario.

[37] En el artículo 2 del Decreto 2.569 de 2000 se dice que para que la autoridad declare esta situación especial de desplazamiento se necesita que la persona desplazada solicite tal reconocimiento con una declaración de los hechos presentada ante la Procuraduría General de la Nación, la Defensoría del Pueblo, las personerías municipales o cualquier despacho judicial. Hoy, sobre la condición de víctima, el Decreto 4800 de 2011 dice que: "El Registro Único de Víctimas es una herramienta administrativa que soporta el procedimiento de registro de las víctimas. La condición de víctima es una situación fáctica que no está supeditada al reconocimiento oficial a través de la inscripción en el Registro. Por lo tanto, el registro no confiere la calidad de víctima, pues cumple únicamente el propósito

Antes de que estas personas sufrieran el desplazamiento forzado, las autoridades públicas adquirieron una posición de garante en relación con ellas si, como lo ha dicho la jurisprudencia,[38] se trataba de un hecho previsible y no se tomaron las medidas pertinentes para prevenir los daños, si hubo incapacidad e indiferencia de los efectivos militares y de la Policía acantonados en la zona, si hubo una evidente falta de voluntad estatal para evitar los desmanes y atropellos, o si tuvieron conocimiento efectivo de la situación de peligro del grupo de personas. En estos eventos, el posterior desplazamiento forzado, si bien es generado por terceros al margen de la ley, es imputable a las Fuerzas Militares y de Policía, a título de falla en el servicio por omisión, puesto que estando en posición de garante incumplieron con los deberes de protección y seguridad que les han sido encomendados constitucionalmente, violando el artículo 2 de la Constitución, los derechos humanos, y aún el DIH.

Esta protección, de manera lógica, se debe dar ante todo a los líderes de la asociación de desplazados, por lo tanto, si las autoridades son conscientes de una situación de riesgo para ellos, se les debe garantizar su seguridad.[39]

---

de servir de herramienta técnica para la identificación de la población que ha sufrido un daño en los términos del artículo 3° de la Ley 1448 de 2011 y de sus necesidades, y como instrumento para el diseño e implementación de políticas públicas que busquen materializar los derechos constitucionales de las víctimas. El Registro Único de Víctimas incluirá a las víctimas individuales a las que se refiere el artículo 3° de la Ley 1448 de 2011 e incluirá un módulo destinado para los sujetos de reparación colectiva en los términos de los artículos 151 y 152 de la misma ley." Colombia, Presidencia de la República, "Decreto 4800 de 2011", por el cual se reglamenta la Ley 1448 de 2011 y se dictan otras disposiciones, Bogotá, Diario Oficial 48289, 20 de diciembre de 2011, artículo 16.

38 Colombia, Consejo de Estado, Sección Tercera, "Sentencia del 18 de febrero de 2010, expediente 18.436.

39 En este sentido la sentencia del 8 de noviembre de 2016 expresó: "...Con fundamento en todo lo anterior, ha de concluir la Sala para el caso sub examine, que el daño resulta imputable por omisión a la demandada, toda vez que esa entidad se encontraba en posición de garante institucional en relación con la protección a la vida, integridad y bienes del señor Ovidio Maldonado Gallego, puesto que, según se acreditó en el proceso, la Policía Nacional y el DAS tenían informes de inteligencia que daban cuenta del grave riesgo al que estaban expuestos los líderes de la asociación de desplazados —ASEDECOL—, dado el asesinato de varios de ellos y las amenazas contra su vida e integridad; sin embargo, el estudio de riesgo o amenaza realizado por el DAS le asignó un nivel de amenaza 'medio-bajo' que corresponde, según se indicó, a hechos en los cuales 'no hay ningún tipo de amenaza salvo del riesgo propio de su profesión u oficio'; asimismo, se tiene que la Policía Nacional era consciente de la situación de riesgo en la que se encontraban los miembros de dicha asociación de desplazados, dado que en el mes de julio de 2002 presentó al Defensor del Pueblo un informe sobre la situación

2.2.3. Sobre quienes prestan el servicio militar obligatorio

Frente a los perjuicios ocasionados a los jóvenes que prestan el servicio militar obligatorio, en la medida en que su voluntad se ve doblegada por el imperio del Estado, al someterlos a la prestación de un servicio que no es nada distinto a la imposición de una carga o un deber público, resulta claro que la organización estatal debe responder, bien porque frente a ellos el daño provenga de: (i) un rompimiento de las cargas públicas que no tenga la obligación jurídica de soportar el soldado; (ii) de un riesgo excepcional que desborda aquel al cual normalmente estaría sometido, y que puede tener origen en el riesgo de la actividad o en el riesgo de la cosa, o (iii) de una falla del servicio, a partir de la cual se produce el resultado perjudicial.[40]

El reclutamiento de los jóvenes para que presten el servicio militar obligatorio, como ejercicio legítimo del poder del Estado que afecta algunos derechos de las personas, en sí mismo no es una actividad que genere responsabilidad patrimonial derivada de los perjuicios causados durante su prestación, dado que esta es una carga que los ciudadanos deben soportar por vivir en esta sociedad.[41] Pero así como el ciudadano debe asumir la carga derivada de la restricción de sus derechos, en la medida en que el

---

de seguridad de las personas desplazadas en el Departamento del Tolima, en el cual manifestó que por labores de inteligencia se tenía conocimiento de que tales personas eran consideradas objetivo militar por parte de la guerrilla de las FARC por ser tildadas de ser simpatizantes de las AUC.

Llama la atención a la Sala que, no obstante advertir tales situaciones de riesgo, se hubiera concluido por parte de tales entidades de seguridad del Estado que no existían '... elementos probatorios de amenazas directas contra ellos que determinen un nivel de riesgo'.

En otras palabras, la circunstancia de que la demandada hubiera conocido la situación de riesgo en que vivía Ovidio Maldonado, porque lo revelaron los estudios de seguridad que se realizaron, imponían a esas entidades, el deber de garantizar la seguridad de esa persona, por lo cual se encontraba compelida a brindar la protección y seguridad necesarias, cosa que no se hizo, pues las medidas que adoptaron, consistentes en recomendaciones de autoprotección y en la asignación de un teléfono móvil, resultaban notoriamente insuficientes, desconectadas de lo razonable y temerariamente inocuas, dada la gravedad que revestían las amenazas en contra de su vida." Colombia, Consejo de Estado, Sección Tercera, "Sentencia del 8 de noviembre de 2016", expediente 2006-01891-01 (40.341). Consejero ponente: Jaime Santofimio.

[40] Colombia, Consejo de Estado, Sección Tercera, "Sentencia del 10 de febrero de 2016", expediente 2003-01250-01 (37.301). Consejero ponente: Hernán Andrade. Esa sentencia reitera la posición expuesta por el mismo ponente en: Colombia, Consejo de Estado, Sección Tercera, "Sentencia del 10 de septiembre de 2014", expediente 2001-00299-02 (32.421). Consejero ponente: Hernán Andrade.

[41] Colombia, Consejo de Estado, Sección Tercera, "Sentencia del 30 de marzo de 2013", expediente 26.604. Consejera ponente: Olga Valle de De la Hoz. Criterio reiterado en: Colombia, Consejo

reclutamiento es una actividad que redunda en beneficio de la comunidad, el Estado se obliga a garantizarles a estos jóvenes una protección eficaz y seguridad en su integridad personal.

Cuando se estudia un proceso relacionado con la protección de la vida de los conscriptos,[42] el principio *iura novit curia* le impone al juzgador verificar si el daño antijurídico resulta imputable o atribuible al Estado, sin perder de vista que, en tanto la Administración Pública imponga el deber de prestar el servicio militar, debe garantizar la integridad sicofísica del soldado en la medida en que se trata de una persona que se encuentra sometida a su custodia y cuidado, pues en determinadas situaciones lo pone en una posición de riesgo, lo cual, en términos de imputabilidad, significa que debe responder por los daños que le sean irrogados en relación con la ejecución de la carga pública. Esta es una responsabilidad derivada de las obligaciones de especial sujeción que asume el Estado frente a los conscriptos. Así la causación inmediata y material del daño sea la actuación de un tercero, o de la propia víctima, si el resultado perjudicial tiene una relación mediata con el servicio que cumplía como soldado conscripto, se le puede endilgar jurídicamente el daño a la Nación.[43]

En estos casos, la exoneración debe demostrar un elemento extraño, por ello, a título de ejemplo, cuando el daño se causa con participación de la víctima, habría que probar, para lograr una exoneración total, que esa actuación fue la causa eficiente en la producción del daño.[44]

---

de Estado, Sección Tercera, "Sentencia del 5 de diciembre de 2016", expediente 2009-00411-01 (42.336). Consejero ponente: Ramiro Pazos Guerrero.

[42] Jóvenes que son obligados a prestar el servicio militar.

[43] Colombia, Consejo de Estado, Sección Tercera, "Sentencia del 15 de octubre de 2008", expediente 18.586. Consejero ponente: Enrique Gil Botero. Criterio reiterado en: Colombia, Consejo de Estado, "Sentencia del 15 de abril de 2015", expediente 2007-00095-01 (45.513). Consejero ponente Hernán Andrade.

[44] En este sentido, Colombia, Consejo de Estado, Sección Tercera, "Sentencia del 30 de septiembre de 2000", expediente 13329. Criterio reiterado en la "Sentencia del 5 de diciembre de 2016", expediente 2009-00411-01 (42.336). Consejero ponente Ramiro Razos Guerrero, al decir: "*En este orden de ideas, para que surja el deber del Estado de reparar el daño causado por el suicidio de un recluso o un conscripto es necesario acreditar que por el trato que recibía en el establecimiento militar o carcelario fue inducido a tomar esa decisión, o bien que la persona sufría un trastorno psíquico o emocional que hacia previsible el hecho y que*, a pesar de ser conocida esa circunstancia por las autoridades encargadas de su seguridad, no se le prestó ninguna atención médica especializada, ni se tomó ninguna determinación tendiente a alejarlo de las situaciones que le generaran un estado de mayor tensión o peligro.

2.2.4. *Ante una situación de violencia extrema en un espacio determinado*

La jurisprudencia ha estudiado la responsabilidad que puede surgir de los daños causados como consecuencia de una situación evidente de violencia extrema arraigada en determinados sectores del país. El argumento que se ha tenido en cuenta consiste en que si el Estado conocía de la comisión reiterada de delitos, bajo unas mismas modalidades, en un espacio determinado, generando una violencia extrema para los habitantes de la zona, se convierte en un garante de los derechos de quienes pueden ser víctimas de este tipo de ilícitos.[45] Entonces, si el asunto no era desconocido para las autoridades, y si con ese clima de violencia extrema era previsible que se cometieran daños a los residentes en la zona, esas autoridades debían proteger a los asociados que en forma inminente iban a ser las víctimas de los atropellos de esas conductas delictuales, es decir, que debían asumir un rol de garante para evitar los posible daños.

En estos casos, si se causan daños antijurídicos a los residentes de las zonas ya analizadas, se ha declarado la responsabilidad del Estado por la falta de una conducta activa de la Administración, y en especial de las fuerzas militares, por la falta de protección de los ciudadanos que se vieron afectados por los grupos criminales, porque al margen de que los daños en sí mismos hayan sido causados por terceros, es imputable a la entidad pública como consecuencia del desconocimiento de la posición de garante.[46]

Dentro del marco del conflicto armado interno, cuando se afecta a un miembro de la población civil, no solamente opera el principio de distinción respecto de todos los involucrados en el mismo, sino que se maximiza la garantía de protección en cabeza del Estado, y por eso, los medios estatales deben apoyar, atender y contrarrestar los ataques que provocan los grupos

---

En caso contrario, esto es, en el evento de que la decisión del soldado o retenido sea libre porque obedezca al ejercicio de su plena autonomía, o en el evento de que su perturbación o la necesidad de ayuda sicológica, por las especiales circunstancias del caso, no hubiera sido conocida por las autoridades encargadas de su protección, el hecho sería sólo imputable a su autor por ser imprevisible e irresistible para la administración". Colombia, Consejo de Estado, Sección Tercera, "Sentencia del 5 de diciembre de 2016".

[45] Pazos Guerrero y Sánchez Luque, *Graves violaciones a los Derechos Humanos*, 439-450.

[46] Colombia, Consejo de Estado, Sección Tercera, "Sentencia del 21 de noviembre de 2013", expediente 27.964. Consejero ponente: Enrique Gil Botero, y Colombia, Consejo de Estado, Sección Tercera, "Sentencia del 9 de julio de 2014", expediente 44.333. Consejero ponente: Enrique Gil Botero.

armados insurgentes, de una manera eficiente.[47] El Estado tiene una carga de reducir o mitigar los daños que pesan sobre el eventual perjudicado desde el momento en que es previsible la producción del daño.[48]

Cuando por estos daños se ha producido una condena penal en contra del victimario, en donde se liquide una indemnización a favor de una víctima, será el Estado responsable de forma subsidiaria, pero para cubrir el monto del pago condenado, en su posición de garante de los derechos humanos. Este pago se limitará al reconocimiento del monto que por reparación administrativa hubiere lugar (artículo 10 de la Ley 1448 de 2011).[49]

3. Daños causados en lugares determinados

Se ha considerado por parte de la jurisprudencia del Consejo de Estado que en algunos lugares específicos, por las especiales medidas de seguridad y protección que se deben brindar, la entidad pública encargada de la vigilancia

---

[47] En este sentido el Consejo de Estado dijo: "...de concretarse la producción de un daño antijurídico, como el ocurrido en los hechos del 25 de enero de 2003, se imputara por la inactividad de las administraciones públicas demandadas, consistente en el serio, grave y sustancial incumplimiento a los mandatos convencionales que para el caso en concreto imponía atender los reclamos de la ciudadanía, dotar de medios de protección, o de defensa, seguimiento o patrullaje, de inteligencia, con base en los cuales se hubiese podido o anticipar o perseguir eficazmente a los miembros del grupo armado insurgente FARC que perpetraron el ataque y saqueo al establecimiento de comercio en el corregimiento de Llorente, municipio de Tumaco el 25 de enero de 2003. (...)

223.- Luego, para la Sala el daño antijurídico ocasionado y demostrado es imputable a las entidades demandadas por la falla en el servicio en la que incurrieron las entidades públicas demandadas, por su inactividad consistente (i) en el incumplimiento de los mandatos convencionales [protección de los recursos efectivos, tutela del derecho a la integridad física y protección del derecho de propiedad, consagrados en los artículos 1.1, 2, 5 y 21; de ofrecer las garantías fundamentales derivadas del conflicto armado como permitir, no contener o hacerlo insuficientemente respecto a actos terroristas, y no cumplir con el principio de distinción, consagrados en los artículos 4 y 13 del Protocolo II a los Convenios de Ginebra de 1977; de protección de los derechos de los ciudadanos, de tutela de los derechos fundamentales y de protección del derecho de propiedad consagrados en la Carta Política de 1991, que le dan alcance a los mandatos de los artículos 216 y 217 de la misma]; y, (ii) en la falta del ejercicio de facultades discrecionales que en el ámbito de las fuerzas militares le ordenan desplegar todos los medios disponibles, suficientes, razonables y necesarios para atender las acciones armadas que se presenta, y no simplemente afirmar su existencia instrumental". Colombia, Consejo de Estado, Sección Tercera, "Sentencia del 16 de febrero de 2017", expediente 2003-00565-02 (33.861). Consejero ponente: Jaime Santofimio.

[48] Luis María Díez-Picazo, *Derecho de Daños* (Madrid: Ediciones Civitas, 1999), 322.

[49] Colombia, Corte Constitucional, "Sentencia T-054 de 2017", 3 de febrero de 2017. Magistrado ponente: Gabriel Eduardo Mendoza.

asume una obligación de garante, para proteger la vida e integridad de las personas que se encuentran dentro de sus instalaciones, pero aclaro que esta es la excepción, pues la regla general, según las pautas jurisprudenciales, es que las entidades públicas tan solo asumen la responsabilidad por los daños causados dentro de sus instalaciones si se llegara a demostrar una falla en el servicio de vigilancia.

Hay otros sitios en donde pudieran existir dudas acerca de si la protección de la vida de las personas que ingresan se convierte en garantía de quien vigila las instalaciones, como por ejemplo, en las entidades hospitalarias de carácter oficial, en donde la jurisprudencia ha dicho que si además de la obligación de seguridad médica, en cuanto al tratamiento que reciben, los hospitales asumen una obligación adicional relativa al deber de protección de los pacientes frente a actos de terceros, o si esta obligación corresponde a la Policía Nacional o a otros organismos del Estado especializados en la prestación de dicho servicio, y la respuesta que ha dado la jurisprudencia[50] ha sido que además del tratamiento médico (por los actos pre-médicos o posmédicos, o por el acto médico de forma técnica en donde está de por medio la intervención del especialista en el diagnóstico, en un tratamiento o en una intervención quirúrgica), los otros posibles daños que se causen a manos de terceros podrían generar una responsabilidad subjetiva del centro hospitalario, en donde se debería probar una falla en el servicio,[51] por lo tanto, la entidad podría exonerarse demostrando que cumplió con celebrar el contrato con una empresa de seguridad privada para vigilar sus instalaciones, o que directamente presta este servicio de vigilancia con la diligencia adecuada. En algunos casos excepcionales, como cuando se trata

---

50 Colombia, Consejo de Estado, Sección Tercera, "Sentencia del 21 de enero de 1993", expediente 7.435; Colombia, Consejo de Estado, Sección Tercera, "Sentencia del 28 de septiembre de 2000", expediente 11.405; Colombia, Consejo de Estado, Sección Tercera, "Sentencia del 19 de junio de 2008", expediente 17.713; Colombia, Consejo de Estado, Sección Tercera, "Sentencia del 10 de septiembre de 2014", expediente 2001-01509 (25.909). Consejero ponente: Enrique Gil Botero, y Colombia, Consejo de Estado, Sección Tercera, "Sentencia del 29 de octubre de 2014", expediente 1999-00436-01 (31.344). Consejero ponente: Hernán Andrade.

51 Alier Eduardo Hernández Enríquez y Catalina Franco Gómez, *Responsabilidad Extracontractual del Estado. Análisis de la jurisprudencia del Consejo de Estado* (Bogotá: Ediciones Nueva Jurídica, 2007), 104 y 105.

de enfermos con problemas siquiátricos, esa carga obligacional de tomar medidas de vigilancia y protección se vuelven extremas.[52]

Paso a señalar algunos de los casos más interesantes en donde la jurisprudencia del Consejo de Estado ha dicho que las entidades públicas deben proteger la vida en lugares específicos con una posición de garante.

3.1. Daños físicos causados en las cárceles

Los daños causados a personas que han sido privadas de la libertad en sitios de reclusión oficiales se consideran imputables a la entidad que vigila y administra el centro carcelario. La jurisprudencia del Consejo de Estado ha sido reiterativa en indicar que se debe garantizar la vida e integridad de las personas que están recluidas en las cárceles,[53] y de las demás personas que ingresan a sus instalaciones autorizadas por el mismo centro carcelario, entiéndanse abogados, familiares, funcionarios judiciales, etc., y por eso el régimen de responsabilidad que se utiliza es el objetivo.

En los últimos años, la jurisprudencia ha hecho un esfuerzo por alejarse de la clasificación de las obligaciones de medio y de resultado,[54] para deducir la responsabilidad estatal en estos casos a partir de "las relaciones de especial sujeción"[55] a las cuales los reclusos quedan sometidos, y que

---

52 Colombia, Consejo de Estado, Sección Tercera, "Sentencia del 23 de noviembre de 2016,", expediente 2007-00504 (41.134). Consejero ponente: Carlos Alberto Zambrano.

53 Colombia, Consejo de Estado, Sección Tercera, "Sentencia del 24 de junio de 1998, expediente 14.406; Colombia, Consejo de Estado, Sección Tercera, "Sentencia del 27 de noviembre de 2002", expediente 13.760; Colombia, Consejo de Estado, Sección Tercera, "Sentencia del 12 de febrero de 2004", expediente 14.955; Colombia, Consejo de Estado, Sección Tercera, "Sentencia del 24 de junio de 2004", expediente 14.950, entre otras. Criterio reiterado en sentencia reciente: Colombia, Consejo de Estado, "Sentencia del 8 de febrero de 2017", expediente 2009-00159-01 (42.638). Consejero ponente: Carlos Zambrano.

54 Colombia, Consejo de Estado, Sección Tercera, "Sentencia del 27 de abril de 2006", expediente 20.125; Colombia, Consejo de Estado, Sección Tercera, "Sentencia del 10 de agosto de 2016", expediente 2005-00380-01 (37.040). Consejero ponente: Hernán Andrade; y Colombia, Consejo de Estado, Sección Tercera, "Sentencia del 5 de octubre de 2016", expediente 2006-03603-01 (40.700). Consejero ponente: Carlos Zambrano.

55 Esta expresión fue utilizada por primera vez en la Corte Constitucional en el contexto de las relaciones entre autoridades penitenciarias y personas privadas de la libertad. Colombia, Corte Constitucional, "Sentencia T-596 de 1992", 10 de diciembre de 1992.

generan unos deberes muy especiales del Estado en cuanto a la protección de su vida e integridad personal.[56]

3.2. Daños causados en los establecimientos educativos oficiales

Los daños causados a los alumnos dentro de las instalaciones del establecimiento educativo, o por fuera de ellos, siempre y cuando se trate de actividades organizadas por sus autoridades, serán de responsabilidad del propio colegio, o de la entidad quien lo administra y vigila. La jurisprudencia del Consejo de Estado[57] ha dicho que el deber de vigilancia dentro de sus instalaciones se convierte en una obligación de resultado del centro educativo, porque están de por medio los estudiantes menores de edad, y en este caso los padres han conferido al colegio la custodia parcial de sus hijos mientras están dentro de sus instalaciones.

Distinto sería si los daños se causan a otras personas diferentes de los alumnos de la institución educativa, como serían los profesores, las autoridades del colegio, los padres de familia, y otras personas mayores de edad que pudieran ingresar en sus instalaciones; en estos casos, la responsabilidad del centro educativo es subjetiva, en donde se debería demostrar una falla en el servicio.

3.3. Daños causados en lugares donde se producen atentados terroristas

En relación con los daños causados por actos terroristas, la jurisprudencia ha considerado que, en principio, no hay lugar a la reparación patrimonial por parte del Estado,[58] porque constituyen una fuerza mayor al ser imprevisibles e irresistibles, o también porque pueden configurar, como eximente de responsabilidad,[59] el hecho exclusivo y determinante[60] de un tercero.[61]

---

[56] Hernández Enríquez y Franco Gómez, *Responsabilidad Extracontractual*, 64.

[57] Colombia, Consejo de Estado, Sección Tercera, "Sentencia del 25 de mayo de 2000", expediente 11.253, y Colombia, Consejo de Estado, Sección Tercera, "Sentencia del 10 de agosto de 2001", expediente 12.555.

[58] Pazos Guerrero y Sánchez Luque, *Graves violaciones a los Derechos Humanos*, 49.

[59] Colombia, Consejo de Estado, Sección Tercera, "Sentencia del 20 de mayo de 2004", expediente 14.405, y Colombia, Consejo de Estado, Sección Tercera, "Sentencia del 14 de junio de 2004", expediente 14.318, entre otras.

[60] Arenas Mendoza, *El régimen de responsabilidad objetiva*, 250 y 251.

[61] La Sala de Apelaciones del Tribunal Penal Internacional para la ex Yugoslavia, en el asunto

El primer fallo de la jurisdicción contenciosa administrativa en donde se condenó por un atentado calificado como terrorista, se produjo en el año 1994,[62] y fue el reflejo del nuevo orden jurídico y del desarrollo de la, hasta ese momento, muy joven Constitución de 1991. En esa jurisprudencia, que decidió el proceso iniciado por los hechos en donde una mujer había muerto por un atentado dirigido en contra del director del DAS en ese momento, se propuso como subregla, o como precedente jurisprudencial, que el Estado debía indemnizar los daños causados a las víctimas inocentes en los atentados ocasionados por los terroristas, que tuvieran como objetivo directo de la agresión un establecimiento militar del Gobierno (cuarteles e instalaciones militares, en general), un centro de comunicaciones al servicio de la Administración, o un personaje de la cúpula administrativa. El título de imputación que utilizó el Consejo de Estado en ese caso fue el del daño especial, lo cual puede generar una discusión, porque encaja mucho mejor en la conceptualización del título conocido como riesgo excepcional.

Luego, la jurisprudencia dio otro avance al señalar que los actos terroristas son imputables al Estado, no solo cuando el riesgo que crea el mismo Estado y que permite establecer el vínculo causal surge de una actividad dirigida a proteger a la comunidad, como un establecimiento militar o policivo, sino que además, cuando el ataque se dirige directamente contra un centro de comunicaciones o un personaje representativo de la cúpula estatal, o en forma más general, cuando el blanco sea "un objeto claramente identificable como del Estado".[63] Se agregó bajo esta nueva perspectiva, que no había razón para limitar la responsabilidad estatal a los eventos en los cuales el ataque terrorista se había dirigido contra un objetivo militar

---

Fiscal c. Tadic, destacó que: "En derecho internacional, la condición para que se atribuyan al Estado actos realizados por particulares es que el Estado ejerza un control sobre esos particulares". Asunto IT-94-1, *Prosecutor* c. *Tadic*, (1999), I.L.M., vol.38, párr.117. Otro ejemplo lo constituye la captura de Adolf Eichmann, por un grupo de israelíes en Buenos Aires el 1º de mayo de 1960 llevándolo posteriormente en avión a Israel donde fue sometido a juicio. Como se citó en Colombia, Consejo de Estado, Sección Tercera, "Sentencia del 16 de febrero de 2017", expediente 2003-00565-02 (33.861). Consejero ponente: Jaime Santofimio.

[62] Colombia, Consejo de Estado, Sección Tercera, "Sentencia del 23 de septiembre de 1994", expediente 8.577. Consejero ponente: Julio César Uribe.

[63] Colombia, Consejo de Estado, Sección Tercera, "Sentencia de 11 de diciembre de 2003", expediente 12.916 y 13.627 (acumulados).

o policivo, sino que debía extenderse a todos aquellos casos en los que el blanco fuera un objeto claramente identificable como del Estado, ya que la justificación para establecer el vínculo causal es la misma, el riesgo particular que se crea con una actividad que ha sido elegido por los terroristas como objetivo.

Como ya lo manifesté, la primera condena se sustentó en el daño especial, pero el avance de la jurisprudencia ha llevado a que se clarifiquen los conceptos, y se señale que en la gran mayoría de los casos los títulos de imputación utilizados son: la falla en el servicio y el riesgo excepcional. En cuanto a la falla en el servicio, se ha admitido que hay lugar a condenar al Estado por hechos que se califican como terroristas, cuando en la producción del daño ha mediado una falla del servicio por ineficacia, retardo u omisión, lo cual se ha considerado que ocurre cuando los funcionarios públicos participan directamente en la comisión del hecho; o cuando la víctima, o la persona contra quien iba dirigido el acto había solicitado la protección a las autoridades y esta no se le brindó, o cuando en razón de las circunstancias especiales que se vivían en el momento el hecho era previsible.[64] En relación con el riesgo excepcional, también se ha utilizado cuando ocurren los daños durante los ataques terroristas en contra de la fuerza pública, porque las víctimas en estos casos fueron sometidos a soportar un peligro de naturaleza anormal y grave por parte de la Administración, el cual no estaban obligados a padecer, este riesgo fue creado por la actividad desarrollada por la fuerza pública en cumplimiento de la restauración del orden público.[65] De todas maneras, se han dictado algunos fallos sobre el

---

[64] Con fundamento en la falla del servicio se condenó en casos como la toma del Palacio de Justicia: Colombia, Consejo de Estado, Sección Tercera, "Sentencia del 19 de agosto de 1994", expediente 9.276, Colombia, Consejo de Estado, Sección Tercera, "Sentencia del 13 de octubre de 1994", expediente 9.557, y Colombia, Consejo de Estado, Sección Tercera, "Sentencia del 2 de febrero de 1995", expediente 9.273, entre otras. Criterios reiterados en Colombia, Consejo de Estado, Sección Tercera, "Sentencia del 28 de mayo de 2015", expediente 1993-00039-01 (25.735). Consejera ponente: Olga Valle de De la Hoz, y Colombia, Consejo de Estado, Sección Tercera, "Sentencia del 16 de febrero de 2017", expediente 2003-00565-02 (33.861). Consejero ponente: Jaime Santofimio.

[65] Colombia, Consejo de Estado, Sección Tercera, "Sentencia del 22 de enero de 1996", expediente 10.648, y Colombia, Consejo de Estado, Sección Tercera, "Sentencia del 3 de mayo de 2007", expediente 16.696. Criterio reiterado en Colombia, Consejo de Estado, Sección Tercera, "Sentencia del 25 de febrero de 2016", expediente 1996-11710-01 (42.925). Consejero ponente: Jaime Santofimio.

tema,[66] sustentados en la anormalidad del daño sufrido por la víctima (daño especial) con lo cual se genera el rompimiento de la igualdad frente a las cargas públicas,[67] por ende, con perjuicios que la víctima no está en el deber legal de soportar, en donde se demostró que el ataque iba dirigido en contra de un establecimiento militar o un personaje representativo de la cúpula estatal.[68]

4. La indemnización y la solidaridad

Para terminar con este análisis de la evolución de la jurisprudencia del Consejo de Estado, paso a distinguir los conceptos de indemnización y solidaridad de los cuales se puede beneficiar el sujeto sobre el cual la autoridad pública ostente la posición de garante. Considero oportuno terminar hablando de estos dos conceptos porque una de las principales consecuencias de la declaratoria de responsabilidad de la entidad pública, por la falta de protección a la vida, es la reparación integral, y en lo que interesa ahondar en este momento es en la reparación patrimonial.

La indemnización, como reparación de perjuicios,[69] básicamente nace de una decisión judicial, sustentada en las pruebas que obren en el proceso, y teniendo como base la ley y la jurisprudencia. Esta indemnización debe cubrir una reparación integral, tal como lo señala el artículo 16 de la Ley 446 de 1998.[70] En los procesos de responsabilidad extracontractual del Estado se han hecho las condenas en este tipo de casos teniendo en cuenta

---

[66] Colombia, Consejo de Estado, Sección Tercera, "Sentencia del 18 de marzo de 2010", expediente 15.591. Consejero ponente: Enrique Gil Botero.

[67] Luis María Díez-Picazo, *Sistema de Derechos Fundamentales*, 2 ed. (Navarra: Editorial Aranzadi, 2005), 191-193.

[68] Colombia, Consejo de Estado, Sección Tercera, "Sentencia del 28 de mayo de 2015", expediente 1993-00039-01 (25.735). Consejera ponente: Olga Valle de De la Hoz.

[69] Juan Carlos Henao Pérez, *El Daño. Análisis comparativo de la responsabilidad extracontractual del Estado en derecho colombiano y francés* (Bogotá: Editorial Universidad Externado de Colombia, 1998), 83-87.

[70] Colombia, Congreso de la República, "Ley 446 de 1998", por la cual se adoptan como legislación permanente algunas normas del Decreto 2651 de 1991, se modifican algunas del Código de Procedimiento Civil, se derogan otras de la Ley 23 de 1991 y del Decreto 2279 de 1989, se modifican y expiden normas del Código Contencioso Administrativo y se dictan otras disposiciones sobre descongestión, eficiencia y acceso a la justicia. Bogotá, Diario oficial 43335, 7 de julio de 1998, artículo 16.

los antecedentes jurisprudenciales, sin importar, en la mayoría de las veces, si han existido otras ayudas o reconocimientos a las víctimas, lo cual no desconoce que en algunos casos, cuando se ha prestado la ayuda a título de solidaridad con unas sumas de dinero, esas cantidades que se dieron a las víctimas tienen que ser descontados de la indemnización liquidada, porque así lo dice la ley, como por ejemplo, el artículo 132 de la Ley 1448,[71] que ordena expresamente que las ayudas que se hayan otorgado serán descontadas dentro de un proceso judicial en donde la víctima busque una responsabilidad del Estado.

Ha sido la jurisprudencia del Consejo de Estado, en especial de su Sección Tercera, la que ha decantado desde hace ya muchos años las formas en que se liquidan los perjuicios: por un lado, las cuantías de los perjuicios inmateriales liquidados en salarios mínimos legales mensuales vigentes, desde una sentencia del año 2001,[72] tanto los perjuicios morales como el conocido hoy por la jurisprudencia como daño a la salud;[73] y, por otro lado, en cuanto a los perjuicios materiales, las fórmulas de matemáticas financieras que se utilizan para actualizar los valores del daño emergente y las fórmulas para liquidar los perjuicios causados a título de lucro cesante.

En relación con el otro concepto, las ayudas que se brindan a título de solidaridad, son diferentes, pues se trata de una asistencia pública o ayuda humanitaria (por la condición de víctima) que nace de decisiones administrativas previamente reglamentadas, lo cual, en la mayoría de los casos, no

---

[71] Colombia, Congreso de la República, "Ley 1448 de 2011", por la cual se dictan medidas de atención, asistencia y reparación integral a las víctimas del conflicto armado interno y se dictan otras disposiciones, Bogotá, Diario Oficial 48096, 10 de junio de 2011.

[72] Colombia, Consejo de Estado, Sección Tercera, "Sentencia de 6 de septiembre de 2001", expediente 13232-15646 (acumulados). Consejero ponente: Alier Hernández Enríquez.

[73] Criterio que ha variado de concepción desde el inicial perjuicio fisiológico que aparece en la Sentencia del 6 de mayo de 1993, expediente 7.428; pasando por el daño a la vida de relación del cual se comienza a hablar en la Sentencia del 25 de enero de 2001, expediente 11.413; siguiendo con la alteración de las condiciones de existencia que se acuñó por primera vez en la Sentencia de 18 de octubre de 2007, expediente AG-029-01; para terminar con esta tipología, hasta el momento, con el concepto de daño a la salud, el cual se expuso por primera vez en la Sentencia de 14 de septiembre de 2011, expediente 38.222. Colombia, Consejo de Estado, Sección Tercera, "Sentencia del 6 de mayo de 1993", expediente 7.428; Colombia, Consejo de Estado, Sección Tercera, "Sentencia del 25 de enero de 2001", expediente 11.413; Colombia, Consejo de Estado, Sección Tercera, "Sentencia de 18 de octubre de 2007", expediente AG-029-01; y Colombia, Consejo de Estado, Sección Tercera, "Sentencia de 14 de septiembre de 2011", expediente 38.222.

implica en sí mismo el reconocimiento de responsabilidad. Para que una autoridad administrativa pueda destinar una ayuda a título de solidaridad, necesita como antecedente una ley[74] o un acto administrativo que así se lo ordene, y entonces, la ayuda será la que ya está estipulada, por eso tan solo se debe cumplir con lo que ya está ordenado, sin existir una autonomía en la gestión. Esta ayuda se puede prestar independientemente de si el afectado acudió o no a la jurisdicción contenciosa administrativa para pedir una indemnización de perjuicios por estos mismos daños, pero en algunos casos, si la ley lo ordena, la indemnización, si ya hubiere sido reconocida por la jurisdicción en un proceso judicial, será descontada de la ayuda humanitaria que se dará posteriormente.[75]

Las ayudas a título de solidaridad han sido reglamentadas en las siguientes normas: en un comienzo se dictó el Decreto 444 de 1993, por medio del cual se adoptaron medidas para mitigar los daños causados a las víctimas (definidas en el artículo 1 del citado Decreto 444) con bombas y explosivos que afectaban indiscriminadamente a la población;[76] luego, se expidió la Ley 104 de 1993, en donde se consagraron varios tipos de asistencia a las víctimas de atentados terroristas (definidas así en el artículo 18 de la Ley 104), en donde expresamente se manifestó que estos reconocimientos no implicaban responsabilidad alguna por el atentado terrorista, y que en el evento de ser condenados por este hecho, se deducirían las sumas entregadas por esta ayuda.[77] Posteriormente por varias leyes,[78] y finalmente

---

74 Roberto Dromi, *Derecho Administrativo* (Buenos Aires: Ediciones Ciudad Argentina, 1997), 771-774.

75 Colombia, Congreso de la República, "Ley 1448 de 2011", artículo 132.

76 Colombia, Presidencia de la República, "Decreto 444 de 1993", por el cual se dictan medidas de apoyo a las víctimas de atentados terroristas, Bogotá, Diario Oficial 40784, 8 de marzo de 1993, artículo 1.

77 Colombia, Congreso de la República, "Ley 104 de 1993", por la cual se consagran unos instrumentos para la búsqueda de la convivencia, la eficacia de la justicia y se dictan otras disposiciones, Bogotá, Diario Oficial 41158, 30 de diciembre de 1993, artículo 18.

78 Colombia, Congreso de la República, "Ley 241 de 1995", por la cual se prorroga la vigencia, se modifica y adiciona la Ley 104 de 1993, Bogotá, Diario Oficial 42719, 26 de diciembre de 1995; Colombia, Congreso de la República, "Ley 387 de 1997", por la cual se adoptan medidas para la prevención del desplazamiento forzado; la atención, protección, consolidación y estabilización socioeconómica de los desplazados internos por la violencia en la República de Colombia, Bogotá, 18 de julio de 1997; Colombia, Congreso de la República, "Ley 418 de 1997", por la cual se consagran

por la Ley 1448 de 2011, conocida como la *Ley de víctimas y de restitución de tierras*, aparece consagrada expresamente en sus artículos 132 al 134 la "Indemnización por vía administrativa",[79] con la cual se pretende reparar integralmente a las víctimas del conflicto armado interno, y para ello pagar unas sumas de dinero que son compatibles con la indemnización judicial, pero descontable en la condena, o si ocurrió primero la decisión judicial, la compensación se hará en el momento de pagar esa ayuda solidaria.

Esta Ley 1448 de 2011 se enfocó en restablecer el proyecto de vida de cada víctima del conflicto armado interno,[80] y definió a las víctimas de la siguiente manera:

> Se consideran víctimas, para los efectos de esta ley, aquellas personas que individual o colectivamente hayan sufrido un daño por hechos ocurridos a partir del 1 de enero de 1985, como consecuencia de infracciones al Derecho Internacional Humanitario o de violaciones graves y manifiestas a las normas internacionales de Derechos Humanos, ocurridas con ocasión del conflicto armado interno. También

---

unos instrumentos para la búsqueda de la convivencia, la eficacia de la justicia y se dictan otras disposiciones, Bogotá, Diario Oficial 43201, 26 de diciembre de 1997 (esta ley derogó la Ley 241 y tuvo una vigencia de dos años); Colombia, Congreso de la República, "Ley 548 de 1999", por medio de la cual se prorroga la vigencia de la Ley 418 del 26 de diciembre de 1997 y se dictan otras disposiciones, Bogotá, Diario Oficial 43827, 23 de diciembre de 1999 (la prórroga de la vigencia de la Ley 418 fue por tres años); Colombia, Congreso de la República, "Ley 782 de 2002", por medio de la cual se prorroga la vigencia de la Ley 418 de 1997, prorrogada y modificada por la Ley 548 de 1999 y se modifican algunas de sus disposiciones, Bogotá, Diario Oficial, 23 de diciembre de 2002, que dice en su artículo 2: "Disposiciones para facilitar el diálogo y la suscripción de acuerdos con grupos armados organizados al margen de la ley para su desmovilización, reconciliación entre los colombianos y la convivencia pacífica"; Colombia, Congreso de la República, "Ley 975 de 2005", por la cual se dictan disposiciones para la reincorporación de miembros de grupos armados organizados al margen de la ley, que contribuyan de manera efectiva a la consecución de la paz nacional y se dictan otras disposiciones para acuerdos humanitarios, Bogotá, Diario Oficial 45980, 25 de julio de 2005, en esta ley también se garantizan los derechos de las víctimas del conflicto a la verdad, justicia y reparación integral, y Colombia, Presidencia de la República, "Decreto 1290 de 2008", por el cual se crea el Programa de Reparación Individual por vía Administrativa para las Víctimas de los Grupos Armados Organizados al Margen de la Ley, Bogotá, Diario Oficial 46968, 22 de abril de 2008, el programa está basado en el principio de solidaridad.

[79] Colombia, Congreso de la República, "Ley 1448 de 2011", Capítulo VII, artículos 132-134.

[80] Colombia, Corte Constitucional, "Sentencia T-054 de 2017". Magistrado ponente: Gabriel Eduardo Mendoza Martelo.

> son víctimas el cónyuge, compañero o compañera permanente, parejas del mismo sexo y familiares en primer grado de consanguinidad, primero civil de la víctima directa, cuando a esta se le hubiere dado muerte o estuviere desaparecida. A falta de estas, lo serán los que se encuentren en el segundo grado de consanguinidad ascendente. De la misma forma, se consideran víctimas las personas que hayan sufrido un daño al intervenir para asistir a la víctima en peligro o para prevenir la victimización.[81]

Para finalizar, considero que este tipo de ayudas de carácter asistencial se pueden dar en forma más generosa en los Estados con un mayor desarrollo económico, y una mayor capacidad presupuestaria, a título de ejemplo, están las grandes ayudas de todo tipo que recibieron las víctimas en los atentados terroristas de las torres gemelas de Nueva York (2001), o las que sufrieron en los ataques a los trenes de cercanías y a la Estación Atocha en la ciudad de Madrid (2004). En el otro extremo, en Estados con menores recursos económicos, como el nuestro, y por ende con una menor solidaridad estatal para las víctimas, me parece válido que las indemnizaciones deban ser mayores, para entender así que la indemnización y la solidaridad son inversamente proporcionales, si una es mucho mayor, será mucho menor la otra, aunque reconozco que sería conveniente llegar a un justo medio.

Conclusiones

Con esta visión general de la evolución que ha tenido la jurisprudencia del Consejo de Estado, en especial de su Sección Tercera, sobre el tema de la protección y la garantía que las autoridades públicas le deben dar a los residentes en Colombia se puede entender que esta no es absoluta, sino que comprende en mayor medida a determinados sectores indefensos de la población, y en algunos casos, a quienes se encuentran marginados.

El avance que se aprecia en la jurisdicción aparece por la concepción de la posición de garante de la vida en algunos casos, que en su gran mayoría se presenta ante situaciones en donde se pretenden igualar las cargas que en la sociedad ya son desiguales. Ante las situaciones de debilidad manifiesta, o

81 Colombia, Congreso de la República, "Ley 1448 de 2011", artículo 3.

de desigualdad clara, aparecen las posiciones jurisprudenciales de apoyo a ese individuo o sector de la población, pero la duda que queda en la mayoría de los casos es: en donde la población en general necesita de esa protección, ¿se le garantiza de manera efectiva? y si ello no es así, ¿se le indemniza por los daños antijurídicos que tuvo que soportar? Estos interrogantes son contestados, con base en la teoría de la falla del servicio relativa, por lo tanto, será en cada caso concreto que se analizará si la conducta asumida por la autoridad era la requerida o adecuada.

Estas sentencias, sean o no de condena por parte del Consejo de Estado, deben buscar una legitimación de la rama jurisdiccional, y aún más allá, del mismo Estado colombiano, por esta razón, considero que desde el punto de vista jurídico, las decisiones que se han tomado, y que han sido analizadas en este artículo, han contribuido a que la población en estado de indefensión o de debilidad manifiesta tenga confianza en las instituciones.

Es importante resaltar que no se debe dejar toda la carga del apoyo a las víctimas en las decisiones judiciales, pues debe ser una política de Estado el estar al lado de las personas en estado de indefensión, y que las asistencias humanitarias o colaboraciones a título de solidaridad sean mucho mayores. Las fallas en la ayuda efectiva a las víctimas, y más aún, en el hecho concreto de que estas personas no lleguen a ser nuevamente victimizadas, está en cabeza de los funcionarios administrativos, por eso, repito, no debe concentrarse todo en la posibilidad de sacar adelante una indemnización después de un proceso judicial, ni que la única esperanza de las víctimas sea que ganen ese proceso. Lo que debe existir es una colaboración armónica de todas las ramas del poder público.

Obras citadas

Arenas Mendoza, Hugo Andrés. *El Régimen de Responsabilidad Subjetiva.* Bogotá: Legis, 2014.

______. *El Régimen de Responsabilidad Objetiva.* Bogotá: Legis, 2013.

Colombia. "Constitución Política de la República de Colombia de 1886", 5 de agosto de 1886.

______. "Constitución Política de Colombia", 7 de julio de 1991.

Colombia, Congreso de la República. "Ley 104 de 1993", por la cual se consagran unos instrumentos para la búsqueda de la convivencia, la eficacia de la justicia y se dictan otras disposiciones. Bogotá, Diario Oficial 41158, 30 de diciembre de 1993.

______. "Ley 241 de 1995", por la cual se prorroga la vigencia, se modifica y adiciona la Ley 104 de 1993 "Instrumentos para la búsqueda de la convivencia y la eficacia de la justicia". Bogotá, Diario Oficial 42719, 26 de diciembre de 1995.

______. "Ley 387 de 1997", por la cual se adoptan medidas para la prevención del desplazamiento forzado; la atención, protección, consolidación y estabilización socioeconómica de los desplazados internos por la violencia en la República de Colombia. Bogotá, 18 de julio de 1997.

______. "Ley 418 de 1997", por la cual se consagran unos instrumentos para la búsqueda de la convivencia, la eficacia de la justicia y se dictan otras disposiciones. Bogotá, Diario Oficial 43201, 26 de diciembre de 1997.

______. "Ley 446 de 1998", por la cual se adoptan como legislación permanente algunas normas del Decreto 2651 de 1991, se modifican algunas del Código de Procedimiento Civil, se derogan otras de la Ley 23 de 1991 y del Decreto 2279 de 1989, se modifican y expiden normas del Código Contencioso Administrativo y se dictan otras disposiciones sobre descongestión, eficiencia y acceso a la justicia. Bogotá, Diario Oficial 43335, 7 de julio de 1998.

______. "Ley 548 de 1999", por medio de la cual se prorroga la vigencia de la Ley 418 del 26 de diciembre de 1997 y se dictan otras disposiciones. Bogotá, Diario Oficial 43827, 23 de diciembre de 1999.

______. "Ley 782 de 2002", por medio de la cual se prorroga la vigencia de la Ley 418 de 1997, prorrogada y modificada por la Ley 548 de 1999 y se modifican algunas de sus disposiciones. Bogotá, Diario Oficial, 23 de diciembre de 2002.

______. "Ley 975 de 2005", por la cual se dictan disposiciones para la reincorporación de miembros de grupos armados organizados al margen de la ley, que contribuyan de manera efectiva a la consecución de la paz nacional y se dictan otras disposiciones para acuerdos humanitarios. Bogotá, Diario Oficial 45980, 25 de julio de 2005.

______. "Ley 1448 de 2011", por la cual se dictan medidas de atención, asistencia y reparación integral a las víctimas del conflicto armado interno y se dictan otras disposiciones. Bogotá, Diario Oficial 48096, 10 de junio de 2011.

Colombia, Consejo de Estado, Sección Tercera. "Sentencia del 21 de enero de 1993", expediente 7.435.

______. "Sentencia del 6 de mayo de 1993", expediente 7.428.

______. "Sentencia del 28 de abril de 1994", expediente 7.773.

______. "Sentencia del 19 de agosto de 1994", expediente 9.276.

______. "Sentencia del 23 de septiembre de 1994", expediente 8.577. Consejero ponente: Julio César Uribe.

______. "Sentencia del 13 de octubre de 1994", expediente 9.557.

______. "Sentencia del 2 de febrero de 1995", expediente 9.273.

______. "Sentencia del 11 de mayo de 1995", expediente 10.176.

______. "Sentencia del 22 de enero de 1996", expediente 10.648.

______. "Sentencia del 15 de febrero de 1996", expediente 9.940. Consejero ponente: Jesús María Carrillo Ballesteros.

______. "Sentencia del 14 de mayo de 1998", expediente 12.175.

______. "Sentencia del 24 de junio de 1998", expediente 14.406.

______. "Sentencia del 25 de mayo de 2000", expediente 11.253.

______. "Sentencia del 28 de septiembre de 2000", expediente 11.405.

______. "Sentencia del 30 de septiembre de 2000", expediente 13.329.

______. "Sentencia del 25 de enero de 2001", expediente 11.413.

______. "Sentencia del 10 de agosto de 2001", expediente 12.555.

______. "Sentencia del 6 de septiembre de 2001", expedientes 13.232-15.646 (acumulados). Consejero ponente: Alier Hernández Enríquez.

______. "Sentencia del 21 de febrero de 2002", expediente 14.081.

______. "Sentencia del 27 de noviembre de 2002", expediente 13.760.

______. "Sentencia del 20 de febrero de 2003", expediente 14.144.

______. "Sentencia del 27 de noviembre de 2003", expediente 13.280.

______. "Sentencia del 11 de diciembre de 2003", expedientes 12.916 y 13.627 (acumulados).

______. "Sentencia del 12 de febrero de 2004", expediente 14.955.

______. "Sentencia del 18 de marzo de 2004", expediente 13.318.

______. "Sentencia del 20 de mayo de 2004", expediente 14.405.

______. "Sentencia del 24 de junio de 2004", expediente 14.950.

______. "Sentencia del 14 de junio de 2004", expediente 14.318.

______. "Sentencia del 7 de septiembre de 2004", expediente 14.869. Consejera ponente: Nora Cecilia Gómez.

______. "Sentencia del 14 de julio de 2005", expediente 15.359. Consejera ponente: Ruth Stella Correa.
______. "Sentencia del 27 de abril de 2006", expediente 20.125.
______. "Sentencia del 3 de mayo de 2007", expediente 16.696.
______. "Sentencias del 4 de octubre de 2007", expediente 15.567.
______. "Sentencia del 18 de octubre de 2007", expediente AG-029-01.
______. "Sentencia del 4 de diciembre de 2007", expediente 16.894.
______. "Sentencia del 20 de febrero de 2008", expediente 16.996.
______. "Sentencia del 26 de abril de 2008", expediente 1995-00169-01 (14.432). Consejera ponente: Myriam Guerrero.
______. "Sentencia del 19 de junio de 2008", expediente 17.713. Consejera ponente: Myriam Guerrero.
______. "Sentencia del 15 de octubre de 2008", expediente 18.586. Consejero ponente: Enrique Gil Botero.
______. "Sentencia del 18 de febrero de 2010", expediente 18.436. Consejero ponente: Mauricio Fajardo Gómez.
______. "Sentencia del 18 de marzo de 2010", expediente 15.591. Consejero ponente: Enrique Gil Botero.
______. "Sentencia del 28 de abril de 2010", expediente 18.072. Consejero ponente: Enrique Gil Botero.
______. "Sentencia del 23 de junio de 2010", expediente 18.468. Consejero ponente: Mauricio Fajardo Gómez.
______. "Sentencia del 24 de marzo de 2011", expediente 1992-08046-01 (18.947). Consejero ponente: Hernán Andrade.
______. "Sentencia del 14 de septiembre de 2011", expediente 38.222. Consejero ponente: Jaime Santofimio.
______. "Sentencia del 30 de marzo de 2013", expediente 26.604. Consejera ponente: Olga Valle de De la Hoz.
______. "Sentencia del 20 de mayo de 2013", expediente 1999-02379-01 (26.000). Consejero ponente: Mauricio Fajardo Gómez.
______. "Sentencia del 21 de noviembre de 2013", expediente 27.964. Consejero ponente: Enrique Gil Botero.
______. "Sentencia del 22 de enero de 2014", expediente 1998-03149-01 (26.931). Consejero ponente: Enrique Gil Botero.
______. "Sentencia del 26 de marzo de 2014", expediente 2000-00116-01 (28.077). Consejero ponente: Jaime Santofimio.

______. "Sentencia del 12 de junio de 2014", expediente 1994-07752-01 (28.433). Consejero ponente: Jaime Santofimio.
______. "Sentencia del 9 de julio de 2014", expediente 44.333. Consejero ponente: Enrique Gil Botero.
______. "Sentencia del 28 de agosto de 2014", expediente 2001-00731-01 (26.251). Consejero ponente: Jaime Santofimio.
______. "Sentencia del 10 de septiembre de 2014", expediente 2001-01509 (25.909). Consejero ponente: Enrique Gil Botero.
______. "Sentencia del 10 de septiembre de 2014", expediente 2001-00299-02 (32.421). Consejero ponente: Hernán Andrade.
______. "Sentencia del 29 de octubre de 2014", expediente 1999-00436-01 (31.344). Consejero ponente: Hernán Andrade.
______. "Sentencia del 15 de abril de 2015", expediente 2002-00015-01 (32.923). Consejero ponente: Hernán Andrade.
______. "Sentencia del 28 de mayo de 2015", expediente 1993-00039-01 (25.735). Consejera ponente: Olga Valle de De la Hoz.
______. "Sentencia del 26 de agosto de 2015", expediente 2000-02297-01 (32.432). Consejero ponente: Hernán Andrade.
______. "Sentencia del 7 de septiembre de 2015", expediente 1999-01081-02 (34.158). Consejero ponente: Jaime Santofimio.
______. "Sentencia del 10 de febrero de 2016", expediente 2003-01250-01 (37.301). Consejero ponente: Hernán Andrade.
______. "Sentencia del 25 de febrero de 2016", expediente 1996-11710-01 (42.925). Consejero ponente: Jaime Santofimio.
______. "Sentencia del 2 de mayo de 2016", expediente 2004-02224-01 (37.430). Consejera ponente: Stella Conto.
______. "Sentencia del 10 de agosto de 2016", expediente 2005-00380-01 (37.040). Consejero ponente: Hernán Andrade.
______. "Sentencia del 5 de octubre de 2016", expediente 2006-03603-01 (40.700). Consejero ponente: Carlos Zambrano.
______. "Sentencia del 8 de noviembre de 2016", expediente 2006-01891-01 (40.341). Consejero ponente: Hernán Andrade.
______. "Sentencia del 23 de noviembre de 2016", expediente 2007-00504 (41.134). Consejero ponente: Carlos Alberto Zambrano.
______. "Sentencia del 5 de diciembre de 2016", expediente 2003-01392-01 (36.137). Consejera ponente: Stella Conto Díaz del Castillo.

______. "Sentencia del 5 de diciembre de 2016", expediente 2009-00411-01 (42.336). Consejero ponente: Ramiro Pazos Guerrero.

______. "Sentencia del 8 de febrero de 2017", expediente 2004-00190-01 (37.609). Consejero ponente: Carlos Alberto Zambrano.

______. "Sentencia del 16 de febrero de 2017", expediente 2003-00565-02 (33.861). Consejero ponente: Jaime Santofimio.

Colombia, Corte Constitucional. "Sentencia T-596 de 1992". 10 de diciembre de 1992. Magistrado ponente: Ciro Angarita Barón.

______. "Sentencia T-054 de 2017". 3 de febrero de 2017. Magistrado ponente: Gabriel Eduardo Mendoza.

Colombia, Presidencia de la República. "Decreto 2137 de 1983", por el cual se reorganiza la Policía Nacional. Bogotá, 29 de julio de 1983.

______. "Decreto 444 de 1993", por el cual se dictan medidas de apoyo a las víctimas de atentados terroristas. Bogotá, Diario Oficial 40784, 8 de marzo de 1993.

______. "Decreto 1290 de 2008", por el cual se crea el Programa de Reparación Individual por vía Administrativa para las Víctimas de los Grupos Armados Organizados al Margen de la ley. Bogotá, Diario Oficial 46968, 22 de abril de 2008.

______. "Decreto 4800 de 2011", por el cual se reglamenta la Ley 1448 de 2011 y se dictan otras disposiciones. Bogotá, Diario Oficial 48289, 20 de diciembre de 2011.

Díez-Picazo, Luis María. *Derecho de Daños*. Madrid: Ediciones Civitas, 1999.

______. *Sistema de Derechos Fundamentales*, 2 ed. Navarra: Ediciones Aranzadi, 2005.

Dromi, Roberto. *Derecho Administrativo*. Buenos Aires: Ediciones Ciudad Argentina, 1997.

Gil Botero, Enrique. *Responsabilidad Extracontractual del Estado*. Bogotá: Grupo Editorial Ibáñez, 2010.

Henao Pérez, Juan Carlos. *El Daño, Análisis comparativo de la responsabilidad extracontractual del Estado en derecho colombiano y francés*. Bogotá: Editorial Universidad Externado de Colombia, 1998.

Hernández Enríquez, Alier Eduardo y Franco Gómez, Catalina. *Responsabilidad Extracontractual del Estado. Análisis de la jurisprudencia del Consejo de Estado*. Bogotá: Ediciones Nueva Jurídica, 2007.

López Pina, Antonio y Gutiérrez Gutiérrez, Ignacio. *Elementos de Derecho Público*. Madrid: Marcial Pons, 2002.

Naciones Unidas. "Convención sobre los Derechos del Niño". 20 de noviembre de 1989.

Pazos Guerrero, Ramiro y Sánchez Luque, Guillermo (Ed.). *Graves violaciones a los Derechos Humanos e infracciones al Derecho Internacional Humanitario: Jurisprudencia básica del Consejo de Estado desde 1916*. Bogotá: Consejo de Estado, Imprenta Nacional de Colombia, 2017.

Pérez Luño, Antonio. *Derechos Humanos, Estado de Derecho y Constitución*, 4 ed. Madrid: Tecnos, 1991.

Saavedra Becerra, Ramiro. *La Responsabilidad Extracontractual de la Administración Pública*. Bogotá: Grupo Editorial Ibáñez, 2003.

Vidal Perdomo, Jaime. *Derecho Administrativo*. Bogotá: Legis, 2008.

Zagrebelsky, Gustavo. *El derecho dúctil*. Madrid: Trotta Editorial, 1995.

La responsabilidad patrimonial extracontractual del Estado colombiano por los daños causados por los actores armados: Ejército nacional, guerrillas y paramilitares

Hugo Andrés Arenas Mendoza*

Sumario: Introducción. 1. Ataques a instalaciones oficiales provenientes de los grupos armados ilegales. 1.1. Toma a la base militar de Las Delicias. 1.2. Hostigamiento a la estación de policía causa la destrucción de una casa vecina. 1.3. Atentado contra despachos judiciales. 1.4. Ataque contra la Escuela Militar de Cadetes José María Córdoba. 1.5. La toma del Palacio de Justicia. 2. Ataques contra funcionarios públicos. 2.1. Asesinato del alcalde de Solano. 2.2. Muerte del alcalde de Unguía. 2.3. Homicidio de un escolta de la Policía. 2.4. Asalto a un representante a la Cámara. 3. Enfrentamientos entre grupos armados en que interviene una entidad estatal. 3.1. Daños causados por la Policía Nacional en combates contra grupos ilegales. 3.2. Fuego amigo, entre el Ejército y la Policía. 3.3. Combates entre el Ejército Nacional y las FARC. 3.4. Enfrentamientos entre la Policía Nacional y las FARC. 4. Ataques indiscriminados contra la población. 4.1. Ataques en lugares públicos. 4.2. Atentados a negocios privados, un restaurante. 4.3. Explosión de mina antipersonal. 4.4. Daños a infraestructuras estatales no estratégicas.

* Abogado, sociólogo y maestro en Derecho Administrativo de la Universidad del Rosario. Doctor en Derecho por la Universidad de Salamanca. Profesor principal de Derecho de la Universidad del Rosario.

5. Ataques contra personas particulares por parte de grupos armados. 5.1. Asesinato de un defensor de derechos humanos. 5.2. Atentado contra un líder sindical que tuvo que exiliarse. 5.3. Falsos positivos. 5.4. Asesinato de particular que se desplazaba por la carretera. 5.5. Homicidio del periodista Jaime Garzón. 6. Particulares que fueron atacados al ser considerados colaboradores de los grupos armados. 6.1. Asesinato a particulares por parte de las Fuerzas Militares. 6.2. Lesiones a un propietario de inmueble por parte de la guerrilla. 6.3. Masacres efectuadas por paramilitares en Pichilín. Conclusiones. Obras citadas.

Introducción

La regla general en materia de responsabilidad patrimonial extracontractual es que la persona responda por los daños que causa o los que sean ocasionados por los individuos que tiene bajo su cuidado o vigilancia. Sin embargo, excepcionalmente, se ha observado que además debe reparar los daños que son causados por terceros y, concretamente, por las lesiones causadas a la población civil por los grupos ilegales o por las propias fuerzas armadas.

El Estado colombiano ha reconocido daños causados en guerra tanto por el propio ejército federal como por grupos enemigos, desde las Constituciones liberales de la segunda mitad del siglo XIX, por medio de la Corte Suprema Federal,[1] como se puede observar en algunos estudios.[2] Dichos reconocimientos se basaban en leyes que se expedían al finalizar los conflictos, con el fin de reparar las lesiones ocasionadas a la población civil, al inicio eran beneficios concedidos tan solo a los extranjeros, y después, se fueron extendiendo a todos los habitantes del territorio nacional.[3] Aunque

[1] Hugo Andrés Arenas Mendoza, "La importancia de la Corte Suprema Federal de los Estados Unidos de Colombia en la consolidación de la responsabilidad patrimonial de las administraciones públicas nacionales", en: *Instituciones Judiciales y Democracia* (Bogotá: Publicación del Consejo de Estado, 2011), 335-368.

[2] Sobre el tema ver estos dos libros: Juan Carlos Henao, *La responsabilidad extracontractual del Estado de Colombia: Evolución jurisprudencial 1864-1990* (Bogotá: Universidad Externado de Colombia, 1991).

Jairo López Morales, *Responsabilidad patrimonial del Estado. Evolución de la jurisprudencia colombiana* (Bogotá: Ediciones Doctrina y Ley, 2001).

[3] Hugo Arenas Mendoza, ¿Estado irresponsable o responsable? La responsabilidad patrimonial del Estado colombiano, luego de la Guerra Civil de 1876-1877 (Bogotá: Universidad del Rosario, 2009), 89-136.

para otros autores la responsabilidad estatal nació con las sentencias del 20 de octubre de 1896[4] o la del 22 de octubre de 1898[5] y se sustentaba en el Código Civil de 1886.[6]

En todo caso, fueron daños que se reconocieron históricamente tanto por la Corte Suprema de Justicia[7] como por el Consejo de Estado,[8] y a partir de 1991 se fortaleció el régimen de responsabilidad estatal con la entrada en vigencia del fenómeno de la *constitucionalización del derecho de daños.*[9]

Este artículo, no realiza un estudio histórico de la manera en que se han venido reconociendo las lesiones causadas por las fuerzas armadas del Estado o por los grupos al margen de la ley, si no que se concentra en presentar los lineamientos más actuales establecidos por el Consejo de Estado en el último decenio (2007-2016). Para esto se seleccionaron 25 sentencias de 10 magistrados diferentes, teniendo en cuenta que la temática fuera diversa, y así poder presentar tanto los casos más cotidianos como los más emblemáticos, con el fin de tener una exposición amplia de la jurisprudencia del máximo Tribunal Contencioso Administrativo.

Este escrito busca demostrar que, a diferencia de lo que comúnmente se cree, el Consejo de Estado sí tiene un jurisprudencia amplia y coherente sobre los daños que pueden causar los grupos armados legales e ilegales para generar la responsabilidad estatal.

A medida que avanzó esta investigación resultó metodológicamente necesario agrupar las decisiones por temas, en vez de seguir el criterio del grupo armado que causara el daño, por lo que se desarrollarán los siguientes seis puntos: 1. Ataques a instalaciones oficiales provenientes de los grupos armados ilegales; 2. Ataques contra funcionarios públicos; 3. Enfrentamientos entre grupos armados en que interviene una entidad estatal; 4. Ataques

---

4 Libardo Rodríguez Rodríguez, *Derecho Administrativo: General y colombiano* (Bogotá: Temis, 2015), 656.

5 Diego Younes Moreno, *Curos de Derecho Administrativo,* 10 ed. (Bogotá: Temis, 2016), 325.

6 Jaime Vidal Perdomo, *Derecho administrativo,* 13 ed. (Bogotá: Legis, 2009), 482-483.

7 Hugo Andrés Arenas Mendoza, *El régimen de responsabilidad subjetiva* (Bogotá: Legis, 2014), 51-101.

8 Hugo Andrés Arenas Mendoza, *Un siglo de jurisprudencia del Consejo de Estado en materia de responsabilidad extracontractual (1914-2014)* (Bogotá: Grupo Editorial Ibáñez, 2015)

9 Al respecto leer: Enrique Gil Botero, *La constitucionalización del derecho de daños: Nuevo sistema de daños en la responsabilidad Extracontractual del Estado* (Bogotá: Temis, 2014).

indiscriminados contra la población; 5. Ataques contra personas particulares por parte de grupos armados y 6. Particulares que fueron atacados al ser considerados colaboradores de los grupos armados.

1. Ataques a instalaciones oficiales provenientes de los grupos armados ilegales

El enemigo principal de los grupos ilegales es el propio Estado, quien tiene la función de enfrentarlos, perseguirlos y castigarlos; conscientes de esto, las organizaciones guerrilleras normalmente dirigen sus ataques contra inmuebles de instituciones que representan el Estado. En consecuencia se debe hacer referencia a algunos casos en que dichos atentados generan daños que pueden comprometer la propia responsabilidad estatal que son: 1.1. Toma a la base militar de Las Delicias; 1.2. Hostigamiento a la estación de policía causa la destrucción de una casa vecina; 1.3. Atentado contra despachos judiciales; 1.4. Ataque contra la Escuela Militar de Cadetes José María Córdoba y 1.5. La toma del Palacio de Justicia.

1.1. Toma a la base militar de Las Delicias

La base militar de Las Delicias queda en el Departamento del Putumayo, un día las FARC, con un contingente de más de 2000 hombres, atacaron la base, lograron controlarla, secuestraron a 60 soldados y masacraron otros 30 uniformados.

El Consejo de Estado reconoce la violación a los derechos humanos y condena por una falla del servicio, entre otras cosas, por la ubicación de la base, el cambio de personal, el armamento defectuoso, la falta de entrenamiento, la carencia de mecanismos de defensa y el incumplimiento de los patrullajes de la zona.

> Fue, por lo tanto, la omisión protuberante, ostensible, grave e inconcebible del Estado de la que se desprende la responsabilidad por el resultado dañoso de los demandantes, quien estaba en la obligación de ofrecer, por lo menos, una intervención proporcionada y adecuada a las circunstancias riesgosas creadas por el mismo, como se constató al afirmarse la inconveniencia de la existencia en ese lugar de la Base Militar.

Con fundamento en los anteriores argumentos, la Sala revocará todas y cada una de las sentencias recurridas, y declarará la responsabilidad de las entidades demandadas, ordenando la indemnización de los perjuicios a que haya lugar con base en lo pretendido en la demanda y en la garantía del principio de reparación integral, teniendo en cuenta los derechos humanos comprometidos.[10]

1.2. Hostigamiento a la estación de policía causa la destrucción de una casa vecina

Las FARC realizaron una ofensiva dirigida en contra de la estación de policía de un Municipio del Departamento del Cauca, al hacerlo afectaron los inmuebles cercanos al edificio estatal, destruyendo algunas casas. Al ver esto, su propietaria demandó por los daños sufridos y el Consejo de Estado concedió la reparación explicando:

> Y es que si bien ha sido claro para la Sección Tercera que la teoría del daño especial exige un factor de atribución de responsabilidad al Estado, es decir, que el hecho causante del daño por el que se reclame pueda imputársele jurídicamente dentro del marco de una 'actuación legítima', esta 'actuación' no debe reducirse a la simple verificación de una actividad en estricto sentido físico, sino que comprende también aquellos eventos en los que la imputación es principalmente de índole jurídica y tiene como fuente la obligación del Estado de brindar protección y cuidado a quienes resultan injustamente afectados.
>
> En conclusión, la Sección considera que en este caso resulta aplicable la teoría del daño especial, habida cuenta que el daño, pese a que se causó por un tercero, lo cierto es que ocurrió dentro de la ya larga confrontación que el Estado ha venido sosteniendo con los grupos subversivos, óptica bajo la cual, no resulta constitucionalmente aceptable que el Estado deje abandonadas a las víctimas y, que explica que la imputación de responsabilidad no obedezca a

[10] Colombia, Consejo de Estado, Sección Tercera, "Sentencia del 25 de mayo de 2011", expedientes 15838, 18075, 25212 (acumulados), Bogotá. Magistrado ponente: Orlando Santofimio.

> la existencia de conducta alguna que configure falla en el servicio, sino que se concreta como una forma de materializar por los postulados que precisamente justifican esa lucha contra la subversión y representan y hacen visible y palpable, la legitimidad del Estado.[11]

1.3. Atentado contra despachos judiciales

En la población de Puerto Rico, ubicada en el Departamento del Caquetá, se presentó un ataque a los despachos judiciales, por parte del grupo subversivo de las FARC. Durante la incursión, la guerrilla utilizó artefactos explosivos cuyas esquirlas alcanzaron a un trabajador de una empresa de transporte causándole la muerte.

Al conocer de estos hechos, el Consejo de Estado, condenó a la entidad demandada por daño especial, explicando:

> Ciertamente se acreditó en el proceso que en el municipio se habían presentado con anterioridad otros dos atentados con artefactos explosivos en contra de entidades públicas en el mes de octubre del año inmediatamente anterior, vale decir cinco meses atrás, y otros más en el departamento, pero esa sola circunstancia en modo alguno permite a la Sala deducir la configuración de una conducta omisiva o descuidada y por ello reprochable en cabeza de la demandada, dada la especial naturaleza de ese tipo de ataques que son de suyo sorpresivos y pocas veces predecibles, debiéndose resaltar que en este caso nada distinto a esa mera circunstancia se probó en el proceso, pues, por el contrario, lo que sí está demostrado en las presentes actuaciones es que dado el alto grado de presencia subversiva en la zona, la demandada desplegaba actividades de control y vigilancia permanentes sobre los distintos sectores de la población, no empero lo cual los ataques llegaban a producirse por efecto mismo de la naturaleza y dimensión del conflicto armado que no por haber permanecido con manifestaciones recurrentes por más de cincuenta años pueda significar que ocurra como expresión de una falla en el servicio de seguridad del Estado.

---

[11] Colombia, Consejo de Estado, Sección Tercera, "Sentencia del 19 de abril de 2012", expediente 21515, Bogotá. Magistrado ponente: Hernán Andrade.

> Por eso mismo, según pone de presente el material probatorio allegado al expediente, tiene que convenirse en que el daño sufrido por la parte actora ocurrió en el marco y por causa del conflicto armado interno, razón por la cual la Sala considera que se debe llegar a idéntica conclusión que a la que se llegó en la ocasión atrás reseñada, vale decir, a la determinación de la responsabilidad en cabeza de la demandada a título de daño especial, por las mismas razones allí señaladas y que, en la parte pertinente, ahora la Sala se permite retener en esta providencia.[12]

1.4. Ataque contra la Escuela Militar de Cadetes José María Córdoba

Con ocasión de la posesión del expresidente Álvaro Uribe, se presentaron en Bogotá una serie de ataques provenientes de los grupos guerrilleros. La sentencia objeto de estudio explica que cuando los terroristas atacaron por medio de artefactos explosivos la Escuela Militar de Cadetes José María Córdoba impactaron inmuebles cercados pertenecientes a particulares y, en consecuencia, causaron muertes, heridas y daños materiales a los privados.

El Consejo de Estado, condenó a la Administración a responder patrimonialmente por los daños materiales e inmateriales causados, con base en sentencias anteriores, razonando:

> 23. Así, los atentados cometidos por actores contra un "objeto claramente identificable como Estado" en el marco del conflicto interno armado, tales como estaciones de policía, cuarteles militares u oleoductos, pueden ser endilgados a la administración a título de riesgo excepcional no porque estos bienes e instalaciones sean peligrosos en sí mismos, sino porque la dinámica misma del conflicto armado implica que su cercanía a ellos genera para los civiles el riesgo de sufrir afectaciones en su vida y menoscabo en su integridad personal y patrimonio, dado que son blanco de continuos y violentos ataques por parte de la subversión que los considera objetivos militares.
>
> 24. Debe tenerse en cuenta que, desde un enfoque normativo, no todos los objetos "claramente identificables como Estado"

---

[12] Colombia, Consejo de Estado, Sección Tercera, "Sentencia del 23 de agosto de 2012", expediente 24392, Bogotá. Magistrado ponente: Hernán Andrade.

pueden ser considerados como factores generadores de riesgo, sino solamente aquellos que, según las normas del derecho internacional humanitario, revisten carácter militar, pues ellos no están protegidos por la prohibición general de convertirlos en blancos de ataques o represalias, como sí lo están los bienes de carácter civil.[13]

1.5. La toma del Palacio de Justicia

El 6 de noviembre de 1985 miembros de la guerrilla del M-19 entraron al Palacio de Justicia, tomaron muchos rehenes; al ver esto, el Estado ordenó un operativo militar con el fin de recuperar el control sobre el edificio, que desencadenó la destrucción del edifico y la muerte de centenares de personas. En el lugar se encontraba una señora que se iba a reunir con un magistrado quien fue rescatada por los militares, salió con ellos del Palacio de Justicia y no se tuvo más información sobre ella hasta que se encontraron sus restos en el 2015.

Según el Consejo de Estado, en este caso operó el fenómeno de la cosa juzgado internacional, puesto que la Corte Interamericana de Derechos Humanos en decisión de 2014 condenó al Estado colombiano por la desaparición de la señora. Así, se debe mantener la responsabilidad estatal y el reconocimiento del daño inmaterial; pero, como la sentencia internacional no hizo referencia al monto de los daños materiales, correspondía al máximo Tribunal Contencioso realizar su determinación. En sus palabras comentó:

> Respecto a los perjuicios materiales, la Corte advirtió que en relación a la víctima Lucy Amparo Oviedo Bonilla, no se reconocería indemnización por este concepto, y exhortó "al Estado a agilizar lo más posible los respectivos procesos internos de la jurisdicción contenciosa administrativa, a efectos de otorgar las indemnizaciones que correspondan".
>
> En virtud de lo expuesto, la Sala considera que entre el proceso subjudice y el decidido por la Corte Interamericana de Derechos Humanos, existe identidad de objeto, causa y partes, a excepción

[13] Colombia, Consejo de Estado, Sección Tercera, "Sentencia del 23 de septiembre de 2015", expediente 33004, Bogotá. Magistrado ponente: Hernán Andrade.

de las pretensiones de perjuicios no reconocidos por el juez internacional.[14]

A partir de lo anterior se pueden destacar los siguientes parámetros jurisprudenciales: (i) normalmente los atentados de los grupos ilegales van dirigidos contra instituciones estatales; (ii) la regla general es que los daños causados dirigidos contra entidades estatales deben ser indemnizados con el patrimonio público; (iii) se puede condenar bajo el título de falla en el servicio, daño especial y riesgo excepcional y (iv) en ocasiones, el ataque inicialmente fraguado por la guerrilla, puede terminar en graves violaciones a derechos humanos por parte de los agentes estatales.

2. Ataques contra funcionarios públicos

La regla general es que si es un ataque contra un funcionario público perpetuado por los grupos guerrilleros hay responsabilidad estatal, puesto que un ataque contra una de sus autoridades es previsible y existe un deber de protección especial para su personal de servicio. Sin embargo, sí se puede presentar una eximente de la responsabilidad estatal que rompa la imputación por la existencia de un hecho de un tercero, una culpa exclusiva de la víctima o la presencia de la fuerza mayor.

Con el fin de presentar una panorámica de la jurisprudencia del Consejo de Estado se han seleccionado sentencias que permiten acercarnos a los lineamientos fijados sobre la materia: 2.1. Asesinato del alcalde de Solano; 2.2. Muerte del alcalde de Unguía; 2.3. Homicidio de un escolta de la Policía y 2.4. Asalto a un representante a la Cámara.

2.1. Asesinato del alcalde de Solano

El señor Edilberto Hidalgo fue nombrado por decreto como alcalde de Solano ubicado en el departamento del Caquetá, para reemplazar al anterior alcalde electo que había sido asesinado dos meses antes.

El segundo alcalde murió cuando se encontraba en un negocio ubicado cerca de una carretera, cuando un joven disparó contra él y sus acompa-

---

[14] Colombia, Consejo de Estado, Sección Tercera, "Sentencia de 3 de noviembre de 2016", expediente 53233, Bogotá. Magistrado ponente: Orlando Santofimio.

ñantes, causándole una muerte instantánea. Al conocer de estos hechos, el Consejo de Estado, dijo:

> De conformidad con lo expuesto, la Sala concluye que las entidades demandadas no son responsables del daño alegado en la demanda, comoquiera que, en primer lugar, no está demostrado que el atentado de que fue víctima el señor Hidalgo Antury haya sido perpetrado con la intervención o complicidad de agentes del Estado.
>
> En segundo lugar, se encuentra probado que el señor antes nombrado no solicitó medidas de protección, pues así se indica en los oficios remitidos al *a quo* el 17 de marzo por el D.A.S. y la Décima Segunda Brigada del Ejército Nacional y el 20 de abril de 1999 por la Seccional de Policía Judicial e Investigación del departamento de policía de Caquetá, como se señaló en el fundamento 3.3.1.1. de la presente sentencia.
>
> En tercer lugar, no está acreditado que el señor Hidalgo haya sido víctima de amenazas contra su vida y que, sin mediar solicitud de protección, éstas hubiesen sido conocidas por las fuerzas del orden.
>
> Y en cuarto lugar, tampoco se probó que, para la fecha en que ocurrieron los hechos, existieran circunstancias sociales y políticas especiales que permitieran inferir que el atentado era previsible, al punto de considerar que las supuestas amenazas de que fue víctima el señor Hidalgo Antury constituían un hecho notorio, pues las actas de las reuniones celebradas el 18, 26 y 31 de julio y el 16 y 21 de octubre de 1996 por el Consejo de Gobierno y el Consejo de Seguridad de la Gobernación de Caquetá, siendo éstas las únicas pruebas documentales que obran en el expediente sobre la situación de orden público en la región al momento de los hechos, no refieren nada al respecto; y si bien en el decreto departamental mediante el cual se designó al señor Edilberto Hidalgo Antury como alcalde del municipio de Solano, se señala que el nombramiento obedece a que el 20 de junio de 1996, el señor Demetrio Quintero Rentería, quien fue elegido para ese cargo en 1994, resultó *"muerto en hechos violentos"* (fl. 15, ç. 2) y que los testigos son contestes en afirmar que el alcalde Quintero Rentería también fue asesinado, ello no es suficiente para

> concluir que existe una relación, en cuanto a los móviles y la autoría, entre el homicidio de los señores Quintero e Hidalgo y, por tanto, que las entidades demandadas estaban obligadas a adoptar de oficio medidas de seguridad a favor de éste último.[15]

2.2. Muerte del alcalde de Unguía

El alcalde de Unguía, en el Departamento del Chocó, se desplazaba en una lancha hacia Turbo junto con su esposa, escolta y el piloto, cuando fue interceptado por miembros de un grupo armado quienes se lo llevaron argumentado que no quería colaborar con su organización criminal.

Posteriormente, se organizó una operación de rescate por parte de la Policía Nacional, durante la cual fue encontrado el cadáver del alcalde, su muerte se debió a cuatro disparos que le realizaron a corta distancia. En esta ocasión, el Consejo de Estado estableció la responsabilidad estatal, debido a que:

> En el *sub lite* se tiene que el señor Castro Mora se desempeñaba como Alcalde Popular del municipio de Unguía, en el Departamento del Chocó, zona históricamente afectada por las distintas formas de violencia que ha tenido que sufrir el país; y aun cuando no existe prueba de una solicitud de reforzamiento a su esquema de seguridad, la presencia de grupos armados organizados al margen de la ley en la zona era de público conocimiento, por lo que le correspondía a la autoridad policial, en cumplimiento de sus deberes normativos, identificar el riesgo al que estaba expuesto el señor Alcalde para ajustar dicho esquema a las necesidades reales de la situación concreta.
>
> Así las cosas, dado que la entidad demandada no aportó prueba que demostrara su diligencia, esta Subsección —en el mismo sentido de lo sostenido por el *a quo*—, la condenará por falla en el servicio concretada en la omisión del desarrollo de las actuaciones necesarias para la identificación y prevención del riesgo que condujera al diseño y puesta en marcha de un especial, adecuado y pertinente esquema de seguridad que lo mitigara. Dicha omisión resultó en

---

[15] Colombia, Consejo de Estado, Sección Tercera, "Sentencia del 29 de agosto de 2012", expediente 24444, Bogotá. Magistrada ponente: Stella Conto.

> que el único escolta asignado para la protección del burgomaestre resultara insuficiente.[16]

2.3. Homicidio de un escolta de la Policía

La señora Liliana Gaviria Trujillo se movilizaba en una camioneta junto con su escolta, en el departamento de Risaralda, cuando fue atacada por miembros de grupos ilegales que intentaban secuéstrala. Al no poder atraparlos, los guerrilleros les dispararon, dándoles muerte a los dos tripulantes.

Este proceso decide la demanda que presentaron los familiares por la muerte del agente de Policía que escoltaba a la hermana del expresidente César Gaviria, al respecto el máximo Tribunal Contencioso sostuvo:

> Ahora bien, la Sala no desconoce el hecho de que existen zonas del país en las que el orden público permanece en constante alteración, circunstancia que entraña riesgos, especialmente para los miembros de la Fuerza Pública; sin embargo, en este caso particular, el daño no devino del riesgo que voluntariamente asumió el agente Vélez Rengifo cuando ingresó a la Policía Nacional, sino por el estado de indefensión al que fue sometido, teniendo en cuenta el incumplimiento del contenido obligacional a cargo de la demandada, la cual no adoptó las medidas de seguridad necesarias para salvaguardar la vida de la protegida y de su propio agente y, por el contrario, de manera absurda y sin justificación lógica ni aparente alguna, asignó a este último la doble tarea de escolta y conductor.
>
> Bajo este panorama, no hay duda de que la entidad demandada debe responder (en los términos del artículo 90 constitucional) por los perjuicios causados a los actores con ocasión de la muerte violenta del agente José Fernando Veléz Rengifo y, en consecuencia, se confirmará la sentencia apelada.[17]

---

[16] Colombia, Consejo de Estado, Sección Tercera, "Sentencia de 26 de febrero de 2015", expediente 30579, Bogotá. Magistrada ponente Olga Valle.

[17] Colombia, Consejo de Estado, Sección Tercera, "Sentencia del 13 de mayo de 2015", expediente 37118, Bogotá. Magistrado ponente: Carlos Zambrano.

2.4. Asalto a un representante a la Cámara

Un representante a la Cámara por el Departamento de Arauca, que se encontraba en licencia no remunerada, fue asesinado en Bogotá cerca de un cajero automático por dos sicarios que se encontraban en moto.

El Consejo de Estado afirmó que no obraba prueba en el expediente de que el congresista hubiera solicitado protección especial por parte de las autoridades oficiales y tampoco se adjuntó material probatorio sobre la ocurrencia de algunas amenazas para que se pudiera considerar una persona en situación de peligro. Al respecto señaló:

> En cuanto a las aseveraciones de la demanda, según las cuales, el señor Colmenares Chía ya había sido objeto de un atentado en 1987, cuando se desempeñaba en el cargo de Consejero Intendencial de Arauca y que su asesinato coincidió con el asesinato del también parlamentario de Arauca, señor Octavio Sarmiento, ocurrido en Tame, Arauca, la semana anterior a su fallecimiento, debe decir la Sala que no obra en el expediente prueba alguna que permita tener por ciertos estos aspectos, sin que en todo caso, se hubiera aportado prueba al expediente que precise las circunstancias de tiempo, modo y lugar en que sucedió su muerte, pues únicamente se menciona en la demanda que sucedió después de haber realizado una transacción en un cajero electrónico.[18]

Algunos parámetros que ha fijado el Consejo de Estado en sus sentencias sobre ataques a funcionarios públicos para poder declarar la responsabilidad pública son: (i) presencia de funcionarios estatales; (ii) haber solicitado medidas de protección; (iii) aunque no haya pedido defensa oficialmente, que las autoridades públicas conocieran de esta necesidad; (iv) existencia de circunstancias políticas o sociales que permitieran prever el atentado y (v) sometimiento a carga excesiva al funcionario público.

---

[18] Colombia, Consejo de Estado, Sección Tercera, "Sentencia del 7 de octubre de 2015", expediente 35544, Bogotá. Magistrado ponente: Hernán Andrade.

3. Enfrentamientos entre grupos armados en que interviene una entidad estatal

Históricamente una fuente importante de daños en nuestro país han sido los causados dentro de los enfrentamientos entre grupos armados, donde resultan daños tanto materiales como inmateriales, causadas tanto a combatientes como a particulares. En ocasiones, también ocurren situaciones dañosas por el fuego amigo, es decir cuando el propio ejército se enfrenta con otros miembros de las fuerzas armadas estatales, sin saberlo. Así, es adecuado analizar los siguientes temas: 3.1. Daños causados por la Policía Nacional en combates contra grupos ilegales; 3.2. Fuego amigo, entre el Ejército y la Policía; 3.3. Combates entre el Ejército Nacional y las FARC y 3.4. Enfrentamientos entre la Policía Nacional y las FARC.

3.1. Daños causados por la Policía Nacional en combates contra grupos ilegales

Durante un enfrentamiento de la Policía Nacional contra un grupo ilegal en la ciudad de Medellín, una granada que fue lanzada hacia los policías, al chocar contra el alumbrado, se introdujo en la vivienda de unos particulares y al estallar alcanzó a una menor causándole graves daños; afortunadamente, la lograron trasladar rápidamente al hospital donde le pudieron salvar la vida, pero sufrió una pérdida de capacidad laboral de más del 38 %.

Al conocer de estos hechos el Consejo de Estado condenó a la Policía Nacional bajo el título de daño especial, explicando que:

> (...) Así, una visión desarticulada de lo ocurrido podría guiar a la conclusión de que se trata de un daño fruto del hecho de un tercero; sin embargo, esta posición asimilaría situaciones completamente diferentes para efectos de determinar la responsabilidad del Estado; verbigracia, tendrían la misma consecuencia el hecho que nos ocupa y aquella situación en donde un particular con intención de dañar a otro particular, y sin que medie en el más mínimo detalle la acción del Estado, lanza una granada al interior de la casa o pone un bomba al frente de ésta. En este caso se sufre un daño antijurídico, que por consiguiente debe ser resarcido, pero el título de imputación no conduce al Estado, pues es claro que este evento no contó con su intervención.

Por el contrario, el análisis de la situación planteada hace imposible obviar que el daño es consecuencia de la operación policial que se estaba desarrollando, haciendo que el resultado de la imputación cambie respecto del ejemplo propuesto. No podría contraponerse el argumento del hecho de un tercero o de la causa extraña, pues un análisis funcional de lo ocurrido exige situar el lanzamiento de la granada por parte del sujeto al margen de la ley dentro de la acción de persecución y enfrentamiento de la delincuencia realizada por los agentes de la Policía Nacional, es decir, dentro del funcionamiento del servicio.[19]

3.2. Fuego amigo, entre el Ejército y la Policía

El término *fuego amigo* hace referencia a las situaciones en que el mismo organismo del Estado o dos entidades públicas diferentes se enfrentan con armas de fuego, sin darse cuenta de que se trata de otro grupo armado estatal. Hasta que no se percatan de su error, pueden causar heridas y hasta la muerte de otros miembros del Estado.

Los hechos que generaron la demanda obedecen a que en el departamento del Cesar se produjo la instalación de un retén por parte del Ejército Nacional, esa misma noche los Policías se dirigían en carros particulares después de realizar una misión y al encontrase con los militares, se enfrentaron por varias horas, resultando heridas personas de ambos bandos. El Consejo de Estado, condenó a los implicados, informando:

> Para la Sala es evidente que la situación antedicha configura una falla del servicio por parte del Estado, en tanto que el hecho de que entren en confrontación armada dos grupos pertenecientes a la fuerza pública, bajo el entendido de estarse enfrentando con el enemigo, es una muestra de falta de previsión, coordinación y táctica militar y, constituye un palmario incumplimiento de sus obligaciones institucionales —artículos 217 y 218 Constitución Política— en tanto que dentro de sus deberes de defensa y protección de las instituciones y de la ciudadanía en general, no les está permitido abrir

[19] Colombia, Consejo de Estado, Sección Tercera, "Sentencia del 3 de mayo de 2007", expediente 16696, Bogotá. Magistrado ponente: Enrique Gil.

> fuego indiscriminadamente, sin una previa verificación de quién es la contraparte y sobre todo, de si la acción armada es estrictamente necesaria, por cuanto el accionar las armas de dotación oficial en contra de personas debe ser la última opción, ante una inminente y actual agresión.[20]

3.3. Combates entre el Ejército Nacional y las FARC

Un señor es secuestrado por la guerrilla de las FARC, al día siguiente intentan rescatarlo en un operativo conjunto del Ejército Nacional y el Grupo Gaula, en el Departamento de Caldas. Al llegar al lugar los dos grupos armados se enfrentaron. Según las pruebas recopiladas el ciudadano fue asesinado por un disparo en el cuello proveniente de sus propios captores, al conocer de la presencia de los militares en la zona.

En esta decisión, el máximo Tribunal de lo Contencioso Administrativo explicó que no había responsabilidad pública, aduciendo:

> Si bien la Constitución Política consagra como una obligación de las autoridades públicas, la protección a la vida, honra y bienes de los colombianos, la misma no es de carácter absoluto, pues sabido es que el Estado no puede destinar protecciones individuales para cada asociado, sino contar con programas y acciones tendientes a un cubrimiento general, acordes con las exigencias de la zona del país de que se trate y que, en principio, no tendría que responder por los hechos violentos atribuidos a terceros, pues no se le puede exigir condiciones de omnipresencia, como tampoco de omnisuficiencia que no tiene.
>
> La consagración constitucional de la responsabilidad patrimonial del Estado del artículo 90 implica que aquél responderá patrimonialmente por los daños antijurídicos causados por la acción u omisión de las autoridades públicas, sin que en el plenario la parte actora haya demostrado la relación causal existente entre el operativo adelantado por la fuerza pública y la muerte del señor Giovanny Duque Tabares.[21]

---

[20] Colombia, Consejo de Estado, Sección Tercera, "Sentencia del 30 de agosto de 2007", expediente 15724, Bogotá. Ramiro Saavedra.

[21] Colombia, Consejo de Estado, Sección Tercera, "Sentencia del 29 de octubre de 2012", ex-

3.4. Enfrentamientos entre la Policía Nacional y las FARC

La guerrilla de las FARC montó un retén ilegal en una carretera en el Tolima, al ser informada la Policía Nacional fue a recuperar el dominio de la zona, y al hacerlo se produjo un fuerte enfrentamiento que duró más de 30 minutos. Durante el combate un disparo alcanzó a un ciudadano, quien debido a la herida fue transportado a un hospital donde murió.

Para el Consejo de Estado, a pesar de no poderse determinar si la bala provenía de la entidad pública o de la guerrilla, condenó al Estado atribuyéndole una posición de garante:

> Finalmente, por cuanto se trata de la imputación de responsabilidad en tratándose de daños causados por las acciones de grupos armados insurgentes —HECHO DEL TERCERO—, se destaca que la concepción del hecho del tercero debe superar como hipótesis la necesidad de determinar un vínculo material u orgánico para que pueda atribuirse la responsabilidad, ya que lo sustancial es el rol que juega la administración pública, su *"posición de garante de vigilancia"*, de la que derivan todos los deberes del actor llamado a ofrecer la protección debida y corresponderse con los deberes positivos que implican actuar frente a situaciones que amenacen o puedan desencadenar un daño como consecuencia de las acciones de terceros, porque es el Estado el llamado a ejercer una intervención mucho más profunda ante fenómenos de violencia, o de insurgencia que tiene plenamente definidos.[22] (cursiva añadida)

Recapitulando, de las sentencias del Consejo de Estado en materia de enfrentamientos entre grupos armados, se puede concluir que: (i) siempre que se trate de fuego amigo habrá responsabilidad estatal; (ii) la intervención de una entidad estatal puede configurar responsabilidad estatal, a no ser que se demuestre el hecho de un tercero y (iii) el Estado puede ser condenado por cualquiera de los tres títulos de imputación.

---

pediente 25970, Bogotá. Magistrada ponente: Stella Conto.

[22] Colombia, Consejo de Estado, Sección Tercera, "Sentencia del 13 de abril de 2015", expediente 33000, Bogotá. Magistrado ponente: Orlando Santofimio.

4. Ataques indiscriminados contra la población

Uno de los temas que se debe analizar es lo concerniente a los ataques que realizan los grupos ilegales abandonando artefactos explosivos en cualquier lugar para causar daños. La intención de los terroristas era crear pánico en la población o atacar a quienes consideraban sus opositores o a quienes simplemente no querían colaborar en sus propósitos delictivos.

A continuación se hará referencia a los tipos de ataques que realizan los terroristas contra la población civil que son: 4.1. Ataques en lugares públicos; 4.2. Atentados a negocios privados; 4.3. Explosión de mina antipersonal y 4.4. Daños a infraestructuras estatales no estratégicas.

4.1. Ataques en lugares públicos

Pocos días después de que el ministro de Defensa Fernando Botero declarara la guerra contra el narcotráfico, estos grupos utilizaron bombas, intentando presionar para que se cediera ante sus pretensiones. Esta sentencia se originó porque unos terroristas dejaron en una plaza pública, conocida como el parque San Antonio en el municipio de Medellín, una maleta cerca de la escultura El Pájaro elaborada por el artista colombiano Fernando Botero.

Había una familia que se encontraba en el lugar porque había un festival organizado por el Municipio y se ubicó en un sitio cercano a la escultura, para participar en el evento. Esa misma noche durante la muestra cultural *Yo soy Cartagena*, al estallar la maleta provocó la muerte de una de las hijas, debido a un shock traumático causado por el impacto de la bomba. En este caso, el Consejo de Estado consideró que era imposible para las autoridades el prever el atentado y por esto no se generaba la responsabilidad estatal, pues se trataba de un ataque indiscriminado contra la población atribuible a un hecho de tercero. Explicando que:

> En este sentido, la afirmación del demandante, en relación con la posibilidad de que la bomba hubiera sido un mensaje dirigido al ministro de defensa de la época, no pasa de ser eso: una afirmación que no encuentra sustento probatorio suficiente para llevar al juez a la certeza de la existencia del hecho. Por estas razones, no es posible aplicar el título de imputación de daño especial; aunada la inexistencia de una falla del servicio o de un riesgo excepcional, la decisión que se impone es la de confirmar la sentencia de primera

instancia que fue denegatoria de las pretensiones de la demanda, ya que el atentado terrorista del 10 de junio de 1995, en el que murió Lina Marcela Taborda, no es imputable al Estado, constituyéndose en el hecho exclusivo de un tercero que indiscriminadamente atentó contra la población civil.[23]

4.2. Atentados a negocios privados, un restaurante

En un negocio en Montería, denominado La Barra Ganadera, estalló una carga explosiva que había sido dejada por las FARC. Según los demandantes, el ataque se perpetró al considerar que los propietarios no los apoyaban. La bomba al estallar ocasionó graves daños, tanto a las personas como a los bienes inmuebles que fueron afectados por el estallido.

El Tribunal al analizar el caso sostuvo que no hay responsabilidad, puesto que las entidades no contaron con información previa al atentado, no estaba dirigido contra un objetivo estatal y, en general, era impredecible, por lo que opera el hecho de tercero. Al respecto, precisó:

> Desde el punto de vista de la Sala, y luego de analizar a profundidad el material probatorio, se encuentra que en la investigación no se estableció en ningún momento a quién era atribuible el atentado, así como tampoco los móviles del mismo, pues se tienen sólo hipótesis que se desprenden de los hechos narrados en la demanda, pero no se tienen conclusiones precisas sobre un grupo, o una persona en particular, pues nunca se individualizó al actor o actores del atentado, y lo anterior, le impide a esta Corporación, derivar conclusiones propias acerca de los hechos.
>
> En consecuencia, de acuerdo con los criterios jurisprudenciales y con base en las pruebas allegadas al proceso, se concluye que la explosión en el establecimiento "La Barra Ganadera" de la ciudad de Montería, no iba dirigido contra una institución del Estado o alguno de sus miembros, por tanto no es procedente endilgarle

---

[23] Colombia, Consejo de Estado, Sección Tercera, "Sentencia del 30 de enero de 2013", expediente 24802, Bogotá. Magistrado ponente: Enrique Gil.

> responsabilidad a este último por estos hechos y en consecuencia la sentencia apelada habrá de confirmarse.[24]

4.3. Explosión de mina antipersonal

En Barrancabermeja, un menor se encontraba jugando cuando oyó un ruido que le llamó la atención, al llegar al lugar que estaba lleno de árboles entró en contacto con un artefacto explosivo que al estallar le causó la muerte instantánea.

En este caso el Consejo de Estado, realizando un control de constitucionalidad y de convencionalidad decidió condenar a las entidades estatales, sosteniendo que:

> En una zona de conflicto armado, como la ciudad de Barrancabermeja, circunstancia que, se itera, la reconoce la misma entidad demandada en la contestación de demanda, y que lo ratifican los tres testimonios que se recibieron dentro del proceso; se evidencia que el Estado no tomó las medidas posibles para la protección de los menores, cuando se limita a argumentar que los daños sufridos por sus demandantes no le son atribuibles, por cuanto la población civil no les hizo saber que existían minas; como si fuese a la población civil y a los menores a los que les correspondiera elaborar informes de inteligencia o rastrear la actividad de los grupos subversivos y ponerlos en conocimiento de las fuerzas del orden. Y menos admisible es exigirles que si tienen conocimiento de ello, tomen unas medidas de protección para sí mismos, como lo pretende el Ministerio Público, comoquiera que dichas medidas deben ser tomadas por el Estado, conforme a las obligaciones de orden convencional que ha adquirido.[25]

4.4. Daños a infraestructuras estatales no estratégicas

El 10 de abril de 2000, en el sitio La Quebrada en el departamento del Cauca, un ciudadano se dirigía caminado hacia su casa depués de estudiar,

---

[24] Colombia, Consejo de Estado, Sección Tercera, "Sentencia del 20 de octubre de 2014", expediente 30669, Bogotá. Magistrada ponente: Olga Valle.

[25] Colombia, Consejo de Estado, Sección Tercera, "Sentencia del 1 de junio de 2015", expediente 31412, Bogotá. Magistrado ponente: Jaime Santofimio.

cuando al pasar por un puente minado sintió una fuerte explosión al hacer contacto con un artefacto explosivo. Desafortunadamente, la explosión le ocasionó un daño muy fuerte al tener que ser amputada parte de su pierna, con lo que su capacidad laboral quedó reducida en un 50 %.

El Consejo de Estado, siguiendo su criterio sobre daños ocasionados por grupos terroristas, considera que se debe analizar la especial condición espacio-temporal de lo ocurrido y, a partir de esto, afirma que se trata de un hecho de un tercero que no es atribuible bajo ningún título al Estado colombiano, sosteniendo que:

> La jurisprudencia se ha ocupado constantemente de las características que debe cumplir la denuncia ante las autoridades para que se configuren los requisitos necesarios para declarar la responsabilidad del Estado por el desconocimiento del deber de protección y defensa frente al actuar de grupos delincuenciales o armados al margen de la ley; así, por ejemplo, con el fin de evitar que se considere al Estado como un garante genérico de las conductas delincuenciales de los particulares frente a sus víctimas, se ha afirmado de manera constante y reiterada que la responsabilidad patrimonial del Estado se compromete en aquellos casos en los que, a pesar de conocer las amenazas que pesaban sobre la víctima directa, omitió actuar o lo hizo tardíamente, todo ello sin perder de vista que en estos eventos el hecho dañoso proviene directamente del actuar de un tercero.[26]

De la jurisprudencia anteriormente presentada se puede concluir que en los ataques discriminados a la población el Consejo de Estado, solo condenará en: (i) los casos en que las autoridades hayan sido advertidas de la posibilidad de un atentado; (ii) el ataque era contra un objetivo estatal; (iii) el Estado contribuyó por medio de una omisión o se podría enmarcar como una falla del servicio y (iv) se demuestre la presencia de un riesgo excepcional o un daño especial.

---

[26] Colombia, Consejo de Estado, Sección Tercera, "Sentencia del 27 de enero de 2016", expediente 29323, Bogotá. Magistrada ponente: Marta Velásquez.

5. Ataques contra personas particulares por parte de grupos armados

En este apartado se hará referencia a algunas sentencias del Consejo de Estado colombiano en que se discuten temas sobre la responsabilidad del Estado por daños causados por grupos armados a particulares. Específicamente, se presentarán los siguientes casos: 5.1. Asesinato de un defensor de derechos humanos; 5.2. Atentado contra un líder sindical que tuvo que exiliarse; 5.3. Falsos positivos; 5.4. Asesinato de particular que se desplazaba por la carretera y 5.5. Homicidio contra el periodista Jaime Garzón.

5.1. Asesinato de un defensor de derechos humanos

El presidente del Comité Permanente para la Defensa de los Derechos Humanos del Departamento de Antioquia se encontraba en su oficina en Medellín cuando dos malhechores arribaron al lugar y le dispararon, ocasionándole la muerte. En este caso, la Comisión Interamericana de Derechos Humanos presentó un informe que declaró la responsabilidad del Estado colombiano por la violación de los derechos a la vida, la integridad personal, la libertad y la protección judicial.

Con base en esto, se llevó un acuerdo conciliatorio entre las partes en que se condenó en partes iguales al Ejército Nacional (Ministerio de Defensa), Policía Nacional (Ministerio de Defensa), Ministerio del Interior y al Departamento Administrativo de Seguridad y se obligó a reparar a perjuicios materiales, morales, morales por la violación a derechos humanos, a que se continúen investigando los hechos y se tomen medidas para exaltar la memoria de la víctima. El Consejo de Estado, ratificó la conciliación afirmando:

> Según se indicó anteriormente, el acuerdo conciliatorio constituye un acto de carácter bilateral, en virtud del cual las partes deciden llegar a un arreglo amigable, el cual en sus aspectos eminentemente económicos o patrimoniales consistió, según quedó registrado en la respectiva acta de conciliación, en una oferta hecha por algunas de las entidades que integran la parte demandada en relación con el pago de los perjuicios materiales y morales a favor de los actores, ofrecimiento que fue aceptado expresamente por el apoderado de éstos —quien según se indicó contaba con tal facultad—,

> de tal manera que la conciliación no puede limitarse, de manera exclusiva, a esas tres entidades que aceptaron los reconocimientos pecuniarios sino que el mencionado arreglo patrimonial incluye también a los otros dos entes territoriales accionados, como quiera que el acuerdo conciliatorio que aquí se pactó, constituyó un arreglo monetario global que, en últimas, constituye el objeto esencial de la demanda de reparación directa que dio origen a la conciliación que aquí se examinó.[27]

5.2. Atentado contra un líder sindical que tuvo que exiliarse

Un líder sindical había sido fuertemente amenazado por grupos ilegales, por lo que solicitó la protección estatal de diversas formas. No obstante, la situación de violencia generalizada contra los sindicatos en la ciudad, las autoridades nacionales no le brindaron ninguna medida especial de protección.

Un día en que se desplazaba en un taxi en Medellín, le dispararon unos delincuentes desde una moto, por lo que tuvo que ser llevado a un hospital y después de atenderlo quedó con limitaciones funcionales y estéticas. Ante esto, tuvo que irse del país con el fin de proteger su vida e integridad personal. Es este caso, el Consejo de Estado, opinó que:

> En este orden de ideas, es claro que la vulneración o amenaza a los derechos fundamentales de las organizaciones sindicales y/o de las personas que las integran, está prohibida, por la normativa internacional como nacional, de allí que, el Estado no debe tolerar o permitir situaciones en que se pongan en peligro a entidades o personas en condiciones de vulnerabilidad; sin embargo, lamentablemente, en el caso que nos ocupa el militante sindical fue perseguido por su condición, y sus derechos a la vida e integridad fueron gravemente transgredidos.
>
> Ahora bien, como quiera que existen medios de convicción que permiten inferir que el afectado solicitó protección y que ésta no le fue prestada de forma eficiente, es posible endilgar responsabilidad

[27] Colombia, Consejo de Estado, Sección Tercera, "Sentencia del 28 de septiembre de 2007", expediente 32793, Bogotá. Magistrado ponente: Mauricio Fajardo.

> al Estado en el caso concreto, en virtud a que el daño antijurídico se produjo por la omisión en sus deberes.[28]

5.3. Falsos positivos

Dos jóvenes salieron de su casa en el departamento de Antioquia y no retornaron, por eso al llegar la tarde fueron a buscarlos otras dos personas que tampoco regresaron; al otro día, un grupo de familiares fueron a buscarlos y se encontraron a miembros del Ejército, quienes les advirtieron que había fuertes confrontaciones con la guerrilla y les ordenaron regresar a casa. Al día siguiente por la mañana los familiares volvieron al lugar de los posibles enfrentamientos y encontraron tanto restos de ropa como documentos de los desaparecidos. Después de realizar la investigación se demostró que el Ejército había asesinado a los muchachos con el fin de mostrar resultados a sus superiores.

Con base en lo anterior, el Consejo de Estado analizó el ordenamiento jurídico interno y realizó un control de convencionalidad para ver si existieron violaciones de derechos humanos por parte de los funcionarios del Estado, y se condenó por una falla del servicio. Así, concluyó:

> Los anteriores precedentes judiciales sobre falla del servicio por graves violaciones a los derechos humanos y al Derecho Internacional Humanitario de civiles víctimas del conflicto armado interno son aplicables al caso concreto, de conformidad con las situaciones que resultaron demostradas en el acápite de hechos probados, así: *i)* los campesinos dados de baja y los desaparecidos, fueron retenidos por el Ejército Nacional y vistos antes de morir por varios vecinos residentes de la vereda de Las Nieves, vestidos con ropa de civil, sin que se logre establecer por qué antes de su ejecución, portaban prendas privativas de la fuerza pública; *ii)* las víctimas no pertenecían a ningún grupo organizado armado al margen de la ley; *iii)* no existió combate ni enfrentamiento alguno entre el Ejército y grupos armados al margen de la ley el día y hora de los hechos, por tanto, la muerte de los campesinos no ocurrió como consecuencia

---

[28] Colombia, Consejo de Estado, Sección Tercera, "Sentencia del 31 de enero de 2011", expediente 17842, Bogotá. Magistrado ponente: Enrique Gil.

> del mismo sino por la ejecución sumaria y extrajudicial por parte de los militares; *iv)* el Ejército Nacional, como autoridad competente, incumplió el deber de aseguramiento y conservación de la cadena de custodia, pues después del acaecimiento del hecho dañoso, no tomó las medidas necesarias a fin de evitar la pérdida o alteración de los elementos materia de prueba o evidencia física, máxime cuanto quién efectúa el aseguramiento del lugar de los hechos está obligado a permanecer en el mismo, situación que no se presentó, ya que los cadáveres fueron movidos del lugar en el que fallecieron; y, además, se buscó desaparecer evidencias como la quema de la ropa civil de las víctimas y documentos que portaban.[29]

5.4. Asesinato de particular que se desplazaba por la carretera

Un señor se dirigía por la noche en su vehículo para su casa a otro municipio, cuando unas personas lo interceptaron y le dispararon causándole la muerte. Según algunos testimonios los posibles causantes eran los grupos paramilitares que realizaban asesinatos en la zona.

En cuanto a personas que viven en lugares especialmente riesgosos debido a la presencia de grupos ilegales y que salen de sus hogares para realizar sus tareas cotidianas, el Consejo de Estado ha sostenido que no hay responsabilidad estatal y frente al caso explicó:

> 2.8.27. Así mismo, es preciso señalar que la simple presencia de un número significativo de miembros de la Fuerza Pública en el municipio de Barbosa —Antioquia no da lugar a entender que les era previsible el daño o que podían evitar el homicidio de la víctima, ya que esto no puede ser un argumento válido para considerar que era su deber conocer sobre todas las acciones o planes delictivos que se iban a ejecutar en el municipio de Barbosa, y mucho menos que debían proteger durante las 24 horas de todos los días a cada uno de los habitantes del municipio, pues esto sería como partir de la existencia de un Estado ideal el que se responde por cualquier

[29] Colombia, Consejo de Estado, Sección Tercera, "Sentencia del 28 de agosto de 2014", expediente 32988, Bogotá. Magistrado ponente: Ramiro Pazos.

hecho dañoso atribuido a terceros por el simple hecho de hacer presencia en el lugar.

2.8.28. Por último, es preciso señalar que no hay lugar a considerar que existió responsabilidad por aplicación de los títulos de imputación de daño especial o riesgo excepcional, toda vez que no se demostró que el suceso en el que resultó muerto el señor Luis Ángel Londoño Hurtado se encontrara dirigido contra un agente estatal o una entidad representativa del Estado colombiano.[30]

5.5. Homicidio del periodista Jaime Garzón

Un asesinato que nos dolió mucho a los colombianos fue el del periodista y humorista Jaime Garzón, que ocurrió en la ciudad de Bogotá, quien se desplazaba en su automóvil, siendo acribillado por sicarios que le ocasionaron una muerte instantánea. En la investigación se comprobó que había existido una coparticipación entre entidades del Gobierno y grupos paramilitares.

Esta sentencia dice que reitera la tesis de responsabilidad estatal agravada, que es un concepto del derecho internacional que no ha sido muy aplicado en el derecho comparado y tampoco ha tenido una gran acogida dentro del Consejo de Estado, puesto que solo ha sido empleada en contadas ocasiones por el despacho de Hernán Andrade. Por esto, se debe tratar de no aplicar y, de hacerlo, se debe ser muy cuidadoso en su utilización. Retomando la decisión de la sentencia, se condenó al Estado, aseverando que:

> Los anteriores hechos indicadores analizados en conjunto llevan a la Sala a concluir con nitidez que la ejecución extrajudicial del señor Jaime Hernando Garzón Forero fue planeada y perpetrada por el jefe paramilitar Carlos Castaño Gil, con la colaboración de los señores José Miguel Narváez Martínez y Jorge Eliécer Plazas Acevedo, quienes eran miembros de la División de Inteligencia del Ejército Nacional, y en desarrollo de sus labores de inteligencia contrainsurgente, tuvieron conocimiento previo de los presuntos vínculos con grupos subversivos por parte del hoy occiso Jaime Garzón Forero,

[30] Colombia, Consejo de Estado, Sección Tercera, "Sentencia del 29 de septiembre de 2015", expediente 37469, Bogotá. Magistrado ponente: Ramiro Pazos.

> informaciones que fueron suministradas directamente por tales personas al jefe paramilitar Carlos Castaño, lo cual motivó a ejecutarlo, por esa misma razón o circunstancia de habérsele imputado cercanía con elementos de la guerrilla.
>
> En este punto, debe reiterar y resaltar la Sala que, siendo función del Estado a través de las fuerzas militares salvaguardar la vida de los ciudadanos, se torna inconcebible e infame que sus propios agentes establezcan alianzas con grupos ilegales con el fin de permitirles la comisión de delitos y facilitar su presencia y acción. Cuando así actuaron, bajo su investidura de militares, no sólo desconocieron el marco jurídico que regula su acción, sino que trascendieron al ámbito penal mediante la ejecución de conductas dolosas, que sin duda comprometieron la responsabilidad del Estado. Al ejercer la función pública encomendada de la mano con actores armados ilegales, incurrieron en una aberrante falla del servicio.[31]

En este orden de ideas, de las sentencias examinadas se pueden derivar los siguientes parámetros: (i) la regla general es que no hay responsabilidad estatal por los daños causados por grupos armados a los particulares; (ii) habrá responsabilidad si así lo declaran algunos organismos internacionales; (iii) sí habrá responsabilidad si intervinieron los fuerzas armadas del Estado o cooperaron con los grupos ilegales; (iv) será responsable la Administración Pública si se considera que son personas que merecen especial protección o están en estado de mayor vulnerabilidad; (v) se debe solicitar la protección estatal o que el Estado sepa de la situación de peligro; (vi) las mismas fuerzas armadas colombianas pongan en peligro al particular al someterlo a cargas adicionales a las que debe soportar; (vii) el ataque fuera contra una entidad estatal y (viii) el objetivo fuera causar daño a un funcionario estatal.

6. Particulares que fueron atacados al ser considerados colaboradores de los grupos armados

Durante el conflicto armado interno existieron diferentes bandos, algunos eran las fuerzas oficiales (como la Policía, el Ejército y grupos especializados)

---

31 Colombia, Consejo de Estado, Sección Tercera, "Sentencia del 14 de septiembre de 2016", expediente 34349, Bogotá. Magistrado ponente: Hernán Andrade.

y por el otro estaban los grupos armados ilegales (por ejemplo, FARC, EPL y carteles del narcotráfico). Uno de los problemas que más impactó a la población civil era que los mencionados grupos obligaban a la población civil a ayudarlos y en caso de no hacerlo, o de colaborar con los otros, se vengaban de los denominados *colaboradores*. A continuación, se presentan tres sentencias correspondientes a delitos cometidos por los principales grupos en contienda: 6.1. Asesinato a particulares por parte de las Fuerzas Militares; 6.2. Lesiones a un propietario de inmueble por parte de la guerrilla y 6.3. Masacres efectuadas por paramilitares.

6.1. Asesinato a particulares por parte de las Fuerzas Militares

Una noche en el Municipio de Ituango del Departamento de Antioquia un grupo de miembros del Ejército llegó a una finca de un ciudadano, hablaron con los ocupantes del inmueble y después de 10 minutos decidieron asesinar a algunos por considerarlos colaboradores de los grupos guerrilleros que se encontraban en la zona y posteriormente, amenazaron a los testigos de sus actos con el fin de que no comentaran lo ocurrido.

El Consejo de Estado hace una presentación de los lineamientos establecidos por la Corte Interamericana de Derecho Humanos, trae a colación algunos instrumentos de derecho internacional y recuerda que el caso había sido examinado, por lo que existía cosa juzgada internacional. Sin embargo, como no todos habían acudido al sistema interamericano, el Tribunal Nacional ordenó la reparación de los daños causados, estableciendo:

> En cuanto concierne a la responsabilidad de las entidades demandadas, para la Sala, la sentencia proferida por la Corte Interamericana de Derechos Humanos, que fue allegada en copia al presente proceso mediante oficio remisorio suscrito por la Directora de Derechos Humanos y Derecho Internacional Humanitario de la Cancillería (Ministerio de Relaciones Exteriores), constituye plena prueba de la responsabilidad de las entidades públicas demandadas, motivo por el cual a partir de esa providencia judicial, de rango internacional, se deriva la convicción en relación con el daño antijurídico causado al demandante Joaquín Guillermo Zuleta Zabala, así como la imputación del mismo a la administración pública.

> En relación con la valoración de este medio de convicción, resulta incuestionable que por tratarse de una decisión jurisdiccional, proferida por un organismo internacional, no es posible desconocer los planteamientos y conclusiones allí contenidas, pues, como se ha manifestado de manera reiterada, se encuentra amparada por los efectos de la cosa juzgada y, por consiguiente, ninguna autoridad del orden nacional puede desatender los preceptos contenidos en tal proveído.[32]

6.2. Lesiones a un propietario de inmueble por parte de la guerrilla

Esta sentencia se originó por las lesiones que sufrió un particular producto de un atentado con armas de fuego realizado por integrantes de las fuerzas guerrilleras, como represalia por permitir que los miembros del Ejército Nacional hicieran uso de las instalaciones de su propiedad.

En dicho atentado los miembros de la guerrilla dejaron un panfleto atribuyéndose el hecho y explicando que la muerte del señor obedecía a que era un colaborador e informante del Ejército Nacional. Al respecto el Consejo de Estado, concluyó:

> De allí que, no es de recibo la argumentación suministrada por la entidad demandada, cuando señala que el Ejército Nacional cumplió a cabalidad con su deber de protección del señor Tobó Rueda, porque precisamente al instalarse en varias ocasiones en terrenos que comprendían su propiedad, se le estaba protegiendo de cualquier peligro que pudiera correr. Además, por cuanto la ayuda y apoyo logístico que se le brindó a la administración pública era una carga (deber) que debió aceptar sin cuestionamiento alguno en su condición de ciudadano.
>
> Dicho razonamiento no tiene asidero en el ordenamiento jurídico Colombiano, ya que la misma Carta Política en el artículo 90 establece la obligación expresa de indemnizar todo daño o perjuicio antijurídico que sea imputable al Estado. Entonces, si bien es una

[32] Colombia, Consejo de Estado, Sección Tercera, "Sentencia del 4 de octubre de 2007", expediente 15567, Bogotá. Magistrado ponente: Enrique Gil.

> carga pública el brindar colaboración a las autoridades públicas, incluidas las militares, existe un deber correlativo de la organización estatal de cumplir con la obligación de protección y seguridad de la vida, bienes y honra de los habitantes del territorio nacional, de tal suerte que cualquier desconocimiento de la misma torna en imputable el detrimento o la lesión que pueda llegar a padecer la persona respectiva.[33]

6.3. Masacres efectuadas por paramilitares en Pichilín

Un grupo de paramilitares pertenecientes a las denominadas Autodefensas Unidas de Colombia —AUC—, en el corregimiento de Pichilín, en el departamento de Sucre, detuvo a varias personas, las amarraron colocándolas en estado de indefensión y posteriormente, las acribillaron, causando la muerte de 14 personas, al considerarlas colaboradores de la guerrilla.

El Consejo de Estado condenó a la República de Colombia, puesto que las autoridades militares y policiales contribuyeron a la ocurrencia del hecho con sus omisiones, dejando a los ciudadanos indefensos ante estos grupos ilegales. Particularmente, sostuvo:

> Pues bien, en el caso *sub examine*, se itera, el daño tuvo origen tanto en la esfera de la acción como de la omisión estatal, en la medida en que está comprobado que ningún agente suyo actuó en la comisión de la masacre de Pichilín, sí prestaron su colaboración activa para que la misma pudiera llevarse a cabo con total tranquilidad; y además era de público conocimiento en el municipio de Colosó, que los miembros del grupo paramilitar que operaban en la zona, eran quienes empleaban esta modalidad de delitos para lograr sus cometidos, situación que bien conocía la fuerza pública, y fue omisiva en la labor de protección y vigilancia de los habitantes de la zona afectada por la gravedad contextual y prueba incontrastable de ello son las múltiples denuncias y quejas sobre las amenazas de que era víctima la población civil y las detalladas declaraciones de

---

33 Colombia, Consejo de Estado, Sección Tercera, "Sentencia del 19 de octubre de 2007", expediente 29273, Bogotá. Magistrado ponente: Enrique Gil.

> Pedro Álex Conde Anaya, que como ya se dijo, para la Sala gozan de toda credibilidad.
>
> Así las cosas, concluye la Sala, que a la Nación —Ministerio de Defensa, Policía y Armada Nacional— se les debe imputar el daño antijurídico y por lo tanto, debe responder patrimonialmente por el mismo, pues está demostrado el incumplimiento del deber convencional, constitucional y legal de seguridad y protección que le era exigible en relación con la vida de los señores: Manuel María Vergara Villalba, José Daniel Rivera Cárdenas, Federman Rivera Salgado, Manuel de Jesús Pérez Gómez y Denis José Ruiz Rodríguez; y a los bienes de Julia María Sierra de Narváez, razón por la que se declarará la responsabilidad de las entidades demandadas.[34]

En síntesis, la jurisprudencia del Consejo de Estado en materia de responsabilidad por ataques a los denominados colaboradores de los grupos armados dice que será responsable el Estado colombiano cuando se presente por lo menos alguna de las siguientes características: (i) las mismas fuerzas armadas han cometido el hecho; (ii) han contribuido en el hecho activamente junto con otro grupo criminal; (iii) con su comportamiento desidioso u omisivo, han permitido que se causen los daños y (iv) cuando han puesto a un particular en situaciones peligrosas o le han asignado un carga excesiva.

Conclusiones

De la jurisprudencia estudiada se puede observar cómo el Consejo de Estado de Colombia ha fijado un conjunto de reglas que permiten decir que en materia de daños causados por los actores armados hay profundas y coherentes decisiones.

1. La regla general será que el Estado colombiano responda patrimonialmente por los daños causados por los miembros de las fuerzas armadas; en cambio, por las lesiones causadas por grupos ilegales

[34] Colombia, Consejo de Estado, Sección Tercera, "Sentencia del 9 de julio de 2014", expediente 44333, Bogotá. Magistrado ponente: Enrique Gil.

tendrá que haber alguna situación que comprometa al Estado para que exista la responsabilidad, aunque se puede observar cómo se ha ampliado.

2. La responsabilidad del Estado causada por los daños, teniendo en cuenta el tipo de actividad realizada por el grupo armado, se pueden clasificar en los siguientes subgrupos: (i) ataques a instalaciones oficiales provenientes de los grupos armados ilegales; (ii) ataques contra funcionarios públicos; (iii) enfrentamientos entre grupos armados en que interviene una entidad estatal; (iv) ataques indiscriminados contra la población; (v) ataques contra personas particulares por parte de grupos armados y (vi) particulares que fueron atacados al ser considerados colaboradores de los grupos armados.
3. De los ataques a las instalaciones oficiales se pueden destacar las siguientes reglas: (i) los atentados de los grupos ilegales, principalmente, van dirigidos contra instituciones estatales; (ii) la regla general es que los daños causados dirigidos contra entidades estatales deben ser indemnizados con el patrimonio público; (iii) se puede condenar bajo el título de falla en el servicio, daño especial y riesgo excepcional y (iv) en ocasiones, el ataque inicialmente fraguado por la guerrilla, puede terminar en graves violaciones a derechos humanos.
4. Sobre los ataques contra funcionarios públicos se han fijado los siguientes parámetros, para que se reconozca la responsabilidad estatal: (i) presencia de funcionarios estatales; (ii) haber solicitado medidas de protección; (iii) aunque no haya pedido defensa oficialmente, que las autoridades públicas conocieran de esta necesidad; (iv) existencia de circunstancias políticas o sociales que permitieran prever el atentado y (v) sometimiento a carga excesiva al funcionario público.
5. En lo referente a los enfrentamientos entre grupos armados se tiene: (i) siempre que se trate de fuego amigo habrá responsabilidad estatal; (ii) la intervención de una entidad estatal puede configurar responsabilidad estatal, a no ser que se demuestre el hecho de un tercero y (iii) el Estado puede ser condenado por cualquiera de los tres títulos de imputación.

6. En lo relativo a los ataques indiscriminados contra la población el Consejo de Estado ha trazado las siguientes líneas para que se conceda la indemnización: (i) los casos en que las autoridades hayan sido advertidas de la posibilidad de un atentado; (ii) el ataque era contra un objetivo estatal, (iii) el Estado contribuyó por medio de una omisión o se podria enmarcar como una falla del servicio o (iv) que se demuestre la presencia dc un título objetivo de responsabilidad, es decir un riesgo excepcional o un daño especial.
7. En lo concerniente a ataque a los objetivos netamente particulares, la jurisprudencia ha dicho: (i) la regla general es que no hay responsabilidad estatal por los daños causados por grupos armados a los particulares; (ii) habrá responsabilidad si así lo declaran algunos organismos internacionales; (iii) sí habrá responsabilidad si intervinieron las Fuerzas Armadas del Estado o cooperaron con los grupos ilegales; (iv) la Administración Pública será responsable si se considera que son personas que merecen protección especial o están en estado de mayor vulnerabilidad; (v) Habrá responsabilidad si se prueba que se solicitó la protección estatal o que el Estado sepa de la situación de peligro; (vi) Se generará responsabilidad pública cuando las mismas Fuerzas Armadas pongan en peligro al particular al someterlo a cargas adicionales a las que debe soportar; (vii) Procederá la reparación cuando el ataque fuera contra una entidad estatal y (viii) Se resarcirá el daño cuando el objetivo fuera causar daño a un funcionario estatal.
8. En materia de daños causados a los denominados colaboradores, se repararán patrimonialmente los daños cuando: (i) las mismas fuerzas armadas han cometido el hecho; (ii) han contribuido en el hecho activamente junto con otro grupo criminal; (iii) con su comportamiento desidioso u omisivo, han permitido que se causen los daños y (iv) han puesto a un particular en situaciones peligrosas o le han asignado un carga excesiva.
9. En todo caso, no habrá responsabilidad extracontractual patrimonial estatal si existe un eximente, que puede ser: una fuerza mayor, un caso fortuito, la culpa exclusiva de la víctima o el hecho de un tercero. En los casos de daños cometidos por los grupos ilegales se tiene que tener muy presente que en principio se trata de la

responsabilidad por el hecho de un tercero, pero solo se romperá la responsabilidad del Estado si se comprueba que la responsabilidad corresponde solo a la organización terrorista y no hubo acción u omisión estatal.

Obras citadas

Arenas Mendoza, Hugo. *¿Estado irresponsable o responsable? La responsabilidad patrimonial del Estado colombiano, luego de la Guerra Civil de 1876-1877.* Bogotá: Universidad del Rosario, 2009.

______. "La importancia de la Corte Suprema Federal de los Estados Unidos de Colombia en la consolidación de la responsabilidad patrimonial de las administraciones públicas nacionales". En: *Instituciones Judiciales y Democracia* 335-368. Bogotá: Publicación del Consejo de Estado, 2011.

______. *El régimen de responsabilidad subjetiva.* Bogotá: Legis, 2014.

______. *Un siglo de jurisprudencia del Consejo de Estado en materia de responsabilidad extracontractual (1914-2014).* Bogotá: Grupo Editorial Ibáñez, 2015.

Colombia, Consejo de Estado, Sección Tercera. "Sentencia del 3 de mayo de 2007", expediente 16696. Bogotá. Magistrado ponente: Enrique Gil.

______. "Sentencia del 30 de agosto de 2007", expediente 15724. Bogotá. Ramiro Saavedra.

______. "Sentencia del 28 de septiembre de 2007", expediente 32793. Bogotá. Magistrado ponente: Mauricio Fajardo.

______. "Sentencia del 4 de octubre de 2007", expediente 15567. Bogotá. Magistrado ponente: Enrique Gil.

______. "Sentencia del 19 de octubre de 2007", expediente 29273. Bogotá. Magistrado ponente: Enrique Gil.

______. "Sentencia del 31 de enero de 2011", expediente 17842. Bogotá. Magistrado ponente: Enrique Gil.

______. "Sentencia del 25 de mayo de 2011", expedientes 15838, 18075, 25212 (acumulados). Bogotá. Magistrado ponente: Orlando Santofimio.

______. "Sentencia del 19 de abril de 2012", expediente 21515. Bogotá. Magistrado ponente: Hernán Andrade.

______. "Sentencia del 23 de agosto de 2012", expediente 24392. Bogotá. Magistrado ponente: Hernán Andrade.

______. "Sentencia del 29 de agosto de 2012", expediente 24444. Bogotá. Magistrada ponente: P. Stella Conto.

______. "Sentencia del 29 de octubre de 2012", expediente 25970. Bogotá. Magistrada ponente: Stella Conto.

______. "Sentencia del 30 de enero de 2013", expediente 24802. Bogotá. Magistrado ponente: Enrique Gil.

______. "Sentencia del 9 de julio de 2014", expediente 44333. Bogotá. Magistrado ponente: Enrique Gil.

______. "Sentencia del 28 de agosto de 2014", expediente 32988. Bogotá. Magistrado ponente: Ramiro Pazos.

______. "Sentencia del 20 de octubre de 2014", expediente 30669. Bogotá. Magistrada ponente: Olga Valle.

______. "Sentencia de febrero 26 de 2015", expediente 30579. Bogotá. Magistrada ponente: Olga Valle.

______. "Sentencia del 13 de abril de 2015", expediente 33000. Bogotá. Magistrado ponente: Orlando Santofimio.

______. "Sentencia del 13 de mayo de 2015", expediente 37118. Bogotá. Magistrado ponente: Carlos Zambrano.

______. "Sentencia del 1 de junio de 2015", expediente 31412. Bogotá. Magistrado ponente: Jaime Santofimio.

______. "Sentencia del 23 de septiembre de 2015", expediente 33004. Bogotá. Magistrado ponente: Hernán Andrade.

______. "Sentencia del 29 de septiembre de 2015", expediente 37469. Bogotá. Magistrado ponente: Ramiro Pazos.

______. "Sentencia del 7 de octubre de 2015", expediente 35544. Bogotá. Magistrado ponente: Hernán Andrade.

______. "Sentencia del 27 de enero de 2016", expediente 29323. Bogotá. Magistrada ponente: Marta Velásquez.

______. "Sentencia del 14 de septiembre de 2016", expediente 34349. Bogotá. Magistrado ponente: Hernán Andrade.

______. "Sentencia de 3 de noviembre de 2016", expediente 53233. Bogotá. Magistrado ponente: Orlando Santofimio.

Gil Botero, Enrique. *La constitucionalización del derecho de daños: Nuevo sistema de daños en la responsabilidad Extracontractual del Estado.* Bogotá: Temis, 2014.

Henao, Juan Carlos. *La responsabilidad extracontractual del Estado de Colombia: Evolución jurisprudencial 1864-1990.* Bogotá: Universidad Externado de Colombia, 1991.

López Morales, Jairo. *Responsabilidad patrimonial del Estado. Evolución de la jurisprudencia colombiana*. Bogotá: Ediciones Doctrina y Ley, 2001.

Rodríguez Rodríguez, Libardo. *Derecho Administrativo: General y colombiano.* Bogotá: Temis, 2015.

Vidal Perdomo, Jaime. *Derecho administrativo,* 13 ed. Bogotá: Legis, 2009.

Younes Moreno, Diego. *Curos de Derecho Administrativo,* 10 ed. Bogotá: Temis, 2016.

Miscelánea jurídica

Formación del juez omnipotente

Luis Ignacio Betancur Escobar*

Sumario: Introducción. 1. Los abogados del mañana. 1.1. ¿Estudiaron biología? 1.2. ¿Comprendieron nociones distintas a las jurídicas? 2. Los jueces se declararon depositarios de la legitimidad. 2.1. Adopción de políticas y expedición de los instrumentos jurídicos para hacerlas obligatorias. 3. Complementar la formación jurídica. 3.1. Nociones básicas económicas. 3.2. Nociones básicas sobre las TIC. 3.3. Consecuencias para las tareas jurídicas. 4. Cómo formar juristas para el futuro. Conclusiones. Obras citadas.

Introducción

La manera de formar a los abogados se discute con frecuencia. En ese debate parece útil considerar si los juristas deberían comprender las nociones básicas de la economía y de las tecnologías de la información y las comunicaciones –TIC–.

Este artículo propone integrar a los currículos la enseñanza de qué significan la escasez o las externalidades; la utilidad de enfoques como el del *segundo mejor*, la regulación por incentivos y otras nociones económicas.

Además, se sugiere que los estudiantes comprendan el alcance —y las consecuencias para la profesión misma— del mundo digital. Así, se explica el significado de las TIC, incluyendo el *Internet de las cosas*.

---

* Abogado de la Universidad del Rosario, Bogotá. Consultor independiente en regulación económica. Profesor en la Universidad del Rosario, Facultad de Jurisprudencia de Bogotá, en las materias de Regulación Económica, Competencias y Recursos Territoriales y Derecho Administrativo Económico.

El artículo tiene seis secciones incluída esta "Introducción". En la segunda sección se pregunta qué saben y qué tal vez no saben los abogados de hoy. La tercera muestra el prevaleciente papel de los jueces en el diseño de políticas públicas y en la adopción de los instrumentos jurídicos respectivos. La cuarta expone qué nociones económicas podrían ser de provecho para los abogados del mañana y las posibles consecuencias de la digitalización para los operadores jurídicos. La quinta sugiere complementos al contenido de la enseñanza del derecho. La sexta concluye sugiriendo analizar si, entendiendo lo esencial de la economía y de las TIC, los juristas aportarían más al bienestar de la sociedad.

1. Los abogados del mañana

1.1. ¿Estudiaron biología?

No es necesario, por ahora.

Pero la siguiente cita merece leerse:

> Hoy en día, cuando los estudiosos se *preguntan por qué un hombre empuña un cuchillo y apuñala a alguien hasta matarlo, responder "Porque decide hacerlo" ya no sirve*. En lugar de ello, genetistas y neurocientíficos proporcionan una respuesta mucho más detallada: *"Lo hace debido a tales o cuales procesos electroquímicos que tienen lugar en el cerebro que fueron moldeados por una determinada constitución genética*, que a su vez refleja antiguas emparejadas con mutaciones aleatorias (cursiva añadida).[1]

Si este enfoque llegara a ser el aceptado, ¿qué pensaría un magistrado de la Sala de Casación Penal de la Corte Suprema de Justicia o un litigante penalista?

Es una tesis que contradice convicciones profundas.

1.2. ¿Comprendieron nociones distintas a las jurídicas?

La respuesta es: ojalá. Este escrito busca mostrar la conveniencia de que, desde pregrado, se enseñen nociones básicas de economía y de las TIC.

---

1 Yuval Noah Harari, *Homo Deus. Breve historia del mañana* (Bogotá: Debate, 2016).

2. Los jueces se declararon depositarios de la legitimidad

La Corte Constitucional dijo en uno de sus pronunciamientos tempranos, la Sentencia T-406/92:

> El sistema jurídico creado por el Estado liberal tenía su centro de gravedad en el concepto de ley, de código. La norma legal, en consecuencia, tenía una enorme importancia formal y material (...) En el Estado intervencionista se desvanece buena parte de la importancia formal (validez) y de la importancia material (justicia) de la ley. (...)
>
> La dispersión de intereses en la sociedad capitalista actual, *ha diezmado la importancia del concepto de interés general, repercutiendo así en la legitimidad del órgano legislativo y de la ley misma.* (...) *Depositario de las ventajas propias del sabio alejado de la sociedad, que piensa en la objetividad de los valores y dotado de las ventajas de quien tiene el compromiso de tomar cotidianamente en consideración "la realidad viviente de los litigios", el juez está en plena capacidad, como ningún otro órgano de régimen político, de desempeñar ese papel* (cursiva añadida).[2]

Veinticinco años después, la omnipotencia judicial es una realidad. Esa idea del juez sabio como supremo ordenador tomó fuerza, y son ellos y solo ellos quienes se arrogaron el monopolio de la legitimidad. Hay democracia política y aristocracia judicial.

Dice Michel Troper

> ...un sistema en el cual el poder es ejercido exclusivamente por medio de normas generales adoptadas directamente por el pueblo o por sus representantes electos, *la mayor parte de los sistemas reales no son democracias, puesto que un gran número de normas generales son creadas por jueces, que no son representantes electos.* ¿Cuál es entonces la naturaleza de esos sistemas? Se puede escoger entre dos calificaciones.
>
> O bien se considera que *los parlamentos electos son democráticos y se debe llamar a estos sistemas «regímenes mixtos» puesto que el poder es*

---

[2] Colombia, Corte Constitucional, "Sentencia T-406 de 1992", 5 de junio de 1992. Magistrado ponente: Ciro Angarita.

> *ejercido conjuntamente por una autoridad democrática y una autoridad aristocrática.*
>
> O bien, se considera que los parlamentos no son más que una aristocracia electa y es necesario, por tanto, considerar que los sistemas en los que vivimos son repúblicas aristocráticas (cursiva añadida).[3]

Esta no es una situación exclusiva de Colombia. Argentina, Chile o Perú, en América Latina, la enfrentan, posiblemente con menos corazonadas. La literatura jurídica norteamericana y alemana la han inspirado.[4] Aunada a la atractiva superficialidad del italiano Bobbio, con su tesis de que el pueblo confiere mandatos revocables cuando acude a votar, el descrédito de la democracia representativa abrió el camino al populismo.

¿Cuánto durará esta moda? Podrán ser unas décadas. Modificar la Carta Política para paliar su efecto sería inútil: la Corte Constitucional podría, a su antojo, declarar que se estaría cambiando la Constitución.

2.1. Adopción de políticas y expedición de los instrumentos jurídicos para hacerlas obligatorias

Ejemplos selectos:

Crédito para vivienda. En las sentencias C-383/99 y 747/99:[5] (i) se prohíbe la capitalización de intereses para los créditos hipotecarios a largo plazo; (ii) la financiación de *vivienda digna*[6] no debe incorporar las variaciones de las tasas de interés que se den en el mercado y (iii) por tratarse de *vivienda digna* se convierte en asunto de *interés general*, lo que obliga

---

[3] Michel Troper, "El poder judicial y la democracia", *Isonomía: Revista de Teoría y Filosofía del Derecho,* 18, (2003): 47-75, consultado 24 de mayo de 2017 http://www.cervantesvirtual.com/obra/el-poder-judicial-y-la-democracia-0/

[4] Diego López fue tal vez el primero en Colombia que expuso esa aproximación. Ver Diego López, *Teoría Impura del Derecho. La Transformación de la Cultura Jurídica Latinoamericana* (Bogotá: Legis, Universidad de los Andes y Universidad Nacional de Colombia, 2004).

[5] Colombia, Corte Constitucional, "Sentencia C-383 de 1999", 27 de mayo de 1999. Magistrado ponente: Alfredo Beltrán Sierra y Colombia, Corte Constitucional, "Sentencia C-747 de 1999", 6 de octubre de 1999. Magistrado ponente: Alfredo Beltrán Sierra.

[6] Sobre el uso discrecional de *dignidad* por la jurisprudencia constitucional, Fabricio Mantilla y Tatiana Oñate escribieron un ilustrativo ensayo. Fabricio Mantilla Espinosa y Tatiana Oñate Acosta, *La "Dignidad" de la Corte Constitucional"* (Bogotá: Grupo Editorial Ibañez, 2013).

a las autoridades a adoptar planes especiales para que los pobres puedan adquirir vivienda.

Salario mínimo vital y móvil. En la Sentencia C-931/04 —que hace parte de una cadena de sentencias sobre las leyes anuales de presupuesto—[7] se adoptó una política económica en materia de reajustes salariales de los servidores públicos con estos elementos:

- Deben estar referidos a la inflación causada y no a la esperada.
- En cada cuatrienio tienen que elevarse todos los salarios.
- No pueden *congelarse* salarios a quienes devenguen menos de dos salarios mínimos mensuales vigentes.

Consultas populares convocables por los alcaldes para permitir o prohibir la minería. En la Sentencia T-445/16 se dispuso que las autoridades territoriales,[8] con énfasis en Alcaldías y Concejos, por una parte, pueden prohibir las actividades mineras al adoptar los Planes de Ordenamiento Territorial y sus equivalentes, y, por otra, pueden convocar a consultas populares sobre el asunto.

En otras varias sentencias constitucionales, también de la jurisdicción contencioso administrativa, se han hecho consideraciones similares para prohibir la instalación de infraestructura vial, de energía, gas combustible y de telecomunicaciones.

3. Complementar la formación jurídica

Para que como futuros magistrados y jueces, o como litigantes o asesores puedan cumplir adecuadamente con la omnipotencia judicial, durante su formación es del caso que comprendan:

- Nociones básicas económicas.
- Qué son y que significan las TIC.

---

7 Colombia, Corte Constitucional, "Sentencia C-931 de 2004", 29 de septiembre de 2004. Magistrado ponente: Marco Gerardo Monroy Cabra.

8 Colombia, Corte Constitucional, "Sentencia T-445 de 2016", 19 de agosto de 2016. Magistrado ponente: Jorge Iván Palacio.

3.1. Nociones básicas económicas

El análisis económico del derecho (en inglés usualmente *Law & Economics*) probablemente comenzó con el célebre artículo de Ronald Coase "El problema del costo social" en 1960, cuya influencia se mantiene hoy en día.

Existe una amplia literatura y en Colombia se ha trabajado seriamente en esa forma de ver el derecho. Entre los escritos que conviene leer están los de Mario Pinzón,[9] Ricardo Rivero Ortega;[10] para una visión crítica, el de Fernando Luis Castellanos[11] y sobre una aplicación a un campo específico, el de los contratos privados, el de José Alpiniano García-Muñoz.[12]

Enseguida se hace un listado, a manera de sugerencia, sobre cuáles nociones adicionales podrían enseñarse a los estudiantes de Derecho.

3.1.1. La escasez como realidad

Enfrentar la escasez y buscar manejarla es el objetivo central de la economía. Cubre no solamente la escasez de recursos de dinero en manos del Estado y de los particulares, sino la de recursos físicos naturales o producidos por el hombre y los inmateriales, como la salud, la educación, la ciencia y la tecnología. Es igualmente escasa la capacidad de las personas naturales y de las empresas para trabajar en una gama variada de actividades y que de esa manera puedan obtener sus ingresos, como remuneración apropiada a su trabajo y a su capital invertido rentablemente.

Hoy en día los trabajadores asalariados o independientes poseen un capital invertido: vivienda, ahorros para cesantías, pensiones y servicios de salud y, cada vez más, un vehículo. Para ellos es también importante el respeto a la propiedad privada y a los derechos adquiridos; asimismo, esperan que las reglas jurídicas sean razonablemente predecibles.

---

9 Mario Pinzón, "Del Derecho y la Economía al Derecho Económico. Working Paper N. 1" (documento sin publicar, 2010), consultado 7 de abril de 2017 http://works.bepress.com/mario_pinzon/14/

10 Ricardo Rivero Ortega, *Derecho Administrativo Económico* (Madrid: Editorial Marcial Pons, 2015).

11 Fernando Luis Castellanos, "¿Puede el AED explicarlo todo? Esbozo crítico acerca del alcance del Análisis Económico del Derecho", *CONTEXTO*, 38, (2012), consultado 7 de abril de 2017 http://revistas.uexternado.edu.co/index.php/contexto/article/view/3316

12 José Alpiniano García-Muñoz, *Derecho económico de los contratos* (Bogotá: Ediciones Librería del Profesional, 2001).

Los abogados deben aprender que la escasez estará siempre presente. Suponer, por ejemplo, que los dineros públicos son ilimitados, conduce al empobrecimiento generalizado y afecta con más fuerza a los más pobres, precisamente lo contrario de lo que la Justica tiene como objetivo crucial.

3.1.2. El consumo

Por crudo que suene, una Nación es una agrupación de consumidores. El jurista debe internalizar que es así, por repugnante que le parezca.

El consumo es uno de los motores determinantes del desarrollo económico; el otro es la combinación ciencia y tecnología. Con el capitalismo el auge consumista se extendió masivamente y produjo un aumento de la prosperidad y la consiguiente disminución de la pobreza que se observa desde hace más o menos doscientos años.

Es interesante indicar que el mercado ha hecho mucho más por elevar las condiciones de la mujer, que las decenas de normas, pactos y decisiones judiciales. Cuando pudieron comprarse máquinas de coser (hacia 1870), lavadoras de ropa (hacia 1920) y la píldora anticonceptiva (hacia 1950), mujeres de (casi) todas las culturas aliviaron su carga de trabajo y se liberaron de muchas de las ataduras tradicionales.

Para el abogado es útil entender cómo toman las decisiones los consumidores; qué efectos tienen los hábitos cambiantes en los inversionistas; qué papel juegan los precios para la calidad de los bienes y servicios disponibles; las ventajas de la libertad de empresa con abierta competencia entre productores, proveedores y comerciantes, incluídos los de países distintos al del consumidor.

No es bueno que los reguladores co-administren los negocios. Lo aconsejable es que intervengan cautelosamente cuando no hay competencia o en presencia de externalidades o para la provisión de un bien público, puesto que los agentes privados no tienen incentivos para producirlo.

3.1.3. Las externalidades

En la jerga de los economistas, se denominan externalidades los efectos no buscados de varias decisiones de los empresarios o de los consumidores, que impactan a grupos muy amplios de personas que para nada intervinieron en la decisión.

Unos de esos efectos son positivos: un ejemplo típico es educarse o vacunarse. Beneficia a quien la recibe, pero también al conjunto de la población. En otros casos, los impactos son negativos: extraer recursos minerales beneficia claramente a muchos. Y también perjudica a muchos otros.

Sin embargo, con frecuencia es difícil determinar el efecto *neto* positivo o negativo. A los jueces entender el concepto les ayuda a la hora de sus *ponderaciones*, porque el balance entre beneficios y perjuicios, con algunos datos sobre los efectos de una determinada política, es decir, con *algún grado* de experimento científico, puede acercarse más a la realidad que con nociones metafísicas como la *voluntad general* roussoniana "que siempre tiende hacia el bien público" o el *bien común* tomista.

Para los ejemplos de políticas adoptadas judicialmente expuestos atrás, las decisiones podrían tener mejores efectos aplicando el concepto de las externalidades para contestar preguntas como estas: (i) frente al incremento automático de los salarios oficiales, ¿es preferible remunerar más a pocos funcionarios bien preparados o emplear mucha gente que no sepa cómo desempeñarse? (ii) Basar los incrementos salariales en la inflación causada en vez de la esperada, ¿no estimulará más inflación al futuro? (iii) Sobre créditos para vivienda, prohibir la capitalización de intereses, ¿ignoraría que es "un elemento esencial del capitalismo moderno? (Keynes atribuía buena parte de la revolución industrial y del florecimiento de Inglaterra precisamente a las bendiciones del interés compuesto)".[13]

Excluir las variaciones en las tasas de interés del mercado —vale decir, el costo del dinero—, ¿no disminuirá los depósitos del público en los bancos, restringiendo la oferta de préstamos a quienes deseen adquirir vivienda? Si los bancos conceden crédito por debajo del costo del dinero, ¿no pondrían en peligro la confianza de quienes depositan sus ahorros en esas instituciones? Si el Estado es el obligado a adoptar planes específicos para la vivienda de los pobres, ¿la vía apropiada no será la de otorgar subsidios a la demanda financiados con recursos públicos?

En cuanto al poder local para minería e infraestructura, conferir facultades generalizadas a las autoridades y a las comunidades locales para prohibir la minería y la instalación de vías, generadoras de electricidad,

---

13 Armando Montenegro, "Khomeini, Chiang Ching y el interés compuesto", *El Tiempo*, 8 de junio de 1999, 4.

redes y equipos para transportar energía, gas o servicios de telecomunicaciones ¿tiene en cuenta la debilidad institucional de hoy en Colombia del nivel subnacional?

Hacer trizas la minería ¿no es impedir multitud de empleos y negocios para grupos poblacionales que no saben más que usar pala y azadón? ¿No conllevaría a menores recursos fiscales nacionales y territoriales? Erradicar la minería de empresas solventes y con experiencia, ¿no propiciará más minería peligrosa porque destruye vidas y contamina más? Sin activos para energía, ¿podrían evitarse racionamientos? Sin vías o sin Internet, ¿las poblaciones más pobres tendrían alternativas para cambiar su situación de privaciones tradicional?

3.1.4. La **segunda mejor** *(opción)*

Esta teoría de la segunda mejor opción (*second best*) lo que hace es simplemente reconocer que los modelos ideales rara vez funcionan y, en vez de forzarlos, se sustituyen por los viables, aunque no tengan la tersura impecable de lo utópico.

El jurista convencional reaccionará porque implica violar el orden jurídico establecido. A lo que la respuesta es que dicho orden es una ficción y que elaborar ficciones es una de las notas que diferencian de manera radical al animal-humano de los animales no humanos.[14]

Con inusitada frecuencia, una misma norma está abierta a interpretaciones encontradas. Así que, ¿por qué no, para escoger una, sería mejor utilizar la teoría de la segunda mejor como uno de los elementos del *juicio de proporcionalidad*? ¿Es *racional* que cuanto deseo tengan los consumidores se califique como *derecho fundamental* y los jueces ordenen su satisfacción inmediata? ¿Ese modelo ideal no podría sustituírse recurriendo a la segunda mejor opción?

Corvalán, al ocuparse de la discrecionalidad frente a los derechos fundamentales, recomienda priorizar como respuesta a la escasez de recursos:

---

[14] Sobre esta idea, se toman dos obras de Harari, una ya citada: Harari, *Homo Deus* y Yuval Noah Harari, *De animales a dioses (Sapiens). Breve historia de la humanidad* (Madrid: Debate, 2015), en varios de los capítulos.

> VI. Interrogante abierto y desafíos: el problema de la escasez de recursos
>
> Los Estados constitucionales deben afrontar la satisfacción de múltiples derechos y, por tanto, la existencia de otras obligaciones determinan múltiples dificultades. Y los recursos son limitados. (...) *Por ello la priorización es la contracara de la_escasez. En síntesis, los mayores problemas derivados de la escasez, surgen cuando se toman simultáneamente todos los reclamos de los derechos del mismo modo y al mismo tiempo* (cursiva añadida).[15]

3.1.5 Regular por incentivos,[16] no prohibiendo o dando órdenes

Es más eficaz permitir que los empresarios tengan utilidades que los incentivan a invertir y operar sus activos para producir bienes o prestar los servicios que el mercado demanda. O usar *incentivos negativos*, pagando, si quieren hacer algo socialmente poco recomendable, como fabricar muchos carros para que los consumidores los disfruten, aunque contaminen el ambiente, por ejemplo.

La alternativa tradicional de expedir leyes o actos administrativos con órdenes imperativas o que prohíben tajantemente algo enfrenta un primer problema práctico: en la vida real hacerlas cumplir es complicado.

Don Quijote ya se lo decía a Sancho para gobernar la Isla de Barataria:

> No hagas muchas pragmáticas, y si las hicieres, procura que sean buenas, y sobre todo que se guarden y cumplan, que las pragmáticas que no se guardan lo mismo es que si no lo fuesen, antes dan a entender que el príncipe que tuvo discreción y autoridad para hacerlas no tuvo valor para hacer que se guardasen; y las leyes que atemorizan y no se ejecutan, vienen a ser como la viga, rey de las ranas,

---

[15] Juan Gustavo Corvalán, "Derechos fundamentales, principios jurídicos y discrecionalidad del poder público", *ReDAE Revista de Derecho Administrativo Económico*, 22 (2016).

[16] Tirole (premio Nobel de Economía en 2014) con Laffont han impulsado notablemente este enfoque. Jean-Jacques Laffont y Jean Tirole, *A theory of incentives in procurement and regulation* (Londres: The MIT Press, 1993).

> que al principio las espantó, y con el tiempo la menospreciaron y se subieron sobre ella.[17]

Por otra parte, se expiden normas tontas. Ejemplos de la vida real: prohibir el servicio individual de transporte con plataformas de Internet; ordenar compartir el uso de vehículos particulares; ordenar que cada bolsa de residuos sólidos sea pesada en el sitio de recolección para todos los usuarios.

Dar incentivos no es el *fomento*, que combina proteccionismo con entrega de recursos públicos o con exenciones tributarias basándose en la ilusión de la *planificación económica y social*.

Estos son algunos ejemplos de mejores prácticas:

- Mercado de Carbono. Para reducir las emisiones de gases de efecto invernadero, permitir que los empresarios ganen dinero vendiendo sus permisos de emisión no revocables, si invirtieron en una tecnología menos contaminante, lo que significa que no tendrán que usar el total de emisiones que se les autorizó. Ese excedente podrán venderlo a otro empresario que lo necesite.
  Los permisos para emitir gases nocivos no deben ser revocables discrecionalmente, siguiendo el caprichoso *principio de precaución*. Con esa amenaza, ese mercado no aparecería.
- Regular *suavemente*. Dejar que el mercado fije los precios, cuando haya competencia entre oferentes de un bien o un servicio. En esa situación, el regulador libera los precios (que incluye las *tarifas* de servicios públicos).
  Esto implica, eso sí, que el regulador y la autoridad de competencia realicen monitoreos frecuentes para que, al encontrar prácticas anticompetitivas, intervengan fijando precios.
  La otra herramienta es condicionar, caso a caso, fusiones empresariales, si quienes la quieren hacer no venden algunos negocios (lícitos) que les otorgarían la posición dominante en el mercado

[17] Miguel de Cervantes, *El Ingenioso Hidalgo Don Quijote de la Mancha* (Valencia: Editorial Alfredo Ortells, 2004), segunda parte, capítulo 51, 420.

relevante y podrían abusar de ella. Recuérdese que lo que la Constitución prohíbe es el abuso de la posición dominante.

3.1.6. Las fórmulas matemáticas son a veces normas jurídicas

Es de uso corriente imponer obligaciones jurídicas utilizando fórmulas matemáticas, porque en prosa podrían ocupar decenas de páginas.

Tal vez se usó por primera vez en los Decretos de 1967 para el Régimen Pensional del entonces llamado Instituto Colombiano de Seguridad Social. Los Decretos instituyeron los *Bonos de Valor Constante* para el manejo de las reservas del sistema pensional para los trabajadores.

Hoy cualquier resolución tarifaria expedida por las Comisiones de Regulación emplean fórmulas y un abogado no puede ignorarlas: si es juez para pronunciarse sobre su legalidad; si asesora a una autoridad administrativa o a un cliente, para analizar si es o no legal.

3.2. Nociones básicas sobre las TIC

3.2.1. Efectos de la digitalización

La digitalización de documentos es el proceso tecnológico que permite utilizar artefactos —como computadores, teléfonos móviles inteligentes y otros disponibles ya o que lo estarán en el futuro— para almacenar, transportar y *procesar* una cantidad prácticamente no cuantificable de información de todo tipo.

Que unas máquinas puedan *procesar* documentos tiene consecuencias gigantescas sobre el modo de pensar del hombre y, por tanto, sobre cómo serán sus actuaciones. De poca información se ha pasado a un exceso de datos, que, para un humano, es sencillamente imposible conocer y utilizar.

En el terreno de las decisiones sobre política y la adopción de normas jurídicas, los teléfonos móviles inteligentes, que incluso han ido desplazando a los computadores, hacen posible *encargarles* la función de recopilar datos.

Dos ejemplos: la información sobre los niveles de pobreza podría ser organizada digitalmente de acuerdo con sus diferentes características, a su presencia regionalizada, por edad, raza, género, etc.

En lo jurídico, será más fácil reunir y organizar el cúmulo de normas y pronunciamientos judiciales que se aplicarán a las innumerables decisiones estatales y privadas que hay que tomar diariamente.

3.2.2 El Internet de las cosas

El Internet de las cosas ya está actuando. Puede diseñarse una camisa, un automóvil o un arma letal en Bogotá, fabricarse en Shangai y venderse en el mercado de todo el planeta.

Cualquier persona podrá, dentro de poco tiempo, desde su teléfono móvil, hacer que en su casa se genere electricidad para, por ejemplo, encender la estufa o la plancha y hacer que se detengan cuando las tareas hayan terminado. De esa manera las redes irán siendo desplazadas, todo lo cual convertirá a los usuarios en actores del sistema con mayor comodidad y costos menores.

3.3. Consecuencias para las tareas jurídicas

Es probable que en un futuro, muchos abogados humanos sean redundantes porque las máquinas harán mejor su trabajo. Es posible que las sentencias de unificación y extensión de la jurisprudencia pasen de ser competencia de las Altas Cortes, para que unos artefactos utilicen algoritmos y las entreguen en días más que en años.

Mientras tanto, será útil que quienes se están formando comprendan un mundo que, al parecer, será inevitable para bien y para mal.

4. Cómo formar juristas para el futuro

Para que las nociones se graben en la mente, la forma adecuada no podría ser la de *materia electiva*, ni clasecitas nocturnas de aritmética. En el caso concreto de la Universidad del Rosario, existen dos Facultades de reconocido prestigio: la de Jurisprudencia y la de Economía. No será difícil un trabajo conjunto, que defina la mejor manera de lograr el propósito de formar integralmente a los estudiantes de hoy.

Para estimularlos, podría enmendarse la conocida norma del Código Civil Colombiano, tomada del Napoleónico "La ignorancia de la ley no sirve de excusa" para que diga más bien: "La ignorancia de la economía y de las TIC no sirve de excusa".

Conclusiones

Aprender derecho como materia auto contenida puede terminar en mera metafísica. Una buena parte de los juristas de las siguientes décadas van a ser jueces y magistrados, por tanto, estarán en posición de adoptar políticas públicas y actuar como constituyentes y legisladores de última instancia.

Para cumplir con semejante poder, no les vendría mal comprender lo básico de la economía.

Por otra parte, quiérase o no, los avances tecnológicos ya están modificando la manera de actuar de quienes producen o prestan servicios, así como de los consumidores y usuarios. Por repugnante que parezca, los robots reemplazan, cada vez más, amplios grupos humanos y el turno podrá llegar a una parte de quienes ejercen el poder.

Los procesos judiciales hoy entretienen a estudiantes, litigantes y jueces, pero perjudican a la sociedad por el tiempo que consumen. Si se robotizaran habría más beneficiados que perjudicados. Es posible que a eso se llegue en unos cuantos años. Puede que no pase. Pero, si de pronto ocurre, ¿no será mejor preparar a los abogados del futuro?

En este artículo ni se hacen predicciones, ni se recomienda nada como inexorable. La idea es invitar a reflexionar sobre la eventual utilidad de que, mientras estudian, los juristas entiendan lo esencial del mundo de los economistas y que estén preparados para aprovechar un mundo preponderantemente digital.

Obras citadas

Castellanos, Fernando Luis. "¿Puede el AED explicarlo todo? Esbozo crítico acerca del alcance del Análisis Económico del Derecho". *CONTEXTO*, 38 (2012): 33-53. Consultado 7 de abril de 2017 http://revistas.uexternado.edu.co/index.php/contexto/article/view/3316

Colombia, Corte Constitucional. "Sentencia T-406 de 1992". 5 de junio de 1992. Magistrado ponente: Ciro Angarita.

______. "Sentencia C-383 de 1999". 27 de mayo de 1999. Magistrado ponente: Alfredo Beltrán Sierra.

______. "Sentencia C-747 de 1999". 6 de octubre de 1999. Magistrado ponente: Alfredo Beltrán Sierra.

______. "Sentencia C-931 de 2004". 29 de septiembre de 2004. Magistrado ponente: Marco Gerardo Monroy Cabra.

______. "Sentencia T-445 de 2016". 19 de agosto de 2016. Magistrado ponente: Jorge Iván Palacio.

Corvalán, Juan Gustavo. "*Derechos fundamentales, principios jurídicos y discrecionalidad del poder público*". *ReDAE Revista de Derecho Administrativo Económico*, 22, (2016): 5-26.

De Cervantes, Miguel. *El Ingenioso Hidalgo Don Quijote de la Mancha*. Valencia: Editorial Alfredo Ortells, 2004.

García-Muñoz, José Alpiniano. *Derecho económico de los contratos*. Bogotá: Ediciones Librería del Profesional, 2001.

Harari, Yuval Noah. *De animales a dioses (Sapiens). Breve historia de la humanidad*. Madrid: Debate, 2015.

______. *Homo Deus. Breve historia del mañana*. Bogotá: Debate, 2016.

Laffont, Jean-Jacques y Tirole, Jean. *A theory of incentives in procurement and regulation*. Londres: The MIT Press, 1993.

López Medina, Diego. *Teoría Impura del Derecho-La Transformación de la Cultura Jurídica Latinoamericana*. Bogotá: Legis, Universidad de los Andes y Universidad Nacional de Colombia, 2004.

Mantilla Espinosa, Fabricio y Oñate Acosta, Tatiana. *La "Dignidad" de la Corte Constitucional*. Bogotá: Editorial Grupo Ibañez, 2013.

Montenegro, Armando. "Khomeini, Chiang Ching y el interés compuesto". *El Tiempo*, 8 de junio de 1999.

Pinzón, Mario. "Del Derecho y la Economía al Derecho Económico. Working Paper N. 1" (documento sin publicar, 2010). Consultado 7 de abril de 2017 http://works.bepress.com/mario_pinzon/14/

Rivero Ortega, Ricardo. *Derecho Administrativo Económico*. Madrid: Editorial Marcial Pons, 2015.

Troper, Michel. "El poder judicial y la democracia". *Isonomía: Revista de Teoría y Filosofía del Derecho,* 18 (2003): 47-75. Consultado 24 de mayo de 2017. http://www.cervantesvirtual.com/obra/el-poder-judicial-y-la-democracia-0/

El patronato, el Estado laico y la Procuraduría en Colombia

Miguel Alejandro Malagón Pinzón*

Sumario: Introducción. 1. El patronato republicano. 2. Patronato, liberalismo y carlismo. Conclusiones comparativas entre Florentino González y Alejandro Ordóñez. Obras citadas.

Introducción

En este artículo vamos a desenvolver la relación entre el patronato y el Estado laico, examinando el papel de la Procuraduría dentro del mismo; para ello estudiaremos el siglo XIX y el actual.

Haremos una evolución de la institución del Patronato desde la independencia y miraremos la correspondencia de este con el pensamiento de dos jefes del Ministerio Público, Florentino González, primer procurador elegido democráticamente en Colombia, y Alejandro Ordoñez, penúltimo procurador, conocido por sus posturas religiosas y a quien le fue anulada su elección por el Consejo de Estado.

Veremos el vínculo entre ideologías tan dispares como el liberalismo y el carlismo a través de los dos procuradores mencionados, y cómo nuestro

* Abogado de la Universidad del Rosario, especialista en Derecho Público, Ciencia y Sociología Política de la Universidad Externado de Colombia, magíster en Derecho Administrativo de la Universidad del Rosario. DEA en Problemas Actuales del Derecho Administrativo y doctor en Ciencia Política y Sociología de la Universidad Complutense de Madrid. Posdoctor en Derecho de la Universidad Externado de Colombia. Profesor asociado de la Facultad de Derecho de la Universidad de los Andes.

país se sigue debatiendo en su historia republicana entre laicismo y confesionalismo.

Esta última postura cobra importancia por el peso que ha ganado en Colombia el vínculo entre religión y derecho en los últimos tiempos, y que merece la pena que sea conocida, para que no vuelva a ser repetida por ningún servidor público.

1. El patronato republicano

La república de la Gran Colombia tenía sobre la Iglesia católica la potestad para nombrar arzobispos, obispos y curas; para vetar los escritos contrarios a la soberanía nacional y la exigibilidad del juramento de fidelidad constitucional a los religiosos que fueran a despachar desde nuestro país. Estos poderes estatales nacieron con la independencia y se desarrollaron en la institución del Patronato que se instauró en el año de 1824.

En esta fecha se profirió, por parte del Congreso de la República, la Ley del 28 de julio, que le otorgaba la competencia al Gobierno nacional para ejercer ese control en los siguientes términos: "La república de Colombia debe continuar en el ejercicio del derecho de patronato que los reyes de España tuvieron en las iglesias metropolitanas, catedrales y parroquiales de esta parte de América".[1] Uno de sus promotores, el señor Francisco Javier Otero, esgrimía que no se comprendía porque

> Se nos intente hacer retrogradar, no a la majestuosa simplicidad de los primeros tiempos felices del cristianismo, sino a la funesta y tenebrosa época del impostor, que forjó en España las falsas decretales, que llenaron de escándalo y de errores a la Iglesia, con el objetivo de convertir otra vez el cayado apostólico en un cetro soberano, transformar a los pastores de la grey de Jesús en señores absolutos de los imperios, y substraerlos de la dominación de las autoridades, en este caso las de la República.[2]

---

[1] Pedro del Castillo, *Teatro de la legislación colombiana y venezolana vigente: que contiene en forma de diccionario todas las leyes, decretos y resoluciones de los Congresos de Colombia y de Venezuela*, Tomo III (Valencia: Imprenta del Teatro de Legislación. 1852) 63-64.

[2] José David Cortés Guerrero, "Las discusiones sobre el patronato en Colombia en el siglo XIX", *Revista Historia Crítica*, 53, (2014), 105.

En este comentario es palpable que se procuraba que el naciente Estado pudiera tener curas y religiosos, quienes además de cumplir sus funciones espirituales, fueran también medios de control social y político, y que por ende no ejercieran una oposición a la nueva república.

El artículo 3 de esta mencionada ley, le encomendó el patronato al Congreso, al poder Ejecutivo solo, o a los intendentes y a los gobernadores.[3] Es para resaltar el artículo 16 que estableció que:

> Los nombrados por el Congreso para los arzobispados y obispados, ántes de que se presenten a su Santidad por el poder Ejecutivo, deberán prestar ante este, ó ante la persona que delegara al efecto, el juramento de sostener y defender la Constitución de la República, de no usurpar su soberanía, derechos y prerrogativas, y de obedecer y cumplir las leyes, órdenes y disposiciones del Gobierno. De este juramento se extenderán dos ejemplares firmados ámbos por el nombrado, y se pasará uno al Senado y otro á la Cámara de Representantes para que se guarden en sus respectivos archivos.[4]

Hemos encontrado el siguiente juramento para corroborar lo prescrito en el artículo citado con anterioridad:

> Juramento
> Del Vicario Apostólico de Cartajena
> El día 4 del corriente ha prestado en manos de S. E. el Vicepresidente de la República, el Ilustrísimo señor doctor, Juan Fernández de Sotomayor, obispo electo de Leuca *in partibus fidelium*, i vicario apostólico de Cartajena, el juramento prescrito por la lei, prometiendo por él sostener i defender la Constitución del Estado, no usurpar su Soberanía, derechos, ni prerrogativas, i obedecer i cumplir sus leyes, órdenes i disposiciones del gobierno; el cual juramento no s ele había exigido por el gobierno existente, (...).[5]

---

[3] Del Castillo, *Teatro de la legislación colombiana,* 64.

[4] Ibid., 67.

[5] *Gaceta de Colombia*, No. 543, 29 de octubre de 1831, 2.

Con la Ley 11 de 1830 se creó la Procuraduría, y en el artículo 9 de la misma se disponía que:

> Todas las bulas y breves pontificios que vinieren, se pasarán al Procurador General de la Nación para que informe, si son o nó contrarias a la soberanía y prerrogativas de la nación, o si ofrecen algún grave inconveniente en su adopción, y pueda el Poder Ejecutivo darles o negarles el pase, o enviarlos con sus observaciones al congreso, cuando a éste le corresponda darlo o negarlo.[6]

Con esta norma se le asignó al Ministerio Público la competencia de informar al ejecutivo, en ejecución del patronato, sobre los escritos papales que violaran la soberanía. El procurador debía ayudar a preservar el Estado laico y la independencia de la joven república, temática esta que fue trascendente para el derecho público de todos los países hispanoamericanos.

También fue del resorte del derecho administrativo latinoamericano, pues en naciones como Perú o Bolivia, esta rama del derecho fue la que la reguló, como veremos a continuación.

El caso boliviano es parecido al colombiano, pues allí, en 1844, se profirió una ley para dar entrada a los actos conciliares, bulas, breves y rescriptos pontificios. También dispuso que para darle desarrollo al patronato quedaban vigentes las leyes castellanas, así como los concordatos con la Iglesia católica. Se estableció que los

> Arzobispos y Obispos y cualesquier otros eclesiásticos seculares o regulares que obtuvieran del Romano Pontífice dignidad, honor, jurisdicción ú otro cargo o comisión temporal ó espiritual no podrán aceptarlos, ni proceder al ejercicio de sus funciones, sin prestar antes el juramento civil, á que están obligados todos los funcionarios públicos, prometiendo ser fieles á la Constitución y á las leyes de la República y no aceptar ni ejercer funciones opuestas a ellas.[7]

---

6 Ibid., 194.

7 Juan José Ameller, *Breves Apuntes sobre el derecho administrativo de Bolivia* (Sucre: Imprenta Boliviana, 1862), 108-109.

En Bolivia no se dispone qué autoridades debían desempeñar el patronato, pero sí se reguló el juramento de respeto constitucional por parte de los religiosos.

En el Perú nos decía Manuel Fuentes que "la iglesia ó su cabeza visible, no puede espedir bulas, breves ni rescriptos que sean de observancia en el Perú, si no se les concede el pase por el ejecutivo, con asentimiento del congreso, y oyendo previamente á la Corte Suprema de Justicia, si fuesen relativos á asuntos contenciosos".[8]

En esta regulación, que es de la década del sesenta del siglo XIX, se estipula que el patronato estaba en cabeza del ejecutivo con el visto bueno de los poderes legislativo y judicial, pero en el que también era partícipe el Ministerio Público, pues este tenía la competencia de: "solicitar la retención de bulas y decretos pontificios atentatorios á los derechos de la Nación, ó contrarios á las leyes",[9] petición que debía formular al presidente de la República.

Este modelo es bastante similar al colombiano de 1824, pero desenvolvía un procedimiento bastante complejo, por el número de autoridades que intervenían en él.

2. Patronato, liberalismo y carlismo

En Colombia, cómo nos hizo de falta a comienzos del siglo XX, en plena hegemonía conservadora, una disposición como esta de la Ley de 1830, cuando se dio a conocer la famosa encíclica *Pascendi* del papa Pío X, que tenía como fin condenar y perseguir el modernismo en la Iglesia católica, la masonería, el liberalismo y el socialismo.[10]

Esta reprobación se extendió no solo a los sacerdotes sino también a los políticos, quienes a través de la famosa publicación del recalcitrante sacerdote Félix Sardá y Salvany, titulada *El liberalismo es pecado*, fueron puestos en la picota pública por herejes.

---

[8] Manuel Fuentes, *Compendio del Derecho Administrativo* (Lima: Imprenta del Estado, 1875), 179.

[9] Ibid., 55.

[10] John Cornwell, *El Papa de Hitler* (Madrid: Planeta, 1999), 25-57.

Y es que precisamente este sacerdote catalán argumentaba que el liberalismo era una herejía, porque:

> En el orden de las doctrinas el liberalismo es herejía. Herejía es toda doctrina que niega con negación formal y pertinaz un dogma de la fe cristiana. El liberalismo doctrina los niega primero todos en general y después cada uno en particular. Los niega todos en general, cuando afirma o supone la independencia absoluta de la razón individual en el individuo, y de la razón social, o criterio público, en la sociedad. (...). Y después de esta negación general y en global, niega cada uno de los dogmas, parcialmente o en concreto, a medida que, según las circunstancias, los encuentra opuestos a su criterio racionalista. Así (...) niega la santidad del matrimonio cuando sienta la doctrina del llamado matrimonio civil; niega la infalibilidad del Pontífice Romano cuando rehúsa admitir como ley sus oficiales mandatos y enseñanzas, sujetándolos a su pase o *exequatur*, no como en su principio para asegurarse de la autenticidad, sino para juzgar del contenido.[11]

Comentamos la última parte de este párrafo que se refiere a nuestro tema, pues este sacerdote dice que la competencia establecida en el patronato de vetar los escritos papales, entendidos como pases o *exequatur*, era una herejía, porque simplemente el papa es infalible y sus bulas y encíclicas deben ser acogidas sin chistar por los Estados católicos del mundo.

Este escrito hizo que el general Rafael Uribe Uribe publicara en 1912 su famoso libro *De cómo el liberalismo colombiano no es pecado*,[12] para impedir la satanización de los liberales en nuestro país. En él el jurista y militar antioqueño realizó una crítica al carlismo, como parte integrante de la Iglesia católica española, al que calificó de intransigente y que no podía tener asidero en nuestro país. Leámosla:

---

[11] Félix Sardá y Salvany, *El Liberalismo es Pecado* (Barcelona: Editorial Páges, 2009), 12.

[12] Rafael Uribe Uribe, *Obras Selectas*, Tomo I (Bogotá: Cámara de Representantes, 1979), 85-184.

Catolicismo y carlismo en España

> Para comprobarlo, basta recordar los crudos términos con que "El Siglo Futuro", diario carlista expuso la doctrina integrista del opúsculo, y que revelan su inaplicabilidad a Colombia, en lo político:
> No se es íntegramente católico, dijo sino en cuanto se es integrante antiliberal; no hay más partido perfectamente católico que un partido que sea radicalmente antiliberal (frases textuales del padre Sardá, que se explican porque el integrismo sostenía entonces que en España no había más partido íntegramente católico que el carlista). Sólo los carlistas, continúa El siglo, son verdaderamente católicos, con exclusión de todos los demás partidos, llámense como se llamen. En España, el catolicismo es el carlismo y el carlismo es el catolicismo. Por consiguiente, el no carlismo es el anticatolicismo. Todo el que dice que en los partidos políticos españoles, diferentes del carlismo, hay o puede haber catolicismo, está contra la iglesia. Los sacerdotes que en adelante nieguen la absolución en el Tribunal de la penitencia al español que no sea carlista, no hacen sino cumplir con un deber sacratísimo.
> Esta intransigente, esta absurda doctrina es la que pretenden aplicar, es a la que quieren someter a los liberales de Colombia; a título de católicos, se les quiere hacer conservadores, y a título de conservadores, carlistas y cuando el carlismo ya casi se acaba en España, se quiere trasladarlo y aclimatarlo en nuestro republicano, en nuestro libre país.[13]

Lo paradójico del asunto es que el carlismo tuvo y tiene mucho sostén en Colombia. Y digo tuvo porque precisamente hay carlistas involucrados en el homicidio del general Uribe Uribe. En efecto como lo ha demostrado, entre otros, el autor Rodrigo Llano Isaza, quien al leer el expediente penal sobre el magnicidio del líder liberal encontró que el sacerdote vasco Rufino Beristaín, director de los jesuitas en nuestro país, y carlista hasta el tuétano, estuvo implicado en el complot para acabar con la vida del político

[13] Ibid., 90-91.

antioqueño, a quien detestaba y de quien llegó a decir "que aquel ciudadano debería estar ardiendo en el infierno".[14]

Y hoy expresamos que el carlismo tiene seguidores, porque nada menos que el saliente procurador General de la Nación, Alejandro Ordoñez Maldonado, es carlista y además miembro de la orden sacerdotal de San Pío X, es decir de la secta de monseñor Marcel Lefebvre, que se opone al Concilio Vaticano II.

Esta última orden nació en 1970, procurando el regreso a la doctrina y a los procedimientos preconciliares. En palabras del propio Lefebvre:

> Nos adherimos de todo corazón, con toda nuestra alma, a la Roma católica guardiana de la fe católica y de las tradiciones necesarias al mantenimiento de esa fe, a la Roma eterna, maestra de sabiduría y de verdad. Por el contrario, nos negamos y nos hemos negado siempre a seguir la Roma de tendencia neomodernista y neoprotestante que se manifestó claramente en el Concilio Vaticano II y después del Concilio en todas las reformas que de este salieron.[15]

Lefbvre y sus seguidores plantean que el Concilio Vaticano II alteró la esencia y la tradición de la religión católica, sus críticas se pueden agrupar en cuatro temas que son: el primero, la revisión litúrgica, aquí se rechaza el nuevo rito en lenguas nativas, pues debe ser en latín, ya que este es el idioma universal y no interesa que hoy sea una lengua muerta, porque "el hecho de que el latín sea una lengua muerta habla en favor de su mantenimiento. En esas condiciones es el mejor medio de proteger la expresión de la fe contra las variaciones lingüísticas que naturalmente se dan en el curso de los siglos".[16]

También se rechaza el nuevo clima protestante que impregna la eucaristía: "el sacerdote celebrante y los fieles están frente a frente y dialogan, parecen estar al mismo nivel. Se trata más de un asamblea democrática que de un rito de homenaje a Dios. Y consecuentemente, el sacerdote debería

---

[14] Rodrigo Llano Isaza, *Rafael Uribe Uribe: complot político-religioso lo llevó a la tumba* (Medellín: Ediciones Unaula, 2015), 45.

[15] Jorge Andrés Hernández, *El último inquisidor* (Bogotá: Ediciones B, 2014), 75.

[16] Ibid., 76.

mirar hacia el crucifijo que domina el altar, no hacia los fieles, pues el sacrificio se ofrece a Dios y no a los hombres".[17]

En segundo lugar, se rebate el ecumenismo, pues esto no significa otra cosa sino

> pactar con el error. La religión católica es la única verdadera, pues fue fundada por Dios mismo, en tanto que las otras religiones son obra de los hombres.(...) La iglesia católica es así la única iglesia que posibilita la salvación del alma: Nosotros tenemos la superioridad de poseer la verdad; eso no es mérito nuestro del que debamos enorgullecernos, pero debemos obrar en consecuencia; la Iglesia tiene sobre el error la superioridad de poseer la verdad".[18]

En tercer lugar encontramos la crítica a la libertad de religión, la cual es atacada porque "en la sociedad civil, la Iglesia proclama que el error no tiene derechos y que el Estado debe reconocer solo el derecho de los ciudadanos a practicar la religión de Cristo".[19] Aquí se niega el derecho de ciudadanía a las religiones equivocadas y se aprueba la "persecución a socialistas y comunistas en las escuelas y en la sociedad: los comunistas son perversos intrínsecamente y quien quiera salvar la civilización cristiana debe rechazar cualquier tipo de colaboración con el comunismo".[20]

Finalmente, el cuarto punto es la democratización de la Iglesia, situación herética, ya que las comunidades eclesiales de base participan en todos los temas, y los obispos, a través de sus colegiaturas, han restringido la autoridad papal:

> La introducción del régimen colegiado determinó un debilitamiento considerable de la eficacia, tanto más cuanto que el Espíritu Santo es más fácilmente contrariado y contristado en una asamblea que en una persona. (...) En una asamblea lo que decide es el número, pero

---

[17] Ibid., 77.

[18] Ibid.

[19] Ibid., 78.

[20] Ibid., 79.

> el número no hace la verdad. (...) El resultado es que disminuyó considerablemente la fuerza de resistencia de la Iglesia al comunismo, a la herejía, a la inmoralidad.[21]

Por su parte el carlismo forma parte de los denominados movimientos contrarrevolucionarios que surgieron en Europa y que se oponen al pensamiento liberal surgido de las revoluciones, especialmente de la francesa y de sus planteamientos de Estado de derecho, basados en la existencia de una constitución y de la división de poderes.

Desde esta perspectiva el carlismo es hermano de otros movimientos como el miguelismo en Portugal, los jacobitas en Inglaterra, los bandoleros en Nápoles y los legitimistas franceses, todos son reaccionarios y ultracatólicos.

Los carlistas tienen antecedentes en la oposición ultraconservadora al pensamiento liberal nacido de las Cortes de Cádiz, pero su fecha oficial de nacimiento sería el año de 1830, cuando el rey Fernando VII publicó una pragmática sanción en la que se derogaba la Ley Sálica en España, y se permitía el acceso al trono por parte de las mujeres de la dinastía Borbón. Hasta ese año, como el rey no tenía herederos, la corona pasaba a su hermano Carlos. Más adelante en el año de 1832, el monarca se enfermó gravemente y su hermano anunció que él no reconocería a la hija del rey como reina, la pequeña Isabel II. Ante esta circunstancia el rey derogó su pragmática sanción, volviendo a quedar su hermano como legítimo sucesor.[22]

Una vez medio restablecido, Fernando VII volvió a poner en vigencia la pragmática sanción y luego murió en septiembre de 1833, ante este hecho su hermano se rebeló para acceder al trono.[23] Este levantamiento produjo tres guerras civiles en el siglo XIX español.

Hoy el carlismo todavía existe, aunque está dividido en dos grandes ramas, una marxista que se llama el partido carlista y que aplica el denominado socialismo autogestionario, siguiendo la huella de Tito en Yugoeslavia, su máximo líder es Carlos Javier de Borbón Parma.

---

[21] Ibid.

[22] Alfonso Bullón de Mendoza y Gómez de Valugera, "El Carlismo", en: *La contrarrevolución legitimista* (Madrid: Universidad Complutense de Madrid, 1995), 220.

[23] Ibid., 223.

La otra se llama la comunión tradicionalista y es más congruente con el origen y por tanto es contrarrevolucionaria y legitimista, su pretendiente es un francés que se llama Sixto de Borbón Parma, quien pertenece al Frente Nacional, partido fascista fundado por Jean-Marie Le Pen, y a esta rama pertenece Alejandro Ordóñez Maldonado.

El carlismo se sustenta, en opinión de Miguel Ayuso, carlista español y amigo íntimo del procurador Ordóñez, en las ideas, en primer lugar de Dios, pero no como expresión de un Estado confesional, el cual fue rechazado desde el siglo XIX por los pensadores carlistas porque:

> Las constituciones del XIX con frecuencia mezclan afirmaciones religiosas, en atención a las circunstancias sociológicas de los países, pero que tal hecho no debe llevarnos a engaño. Pues son siempre formalizaciones del liberalismo filosófico (...) basadas por lo mismo en la negación del orden natural y su carácter vinculante para la convivencia humana. Frente a moderados y conservadores los carlistas lo vieron desde el principio con claridad, y en consecuencia, combatieron con vigor todas las formas del constitucionalismo, sin dejarse engañar por problemas de confesionalidad teñidas en el fondo de naturalismo, racionalismo y liberalismo.
>
> El carlismo exhibe como primer lema la unidad católica. Unidad católica que no es simplemente el Estado Confesional. Esta es otra buena razón para separarse de las constituciones moderadas de que acabamos de hablar. Porque la confesionalidad del Estado es una doctrina que deriva de asumir categorías protestantes: en el fondo es la vieja idea del *cuis regio eius et religio,* esto es, que el pueblo siga la religión del príncipe, lema impuesto al fin de las guerras de religión en Europa, mientras que la visión del tradicionalismo hispánico siempre fue unidad católica. (...) Que implicaba, primero, un presupuesto teológico, a saber, que la comunidad de los hombres debe rendir culto a Dios, y ésa es la primera obligación de una sociedad. Y, en segundo, una realidad sociológica, y que no es otra que en el mundo hispánico la Providencia, y nuestros reyes como sus instrumentos, había (sic) preservado la unidad en la fe católica.[24]

---

[24] Miguel Ayuso, *Qué es el Carlismo* (Buenos Aires: Ediciones de la Academia, 2005), 27-28.

Al leer este extenso párrafo, entendemos muchas cosas que ha hecho el Dr. Ordoñez Maldonado, pues, en primer lugar, como su credo se lo enseña, no cree en la Constitución de 1991; en segundo lugar, no acepta el principio de Estado laico, consagrado en el mismo texto normativo, y ni siquiera es válido para los carlistas el principio de Estado confesional que rigió en la Constitución de 1886; tercero, satanizó el acuerdo de paz con las FARC por considerarlo peligrosamente liberal y alejado de las enseñanzas de la Iglesia. Me produce mucho interés entonces, con estas ideas más claras, tratar de entender las intervenciones del Ministerio Público ante la Corte Constitucional, porque parecieran actos de una gran farsa.

El segundo sustento del carlismo es la idea de Patria y Fueros, la cual se evidencia en que:

> El carlismo siempre insistió en que había una patria grande y muchas patrias chicas; que no había colisión entre unas y otras; que cada una de las partes que componían la Monarquía tenía derechos propios como cuerpo político, y que (...) debía integrarse con las otras, siempre desde el respeto de la singularidad de cada una. Frente al liberalismo, que siempre fue unificador y centralista. El carlismo, en cambio, fue siempre foralista. El Fuero era la concreción de los derechos históricos de cada comunidad, sin ser excluidos, ni avasallados, ni absorbidos por la comunidad total (...). Pero su encarnación histórica en el foralismo hispano es especialmente original. Álvaro D'ors, por ejemplo, ha escrito que si el Estado federal siempre fracasó en España, no por federal, sino por Estado. (...) El Estado no deja de ser una encarnación típica de la modernidad (constructivista y artificial) de la comunidad política. (...) Desde tal ángulo, el español no rechazaba lo federativo, sino su estatalización. Ese era el punto de ruptura, no tanto lo federal, entendido como foral, sino el federalismo estatal moderno, el que surge con Proudhom, revolucionario, el que apartándose de la tradición han seguido autonomismos recientes.[25]

[25] Ibid., 29-30.

Este tema de los fueros es fundamental, pues se comprende en la existencia de un pluralismo jurídico que los carlistas entienden como la expresión de la democracia orgánica.[26] De tal suerte que sería sinónimo, entonces, del corporativismo. Doctrina de la Iglesia católica que aplicaron los regímenes fascista, falangista, nazi, del salazarismo, y que procuraba evitar el comunismo y el liberalismo. Se oponía tajantemente a la lucha de clases y quería dividir a la sociedad en órdenes u órganos que tendrían su mejor representación en los gremios y los corporaciones a la usanza medieval.

Por esto es que el procurador Ordoñez se oponía al acuerdo de paz, porque en el tema de tierras él y sus copartidarios del centro democrático tenían, desde hace años, una propuesta corporativa, que se explica en la creación de la Federación Nuevo Liderazgo Campesino, organización que estaría integrada por empresarios, industriales, por el Estado y por los trabajadores del campo.[27]

El propósito de esta Federación es contrarrestar la penetración al movimiento agrario de nuestro país por parte de grupos políticos que impulsan la lucha de clases y que lo han desdibujado. Por ello proponían la creación de un gran pacto social agrario que favoreciera: la inserción de la organización a los proyectos y políticas del Estado, el fortalecimiento de la concertación con los gremios, el impulso de la figura del contrato sindical en las empresas agroindustriales, el desarrollo de las cooperativas solo para comercialización y manejo técnico y la promoción de dispositivos para la integración adecuada en los tratados de libre comercio.[28]

La tercera idea fuerza del carlismo es la de la monarquía tradicional, que tiene en el rey a la única autoridad. Esta idea:

> Implica un gobierno personal, que por lo mismo es una forma natural de gobierno. Pero aunque monarquía limitada, esto no es absolutista, tampoco es en cambio la monarquía constitucional o su acabamiento, la monarquía parlamentaria. (...), el tradicionalismo

---

[26] Miguel Ayuso, *Las Murallas de la Ciudad* (Buenos Aires: Ediciones Nueva Hispanidad, 2001), 98-105.

[27] "¿Un Nuevo Pacto de Chicoral?", *El Espectador*, 24 de octubre de 2009.

[28] Ibid.

> implicaba la distinción entre las jerarquías sociales y el poder político supremo. Que el poder político supremo podía ser ejercido personalmente por el Rey, asistido por los Consejos, limitado por la soberanía de Dios, que es la única soberanía, y por los derechos de los distintos cuerpos, países, regiones, que integraban la confederación hispánica.[29]

Esta idea del rey como eje del Gobierno, que estaba limitado por los derechos de los distintos cuerpos de esa gran confederación, aparentemente fue respetuosa de las costumbres de indios y de su organización, y quienes también se preocuparon por los negros, llegando a oponerse a la esclavitud. El monarca había dotado a los indios de unas leyes "en las cuales, en todos los litigios, se prefería al indígena sobre el peninsular, y que establecieron en el siglo XVI la jornada de ocho horas para los indios mejicanos".[30] Y con respecto a los negros, el rey Carlos IV había proferido la cédula de Aranjuez, en "donde a los esclavos se les aseguraba una vida soportable y humana, con derecho a bautismo, oficio fúnebre y hasta sepultura".[31]

Ante tanta bondad no se entiende por qué nos independizamos de España, y por qué las poblaciones indígenas y afrodescendientes sufrieron un genocidio cultural y humano. La respuesta hay que buscarla en la aplicación de los postulados de la Ciencia de la Policía que convirtieron a los aborígenes y a los negros en menores de edad y se los entregaron a los religiosos para que los civilizaran en las misiones religiosas, en donde los alienaron y esclavizaron.

Estos parámetros fueron creados por los monarcas españoles y en Colombia subsistieron hasta 1996. Y como vemos, los carlistas los ven con muy buenos ojos y hasta llegan a decir que los indios y los negros no querían la separación de España porque estaban muy a gusto en las misiones

---

[29] Ibid., 30.

[30] Miguel Ayuso, *Carlismo para Hispanoamericanos* (Buenos Aires: Ediciones de la Academia, 2007), 54.

[31] Luis Corsi Otálora, *Viva el Rey. Los Negros en la Independencia* (Buenos Aires: Ediciones de la Academia, 2006), 42.

y con la esclavitud, tal como lo expresó otro de los mentores intelectuales del procurador, el profesor Luis Corsi Otálora,[32] antiguo fascista boyacense.

En estas últimas páginas hemos mostrado las ideas que nutren al Dr. Ordoñez Maldonado, y como vemos no coinciden con la democracia, ni política ni religiosa; no acogen ni respetan el Estado de derecho; son elitistas y autoritarias y llegan a discriminar a los indios y afrodescendientes. Por eso tenemos más clara la condena que se hizo desde el Ministerio Público al aborto, la eutanasia, el matrimonio homosexual, el acuerdo de paz.

Para la Procuraduría no existía la posibilidad de rechazar las enseñanzas y los escritos de la Iglesia católica que violaran la soberanía, por la sencilla razón de que no existe el Estado colombiano, sino que formamos parte de una gran confederación hispánica que tiene como líder al fascista francés Sixto de Borbón Parma.

3. Conclusiones comparativas entre Florentino González y Alejandro Ordóñez

Para terminar este trabajo, no me resisto a hacer un pequeño contraste entre estos planteamientos sobre Alejandro Ordoñez, con las ideas de Florentino González sobre el patronato.

En 1853, año que fue fundamental para el derecho constitucional porque se produjo la enmienda que restableció la Procuraduría, que había sido suprimida en 1832. En los debates de esta reforma se tocó el tema del patronato, interviniendo en ellos Florentino González, quien a la sazón era congresista.

Él era de la opinión de que el patronato era una institución poco eficaz y bastante proclive a la degeneración. En sus propias palabras:

> ¿Cómo podrá lograrse que el gobierno dé protección a la religión? Será necesario que continúe esa unión sacrílega entre los gobernantes y los sacerdotes que establece la ley de patronato; porque si al gobierno se imponen deberes que cumplir para con los sacerdotes, al gobierno habrán de concedérsele derechos para intervenir en la

[32] Luis Corsi Otálora, *Los Realistas Criollos* (Buenos Aires: Editorial Nueva Hispanidad, 2009). Y también: Otálora, *Viva el Rey*.

> elección de esos sacerdotes, para reglamentar sus funciones, para determinar todo lo relativo a la disciplina del culto eterno. Yo no puedo concebir que la pretendida protección pueda prestarse de otra manera, y yo no puedo llamar a esta protección sino opresión; yo no puedo comprender que de esta manera la verdad de los dogmas y la pureza de la moral evangélica reciban algún apoyo de la autoridad. Por el contrario, tengo las pruebas de que de esta manera se desnaturaliza el clero, y se corrompe la moral de los creyentes; porque el gobierno convierte a los obispos y a los curas en agentes políticos, a quienes emplea en manejar las elecciones, a quienes mezcla en las cuestiones de partido y comunica las pasiones de los bandos, convirtiéndolos en instrumentos de vejaciones y opresión, y quitándoles su carácter de conciliadores de las familias y de instituciones de la moral.[33]

Esto que González criticaba fue lo que pasó desde 1824 hasta 1853 y lo que siguió pasando durante la regeneración conservadora. Recordemos que bajo la batuta de Núñez se firmó el concordato de 1887 que restableció el Estado confesional en nuestro país, que le dio competencias ilimitadas a la Iglesia católica. La otra cara de la moneda fue que el Gobierno pudiera nombrar a su antojo a los arzobispos, obispos y curas, los cuales se convirtieron en agentes del régimen, que reproducían la ideología recalcitrantemente conservadora de sus dirigentes.[34] Para la muestra monseñor Rafael María Carrasquilla, quien llegó a ministro de Educación y quien se hizo famoso por publicar unos escritos en contra del liberalismo.[35]

Sobre este texto de Carrasquilla, el escritor Valentín Gómez comentó que:

> El sr. Carrasquilla es un Balmes republicano, que pide a la filosofía y a la teología los cimientos para edificar su obra y que la levanta con los ricos materiales que le proporcionan las Encíclicas de Léon XIII.

---

[33] Jaime Duarte French, *Florentino González. Razón y sin razón de una lucha política* (Bogotá: Banco de la República, 1971), 576.

[34] Fernando Guillén Martínez, *La Regeneración. Primer Frente Nacional* (Bogotá: Carlos Valencia Editores, 1986), 90.

[35] Rafael María Carrasquilla, *Ensayo sobre la doctrina liberal* (Madrid: Imprenta Teresiana, 1899).

> ¡Un Balmes republicano! Un sacerdote demócrata que al demostrar a los liberales de su patria los errores que encierra la funesta doctrina de las llamadas libertades modernas, demuestra a los liberales y católicos de Europa, con el ejemplo de su propia persona y del gobierno bajo el cual vive, cómo el liberalismo no es régimen político, no es república ni monarquía, no es parlamento ni poder absoluto: es pura y sencillamente independencia del hombre respecto de Dios, el *nom serviam* de Lucifer, como oportunamente dijo el augusto Pontífice reinante en su Encíclica *Libertas*.[36]

Debemos comentar que Rafael María Carrasquilla fue el instrumento perfecto de la regeneración, pues antes de ser ministro de Educación, fue nombrado rector del Colegio Mayor del Rosario por Miguel Antonio Caro, en el año de 1892. Tenía la función primordial de extirpar el liberalismo de esa institución, ya que ella había sido el fortín de los liberales radicales, los cuales al perder la guerra de 1885, perdieron también el Colegio, pues este, por el Decreto 544 del 14 de agosto, se incorporó a la Universidad Nacional, con "el propósito expreso por parte del Gobierno de asegurar el carácter católico del Colegio bajo el patronato del Presidente de la República".[37]

Entonces los liberales no tuvieron otra opción que retirarse de la Universidad Nacional y fundaron dos universidades donde continuaron con su ideario, y estas fueron el Externado y la Republicana.[38] La primera de ellas inició en 1886 y fue cerrada por el Gobierno en 1895, siendo reabierta en 1918.

Con Carrasquilla el Colegio adquirió nuevamente su autonomía, pero siempre bajo la tutela gubernamental, imponiendo la restricción de que el rector fuera de libre nombramiento y remoción del presidente de la República, cargo que desempeñó muy bien el mencionado sacerdote, porque

---

36 Valentín Gómez, "Juicio acerca de la presente obra", en: Rafael María Carrasquilla, *Ensayo sobre la doctrina liberal*, IX.

37 Julio Gaitán Bohórquez, *El Colegio del Rosario y el proyecto decimonónico de Universidad en Colombia: Un intento de reconstrucción de la normatividad* (Bogotá: Editorial Universidad del Rosario, 2002), 44.

38 Ibid.

fue rector de esa institución hasta 1930,[39] es decir que era un verdadero esbirro del conservatismo.

Para terminarlo de corroborar, leamos este párrafo sobre Rafael Núñez escrito por Carrasquilla, que se explica por sí solo:

> La Providencia, que siempre para salvar a los pueblos suscite un hombre en quien se encarguen y personifiquen todos los grandes pensamientos y acciones, levantó aquí también un caudillo. Pero como Dios no fuerza jamás el libre albedrío, fue preciso que aquel jefe obedeciera los designios de lo alto. El presidente de Colombia fue instrumento inteligente y dócil en manos de la Providencia; y él sabe que eso basta y sobra para su gloria.[40]

Esta participación de los curas en la política, tan criticada por Florentino, era el pan nuestro de cada día bajo la hegemonía conservadora, como hemos señalado. Miremos la reproducción de una nota de la Arquidiócesis de Santa Fé de Bogotá de 1903, en la que se reprendía a un sacerdote por tener un periódico en el que expresaba y participaba activamente en política:

> Bogotá, 2 de Abril de 1903
> Señor Presbítero D. Octaviano de J. Lamo. P.
> Razones de mucha gravedad y de conveniencia para la causa de la iglesia me ponen en el deber de prohibir á usted perentoriamente, como lo hago por medio de la presente carta, que continúe mezclándose en asuntos políticos. En consecuencia no puede usted seguir escribiendo en periódicos políticos, ni tomar parte directa ó indirecta en reuniones, comisiones ú otras cosas cualesquiera que tengan tal carácter político. Usted me acusará recibo de esta orden.
> Dios guarde a Usted.
> Bernardo
> Arzobispo de Bogotá.[41]

---

39 Ibid., 48.

40 Guillén Martínez, *La Regeneración*, 44.

41 "Nota no. 187 de 3 de mayo de 1903 de la Secretaría de la Arquidiócesis de Santafé de Bogotá", *Periódico Libertad y Orden*, No. 18, 1903.

González argumentaba, en esos debates de 1853, que deberíamos elegir entre tres modelos:

> El de la libertad, el de la ley de patronato, o el de concordato. Los dos últimos nos encadenarían a las dificultades de que queremos librarnos. Conforme a ellos, subsistirían las disposiciones que han dado origen a la lucha entre los sacerdotes y el gobierno cuando, como ahora, éste ha estado en manos de ciudadanos liberales que han procurado mantener la supremacía del poder civil sobre el poder eclesiástico, o se daría lugar a esa liga entre los gobernantes y los sacerdotes de que hemos sido un ejemplo en el período anterior, si los gobernantes se adherían a las pretensiones y exigencias del clero; porque el clero jamás convendrá en que las leyes civiles den disposiciones que ellos puedan considerar como obligatorias, si ellas no están de acuerdo con la supremacía que pretenden ejercer. (...) El concordato, además, no sería otra cosa que la abdicación oficial de la soberanía de la nación, porque la corte papal jamás conviene en ceder una línea de sus pretensiones, ni hace otra cosa en tales concordatos que establecer sus pretendidos derechos, permitiendo como de gracia a los gobiernos temporales ejercer algunos de ellos.[42]

En 1853 se optó por la primera opción, la de la libertad, pues se dio la separación entre Iglesia y Estado, que subsistió hasta 1886. Bajo los Gobiernos liberales se suspendieron las comunidades religiosas, se expulsó a los jesuitas, se produjo la desamortización de los bienes de manos muertas, se implementó la tuición de cultos, en pocas palabras, se acabó con el patronato.

Interesante contrastar la posición sobre los concordatos de Florentino González con la del procurador Ordóñez, porque tenemos la intuición de que este funcionario público buscaba revivir el concordato de 1973, que fue declarado inexequible por la Corte Constitucional en la Sentencia C-027 de 1993.

---

[42] Duarte French, *Florentino González*, 579.

Para ello en el Ministerio Público se inventaron la teoría de que la Corte no es competente para conocer demandas contra leyes aprobatorias de tratados públicos suscritos antes de la constitución de 1991.

Miremos la intervención del Ministerio Público en la demanda contra el Pacto de Bogotá en la que se explica la teoría:

> Esta Vista Fiscal encuentra que los tratados internacionales y las leyes que los aprueban no pueden ser objeto de una demanda de inconstitucionalidad y que, de igual forma, la Corte Constitucional no tiene competencia para pronunciarse sobre el contenido material de los tratados internacionales ya suscritos y perfeccionados (y mucho menos cuando esto sucedió con anterioridad a la vigencia de la Constitución de 1991), respecto de los cuales, por lo tanto, no puede efectuarse el trámite señalado en el numeral 10° del artículo 241 de la Constitución de 1991.
>
> En el mismo sentido, considera que sostener lo contrario supone desconocer directamente lo dispuesto en la Constitución Política y, por lo tanto, comprometer seriamente tanto los principios constitucionales de supremacía constitucional (Artículo 4°) y legalidad (Artículos 6° y 121), como el respeto por los principios del derecho internacional (Artículo 9) en la medida en que concedería a la Corte Constitucional una competencia ilimitada, tanto en términos temporales como materiales, que le permitiría fungir o intentar fungir como juez constitucional de los tratados internacionales ya suscritos por Colombia.
>
> Una función que, además, de ser procedente una vez, no sabría esta Jefatura por qué no podría ejercerse una multiplicidad de veces, lo que también implica una inseguridad jurídica que es particularmente grave en materia de responsabilidad internacional, en tanto que nunca habría una decisión *definitiva* sobre la exequibilidad de tales instrumentos internacionales.[43]

[43] Procuraduría General de la Nación, "Concepto 5665", Bogotá, 5 de noviembre de 2013.

Esta es una hipótesis sugestiva por la que la Corte debe declararse inhibida de conocer demandas contra los tratados anteriores a la vigencia de la Carta del 91, pero lo que procura es crear una clase de acto político o de gobierno con el que se evite controlar estos instrumentos internacionales, para mostrar que no se podía, entonces, declarar inexequible el Concordato de 1973, que básicamente había seguido el esperpento de 1887.

Obras citadas

Ameller, Juan José. *Breves Apuntes sobre el derecho administrativo de Bolivia.* Sucre: Imprenta Boliviana, 1862.

Ayuso, Miguel. *Las Murallas de la Ciudad.* Buenos Aires: Ediciones Nueva Hispanidad, 2001.

______. *Qué es el Carlismo.* Buenos Aires: Ediciones de la Academia. 2005.

______. *Carlismo para Hispanoamericanos.* Buenos Aires: Ediciones de la Academia, 2007.

Bullón de Mendoza y Gómez de Valugera, Alfonso. "El Carlismo". En: *La contrarrevolución legitimista.* Madrid: Universidad Complutense de Madrid, 1995.

Carrasquilla, Rafael María. *Ensayo sobre la doctrina liberal.* Madrid: Imprenta Teresiana, 1899.

Cornwell, John. *El Papa de Hitler.* Madrid: Planeta, 1999.

Corsi Otálora, Luis. *Los Realistas Criollos.* Buenos Aires: Editorial Nueva Hispanidad, 2009.

. *Viva el Rey. Los Negros en la Independencia.* Buenos Aires: Ediciones de la Academia, 2006.

Cortés Guerrero, José David. "Las discusiones sobre el patronato en Colombia en el siglo XIX". *Revista Historia Crítica*, 53, (2014): 99-122.

Del Castillo, Pedro. *Teatro de la legislación colombiana y venezolana vigente: que contiene en forma de diccionario todas las leyes, decretos y resoluciones de los Congresos de Colombia y de Venezuela,* Tomo III. Valencia: Imprenta del Teatro de Legislación, 1852.

Duarte French, Jaime. *Florentino González. Razón y sin razón de una lucha política.* Bogotá: Banco de la República, 1971.

Fuentes, Manuel. *Compendio del Derecho Administrativo.* Lima: Imprenta del Estado, 1875.

Gaceta de Colombia, No. 543. 29 de octubre de 1831.

Gaitán Bohórquez, Julio. *El Colegio del Rosario y el proyecto decimonónico de Universidad en Colombia: Un intento de reconstrucción de la normatividad.* Bogotá: Editorial Universidad del Rosario, 2002.

Guillén Martínez, Fernando. *La Regeneración. Primer Frente Nacional.* Bogotá: Carlos Valencia Editores, 1986.

Hernández, Jorge Andrés. *El último inquisidor*. Bogotá: Ediciones B, 2014.

Llano Isaza, Rodrigo. *Rafael Uribe Uribe: complot político-religioso lo llevó a la tumba*. Medellín: Ediciones Unaula, 2015.

"Nota no. 187 de 3 de mayo de 1903 de la Secretaría de la Arquidiócesis de Santafé de Bogotá". *Periódico Libertad y Orden*, No. 18, 1903.

Procuraduría General de la Nación. "Concepto 5665", 5 de noviembre de 2013.

Sardá y Salvany, Félix. *El Liberalismo es Pecado*. Barcelona: Editorial Páges, 2009.

"¿Un Nuevo Pacto de Chicoral?". *El Espectador*. 24 de octubre de 2009.

Uribe Uribe, Rafael. *Obras Selectas*, Tomo I. Bogotá: Cámara de Representantes, 1979.

El derecho electoral ¿un asunto administrativo?

Alberto Yepes Barreiro*

Sumario: Introducción. 1. Autonomía, especificidad y distinción: la función electoral. 2. Las nuevas visiones del derecho electoral colombiano. 2.1. En lo sustancial. 2.2. En lo procesal. 2.3. En lo institucional. Conclusiones. Obras citadas.

Introducción

En tiempo de postconflicto son numerosas las reformas jurídicas que el Estado colombiano ha previsto como necesarias para la consolidación de una paz estable y duradera. "El asunto electoral" como lo denominó Rafael Santos Jimenez,[1] no escapa a aquellos temas enlistados como imprescindibles para garantizar una democracia participativa cierta en el marco de un Estado social de derecho.

Lo anterior y la indudable importancia del derecho electoral entendido como "el conjunto de normas reguladoras de la titularidad y ejercicio del derecho de sufragio, activo y pasivo, de la organización de la elección,

* Abogado de la Universidad del Rosario. Especialista en Derecho Constitucional de la Universidad Externado de Colombia. Especialista en Derecho Público de la Universidad Externado de Colombia. Especialista en Derecho Procesal de la Universidad del Rosario. Magíster en Responsabilidad Contractual, Extracontractual, Civil y del Estado de la Universidad Externado de Colombia.

1 Citado por: Dieter Nohlen, Daniel Zovatto, Jesús Orozco y José Thompson (comp.), *Tratado de derecho electoral comparado en América Latina* (México: Editorial Fondo de Cultura Económica, 2007).

del sistema electoral, de las instituciones y organismos que tienen a su cargo el desarrollo del proceso electoral y del control de la regularidad de ese proceso y la veracidad de sus resultados",[2] hace propicio este escenario académico para desarrollar las razones por las cuales la función electoral no puede ser equiparada a las demás funciones establecidas por la teoría constitucional clásica y merece un lugar propio y específico dentro de un Estado que se predica social, democrático y de derecho.

Igualmente, al entender que la participación política electoral es un elemento estructural y edificador de un régimen democrático como el colombiano, conviene abordar algunos de los cambios más representativos en esta materia tanto en lo sustancial, como en lo procedimental e institucional, pues esto permitirá advertir su carácter especializado y autónomo dentro del sistema jurídico, y así trataremos de demostrarlo en el presente artículo.

Al efecto, se expondrán algunas instituciones electorales que en su momento merecieron animosidad discutida, pero que hoy a pesar de esa *resistencia a lo nuevo*, se encuentran entronizadas en nuestra jurisprudencia y en la creación de muchos precedentes que sugieren un sistema jurídico electoral autónomo.

Al final no será menester efectuar una elucubración excesiva, pues el suscrito y los lectores advertirán con facilidad la necesidad de concatenar los diferentes aspectos que definen el derecho electoral (sustancial, procesal e institucional) y el imperativo de lograr jerarquía y coherencia en este sistema jurídico.

1. Autonomía, especificidad y distinción: la función electoral

¿Existe una función electoral? En un primer momento la respuesta fue un "no" rotundo, pues a la luz de la teoría clásica de la división de poderes expuesta por Montesquieu resultaba impensable categorizar de esa manera el asunto electoral. Era tan claro que dentro del Estado solo existían la función legislativa, judicial y administrativa, que sus simpatizantes, sin mayor reparo, optaron por afirmar que lo electoral se encasillaba dentro de la función administrativa.

---

[2] Ibid., 1297.

Sabido es que esta posición se fundamentó en la tesis del carácter residual de la función administrativa,[3] indicando que si lo electoral no correspondía a lo judicial ni a lo legislativo, entonces por descarte pertenecía a esta. En efecto, se trató de una tesis aparentemente bien estructurada y que respondía a lo que en su momento se creía, pero a la que más adelante la realidad social superaría con creces.

Así, los reparos no se hicieron esperar y la duda apareció en medio de tan desmesurada claridad, para poner de presente que dentro del Estado existe una función electoral que, además de ser trascendental para la construcción y funcionamiento de un régimen democrático, se caracteriza por ser autónoma, específica y distinta a las ya determinadas. Para desestimar su subsunción o equiparación con la función administrativa bastaría con mencionar que el acto electoral tiene su génesis en la democracia participativa y en un derecho fundamental de carácter político: el de elegir o ser elegido,[4] y no en la expresión de la voluntad de la Administración; sin embargo, este análisis pretende ir más allá.

A continuación se explican las diferencias entre la noción del acto electoral y el acto administrativo, las cuales permitirán delimitar de manera diáfana el uno del otro, e impiden una asociación de especie a género entre el primero con el segundo de ellos. En efecto, no me referiré a algo distinto que a los elementos de validez constitutivos de cada acto: sujeto, objeto, causa, fin y forma, y a sus evidentes diferencias, y aún contradicciones.

Comencemos por señalar que en lo que respecta al elemento *sujeto*, el sujeto activo del acto administrativo es la Administración, cuyos voceros de su voluntad son personas naturales investidas como funcionarios públicos, con competencias previamente establecidas en la Constitución y en la ley. En tanto que, el sujeto activo del acto electoral lo conforman los electores que participan en la contienda democrática en ejercicio del derecho a elegir consagrado en los artículos 40 y 98 de la Constitución Política.

Frente al objeto, entendido como el contenido del acto, también existe una marcada distinción. El objeto de la función administrativa no es

---

[3] Ver: Adolfo Merkl, *Teoría General del Derecho Administrativo* (Granada: Editorial Comares, 2004), 71.

[4] Colombia, "Constitución Política de Colombia", 7 de julio de 1991, numeral 1, artículo 40.

uno solo, sino que se concretiza, entre otros, en el ejercicio de la potestad sancionadora, la prestación de los servicios públicos, en actividades de fomento, en el establecimiento de gravámenes, etc. Situación distinta con la función electoral, cuyo objeto no es otro que determinar el hecho esencial del sistema democrático: una representación legítima.

En ese orden de ideas, la causa del acto administrativo, es decir el por qué o la razón que lo justifica,[5] obedece a diversas razones o motivos de hecho o de derecho según el objeto de la decisión que corresponda, en tanto que, en el acto electoral la causa o la razón no es otra que la de lograr la legitimidad en el ejercicio del poder por parte de los elegidos.

Si estas tres diferencias no resultaran suficientes, la finalidad de cada acto es determinativa para distinguirlos, pues por un lado la función administrativa persigue de manera principal la satisfacción de las necesidades públicas, entendiendo que estas son cambiantes y que es necesario irse adaptando a nuevos retos; mientras que, por el otro lado, la función electoral procura garantizar la efectividad de los principios fundantes de la democracia.

Por último, frente al elemento de la *forma*, en lo que concierne al acto electoral debe tenerse en cuenta lo siguiente:

> (...) a diferencia del procedimiento de formación de los actos administrativos cuyas reglas están contenidas en el C.P.A.C.A. y en las leyes que regulan procedimientos administrativos especiales, el procedimiento específico de creación de actos electorales, tiene fundamento en atribuciones de carácter constitucional concretas y en principios democráticos sobre los que descansa un Estado Social de Derecho y, para los cuales y, precisamente por esa naturaleza, se prevé un procedimiento de elaboración que debe ser autónomo (...) Este procedimiento autónomo para la expedición de actos electorales está conformado por el conjunto de actuaciones que adelantan las autoridades electorales para materializar o exteriorizar la voluntad popular expresada a través del derecho al voto, el cual está regulado en

[5] Rafael Entrena Cuesta, *Curso de Derecho Administrativo*, 3 ed. (Madrid: Editorial Tecnos, 1972), 486.

normas especiales como Decreto 2241 de 1986 (Código Electoral) y la Ley 1475 de 2011 para el caso de las elecciones por voto popular.[6]

Además de las etapas que los diferencian, el acto administrativo cuenta con una nota distintiva relacionada con su fuerza ejecutoria, es decir, que una vez en firme la decisión, la Administración deberá hacerla efectiva. Por su parte, el acto electoral no goza de este atributo, "pues si bien es decisivo en la conformación de los cargos de representación del Estado democrático, por sí solo no genera situaciones jurídicas que afecten positiva o negativamente el ámbito de derechos y libertades de un individuo o conglomerado específico".[7]

Huelga entonces manifestar que, hoy en día, tanto la doctrina mayoritaria como la jurisprudencia[8] confluyen en aceptar que existe una función electoral autónoma, específica y distinta, que merece un tratamiento especial en aras de la consecución correcta del acto electoral como elemento esencial que soporta la democracia participativa actual. "Sus instituciones ejercen primordialmente unas funciones propias, específicas y distintas y, por lo mismo, no encajan dentro de la simplista y elemental teoría tripartita por lo que, a nuestro juicio, hay necesidad de hacer una enumeración adicional".[9]

2. Las nuevas visiones del derecho electoral colombiano

Si bien el carácter autónomo de la función electoral configura un cambio fundamental, a la fecha existen otra serie de modificaciones del sistema que invitan a reevaluar aspectos sustanciales, procesales e institucionales del

---

[6] Colombia, Consejo de Estado, Sala de lo Contencioso Administrativo, Sección Quinta, "Sentencia de 4 de febrero de 2016", radicado No. 11001-03-28-000-2014-00110-00. Consejero ponente: Alberto Yepes Barreiro.

[7] Alberto Yepes, "Apuntes sobre la autonomía de la función electoral en Colombia". En: *Derecho Electoral de Latinoamérica. Memorias del II Congreso Iberoamericano de Derecho Electoral* (Bogotá: Consejo de Estado, Sala de Consulta y Servicio Civil, 2013), 564.

[8] Colombia, Consejo de Estado, Sala de lo Contencioso Administrativo, Sección Quinta. "Sentencia de 4 de febrero de 2016", radicado No. 11001-03-28-000-2014-00110-00. Consejero ponente: Alberto Yepes Barreiro. Colombia, Consejo de Estado, Sala de lo Contencioso Administrativo, Sección Quinta, "Sentencia de 3 de junio de 2016", radicado No. 13001-23-33-000-2016-00070-01. Consejera ponente: Lucy Jeannette Bermúdez Bermúdez.

[9] Yepes. "Apuntes sobre la autonomía", 558.

derecho electoral. Materias como la protección de los derechos del elector antes que del elegido, la procedencia de las medidas cautelares o la necesidad de un órgano judicial especializado, independiente y autónomo que resuelva las controversias electorales en tiempo real y antes de la consolidación del acto definitivo o la elección, representan solo algunas de las mutaciones de un sistema que propende por vigorizar nuestra democracia participativa.

Veamos algunos de estas trasformaciones del derecho electoral colombiano a continuación.

2.1. En lo sustancial

En esta oportunidad haré referencia a un cambio que realmente marca la diferencia entre un derecho electoral tradicional y uno que se despojó de viejos adagios y se puso a tono con las nuevas exigencias constitucionales del Estado. Se trata de una variación que atañe a la razón de ser de un derecho normativo e institucionalmente especializado, que representa un giro inesperado para algunos, pero requerido por la dinámica social.

El asunto no es otro que el alcance de la aplicación del principio *pro homine* en materia electoral. En un inicio se consideró que frente a las tensiones suscitadas entre los derechos de los electores y los elegidos, prevalecían los de estos últimos, toda vez que era este el sujeto que, en ejercicio de unas reglas establecidas por el sistema democrático, resultaba como titular de cierta porción del poder estatal.

Sin embargo, al comprender que el acto electoral es la expresión política de la voluntad del elector para que lo represente en el ejercicio de una función pública, se advirtió que el elegido es un *accidente*, toda vez que para que se materialicen los derechos de este sujeto necesariamente primero ha de lograrse la pervivencia del sistema democrático pues, de no respetarse este, la garantía y realización de aquellos se hace inocua.

Ciertamente, el asunto no fue fácil de definir y lo que hoy pareciera lógico, no lo era. Al juez electoral le correspondió hacer compatibles los principios en que se funda el Estado democrático con todo el sistema de principios y valores constitucionales, análisis que derivó en la posibilidad de limitar los derechos del elegido, con el fin de lograr la pervivencia y eficacia del sistema democrático.

En ese orden de ideas, la perspectiva varió y se comprendió que para la realización efectiva de la democracia se requería que, con fundamento en los parámetros constitucionales, el Estado y los individuos cumplieran y observaran sus presupuestos —requisitos formales y materiales para el acceso a un cargo o función pública—, razón por la que no era posible subordinar sus fundamentos a la realización exclusiva de los derechos fundamentales del elegido. A partir de esa idea, el derecho electoral se renueva y fija su esencia en la protección del elector antes que el derecho del elegido, trasmutando la aplicación del principio *pro homine* al principio *pro hominum* (humanidad), *pro electoratem* (electorado) o *pro sufragium* (electores).

Lo anterior condujo a que, por ejemplo, la prohibición que contempla el numeral 7 del artículo 37 de la Ley 617 de 2000 fuera analizada por la Sección Quinta del Consejo de Estado desde el punto de vista del mandato democrático, de los principios constitucionales ínsitos en el concepto de la democracia: legitimidad, transparencia, igualdad, y en la misma estructura del Estado y no exclusivamente desde la óptica de los derechos de quien fue electo. Para ese caso en concreto, tal fue la acogida de la protección del elector que se indicó que

> ...la renuncia a un cargo en donde ha mediado el querer popular, por ejemplo, para acceder a otras dignidades, implica, en sí mismo, la defraudación de ese mandato y, por tanto, ha de entenderse que la misma debe tener consecuencias como aquella según la cual, la renuncia no puede enervar esas prohibiciones (...) Así, no es que la Sala desconozca que el elegido puede renunciar en cualquier momento al mandato que le fue otorgado (...) Solo que la dimisión no le da el derecho a acceder a otro cargo de elección popular hasta tanto no transcurra el período para el cual fue electo, pues el compromiso con los electores era la permanencia y la terminación efectiva del mismo.[10]

A pesar de que exista una posición minoritaria que quisiera perpetuar la amañada protección del elegido, a la fecha debe entenderse que el mandato democrático que surge entre el elegido y el elector implica un

[10] Colombia, Consejo de Estado, Sala de lo Contencioso Administrativo, Sección Quinta, "Sentencia de 7 de junio de 2016", radicado No. 11001-03-28-000-2015-00051-00. Consejero ponente: Alberto Yepes Barreiro.

compromiso de cumplimiento en los términos del programa de gobierno puesto a consideración del cuerpo electoral y durante el espacio temporal en que aquel se debe desarrollar.

En ese sentido, bajo la égida del principio de soberanía popular,[11] se impone que necesariamente el intérprete efectúe pronunciamientos que tiendan a favorecer al cuerpo electoral antes que al elegido, so pena de frustrar esa voluntad cuando se le da primacía al sujeto electo. Y esto no implica desconocer los derechos que ciertamente pueda tener el elegido, sino que, en un ejercicio de ponderación entre estos y la satisfacción de valores y principios igualmente esenciales en el Estado como lo es la democracia misma, se privilegie el interés general representado en el mandato otorgado.

2.2. En lo procesal

Han sido numerosos los cambios que ha tenido el derecho electoral colombiano en este aspecto. Bien podría hablar de cómo se entiende y se configura hoy en día la terminación del proceso por abandono[12] o las reglas para la interposición de la súplica,[13] y otras cuantas variaciones más de este tipo; sin embargo, quiero referirme a tres de ellas que consideró que merecen una mención especial: (i) la idoneidad y eficacia de la medida cautelar de la suspensión provisional; (ii) la modulación de los efectos del fallo de nulidad electoral y (iii) el requisito de procedibilidad para impetrar la acción electoral en procesos de nulidad electoral de carácter objetivo.

2.2.1. Idoneidad y eficacia de la medida cautelar de la suspensión provisional

Como manifestación del principio de la tutela judicial efectiva, la medida cautelar de la suspensión provisional fue reivindicada en el marco del

---

[11] Colombia, "Constitución Política de Colombia", preámbulo y artículo 3.

[12] Colombia, Consejo de Estado, Sala de lo Contencioso Administrativo, Sección Quinta, "Auto de Sala del 7 de julio de 2016", radicado No. 13001233300020150080701. Consejera ponente: Lucy Jeannette Bermúdez Bermúdez; Colombia, Consejo de Estado, Sala de lo Contencioso Administrativo, Sección Quinta, "Auto de Sala del 7 de julio de 2016", radicado No. 27001-23-33-000-2016-00003-01. Consejera ponente: Lucy Jeannette Bermúdez Bermúdez.

[13] Colombia, Consejo de Estado, Sala de lo Contencioso Administrativo, Sección Quinta, "Auto de unificación de 17 de marzo de 2016", radicado No. 11001-03-28-000-2015-00029-00. Consejero ponente: Alberto Yepes Barreiro.

proceso electoral, pasó de una figura meramente formal a una existencia eficaz y real. Lo anterior implicó dejar atrás el *temor* en su aplicación y, además, condujo a advertir su necesidad en un sistema judicial que propende porque los fallos sean más que una utopía.

Antes de la Ley 1437 de 2011, esta medida cautelar se encontraba dentro de los mecanismos judiciales dispuestos por el ordenamiento jurídico, sin embargo, su eficacia e idoneidad era limitada, por no decir que nula. En efecto, el Código de Procedimiento Administrativo de 1984 regulaba, en los artículos 152 y siguientes, como única medida cautelar, la suspensión provisional, medida que posteriormente fue elevada a rango constitucional en el artículo 238.

El escenario era el siguiente: a partir de la interpretación del vocablo *manifiesta* que empleaba la disposición que regulaba dicha medida cautelar,[14] los operadores jurídicos bajo el auspicio de talanqueras gramaticales hicieron casi imposible su aplicación. Se afirmaba que, para su procedencia, la violación debía ser evidente, pues de no ser así y de resultar necesario efectuar alguna argumentación, no habría lugar a decretarla.[15] Fue tal la inoperancia de la suspensión provisional, que la Corte Constitucional terminó aceptando la procedencia de la acción de tutela para aquellos asuntos tramitados a instancia de la jurisdicción de lo contencioso administrativo, pues reconoció que la medida cautelar era ineficaz.[16]

Para el juez de lo contencioso administrativo estaba casi que prohibido efectuar algún razonamiento en esa etapa del proceso, pues se creía que esto solo era posible en el fallo. Ciertamente, en ese momento, la suspensión

---

[14] "Si la acción es de nulidad, basta que haya manifiesta infracción de una de las disposiciones invocadas como fundamento de la misma, por confrontación directa o mediante documentos públicos aducidos con la solicitud". Colombia, Presidencia de la República, "Decreto 01 de 1984", por el cual se reforma el Código Contencioso Administrativo, Bogotá, Diario Oficial 36439, 2 de enero de 1984, artículo 152.

[15] Colombia, Consejo de Estado, Sala de lo Contencioso Administrativo, Sección Quinta, "Sentencia del 11 de marzo de 1993", radicado No. 0983. Consejero ponente: Luis Eduardo Jaramillo Mejía; Colombia, Consejo de Estado, Sala de lo Contencioso Administrativo, Sección Quinta, "Sentencia del 2 de septiembre de 2004", radicado No. 3529. Consejera ponente: María Nohemí Hernández Pinzón.

[16] Colombia, Corte Constitucional, "Sentencia SU-039 de 1997", 3 de febrero de 1997. Magistrado ponente: Antonio Barrera Carbonell.

provisional constituía un mero instrumento de defensa de la legalidad y no de la protección de derechos.

Al advertirse que el medio de cautela no estaba cumpliendo con su papel, es decir, que no evitaba el *periculum in mora* y no garantizaba el derecho o interés en discusión (*fumus bonis iuris*), el legislador, ante la reticencia del juez administrativo a cambiar su rol, propuso su modificación a través de la Ley 1437 de 2011.[17]

El cambio fue total: se redimensionó y rediseñó la figura de la suspensión provisional. El obstáculo gramatical de la palabra *manifiesta* desapareció y aunque muchos quisieron negarse a tal transformación, la medida cautelar se hizo eficaz y, en consecuencia, la acción de tutela recobró su carácter residual y excepcional.

> En consecuencia, el juez no puede tener vedado tomar una decisión *ab initio* del proceso en salvaguarda del orden jurídico, pues, precisamente, debe garantizar los principios que rigen a la Jurisdicción de lo Contencioso Administrativo: la garantía de los derechos de las personas —sean estos de carácter fundamental o legal— y la preservación del orden jurídico, como lo estipula el artículo 103 de la Ley 1437 de 2011, principios que no pueden entenderse satisfechos únicamente al momento de dictar el fallo, porque este razonamiento sería contrario al derecho a una tutela judicial efectiva.[18]

En materia electoral es clara la irradiación de este nuevo entendimiento de la medida cautelar de la suspensión provisional.[19] El juez, como

---

17 Colombia, Congreso de la República, "Ley 1437 de 2011", Por la cual se expide el Código de Procedimiento Administrativo y de lo Contencioso Administrativo, Bogotá, Diario Oficial 47956, 18 de enero de 2011.

18 Alberto Yepes, "El resurgimiento normativo y hermenéutico de la suspensión provisional. Idoneidad y eficacia de la medida cautelar", en *Sociedad, Estado y derecho. Homenaje a Álvaro Tafur Galvis, Tomo II*, editado por Antonio Aljure Salame, Rocío Araújo Oñate y William Zambrano Cetina (Bogotá: Editorial Universidad del Rosario, 2014), 217.

19 Colombia, Consejo de Estado, Sala de lo Contencioso Administrativo, Sección Quinta, "Auto de 26 de noviembre de 2015", radicado. No. 2015-00026-00. Consejera ponente: Lucy Jeannette Bermúdez Bermúdez; Colombia, Consejo de Estado, Sala de lo Contencioso Administrativo, Sección Quinta, "Auto de 3 de marzo de 2016", radicado. No. 2015-00034-00. Consejero ponente: Alberto Yepes Barreiro; Colombia, Consejo de Estado, Sala de lo Contencioso Administrativo, Sección

depositario de la responsabilidad de hacer reales y ciertos los derechos, no debe marginalizar bajo argumentos forzados una figura imprescindible para garantizar la efectividad de sus decisiones, solo así menguaría un poco la ineficacia de sus decisiones proferidas después del acto de elección.

He venido sosteniendo que en materia electoral lo procedente es la judicialización de los actos previos, preparatorios o de trámite, es decir, que el derecho electoral es un asunto que debe resolverse previamente a la decisión que toman los electores, en materia de inhabilidades o en materia de procedimiento, ora de acciones objetivas ora de las subjetivas. Solo así se garantiza la institucionalidad, la representación legítima y se evitan problemas posteriores cuando se generan nulidades y se comprueba que un gobernante está ejerciendo el poder ilegítimamente. Situación que le es imposible de solucionar al derecho administrativo, pues dentro de su dogmática, estos actos no son justiciables.

2.2.2. Modulación de los efectos del fallo de nulidad electoral

Por su parte, el tema relacionado con los efectos del fallo de nulidad electoral también tuvo un cambio radical, así muchos operadores jurídicos parecieran no querer entenderlo. En un inicio aparente y supuestamente se consideró que estos no podían ser distintos a los efectos retroactivos (*ex tunc*),[20] característicos de cualquier nulidad, por lo que se entendía que una vez declarada nula la elección operaba la ficción frente a la cual el elegido ¡nunca lo habría sido!

Absurdo o no, la transpolación de estos efectos del derecho civil fue total para el derecho electoral, pues sabido es que estos efectos se otorgan con fines eminentemente resarcitorios, según anulen obligaciones de ejecución sucesiva o instantánea, fines que no existen en el derecho electoral. Sin embargo, poco a poco y por razones obvias fueron apareciendo argumentos en contra de los efectos *ex tunc* y se hizo necesario reevaluar esa tesis.[21]

Quinta, "Auto de 24 de noviembre de 2016", radicado. No. 2016-00072-00. Consejera ponente: Lucy Jeannette Bermúdez Bermúdez.

[20] Colombia, Consejo de Estado, Sala de lo Contencioso Administrativo, Sección Quinta, "Sentencia de 3 de noviembre de 2005", radicado No. 25000-23-24-000-2004-00796-01(3792). Consejero ponente: Reinaldo Chavarro Buriticá.

[21] Sonia Castro, "La modulación de los efectos en el tiempo de las sentencias de nulidad de los actos administrativos en Colombia". Tesis de Maestría, Universidad del Rosario, Bogotá, 2015.

Algunos se resistieron al cambio —aún lo hacen— y otros, por el contrario, advirtieron la necesidad de hacerlo. Veamos:

El juez electoral reconoció lo inconveniente que resultaba aplicar de marea automática una regla (efectos *ex tunc*) sin razonar sobre el impacto de su decisión en el presente y en el futuro, no solo para el elegido, sino para los electores y la democracia misma. Fue de esa manera como el juez comenzó a modular los efectos de sus fallos y se apartó de esa máxima a la que creía que debía rendir culto siempre.

Hoy, para la Sección Quinta,[22] la regla imperante es que el juez será quien decida, en cada caso, de forma razonada y coherente los efectos de su fallo, ya no bajo el auspicio de una ficción, sino de un estudio juicioso y pormenorizado de las consecuencias que se pueden derivar de su providencia, convirtiéndose en un juez responsable y consciente del papel que juega en la sociedad. En ese sentido, la regla general es que el juez pueda modular los efectos de su fallo.

Sin embargo, previendo los eventos en los que el juez electoral guarda silencio sobre los efectos de su decisión, la sala electoral del Consejo de Estado estableció en una sentencia de unificación algunas "posibles consecuencias":[23]

1. Si la irregularidad se presentó en el procedimiento electoral, la autoridad administrativa determinará expresamente si reinicia desde cero la actuación o si por el contrario conserva lo no viciado.
2. Si el vicio se presentó desde la expedición del acto de elección y se trata de una causal subjetiva —inhabilidad—, en principio sus efectos serán *ex nunc*, es decir, hacia el futuro.

En ese orden, se advierte que los efectos de las sentencias de nulidad del acto de elección son aquellos que el juez le fije, y no necesariamente *ex tunc,* debido a que en muchas ocasiones acudir a la *ficción* de que las cosas se retrotraen a su estado anterior, como si nunca hubieren existido va en contravía de la realidad, y desconoce los conceptos de existencia, validez

---

[22] Colombia, Consejo de Estado, Sección Quinta, "Sentencia de 26 de mayo de 2016", radicado No. 11001-03-28-000-2015-00029-00. Consejero ponente: Carlos Enrique Moreno Rubio.

[23] Ibid.

y eficacia de los actos. Pero si se trata de eventos en los que el juez no le atribuyó unos efectos específicos se acudirá a las soluciones antes expuestas.

Lo anterior materializa un cambio de paradigma que responde al nuevo rol de los jueces, quienes deben analizar las circunstancias particulares de cada caso para lograr una tutela judicial efectiva.

2.2.3. Requisito de procedibilidad para impetrar la acción electoral en procesos de nulidad electoral de carácter objetivo

Por último y de forma breve, haré referencia al requisito de procedibilidad en materia electoral, el cual fue introducido mediante el Acto Legislativo 01 de 2009 que modificó el artículo 237 de la Constitución, momento en el cual se dispuso que debía agotarse ese requisito para todos los casos de irregularidades en el proceso de votación o en el escrutinio, con el fin de acudir a la administración de justicia. Su aplicación no resultó ser pacífica, pues algunos entendían que si bien estaba consagrado constitucionalmente, no existía una regulación pormenorizada de dicha figura y, en consecuencia, no era posible hablar de una aplicación directa. Sin embargo, otros juristas afirmaban que la norma constitucional sí podía aplicarse directamente.

La posición que prevaleció fue la última y en virtud de ella fue la jurisprudencia la que fijó los elementos estructurales y de aplicación de ese requisito electoral. Se indicó que para su agotamiento existía una legitimación amplia, que solo se debía efectuar la solicitud ante la organización electoral —no obtener una respuesta—, aplicaba para todos los casos de irregularidades en el proceso de votación o en el escrutinio (falsedad, trashumancia, suplantaciones, etc.) y debía agotarse antes de la declaratoria de la elección.

Con la entrada en vigencia de la Ley 1437 de 2011 –CPACA– se reguló el asunto,[24] por lo que aquellos aspectos que habían sido precisados por la jurisprudencia pasaron a tener una determinación legal específica: cualquier persona lo puede agotar, debe presentarse la solicitud antes de la declaratoria

[24] "Cuando se invoquen como causales de nulidad del acto de elección por voto popular aquellas contenidas en los numerales 3 y 4 del artículo 275 de este Código, es requisito de procedibilidad haber sido sometido por cualquier persona antes de la declaratoria de la elección a examen de la autoridad administrativa electoral correspondiente". Colombia, Congreso de la República, "Ley 1437 de 2001", artículo 161, numeral 6.

de la elección y solo aplica para el caso de falsedad en documentos electorales y la indebida asignación de curules.

No obstante, la regulación mereció algunos reparos. Por un lado, resultó incoherente su exigencia para los casos de asignación indebida de curules, puesto que su elemento temporal estaba regulado de forma tal que debía proponerse antes de la declaratoria de la elección, luego si ya estaban asignadas las curules, resultaba materialmente imposible hacerlo.

En cuanto al otro evento relacionado con la falsedad en documentos electorales, se presentaron dos posiciones diferentes al interior de la Sección Quinta del Consejo de Estado. Una de ellas propendía por la aplicación del requisito tal cual como quedó establecido en el CPACA y la minoritaria prefirió vía excepción de inconstitucionalidad inaplicarlo, al considerar que se trataba de un tema que debía estar regulado en una ley estatutaria y que, al tener una regulación incompleta, limitaba el acceso a la administración de justicia.

A pesar del desacuerdo y de los muchos salvamentos y aclaraciones de voto, al final, la Sala aceptó exigir el requisito de procedibilidad. No obstante, mediante la Sentencia C-283 de 2017,[25] la Corte Constitucional declaró inexequible el numeral 6 del artículo 161 del CPACA, en razón a la reserva de ley estatutaria para regular funciones electorales.

Con esta sentencia queda claro que mientras no exista una ley estatutaria que regule el requisito de procedibilidad en todos sus aspectos la norma constitucional no se puede aplicar, en la medida en que no es coherente que se declare la inexequibilidad de una ley ordinaria que regula este requisito porque requiere de una ley estatutaria y sea la jurisprudencia la que supla la ley, pues es obvio que esa jurisprudencia también estaría contraviniendo la exigencia que hace la norma de que ese requisito solo se puede aplicar cuando exista una ley estatuaria.

2.3. En lo institucional

Si bien en materia electoral encontramos diversos órganos como, por ejemplo, el Consejo Nacional Electoral y la Registraduría Nacional del Estado

[25] Colombia, Corte Constitucional, "Sentencia C-283 de 2017", 3 de mayo de 2017. Magistrado ponente: Alejandro Linares Cantillo.

Civil, este aspecto se centrará en desarrollar la evolución que ha tenido la justicia electoral en Colombia, como elemento estructural del sistema que garantiza un régimen democrático.

Lo primero que se debe advertir es que la jurisdicción de lo contencioso administrativo constituye una justicia especializada que, bajo lógicas de conveniencia funcional, nació al interior del poder judicial como una forma de concentrar en una sola jurisdicción el conocimiento de aquellas controversias jurídicas en las que hacía parte el Estado. Pensar en especializar la justicia no solo se quedó circunscrito a una división general y a grandes rasgos del poder judicial estatal colombiano, sino que, a la luz de las necesidades que con el paso del tiempo se fueron suscitando, esta jurisdicción subespecializó el conocimiento de los asuntos objeto de su competencia, edificándose así la estructura organizacional que hoy conocemos.

Es precisamente en ese contexto, en el que surgió la Sección Quinta de la corporación, como aquella encargada principalmente de definir las controversias electorales. Sin embargo, esto no siempre fue así, pues antes de llegar a esta sala especializada, este tipo de disputas pasaron por el conocimiento de los jueces de escrutinios, del Consejo de Estado en pleno e, inclusive, de la Corte Suprema de Justicia. Tal vez fue cuestión de mero capricho, o una decisión razonada en atención a las particularidades del acto y del proceso electoral, o la respuesta a una necesidad institucional, cualquiera que haya sido la razón, lo cierto es que la historia demuestra la inevitabilidad de su evolución.

El antecedente histórico más lejano que se tiene de lo que hoy conocemos como la Sección Quinta del Consejo de Estado se remonta a la Ley 7 de 1888 que creó los jueces de escrutinios,[26] quienes, una vez nombrados por el Consejo Electoral del departamento, eran los encargados de resolver las peticiones de nulidad de las votaciones o las actas de escrutinios y aquellas referentes a la provisión de un mismo empleo.

Luego, con el Acto Legislativo 03 de 1910 se creó la jurisdicción de lo contencioso administrativo,[27] pero solo con la Ley 130 de 1913 esta

---

[26] Colombia, Consejo Nacional Legislativo, "Ley 7 de 1888", sobre elecciones populares, Bogotá, Diario Oficial 7285, 31 de enero de 1888.

[27] Colombia, Congreso de la República, "Acto Legislativo 03 de 1910", Bogotá, Diario Oficial 14131, 31 de octubre de 1910.

iniciativa se concretizó.[28] En efecto, la Ley 130 estableció que esa jurisdicción estaría compuesta por un Tribunal Supremo[29] y unos Tribunales Seccionales,[30] distribuyendo entre cada uno de ellos sus respectivas competencias en materia electoral. Aun para esta fecha no existía un trámite especial para este tipo de procesos.

No obstante, con ocasión de la reforma constitucional de 1914, desapareció el Tribunal Supremo y se restableció la figura del Consejo de Estado —la cual en su momento (1887) había sido creada por el general Simón Bolívar— ya no solo con funciones consultivas, sino también jurisdiccionales, atribuyéndosele igual jerarquía que la de la Corte Suprema de Justicia.

Ahora bien, fue la Ley Orgánica del Consejo de Estado (Ley 60 de 1914)[31] la que dividió en dos salas esa corporación: (i) Sala de Negocios Generales y (ii) Sala de lo Contencioso Administrativo, la última conformada por cuatro consejeros designados por el poder ejecutivo de entre los elegidos por el Congreso y encargada de conocer en segunda instancia los actos de contenido electoral.

Lo anterior cambió con la Ley 70 de 1930,[32] pues esta norma eliminó esas dos salas y determinó que el Consejo de Estado en pleno conocería de todos los asuntos.[33] Sin embargo, esto tampoco duro mucho tiempo, toda vez

---

28 Colombia, Congreso de la República, "Ley 130 de 1913", sobre la jurisdicción de lo contencioso-administrativo, Bogotá, Diario Oficial 15123, 13 de diciembre de 1913.

29 Este tribunal conocía, en segunda instancia, de las sentencias proferidas por los tribunales seccionales que resolvían controversias frente a elecciones que no tenían el carácter de votación popular.

30 Estos tribunales conocían, en única instancia, de la nulidad de las votaciones o actas de escrutinios de los jurados de votación y juntas lectorales. También era de su competencia en primera instancia las elecciones que no correspondían a votación popular.

31 Colombia, Congreso de la República, "Ley 60 de 1914", Orgánica del Consejo de Estado, Bogotá, Diario Oficial 15337, 7 de noviembre de 1914.

32 Colombia, Congreso de la República, "Ley 70 de 1930", por la cual se reorganiza el Consejo de Estado y se dictan unas disposiciones sobre juicios de nulidad ante lo contencioso administrativo, Bogotá, Diario Oficial 21571, 11 de diciembre de 1930.

33 Los fallos para ese momento se caracterizaron por ser muy cortos. Entre ellos se encuentra la Sentencia de 19 de septiembre de 1935, mediante la cual el Consejo de Estado revocó el fallo de primera instancia y, en su lugar, resolvió no decretar la nulidad del acto mediante el cual el gobernador de Cundinamarca nombró al alcalde de Bogotá, al considerar que "el nombramiento de agentes del Gobernador no tiene más limitación que el requisito de ciudadanía exigido expresamente por el artículo 241 de la Ley 4° y los demás que se impongan en las leyes del Congreso, no por las Asambleas

que la Ley 167 de 1941 además de establecer un trámite especial distribuyó esa competencia electoral en el Consejo de Estado,[34] en los Tribunales,[35] e inclusive, en la Corte Suprema de Justicia.[36]

Una vez más el sistema mutó, pues con el Acto Legislativo 01 de 1945, y por razones de conveniencia funcional, se retomó la división del Consejo de Estado en dos salas, una encargada de lo jurisdiccional y otra de carácter asesor. A pesar de todo, el Decreto 2046 de 1950 le asignó de nuevo a la Sala Plena el conocimiento de las acciones electorales.[37]

Transcurrida una mitad de siglo, los cambios en la jurisdicción de lo contencioso administrativo no se detuvieron. En efecto para 1964, en vigencia del Decreto 528, se reorganizó su estructura judicial y de competencia, conservándose la división en dos salas, una denominada de Consulta y Servicio Civil y otra de lo Contencioso Administrativo, la última que se

Departamentales, quienes no pueden restringir las atribuciones que la ley le asigna al Gobernador". Colombia, Consejo de Estado, "Sentencia de 19 de septiembre de 1935". Consejero ponente: Alberto Pumarejo.

34 "Artículo 189. El Consejo de Estado conoce privativamente y en una sola instancia, de los juicios contra las elecciones de Presidente de la República, Senadores y Representantes a la Cámara.

Igualmente conoce de los juicios que se susciten con motivo de las elecciones o nombramientos hechos por el Congreso, las Cámaras, la Corte Suprema de Justicia, el Gobierno o por cualquiera autoridad, funcionario o corporación del orden nacional". Colombia, Congreso de la República, "Ley 167 de 1941", sobre organización de la jurisdicción Contencioso-administrativa, Bogotá, Diario Oficial 24853, 24 de diciembre de 1941, artículo 189.

35 "Artículo 191. Los Tribunales Administrativos conocen en primera instancia y el Consejo de Estado en última, de los juicios referentes a las elecciones de Diputados a las Asambleas, de Concejeros Municipales, así como de las elecciones o nombramientos hechos por las mismas entidades, o por el Gobernador y demás autoridades, funcionarios o corporaciones del orden departamental, municipal o de una Intendencia o Comisaría.

Las demandas sobre elecciones de miembros de los Concejos Municipales y de las que estas corporaciones hicieren, así como las demás de las autoridades y corporaciones del orden municipal, serán decididas en una sola instancia por los Tribunales cuando el Distrito respectivo no es capital de Departamento o su presupuesto es inferior a trescientos mil pesos ($ 300.000)". Colombia, Congreso de la República, "Ley 167 de 1941", artículo 191.

36 "Artículo 190. La Corte Suprema de Justicia conoce en Sala Plena y en una sola instancia de las demandas relativas a la elección de Designados a la Presidencia de la República, de Consejeros de Estado y de Magistrados de los Tribunales Administrativos". Colombia, Congreso de la República, "Ley 167 de 1941", artículo 190.

37 Colombia, Presidencia de la República, "Decreto 2046 de 1950", por el cual se señala nueva fecha para las elecciones de Senadores, Representantes, Diputados y Concejales, y se dictan disposiciones para garantizar la Pureza del sufragio, Bogotá, Diario Oficial 27343, 22 de junio de 1950.

subdividió en 4 salas o secciones en atención a la naturaleza de los casos que les serían asignados.

Aún para esta época la Sala Plena de la corporación era la encargada de conocer los asuntos electorales, situación que cambió con la Ley 85 de 1981,[38] la cual dispuso que cada una de las secciones antes mencionadas tendría competencia completa para conocer y fallar separadamente este tipo de procesos, contenido normativo que se reprodujo en el Decreto 01 de 1984.[39]

Para 1985,[40] se creó una Sala Contenciosa Electoral que se nutría de las demás salas del Consejo de Estado, es decir, que dos consejeros de cada sección la conformaban y eran los responsables de resolver este tipo de procesos.[41] Los reparos aparecieron y, en consecuencia, con la Ley 14 de 1988,[42] se instauró con carácter permanente la Sección Quinta del Consejo de Estado que, además de contar con magistrados de dedicación exclusiva, se impuso como la cabeza visible para fallar de forma definitiva estos asuntos.

Por su parte la Constitución de 1991 fijó que el Consejo de Estado sería el máximo órgano de la jurisdicción de lo contencioso administrativo y estaría facultado para darse su propio reglamento, lo cual se materializó

---

[38] Colombia, Congreso de la República, "Ley 85 de 1981", por la cual se modifica la Ley 28 de 1979, Bogotá, Diario Oficial 35914, 30 de diciembre de 1981.

[39] Colombia, Presidencia de la República, "Decreto 01 de 1984", por el cual se reforma el Código Contencioso Administrativo, Bogotá, Diario Oficial 36439, 2 de enero de 1984.

[40] Colombia, Congreso de la República, "Ley 96 de 1985", por la cual se modifican las Leyes 28 de 1979 y 85 de 1981, el Código Contencioso Administrativo, se otorgan unas facultades extraordinarias y se dictan otras disposiciones, Bogotá, Diario Oficial 37242, 21 de noviembre de 1985.

[41] "El Consejo de Estado tramitará y decidirá los procesos electorales mediante una Sala Contenciosa Electoral integrada por dos consejeros de cada una de las secciones de la Sala Contenciosa. A estos consejeros se les abonarán en la respectiva sección los negocios que se les repartan en la Sala Electoral. La designación de los consejeros que deben integrar la Sala Electoral se hará por la Sala Plena del Consejo de Estado y será de forzosa aceptación. Contra la sentencia de la Sala Electoral no cabrá recurso alguno. El Secretario General del Consejo actuará como Secretario de esta Sala". Colombia, Congreso de la República, "Ley 96 de 1985", artículo 67.

[42] Colombia, Congreso de la República, "Ley 14 de 1988", por la cual se integra la Sección Quinta de la Sala de lo Contencioso Administrativo del Consejo de Estado en forma permanente integrada por cuatro Consejeros, se establecen las competencias para los juicios electorales contra la elección de Alcaldes y se dictan otras disposiciones, Bogotá, Diario Oficial 38189, 25 de enero de 1988.

con el Acuerdo No. 58 de 1999 proferido por la Sala Plena, que normativizo su conformación y delimitó las funciones de cada una de las salas.[43]

A partir de ese breve recuento histórico queda en evidencia la importancia de un juez electoral especializado y empoderado, que reivindique el valor de la democracia y vivifique la relación de confianza entre el pueblo y sus gobernantes. Ciertamente, esto es el resultado de un proceso de afianzamiento estructural e institucional, que pareciera no finalizar, pues a través de la implementación de los acuerdos de paz, resulta imperiosa la necesidad de construir una arquitectura electoral que corresponda a la autonomía de ese derecho que nada tiene que ver con el asunto contencioso administrativo.

En este orden, la Misión Electoral Especial derivada de los Acuerdos de Paz de La Habana e integrada por: Alejandra Barrios Cabrera, Elisabeth Ungar Bleier, Jorge Enrique Guzmán, Juan Carlos Rodríguez Raga, Salvador Romero Ballivian y Alberto Yepes Barreiro, recomendó al Gobierno crear una arquitectura constitucional bajo los siguientes parámetros:

> El Acuerdo Final para la Terminación del Conflicto y la Construcción de una Paz Estable y Duradera otorgó a la Misión Electoral Especial un mandato amplio, contenido en el punto 2 "Participación política: apertura democrática para construir la paz", el cual implica una revisión integral del régimen jurídico electoral colombiano que supone, sin duda, el régimen judicial que ejerce control sobre los actos de naturaleza electoral. De lo contrario, las propuestas para reformar el régimen electoral no solo serían incompletas e incoherentes, sino que desconocerían los propósitos del Acuerdo de paz, verbigracia, no se entendería cómo solucionar el problema endémico y estructural de la falta de eficacia de las acciones de nulidad electoral y de

[43] "Artículo 13. Distribución de los negocios entre las secciones. (...) Sección Quinta: 1. Los procesos de simple nulidad contra actos de contenido electoral. 2. Los procesos de nulidad y restablecimiento del derecho, distintos a los de carácter laboral, contra actos de contenido electoral. 3. Los procesos electorales relacionados con elecciones o nombramientos. 4. El recurso extraordinario de revisión contra las sentencias de carácter electoral. 5. Los recursos, incidentes y demás aspectos relacionados con los procesos ejecutivos por jurisdicción coactiva". Colombia, Consejo de Estado, Sala Plena de lo Contencioso Administrativo, "Acuerdo No. 58 de 1999", Bogotá, 15 de septiembre de 1999.

nulidad contra actos de contenido electoral en las situaciones de voto directo ejercido por los ciudadanos colombianos.

A lo largo del punto 2 del Acuerdo Final se acordó la creación o fortalecimiento de garantías de participación política y ciudadana para dotar de una mayor transparencia al sistema electoral. En tal dirección, se pactó "fortalecer los diseños institucionales y la metodología con el fin de facilitar la participación ciudadana (...)"; "habilitar mecanismos para facilitar las denuncias ciudadanas y crear un sistema de seguimiento (...)"; y "fortalecer la capacidad de investigación y sanción de los delitos, las faltas electorales y la infiltración criminal en la actividad política (...)", entre otros puntos.

Ahora bien, huelga manifestar que el control judicial de los actos electorales es una expresión de las garantías —de carácter judicial, valga la redundancia— que tienen las personas para defender la participación ciudadana, puesto que, en últimas, lo que se pretende a través de este instrumento es preservar, a través del aparato judicial, la voluntad legítima mayoritaria expresada mediante el voto popular. Revisar el régimen electoral y su organización excluyendo lo jurisdiccional, es inocuo.

El Título IX "De las elecciones y de la organización electoral" de la Constitución Política de 1991, ciertamente no contempla a la estructura jurisdiccional que actualmente ejerce el control sobre los actos electorales, sino que señala un término máximo para que decida la acción de nulidad electoral (art. 264, parágrafo); y ello es obvio en la medida en que en Colombia no existe rama electoral y por ende, la jurisdicción de lo electoral solo tiene cabida en la rama judicial en uno de sus órganos o independiente.

Resulta de perogrullo que el régimen electoral de cualquier país comprende necesariamente todo el conjunto de normas, incluido el jurisdiccional, para controlar desde el punto de vista jurídico todas las decisiones que inciden en la configuración del poder público, particularmente de aquel que proviene de la expresión del pueblo a través del voto.

Sabido es que, actualmente, el control judicial de los actos relacionados con el proceso electoral está a cargo de la jurisdicción contencioso administrativa, en cabeza del Consejo de Estado, particularmente la Sección Quinta. Dicha Sección es eficiente y resuelve la mayoría de los asuntos tan pronto llegan a su conocimiento, no obstante, algunos casos de relevancia nacional tardan años en resolverse, por ejemplo, la definición del Senado de la República 2014-2018 aún no se ha producido.

Constituye un hecho evidente que la Sección Quinta está certificada en la norma de calidad ISO 9001-2015 NTC GP 1000:2009, sin embargo, carece de estructura e infraestructura suficientes para resolver los conflictos oportuna y eficazmente, puesto que los litigios se desatan una vez el elegido está en ejercicio del cargo. Es decir, el control sobre las causales de nulidad objetivas (vicios en el procedimiento de elección) y las subjetivas (vicios respecto de las calidades y requisitos del elegido) no son decididos en tiempo real. La misma situación se presenta respecto de los actos de contenido electoral, pues los pronunciamientos sobre su legalidad, si bien se producen con prontitud, no logran el fin que se perseguía con ellos, lo que deriva en decisiones inanes.

La revisión del régimen electoral, y particularmente el control judicial, no implica desconocer la jurisprudencia dictada en la materia, ni tampoco la experiencia de los jueces que han tenido a su cargo la definición de estos procesos; implica sí, la búsqueda de mecanismos e instituciones que doten de eficacia, mayor seguridad jurídica y, sobre todo, legitimidad a las autoridades y a los procedimientos establecidos para el ejercicio del derecho a elegir y ser elegido.

En Colombia existe diferenciación entre la autoridad administrativa electoral —Consejo Nacional Electoral— y la autoridad que ejerce el control jurisdiccional sobre estos asuntos —jurisdicción contencioso administrativa: Consejo de Estado, Tribunales y Juzgados Administrativos—.

En efecto, la Sección Quinta del Consejo Estado, es la llamada en principio, a resolver las acciones de nulidad electoral, salvo que, por importancia jurídica o trascendencia nacional, el proceso sea asumido por la Sala Plena de dicha corporación. En estos eventos, los procesos electorales tardan mucho más que en la Sección Quinta, no solo por la dinámica propia de un cuerpo colegiado con un gran número de miembros, sino por la complejidad de los asuntos electorales que requiere de una experticia con la que en muchos casos no se cuenta (son magistrados expertos en asuntos laborales, administrativos, contractuales, extracontractuales, tributarios, entre otros).

La nulidad electoral es tan solo uno de los medios de control cuyo conocimiento está atribuido a la jurisdicción de lo contencioso administrativo y, por ende, a su máximo órgano el Consejo de Estado, que también conoce de: nulidad por inconstitucionalidad, nulidad, nulidad y restablecimiento del derecho, reparación directa, controversias contractuales, repetición, pérdida de investidura, pérdida del cargo, acción popular, acción de grupo, acción de cumplimiento y acción de tutela. Es decir, es una jurisdicción que tiene a su cargo un gran número de asuntos propios del derecho administrativo.

Lo anterior significa que la facultad de juzgar la validez de los actos verdaderamente electorales, es decir, los provenientes de la voluntad popular expresada mediante el voto, no son la única competencia de la Sección Quinta. Lo mismo puede decirse de Tribunales y Juzgados Administrativos.

Por tanto, las autoridades judiciales que actualmente juzgan asuntos electorales no están especializadas en asuntos de dicha naturaleza, a diferencia de lo que ocurre en otros países de Latinoamérica (p. ej., México, Chile, Perú, Ecuador, Venezuela), puesto que integran la jurisdicción de lo contencioso administrativo, lo que hace de nuestro país, un caso exótico a nivel regional. En consecuencia, en Colombia se terminan juzgando actos electorales como si fueran actos administrativos, con los graves resultados que ello conlleva, como que se privilegien los derechos subjetivos del elegido sobre la democracia, pilar del Estado Social de Derecho.

En términos generales, puede afirmarse que a la jurisdicción contencioso administrativa le corresponde efectuar el control de la actividad de la administración que se materializa en actos administrativos; contratos estatales; hechos y operaciones administrativas, lo que supone la aplicación de reglas y principios propios del derecho administrativo, a saber, normas que rigen la acción de la administración, generalmente, de manera distinta a los que gobiernan la actividad de los particulares. La jurisdicción de lo contencioso administrativo es el juez de la administración, de ahí que se trate de una jurisdicción distinta de la ordinaria y debería ser distinta de la electoral, pues es evidente la diferenciación que existe entre función administrativa y función electoral, como se explica a continuación:

La administración ejerce de manera preponderante la función administrativa que redunda en la realización de los fines del Estado y la garantía de los derechos fundamentales mediante el establecimiento y ejecución de políticas públicas. La función administrativa es la actividad reglada, de carácter decisorio y ejecutivo que produce efectos jurídicos frente a los ciudadanos, encaminada a materializar los fines del Estado mediante la definición de situaciones jurídicas que se consolidan a través de la manifestación de la voluntad de la administración pública.

Así, la administración, que actúa mediante las diferentes entidades que la componen y bajo el marco constitucional y legal, toma decisiones y expresa su voluntad, principalmente en actos administrativos que producen efectos jurídicos, respecto de los cuales tiene la capacidad de ejecutarlos por sí misma.

La función electoral es la ejercida por los ciudadanos, y también por diversas autoridades, con la finalidad de definir la estructura del poder del Estado, en últimas, materializa el fin funcional del derecho de organizar y legitimar el poder. En otras palabras, esta función tiene como propósito la elección de representantes en las otras ramas del poder público o sus titulares, de manera directa o indirecta, es decir, concretar la democracia participativa y el diseño institucional, entre otros.

A diferencia de la función administrativa, la función electoral está en cabeza de los ciudadanos. Es la voluntad ciudadana, no la de la administración, la que se expresa mediante el voto y se concreta en el acto electoral.

El acto electoral, en su acepción más pura, es decir, como manifestación de la voluntad popular, es el soporte de la democracia participativa que se constituye en fundamento del Estado Colombiano, tiene su génesis en la democracia participativa y en un derecho fundamental de carácter político: el de elegir o ser elegido, artículo 40, numeral 1 de la Constitución, y no en la mera y simple expresión de la voluntad de la administración derivada del ejercicio de dicha función, cuyo resultado son los actos administrativos.

En consecuencia, la función electoral que ejerce el ciudadano cuando vota, es claramente diferenciable de las demás funciones que, de antaño, han sido reconocidas por la teoría constitucional: administrativa, legislativa y judicial. Es, por tanto, una función autónoma.

Justamente la tradicional tridivisión de las funciones del Estado, ha llevado a que se considere que la electoral no es autónoma, sino que es una función administrativa, en otras palabras, como el asunto electoral no es legislativo ni judicial, necesariamente es administrativo. Bajo esta misma lógica, se ha entendido, erradamente, que por ser la acción de nulidad electoral competencia de la jurisdicción contencioso administrativa, lo electoral es administrativo. Sin embargo, estas posturas desconocen que a través del "asunto electoral", se garantiza la democracia participativa misma y, por tanto, no corresponde a una actividad administrativa más del Estado.

La función electoral es de reconocida y vital importancia en todas las democracias del mundo, máxime, si se tiene en cuenta que el acto electoral contiene la voluntad de elegir a alguien y, como efecto jurídico, produce la consecuencia de legitimarlo y revestirlo del poder que requiere para desempeñar sus funciones.

La especificidad del acto electoral se hace palpable fácilmente si se tiene en cuenta cómo se produce: a diferencia del procedimiento de formación de actos administrativos, cuyas reglas están contenidas en el código de procedimiento administrativo y de lo contencioso administrativo, y en las leyes que regulan procedimientos administrativos especiales, el procedimiento específico de creación de actos electorales, tiene fundamento en atribuciones de carácter constitucional concretas y en principios democráticos sobre los que descansa un Estado Social de Derecho y, para los cuales, precisamente por esa naturaleza, se prevé un procedimiento de elaboración que es y debe ser autónomo.

En este contexto, el papel del juez de lo electoral consiste en resolver las tensiones que se generan entre los valores y principios propios del sistema democrático y los derechos de quien, en ejercicio

> de las reglas que fija ese sistema, resulta como titular de cierta porción del poder estatal. Tensión que, en el marco de las funciones asignadas al juez electoral, no puede ser resuelta bajo la lógica de la prevalencia de los derechos de la persona, en tanto ha de entenderse que, para que aquellos se materialicen, necesariamente primero ha de lograrse la pervivencia del sistema democrático pues, de no respetarse este, la garantía y realización de aquéllos se hace imposible.
>
> El juez electoral está encaminado a garantizar el respeto a la democracia y al elector. No se trata entonces de la prevalencia de los derechos del elegido, sino de asegurar la materialización de la voluntad popular y, por ende, la legitimación de quienes van a ejercer el poder. Fines estos ajenos al juez de lo contencioso administrativo.
>
> Pese a la clara diferenciación que existe entre el acto administrativo y el acto electoral, actualmente el control de uno y otro recae en el juez de lo contencioso administrativo. Esta disfunción no implica en modo alguno abandonar la tradición colombiana del control judicial respecto de los actos de naturaleza electoral, más bien, se busca la coherencia y armonía en el régimen electoral de modo que exista un juez especializado, y exclusivo, para los asuntos relacionados con el ejercicio democrático.
>
> El panorama expuesto explica la necesidad de la creación en la Rama Judicial de una jurisdicción electoral que tenga a su cargo el conocimiento de los asuntos de naturaleza específica referidos a lo electoral, tal como lo plantearon las organizaciones políticas y autoridades que fueron consultadas por la Misión Electoral Especial.[44]

Como respuesta a esta propuesta, el Gobierno presentó un Proyecto de Acto Legislativo "Por medio del cual se adopta una reforma política y electoral que permita la apertura democrática para la construcción de una paz, estable y duradera", mediante el cual, entre otros aspectos, se modificaban las funciones del Consejo Nacional Electoral, denominado en la reforma como Consejo Electoral Colombiano. Veamos:

---

44 *Propuestas Reforma Política y Electoral* (Bogotá: Torreblanca Agencia Gráfica S.A.S., 2017), 21-27.

Artículo 18: El artículo 265 de la Constitución quedará así:

Artículo 265. El Consejo Electoral Colombiano gozará de autonomía administrativa y presupuestal tendrá, de conformidad con la ley, las siguientes atribuciones especiales:

1. Ejercer la suprema inspección, vigilancia y control sobre el ejercicio de la función electoral y los procesos electorales.
2. Dar posesión de su cargo al Registrador Nacional del Estado Civil.
3. Regular, vigilar, inspeccionar y controlar toda la actividad de los partidos y movimientos políticos y de las campañas electorales.
4. Reconocer la personería jurídica de los partidos y movimientos políticos.
5. Declarar la disolución, liquidación y fusión de los partidos y movimientos políticos.
6. Reglamentar la participación de los partidos y movimientos políticos en los medios de comunicación social del Estado y en aquellos que usan el espectro electromagnético.
7. Llevar el Registros de Partidos y Movimientos Políticos, así como el de sus afiliados.
8. Dirimir, con fuerza de cosa juzgada, las impugnaciones contra las decisiones de los partidos y movimientos políticos.
9. Velar por el cumplimiento de las normas sobre partidos y movimientos políticos y de las disposiciones sobre publicidad y encuestas de opinión política; por los derechos de la oposición y de las minorías, y por el desarrollo de los procesos electorales en condiciones de plenas garantías, así como sancionar su incumplimiento.
10. Aprobar y auditar permanentemente el censo electoral.
11. Decidir, con fuerza de cosa juzgada, la revocatoria de la inscripción de candidatos por causales de inelegibilidad previstas en la Constitución y en la ley. La decisión definitiva deberá proferirse con anticipación a la fecha del día de la correspondiente elección y en ningún caso podrá declarar la elección de dichos candidatos.

12. Suspender procesos electorales por motivos de orden público. Esta decisión requerirá el voto favorable de las tres cuartas partes de quienes lo integran.
13. Conocer y decidir, con fuerza de cosa juzgada, sobre todo tipo de reclamos y solicitudes que se presenten dentro del proceso de escrutinios, con la finalidad de salvaguardar la verdad y la transparencia de los resultados, así como para sanear cualquier vicio que pudiera afectar su validez. La decisión definitiva se deberá proferir con anticipación a la fecha de posesión del candidato.
14. Efectuar, con fuerza de cosa juzgada, el escrutinio general de toda votación nacional, hacer la declaratoria de elección y expedir las credenciales a que haya lugar.
15. Asumir, de oficio o a solicitud de parte interesada, el conocimiento directo de cualquier escrutinio. Esta decisión requiere el voto de las dos terceras partes de quienes la integran.
16. Distribuir los aportes que para el financiamiento de las campañas electorales y para asegurar el derecho de participación política de los ciudadanos, establezca la ley.
17. Adelantar investigaciones e imponer sanciones por el incumplimiento de las normas sobre organización, funcionamiento y financiación de organizaciones políticas y campañas electorales, así como de normas sobre encuestas electorales y de opinión política. Para ello contará con un cuerpo técnico de investigación y funciones de policial judicial.
18. Designar, de conformidad con la ley, sus servidores públicos, así como aquellos encargados de los escrutinios en los niveles territoriales.
19. Presentar su proyecto de presupuesto al Ministerio de Hacienda y Crédito Público para su incorporación dentro del Proyecto de Presupuesto General de la Nación. Solo el Congreso podrá modificarlo.
20. En ausencia de ley, regular el ejercicio de sus funciones.
21. Servir de cuerpo consultivo del Gobierno en materia de su competencia, presentar proyectos de acto legislativo y de ley, y recomendar proyectos de decreto.
22. Convocar elecciones atípicas.

> 23. Convocar y coordinar comisiones de seguimiento electoral interinstitucional.
> 24. Darse su propio reglamento.
> 25. Las demás que le confiera la ley.
>
> Las funciones previstas en los numerales 8, 10, 12 y 13 tendrán carácter jurisdiccional.
>
> Para garantizar la doble instancia en el ejercicio de estas funciones, el reglamento creará sala de primera instancia compuesta por tres miembros, dejando a los seis restantes la segunda instancia. Cuando la primera instancia se haya surtido antes sus seccionales, la segunda la conocerá la sala plena del Consejo Electoral Colombiano.[45]

Al respecto, salta a la vista la concentración de funciones jurisdiccionales en este organismo electoral y no, como lo recomendó la Misión Electoral Especial, en un órgano judicial especializado y autónomo. Se busca empoderar entonces al Consejo Electoral Colombiano de funciones jurisdiccionales que hacen tránsito a cosa juzgada y que, a diferencia del derecho administrativo, no se toman sobre el acto definitivo, sino sobre los actos previos, preparatorios o de trámite, lo que sin lugar a dudas determina la autonomía del derecho electoral frente al derecho administrativo.

En fin, como lo expresé en la Academia Colombiana de Jurisprudencia en el 2013,[46] lo correcto está en afianzar las atribuciones judiciales y no en restringirlas, de forma que se empodere a una entidad judicial no solo con las competencias sino además con las herramientas que hagan posible una administración de justicia previa a la definición electoral, caracterizada por su eficacia, eficiencia y celeridad, sin coexistencia de competencias que atenten contra la seguridad jurídica, la resolución efectiva y real del

---

[45] *Proyecto de Acto Legislativo, por medio del cual se adopta una reforma política y electoral que permita la apertura democrática para la construcción de una paz, estable y duradera*, consultado el 1 de junio de 2017, http://webcache.googleusercontent.com/search?q=cache:8FtIp4F_cKUJ:www.camara.gov.co/sites/default/files/2017-06/P.A.L.012-2017C%2520%2528REFORMA%2520ELECTORAL%2529.docx+&cd=2&hl=es&ct=clnk&gl=co

[46] Alberto Yepes, "¿La jurisdicción contenciosa electoral en vía de extinción?", *Revista de la Academia Colombiana de Jurisprudencia*, 353, (2013).

conflicto electoral y la legitimidad de las instituciones, es decir de los fines funcionales del derecho mismo.

En el entendido, claro está, de que evidentemente el contencioso electoral no es un asunto administrativo, sin exagerar debo manifestar que del escenario que se adopte por parte del Congreso de la República en estos momentos depende nada menos que la subsistencia de nuestra democracia y de un componente esencial para el logro de la paz en Colombia, pues si la Corte Constitucional es la guardiana de nuestra carta, permítanme afirmar que, sin lugar a dudas, la jurisdicción electoral y especialmente los jueces electorales serán, nada más ni nada menos, que los guardianes de nuestra democracia.

Conclusiones

A manera de corolario podemos afirmar:

1. De lo expuesto resulta evidente la inexistencia de un sistema jurídico electoral en Colombia dotado de unidad, jerarquía y coherencia normativa.
2. *La pulverización* normativa y ocasionalidad del sistema hacen del derecho electoral un caldo de cultivo para todo lo contrario al derecho: la arbitrariedad.
3. La arquitectura institucional actualmente existente de los organismos electorales de ejecución y control hace disfuncional las competencias de ejecución, vigilancia y control jurisdiccional, con las nefastas consecuencias conocidas.
4. En consecuencia, es necesario que nuestro ordenamiento jurídico, en primer lugar, no desconozca las diferencias que existen entre el acto administrativo y el acto electoral, puesto que de ello dependerá la forma en que se asuman las controversias electorales en lo sustancial, en lo procesal e inclusive en el mismo diseño institucional. La sola asimilación entre uno y otro acto puede conducir a absurdos como aquel expuesto en el caso del alcalde de Guatavita

y recientemente el del gobernador de Caldas,[47] en donde sin mayor reparo la jurisdicción electoral concluyó, en contra de una realidad palmaria, que a la luz de los efectos *ex tunc* de una nulidad electoral decretada, dichos mandatarios nunca fueron alcalde y gobernador respectivamente.

5. En las últimas tres décadas, nuestro país ha sido terreno fértil para la discusión y adopción de reformas político-electorales a nivel constitucional, por mencionar solo algunas de ellas: la responsabilidad política de los partidos, la implementación del voto electrónico y la eliminación de la reelección presidencial inmediata. No obstante, en ninguna de ellas se efectuó una revisión integral del diseño institucional de las autoridades electorales y sus funciones, lo que ha hecho incoherente el sistema electoral.
6. El diseño institucional es un asunto que necesita ser repensado. Tal vez hoy la inercia mental de algunos operadores jurídicos ralentice ese proceso de cambio, sin embargo, es más que seguro el advenimiento de esa gran transformación: un modelo fortalecido, eficiente, sin funciones duplicadas, que actue con celeridad, certeza y transparencia en el ámbito electoral. Corte Electoral, sin lugar a hesitación alguna, habrá en Colombia, ahora o dentro de 5 o 10 años, pero habrá por necesidad y fuerza de circunstancias.
7. El sistema deberá propender por la eficacia e inmediatez en la respuesta de la institucionalidad frente a los cuestionamientos electorales, en aumentar la confianza del ciudadano frente a los procesos electorales y en hacer efectivo el respeto de la voluntad del ciudadano expresada en las urnas por encima de los intereses políticos. Todo lo anterior reducido, en especial, a un gran cambio: autoridades independientes, autónomas y con capacidad real de control sobre quienes se postulan a cargos de elección popular.
8. La jurisdicción electoral debe satisfacer exigencias básicas como los plazos cortos, la especialización del juez y la doble instancia. La eliminación de la duplicidad de funciones que actualmente se

[47] Colombia, Consejo de Estado, Sala Plena de lo Contencioso Administrativo, "Sentencia de 23 de mayo de 2017", radicado No. 11001-03-28-000-2016-00025-00. Consejera ponente: Lucy Jeannette Bermúdez Bermúdez.

presenta con la máxima autoridad administrativa en lo electoral, definitivamente debe desaparecer, evitándose con ello contradicciones institucionales y demoras en las decisiones respectivas, que más allá de afectar al elegido desconocen los derechos del elector y la democracia misma.

9. El diseño actual no ha disminuido el número de elecciones atípicas que se han venido realizando en Colombia y que han generado costos millonarios al Estado, lo que ha afectado seriamente la gobernabilidad en los territorios. Basta ya de privilegiar la voluntad de la Administración y los derechos particulares de los elegidos popularmente, es menester reivindicar la democracia y la voluntad popular.
10. El problema endémico y estructural de la falta de eficacia de las acciones de nulidad electoral y nulidad contra actos de contenido electoral en las situaciones de voto directo ejercido por los ciudadanos no requiere soluciones parciales, sino una transformación integral que armonice el sistema. Requiere la creación de: (i) una Corte Electoral autónoma, independiente, especializada, de origen no político y con funciones y competencias bien delimitadas; y (ii) de una nueva suprema autoridad administrativa electoral, con mayores garantías de independencia, imparcialidad, idoneidad de quienes la conforman y autonomía administrativa y presupuestal. Soluciones que deberán tener en cuenta que en el derecho electoral no solo se juega el análisis de la legalidad, sino también el componente de la legitimidad en el ejercicio del poder, que de darse espuriamente, jamás podrá resarcirse al elector.
11. Una vez hechas las recomendaciones creadas por la Misión Electoral Especial derivada de los Acuerdos de Paz de La Habana, en la actualidad se tramita en el Congreso de la República un Proyecto de Acto Legislativo que en esencia y en verdad no recoge los lineamientos expuestos por la Misión, sino que por el contrario crea figuras exóticas (*v. gr.* amparo electoral) que constituyen meros sofismas de distracción a los problemas endémicos que aquejan nuestro sistema jurídico y que de aprobarse lo harán más disfuncional y harán más gravoso el trámite de los procesos de

verificación y juzgamiento del ejercicio de la función electoral, lo que, sin exagerar, dará al traste con nuestra democracia.

Obras citadas

Castro, Sonia. "La modulación de los efectos en el tiempo de las sentencias de nulidad de los actos administrativos en Colombia". Tesis de Maestría, Universidad del Rosario. Bogotá, 2015.

Colombia. "Constitución Política de Colombia". 7 de julio de 1991.

Colombia, Congreso de la República. "Acto Legislativo 03 de 1910". Bogotá, Diario Oficial 14131. 31 de octubre de 1910.

______. "Ley 130 de 1913", sobre la jurisdicción de lo contencioso-administrativo. Bogotá, Diario Oficial 15123. 13 de diciembre de 1913.

______. "Ley 60 de 1914", Orgánica del Consejo de Estado. Bogotá, Diario Oficial 15337. 7 de noviembre de 1914.

______. "Ley 70 de 1930", por la cual se reorganiza el Consejo de Estado y se dictan unas disposiciones sobre juicios de nulidad ante lo contencioso administrativo. Bogotá, Diario Oficial 21571. 11 de diciembre de 1930.

______. "Ley 167 de 1941", sobre organización de la jurisdicción Contencioso-administrativa. Bogotá, Diario Oficial 24853. 24 de diciembre de 1941.

______. "Ley 85 de 1981", por la cual se modifica la Ley 28 de 1979. Bogotá, Diario Oficial 35914. 30 de diciembre de 1981.

______. "Ley 96 de 1985", por la cual se modifican las Leyes 28 de 1979 y 85 de 1981, el Código Contencioso Administrativo, se otorgan unas facultades extraordinarias y se dictan otras disposiciones. Bogotá, Diario Oficial 37242. 21 de noviembre de 1985.

______. "Ley 14 de 1988", por la cual se integra la Sección Quinta de la Sala de lo Contencioso Administrativo del Consejo de Estado en forma permanente integrada por cuatro Consejeros, se establecen las competencias para los juicios electorales contra la elección de Alcaldes y se dictan otras disposiciones. Bogotá, Diario Oficial 38189. 25 de enero de 1988.

______. "Ley 1437 de 2011", por la cual se expide el Código de Procedimiento Administrativo y de lo Contencioso Administrativo. Bogotá, Diario Oficial 47956. 18 de enero de 2011.

Colombia, Consejo de Estado, "Sentencia de 19 de septiembre de 1935", Bogotá, 19 de septiembre de 1935. Consejero ponente: Alberto Pumarejo.

Colombia, Consejo de Estado, Sala de lo Contencioso Administrativo, Sección Quinta. "Sentencia del 11 de marzo de 1993". Radicado No. 0983. Consejero ponente: Luis Eduardo Jaramillo Mejía.
______. "Sentencia del 2 de septiembre de 2004". Radicado No. 3529. Consejera ponente: María Nohemí Hernández Pinzón.
______. "Sentencia de 3 de noviembre de 2005". Radicado No. 25000-23-24-000-2004-00796-01(3792). Consejero ponente: Reinaldo Chavarro Buriticá.
______. "Auto de 26 de noviembre de 2015". Radicado. No. 2015-00026-00. Consejera ponente: Lucy Jeannette Bermúdez Bermúdez.
______. "Sentencia de 4 de febrero de 2016". Radicado No. 11001-03-28-000-2014-00110-00. Consejero ponente: Alberto Yepes Barreiro.
______. "Auto de 3 de marzo de 2016". Radicado. No. 2015-00034-00. Consejero ponente: Alberto Yepes Barreiro.
______. "Auto de unificación de 17 de marzo de 2016". Radicado No. 11001-03-28-000-2015-00029-00. Consejero ponente: Alberto Yepes Barreiro.
______. "Sentencia de 26 de mayo de 2016". Radicado No. 11001-03-28-000-2015-00029-00. Consejero ponente: Carlos Enrique Moreno Rubio.
______. "Sentencia de 3 de junio de 2016". Radicado No. 13001-23-33-000-2016-00070-01. Consejera ponente: Lucy Jeannette Bermúdez Bermúdez.
______. "Sentencia de 7 de junio de 2016". Radicado No. 11001-03-28-000-2015-00051-00. Consejero ponente: Alberto Yepes Barreiro.
______. "Auto de Sala del 7 de julio de 2016". Radicado No. 130012333000201 500807-01. Consejera ponente: Lucy Jeannette Bermúdez Bermúdez.
______. "Auto de Sala del 7 de julio de 2016". Radicado No. 27001-23-33-000-2016-00003-01. Consejera ponente: Lucy Jeannette Bermúdez Bermúdez.
______. "Auto de 24 de noviembre de 2016". Radicado. No. 2016-00072-00. Consejera ponente: Lucy Jeannette Bermúdez Bermúdez.
Colombia, Consejo de Estado, Sala Plena de lo Contencioso Administrativo. "Acuerdo No. 58 de 1999". Bogotá, 15 de septiembre de 1999.
______. "Sentencia de 23 de mayo de 2017". Radicado No. 11001-03-28-000-2016-00025-00. Consejera ponente: Lucy Jeannette Bermúdez Bermúdez.

Colombia, Consejo Nacional Legislativo. "Ley 7 de 1888", sobre elecciones populares. Bogotá, Diario Oficial 7285. 31 de enero de 1888.

Colombia, Corte Constitucional. "Sentencia SU-039 de 1997". 3 de febrero de 1997. Magistrado ponente: Antonio Barrera Carbonell.

______. "Sentencia C-283 de 2017". 3 de mayo de 2017. Magistrado ponente: Alejandro Linares Cantillo.

Colombia, Presidencia de la República, "Decreto 2046 de 1950", por el cual se señala nueva fecha para las elecciones de Senadores, Representantes, Diputados y Concejales, y se dictan disposiciones para garantizar la Pureza del sufragio. Bogotá, Diario Oficial 27343. 22 de junio de 1950.

______. "Decreto 01 de 1984", por el cual se reforma el Código Contencioso Administrativo. Bogotá, Diario Oficial 36439. 2 de enero de 1984.

Entrena Cuesta, Rafael. *Curso de Derecho Administrativo*. 3 ed. Madrid: Editorial Tecnos, 1972.

Merkl, Adolfo. *Teoría General del Derecho Administrativo*. Granada: Editorial Comares, 2004.

Nohlen, Dieter, Zovatto, Daniel, Orozco, Jesús y Thompson, José (comp.). *Tratado de derecho electoral comparado en América Latina*. México: Editorial Fondo de Cultura Económica, 2007.

Propuestas Reforma Política y Electoral. Bogotá: Torreblanca Agencia Gráfica S.A.S., 2017.

Proyecto de Acto Legislativo, por medio del cual se adopta una reforma política y electoral que permita la apertura democrática para la construcción de una paz, estable y duradera. Consultado el 1 de junio de 2017, http://webcache.googleusercontent.com/search?q=cache:8FtIp4F_cKUJ:www.camara.gov.co/sites/default/files/2017-06/P.A.L.012-2017C%2520%2528REFORMA%2520ELECTORAL%2529.docx+&cd=2&hl=es&ct=clnk&gl=co

Yepes, Alberto. "Apuntes sobre la autonomía de la función electoral en Colombia". En: *Derecho Electoral de Latinoamérica. Memorias del II Congreso Iberoamericano de Derecho Electoral*, 587-602. Bogotá: Consejo de Estado, Sala de Consulta y Servicio Civil, 2013.

______. "¿La jurisdicción contenciosa electoral en vía de extinción?". *Revista de la Academia Colombiana de Jurisprudencia*, 353, (2013): 117-171.

______. "El resurgimiento normativo y hermenéutico de la suspensión provisional. Idoneidad y eficacia de la medida cautelar". En: *Sociedad, Estado y derecho. Homenaje a Álvaro Tafur Galvis, Tomo II*. Editado por Antonio Aljure Salame, Rocío Araújo Oñate y William Zambrano Cetina. Bogotá: Editorial Universidad del Rosario, 2014.

La falla del servicio en Colombia: una aproximación desde su origen en el derecho comparado

Luisa Fernanda García López*
Tatiana Oñate Acosta**

Sumario: 1. Antecedentes de la responsabilidad patrimonial de la Administración en el derecho francés y el derecho español. 1.1. El fallo Blanco y el principio de responsabilidad de la Administración. 1.2. La responsabilidad patrimonial en el derecho español. 2. El daño antijurídico en la jurisprudencia colombiana. 2.1. La falla del servicio en el derecho colombiano, evolución jurisprudencial. 2.2. La falla del servicio y el funcionamiento deficiente del servicio. Conclusión. Obras citadas.

Introducción

La noción de falla del servicio cobra especial relevancia cuando nos remontamos al origen de la responsabilidad del Estado poco después de la revolución francesa, momento en el cual se creó la jurisdicción contenciosa

---

* Profesora de carrera académica de la Universidad del Rosario, en pregrado, posgrado y maestría en las áreas de derecho constitucional, derecho administrativo y derecho constitucional comparado. Este artículo responde a la investigación hecha con Lorena Castañeda en el marco de la línea de investigación 'Confluencias entre derecho público y privado' perteneciente al grupo de investigación de derecho privado.

** Abogada de la Universidad del Rosario, profesora principal de la Facultad de Jurisprudencia de la misma universidad. LL. M. en Derecho francés, europeo e internacional de negocios (Universidad de París II/Pantheón-Assss) y D.S.U. en Derecho administrativo (Universidad de París II/Pantheón-Assss). Autora de varias publicaciones sobre temas de Derecho Público y Privado. Abogada consultora.

administrativa como una institución independiente de la jurisdicción ordinaria. Esta jurisdicción especializada se convirtió en la piedra angular del derecho administrativo, ya que será la creación jurisprudencial del Consejo de Estado francés quien desarrollará los principios fundamentales del derecho administrativo francés, entre ellos, el de la responsabilidad de la Administración. El fallo Blanco se torna en el referente de la responsabilidad del Estado, que en el contexto colombiano le da un alcance determinante a la noción de falla del servicio. El artículo 90 de la Constitución se refiere a la responsabilidad de la Administración cuando se causa un daño antijurídico por la acción u omisión de las autoridades públicas, cuando dichos daños le sean imputables.[1] La Carta se inspira en el derecho español que reconoce la responsabilidad del Estado por falla del servicio en el artículo 106.2 de su Constitución.[2] Progresivamente, con componentes del derecho comparado y elementos propios de nuestra realidad nacional se ha venido sustentando la noción de falla del servicio en la jurisprudencia colombiana, que hoy emana de una responsabilidad subjetiva y condena la falta de prevención en la prestación del servicio público.

Juzgar a la administración es también administrar, reza la premisa que justifica la creación de una jurisdicción contenciosa administrativa a los pocos días de la anunciada Revolución francesa. La separación de las autoridades administrativas y judiciales es la justificación esencial de la Ley del 16-24 de agosto de 1790 que disponía que las funciones judiciales serían diferentes y permanecerían separadas de las funciones administrativas. Los jueces no podían interferir en las funciones de la Administración, ni juzgar a los funcionarios en el ejercicio de sus funciones, de lo contrario incurrirían en prevaricato. Estas disposiciones fueron reiteradas en la Ley del 16 de fructidor del año III, en la medida en que cuando la Administración actuara en ejercicio de las prerrogativas de potestad pública debía ser juzgada por tribunales de carácter especializado. Las consecuencias de estas disposiciones obedecieron a la obligación de la Administración de solucionar todo tipo de litigio en el que estuviera inmersa, con lo cual, se instaló un sistema de administrador-juez donde la Administración se

---

1 Colombia, "Constitución Política de Colombia", 7 de julio de 1991, artículo 90.

2 España, "Constitución Española", 27 de diciembre de 1978, artículo 106.2.

convertía en juez y parte, ya que juzgar los actos donde la Administración estuviera envuelta, era también *administrar*. Por lo anterior, la actuación administrativa dentro de la concepción francesa de separación de poderes se somete a un juez de carácter especial que juzga el actuar indebido de la Administración y la controla a nivel jurisdiccional. El fallo Blanco es emblemático desde la perspectiva de la actuación administrativa porque define cuáles son el derecho aplicable y la jurisdicción competente para conocer el contencioso que nace de la actuación de la Administración. En Colombia, ni la jurisdicción especializada del derecho francés, ni el fallo Blanco fueron ajenos al modelo de la responsabilidad de la Administración por falla en el servicio. El concepto jurisprudencial más explícito que se tiene en Colombia sobre la falla en el servicio data del año 1976, cuando en la Sentencia del 28 de octubre el Consejo de Estado aludió a "una falta o falla del servicio o de la Administración por omisión, retardo, irregularidad, ineficiencia o ausencia del servicio".[3]

A partir de la Constitución Política de 1991 el daño tomó un papel importante en el ámbito de la responsabilidad extracontractual. En efecto, el artículo 90 se refiere al daño antijurídico causado por la acción u omisión de las autoridades públicas, cuando dichos daños le sean imputables. Conforme a esta norma, la responsabilidad patrimonial del Estado no puede derivarse frente a todos los daños antijurídicos que sufran las personas, ni siquiera frente a todos los daños antijurídicos causados por la acción u omisión de sus servidores, porque en todo caso se requiere que tales daños le sean atribuibles. Los criterios de atribución han sido elaborados por la jurisprudencia del Consejo de Estado, bajo dos títulos básicos: de responsabilidad subjetiva por falla del servicio y de responsabilidad objetiva por daño especial o riesgo excepcional.[4]

En efecto, la connotación del daño antijurídico cuenta con una clara inspiración del ordenamiento español, en el artículo 106 numeral 2 de la Constitución española. Así, la jurisprudencia española ha definido igualmente

---

[3] Colombia, Consejo de Estado, "Sentencia del 28 de octubre de 1976", radicado 5125. Magistrado ponente: Jorge Valencia Arango.

[4] Ver más en: Colombia, Consejo de Estado, Radicación 21.163. Magistrado ponente: Enrique Gil Botero.

los requisitos de la responsabilidad patrimonial de la Administración,[5] como la acreditación del resultado dañoso,[6] efectivo, evaluable económicamente e individualizado en relación con una persona o un grupo de personas. Ello conlleva a la lesión patrimonial materializada en un daño o perjuicio en la doble modalidad de lucro cesante o daño emergente[7] y a la antijuridicidad de la lesión producida por no concurrir en la persona afectada el deber jurídico de soportar el perjuicio patrimonial que sobrepase los límites impuestos por el Estado.[8] Además, en 1991 en Colombia se introdujo un concepto, adicional al ya manejado por el Consejo de Estado, de *actuación administrativa irregular* que se traduce en: "lo que se ha denominado como una culpa, falla o falta del servicio, o culpa de la administración, figura de origen jurisprudencial que se presenta cuando el servicio público no ha funcionado, ha funcionado mal o ha funcionado tardíamente".[9] Sin embargo, la noción de la falla del servicio no siempre ha sido la misma y los elementos que la configuran han tenido una evolución importante, de tal suerte que a lo largo de este artículo se mostrarán, mediante vía jurisprudencial, los avances significativos en la materia y también cómo se ha logrado consolidar un concepto alrededor de lo que también se ha denominado *la culpa de la Administración*. Es pertinente entonces hacer una breve alusión a los antecedentes de la responsabilidad de la administración (i) en el derecho francés (ii) y la evolución jurisprudencial en el derecho español, (iii) para luego abordar la evolución de la noción de falla del servicio en el derecho colombiano, (iv) su evolución jurisprudencial y (v) la posición reiterada del Consejo de Estado de la falla del servicio hasta nuestros días. Veamos cómo ha evolucionado la jurisprudencia colombiana, ampliando el concepto de la

---

[5] España, Tribunal Superior de Justicia del País Vasco, Sección 3, "Sentencia núm. 543/2000", de 8 de junio 2000.

[6] España, Tribunal Supremo, Sección 3, sentencias de 29 de enero, 10 de febrero, 9 de marzo y 13 de octubre de 1988.

[7] España, Tribunal Supremo, Sección 6, "Sentencia de 23 de marzo de 2009", número de recurso 379/2006. Ponente: José Manuel Sieira Míguez.

[8] Eduardo Paricio Rallo (relator), *La responsabilidad patrimonial de las Administraciones Públicas*, (Madrid: Fundación Democracia y Gobierno Local, 2009).

[9] Colombia, Consejo de Estado, Sala de lo Contencioso Administrativo, Sección Tercera, "Sentencia de 27 de junio de 1991", expediente 6180. Consejero ponente: Daniel Suárez Hernández.

falla del servicio hacia una protección encaminada a proteger la vida, honra y bienes de las personas cuando existen "riesgos de naturaleza prohibida".[10]

1. Antecedentes de la responsabilidad patrimonial de la Administración en el derecho francés y el derecho español

El fallo Blanco establece ciertos principios, entre los cuales está el de la responsabilidad del Estado que anteriormente no existía, o solo existía para reparación de daños ocasionados por trabajos públicos (la Ley del 28 pluviôse del año VIII), también existía otro tipo de responsabilidad, aquella en la cual el Estado actuaba como gestor, era una responsabilidad contractual. Si el daño se le imputaba al Estado como entidad soberana, no existía ningún tipo de responsabilidad, se partía de la premisa de que el soberano no podía actuar mal.[11]

1.1. El fallo Blanco y el principio de responsabilidad de la Administración

Al Tribunal de Conflictos se le preguntó: ¿cuál es la jurisdicción competente para conocer de la acción en responsabilidad extracontractual instaurada por los padres de Agnès Blanco (quienes demandaron al Estado por los daños sufridos por un vagón que el Estado utilizó para el transporte de tabaco en el departamento de Gironda y que le causó lesiones personales a su hija)?

El prefecto[12] consideró que la Administración estaba siendo cuestionada y que el juez ordinario no era competente para conocer del caso. Ello con base en las leyes del 16-24 de agosto 1790 y del 16 fructidor del año III, que prohibían intervenir en asuntos propios de la Administración conforme al principio de separación de autoridades administrativas y autoridades judiciales. El juez ordinario consideró en este caso que era competente razón por la cual el prefecto no tuvo más opción que ir ante el Tribunal de Conflictos (en virtud de la Ley del 24 de mayo de 1872), ente encargado de dirimir conflictos de competencias para que decidiera

---

[10] Colombia, Consejo de Estado, Sala de lo Contencioso Administrativo, Sección Tercera, "Sentencia del 15 de febrero de 2012", radicación 05001-23-25-000-1996-02231-01(21277). Consejero ponente: Enrique Gil Botero.

[11] Ibid.

[12] Prefecto equivale a gobernador del Departamento.

quién era competente,[13] dicho tribunal decidió que era competente la justicia contenciosa administrativa cuando se cuestionaba una actuación de la Administración actuando en ejercicio de prerrogativas de potestad pública.

El fallo Blanco instauró el principio de responsabilidad del Estado por el hecho de las personas que él emplea en la prestación del servicio público, en este caso la explotación de tabaco correspondía a un servicio público a cargo del Estado y en esa medida actuaba en ejercicio de la *puissance publique*. Este fallo desarrolló la responsabilidad extracontractual de las entidades públicas, entendidas como Estado, regiones, departamentos, comunas, establecimientos públicos, por lo tanto, en un Estado de derecho, la Administración debe someterse a la legalidad y responder por los daños que cause con su actuar. Con el fallo Blanco la responsabilidad del Estado es la regla general y en caso de que haya irresponsabilidad es porque se imponen límites al juez administrativo para que no controle los llamados actos de gobierno y se acude a la técnica de la responsabilidad sin falta,[14] o en el caso de la prestación del servicio público de telecomunicaciones que establece que sólo habrá responsabilidad del Estado por los casos de falta grave.

Si bien el fallo Blanco instaura el principio de responsabilidad de la potestad pública, no es ni general ni absoluta, y la responsabilidad del Estado varía conforme a las necesidades de conciliar los derechos del Estado con los derechos privados. Esta fórmula, creación del fallo Blanco, le da al juez administrativo un amplio margen de discrecionalidad inspirándose en el régimen privado de responsabilidad, cuando este se puede adaptar al régimen de derecho administrativo. El último aporte del fallo Blanco se refiere a la aplicación de la ley civil o el derecho administrativo al caso en concreto, en realidad se crea un vínculo entre la escuela del servicio público, el derecho administrativo y la competencia de la jurisdicción administrativa. La Escuela del servicio público, encabezada por Léon Duguit de la Facultad de Derecho de Bordeaux, donde el derecho administrativo es el derecho de los servicios públicos, y cuando este derecho se aplica a una situación en particular y surge un litigio solo es competente el juez administrativo. Con

---

[13] Jean François Lachaume, *Les grandes décisions de la jurisprudence. Droit Administratif* (PUF, 1999), 16-17.

[14] Ibid., 16-17.

el fallo Blanco desaparece ese viejo criterio del reparto de competencias entre los dos órdenes de jurisdicción, el de Estado deudor y el de actos de autoridad y de gestión, siendo actos de gestión aquellos que eran competencia de la justicia; ordinaria; para ello entrará en obra la Ley del 24 de mayo de 1872 para que sea el Tribunal de Conflictos quien decida sobre la competencia sobre la base de la falta o la ausencia de falta, en el escenario del Estado de derecho, ya que la administración debe respetar la legalidad y responder por los daños y perjuicios en que incurra en la prestación de los servicios públicos.[15]

Por su parte, los antecedentes de la responsabilidad del Estado español, datan del año 1842, cuando por ley se decretó: "la obligación de la nación de indemnizar los daños materiales causados así en el ataque, como en la defensa de las plazas, pueblos, edificios, etc",[16] en el curso de la primera guerra carlista. Posteriormente, el Código Civil Español consagró la exigibilidad "no sólo por los actos u omisiones propios, sino por los de aquellas personas de quienes se debe responder",[17] refiriéndose el último párrafo al Estado, al establecer su responsabilidad, "cuando obra por mediación de un agente especial, pero no cuando el daño hubiese sido causado por el funcionario a quien propiamente corresponda la gestión practicada, en cuyo caso será aplicable lo dispuesto en el artículo anterior".[18] Así las cosas, España proclamó la Ley Municipal de 1935, por medio de la cual se estableció que "las entidades locales responderán civilmente, en forma directa o subsidiaria, según se especifica en el artículo siguiente, de los perjuicios

---

[15] Ibid.

[16] España, "Ley de 9 de abril de 1842", que declara, en efecto, la obligación de la nación de "indemnizar los daños materiales causados así en el ataque, como en la defensa de las plazas, pueblos, edificios, etc.".

[17] España, "Real Decreto de 24 de julio de 1889 por el que se publica el Código Civil", Boletín Oficial del Estado núm. 206, 24 de julio de 1889, artículo 1903.

[18] Consagraba que "por acción u omisión cause a otro interviniendo culpa o negligencia", y el artículo siguiente sentaba que esta responsabilidad "es exigible, no sólo por los actos u omisiones propios, sino por los de aquellas personas de quienes se debe responder (...) cuando obra por mediación de un agente especial, pero no cuando el daño hubiese sido causado por el funcionario a quien propiamente corresponda la gestión practicada, en cuyo caso será aplicable lo dispuesto en el artículo anterior". Ibid., artículo 1902, 1903.

y daños que al derecho de los particulares irrogue la actuación de sus órganos de gobierno o la de sus funcionarios o agentes, en la esfera de sus atribuciones respectivas".[19]

Después de la expedición de la Constitución de 1978 se promulgaron las leyes 30 de 1992, 4 de 1999 y 29 del 2011, que conjuntamente con la jurisprudencia del Tribunal Supremo Español, los Tribunales Superiores de Justicia y los conceptos del Consejo de Estado unifican los criterios que consolidan los lineamientos constitucionales de la responsabilidad extracontractual.

1.2. La responsabilidad patrimonial en el derecho español

El Consejo de Estado español manifestó que: "La responsabilidad patrimonial de la Administración del Estado tiene un carácter objetivo, esto es que no se exige para que se aprecie tal responsabilidad la ocurrencia de una conducta dolosa o simplemente culposa o negligente para que pueda exigirse de la Administración la correspondiente responsabilidad patrimonial".[20] El Tribunal Supremo español a su vez declaró: "La responsabilidad patrimonial de la administración se funda en postulados objetivos, los cuales excluyen a priori las nociones subjetivas de culpa o negligencia. Es cierto, sin embargo, que subsiste el requisito de que el daño causado sea antijurídico y, en consecuencia, que constituya un perjuicio o sacrificio patrimonial que no deba soportar el perjudicado".[21] Ello se materializa en la Constitución española en 1978, que reconoce la responsabilidad del Estado por falla del servicio, cuando manifiesta: "Los particulares, en los términos establecidos por la ley, tendrán derecho a ser indemnizados por toda lesión que sufran en cualquiera de sus bienes y derechos, salvo en los casos de fuerza mayor, siempre que la lesión sea consecuencia del funcionamiento de los servicios públicos".[22]

---

[19] España, "Ley Municipal de 1935", 31 de octubre de 1935.

[20] España, Consejo de Estado. Dictamen del 20 de diciembre de 1982.

[21] España, Tribunal Supremo, Sala de lo Contencioso, "Sentencia del 04 de noviembre de 1997". Decisión del Recurso de Casación No 3594/1993. Madrid.

[22] España, "Constitución Española", artículo 106.2.

De igual forma, España ha consagrado los presupuestos por medio de la Ley 7 de 1985,[23] estableciendo requisitos que han sido reiterados en la jurisprudencia de los Tribunales superiores, así como del Tribunal Supremo.

La jurisprudencia reiterada del Tribunal Supremo (1990 al 1995) ha conceptuado alrededor de la falla del servicio como aquello que "configura una responsabilidad objetiva o por el resultado en la que es indiferente que la actuación administrativa haya sido normal o anormal, bastando para declararla que como consecuencia directa de aquélla, se haya producido un daño efectivo, evaluable económicamente e individualizado". Sin embargo, la doctrina administrativista española se ha inclinado más por la tesis de la causalidad adecuada, que consiste en determinar si el daño era previsible, en ese caso se identifica la causa adecuada o causa eficiente que exige una *conditio sine qua non*, esto es, un acto o un hecho consecuencia del primero. Es necesario además que resulte normalmente idónea para determinar aquel evento o resultado teniendo en consideración todas las circunstancias del caso; esto es, que exista una adecuación objetiva entre acto y evento, lo que se ha llamado la *verosimilitud del nexo*. Como elemento innovador, la jurisprudencia española en el año 2007 incorporó lo que se conoce como el principio de solidaridad entre las Administraciones Públicas que se refiere a que cuando hay varias Administraciones que son responsables del daño ellas deben encontrar fórmulas que respondan al principio de indemnidad que constituye el fundamento de la responsabilidad patrimonial.

Sin embargo, no todo daño derivado de la actuación de la Administración puede dar lugar a la indemnización en la vía jurisdiccional, la concurrencia de los elementos señalados anteriormente son requisito indispensable para que se genere la responsabilidad patrimonial de la Administración.[24]

---

[23] "a) Que se haya causado un daño real y efectivo, evaluable económicamente e individualizado en relación a una persona o grupo de personas.

b) Que dichos daños o lesión patrimonial sean consecuencia del funcionamiento normal o anormal de los servicios públicos, en relación directa, inmediata y exclusiva de causa o efecto, sin intervención extraña que pueda influir alterando el nexo causal.

c) Que no se haya producido fuerza mayor, única hipótesis excepcionante de la responsabilidad de la Administración, caracterizada por su irresistibilidad". España, "Ley 7 de 1985", Reguladora de las Bases del Régimen Local. Boletín Oficial Español núm. 80, 2 de abril de 1985.

[24] "...un hecho, acción u omisión que resulte imputable a la Administración o de otro modo al funcionamiento de los servicios públicos; la producción de un daño o perjuicio efectivo, evaluable económicamente e individualizado que el reclamante no tenga el deber jurídico de soportar, y la

El Tribunal Supremo ha sido reiterativo en que la responsabilidad de la Administración se da primordialmente por el mal funcionamiento de la Administración, y en particular de los servicios públicos, se refiere a actos positivos que generen daño a terceros, pero también actos omisivos que incumplen un deber de vigilancia de la Administración, aun si no son actos dolosos.[25]

Así lo manifestó el Tribunal Supremo[26] cuando declaró la responsabilidad de la Administración al configurarse el nexo causal entre el funcionamiento del servicio público y el daño. En efecto, la responsabilidad de la Administración se configura en este caso, aun cuando se hace la distinción entre la causa del accidente, —velocidad inadecuada—, y el origen de la lesión sufrida, —la valla bionda—, derivando de éste último el nexo causal. Así declaró el Tribunal Supremo la responsabilidad del Estado cuando si bien, hizo la diferencia entre la causa del accidente y la causa del concreto y específico resultado lesivo: el carácter cortante de las biondas instaladas en carreteras y autovías.

> Pues bien, teniendo en cuenta todos estos datos, hay que dar la razón al recurrente: la velocidad *inadecuada —no las características de la autovía— fue la causa del accidente; pero la concreta y específica lesión padecida no se habría producido si la valla de la mediana hubiera sido de un tipo distinto. La caída y el impacto con una valla de otro tipo le habrían podido ocasionar seguramente otras lesiones, tales como traumatismos diversos, quizá incluso más graves que el corte de la pierna izquierda.*

---

existencia de adecuada relación de causalidad entre aquel hecho, acción u omisión y el mencionado daño o perjuicio, sin intervención de elementos extraños que pudieran influir alterando suficientemente el nexo causal, ni en particular la concurrencia de fuerza mayor". España, Tribunal Supremo, Sala 3 de lo Contencioso-Administrativo, "Sentencia de 5 de julio de 2006".

[25] "La jurisprudencia de este Tribunal Supremo ha declarado que el funcionamiento anormal de los servicios públicos puede partir, no solamente de actos positivos que en su ejecución generan la existencia de un daño a terceros, sino también a la inversa, por el incumplimiento de una obligación de hacer o la omisión de un deber de vigilancia, por mucho que los mismos no sean dolosos y siempre que pueda decirse que la Administración tenía el concreto deber de obrar o comportarse de un modo determinado". España, Tribunal Supremo, "Sentencia del 27 de marzo de 1998". R 2942.

[26] España, Tribunal Supremo, Sección 6, Sala tercera de lo contencioso administrativo, "Sentencia del 1 de diciembre de 2009", RC 3381/2005.

> *Pero es innegable que esto último no habría podido ocurrir con una valla de otro tipo. Así las cosas, aunque la causa del accidente fue la velocidad inadecuada, la causa de la concreta y específica lesión fue la existencia de una bionda: mientras que la velocidad inadecuada es imputable al recurrente, la existencia de la bionda lo es a la Administración".*[27] Ello implica la existencia de un nexo causal entre el funcionamiento del servicio público y el daño, por lo que este segundo motivo da vía libre al recurso de casación.

Por otro lado, el Tribunal aclara que se requiere el daño efectivo para que se dé reparación. Así lo señaló cuando declaró la responsabilidad del Estado por retrasos indebidos del Tribunal Constitucional en un recurso de amparo.[28] En efecto, el Tribunal Supremo analizó un recurso interpuesto contra el Tribunal Constitucional por funcionamiento anormal de la administración de justicia. El Supremo en este caso entró a analizar en qué medida el principio general de responsabilidad de todos los poderes públicos que proclama el artículo 9.3 de la Constitución Española alcanza o no al Tribunal Constitucional al no estar integrado el Tribunal Constitucional entre los *órganos de la Administración y al que se refieren los preceptos contenidos allí.* Afirma el Tribunal Supremo que el artículo mencionado que

> constitucionaliza unos principios generales del derecho, entre ellos el de la responsabilidad de los poderes públicos, que tienen una virtualidad inmediata en cuanto constituyen las bases sobre las que se estructura todo el sistema jurídico político que la Constitución diseña. Como todo principio general del derecho, el de responsabilidad de los poderes públicos despliega la triple funcionalidad de representar uno de otros fundamentos del ordenamiento jurídico, servir como criterio orientador en la labor interpretativa y poder ser utilizado como fuente de derecho supletoria en caso de inexistencia o insuficiencia de la regulación legal.[29]

---

[27] Ibid.

[28] España, Tribunal Supremo, Pleno, "Sentencia del 26 de noviembre de 2009, RCA 585/2008.

[29] Ibid.

Así, agrega el Tribunal Supremo que, si bien existe una ausencia de regulación legal frente al caso específico del Tribunal Constitucional, el artículo 9.3 se le aplica en este caso a la actuación del Tribunal Constitucional que debe responder por "los daños que los particulares hayan sufrido como consecuencia de las dilaciones en que el Tribunal Constitucional haya incurrido al resolver algún recurso de amparo".[30] Así se reconoce la responsabilidad por da*ñ*os antijurídicos causados por el Tribunal Constitucional. Adicional a ello el Tribunal Superior agrega que el órgano que debe pronunciarse sobre una reclamación formulada contra el Tribunal Constitucional[31] será el Consejo de Ministros, como órgano que encarna el mayor nivel el poder ejecutivo y por tratarse de una responsabilidad resultante no de una actividad de la Administración sino de un acto legislativo no atribuible a ningún departamento ministerial.

Esta sentencia es relevante en el sentido en que si bien el Tribunal Constitucional ha incurrido en dilaciones indebidas al resolver el recurso de amparo (…) le ha ocasionado algún daño susceptible de reparación. En este sentido, reconoce que

> el recurso de amparo interpuesto por el recurrente no fue resuelto en un plazo razonable con lo cual considera el Supremo que el Tribunal Constitucional incurrió en dilaciones indebidas. Afirma el Supremo que no se reconoce derecho a indemnización pues "una cosa es que el Tribunal Constitucional haya incurrido en una dilación indebida y otra muy distinta que ello determine automáticamente el derecho a una indemnización por parte del que la ha sufrido. Para que ello sea así es preciso, como sucede en todo supuesto de responsabilidad patrimonial de la Administración, según ha declarado esta Sala en una doctrina tan repetida y conocida que no requiere una cita más precisa, que el que reclama acredite la producción de un daño efectivo y que esa lesión pueda considerarse causalmente determinada por ese funcionamiento anormal del Tribunal Constitucional,

[30] España, "Constitución Española", artículo 9.3.

[31] Asi lo ha manifestado en sentencias anteriores el mismo Tribunal Constitucional Español.

> y estas condiciones no concurren en los daños cuya reparación el demandante pretende de la Administración General del Estado.[32]

Así las cosas, el deber jurídico de soportar el daño, solo podría derivarse de la concurrencia de un título que determine o imponga jurídicamente el perjuicio contemplado; tal sería la existencia de un contrato previo, el cum plimiento de una obligación legal o reglamentaria siempre que de esta se deriva, en cargas generales, o la ejecución administrativa o la judicial de una resolución firme de tal naturaleza. Por lo anterior la teoría de la causalidad adecuada, es de alguna forma, el presupuesto básico de la responsabilidad de la Administración.[33]

2. El daño antijurídico en la jurisprudencia colombiana

Resulta claro que el principal elemento distintivo de las teorías más relevantes sobre la imputación de los daños producidos por acciones u omisiones de agentes estatales es la culpa, entendida como la verificación del incumplimiento de un deber jurídico determinado a cargo de la Administración.[34] Con ello, se debe comprobar que el Estado incumplió sus deberes o los cumplió de manera defectuosa, dando alcance a los tres elementos concurrentes como son el daño antijurídico, el nexo de causalidad y el hecho generador por acción u omisión. De esta forma, las responsabilidades objetiva y subjetiva parten de dos premisas fundamentales, cuando se está frente a una actividad peligrosa como la manipulación de armas de dotación oficial, si el daño se produjo de manera accidental, estamos frente a un régimen de responsabilidad objetiva y el título de imputación es el riesgo excepcional. Por el contrario, si el daño se produjo por un mal funcionamiento de la Administración y no por un mero accidente, estamos frente a un régimen subjetivo de responsabilidad de la Administración, la falla del servicio. Este régimen surge a partir de:

---

32 España, Tribunal Supremo, Sección 6, "Sentencia de 14 de febrero de 2006".

33 España, Tribunal Supremo, Sección 6, "Sentencia de 23 de marzo de 2009".

34 Hernán Andrade Rincón, "Los títulos de imputación y la responsabilidad del Estado", en: *Instituciones de derecho administrativo, Tomo II*, editado por Hugo Andrés Arenas Mendoza (Bogotá: Grupo Editorial Ibañez y Editorial Universidad del Rosario, 2016), 76.

> i) el daño sufrido por el interesado; ii) la falla del servicio propiamente dicha, consistente en el mal funcionamiento del servicio porque éste no funcionó cuando debió hacerlo o, lo hizo tardía o equivocadamente y; iii) una relación de causalidad entre estos dos elementos, es decir, la comprobación de que el daño se produjo como consecuencia de la falla del servicio.[35]

En relación con los títulos de imputación propios de la responsabilidad patrimonial en Colombia existen tres categorías, como son la falla del servicio cuando el Estado genera un daño por acción u omisión. En ese sentido es una falla en un régimen de responsabilidad subjetiva, donde predomina la culpa de la Administración por supuestos de extralimitación de funciones, retardo en el cumplimiento de obligaciones, obligaciones cumplidas de forma tardía o defectuosa, o por el incumplimiento de obligaciones a cargo del Estado. Siendo acciones u omisiones que se predican de la Administración y que en su funcionamiento resultan en cualquiera de aquellas irregularidades generadoras de daños imputables al Estado.[36]

> La falla del servicio surge a partir de la comprobación de que el daño se ha producido como consecuencia de una violación —conducta activa u omisiva— del contenido obligacional, determinado en la Constitución Política y en la ley, a cargo del Estado, lo cual constituye una labor de diagnóstico por parte del juez, de las falencias en las que incurrió la Administración y que implica un consecuente juicio de reproche.[37]

---

[35] Colombia, Consejo de Estado, Sala de lo Contencioso Administrativo, Sección Tercera, "Sentencia de 16 de agosto de 2007", expediente 30114. Consejero ponente: Ramiro Saavedra Becerra.

[36] Wilson Ruiz Orjuela, *Responsabilidad del Estado y sus regímenes*, 2 ed. (Bogotá: ECOE Ediciones, 2013).

[37] Colombia, Consejo de Estado, Sala de lo Contencioso Administrativo, Sección Tercera, "Sentencia de 29 de enero de 2009", radicación 25000-23-26-000-1994-00054-01(16576). Consejero ponente: Ramiro Saavedra Becerra.

2.1. La falla del servicio en el derecho colombiano, evolución jurisprudencial

En el año 1982, la jurisprudencia colombiana a través del Consejo de Estado determinó lo que serían los requisitos para que se configurara una *falta o falla en el servicio.* La Sala, a través del magistrado ponente el doctor Enrique Low Murtha,[38] atribuyó como fuente común, hechos condicionantes como una "falta o falla del servicio o de la administración, por omisión, retardo, irregularidad, ineficiencia o ausencia del servicio, que no es la personal del agente administrativo, sino la del servicio anónimo de la administración".[39] Así, al Estado se le atribuye responsabilidad por riesgo excepcional cuando:

> en desarrollo de una obra de Servicio Público utiliza recursos o medios que colocan a los particulares o a sus bienes en situación de quedar expuestas a un "riesgo de naturaleza excepcional" el cual, dada su gravedad, excede las cargas que normalmente deben soportar los mismos particulares como contrapartida de las ventajas que resultan de la existencia de ese servicio público. Si el riesgo llega a realizarse y ocasiona un daño, sin culpa de la víctima, hay lugar a responsabilidad de la administración, así no haya habido falta o falla del servicio.[40]

Conforme al paso del tiempo, el Consejo de Estado dirigió sus providencias a convertir el Estado en uno más garantista y responsable frente a sus actos, de este modo en la Sentencia del 12 de diciembre de 1986, afirmó que:

---

[38] Consejero ponente: Enrique Low Murtha. Actor: Luis Horacio Acosta Díaz y otra, en: Colombia, Consejo de Estado, *Anales del Consejo de Estado, Tomo CIII* (Bogotá, 1982, segundo semestre), 869 y ss.

[39] Agregaba además, "Un daño implica lesión o perturbación de un bien protegido por el derecho, bien sea civil, administrativo, con las características generales predicadas en el derecho privado y para que el daño sea indemnizable, debe ser cierto, determinado, o determinable. Una relación de causalidad entre la falta o falla de la administración y el daño, sin la cual aún demostrada la falta o falla del servicio, no habrá lugar a la indemnización". Ibid.

[40] Así lo determinó el Consejo de Estado, por ponencia del doctor Eduardo Suescún. Colombia, Consejo de Estado, "Sentencia de 8 de marzo de 1984", expediente 2846. Consejero ponente: Eduardo Suescún.

> las "fallas del servicio público" o culpa de la administración, se inspiraron en el deber primordial de la entidad pública, de suministrar a los asociados los medios conducentes a la efectividad de sus derechos, esto es, a la consecución de sus fines. (...) De modo, que si en la prestación de dichos servicios llegan a causarse daños, es el Estado quien debe responder de ello, no como fruto de la presencia de un hecho específico de alguno o algunos de sus agentes identificados, sino como secuela de la falla que se haya producido.[41]

Sin embargo, para el año 1987, el Consejo de Estado radicó un límite diferencial entre la culpa del agente y la culpa de la Administración, reduciendo el espectro de la responsabilidad del Estado. "Cuando se alega falla del servicio como fundamento de la responsabilidad, el problema de la culpa personal del agente desaparece y por tanto no hay necesidad de demostrar la acción u omisión del agente".[42] Y lo mismo ocurrió en el año 1988, cuando la alta Corte dio un carácter relativo de la responsabilidad del Estado respecto de la falla en el servicio. "La noción de falla del servicio tiene un carácter relativo, pudiendo el mismo hecho, según las circunstancias, ser reputado como culposo o como no culposo".[43] Siendo contraria ésta a la emitida en el año 1986, por lo que se evidencia un giro repentino en el concepto de la falla del servicio por parte del Consejo de Estado.

Para el año 1989, en una sentencia del 5 de diciembre, con ponencia del magistrado Álvaro Lecompte Luna, el Consejo de Estado ratifico el concepto de la falla del servicio presunta y la define por medio de un hecho conocido y frecuente en la época: "Cuando se prueba que el nexo instrumental (arma) con el cual se ha causado un perjuicio, era de dotación oficial, se presume que el perjuicio es debido a una falla en la prestación del servicio".[44]

---

41 Colombia, Consejo de Estado, Sala de lo Contencioso Administrativo, Sección Tercera, "Sentencia del 12 de diciembre de 1986", expediente 4910. Consejero ponente: Jorge Valencia Arango.

42 Responsabilidad extracontractual del Estado por falla del servicio. Cuando se alega falla del servicio como fundamento de la responsabilidad, el problema de la culpa personal del agente desaparece y por tanto no hay necesidad de demostrar la acción u omisión del agente. Jurisprudencia reiterada. Colombia, Consejo de Estado, Sección Tercera, "Auto de 29 de noviembre de 1977", expediente 2207.

Colombia, Consejo de Estado, Sección Tercera, "Sentencia de 2 de mayo de 1978", expediente 1858.

43 Colombia, Consejo de Estado, "Sentencia de 4 de agosto de 1988", radicación 5125. Consejero ponente: Julio César Uribe Acosta.

44 Colombia, Consejo de Estado, Sala de lo Contencioso Administrativo, Sección Tercera, "Sen-

Posteriormente, en la década de los noventa con un país sumido en la violencia, la definición de la falla del servicio retomó una vía garantista en búsqueda de la responsabilidad amplia del Estado y es así como, para el año 1990, el Consejo de Estado determinó que: "Cuando se presenta una falla del servicio, es decir cuando la administración debiendo actuar, o no actuar, por mandato de la ley o porque de hecho asume una función, no lo hace o lo hace irregularmente y con ella infiere un daño, compromete su responsabilidad y debe indemnizar los perjuicios que ocasione".[45]

Así , en el año de 1991, respecto a la falla en el servicio se introdujo un concepto adicional al ya manejado por el Consejo de Estado, se le trata a esta como una "Actuación administrativa irregular (...) [que se traduce en:] lo que se ha denominado como una culpa, falla o falta del servicio, o culpa de la administración, figura de origen jurisprudencial que se presenta cuando el servicio público no ha funcionado, ha funcionado mal o ha funcionado tardíamente".[46]

Teniendo en cuenta que en el año de 1982 el Consejo de Estado había emitido un concepto sobre los requisitos para configurar la falla en el servicio, quince años después, el Consejo de Estado resumió los presupuestos para la configuración de la falla del servicio de la siguiente manera:

> Para que haya lugar a declarar la responsabilidad patrimonial del Estado por falla del servicio, es necesario que se den tres presupuestos esenciales, a saber: la existencia de un daño; que se verifique una falla en el servicio público ya sea porque el servicio no se prestó o se prestó en forma tardía o ineficiente y una relación de causalidad entre el daño y dicha falla.[47]

---

tencia de 31 de julio de 1989", expediente número 2852 (252). Consejero ponente: Antonio José de Irisarri Restrepo.

45 Colombia, Consejo de Estado, Sala de lo Contencioso Administrativo, Sección Tercera, "Sentencia de 17 de julio de 1990". Consejero ponente: Gustavo de Greiff Restrepo.

46 Colombia, Consejo de Estado, Sala de lo Contencioso Administrativo, Sección Tercera, "Sentencia de 27 de junio de 1991".

47 Colombia, Consejo de Estado, Sala de lo Contencioso Administrativo, Sección Tercera, "Sentencia del 11 de septiembre de 1997, expediente 10300, Bogotá. Consejero ponente: Ricardo Hoyos Duque.

Para dar inicio al siglo, en lo que a la falla del servicio se refiere, el concepto empezó a tomar otros matices frente a la responsabilidad de los agentes y sus deficiencias en la prestación del servicio, por eso para el año 2002, el Consejo de Estado, con ponencia de la magistrada ponente María Elena Giraldo Gómez, determinó que la conducta del agente o funcionario público sea constitutiva de una culpa y por ende sea generadora de una falla en el servicio.[48]

A pesar de la situación de orden público y de las condiciones militares riesgosas, el Consejo de Estado desconoció la falla del servicio cuando por el servicio militar se materializaba el riesgo. Por eso, para el año 2009, la jurisprudencia de esa corporación fue enfática en establecer que la responsabilidad del Estado se configuraba por riesgo excepcional o falla del servicio cuando un militar se exponía a un mayor riesgo que sus compañeros.[49] De este modo en el año 2011, el Consejo de Estado frente a la responsabilidad de la Administración y el riesgo de naturaleza excepcional creado por el Estado amplió el espectro de la falla del servicio:

> ...la administración debe responder cuando a) desatiende los llamados de la comunidad, b) le era posible prever la amenaza inminente por problemas de seguridad permanente, c) se solicita protección y ésta o no se suministra o se hace de manera no diligente, d) es evidente que la persona afectada necesitaba protección en razón a la configuración de serios indicios, así ésta no la hubiere solicitado,

---

[48] "la calidad de funcionario público que ostente el agente dañoso, por sí sola, es *insuficiente como título de imputación del daño a las entidades estatales*; es menester, además, que su conducta sea constitutiva de falla del servicio o que, constituyendo culpa personal, guarde nexos con el servicio que impliquen la responsabilidad inicial del patrimonio público. Esta tesis, desarrollada y sostenida durante mucho tiempo por la jurisprudencia del Consejo de Estado tiene hoy consagración en el artículo 90 de la Constitución Política" (cursiva añadida). Colombia, Consejo de Estado, "Sentencia de 27 de noviembre de 2002", radicación 20001-23-31-000-1995-0221-01.

[49] "...cuando el aludido riesgo se concreta, al Estado en principio no resulte jurídicamente viable atribuirle responsabilidad extracontractual alguna en sede judicial, salvo en aquellos casos en los cuales se demuestre que la lesión o la muerte devienen como consecuencia del acaecimiento de una falla en el servicio o de la materialización de un riesgo excepcional al cual se haya visto sometido el militar profesional afectado, riesgo de mayor entidad que aquel al cual se hayan visto expuestos sus demás compañeros en el desarrollo de la misión encomendada". Colombia, Consejo de Estado, Sala de lo Contencioso Administrativo, Sección Tercera, "Sentencia de 7 de octubre de 2009", expediente 17.884. Consejero ponente: Mauricio Fajardo Gómez.

> o e) conocía, de manera no sólo formal, de la situación de peligro en que se encontraba el afectado.[50]

Finalmente, en la búsqueda de garantizar los derechos de los colombianos y ante los hechos que afectan la seguridad de los mismos, el Consejo de Estado terminó enfocando la noción de la falla del servicio en una imputación orientada a castigar la falta de prevención y de esta manera emitió el siguiente concepto:

> ...como quiera que el Estado no se encuentra en capacidad de brindar una protección personalizada a cada individuo que integra el conglomerado social. No obstante lo anterior, el deber de protección de la vida, honra y bienes que se radica en cabeza del Estado, se torna más exigente en tratándose de personas frente a las cuales es posible o probable que se concrete o materialice un riesgo de naturaleza prohibida.[51]

2.2. La falla del servicio y el funcionamiento deficiente del servicio

El Consejo de Estado jurisprudencialmente ha delineado su postura acerca del tema y ha señalado unas causales precisas para determinar cuándo se está en presencia de una falla del servicio y de la misma manera derivar dicha responsabilidad. Sin embargo, es relevante hacer una precisión importante acerca de uno de los componentes determinantes de dicha falla, como lo es el mal funcionamiento del servicio, que sin lugar a dudas es un hecho generador que desencadena en la atribución de la responsabilidad del Estado.

Uno de los primeros pronunciamientos sobre el tema se recoge del año 1984, cuando mediante una sentencia del 14 de septiembre y bajo la consejería del magistrado Carlos Betancur Jaramillo, la sala de lo Contencioso Administrativo del Consejo de Estado emitió el concepto en el cual se refiere

---

50 Colombia, Consejo de Estado, Sala de lo Contencioso Administrativo, Sección Tercera, "Sentencia del 15 de febrero de 2012".

51 Colombia, Consejo de Estado, Sala de lo Contencioso Administrativo, Sección Tercera. "Sentencia del 15 de febrero de 2012".

al mal funcionamiento del servicio mediante el juicio de responsabilidad que debe hacerse para involucrar la culpa del Estado.[52]

Es evidente que desde este momento se trazó la línea donde el nexo causal entre el daño y la falla del servicio es definitivo para la evaluación, que en tal medida caracterizaba un mal funcionamiento.

De esta manera para calificar una falla del servicio deben valorarse ciertos requisitos que acrediten la falta de la Administración y la apreciación será siempre objetiva. En el fallo del año 1992, con consejero ponente Ricardo Hoyos Duque, se hizo relación a la falla del servicio en cuanto a uno de sus componentes o requisitos esenciales, como lo es el mal funcionamiento del servicio que a su vez hila la responsabilidad del Estado.[53]

Por lo tanto, un mal funcionamiento implica que el servicio no se presta adecuadamente en cuanto a los términos previstos, que la prestación es deficiente o bien es nula, también que el servicio no funcionó como se esperaba, bien sea por la calidad del mismo o porque las expectativas del administrado no fueron cumplidas a la cabalidad esperada. De esta manera, es menester declarar que es ineludible que, para tal determinación, la carencia o el no correcto funcionamiento de los deberes que se presumen deben servirse adecuadamente a los administrados constituye una falla en el servicio porque es claro que la Administración, por sus facultades y recursos, es apta para así hacerlo. En una sentencia de 2006 se indican los tres elementos claves para determinar la responsabilidad del Estado en materia patrimonial y nuevamente se hace referencia al elemento del mal funcionamiento del servicio.[54]

---

[52] "En el juicio de responsabilidad se define sólo si el servicio funcionó mal o no funcionó y si con ocasión de ese mal o no funcionamiento se produjo un determinado daño en cabeza de la víctima. Aunque no es propiamente responsabilidad por el riesgo creado u objetiva la culpa pierde su individualidad, no es predicable de un funcionario en particular, y se imputa al servicio en general". Colombia, Consejo de Estado, Sala de lo Contencioso Administrativo, "Sentencia de 14 de septiembre de 1984", expediente 4393. Consejero ponente: Carlos Betancur Jaramillo.

[53] "Esa responsabilidad se compromete cuando siguiendo la clásica formulación de Paul Duez, el servicio funcional mal, no funciona o funciona en forma tardía siendo suficiente la falla anónima, orgánica o funcional sin que sea preciso identificar una culpa en un agente público determinado". Colombia, Consejo de Estado, "Sentencia del 14 de agosto de 1997", expediente 10235. Consejero ponente: Ramiro Saavedra Becerra.

[54] "La Sala recuerda que, para poder deducir responsabilidad patrimonial del Estado en virtud de una falla del servicio, resulta necesario probar la existencia de los tres elementos que la configuran,

De esta manera la postura del Consejo de Estado frente al mal funcionamiento del servicio se hace concreta al pronunciarse en el mismo sentido, es decir, manteniendo las características del mismo en cuanto a una prestación extemporánea, deficiente o nula. Igualmente, frente a la falla del servicio también se generan otras delimitaciones para su determinación, como la enmarcación de una falla personal frente a una falla de la Administración. En primer lugar, es necesario diferenciar cuándo se está en presencia de cada una de las dos modalidades, que sugieren una responsabilidad objetiva o subjetiva según el caso. Es así como mediante una sentencia de 1997, con consejero ponente Ricardo Hoyos Duque, se establece un límite entre la falta del servicio y la falla del servicio, indicando que cuando se materializa y es evidente la culpa del agente se torna entonces en una responsabilidad atribuible al sujeto mismo sin que la Administración deba reparar el daño. "La llamada falta del servicio (*faute de service*) en principio no guarda relación alguna con la noción tradicional de culpa de un sujeto físico; diferenciación que se manifiesta cabalmente cuando en un mismo suceso dañoso coexisten una *faute de service*, que engendra la responsabilidad del ente público, con una *faute personnelle* del funcionario autor material del hecho dañoso que puede dar lugar a la responsabilidad personal de éste último".[55] Del mismo modo, la misma jurisprudencia citada trae consigo una clara diferenciación entre los dos regímenes de responsabilidad, en cuanto a la carga de la prueba.[56]

Sin embargo la precisión más detallada para demarcar los regímenes (personal y falla en el servicio), se encuentra visible en el pronunciamiento

---

es decir: i) un daño antijurídico; ii) un mal funcionamiento del servicio, porque éste no funcionó cuando debió hacerla, o fue extemporáneo, o deficiente y; iii) el nexo causal entre los dos anteriores, o sea que el daño fue consecuencia directa de la falla del servicio". Colombia, Consejo de Estado, "Sentencia del 27 de noviembre de 2006", expediente 14882. Consejero ponente: Ramiro Saavedra Becerra.

[55] Colombia, Consejo de Estado, "Sentencia del 14 de agosto de 1997".

[56] "La diferencia entre uno y otro régimen de responsabilidad puede establecerse a partir de dos elementos:

1. En primer lugar, en el régimen de falla del servicio el demandante tiene la carga de demostrar la falla alegada en una cualquiera de las modalidades a que se ha hecho relación antes.

2. Así mismo, en este régimen la administración se exonera con la prueba de la ausencia de falla del servicio; toda vez que se desvirtúa el fundamento mismo de la responsabilidad.

También se exonera la administración con la prueba del caso fortuito o la fuerza mayor, los cuales para efectos de este régimen de responsabilidad tienen el mismo poder liberatorio". Ibid.

del 3 de mayo de 2007, con consejero ponente Ramiro Saavedra, en la cual se desligan los factores de objetividad para la falla del servicio y de subjetividad, cuando se trata de una falla por culpa de un agente o falla personal.[57]

Sin embargo no se puede predicar que para todos los casos se puede fallar siguiendo las premisas anteriormente explicadas, porque existen asuntos de importancia especial como el servicio militar, que por sus características y situaciones complejas deben determinarse de acuerdo con las circunstancias explícitas de la falla. Por ejemplo, para los casos de atentados terroristas[58] el Consejo de Estado ha mostrado una postura bastante relativa en cuanto a la atribución de la responsabilidad del Estado en una eventual falla del servicio.[59]

Es necesario resaltar, que la jurisprudencia anteriormente citada data del año 1995, año en el cual aunque se presentaban actos de índole terrorista no había ocurrido aun el atentado a las Torres Gemelas en Estados Unidos. Es importante tener en cuenta que después del 11 de septiembre de 2000 los países del mundo se comprometieron a unir esfuerzos para evitar que casos como el que ocurrió ese día volvieran a presentarse. De tal manera

---

[57] "Debe precisarse para evitar equívocos que tanto la responsabilidad que se declara con arreglo en la falla del servicio como aquella que tiene su fundamento en el daño especial, tienen un carácter objetivo en cuanto se encuentran desligadas de toda consideración subjetiva sobre la conducta del agente causante del daño como la culpa o el dolo, que sólo tiene importancia al momento de definir la responsabilidad personal de los agentes públicos (artículo 90 inciso segundo de la Constitución Política)". Colombia, Consejo de Estado, "Sentencia de 3 de mayo de 2007", expediente 21511. Consejero ponente: Ramiro Saavedra Becerra.

[58] Tamayo Jaramillo considera que no debe existir responsabilidad del Estado por *actos terroristas*, él es partidario de un sistema de indemnizaciones para los perjudicados, pero bajo la noción de *solidaridad* social, más no sobre la tesis de responsabilidad patrimonial de Estado, el doctrinante disiente del criterio del Consejo de Estado según el cual existe responsabilidad del Estado por dichos *actos*, bien sea bajo el régimen de daño especial o de riesgo excepcional. Tamayo Jaramillo en la exposición de su tesis nos refiere el término "operaciones de guerra", para referirse al conflicto armado desatado en nuestro país. Javier Tamayo Jaramillo, *De la responsabilidad Civil* (Bogotá: Temis, 1999).

[59] "En relación con los actos terroristas contra vehículos de servicio público, la Sala ha señalado que solamente en estados especiales de agitación, en los cuales dichos actos son normalmente previsibles, las autoridades tienen la obligación de tomar medidas especiales de protección sobre dichos vehículos; y su omisión, en tales casos, puede constituir falla del servicio que comprometa la responsabilidad de la administración. Pero cuando no se presentaron dichas circunstancias especiales no puede imponerse a las autoridades la obligación de escoltar cada vehículo de servicio público, pues ellas carecen de medios y de de personal para tal efecto; y menos deducirse falla del servicio por omisión cada vez que ocurran actos terroristas en tales circunstancias." Colombia, Consejo de Estado, "Sentencia de 16 de noviembre de 1995". Consejero ponente: Daniel Suárez Hernández.

que, en los últimos fallos del Consejo de Estado, la falla en el servicio en dicho régimen ha tenido una variación significativa y la atribución de la responsabilidad por la falta de previsión o por la omisión en un servicio de protección a la vida e intereses del ciudadano son cada vez más generales y menos restrictivas.

Es así como para el año 2007 un fallo reiterado del Consejo de Estado permite ver que si bien la carga de la prueba corresponde al administrado, cuando se trata de una falla del servicio por las circunstancias de presentarse el evento por actividades peligrosas como armas de dotación oficial, vehículos automotores, conducción de energía eléctrica, etc., la atribución es netamente objetiva y así lo narra la Sección Tercera de la Sala de lo Contencioso Administrativo.[60]

De tal suerte que la objetividad para determinar la responsabilidad del Estado también dependerá de la presencia o no de una actividad peligrosa, que si bien puede corresponder a una falla personal, por el carácter de la misma también se hace evidente la responsabilidad de la Administración y no del agente.

Con la intensificación de los atentados hacia dirigentes políticos, población civil e instituciones, el Consejo de Estado también ha sido enfático en señalar que la Administración debe prever esa serie de situaciones y aun más cuando, por las características del evento, se requiere una protección permanente de los sujetos. Y es así como en el año 2012 el Consejo de Estado hace referencia al tema, indicando que se hace presente una falla en el servicio cuando ocurren atentados de esta clase, produciéndose así una omisión clara al servicio que debía presentarse oportunamente, es decir, se evidencia un mal funcionamiento por la falta de la prestación y por lo tanto se atribuye la responsabilidad a la Administración.[61]

60 "Ha sido reiterada la tesis de la Sala, según la cual en los eventos en que el daño es producido por las cosas o actividades peligrosas (armas de dotación oficial, vehículos automotores, conducción de energía eléctrica, etc.), el régimen aplicable es de carácter objetivo, porque el factor de imputación es el riesgo grave y anormal a que el Estado expone a los administrados. De tal manera, que basta la realización del riesgo creado por la administración para que el daño resulte imputable a ella". Colombia, Consejo de Estado, Sala de lo Contencioso Administrativo, Sección tercera, "Sentencia de 3 de octubre de 2007", expediente 22.655. Consejera ponente: Ruth Stella Correa.

61 "Los daños antijurídicos causados por terceros ajenos al Estado, en tanto constitutivos de causa extraña, no le son imputables a éste, salvo cuando el hecho del tercero ha sido facilitado por el mismo Estado, por ejemplo, por haber omitido su deber de protección de los asociados o cuando

Por otro lado, la jurisprudencia también ha sido reiterativa en señalar que pueden ser varias las razones por las cuales se puede atribuir la responsabilidad. Así, la falla médica también tiene cabida cuando se presentan eventos tales como los que el Consejo de Estado ha mencionado en su jurisprudencia y es así como mediante una sentencia del 28 de abril del año 2010 enlista los casos más frecuentes en los cuales se compromete la responsabilidad del Estado.[62]

De esta manera, vale la pena precisar que para otorgarle responsabilidad al Estado por una falla en el servicio médico también se avalan los elementos de omisión, deficiencia, prestación tardía, es decir, un mal funcionamiento del servicio. Además, se le suma a estas características que será deber de la

---

tales daños constituyen la concreción del riesgo creado de manera consciente y lícita por el Estado, como ocurre con los daños producidos con ocasión de una actuación policiva dirigida a detener a un delincuente que huye armado, o los daños causados a los vecinos de las bases militares o policiales, cuando éstas son atacadas por grupos al margen de la ley, porque si bien dichas bases tienen como finalidad la de defender a sus pobladores, representan un riesgo grave y excepcional para quienes habitan en sus inmediaciones.

Por lo tanto, los daños sufridos por las víctimas de actos terroristas cometidos por terceros son imputables al Estado cuando en la producción del hecho intervino la Administración, a través de una acción u omisión constitutivas de falla del servicio, como en los eventos en los cuales el hecho se produce con la complicidad de miembros activos del Estado, o la persona contra quien iba dirigido el acto había solicitado protección a las autoridades y éstas no se la brindaron, o porque en razón de las especiales circunstancias que se vivían en el momento, el hecho era previsible y no se realizó ninguna actuación dirigida a evitar o enfrentar eficientemente el ataque". Colombia, Consejo de Estado, "Sentencia de 9 de abril de 2012", expediente 22.710. Consejera ponente: Ruth Stella Correa.

62 "En relación con la responsabilidad del Estado por los daños que se producen como consecuencia de errores u omisiones en las actividades conexas al acto médico o quirúrgico propiamente dicho, se registran en la jurisprudencia de la Corporación casos, como: (i) lesiones debidas a una vigilancia inadecuada, que ocasionan caída de camillas; (ii) la falta de mantenimiento de los equipos o instrumentales; (iii) la omisión o el error en el suministro o aplicación de medicamentos; (iv) falta de diligencia en la adquisición de medicamentos, y (v) lesiones causadas dentro de la institución hospitalaria. Un desarrollo particular se ha dado en la jurisprudencia a la obligación de seguridad que deben prestar las entidades hospitalarias, tema en relación con el cual la jurisprudencia de la Sala ha tenido oportunidad de señalar que el deber de seguridad de los hospitales y clínicas, se contrae a impedir que el paciente no sufra ningún accidente en el curso o con ocasión de la atención médica que se le preste, y que dentro de este deber se incluyen los de 'custodia y vigilancia' cuando se trata de establecimientos para enfermos mentales, pero que no se extiende a brindar protección a los pacientes frente a actos de terceros, salvo que se trate de 'situaciones especiales en las que los administradores de los hospitales deben extremar las medidas de control y vigilancia de los pacientes, dadas las condiciones de riesgo en que éstos pueden encontrarse'". Colombia, Consejo de Estado, "Sentencia del 28 de abril de 2010", expediente 18.574. Consejera ponente: Ruth Stella Correa.

entidad velar por la seguridad y la custodia de los pacientes a su cargo en estas condiciones.

Es así como también la jurisprudencia del Consejo de Estado, en una sentencia del año 2012, identifica los factores por los cuales el Estado debe ser responsable por un mal funcionamiento del servicio en materia médica.[63]

Así las cosas, la postura del Consejo de Estado frente al elemento del mal funcionamiento de la Administración en la falla del servicio es reiterativa al expresar los puntos concretos como: la carencia del servicio o una deficiencia en la presencia en la prestación del mismo. De igual modo, define la responsabilidad objetiva y subjetiva para diferenciar una falla personal o de agente a una falla general del servicio. De la misma manera el Consejo de Estado hace una delimitación jurisprudencial de la atribución de la responsabilidad de la Administración como son las fallas en el servicio médico y militar, aclarando que en dichos casos deben examinarse con atención especial las circunstancias que rodean los hechos.

Conclusión

En Colombia la responsabilidad del Estado se sustenta en el artículo 90 de la Constitución de 1991, que se refiere a la obligación del Estado de responder patrimonialmente por todos los daños antijurídicos que le sean imputables. Este daño antijurídico obedece a una acción u omisión de una autoridad pública, la antijuridicidad radica en que la persona no está en el deber jurídico de soportar esta carga que le impone el Estado, no se predica únicamente por la conducta dolosa o culposa del agente estatal, sino que comprende también el respeto de los derechos radicados en cabeza del ciudadano.[64] La conducta del Estado obedece a una acción u omisión lícita

---

[63] "La decisión que tomó el Consejo de Estado, Sala de lo Contencioso Administrativo, sección Tercera, teniendo en cuenta que dentro del procedimiento realizado en la audiencia de conciliación se cumplió a cabalidad con los requisitos exigidos por la ley para su aprobación, entre los cuales se encuentra la acreditación del daño, la falta de acreditación médica y la afectación inminente por la no atención del demandado, lo que permite concluir que resultaba imputable a la entidad demandada a título de falla del servicio, por la deficiencia en la prestación del servicio médico, la injustificada demora en atender y tratar a la paciente y prolongar en el tiempo su posibilidad de recuperación". Colombia, Consejo de Estado, "Sentencia de 19 de julio de 2010", expediente 11.9301. Consejero ponente: Mauricio Fajardo Gómez.

[64] Colombia, Consejo de Estado, Sala de Consulta, "Sentencia de 29 de julio de 1996", radicado 846-96. Consejero ponente: Roberto Suárez Franco.

o ilícita, para lo cual la jurisprudencia aplica los títulos de imputación de responsabilidad, que responden a: falla probada del servicio, riesgo excepcional y ocasionalmente daño especial, que permiten determinar el nexo causal entre la conducta del Estado y el daño. La antijuridicidad del daño se inspira en el derecho español que se refiere a una *lesión* que produzca un daño que el sujeto determinado no tenga obligación de soportar. Se refiere a un perjuicio patrimonialmente evaluable, que el ordenamiento jurídico no le ha impuesto a la víctima el deber de soportarlo.[65]

Así, el daño antijurídico, frente al cual el artículo 90 de la Constitución Política impone la obligación al Estado de reparar, puede ser material, moral, fisiológico y es un elemento indispensable para declarar la responsabilidad patrimonial del Estado.[66] La Constitución colombiana es garantista de la dignidad humana y de los derechos humanos, y en esa medida la justicia contenciosa administrativa debe adelantar una labor de pedagogía para que la Administración no reincida en estas fallas que vulneran tanto los derecho humanos como la dignidad de las personas. Ello se manifiesta a través de medidas que no solo se limitan al resarcimiento pecuniario o a la compensación económica, sino también a través de medidas que conduzcan a esclarecer la verdad sobre los hechos ocurridos, y que restablezcan la confianza en el Estado para que dichas acciones y omisiones no se vuelvan a producir.[67] Ello conlleva a una noción amplia de reparación que va más allá de la esfera estrictamente pecuniaria del individuo, pues en ella se deben incluir los bienes jurídicos —como es el caso de la dignidad y los derechos humanos— que generalmente no pueden ser apreciados monetariamente, pero que sí resultan lesionados por el Estado, estos deben ser reparados mediante compensación. Solo así el principio de la reparación integral del daño cobra una dimensión real para las víctimas.[68]

---

[65] Colombia, Consejo de Estado, Sala de lo Contencioso Administrativo, Sección Tercera, "Sentencia de 21 de octubre de 1999", expedientes 10948-11643 (acumulados). Consejero ponente: Alier E. Hernández.

[66] Colombia, Consejo de Estado, Sala de lo Contencioso Administrativo, Sección Tercera, "Sentencia de 27 de enero de 2000", expediente 10867. Consejero ponente: Alier E. Hernández.

[67] Consejo de Estado, Sala de lo Contencioso Administrativo, Sección Tercera, "Sentencia de 16 de agosto de 2007".

Colombia, Consejo de Estado, Sala de Consulta, "Sentencia de 29 de julio de 1996".

[68] Consejo de Estado, Sala de lo Contencioso Administrativo, Sección Tercera, "Sentencia de 16 de agosto de 2007".

Es pertinente recordar que el derecho internacional reconoce igualmente los tratados de derechos humanos, que al ser incorporados al derecho interno prevalecen en el ordenamiento jurídico colombiano de conformidad con el artículo 93 de la Constitución Política, de esta forma, la responsabilidad del Estado se configura tanto a nivel interno como a nivel internacional. Ello constituye una justificación adicional para que el juez contencioso administrativo haga un estudio minucioso cuando se configura la responsabilidad del Estado, independiente del título de imputación que utilice.

Presentes tales elementos, la entidad estatal demandada solo podrá exonerarse de una declaratoria de responsabilidad si prueba que actuó de manera diligente y oportuna, con lo cual se rompe el nexo causal, mediante la acreditación de una causa extraña: fuerza mayor, hecho exclusivo y determinante de la víctima o, hecho también exclusivo y determinante de un tercero.[69]

Por último, el Consejo de Estado ha enfocado la noción de la falla del servicio en una imputación orientada a castigar la falta de prevención y reitera la necesaria de comprobación de que el daño se ha producido como consecuencia de una acción u omisión transgrediendo la Constitución Política y la ley. Ello queda pues a cargo del juez, quien debe identificar las falencias en las que incurrió la Administración y que implican un consecuente *juicio de reproche*.[70]

Obras citadas

Andrade Rincón, Hernán. "Los títulos de imputación y la responsabilidad del Estado". En: *Instituciones de derecho administrativo, Tomo II*, editado por Hugo Andrés Arenas Mendoza. Bogotá: Grupo Editorial Ibañez y Editorial Universidad del Rosario, 2016.

Colombia. "Constitución Política de Colombia". 7 de julio de 1991.

Colombia, Consejo de Estado. "Sentencia del 28 de octubre de 1976". Magistrado ponente: Jorge Valencia Arango.

______. *Anales del Consejo de Estado, Tomo CIII*. Bogotá, 1982, segundo semestre.

______. "Sentencia de 8 de marzo de 1984", expediente 2846. Consejero ponente: Doctor Eduardo Suescún.

---

69 Ibid.

70 Colombia, Consejo de Estado, Sala de lo Contencioso Administrativo, Sección Tercera, "Sentencia de 29 de enero de 2009".

______. "Sentencia de 4 de agosto de 1988", radicación 5125. Consejero ponente: Julio César Uribe Acosta.

______. "Sentencia de 16 de noviembre de 1995". Consejero ponente: Daniel Suárez Hernández.

______. "Sentencia del 14 de agosto de 1997", expediente 10235. Consejero ponente: Ramiro Saavedra Becerra.

______. "Sentencia de 27 de noviembre de 2002", radicación 20001-23-31-000-1995-0221-01.

______. "Sentencia del 27 de noviembre de 2006", expediente 14882. Consejero ponente: Ramiro Saavedra Becerra.

______. "Sentencia de 3 de mayo de 2007", expediente 21511. Consejero ponente: Ramiro Saavedra Becerra.

______. "Sentencia del 28 de abril de 2010", expediente 18.574. Consejera ponente: Ruth Stella Correa.

______. "Sentencia de 19 de julio de 2010", expediente 11.9301. Consejero ponente: Mauricio Fajardo Gómez.

______. "Sentencia de 9 de abril de 2012", expediente 22.710. Consejera ponente: Ruth Stella Correa.

______. Radicación 21.163. Magistrado ponente: Enrique Gil Botero.

Colombia, Consejo de Estado, Sala de Consulta. "Sentencia de 29 de julio de 1996", radicado 846-96. Consejero ponente: Roberto Suárez Franco.

Colombia, Consejo de Estado, Sala de lo Contencioso Administrativo. "Sentencia de 14 de septiembre de 1984", expediente 4393. Consejero ponente: Carlos Betancur Jaramillo.

Colombia, Consejo de Estado, Sala de lo Contencioso Administrativo, Sección Tercera. "Sentencia del 12 de diciembre de 1986", expediente 4910. Consejero ponente: Jorge Valencia Arango.

______. "Sentencia de 31 de julio de 1989", expediente 2852 (252). Consejero ponente: Antonio José de Irisarri Restrepo.

______. "Sentencia de 17 de julio de 1990". Consejero ponente: Gustavo de Greiff Restrepo.

______. "Sentencia de 27 de junio de 1991", expediente 6180. Consejero ponente: Daniel Suárez Hernández.

______. "Sentencia del 11 de septiembre de 1997", expediente 10300. Consejero ponente: Ricardo Hoyos Duque.

______. "Sentencia de 21 de octubre de 1999", expedientes 10948-11643 (acumulados). Consejero ponente: Alier E. Hernández.
______. "Sentencia de 27 de enero de 2000", expediente 10867. Consejero ponente: Alier E. Hernández.
______. "Sentencia de 16 de agosto de 2007, expediente 30114. Consejero ponente: Ramiro Saavedra Becerra.
______. "Sentencia de 3 de octubre de 2007", expediente 22.655. Consejera ponente: Ruth Stella Correa.
______. "Sentencia de 29 de enero de 2009", radicación 25000-23-26-000-1994-00054-01(16576). Consejero ponente: Ramiro Saavedra Becerra.
______. "Sentencia de 7 de octubre de 2009", expediente 17.884. Consejero ponente: Mauricio Fajardo Gómez.
______. "Sentencia del 15 de febrero de 2012", radicación 05001-23-25-000-1996-02231-01(21277). Consejero ponente: Enrique Gil Botero.
Colombia, Consejo de Estado, Sección Tercera. "Auto de 29 de noviembre de 1977", expediente 2207.
______. "Sentencia de 2 de mayo de 1978", expediente 1858.
España. "Real Decreto de 24 de julio de 1889 por el que se publica el Código Civil". Boletín Oficial del Estado núm. 206. 24 de julio de 1889.
______. "Ley Municipal de 1935". 31 de octubre de 1935.
______. "Constitución Española". 27 de diciembre de 1978.
______. "Ley 7 de 1985", Reguladora de las Bases del Régimen Local. Boletín Oficial Español núm. 80, 2 de abril de 1985.
España, Consejo de Estado. Dictamen del 20 de diciembre de 1982.
España, Tribunal Supremo. "Sentencia del 27 de marzo de 1998". R 2942.
España, Tribunal Superior de Justicia del País Vasco, Sección 3. "Sentencia núm. 543/2000", de 8 de junio 2000.
España, Tribunal Supremo, Pleno. "Sentencia del 26 de noviembre de 2009. RCA 585/2008.
España, Tribunal Supremo, Sala de lo Contencioso. "Sentencia del 04 de noviembre de 1997". Decisión del Recurso de Casación No 3594/1993. Madrid.
España, Tribunal Supremo, Sala 3 de lo Contencioso-Administrativo. "Sentencia de 5 de julio de 2006".
España, Tribunal Supremo, Sección 3. Sentencias de 29 de enero, 10 de febrero, 9 de marzo y 13 de octubre de 1988.

España, Tribunal Supremo, Sección 6. "Sentencia de 14 de febrero de 2006".

______. "Sentencia de 23 de marzo de 2009", número de recurso 379/2006. Ponente: José Manuel Sieira Míguez.

España, Tribunal Supremo, Sección 6, Sala tercera de lo contencioso administrativo. "Sentencia del 1 de diciembre de 2009". RC 3381/2005.

Lachaume, Jean François. *Les grandes décisions de la jurisprudence. Droit Administratif.* PUF, 1999.

Paricio Rallo, Eduardo (relator). *La responsabilidad patrimonial de las Administraciones Públicas.* Madrid: Fundación Democracia y Gobierno Local, 2009.

Ruiz Orjuela, Wilson. *Responsabilidad del Estado y sus regímenes*, 2 ed. Bogotá: ECOE Ediciones, 2013.

Tamayo Jaramillo, Javier. *De la responsabilidad Civil.* Bogotá: Temis, 1999.

Este libro fue compuesto en caracteres Adobe Caslon
Pro 11,5 puntos, impreso sobre papel propal de 70
gramos y encuadernado con método *hot melt*
en noviembre de 2017, en Bogotá, D. C., Colombia
Panamericana Formas e Impresos S. A.

Made in United States
Orlando, FL
04 November 2026

90200602R00356